# El abogado en casa

Equipo jurídico DVE

# EL ABOGADO EN CASA

De Vecchi

A pesar de haber puesto el máximo cuidado en la redacción de esta obra, el autor o el editor no pueden en modo alguno responsabilizarse por las informaciones (fórmulas, recetas, técnicas, etc.) vertidas en el texto. Se aconseja, en el caso de problemas específicos —a menudo únicos— de cada lector en particular, que se consulte con una persona cualificada para obtener las informaciones más completas, más exactas y lo más actualizadas posible. EDITORIAL DE VECCHI, S. A. U.

*Edición revisada y actualizada por David Siuraneta Pérez y Eduard Solé Alamarja, abogados.*

*Diseño gráfico de la cubierta: © YES.*

*Fotografías de la cubierta: © iStockphoto.com; © Lajos Répási/iStockphoto.com; Alex Brosa/iStockphoto.com.*


Balmes, 114 - 08008 Barcelona
Depósito Legal: B. 53.430-2007
ISBN: 978-84-315-3857-6

Editorial De Vecchi, S. A. de C. V.
Nogal, 16 Col. Sta. María Ribera
06400 Delegación Cuauhtémoc
México

# Índice

## I DERECHO CONSTITUCIONAL


Deberes y derechos fundamentales .......... 31
El título primero de la Constitución .......... 31
La nacionalidad .......... 31
Derechos fundamentales y libertades públicas .......... 32
Derechos y deberes de los ciudadanos .......... 35
Principios rectores de la política social y económica .......... 36

Garantías constitucionales .......... 39
Mecanismos de garantía .......... 39

Resumen .......... 43


## II DERECHO MERCANTIL


Concepto y caracteres del derecho mercantil .......... 47
Las fuentes .......... 47

El comerciante individual y social .......... 49
El comerciante individual .......... 49
El comerciante social .......... 50

Sociedad colectiva, comanditaria y de responsabilidad limitada .......... 53
Sociedad colectiva regular .......... 53
Derechos, deberes y responsabilidades de los socios .......... 54
Sociedad comanditaria .......... 54
Sociedad de responsabilidad limitada .......... 55
Sociedad limitada nueva empresa .......... 56

La sociedad anónima .......... 57
Denominación social .......... 60
La junta general .......... 60
Los administradores .......... 61
La acción en la sociedad anónima .......... 61
Las obligaciones .......... 63
La sociedad unipersonal .......... 63
La sociedad anónima europea .......... 64

La sociedad laboral .......... 65
Características especiales .......... 65
Constitución .......... 66
Transmisión de las acciones .......... 66
Beneficios fiscales y descalificación .......... 67

Sociedades cooperativas y sociedades profesionales .......... 69
Sociedades cooperativas .......... 69
Sociedades profesionales .......... 73

Transformación, fusión, escisión y disolución de las sociedades .......... 75
Transformación .......... 75
Fusión y escisión .......... 75
Disolución de las sociedades .......... 75

Formas de colaboración entre empresas .......... 79
Las uniones temporales de empresas .......... 79
Responsabilidad .......... 80
Derechos y obligaciones de sus miembros .......... 80
Disolución y liquidación .......... 81
Las agrupaciones de interés económico .......... 82
Las agrupaciones europeas de interés económico .......... 83

El Registro Mercantil .......... 85
Fines .......... 85

La letra de cambio .......... 87
Caracteres de la letra de cambio .......... 87
La forma de la letra de cambio .......... 87
Requisitos formales relativos al título .......... 88

El endoso ... 88
La provisión de fondos ... 89
La aceptación de la letra de cambio ... 89
El aval ... 90
El protesto ... 91
Excepciones contra la acción cambiaria ... 93
Tarifas de las letras de cambio ... 93

LOS BANCOS Y LAS CAJAS DE AHORRO ... 95
El Banco de España ... 95
Instituciones oficiales de crédito ... 96
Los bancos privados ... 96
Las cajas de ahorro ... 98
Las cooperativas de crédito ... 98

EL CHEQUE ... 101
La forma y emisión del cheque ... 101
Modalidades del cheque ... 102
La presentación y el pago del cheque ... 103

LA BOLSA DE VALORES ... 105
El mercado de valores ... 105
La Bolsa de valores ... 106

LA COMPRAVENTA MERCANTIL ... 109
Obligaciones del vendedor ... 109
Obligaciones del comprador ... 110
Compraventa a plazos ... 110
Régimen especial ... 111

EL CONTRATO DE TRANSPORTE ... 113
Transporte de personas ... 114

LOS CONTRATOS DE PRÉSTAMO Y DE DEPÓSITO ... 115
Contrato de préstamo mercantil ... 115
Contrato de depósito mercantil ... 115

EL CONTRATO DE SEGURO ... 117
Modalidades ... 118
Pólizas combinadas ... 118

Riesgos excluidos ... 119
Derechos y obligaciones del asegurado ... 119
Derechos y obligaciones de la entidad aseguradora ... 120

El contrato de comisión ... 121
Clasificación ... 121
Obligaciones de las partes ... 122
Desarrollo del contrato ... 122

El contrato de distribución ... 123
Concepto ... 123
Obligaciones de las partes ... 123
Extinción ... 124

El contrato de agencia ... 125
Elementos personales ... 125
Obligaciones de las partes ... 125
Extinción del contrato ... 125
La indemnización del agente ... 126

Contratos mercantiles atípicos ... 129
El contrato de *leasing* ... 129
El contrato de *factoring* ... 129
Las tarjetas de crédito ... 130
La franquicia ... 130
El contrato de *renting* ... 131
El comercio electrónico ... 132

El procedimiento concursal ... 133
Diferencias con la antigua regulación ... 133
La insolvencia ... 133
Efectos de la declaración del concurso ... 134
Los órganos del concurso ... 135
La clasificación de los créditos ... 137
El convenio ... 137
La liquidación ... 138
La calificación del concurso ... 139
La conclusión del concurso ... 140

Resumen ... 141

## III DERECHO ADMINISTRATIVO


CONCEPTOS Y FUENTES .......... 149
La Administración Pública .......... 149
El derecho administrativo .......... 149

ORGANIZACIÓN DE LA ADMINISTRACIÓN PÚBLICA ESPAÑOLA .......... 153
Entes y órganos .......... 153

LOS ACTOS ADMINISTRATIVOS .......... 159
Clases .......... 159
El procedimiento administrativo .......... 160
Procedimientos especiales .......... 162
El silencio administrativo .......... 162
Supuestos de invalidez: actos nulos, anulables o irregulares .......... 163
Posibilidad de impugnación .......... 165

LOS CONTRATOS ADMINISTRATIVOS .......... 167
Sujetos .......... 167
Objeto .......... 167
Causa .......... 168
Contenido .......... 168
Preparación del contrato .......... 169
Selección del contratista .......... 170
Forma del contrato .......... 171
Extinción del contrato .......... 171

URBANISMO Y ADMINISTRACIÓN DEL TERRITORIO .......... 173
Suelo urbano .......... 173
Suelo urbanizable y no urbanizable .......... 174
Derechos y deberes de los propietarios de suelo urbano .......... 174
Derechos y deberes de los propietarios de suelo urbanizable .......... 175
La expropiación forzosa .......... 176

LOS RECURSOS ADMINISTRATIVOS .......... 177
Clases de recursos .......... 177
Recurso de alzada .......... 178
Recurso de reposición .......... 178
Recurso de revisión .......... 178

LA JURISDICCIÓN CONTENCIOSO-ADMINISTRATIVA .......... 179
Interposición del recurso .......... 179
Ejecución de la sentencia .......... 181

Procedimientos especiales .... 182
El recurso contencioso electoral .... 182

RESUMEN .... 183

IV DERECHO FISCAL

CONCEPTOS GENERALES .... 189
El derecho fiscal o financiero .... 189
Tributos y derecho tributario .... 190
Normas constitucionales .... 190
El sujeto pasivo .... 191
El domicilio fiscal .... 192
Bases, tipo de gravamen, cuota y deuda tributaria .... 193
Prescripción .... 193

IMPUESTOS DIRECTOS .... 195
Clases .... 195
Impuestos de sociedades .... 195
El impuesto sobre la renta de las personas físicas .... 196
Impuesto sobre el patrimonio .... 197
El Impuesto sobre la Renta de los no Residentes .... 198

IMPUESTOS INDIRECTOS .... 199
El impuesto sobre el valor añadido .... 199
Impuesto sobre transmisiones patrimoniales y actos jurídicos documentados .... 200
Impuesto sobre donaciones y sucesiones .... 200
Otros impuestos indirectos .... 200

LOS TRIBUTOS LOCALES Y AUTONÓMICOS .... 201
Los tributos locales .... 201
Impuesto sobre vehículos de tracción mecánica .... 201
Impuesto sobre bienes inmuebles .... 201
Impuesto sobre construcciones, instalaciones y obras .... 201
Impuesto sobre el incremento de valor de los terrenos .... 202
Impuesto sobre actividades económicas .... 202
Impuesto municipal sobre gastos suntuarios .... 203
Regímenes fiscales especiales de carácter municipal .... 203
Los tributos de las comunidades autónomas .... 203

RESUMEN .... 205

## V DERECHO LABORAL

CONFIGURACIÓN JURÍDICA DEL DERECHO DEL TRABAJO ........ 209
Relaciones excluidas de la ley laboral ........ 210
Relaciones laborales de carácter especial ........ 211
Personal de alta dirección ........ 211
Servicio del hogar familiar ........ 214
Relación laboral de carácter especial de los artistas en espectáculos públicos ........ 220
Contrato laboral especial de las personas que intervengan en operaciones mercantiles por cuenta de uno o más empresarios sin asumir el riesgo y ventura de aquellas ........ 223
Fuentes de las relaciones laborales ........ 228
DERECHOS Y DEBERES LABORALES BÁSICOS ........ 231
Derechos laborales ........ 231
Deberes laborales ........ 231

EL CONTRATO DE TRABAJO ........ 233
Capacidad para contratar ........ 233
Forma del contrato de trabajo ........ 233
Validez del contrato ........ 234
Modalidades del contrato de trabajo ........ 234
Prestación laboral mediante las Empresas de Trabajo Temporal (ETT) ........ 242

EL SALARIO ........ 245
El salario mínimo interprofesional ........ 245
Igualdad de remuneración ........ 245
Liquidación y pago del salario ........ 246
Gratificaciones extraordinarias ........ 246
Fondo de Garantía Salarial ........ 247

LA JORNADA DE TRABAJO ........ 249
Horas extraordinarias ........ 249
Horario flexible y trabajo por turnos ........ 250
Descanso semanal, fiestas y permisos ........ 250
Vacaciones anuales ........ 251

SUSPENSIÓN DEL CONTRATO DE TRABAJO ........ 253
La excedencia ........ 253
Suspensión con reserva de puesto de trabajo ........ 254
Extinción del contrato de trabajo ........ 255

Extinción por voluntad del trabajador .......... 255
Extinción del contrato por causas objetivas .......... 256
Extinción del contrato por despido disciplinario .......... 256
Indemnización adicional .......... 257

El despido nulo .......... 259

Órganos de representación de los trabajadores .......... 261
Delegados de personal .......... 261
Los comités de empresa .......... 261
Elección y mandato .......... 262
Relaciones de trabajo en las cooperativas .......... 263
Trabajadores autónomos .......... 264

Resumen .......... 265

VI DERECHO PENAL

La ley penal .......... 271
Fuentes del derecho penal .......... 271
Los delitos .......... 271
Personas responsables de los delitos .......... 273
Eximentes de la responsabilidad .......... 274
Circunstancias modificativas de la responsabilidad .......... 275

Las penas .......... 279
Clasificación de las penas .......... 279
Duración de las penas .......... 281
Determinación de las penas .......... 281
Suspensión de la ejecución de las penas privativas de libertad .......... 283
Sustitución de las penas privativas de libertad .......... 283
La libertad condicional .......... 283

Clasificación de los delitos .......... 285

Delitos contra la seguridad del Estado .......... 289
Delitos contra el Estado .......... 289
Delitos de traición .......... 290
Delitos contra la paz o la independencia .......... 291
Delitos contra la defensa nacional .......... 291
Delitos contra la comunidad internacional .......... 291

Disposiciones comunes .......... 292
Delitos contra la Corona .......... 292
Delitos contra los altos organismos de la nación .......... 293
Delitos contra el Gobierno .......... 293
La rebelión .......... 293
La sedición .......... 294
Delitos contra las autoridades y sus agentes .......... 295
Desórdenes públicos .......... 295
Tenencia de armas y explosivos .......... 295

Delitos contra bienes comunes .......... 297
Delitos contra la ordenación del territorio .......... 297
Delitos contra el patrimonio histórico .......... 298
Delitos relativos a la flora, fauna y animales domésticos .......... 300

Delitos contra el ejercicio de los derechos de la persona .......... 303
Discriminación .......... 303
Libertad de conciencia .......... 303
Detenciones y prisiones ilegales .......... 304
Libertades públicas .......... 304
Otros delitos de este tipo .......... 305

Las falsedades .......... 307
Bien jurídico protegido .......... 307
Falsedades documentales .......... 308
La usurpación del estado civil y de funciones públicas y el intrusismo .......... 309

Delitos contra la Administración de Justicia .......... 311
Acusaciones y denuncias falsas .......... 311
Falso testimonio .......... 311
Quebrantamiento de condena y evasión de presos .......... 311
Realización arbitraria del propio derecho .......... 311
Simulación de delitos .......... 312
Omisión del deber de impedir delitos o de denunciarlos .......... 312
Deslealtad profesional .......... 312

Delitos contra la seguridad colectiva .......... 313
Delitos contra la seguridad vial .......... 313
Cultivo, elaboración y tráfico de drogas .......... 313
Otros delitos contra la salud pública .......... 314

Delitos relacionados con el tráfico de drogas .......... 314
Delitos relativos a la energía nuclear .......... 315

DELITOS CONTRA LA HACIENDA PÚBLICA Y LA SEGURIDAD SOCIAL .......... 317
Fraude a la Hacienda Pública .......... 317
Fraude a la Seguridad Social .......... 317

HOMICIDIO .......... 319
Auxilio e inducción al suicidio .......... 320
Homicidio consentido .......... 320

ASESINATO Y HOMICIDIO IMPRUDENTE. LESIONES Y VIOLENCIA DOMÉSTICA. 321
Asesinato .......... 322
Homicidio imprudente .......... 323
Lesiones y violencia doméstica .......... 323

ABORTO, LESIONES AL FETO Y MANIPULACIÓN GENÉTICA .......... 325
El aborto .......... 325
Las lesiones al feto .......... 326
La manipulación genética .......... 326
LA DESPENALIZACIÓN DEL ABORTO .......... 329

DELITOS CONTRA LA LIBERTAD SEXUAL .......... 331
Agresiones sexuales .......... 331
Abusos sexuales .......... 331
Acoso sexual .......... 331
Exhibicionismo y provocación .......... 332
Delitos relativos a la prostitución .......... 332

CALUMNIA E INJURIA .......... 333
Disposiciones comunes a la calumnia y la injuria .......... 333
La calumnia .......... 333
La injuria .......... 334

EL DERECHO AL HONOR .......... 337
Caracteres generales .......... 337
Intromisiones ilegítimas .......... 337
Actos permitidos .......... 339

ALLANAMIENTO DE MORADA .......... 341
Allanamiento activo .......... 341
Allanamiento pasivo .......... 342
Allanamiento agravado .......... 342

Amenazas y coacciones ..... 343
Amenazas ..... 343
Coacciones ..... 343
Diferencia entre amenazas y coacciones ..... 344

El hurto y el robo ..... 345
El hurto ..... 345
El robo ..... 346

Insolvencia punible y usurpación ..... 351
Alzamiento de bienes ..... 352
Procedimientos de ejecución universal delictivos ..... 352
Alteración de precios en concursos y subastas públicas ..... 353
La usurpación ..... 353

Estafas y otros engaños ..... 355
Estafa ..... 355
Apropiación indebida ..... 357
Defraudaciones de fluido eléctrico y análogas ..... 357

Las faltas ..... 359
Clases ..... 359
Penas ..... 360

Los delitos societarios ..... 361
Falsificación de documentos contables de la sociedad ..... 362
Adopción de acuerdos perjudiciales para la sociedad o los socios ..... 363
Negativa o impedimento al derecho de los socios ..... 363
Negativa o impedimento a la intervención de la Administración ..... 363
Administración desleal de la sociedad ..... 363

La jurisdicción penal ..... 365
Denuncia ..... 365
Querella ..... 365
Las partes ..... 366
El sumario ..... 366
Juicio oral por los delitos ..... 367
Juicio de faltas ..... 368
La sentencia ..... 368
Apelaciones ..... 368
El jurado ..... 369

Resumen ........ 371

VII DERECHO CIVIL

El derecho civil y sus fuentes ........ 377
La costumbre ........ 378
Jerarquía de las normas ........ 378
Los principios generales del derecho ........ 378
La ley ........ 379
El Defensor del Pueblo ........ 382

La persona. Capacidad jurídica y capacidad de obrar ........ 385
Desde el punto de vista jurídico ........ 385
Persona y personalidad ........ 385
Personas individuales: nacimiento ........ 385
Extinción ........ 386
Capacidad jurídica y capacidad de obrar ........ 387

La nacionalidad, la vecindad y el domicilio ........ 391
La nacionalidad ........ 391
Adquisición de la nacionalidad ........ 391
Pérdida de la nacionalidad ........ 393
Recuperación de la nacionalidad española ........ 394
La vecindad civil ........ 394
Adquisición y pérdida ........ 394
El domicilio ........ 395

Los extranjeros ........ 397
Derechos y libertades de los extranjeros ........ 397
Reagrupación familiar ........ 399
Requisitos de entrada ........ 399
Los visados ........ 400
Prohibición de entrar en España ........ 400
Salidas del territorio español ........ 400
Situaciones de los extranjeros ........ 400
Régimen sancionador ........ 401

El Registro Civil. Antecedentes y objeto ........ 403
Antecedentes ........ 403
Objeto ........ 403
Organización ........ 404
Clases de asientos ........ 406

Rectificación de asientos ........ 407
Inscripción de nombres ........ 408
El orden de los apellidos ........ 408

La persona jurídica: concepto y naturaleza ........ 409
Naturaleza jurídica ........ 409
Clasificación de las personas jurídicas ........ 410
Régimen jurídico ........ 410

El matrimonio ........ 415
El matrimonio canónico ........ 415
Requisitos del matrimonio canónico ........ 415
El matrimonio civil ........ 419
Capacidad ........ 419
La celebración del matrimonio ........ 420
Derechos y deberes de los cónyuges ........ 421
La nulidad del matrimonio ........ 421

El régimen económico del matrimonio ........ 423
La sociedad de gananciales ........ 423
El régimen de participación ........ 427
El régimen matrimonial de separación de bienes ........ 428
El régimen económico en legislaciones forales ........ 428

La separación conyugal y el divorcio ........ 431
La separación judicial ........ 433
El divorcio ........ 433
La reconciliación ........ 433
Efectos de la separación y del divorcio ........ 434
La pensión y su impago ........ 434
Relaciones entre nietos y abuelos ........ 436
La guarda y custodia compartida ........ 437

La paternidad y la filiación ........ 439
Determinación y prueba de filiación ........ 440
Las acciones de la filiación ........ 441
Reclamación de la filiación ........ 441
Impugnación de la filiación ........ 442
Filiación extracorpórea ........ 442

La adopción ........ 445
Requisitos para ser adoptado ........ 445

Requisitos para ser adoptante .......... 445
Imposibilidad de adopción .......... 445
Procedimiento .......... 445
Efectos .......... 446
La adopción internacional .......... 446

La patria potestad .......... 449
Deberes y facultades de los padres .......... 449
Deberes de los hijos .......... 449
La representación de los hijos .......... 450
La administración de los bienes de los hijos .......... 450
Extinción de la patria potestad .......... 451

La tutela .......... 453
La tutela en general .......... 453
Personas que han de promover la tutela .......... 454
Nombramiento del tutor .......... 454
Facultades para ser tutor .......... 455
Imposibilidades para ser tutor .......... 455
Ejercicio de la tutela .......... 456
Extinción de la tutela .......... 457

La curatela .......... 459
El defensor judicial .......... 459

La sucesión *mortis causa* .......... 461
Relaciones jurídicas transmisibles por herencia .......... 461
Sucesión voluntaria y sucesión legal .......... 461
Apertura, vocación y delación .......... 462
El derecho de acrecer .......... 463

La capacidad para suceder .......... 465
Incapacidad .......... 465
Indignidad sucesoria .......... 466

Aceptación y repudiación de la herencia .......... 467
Clases y formas .......... 467
Capacidad para la aceptación .......... 468
La repudiación .......... 468
La *interrogatio in iure* .......... 469
La aceptación a beneficio de inventario .......... 469

Partición de la herencia ........ 471
Legitimación ........ 471
El acto particional ........ 472
Limitaciones ........ 474
Mecánica de la partición ........ 474

La colación ........ 477
Requisitos ........ 477
Efectos de la colación ........ 478

La sucesión testada ........ 479
Capacidad ........ 479
El testamento ........ 479

Formas testamentarias ........ 483
El testamento abierto ........ 483
El testamento cerrado ........ 484
El testamento ológrafo ........ 487

Testamentos especiales ........ 491
Testamentos en peligro de muerte ........ 491
Testamento en caso de epidemia ........ 492
Testamento marítimo ........ 492
Testamento militar ........ 494
Testamento otorgado en el extranjero ........ 495

La institución del heredero ........ 497
El legado de parte alícuota ........ 497
Otras instituciones ........ 498
La institución sujeta a condición, término y modo ........ 499

Las sustituciones ........ 501
Sustitución vulgar ........ 501
Sustitución fideicomisaria ........ 502
Sustitución pupilar ........ 504
Sustitución ejemplar ........ 504

El legado ........ 505
Personas obligadas al pago ........ 505
Preferencia entre legatarios ........ 505
Garantías del legatario ........ 506

Extinción .... 506
Distintas clases de legados .... 507

El albaceazgo .... 511
Caracteres del cargo .... 511
Capacidad .... 511
Clases .... 511
Facultades .... 512

Ineficacia del testamento .... 515
La nulidad .... 515
La revocación .... 516
La caducidad .... 517

La legítima .... 519
La mejora .... 519
Objeto de la mejora .... 520
La desheredación .... 521
La preterición .... 522

La sucesión intestada .... 523
La troncalidad .... 524
Clases, órdenes y grados .... 524
Métodos de distribución .... 525
El derecho de representación .... 525

Orden de los llamamientos .... 527
Sucesión a favor de descendientes .... 527
Sucesión a favor de ascendientes .... 527
Sucesión del cónyuge y de los colaterales .... 528
Sucesión del Estado .... 528

El contrato .... 531
El concepto de contrato .... 531
Las modalidades contractuales .... 532
Clasificación de los contratos .... 533
Contrato de franquicia .... 534
Contrato de edición .... 535

Los requisitos del contrato .... 537
El consentimiento de las partes .... 537
El objeto .... 538

La cláusula penal en los contratos .......... 541
Conceptos y caracteres .......... 541
Funciones .......... 541
Presupuestos de aplicación .......... 542
Moderación .......... 542
Interpretación restrictiva .......... 542

El contrato de compraventa .......... 545
Concepto y caracteres .......... 545
Capacidad .......... 545
Objeto .......... 546
Precio .......... 547
Las arras .......... 548
Obligaciones del vendedor .......... 549
Obligaciones del comprador .......... 555
Garantías del vendedor por el precio aplazado .......... 555

La compraventa de bienes muebles a plazos .......... 559
Ventas a plazos sobre bienes muebles .......... 559
Ámbito de aplicación .......... 559
El contrato de venta a plazos .......... 559
Forma, eficacia y contenido del contrato de venta a plazos .......... 560
Facultad para desistir .......... 561
Incumplimiento del comprador .......... 562
Incumplimiento del deudor .......... 562
Intervención de jueces y tribunales .......... 563
El registro de venta a plazos de bienes muebles .......... 563

Arrendamientos urbanos .......... 565
Contratos sometidos a la Ley de Arrendamientos Urbanos .......... 566
Arrendamientos excluidos de la LAU .......... 566
El arrendamiento de viviendas .......... 567
Realización de obras en la vivienda .......... 569
Viviendas de lujo .......... 570
Adquisición preferente .......... 571
Extinción del contrato .......... 571
Separación, divorcio y nulidad matrimonial .......... 572
Muerte del inquilino .......... 572
Contratos anteriores a la LAU .......... 572
Contrato de locales de negocio anteriores a la LAU .......... 574
La fianza .......... 576

Arrendamientos rústicos .......... 577
Ley de Arrendamientos Rústicos .......... 577
Desenvolvimiento del contrato .......... 577
Las partes .......... 578
Forma del contrato .......... 578
Duración .......... 578
La renta .......... 579
Gastos y mejoras .......... 579
Enajenación de la finca arrendada .......... 581
Cesión y subarriendo .......... 581
Terminación del arrendamiento .......... 581
El contrato de aparcería .......... 582

Contrato de comodato .......... 583
Definición .......... 583
Retribución y gastos .......... 583
Responsabilidad .......... 584
Derechos y obligaciones .......... 584
Supuestos específicos .......... 584
Características .......... 585
Obligaciones .......... 585
El depósito judicial .......... 586
El depósito necesario .......... 586
El depósito irregular .......... 586

Contrato de permuta .......... 587

Contratos aleatorios .......... 589
Juegos y apuestas .......... 589
La renta vitalicia .......... 590
El vitalicio .......... 591

Los procedimientos civiles .......... 593
El juicio ordinario .......... 593
El juicio verbal .......... 594
Los recursos .......... 594

Los juzgados civiles y mercantiles y el arbitraje .......... 595
Los juzgados civiles .......... 595
Los juzgados mercantiles .......... 595
El arbitraje .......... 596

Las fundaciones .... 597
Concepto .... 597
Constitución .... 597
Dotación .... 598
El patronato .... 598
Beneficios fiscales .... 599

Las asociaciones .... 601

El Registro de la Propiedad .... 603
Los principios hipotecarios .... 603
Conveniencia de la inscripción registral .... 604
Qué tiene acceso al Registro .... 604

Los derechos reales en general .... 609
Concepto de derecho real .... 609
Clasificación de los derechos reales .... 609
Propiedad y posesión .... 609

Las distintas clases de derechos reales .... 611
Derechos reales de goce .... 611
Derechos reales de garantía .... 611
Derechos reales de adquisición .... 612

La responsabilidad civil .... 615
Responsabilidad civil y penal .... 615
Responsabilidad civil contractual .... 616
Responsabilidad civil extracontractual .... 617
Responsabilidad civil derivada de productos defectuosos .... 618

La hipoteca .... 621
Características .... 621
Hipoteca unilateral .... 621
Hipoteca constituida por un tercero .... 622
Hipoteca mobiliaria .... 622
Créditos y préstamos hipotecarios .... 623

Órganos de la propiedad horizontal .... 625
Junta de propietarios .... 625
El presidente .... 627
El secretario .... 627

El administrador ........ 627
Derechos y obligaciones en las comunidades de propietarios ........ 628

LA CUOTA DE PARTICIPACIÓN EN LAS COMUNIDADES DE PROPIETARIOS ........ 631

LA MULTIPROPIEDAD ........ 633
Orígenes ........ 633
Contenido del derecho ........ 634
Objeto y duración ........ 634
Protección del consumidor ........ 634
Formalidades de la constitución del régimen ........ 634
El contenido del contrato ........ 635
El desistimiento y la resolución del contrato ........ 636
Resolución del contrato por impago de las cuotas ........ 637
Incumplimiento de los servicios ........ 638

LA PROTECCIÓN DE LOS CONSUMIDORES Y USUARIOS ........ 639
Derechos básicos de los consumidores y usuarios ........ 639
El sistema arbitral de consumo ........ 640
Las garantías en los bienes de consumo ........ 640

LA PROPIEDAD INTELECTUAL ........ 643
Concepto ........ 644
Objeto ........ 644
Contenido ........ 644
Derechos morales ........ 644
Derechos de explotación ........ 645
Derechos de participación ........ 645
Derecho de remuneración por copia privada ........ 645
Protección de los derechos ........ 646

LA PROPIEDAD INDUSTRIAL ........ 647
Las patentes ........ 647
Los modelos de utilidad ........ 648
Las marcas ........ 649
El nombre comercial ........ 649
El rótulo de establecimiento ........ 650

EL ALQUILER DE UNA VIVIENDA ........ 651

LA COMPRA DE UNA VIVIENDA ........ 655

El servicio militar ........ 659
Servicio militar, objeción de conciencia, prestación social sustitutoria e insumisión ........ 659
El servicio militar ........ 659
La objeción de conciencia ........ 660
La insumisión ........ 662

Otras cuestiones legales de interés ........ 665
La responsabilidad médica ........ 665
La firma electrónica ........ 665
El aparcamiento de vehículos ........ 666
Las familias numerosas ........ 666
El *mobbing* en el ámbito laboral ........ 667
El *mobbing* inmobiliario ........ 667
El IPC ........ 668
Servicio del hogar familiar ........ 668
Alquiler de coches ........ 669
Guarderías infantiles ........ 669
Asistencia sanitaria privada ........ 669
El carné de conducir por puntos ........ 670
Las multas de tráfico ........ 671
Tenencia de perros ........ 672
La construcción de edificios ........ 672

Resumen ........ 673

VIII DERECHO INTERNACIONAL

El derecho internacional público ........ 687
Fuentes ........ 688
El derecho internacional y la Constitución ........ 688

Las organizaciones internacionales ........ 691
La Organización de las Naciones Unidas ........ 691
El Fondo Monetario Internacional ........ 692
Otras organizaciones dependientes de la ONU ........ 693
El Acuerdo General sobre Aranceles de Aduanas y Comercio ........ 693
La Organización de Cooperación y Desarrollo Económico ........ 693
La Organización del Tratado del Atlántico Norte ........ 694

La Unión Europea ........ 697

Los tratados de París y de Roma ... 697
Ampliaciones ... 697
La Comunidad Europea del Carbón y el Acero ... 698
La Comunidad Europea de la Energía Atómica ... 698
La Comunidad Económica Europea ... 699
Órganos auxiliares ... 700
La Constitución Europea ... 700
Fuentes del derecho comunitario ... 701
Símbolos de la Unión Europea ... 702

DERECHO INTERNACIONAL PRIVADO ... 703
Aplicación exclusiva de las leyes españolas ... 703
Posibilidad de aplicar la ley personal ... 704
Derechos reales ... 704
Obligaciones y contratos ... 705
Intervención de los tribunales españoles ... 705

EL EURO, LA MONEDA EUROPEA ... 707
Ventajas de la introducción del euro ... 707
Calendario del euro ... 708
Monedas y billetes de euros ... 709
Tipos de conversión de la peseta y el euro ... 709

RESUMEN ... 711

## APÉNDICE

FUENTES LEGALES ... 715
Derecho constitucional ... 715
Derecho mercantil ... 715
Derecho administrativo ... 715
Derecho fiscal ... 716
Derecho laboral ... 716
Derecho penal ... 716
Derecho civil ... 716

MODELOS DE DOCUMENTOS ... 717

GLOSARIO ... 787

ÍNDICE ANALÍTICO ... 809

# I
# DERECHO CONSTITUCIONAL

# Deberes y derechos fundamentales

## El título primero de la Constitución

Nuestra Constitución dedica el título primero a enunciar los derechos y deberes fundamentales de todos los españoles así como los principios que deben orientar la política social y económica. En su desarrollo, los clasifica de la siguiente forma:

- — nacionalidad;
- — derechos fundamentales y libertades públicas;
- — derechos y deberes de todos los ciudadanos;
- — principios rectores de la política social y económica.

Todos ellos se comentarán siguiendo el mencionado esquema.

## La nacionalidad

La nacionalidad, en el sentido que da la Constitución, es el vínculo que une a una persona con un Estado. Equivale al término *ciudadanía* empleado en otros países. En nuestro caso, la posesión de la nacionalidad española convierte a las personas en españoles mientras que quienes carecen de ella son considerados extranjeros. Nacionalidad y extranjería son, por lo tanto, situaciones legalmente excluyentes entre sí.

Sobre este punto la Constitución establece lo siguiente:

**1. De los españoles.** La nacionalidad española corresponderá a todos los nativos, sin que puedan ser privados de ella. Su adquisición, conservación y pérdida se regula en la ley ordinaria, el Código civil. El Estado podrá concertar tratados de doble nacionalidad con los países iberoamericanos o vinculados a España, donde podrán naturalizarse los españoles sin perder la nacionalidad de origen. La mayoría de edad se alcanza a los dieciocho años.

**2. De los extranjeros.** Gozarán de las libertades públicas en la forma establecida en los tratados y en la ley, pero sólo los españoles tendrán derechos de participación en asuntos públicos y acceso a las funciones y cargos

públicos, salvo reciprocidad sobre sufragio activo y pasivo en elecciones municipales. La extradición se concederá en casos de reciprocidad, quedando excluidos los delitos políticos, y no considerándose como tales los actos de terrorismo. La ley regulará los términos del derecho de asilo en España.

Las normas sobre la adquisición de la nacionalidad española están contenidas en el Código civil; las que se refieren a la estancia, residencia y trabajo de los extranjeros en España, en la Ley de Extranjería, salvo lo dispuesto en tratados suscritos con ciertos países sobre doble nacionalidad.

## Derechos fundamentales y libertades públicas

En primer lugar, la Constitución proclama solemnemente la igualdad de todos los españoles ante la ley, sin que pueda establecerse entre ellos ninguna discriminacion por razón de nacimiento, religión, sexo, opinión o cualquier otra circunstancia personal o social.

Tras ello, enumera los siguientes derechos y libertades considerados como fundamentales:

**1. Derecho a la vida.** Todos tienen derecho a ella, así como a la integridad física y moral, y a no ser sometidos a tortura ni a penas o tratos inhumanos o degradantes. Queda abolida la pena de muerte, salvo lo que puedan disponer las leyes penales militares para tiempos de guerra.

**2. Libertad ideológica y religiosa.** Se garantiza la libertad ideológica, religiosa y de culto, sin más limitación en sus manifestaciones que el orden público, quedando prohibido el ser obligado a declarar sobre la ideología, religión o creencias personales. Ninguna confesión tiene carácter estatal, si bien se tendrán en cuenta las creencias religiosas de la sociedad española y se mantendrán relaciones de cooperación con la Iglesia Católica y las demás confesiones.

**3. Derecho a la libertad personal.** Toda persona tiene derecho a la libertad y seguridad; la privación sólo podrá realizarse en los casos y formas previstas en la ley y en las siguientes condiciones:

— la detención preventiva sólo puede durar el tiempo necesario para esclarecer los hechos y en el plazo máximo de 72 horas el detenido

será puesto en libertad o a disposición judicial;
— la persona detenida debe ser informada inmediatamente de sus derechos y razones de la detención, sin poder ser obligada a declarar, garantizándose la asistencia de abogado al detenido en las diligencias policiales y judiciales;
— la ley regulará un procedimiento de *habeas corpus* para la puesta a disposición judicial del detenido ilegalmente y determinará el plazo máximo de prisión provisional.

**4. Derecho a la intimidad e inviolabilidad del domicilio.** Se garantiza el derecho al honor, a la intimidad personal y familiar y a la propia imagen. Se declara la inviolabilidad del domicilio contra la entrada o registro sin consentimiento del titular o resolución judicial, salvo flagrante delito. Se garantiza también el secreto de las comunicaciones postales, telegráficas y telefónicas, salvo resolución judicial, e incluso se limita el uso de la informática para la garantía del honor y de la intimidad personal y familiar, así como el pleno ejercicio de los derechos de los ciudadanos.

**5. Libertad de residencia y circulación.** Los españoles tienen derecho a elegir su residencia y a circular por el territorio nacional; igualmente, a entrar y salir libremente de España según establezca la ley, y sin limitación por motivos políticos e ideológicos.

**6. Libertad de expresión.** Comprende los siguientes derechos que se reconocen y protegen:

— a expresar y difundir libremente los pensamientos, ideas y opiniones mediante la palabra, el escrito o cualquier otro medio de reproducción;
— a la creación y producción literaria, artística, científica y técnica;
— a la libertad de cátedra;
— a comunicar o recibir libremente información veraz, por cualquier medio de difusión, debiéndose regular el derecho a la cláusula de conciencia y el secreto profesional en el ejercicio de estas libertades.

El ejercicio de los derechos anteriores carecerá de censura previa. La ley regulará la organización y control de los medios de comunicación social del Estado y garantizará el acceso a ellos de los grupos sociales y políticos, respetando las diversas lenguas. Los límites de estas libertades son el derecho al honor, a la intimidad, a la propia imagen y a la protección de la juventud e infancia. Sólo podrá secuestrarse por resolución judicial.

**7. Derecho de reunión.** Se reconoce el derecho de reunión pacífica y sin armas, cuyo ejercicio no necesitará autorización previa. Cuando se ejerza en lugares de tránsito público o se trate de manifestaciones se comunicará previamente a la autoridad, que sólo podrá prohibirla por razones fundadas del orden público, con peligro para personas y bienes.

**8. Derecho de asociación.** Se halla regulado, a nivel estatal, mediante la Ley 9/99, de 21 de abril. Se reconoce el derecho de asociación. Las asociaciones serán ilegales cuando persigan fines o utilicen medios tipificados como delito, debiendo inscribirse en un registro, a efecto únicamente de publicidad. Sólo podrán ser disueltas o suspendidas en sus actividades por resolución judicial motivada, prohibiéndose las asociaciones secretas o de carácter paramilitar.

**9. Derecho de participación.** Los ciudadanos tienen derecho a participar en los asuntos públicos directamente o a través de representantes libremente elegidos cada cierto tiempo por sufragio universal, así como a acceder en condiciones de igualdad a las funciones y cargos públicos, con los requisitos que señalen las leyes.

**10. Protección judicial de los derechos.** Las personas tienen derecho a obtener tutela efectiva de jueces y tribunales en el ejercicio de sus derechos, sin que pueda producirse indefensión. También tienen derecho al juez ordinario predeterminado por la ley, a la defensa y a la asistencia de letrado, a ser informados de la acusación formulada, a proceso público sin dilaciones, a utilizar medios de prueba, a no declarar contra sí mismos, ni confesarse culpables, y a la presunción de inocencia. La ley regulará los casos en que por razón de parentesco o de secreto profesional no se estará obligado a declarar sobre hechos presuntamente delictivos. Nadie puede ser condenado o sancionado por acciones u omisiones no constitutivas de delito, falta, o infracción administrativa. Las penas estarán orientadas hacia la reeducación y reinserción social y no podrán consistir en trabajos forzados. El condenado gozará de los derechos fundamentales, salvo los expresamente contenidos en el fallo condenatorio. En todo caso, tendrá derecho a trabajo remunerado y seguridad social, acceso a la cultura y desarrollo integral de su personalidad. La Administración no podrá imponer sanciones que directa o subsidiariamente impliquen privación de libertad. Se prohíben los tribunales de honor en la Administración civil y organizaciones profesionales.

**11. Libertad de enseñanza y derecho de educación.** Todos tienen derecho a la educación y se reconoce la libertad de enseñanza. La educación tendrá por objeto el respeto a los principios democráticos de convivencia y a los derechos y libertades fundamentales. Se garantiza el derecho de los padres a que sus hijos reciban formación religiosa y moral según sus creencias, siendo la enseñanza básica obligatoria y gratuita. La educación tendrá programación general con participación de todos los sectores afectados, así como la creación de centros docentes, en cuyo control y gestión, de los sostenidos con fondos públicos, intervendrán profesores, padres, y en su caso, alumnos. Asimismo, se reconoce la autonomía de las universidades.

**12. Libertad de sindicación y derecho de huelga.** Todos tienen derecho a sindicarse libremente, pudiendo limitarse o exceptuarse de su ejercicio a las fuerzas o institutos armados o sometidos a disciplina militar, así como con peculiaridades para los funcionarios públicos. Comprende fundar sindicatos y afiliarse al de su elección, formar confederaciones y organizaciones internacionales, sin que todo ello sea obligatorio. Se reconoce el derecho a la huelga para la defensa de sus intereses, con la garantía de la prestación de los servicios esenciales de la comunidad.

**13. Derecho de petición.** Podrá ser individual o colectivo, constando por escrito en la forma y efectos que determina la ley; los limitados o exceptuados del derecho de huelga sólo podrán ejercerlo individualmente y conforme a su legislación específica. Este derecho ha sido objeto de desarrollo legislativo mediante la Ley 4/01, de 12 de noviembre.

## Derechos y deberes de los ciudadanos

En este apartado se recogen aquellos derechos que constituyen al mismo tiempo una obligación (como el servicio militar, el trabajo, o la colegiación) y los que no deben entenderse de modo absoluto, sino condicionado.

Son los siguientes:

**1. Servicio militar y otras prestaciones.** Los españoles tienen el derecho y el deber de defender España. La ley fijará las obligaciones, la objeción de conciencia y las causas de exención, así como un servicio civil sustitutorio. También podrán regularse los deberes en casos de riesgo grave, catástrofe o calamidad pública.

**2. Sostenimiento de los gastos públicos.** Se contribuirá a ellos según la capacidad económica, por un sistema de igualdad y progresividad sin alcance confiscatorio. Se realizará una asignación equitativa de los recursos públicos, y su programación y ejecución responderá a los criterios de eficacia y economía. Sólo por ley se impondrán prestaciones personales y patrimoniales.

**3. Derecho a contraer matrimonio.** Hombre y mujer podrán contraerlo con plena igualdad jurídica, regulando la ley sus formas, edad, capacidad, derechos y deberes, causas de separación y disolución y sus efectos.

**4. Derecho de propiedad.** Se reconoce el derecho a la propiedad privada y a la herencia. La función social de estos derechos delimitará su contenido. Nadie podrá ser privado de sus bienes y derechos, salvo por causa justificada de utilidad pública o interés social, mediante la correspondiente indemnización y a través del procedimiento legalmente establecido para la expropiación forzosa.

**5. Derecho de fundación.** Se reconoce el derecho de fundación con fines de interés general.

**6. Derecho y deber de trabajo.** Todos los españoles tienen el deber de trabajar y el derecho al trabajo, a la libre elección de profesión u oficio y promoción, con remuneración suficiente para las necesidades familiares y sin discriminación por razón de sexo. La ley regulará el estatuto de los trabajadores.

**7. Derecho a colegiación.** La ley regulará las peculiaridades del régimen jurídico de los colegios profesionales y el ejercicio de las profesiones tituladas, cuya estructura y funcionamiento deberán ser democráticos.

**8. Derecho de negociación colectiva.** Se garantiza la negociación colectiva entre trabajadores y empresarios y la fuerza vinculante de los convenios, así como la adopción de medidas ante un conflicto colectivo. Sin perjuicio de otras limitaciones, se asegurará el funcionamiento de los servicios esenciales de la comunidad.

**9. Libertad de empresa y economía de mercado.** Se reconoce la libertad de empresa en el marco de la economía de mercado, y se garantizará y protegerá su ejercicio y la defensa de la productividad conforme a las exigencias de la economía general y, en su caso, de la planificación.

## Principios rectores de la política social y económica

En el *título preliminar*, nuestra Constitución impone a los poderes públicos las obligaciones siguientes:

— promover las condiciones para que la libertad e igualdad de los individuos y grupos en que se integran sean reales y efectivas;
— remover los obstáculos que impidan o dificulten su plenitud;
— facilitar la participación de todos los ciudadanos en la vida política, económica, cultural y social.

Pero, más adelante, especifica cuáles deben ser los principios rectores de la política social y económica a los que deben acomodarse las Cortes al legislar y el Gobierno y la Administración al ejecutar las leyes y desarrollarlas, y al gestionar los intereses colectivos.

Son los siguientes:

**1.** Se asegurará la protección social, económica y jurídica de la familia, de los hijos con independencia de su filiación y de las madres de cualquier estado civil, y se posibilitará la investigación de la paternidad, asegurando también la asistencia a los hijos y protección a los niños.

**2.** Se promoverá el progreso social y económico para una distribución regional y personal de la renta más equitativa y el pleno empleo, la formación y readaptación profesionales, la seguridad e higiene y el descanso por limitación de la jornada, las vacaciones y centros adecuados. Se mantendrá un régimen público de seguridad social para todos que garantice asistencia y prestaciones en desempleo, siendo libres las complementarias. Se velará especialmente por los derechos de los trabajadores en el extranjero, posibilitando su retorno. Se protegerá la salud a través de medidas preventivas, prestaciones y servicios necesarios.

**3.** Se fomentará la educación sanitaria, física y el deporte, la utilización del ocio, el acceso a la cultura, la ciencia e investigación técnica, el disfrute y conservación del medio ambiente, la utilización racional de los recursos naturales y el medio ambiente, con sanciones penales o administrativas además de reparar el daño causado, así como el enriquecimiento del patrimonio histórico, cultural y artístico de los pueblos de España y sus bienes, sancionándose los atentados.

**4.** Todos los españoles tienen derecho a vivienda digna adecuada. Se promoverá la efectividad de este derecho regulando la utilización del suelo, evitando la especulación y asumiendo la participación de la comunidad en las plusvalías. Otras medidas son la participación libre y eficaz de la juventud en el desarrollo integral; la previsión, tratamiento, rehabilitación e integración de los minusválidos con atención especial, y una garantía de pensiones adecuadas, actualizadas y suficientes económicamente, así como asegurar su bienestar por servicios sociales de salud, vivienda, cultura y ocio; garantía de la defensa del consumidor y usuarios, su información, adecuación y organizaciones, atendiéndoles en las cuestiones que puedan afectarles; regulación del comercio interior y del régimen de autorización de productos comerciales.

**5.** Se reconocerán las organizaciones profesionales que contribuyan a la defensa de los intereses económicos que les sean propios. Su estructura y funcionamiento serán democráticos.

## Fundamento e interpretación

El respeto a los derechos y libertades individuales es un postulado esencial del Estado de derecho y, como tal, se encuentra expresado en las constituciones o leyes fundamentales de los estados democráticos. Nuestra Constitución define la dignidad de la persona, los derechos inviolables inherentes a ella, el libre desarrollo de la personalidad y el respeto a la ley.

Para evitar ambigüedades en el momento de su desarrollo y aplicación práctica por parte de los poderes públicos, la Constitución declara expresamente que los derechos y libertades que reconoce deben interpretarse siempre conforme a la *Declaración Universal de los Derechos Humanos* (aprobada por la ONU en 1948) y a los tratados y convenios internacionales sobre las mismas materias que hayan sido ratificados en España.

# Garantías constitucionales

## Mecanismos de garantía

La proclamación de los derechos y libertades de los ciudadanos resultaría totalmente inoperante si no se estableciesen al mismo tiempo unos mecanismos que garanticen su respeto, particularmente por parte de los poderes públicos.

En nuestro sistema constitucional la tutela del respeto a los derechos y libertades se articula en torno a los siguientes organismos:

— el tribunal constitucional;
— los tribunales ordinarios;
— el Defensor del Pueblo;
— el ministerio fiscal.

### El Tribunal Constitucional

El respeto y defensa de los derechos y libertades constitucionales es vinculante para todos los poderes públicos. Su regulación (que implica el establecimiento de sus respectivos límites) sólo puede hacerse mediante leyes orgánicas cuya aprobación requiere la mayoría absoluta en el Congreso y el Senado. Su primera garantía es, por consiguiente, la interposición de un recurso de anticonstitucionalidad ante el Tribunal Constitucional.

El Tribunal Constitucional se compone de doce miembros nombrados por el rey. De ellos, cuatro a propuesta del Congreso por mayoría de 3/5 de sus miembros, cuatro a propuesta del Senado, con igual mayoría, dos a propuesta del Gobierno y dos a propuesta del Consejo General del Poder Judicial. Deben elegirse entre magistrados y fiscales, profesores de universidad, funcionarios públicos y abogados, todos ellos juristas de reconocida competencia con más de quince años de ejercicio profesional.

Los miembros del tribunal son designados por un periodo de nueve años y se renuevan por terceras partes cada tres.

La condición de miembros es incompatible con los mandatos representativos, con los cargos políticos y administrativos, con el desempeño de funciones directivas en un partido político o sindicato y con el empleo al servicio de los mismos, con el ejercicio de las carreras judicial y fiscal y cualquier actividad profesional o mercantil; por lo demás, tendrán las incompatibilidades propias de los miembros del poder judicial. Asimismo, serán independientes e inamovibles en el ejercicio de su mandato.

El presidente del Tribunal es nombrado entre sus miembros por el rey, a propuesta del propio tribunal en pleno y por un periodo de tres años.

El Tribunal Constitucional tiene competencia en todo el territorio español para conocer:

- los recursos de anticonstitucionalidad;
- los recursos de amparo;
- los conflictos de competencia entre el Estado y las comunidades autónomas, o de estas entre sí;
- las demás cuestiones que le atribuyen la Constitución y las leyes orgánicas.

**El recurso de inconstitucionalidad**

El recurso de inconstitucionalidad puede interponerse contra leyes o disposiciones con rango de ley (como los decretos-ley y los decretos legislativos), tanto del Estado como de las comunidades autónomas, si su contenido se opone a lo dispuesto en la Constitución.

Están legitimados para interponer este recurso:

- el presidente del Gobierno;
- cincuenta diputados o senadores;
- las asambleas legislativas (parlamentos) de las comunidades autónomas;
- los Gobiernos de las comunidades autónomas;
- el Defensor del Pueblo.

Cuando un órgano judicial considere en un proceso que la ley aplicable al caso, y de cuya validez depende

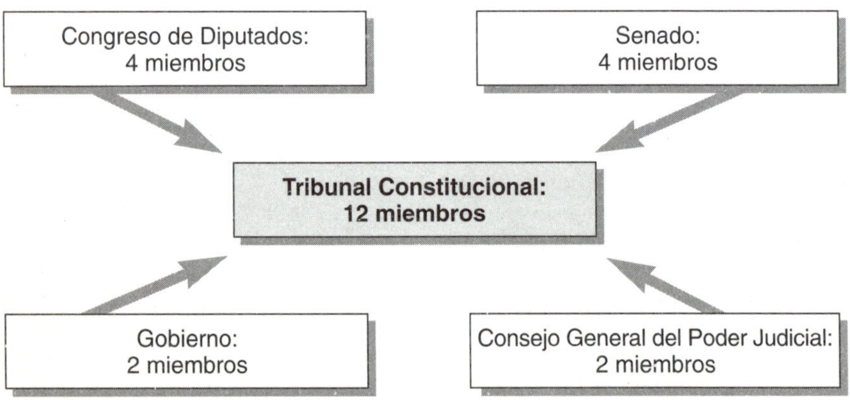

el fallo, puede ser contraria a la Constitución, planteará la cuestión ante el tribunal en los supuestos, forma y con los efectos que establezca la ley, que en ningún caso serán suspensivos.

Las sentencias se publicarán en el *Boletín Oficial del Estado*, tienen el valor de cosa juzgada a partir del día siguiente y no cabe recurso contra ellas. Las que declaren la inconstitucionalidad de una ley o normas con fuerza de ley y las que no se limiten a la estimación subjetiva de un derecho, tendrán plenos efectos contra todos. Subsistirá la vigencia de la ley en la parte no afectada de inconstitucionalidad, salvo que en el fallo se disponga otra cosa.

## Los tribunales ordinarios

Todo ciudadano puede recabar ante los tribunales ordinarios, por procedimiento preferente y sumario, la tutela de las libertades y derechos de igualdad ante la ley en caso de discriminación por nacimiento, raza, sexo, religión, opinión u otra circunstancia personal o social, así como los siguientes derechos: a la vida, libertad ideológica y religiosa, libertad personal, intimidad e inviolabilidad del domicilio, residencia y circulación, expresión, reunión, asociación, participación, protección judicial de derechos, libertad de enseñanza y educación, sindicación y huelga y petición.

Si no obtiene la protección de sus derechos por los tribunales ordinarios, el interesado puede interponer un recurso de amparo ante el Tribunal Constitucional, o acudir al Defensor del Pueblo para que lo haga. Del mismo modo, puede interponerlo el ministerio fiscal, si considera que los derechos fundamentales no han sido respetados.

## El recurso de amparo

A diferencia del recurso de anticonstitucionalidad, lo que se invoca mediante el recurso de amparo no es que alguna ley sea contraria a la Constitución, sino que los derechos y libertades fundamentales que tiene una persona no han sido respetados por los poderes públicos en un caso concreto.

Como ya se ha comentado, están legitimados para interponer el recurso de amparo ante el Tribunal Constitucional:

- cualquier persona (física o jurídica) que alegue un interés legítimo en el asunto;
- el Defensor del Pueblo;
- el ministerio fiscal.

Si admite las razones del recurrente, la sentencia del Tribunal Constitucional consistirá en el reconocimiento de sus derechos, obligando a los poderes públicos a que actúen para rectificar los actos que han llevado a su vulneración o a adoptar las medidas necesarias para garantizar su ejercicio.

## El Defensor del Pueblo

Esta figura es definida por la Constitución como un alto comisionado de las Cortes Generales, elegido por estas para la defensa de los derechos y libertades fundamentales.

Además de la posibilidad de interponer recurso de anticonstitucionalidad y de amparo, según se ha comentado, el Defensor del Pueblo tiene la misión de recibir quejas y sugerencias de los particulares sobre las actividades de las administraciones públicas que resulten atentatorias contra los derechos y libertades o limiten injustificadamente su ejercicio, así como de supervisar tales actividades, dando cuenta de todo ello a las Cortes Generales.

En las comunidades autónomas existen instituciones similares, si bien con nombres diversos (de origen histórico en muchos casos, como el *Justicia de Aragón* o el *Síndic de Greuges* [Síndico de Agravios], en Cataluña). Persiguiendo los mismos fines, deben estar en estrecho contacto con el Defensor del Pueblo y coordinar sus actuaciones.

## Posibilidades de suspensión

Los derechos reconocidos sobre libertad personal —inviolabilidad del domicilio y secreto de las comunicaciones; libertad de residencia y circulación; expresión y difusión de pensamientos, ideas y opiniones, comunicar o recibir información; no secuestro de publicaciones; reunión, huelga y conflictos colectivos— podrán ser suspendidos cuando se declare el estado de excepción o de sitio, excepto el derecho de información y la asistencia de abogado al ser detenido.

De forma individual, con la intervención judicial y el control parlamentario, determinados derechos reconocidos (inviolabilidad de domicilio, secreto de las comunicaciones, etc.) pueden ser suspendidos para personas determinadas, en relación con investigaciones sobre actuación de bandas armadas o elementos terroristas.

## Los principios rectores de la política social y económica

Los definidos por la Constitución como principios rectores de la política social y económica deben inspirar el contenido de las leyes aprobadas por las Cortes y los parlamentos autonómicos, y guiar tanto la práctica judicial como la actuación de las administraciones públicas. Es decir, los tres poderes (ejecutivo, legislativo y judicial) deben basarse en ellos al ejercer las funciones que tienen encomendadas.

Sin embargo, el respeto a esos principios no puede ser invocado directamente por los particulares ante los tribunales (ni los ordinarios, ni el Constitucional).

Sólo pueden acudir a ellos en virtud de las leyes que los desarrollan y regulan su aplicación concreta.

# DERECHO CONSTITUCION

## RESUMEN

### Deberes y derechos fundamentales

• La Constitución dedica su primer título al enunciado de estos, así como a los principios que deben orientar la política social y económica, con plena y absoluta independencia de cuál sea la ideología del partido o coalición que en cada momento concreto ostente el gobierno de España.

• En su desarrollo es posible clasificar los tan repetidos derechos y deberes fundamentales y principios orientadores de la política social y económica de la siguiente manera: nacionalidad, derechos fundamentales y libertades públicas, derechos y deberes de los ciudadanos y principios rectores de la política social y económica.

• Los derechos fundamentales y las libertades públicas que se reconocen constitucionalmente son muy diversos. Tal vez el principal es el derecho a la vida y a la integridad física y moral, por lo que quedan totalmente proscritas la tortura y las penas o tratos inhumanos o degradantes. De similar importancia resulta la abolición de la pena de muerte. A este respecto cabe señalar que, pese a que se prevé que las leyes penales militares puedan disponer su existencia en tiempos de guerra, lo cierto es que en la actualidad la pena de muerte está abolida incluso en tales supuestos.

• La Constitución garantiza asimismo la libertad ideológica, religiosa y de culto de los ciudadanos y de las comunidades sin más limitación —por lo que respecta a sus manifestaciones— que la necesaria para el mantenimiento del orden público protegido por la ley. Se garantiza también que nadie pueda ser obligado a declarar sobre su ideología, religión o creencias. Por tanto, en el supuesto de que alguien pretenda indagar acerca de ello, nos podemos negar amparándonos en el mismo texto constitucional.

• El Estado español es aconfesional. Pese a todo, se reconoce que el Estado no puede desconocer las creencias de la sociedad, por lo que cooperará con todas las confesiones y, en especial, con la Iglesia católica.

• Toda persona tiene derecho a la libertad y a la seguridad y, por tanto, nadie puede ser privado de su libertad de forma ilegal, arbitraria, injusta o caprichosa. Se regula especialmente la detención preventiva que no podrá durar más que el tiempo estrictamente necesario para la averiguación de los hechos que dieron origen y, bajo ninguna circunstancia, más de setenta y dos horas, transcurridas las uales el detenido debe ser puesto a disposición judicial o en libertad. Queda reconocido constitucionalmente el derecho de todo detenido a ser informado de manera inmediata y de forma clara acerca de los derechos que le asisten y de las causas que han motivado su detención, sin que se esté obligado a declarar.

• La Constitución reconoce y ampara el derecho al honor, a la intimidad personal y familiar y a la propia imagen, gozando el domicilio familiar del carácter de inviolable. Se garantiza el secreto de las comunicaciones.

**Garantías constitucionales**

• Como desarrollo y complemento de la Constitución, se han creado organismos a los que puede recurrirse si se ha infringido lo reconocido en la norma suprema.

• La inconstitucionalidad de una ley que se dicte o de una actuación determinada de cualquier persona puede ser puesta en conocimiento mediante el recurso a los tribunales ordinarios de justicia o mediante una denuncia ante el Ministerio Fiscal, pero como mecanismos específicos y concretos existen el Tribunal Constitucional y el Defensor del Pueblo.

• El Tribunal Constitucional es un tribunal de carácter especial entre cuyas funciones más importantes hallamos la de resolver los recursos de inconstitucionalidad que se presenten contra leyes y de los recursos de amparo por violación de los derechos y libertades fundamentales, así como los conflictos de competencia entre el Estado y las comunidades autónomas.

• El Defensor del Pueblo es aquella institución encargada de defender los derechos y libertades fundamentales, a cuyo efecto podrá supervisar la actividad de la Administración, dando cuenta a las Cortes Generales, que es quien lo designa.

# II
# DERECHO MERCANTIL

# Concepto y caracteres del derecho mercantil

## Las fuentes

El artículo 2 del Código de comercio dice: «Los actos de comercio, sean o no comerciantes los que los ejecuten, y estén o no especificados en este Código, se regirán por las disposiciones contenidas en él; en su defecto, por los usos de comercio, observados generalmente en cada plaza, y a falta de ambas reglas, por las del derecho común».

Conforme al artículo 2 del Código de comercio, la ley es la primera de las fuentes del derecho mercantil.

Dentro de la legislación mercantil, y en atención a su objeto, las normas legales se dividen en dos grandes grupos: las que recaen en materias exclusivamente reguladas por la legislación mercantil —letra de cambio, S. A., etc.— y las que recaen sobre materias también reguladas en el Código civil —compraventa, mandato, depósito, etc.

Desde otro punto de vista, puede hablarse de ley general (Código de comercio) y de leyes especiales mercantiles, no derogadas por aquel, o posteriores al mismo, ya sean modificativas o complementarias.

La codificación mercantil tiene su origen en el artículo 258 de la Constitución de 1812. El primer Código de comercio se promulgó el 30 de mayo de 1829. No obstante, el 22 de agosto de 1885 se promulga el nuevo y vigente Código de comercio que entraría en vigor el 1 de enero de 1886.

Son múltiples las leyes especiales que complementan el Código de comercio.

Además del Código de comercio existen importantes leyes y disposiciones complementarias, como por ejemplo la Ley de Sociedades Anónimas aprobada por Real decreto legislativo de 22 de diciembre de 1989, n.º 1.564/1989; la Ley de 25 de julio de 1989, n.º 19/88 de adaptación de la legislación mercantil a Directivas de la Comunidad Económica Europea; y el Reglamento del Registro Mercantil aprobado por Real decreto de 19 de julio de 1996, entre otras.

La segunda de las fuentes aludidas en el artículo 2 del Código de comercio la constituyen los usos de comercio. Por *uso* se entiende toda relación consciente, continua y uniforme de actos voluntarios. La clasificación fundamental que se suele hacer es la que distingue entre los usos interpretativos y los usos normativos.

Los usos interpretativos sólo existen cuando han sido tenidos en cuenta por las partes al otorgar el contrato; los usos normativos existen independientemente de la voluntad de las partes. Los usos interpretativos no crean una norma jurídica, sino que se limitan a interpretar; los normativos crean norma jurídica a falta de ley. Para adquirir valor, los usos interpretativos necesitan ser probados por quien los alega; los normativos deberán ser conocidos por el juez y aplicados de oficio.

Por último, la declaración del artículo 2, al remitirse al derecho común, no significa que el derecho común sea fuente del derecho mercantil, sino que las leyes civiles son traídas al campo de las relaciones jurídicas mercantiles sin variar su verdadera naturaleza.

Hay que tener presente que en todo caso debe darse prioridad absoluta a la norma de derecho mercantil escrito o consuetudinario en las materias que regula; el derecho civil se aplicará, en los casos ordinarios, cuando se dé una verdadera laguna en el ordenamiento mercantil.

# El comerciante individual y social

## El comerciante individual

La cualidad de comerciante no se determina por un criterio formal (inscripción en un registro) ni por un criterio mixto (inscripción en la matrícula de comerciante y tráfico mercantil), sino por un criterio exclusivamente real (dedicación habitual al comercio).

¿Qué debe entenderse por *habitual*? Nuestro Código establece, en el artículo 3, que existirá la presunción legal del ejercicio habitual del comercio desde que la persona que se proponga ejercerlo anunciare por circulares, periódicos, carteles, rótulos expuestos al público, o de otro modo cualquiera, un establecimiento que tenga por objeto alguna operación mercantil.

### Capacidad, incapacidad y prohibiciones

**Capacidad.** El artículo 4 del Código de comercio establece que tendrán capacidad para el ejercicio habitual del comercio las personas mayores de edad que tengan libre disposición sobre sus bienes.

**Incapacidad.** De este artículo se deduce que se considerarán incapacitados para el ejercicio habitual del comercio:

— los menores de dieciocho años;
— los locos o dementes, los sordomudos y los pródigos sometidos a tutela, pues los mismos carecen de libre disposición de sus bienes;
— también cita el Código al quebrado entre las personas que no pueden ejercer el comercio, salvo que haya sido habilitado o esté autorizado para continuar al frente de su establecimiento.

**Prohibiciones.** La prohibición se diferencia de la incapacidad en que la primera supone capacidad. Existen dos tipos: absolutas y relativas.

Las prohibiciones absolutas conciernen a las personas que por leyes o disposiciones especiales no puedan negociar, como los militares, los agentes de cambio y bolsa, los corredores de comercio y los clérigos.

Se habla de prohibiciones relativas cuando estas se circunscriben al territorio en que desempeñan las funciones incompatibles con el comercio, como ocurre a los magistrados, jueces y fiscales; jefes gubernativos y económicos de las provincias, partidos y plazas; recaudadores y administradores de fondos estatales; así como las que afectan a los socios de las sociedades colectivas, en cuanto al género de comercio de la sociedad a la que pertenecen y los factores respecto al comercio de su actividad principal.

## El comerciante social

El artículo 1.º del Código de comercio establece que son comerciantes, a los efectos del mismo:

- los que teniendo capacidad legal para el ejercicio del comercio se dediquen a él habitualmente (comerciante individual);
- las compañías mercantiles e industriales que se constituyen con arreglo al Código.

Podemos definir el comerciante social, desde un punto de vista doctrinal, como la persona jurídica que se dedica profesionalmente al ejercicio del comercio.

La sociedad mercantil es, pues, una persona jurídica, constituida sobre la base de un contrato, cuyo objeto social es el ejercicio del comercio.

A la vista de este precepto cabe preguntarse: ¿cuál es el criterio para distinguir la sociedad civil de la mercantil? A primera vista no hay duda de que es mercantil la sociedad cuando adopta la forma mercantil. Pero la cuestión se complica, porque el artículo 1.670 admite la existencia de sociedades civiles en forma mercantil. De aquí, pues, que no baste el criterio formal, siendo menester también el criterio objetivo, o sea, la naturaleza de las operaciones que constituyen el objeto de la sociedad.

Ahora bien, toda esta cuestión se ha simplificado modernamente, pues las leyes especiales reguladoras de las sociedades anónimas y de responsabilidad limitada han vuelto al criterio formal, declarando que cualquiera que sea el objeto de la sociedad, las anónimas y las de responsabilidad limitada tendrán siempre carácter mercantil.

### Clasificación

Según la doctrina, pueden hacerse las distinciones siguientes:

*a*) Por el elemento preponderante, se distingue entre sociedades personalistas, como es la colectiva y la comanditaria simple, y sociedades capitalistas, como la anónima y la comanditaria por acciones.

*b*) Por la mayor o menor fijeza de su capital: sociedades de capital fijo (como la anónima, colectiva, etc.) y sociedades de capital variable (como las mutuas de seguros).

*c*) Por la responsabilidad de los socios: sociedades de responsabilidad ilimitada y de responsabilidad limitada.

Por otra parte, el derecho y la práctica española conocen cuatro tipos fundamentales de sociedades: colectiva, comanditaria, anónima y de responsabilidad limitada.

**Constitución**

El artículo 119 del Código de comercio exige que toda compañía de comercio, antes de dar principio a sus operaciones, deberá hacer constar su constitución, pactos y condiciones, en escritura pública, que se presentará para su inscripción en el Registro Mercantil.

La exigencia formal de la escritura pública constituye una excepción al principio de libertad de forma contractual consagrada en el artículo 51 del Código; excepción que se explica por la importancia misma del contrato de sociedad, por la complejidad habitual de sus cláusulas y por las circunstancias que trae la constitución en orden al nacimiento de un ente jurídico nuevo.

**Personalidad**

El artículo 116, en su párrafo 2, determina que una vez constituida la sociedad, tendrá personalidad jurídica en todos sus actos y contratos. Ahora bien, si en su constitución no se observan las formalidades antes dichas, escritura pública e inscripción, estaremos en presencia de una sociedad irregular que no gozará de personalidad jurídica. Una vez que se haya constituido legalmente la sociedad, la personalidad

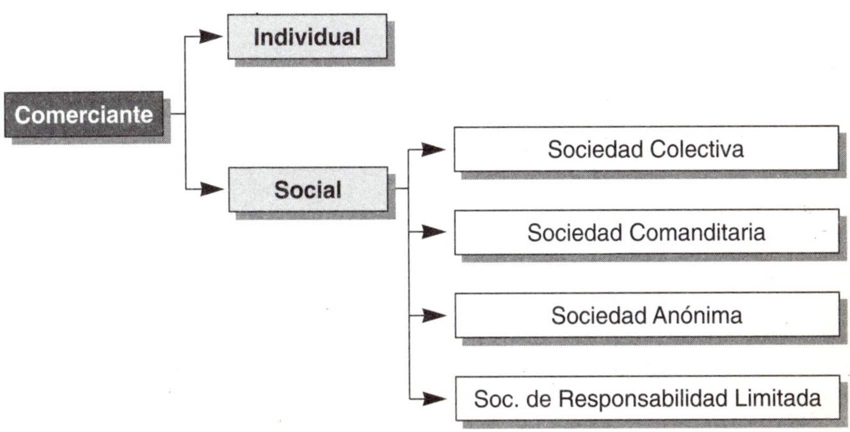

jurídica que ostenta produce para la misma una serie de efectos:

— le confiere la cualidad de sujeto de derecho, con capacidad jurídica plena, tanto para adquirir y obligarse en el tráfico mercantil, como para ser titular de derechos y obligaciones propias, distintos de los socios;
— le atribuye autonomía patrimonial, frente al patrimonio de los socios;
— le atribuye un nombre propio, una nacionalidad, un domicilio, etc.

Sociedad - autonomía patrimonial frente al patrimonio de los socios

# Sociedad colectiva, comanditaria y de responsabilidad limitada

## Sociedad colectiva regular

### Caracteres

Del conjunto de las normas que el Código dedica a su regulación pueden destacarse las siguientes:

— la sociedad colectiva regular es una sociedad personalista, pues los socios pueden aportar capital o no, pero lo que no pueden dejar de aportar es su esfuerzo personal;
— se trata de una sociedad en la que los socios responden ilimitadamente con su patrimonio de las deudas sociales;
— su capital no puede ser inferior a las 500.000 ptas.

Como todas las demás sociedades mercantiles, la sociedad colectiva ha de constituirse mediante escritura pública, que habrá de inscribirse en el Registro. La escritura deberá expresar:

— el nombre, apellidos y domicilio de los socios;
— la razón social;
— el nombre y apellidos de los socios a quienes se les encomienda la gestión de la compañía y el uso de firma social;
— el capital que cada uno de los socios aporte en dinero efectivo, créditos o efectos;
— la duración que se prevé para la compañía;
— las cantidades que en su caso se asignen a cada socio gestor anualmente, para sus gastos particulares;
— se podrán también consignar en la escritura todos los demás pactos lícitos y condiciones especiales que los socios acuerdan que es necesario establecer.

Por su parte, el Reglamento del Registro Mercantil exige que en la escritura se haga constar claramente los siguientes datos:

— el domicilio en el que se ubica la sociedad;
— el objeto social;
— la fecha en la que se da comienzo a las operaciones de la sociedad colectiva que se constituye.

## Derechos, deberes y responsabilidades de los socios

### Derechos

Son los siguientes:

— derecho a participar en la gestión social en la forma que se ha dicho;
— derecho a información, con el fin de poder conocer en cualquier momento la marcha de la sociedad;
— derecho a participar en las ganancias y en el patrimonio resultante de la liquidación de la sociedad.

### Deberes y obligaciones

Son los siguientes:

— no hacer la competencia a la sociedad dedicándose al mismo género de comercio que esta;
— no distraer del acervo común más cantidad de la asignada a cada uno para sus gastos particulares;
— aportar lo que se hubiere comprometido;
— indemnizar los daños causados a los demás socios por abuso de facultades o negligencias graves;
— soportar las pérdidas en la medida prevista en la escritura social.

### Responsabilidad

De las deudas sociales responde en primer lugar la sociedad con el patrimonio social, pues la responsabilidad de los socios es subsidiaria o de segundo grado, aunque solidaria e ilimitada; ello quiere decir que el acreedor, agotado el patrimonio social, puede dirigirse contra cualquiera de los socios por el importe total de la deuda, sin perjuicio de que el socio que pague pueda repetir después contra los demás socios reclamándoles la parte que corresponda a cada uno.

## Sociedad comanditaria

Uría la define como una sociedad «en la que, bajo una razón social, unos socios, los colectivos, responden con todos sus bienes del resultado de la gestión social, y otros socios, los comanditarios, sólo adquieren una responsabilidad limitada a su aportación social».

El rasgo verdaderamente característico de esta sociedad es la existencia de dos clases de socios, y la distinta responsabilidad de unos y otros. Funciona, al igual que la colectiva, bajo una razón social, aunque formada exclusivamente con los nombres de los socios colectivos. Constituye una comunidad de trabajo, aunque los comanditarios estén apartados de la gestión social.

Podemos distinguir dos clases: la sociedad comanditaria simple, que ya hemos definido, y la sociedad comanditaria por acciones, un tipo mixto entre la sociedad anónima y la sociedad comanditaria simple, que surge por la

división en acciones del capital de los socios comanditarios.

Los elementos necesarios para la constitución de la sociedad comanditaria son el otorgamiento de la escritura pública, y la inscripción en el Registro Mercantil. La escritura pública debe contener las mismas menciones ya señaladas para la sociedad colectiva, y además tendrá que especificarse quiénes son los socios colectivos y quiénes los comanditarios.

Los socios comanditarios tendrán los siguientes derechos:

— participar en el reparto de las ganancias, y del patrimonio social, en caso de liquidación, en la cuantía que se hubiere pactado;
— examinar la situación de la administración social en las épocas prescritas en el contrato de constitución.

Los socios comanditarios tendrán las siguientes obligaciones:

— aportar el capital a que se hubieran comprometido;
— soportar las pérdidas en la forma pactada;
— indemnizar a la sociedad de los daños que le causen por malicia, abuso o negligencia inexcusables.

Los socios colectivos tendrán los mismos derechos y obligaciones que en la sociedad colectiva.

## Sociedad de responsabilidad limitada

En esencia, la sociedad de responsabilidad limitada es una sociedad anónima modesta, una sociedad con pocos socios, basada en el conocimiento mutuo.

En cuanto a su régimen jurídico, cabe señalar que la constitución ha de hacerse por escritura e inscribirse en el Registro. El capital social deberá ser, como mínimo, de quinientas mil pesetas, sin que tenga un límite máximo y, a diferencia de la sociedad anónima, no está dividido en acciones, sino en participaciones. Tal capital tendrá que estar totalmente desembolsado.

Los derechos fundamentales de los socios son los siguientes:

— derecho al dividendo; condicionado, naturalmente, a que existan ganancias;
— derecho al voto.

Las obligaciones del socio se agotan en su deber de aportar aquello a que se hubiese comprometido.

En esta sociedad existen, al menos, dos órganos: uno de gestión y representación (administradores), y otro deliberante (formado por la junta general de socios).

Los acreedores sociales no pueden dirigirse más que contra el patrimonio social; ello implica el hecho de que nunca podrán dirigirse contra el patrimonio de los socios.

## Sociedad limitada nueva empresa

Se trata de una sociedad limitada específicamente concebida para nuevas empresas o autónomos que quieran expandir o consolidar su actividad; su regulación la encontramos en la Ley 7/2003, de 1 de abril.

La denominación de la sociedad limitada nueva empresa (SLNE) estará formada por los dos apellidos y el nombre de uno de los socios fundadores, seguidos de un código que se denomina ID CIRCE.

La actividad de las SLNE debe limitarse a una de las siguientes: agrícola, ganadera, forestal, pesquera, industrial, de construcción, comerciales, turísticas, de transportes, de comunicaciones, de intermediación, de profesionales o de servicios en general.

El capital mínimo tiene que ser de 3.012 euros pero con un máximo, en concreto, de 120.202 euros. Es importante tener en cuenta que a una SLNE no es posible hacer otras aportaciones que no sean puramente dinerarias (es decir, no se pueden aportar inmuebles, por ejemplo).

En cuanto al número de socios —que sólo pueden ser personas físicas, nunca sociedades— la ley ha fijado un número máximo de cinco, pero no un mínimo, por lo que una sola persona puede constituirse en SLNE, pero sin que se pueda ser socio de más de una SLNE al mismo tiempo.

Los administradores de la sociedad (que pueden ser uno o más de uno) tienen que ser, necesariamente, socios de la SLNE.

Es importante señalar que las SLNE gozan de un régimen fiscal específico y muy ventajoso, así como de una normativa contable simplificada.

Ha sido publicado un modelo de Estatutos sociales de la SLNE, lo cual, unido al hecho de que no es necesario solicitar la denominación con carácter previo a su constitución, supone que la creación de este tipo específico de empresas sea mucho más rápida que las sociedades limitadas o anónimas clásicas.

# La sociedad anónima

Podemos definir la sociedad anónima como una sociedad capitalista dedicada, con capital propio y dividido en acciones, y bajo el principio de la responsabilidad limitada de los socios, a la explotación de una industria mercantil.

Como expresión formal de la sociedad anónima debe otorgarse la escritura pública de constitución, que viene a documentar un acto colectivo, esto es, un acuerdo de voluntades paralelas que se hallan dirigidas hacia un mismo fin.

En la escritura de constitución de la sociedad se expresará necesariamente el siguiente conjunto de datos:

— los nombres y apellidos y edad de los otorgantes, si estos son personas físicas, y su razón social si se trata de sociedades;
— la voluntad de los otorgantes de fundar una sociedad anónima;
— la consignación del metálico, bienes o derechos que cada socio aporte o se obligue a aportar, indicando el título en que lo haga y el número de acciones atribuidas en pago;
— la cuantía total, o aproximada, de los gastos de constitución tanto de los ya satisfechos como de los meramente previstos hasta que la sociedad quede constituida;
— los estatutos que han de regir el funcionamiento de la sociedad;
— los nombres, apellidos y edad de las personas que se encarguen inicialmente de la administración y representación social, si fueran personas físicas o su denominación social, si fueran personas jurídicas y, en ambos casos, su nacionalidad y domicilio, así como las mismas circunstancias en su caso, de los auditores de cuentas de la sociedad.

En los estatutos que han de regir el funcionamiento de la sociedad, debe constar como mínimo:

— la denominación de la sociedad;
— el objeto social, así como el órgano competente para decidir o acordar la creación, la supresión o el traslado de las sucursales;
— la duración de la sociedad;
— la fecha en que dará comienzo a sus operaciones;

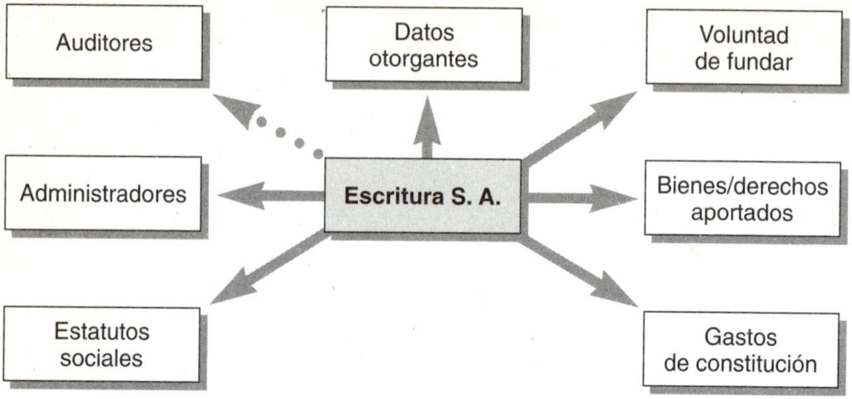


— el capital social, expresando, en su caso, la parte de su valor no desembolsado, así como la forma y el plazo máximo en que han de satisfacerse los dividendos pasivos; el capital debe ser, como mínimo, de 10 millones de pesetas;

— el número de acciones en que se halle dividido el capital social; su valor nominal; su clase y serie (en caso de que existan varias), con exacta expresión del valor nominal, número de acciones y derechos de cada una de las clases; el importe efectivamente desembolsado; y la aclaración de si están representadas por medio de títulos o por medio de anotaciones en cuenta, ya que en el caso de que se presentaran en forma de títulos, deberá indicarse si son nominales o al portador y si se prevé la emisión de títulos simples;

— la estructura del órgano al que se confía la administración de la sociedad, determinando los administradores a quienes se confiere el poder de representación, así como su régimen de actuación, de conformidad con lo que disponga la ley; se debe expresar el número de administradores que, en el caso del Consejo, no pueden ser menos de tres, también basta con expresar sólo el número máximo y mínimo de administradores; debe expresarse, también, el plazo de duración del cargo y el sistema de su retribución, si la tienen;

— la forma de deliberar y tomar acuerdos los órganos colegiados de la sociedad;

— la fecha de cierre del ejercicio social; a falta de disposición estatutaria se entenderá que el ejercicio social termina el 31 de diciembre de cada año;

— las restricciones a la libre transmisibilidad de las acciones, cuando se hayan estipulado;

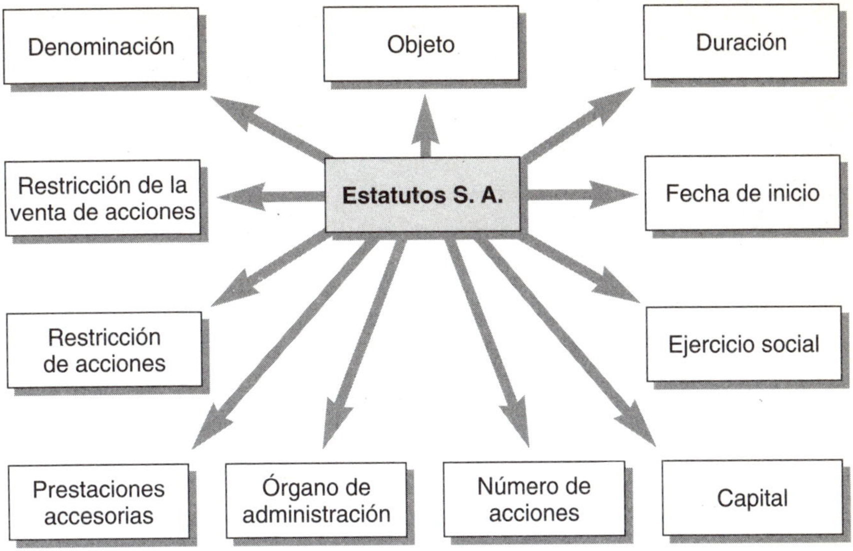


- el régimen de las prestaciones accesorias en caso de establecerse, mencionando expresamente su contenido, carácter gratuito o retribuido, las acciones que lleven aparejada la obligación de realizarlas, así como las eventuales cláusulas penales inherentes a su cumplimiento;
- los derechos especiales que, en su caso, se reserven los fundadores o promotores de la sociedad.

En la escritura se pueden incluir todos los pactos lícitos y condiciones especiales que se permita legalmente y por el propio fin de la sociedad.

El convenio de fundación de la sociedad anónima puede adoptar la modalidad de fundación simultánea o fundación sucesiva.

La fundación simultánea se realiza en un solo acto, por convenio entre los fundadores, que asumen todas las acciones, y en consecuencia se identifican con los primeros accionistas. Las personas que otorguen la escritura social, y asuman la aportación del capital, son los fundadores. Sin embargo, se exceptúan las sociedades constituidas por el Estado, comunidades autónomas o corporaciones locales, o por organismos o entidades de ellos dependientes.

La sucesiva, en cambio, se caracteriza por la suscripción pública de acciones y posterior reunión de junta constituyente en la que se decide la constitución de la sociedad.

El plazo de inscripción de las sociedades de fundación simultánea es de dos meses a contar desde la fecha de su otorgamiento. El plazo de inscripción en el Registro Mercantil de la fundación sucesiva es el del mes siguiente a la celebración de la junta.

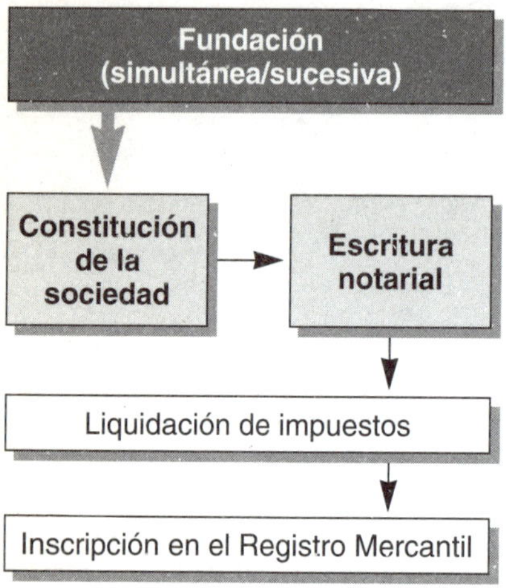


## Denominación social

La sociedad anónima, como cualquier otro comerciante individual o colectivo, necesita poseer una denominación social o nombre comercial que la distinga de las demás sociedades y le sirva, además, para afirmar las transacciones mercantiles.

La ley de Sociedades Anónimas sigue un sistema de amplia libertad para la elección de la denominación social. Ahora bien, la ley contiene dos declaraciones de carácter imperativo: en la denominación social deberá hacerse constar obligatoriamente las palabras «sociedad anónima» o las siglas S. A., y no puede coincidir con el de otra sociedad anteriormente registrada, ni ser tan semejante que pueda inducir a confusión.

## La junta general

La junta general es la reunión de accionistas debidamente convocados para deliberar y decidir por mayoría sobre determinados asuntos sociales propios de su competencia. Las juntas generales pueden ser ordinarias y extraordinarias. Son ordinarias aquellas juntas que deben reunir periódicamente a los socios; son extraordinarias aquellas cuya reunión no está prevista para épocas determinadas por la Ley o por los Estatutos.

En la actuación de la junta debe distinguirse la convocatoria, la constitución y la decisión. Además de la convocatoria normal, que debe hacerse por los administradores, regula nuestra Ley la convocatoria judicial.

La junta deberá constituirse en la localidad donde la sociedad tenga su domicilio social, y por ello, en primera convocatoria es necesario que concurran a ella bien la mayoría de los socios o bien un número de ellos que represente, por lo menos, la mitad del capital desembolsado. En segunda convocatoria será válida la constitución de la junta cualquiera que sea el número de socios concurrentes a la misma.

Para la adopción de acuerdos será necesaria la deliberación, esto es, el derecho a deliberar, y que permite a los socios por escrito, con anterioridad a la junta o verbalmente durante la misma, recabar informes sobre asuntos a tratar. Posteriormente se emitirá el voto, expresión de un derecho social. La mayoría de votos decide el sentido del acuerdo, que es la expresión de la voluntad social.

## Los administradores

El órgano de representación y ejecución de la sociedad está constituido por los administradores. Cuando la administración se confiere conjuntamente a varias personas, surge un órgano colegiado llamado «Consejo de Administración».

La competencia del Consejo queda en parte al arbitrio de los Estatutos, aunque la Ley también le impone determinadas funciones. El Consejo es órgano gestor y órgano representativo que se extenderá a todos los asuntos pertenecientes al giro o tráfico de la empresa.

La Ley no exige especiales condiciones para ser nombrado administrador, pudiendo incluso no ser accionista. Por lo que se refiere al nombramiento, puede hacerse en la escritura fundacional o por la junta general de accionistas.

No pueden ser administradores por prohibición legal: los concursados no rehabilitados, los quebrados, los menores e incapacitados, los condenados a penas que lleven aneja la inhabilitación para cargo público, los que hayan sido condenados por grave incumplimiento de leyes o disposiciones sociales y los que por razón de su cargo no puedan ejercer el comercio. Tampoco los funcionarios al servicio de la Administración con funciones a su cargo relacionadas con las actividades propias de las sociedades de que se trate.

Los auditores constituyen el órgano de fiscalización que actúa mediante el examen y revisión del balance de cada ejercicio económico de la sociedad anónima. Su gestión es transitoria.

## La acción en la sociedad anónima

La Ley emplea la palabra *acción* en sentidos diversos.

**La acción como parte del capital.** La acción es, ante todo, una de las partes en que se divide el capital social en la sociedad anónima. La división del capital en acciones es requisito de la constitución de la sociedad. Y como el capital social se expresa en dinero, la acción expresa al mismo tiempo una suma de dinero y una cuota o parte del capital social.

**La acción como derecho.** La posesión de una acción atribuye a su titular el derecho de socio de la sociedad anónima; se trata de un derecho de naturaleza especialísima, cuyos caracteres son:

— concede un derecho a ser socio (y, por consiguiente, a participar en la administración, emitir voto y participar en los beneficios) y a una cuota de liquidación;

- es normalmente transferible sin necesidad de que preceda el consentimiento de la sociedad o de los demás socios;
- es indivisible el valor numérico de las acciones, ya que la cualidad de socio que la acción atribuye es indivisible. Si por herencia o por cualquier otro título, la acción fuese adjudicada a varios, tendrían que nombrar entre ellos un representante que ejerciese unipersonalmente los derechos del socio.

**La acción como título.** La cualidad de socio se incorpora a un documento, creando un título valor, que expresa necesariamente:

- la denominación de la sociedad, su domicilio, datos identificadores, su inscripción en el Registro Mercantil y el número de identificación fiscal;
- el valor nominal de la acción, el número y serie a que pertenece y su carácter ordinario o privilegiado, indicando en este caso el objeto del privilegio;
- su condición de nominativa o al portador;
- las restricciones a su libre transmisibilidad, cuando se hayan establecido;
- la suma desembolsada o la indicación de estar la acción completamente liberada;
- las prestaciones accesorias en el caso de que las lleven aparejadas;
- la suscripción de uno o varios administradores. Si la acción es sin voto debe constar en el título.

**Clases**

Según el contenido de derechos, las acciones se clasifican en acciones comunes y acciones especiales. Se distinguen las clases siguientes:

*a*) Acciones preferentes en sentido amplio. Son aquellas que conceden algún derecho distinto de los propios de las acciones ordinarias, sea sobre el dividendo, sea sobre el voto, sea sobre el patrimonio social al tiempo de su división.

*b*) Acciones sin voto. Actualmente pueden emitirse acciones en las que su titular carece del derecho a votar en la junta general pero, en cambio, tiene derecho a una participación superior en el reparto de beneficios.

*c*) Acciones de disfrute. Nacen por el deseo de no privar de participación en la sociedad a los accionistas de acciones amortizadas, para lo cual conservan estos accionistas las llamadas *acciones de disfrute*, que confieren derechos económicos, pero no administrativos.

También por la manera de estar designado el titular se pueden clasificar las acciones en nominativas y al portador. Serán nominativas si designan como titular a una persona determinada, y al portador si designan como titular a la persona que tenga en sus manos el título.

## Las obligaciones

Uno de los medios a los que puede recurrir una sociedad para obtener capital, cuando el desembolsado no resulte suficiente para la consecución del objeto social, consiste en dirigirse al ahorro mediante la emisión de obligaciones. Gran parte de los autores piensan que es un contrato de préstamo, es decir, que la emisión de obligaciones representa sólo un préstamo que se hace a la sociedad, ya que la obligación es un título de crédito. De este modo, puede hablarse de un derecho de crédito que nace en la emisión de obligaciones o ser anterior a ella, porque la sociedad puede acudir a emisión para consolidar deudas anteriores a corto plazo, o incluso deudas vencidas, convirtiendo en obligaciones a los antiguos acreedores ordinarios.

Las obligaciones pueden ser nominativas o al portador. Aparte de esta clasificación, puede hablarse de obligaciones con prima o sin ella, según se emitan o no por debajo de su valor nominal; de obligaciones ordinarias o con garantía; de obligaciones con interés fijo y con interés variable.

Se impone con carácter necesario en toda emisión de obligaciones la constitución de una asociación de defensa o sindicato de obligacionistas y la designación, por la sociedad, de una persona que, con el nombre de Comisario, concurra al otorgamiento del contrato de emisión en nombre de los futuros obligacionistas.

La organización interna del sindicato está montada sobre la base de un órgano deliberante, que es la asamblea, y otro representativo y de sanción, que es el comisario. La asamblea desempeña análoga función que la junta de accionistas. El comisario se elige inicialmente por la sociedad, pero una vez constituido el sindicato la asamblea de obligacionistas lo confirmará en el cargo o nombrará persona distinta. El comisario puede asistir, con voz pero sin voto, a las juntas generales de la sociedad emisora.

## La sociedad unipersonal

Tanto las sociedades limitadas como las anónimas pueden ser constituidas o devenir unipersonales, esto es, formadas por un único socio, persona física o jurídica.

La constitución de una sociedad unipersonal, la declaración de tal situación como consecuencia de haber pasado un único socio a ser propietario de todas las participaciones o acciones sociales, la pérdida de tal situación o el cambio del socio único como consecuencia de haberse transmitido alguna o todas las participaciones o acciones, se harán constar en escritura pública que se inscribirá en el Registro Mercantil. En la inscripción se expresará necesariamente la identidad del socio único.

En tanto subsista la situación de unipersonalidad, la sociedad hará constar expresamente su condición de unipersonal en toda su documentación, correspondencia, notas de pedido y facturas, así como en todos los anuncios que deba publicar por disposición legal o estatutaria.

Los contratos celebrados entre el socio único y la sociedad deberán constar por escrito o en la forma documental que exija la ley de acuerdo con su naturaleza, y se transcribirán a un libro-registro de la sociedad que habrá de ser legalizado conforme a lo dispuesto para los libros de actas de las sociedades. En la memoria anual se hará referencia expresa e individualizada a estos contratos, con indicación de su naturaleza y condiciones.

Transcurridos seis meses desde la adquisición por la sociedad del carácter unipersonal sin que esta circunstancia se hubiere inscrito en el Registro Mercantil, el socio único responderá personal, ilimitada y solidariamente de las deudas sociales contraídas durante el periodo de unipersonalidad. Inscrita la unipersonalidad, el socio único no responderá de las deudas contraídas con posterioridad.

## La sociedad anónima europea

En el año 1970 la Comisión Europea elaboró un proyecto de estatuto de sociedad anónima europea, y el Reglamento CEE n.º 2157/2001 del Consejo, de 8 de octubre de 2001, aprobó el Estatuto de la Sociedad Anónima Europea, imponiendo a los Estados miembros de la Unión Europea la obligación de adoptar todas aquellas disposiciones precisas para garantizar la efectividad de las normas de aplicación directa que en él se contienen.

En nuestro país, al objeto cumplir este específico mandato respecto de las sociedades europeas que se domicilien en España, se ha dictado la Ley 19/2005, de 14 de noviembre, sobre la sociedad anónima europea domiciliada en España que ha añadido un capítulo, el XII, a la Ley de Sociedades Anónimas.

La Sociedad Anónima Europea es una nueva forma societaria, común para los Estados miembros de la Unión Europea, con la cual se pretende que puedan existir sociedades de dimensión europea que no sufran los obstáculos derivados de la aplicación territorial limitada de las legislaciones nacionales aplicables a las empresas.

La Sociedad Anónima Europea sólo se puede crear mediante fusión de sociedades con domicilio en diversos países europeos, por constitución de una sociedad de cartera o por constitución de una filial común.

La sociedad anónima europea que tenga su domicilio en nuestro país se regirá por el ya citado Reglamento, por las disposiciones específicas de la Ley de Sociedades Anónimas y por la ley que regule los trabajadores en las sociedades anónimas europeas. La sociedad anónima europea deberá fijar su domicilio en España cuando su administración central se halle en territorio español.

# La sociedad laboral

Una sociedad laboral es, simplemente, una sociedad cuyo capital está en manos, por lo menos en su 51 %, de los propios trabajadores de la empresa.

Estas sociedades, nacidas como medio para conservar los puestos de trabajo en situaciones de crisis, han experimentado una gran difusión durante las dos últimas décadas.

Están reguladas por la Ley de Sociedades Laborales de 1997 y, en lo demás, les son de aplicación las normas de las sociedades anónimas o limitadas.

## Características especiales

Los rasgos que permiten distinguir una sociedad laboral de otra que no lo sea son, básicamente, los siguientes:

- en su denominación o razón social deben figurar las palabras Sociedad Anónima Laboral (SAL), o Sociedad Limitada Laboral (SLL);
- en ella pueden existir dos tipos de socios: trabajadores y capitalistas;
- los socios trabajadores deben prestar sus servicios en la empresa en régimen de retribución directa, con contrato indefinido y dedicación completa;
- los socios trabajadores deben poseer, en su conjunto, un 51 % del capital social, como mínimo;
- los socios capitalistas pueden ser tanto personas físicas, como sociedades o entidades públicas o privadas;
- las acciones deben ser siempre nominativas si se trata de una SAL, constando si su titular es trabajador de la empresa o no;
- ningún socio (ni trabajador, ni capitalista) puede poseer acciones que lleguen a representar la tercera parte del capital social (excepto en el caso de que participen, como socios capitalistas, los entes de la Administración o las empresas públicas, cuya participación puede alcanzar hasta el 49 %);
- el total de trabajadores de la empresa que no sean socios no puede exceder del 15 % de los socios trabajadores (o del 25 %, si la sociedad tiene menos de 25 de estos últimos).

Salvando estas diferencias, su organización interna es la misma que la de una sociedad mercantil (junta general, consejo de administración, liquidadores, etc.). Y, como en ellas, la responsabilidad de los socios, tanto de los trabajadores como de los capitalistas, se limita a sus aportaciones al capital, quedando exentos de responsabilidad patrimonial particular por las deudas de la empresa.

## Constitución

El proceso de constitución de una sociedad laboral es, básicamente, el mismo que el de una sociedad mercantil. Es necesario otorgar la escritura fundacional, junto con los estatutos, en documento público.

Cumplidos esos trámites, sólo queda:

— liquidar el impuesto de transmisiones patrimoniales y actos jurídicos documentados (del que se benefician de una bonificación del 99 %);
— solicitar la calificación e inscripción de la sociedad en el registro administrativo de sociedades laborales;
— solicitar la calificación e inscripción en el Registro Mercantil.

## Transmisión de las acciones

La ley no impone ninguna limitación a la libre transmisibilidad de las acciones de los socios capitalistas (aunque sí pueden establecerlo los estatutos). Sólo hay que señalar que si quien las adquiere es otro socio, no debe sobrepasar la posesión de la tercera parte del capital social.

En cambio, en los supuestos en que sea un socio trabajador quien desee enajenar sus acciones a quien no sea trabajador de la empresa con contrato por tiempo indefinido, la ley establece un derecho de adquisición preferente.

— en primer lugar, a favor de los trabajadores que no son socios;
— en segundo, de los otros socios trabajadores (en proporción inversa a su participación anterior);
— en tercer lugar, de los socios capitalistas;
— y, por último, al resto de trabajadores de la empresa sin contrato indefinido.

Cada uno de esos grupos dispone de un plazo de treinta días para ejer-

cer su derecho. Únicamente si ninguno de ellos hace uso del mismo y la propia sociedad no acuerda adquirirlas para sí misma, puede el socio trabajador vender sus acciones a personas ajenas a la sociedad.

## Beneficios fiscales y descalificación

Las sociedades laborales, por su función social de conservar puestos de trabajo y favorecer la participación de los trabajadores en los beneficios de la empresa, cuentan con un trato fiscal más favorable que las normales. Esto se traduce en importantes bonificaciones en cuanto al impuesto sobre transmisiones patrimoniales y actos jurídicos documentados (de hasta el 99 % en ciertos casos) y el impuesto de sociedades.

Sin embargo, si durante su existencia una SAL o SLL deja de reunir los requisitos que la ley le exige para ser considerada como tal (mayoría del capital en manos de los trabajadores, participación máxima de cada socio, porcentaje de trabajadores que no son socios, reservas, etc.), puede ser descalificada.

Los inspectores de trabajo o los de hacienda, si comprueban alguna de estas circunstancias, lo comunicarán a la sociedad para que en el plazo de seis meses la corrija. Si no lo hace así, será descalificada por el Ministerio de Trabajo y Seguridad Social, dándola de baja del registro administrativo y comunicándolo al Registro Mercantil, donde constará que se ha convertido en una sociedad anónima ordinaria.

Lo mismo sucede si son los socios quienes deciden voluntariamente transformar la SAL o SLL en una sociedad mercantil ordinaria o en otro tipo de sociedad, o fusionarse con otra, sin conservar la condición de SAL o SLL.

En cualquier caso, la pérdida de su condición de «laboral», comporta también la de los beneficios fiscales que le son inherentes.

# Sociedades cooperativas y sociedades profesionales

## Sociedades cooperativas

Los estudiosos han encontrado precedentes remotos del cooperativismo en distintas épocas y en zonas geográficas muy alejadas entre sí. Sin embargo, podemos afirmar que las sociedades cooperativas, tal y como las conocemos actualmente, tuvieron su origen en el siglo XIX, como alternativa al capitalismo. En la Constitución española de 1978, el artículo 129.2 ordena a los poderes públicos el fomento, mediante una legislación adecuada, de este tipo de sociedades.

En una sociedad cooperativa se pretende que los socios se beneficien directamente de su propio esfuerzo de colaboración. Pero no se trata sólo de alcanzar metas puramente económicas: la finalidad última del cooperativismo es conseguir unas relaciones más justas y equitativas en el conjunto de la sociedad, así como promover el desarrollo humanístico y cultural.

Se pueden definir las cooperativas como aquellas sociedades constituidas por personas que libremente se asocian para la realización de cualquier actividad económica de carácter lícito, encaminada a satisfacer sus necesidades y aspiraciones económicas y sociales, con estructura y funcionamiento democrático.

### Regulación legal

La legislación y el control en materia de cooperativismo en España es una de las competencias que pueden ser asumidas por las comunidades autónomas. Hasta la fecha lo han hecho, por ejemplo, el País Vasco, Cataluña, Andalucía y la Comunidad Valenciana.

Por su parte, en el ámbito estatal existe la Ley 27/1999, de 16 de julio, que es de aplicación a las sociedades cooperativas que desarrollen su actividad por igual en el territorio de varias comunidades autónomas, así como las que la realicen principalmente en las ciudades de Ceuta y Melilla.

Comentaremos las principales características de las sociedades cooperativas según la referida ley estatal de 1999, por lo que hay que tener en cuenta las posibles diferencias y peculiaridades existentes en la legislación autonómica. No obstante, se tratará de diferencias puntuales, puesto que en todo caso la legislación existente en esta materia se basa siempre en los principios internacionales del cooperativismo.

## Principios del cooperativismo

La Alianza Cooperativa Internacional (ACI) es la organización que engloba a las federaciones y confederaciones de cooperativas de todo el mundo. Su función es coordinar las tendencias del cooperativismo a escala internacional, promover su difusión y mantener los principios básicos que le dieron origen. En 1966, la ACI, formuló, en un congreso celebrado en Viena, unos principios actualizados del cooperativismo, que son los siguientes:

**1. Principio de puertas abiertas.** Los socios tienen libertad tanto para adherirse como para darse de baja de una cooperativa. La admisión puede limitarse por condicionamientos técnicos, pero nunca por motivos políticos, sindicales, ideológicos, raciales, sexuales o sociales. Las cooperativas están abiertas a cualquier persona.

**2. Principio de democracia interna.** Sin ningún tipo de excepción, en las cooperativas rige la norma de «un socio, un voto».

**3. Principio de estricta limitación a los intereses del capital.** Debe tenerse en cuenta que una cooperativa no es una sociedad capitalista, por lo que si se acuerda establecer unos intereses a las aportaciones de capital, estos serán necesariamente limitados.

**4. Principio de retorno cooperativo.** Se denomina así a la obligación de que los excedentes netos obtenidos por la sociedad (en la cooperativa no cabe hablar de beneficios o ganancias) se distribuyan entre los socios en proporción a la actividad que hayan llevado a cabo en las operaciones sociales.

**5. Principio de educación cooperativa.** Consiste en la obligación de promover entre los socios la información sobre los aspectos económicos y sociales del cooperativismo y sus posibilidades de aplicación.

**6. Principio de colaboración.** Se traduce en la promoción de relaciones de colaboración entre las cooperativas que están dedicadas a actividades del mismo ramo y, en el ámbito territorial, estimulando la creación de federaciones y confederaciones entre ellas.

## Clases de cooperativas

De una parte, existen las denominadas *cooperativas de primer grado*, formadas por personas físicas y, por otra parte, cooperativas de segundo grado que son las que se constituyen por dos o más cooperativas. Asimismo existen los llamados *grupos cooperati-*

*vos,* que es el conjunto formado por varias cooperativas que ejercite facultades o emite instrucciones de obligado cumplimiento para las cooperativas agrupadas. Otras formas de colaboración económica son las agrupaciones, consorcios y uniones que las cooperativas pueden formar entre sí.

Las sociedades cooperativas de primer grado podrán clasificarse de la siguiente forma, dependiendo de su actividad: de trabajo asociado, de consumidores y usuarios, de viviendas, agrarias, de explotación comunitaria de la tierra, de servicios, del mar, transportistas, de seguros, sanitarias, de enseñanza y de crédito.

Las cooperativas de trabajo asociado son las que tienen por objeto proporcionar a sus socios puestos de trabajo, mediante su esfuerzo personal y directo, a tiempo parcial o completo, a través de la organización en común de la producción de bienes y servicios para terceros.

Por su parte, las de consumidores y usuarios son las que tienen por objeto el suministro de bienes y servicios adquiridos a terceros o producidos por sí mismas, para uso o consumo de los socios y de quienes con ellos conviven, así como la educación, formación y defensa de los derechos de sus socios en particular y de los consumidores y usuarios en general.

Para terminar con estos ejemplos, diremos que se denominan *cooperativas de viviendas* aquellas que asocian a personas físicas que precisen alojamiento y locales para sí y las personas que con ellas convivan. Asimismo, también podrán ser socios los entes públicos y las entidades sin ánimo de lucro que precisen alojamiento para aquellas personas que, dependientes de ellos, tengan que residir, por razón de su trabajo o función, en el entorno de una promoción cooperativa o que precisen locales para desarrollar sus actividades.

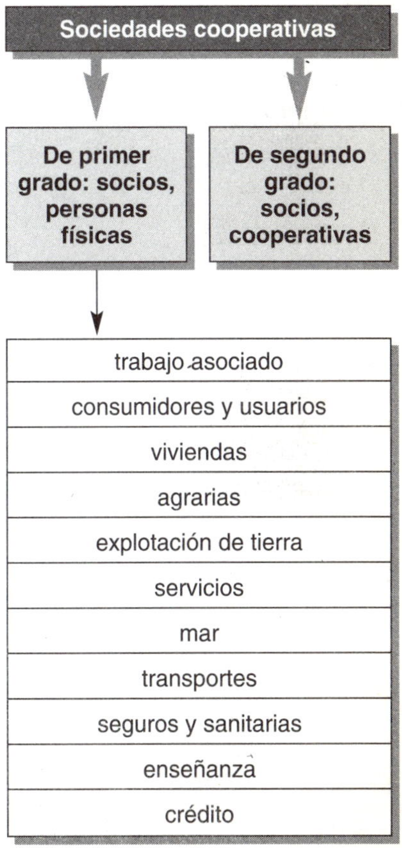

## Órganos de la sociedad cooperativa

Los órganos de la sociedad cooperativa son los siguientes:

— la asamblea general;
— el consejo rector;
— la intervención.

Igualmente, la cooperativa podrá prever en sus estatutos la existencia de un comité de recursos y de otras instancias de carácter consultivo o asesor.

La asamblea general es la reunión de los socios constituida con el objeto de deliberar y adoptar acuerdos sobre aquellos asuntos que, legal o estatutariamente, sean de su competencia, vinculando las decisiones adoptadas a todos los socios de la cooperativa.

Las asambleas generales pueden ser ordinarias o extraordinarias. Las ordinarias son las que tienen por objeto principal examinar la gestión social y aprobar, si procede, las cuentas anuales. Podrá asimismo incluir en su orden del día cualquier otro asunto propio de la competencia de la asamblea. Las demás asambleas generales tendrán el carácter de extraordinarias.

El consejo rector es el órgano colegiado de gobierno al que corresponde, al menos, la alta gestión, la supervisión de los directivos y la representación de la sociedad cooperativa, con sujeción a la ley, a los Estatutos y a la política general fijada por la asamblea general. No obstante, en aquellas cooperativas cuyo número de socios sea inferior a diez, los estatutos podrán establecer la existencia de un administrador único, persona física que ostente la condición de socio, que asumirá las competencias y funciones previstas en la ley para el consejo rector, su presidente y secretario.

Corresponden al consejo rector cuantas facultades no estén reservadas por ley o por los estatutos a otros órganos sociales. Las facultades representativas del consejo rector se extenderán a todos los actos relacionados con las actividades que integren el objeto social de la cooperativa. El presidente del consejo rector y, en su caso, el vicepresidente, que lo será también de la cooperativa, ostentarán la representación legal de la misma.

Los estatutos establecerán la composición del consejo rector, con un mínimo de tres miembros (presidente, vicepresidente y secretario) y un máximo de quince. No obstante, cuando la cooperativa tenga tres socios, el consejo rector estará formado por dos miembros, no existiendo el cargo de vicepresidente.

La intervención es el órgano de fiscalización de la cooperativa y tiene como funciones, además de las que la ley le encomienda, aquellas que los estatutos le asignen. La intervención puede consultar y comprobar toda la documentación de la cooperativa y proceder a las verificaciones que estime necesarias.

Una de las funciones que la ley reserva expresamente a los interventores es la comprobación y análisis (lo que se denomina técnicamente como la censura) de las cuentas anuales y del informe de gestión que debe aprobar la asamblea general. La única excepción la constituyen aquellas cooperativas que están sujetas a auditoría de cuentas obligatoria.

### El asociacionismo cooperativo

Las sociedades cooperativas podrán asociarse libre y voluntariamente en uniones, federaciones y confederaciones para la defensa y promoción de sus intereses, sin perjuicio de poder acogerse a otra fórmula asociativa, conforme al derecho de asociación reconocido en la constitución española.

Las uniones de cooperativas estarán constituidas por, al menos, tres cooperativas de la misma clase y podrán integrarse en otra unión ya existente o constituir una nueva unión de cooperativas.

Las federaciones podrán estar integradas por sociedades cooperativas o por uniones de cooperativas o por ambas. Para la constitución y funcionamiento de una federación de cooperativas será preciso que directamente o a través de uniones que la integren, asocien, al menos, diez cooperativas que no sean todas de la misma clase.

Las uniones de cooperativas y las federaciones de cooperativas podrán asociarse en confederaciones de cooperativas. Para la constitución y funcionamiento de una confederación de cooperativas serán precisas, al menos, tres federaciones de cooperativas que agrupen a cooperativas de, al menos, tres comunidades autónomas, aunque la sede de tales federaciones no radique en otras tantas comunidades.

## Sociedades profesionales

Este tipo de sociedades han quedado reguladas por la Ley 2/2007 de Sociedades Profesionales, de 15 de marzo.

Esta ley regula el ejercicio de dichas actividades y define las sociedades profesionales como aquellas que tienen por objeto el ejercicio en común de una actividad profesional, a la vez que excluye a las denominadas sociedades de medios y a las sociedades de intermediación, cuya finalidad es servir de canalización de las relaciones entre el cliente y el profesional (persona física que, vinculada a la sociedad por cualquier título, desarrolla efectivamente una actividad profesional).

La norma prevé que, en este tipo de sociedades, tres cuartas partes del capital y de los derechos de voto —o bien, tres cuartas partes del patrimonio— deben pertenecer a las socios profesionales, y la misma proporción deben ser socios.

Por otro lado, en relación con las formalidades e inscripción, la nueva ley permite que estas sociedades se constituyan de acuerdo con cualquiera de las formas societarias previstas en las leyes, pero exige que el contrato de constitución se formalice en escritura pública y sea inscrito en el Registro Mercantil para que adquiera personalidad.

La sociedad debe, finalmente, ser inscrita en el Colegio Profesional correspondiente a su actividad.

En cuanto al régimen de responsabilidades, prevé que de las deudas sociales responda la sociedad con su patrimonio, si bien también establece que de las deudas que se deriven de los actos profesionales propiamente dichos, tienen que responder solidariamente la propia sociedad y los profesionales.

# Transformación, fusión, escisión y disolución de las sociedades

## Transformación

La Ley prevé la transformación de las sociedades colectivas, comanditarias y de responsabilidad limitada en sociedades anónimas o de responsabilidad limitada, exigiéndose que se haga constar en escritura pública, en la que se deben dar todos los requisitos precisos para la constitución de la sociedad, e inscribirse en el Registro.

## Fusión y escisión

Fusión es la reunión de dos o más sociedades en una sola sociedad. Puede hablarse de fusión propiamente y de fusión por absorción.

La fusión es la operación por la que, mediante la confusión de los patrimonios de dos o más sociedades que desaparecen, se crea una nueva, y absorción es la operación por la que una o más sociedades se engloban en una ya existente.

El Código de comercio carece de una reglamentación general sobre la fusión, pero la Ley de Sociedades Anónimas establece una completa reglamentación. Establece que la fusión de una o más sociedades en una sociedad anónima se realizará acordando previamente, en cada una de ellas, su extinción y el traspaso en bloque de sus patrimonios a la sociedad anónima. El acuerdo de fusión, tratándose de sociedades anónimas, deberá ser adoptado con las formalidades establecidas para el aumento y disminución del capital social.

La Ley de Sociedades de Responsabilidad Limitada establece la posibilidad de la fusión, tanto con otra sociedad limitada, como con una colectiva, comanditaria o anónima y su regulación es muy similar a la de las sociedades anónimas.

La escisión es el proceso contrario: consiste en dividir el patrimonio, para crear otras sociedades nuevas, o ser absorbidas por otras preexistentes.

## Disolución de las sociedades

La disolución de cualquier tipo de sociedad representa su fin como persona jurídica, y es un fenómeno que exige un proceso en el que puede distinguirse:

— una causa de disolución;
— la disolución propiamente dicha;
— la liquidación;
— la división del haber en común.

Las causas de disolución pueden ser comunes a todas o especiales de las colectivas, comanditarias, anónimas y de responsabilidad limitada.

**Causas comunes**

Las causas comunes las establece el artículo 221 del Código de comercio, y son:

— cumplimiento del término, sin que sea posible su prórroga por la voluntad tácita o presente de los socios después de cumplido el término, y precisando, si quieren continuar la sociedad, celebrar nuevo contrato;
— conclusión de la empresa que constituía el objeto de la sociedad, pues cumplido el fin para el que se ha hecho constar en los estatutos, ya no tiene razón de ser la sociedad, y cualquiera de los socios la puede alegar;
— pérdida entera del capital que se poseía;
— quiebra de la compañía;
— por voluntad de los socios en la proporción señalada en los estatutos y, en su efecto, por unanimidad.

**Causas especiales**

Se consideran causas de disolución especiales de las sociedades colectivas y comanditarias las establecidas en el artículo 222 del Código de comercio:

— muerte de un socio colectivo, salvo pacto de continuar con los herederos o de subsistencia con los socios sobrevivientes;
— dolencia y otra causa de inhabilitación de un socio gestor para la administración de sus bienes;
— quiebra de un socio colectivo.

Cabe también la disolución de estas sociedades por voluntad de un socio, en caso de sociedad sin plazo de duración, sin que puedan oponerse los restantes salvo mala fe del que la propone.

La vigente Ley de Sociedades Anónimas, regula lo relativo a las causas de disolución de las sociedades anónimas.

Una vez acordada la disolución, se procederá a su liquidación, que son las operaciones que tienden a fijar el haber social divisible entre los socios. Se aplican las reglas establecidas en la escritura de constitución y, en su defecto, las siguientes:

— cesa la representación de los socios administradores para contraer nuevas obligaciones.
— la liquidación se realizará por los socios liquidadores;
— la misión de los liquidadores es pa-

Fusión por creación de nueva sociedad: las sociedades fusionadas desaparecen y se crea una nueva entidad.

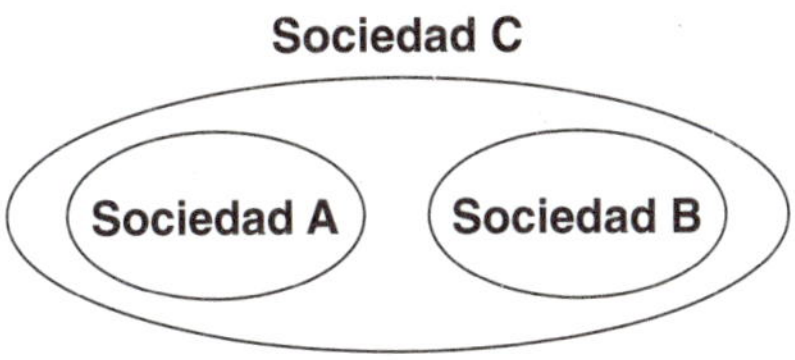


Fusión por absorción de una sociedad por otra: la sociedad absorbida desaparece.

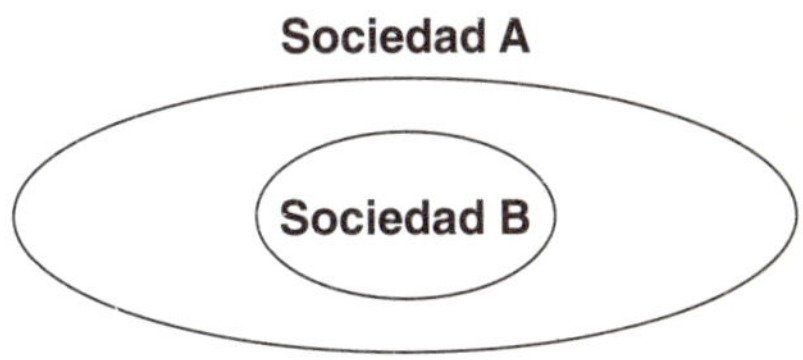


La escisión puede suponer que parte de una sociedad pase a formar parte de otra ya existente (cuadro 1) o que dos sociedades aporten parte de sus patrimonios a una sociedad de nueva creación (cuadro 2).

**Cuadro 1**

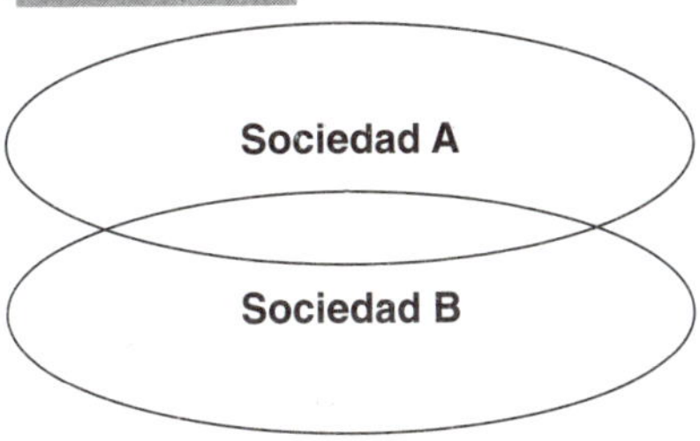


**Cuadro 2**

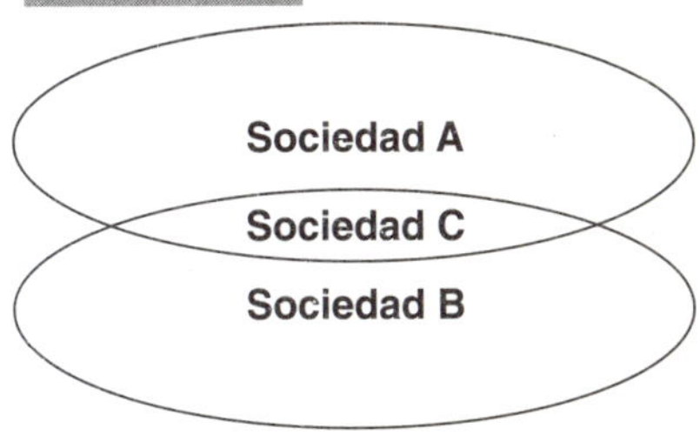


gar las deudas de la sociedad, cobrar sus créditos pendientes y enajenar el patrimonio resultante;

— el dinero así obtenido debe repartirse entre los socios en proporción al valor de sus acciones.

Cuando haya terminado el proceso de liquidación según la normativa legal, debe solicitarse la baja en el Registro Mercantil, tras lo cual la sociedad se extingue y deja de existir legalmente.

# Formas de colaboración entre empresas

En el presente capítulo vamos a ofrecer una visión general de las formas más importantes que adopta la colaboración entre empresarios, centrando nuestra atención en las Uniones Temporales de Empresas (UTE) (reguladas mediante una Ley del año 1982) y las Agrupaciones de Interés Económico (AIE) con su variante denominada Agrupaciones Europeas de Interés Económico (AEIE).

## Las uniones temporales de empresas

Las UTE son sistemas de colaboración entre empresarios que carecen de personalidad jurídica propia, las cuales se establecen por un tiempo cierto no superior, en principio, a diez años, cuyo objeto es desarrollar o ejecutar una obra, un servicio o un suministro, así como todo lo que sea complementario o accesorio.

Por ejemplo: puede crearse una UTE a fin de llevar a cabo la ejecución de una obra de tal envergadura que una sola empresa sea incapaz de acometer. Para este exclusivo fin, dos empresas constructoras se agrupan, sin que ello signifique que desaparezcan o se fusionen (de aquí que se diga que los miembros de la UTE conservan su personalidad jurídica).

Los miembros de una UTE pueden ser tanto empresarios particulares como empresas y, en ambos casos, con residencia en España o en el extranjero.

Para constituir una UTE debe otorgarse una escritura ante notario en la que conste claramente cuál será su objeto, la fecha de inicio de las operaciones y su duración, el domicilio de la UTE, la forma de financiar o sufragar las actividades comunes, el método de determinar la participación de los miembros de la UTE en la distribución de los resultados o en los ingresos y gastos, etc.

*La UTE no supone la desaparición de la personalidad jurídica de sus miembros*

Como resulta evidente, también deberá constar la denominación de la UTE de la siguiente manera, por ejemplo:

ATRAM, S.A. – DIVAD, S.A.
Unión Temporal de Empresas
Ley de 26 de mayo de 1.982,
número 18/82

Aunque es habitual que se utilice un anagrama (siguiendo con el ejemplo: UTE ATRAM-DIVAD).

Las UTE no se inscriben en el Registro Mercantil, pero si voluntariamente lo hacen en un registro administrativo que existe en el Ministerio de Economía y Hacienda pueden acogerse a un régimen fiscal específico.

## Responsabilidad

La responsabilidad de los miembros de la UTE será siempre solidaria e ilimitada frente a terceros por los actos y operaciones en beneficio del común, sin perjuicio del derecho de repetición que a las empresas miembros les asista, a fin de exigir responsabilidades a aquella que hubiere ocasionado tal responsabilidad: es decir, las reclamaciones podrán hacerse contra cualquiera de las empresas que formen la UTE (eso significa que la responsabilidad es solidaria) y sin que la empresa reclamada pueda alegar ningún pacto de limitación de responsabilidad.

No se aplicará la solidaridad a los compromisos que cada empresa adquiera individualmente frente a terceros, aun cuando los mismos se contraigan, a efectos de cumplir sus obligaciones bajo los presentes Estatutos.

## Derechos y obligaciones de sus miembros

La participación de cada una de las empresas miembros de la UTE, en la totalidad de derechos y obligaciones, así como en los riesgos, beneficios o pérdidas, se fija, inicialmente, en proporción a sus respectivas cuotas. Es habitual que, para atender a los gastos comunes que conlleve la existencia y funcionamiento de la UTE, se establezca por las partes un fondo operativo.

Cada uno de los miembros de la UTE asume la obligación de realizar los trabajos o servicios que le correspondan dentro del proyecto que constituye el objeto de aquella, y según los acuerdos preexistentes entre las diversas partes.

### Gerente y otros órganos

Las UTE deben nombrar un gerente, con domicilio fiscal en España y que será quien actúe en su nombre. En sus relaciones con terceros, el gerente estará atribuido de las más amplias facultades de representación, para actuar en nombre de las empresas asociadas, a cuyo fin, estas, por el hecho del otorgamiento de la escritura pública de constitución de la UTE, se le confieren poderes suficientes para ejercitar los derechos y asumir las obligaciones necesarias para la consecución de los fines que constituyen el objeto de aquella en todos los actos y contratos que suscriba en representación de la misma.

Además, en el orden interno, las UTE pueden prever la existencia de un Comité de Gerencia, normalmente compuesto en partes iguales por las empresas miembro.

Si existe dicho comité, en los estatutos de la UTE debe especificarse cuál es su cometido (por ejemplo: examinar la marcha económica del proyecto, fijar las directrices para el desarrollo del mismo, estudiar y, en su caso, aprobar los planes y previsiones de futuro), su funcionamiento (periodicidad de sus reuniones, convocatoria de estas, forma de adoptar los acuerdos, etc.) y la eventual existencia de cargos en su seno (un presidente y un secretario, etc.).

La UTE deberá llevar una contabilidad separada de la de sus miembros que permita conocer, en todo momento, el detalle de sus operaciones y la situación económica de la misma. Será responsabilidad del Gerente la llevanza y custodia de los libros de contabilidad y el cumplimiento de las obligaciones contables y fiscales impuestas en las leyes. Los libros de contabilidad estarán en todo momento a disposición de cualquiera de los partícipes de la UTE a efectos de su examen.

Antes de la fecha que estatutariamente se determine, se formará, con carácter anual, por el gerente, el balance anual y la cuenta de pérdidas y ganancias de la UTE que serán sometidos a la aprobación de las empresas asociadas.

## Disolución y liquidación

La causa más usual de disolución de la UTE es la finalización de su objeto (si bien quedará subsistiendo el tiempo preciso para el cumplimiento de las obligaciones y el ejercicio de los derechos dimanantes de aquel), por el transcurso del plazo previsto en sus propios Estatutos o por acuerdo de las empresas partícipes.

Es importante tener en cuenta que, producida la disolución, se abrirá el periodo de liquidación de la UTE, cesando el gerente y nombrándose un liquidador por las empresas partícipes, pudiendo corresponder tal condición de liquidador al propio gerente, quien tendrá todas las facultades, en su caso, necesarias para llevar a cabo la misma.

Terminada la liquidación, el liquidador rendirá cuentas de su gestión a los miembros de la UTE.

## Las agrupaciones de interés económico

Las AIE —que se regulan mediante una Ley del año 1991— son asociaciones de empresarios, agricultores o artesanos (ya sean particulares o sociedades), profesionales liberales (arquitectos, abogados, etc.) o entidades lucrativas dedicadas a la investigación que se unen para facilitar el buen desarrollo o mejorar la actividad de sus socios. Las AIE han sustituido lo que anteriormente se conocía como Agrupación de Empresas. Se consideran muy beneficiosas para todos aquellos supuestos en que se considere interesante agrupar actuaciones empresariales que tengan por objeto la promoción de diversas actividades económicas.

Pese a que las AIE tienen personalidad jurídica propia, su actividad es totalmente auxiliar a la de sus miembros, con la debida separación en relación con estos. Es decir: los miembros de una AIE superponen una parte de sus actividades económicas desarrollando funciones nuevas y complementarias. La participación en una AIE no supone la desaparición de sus miembros (no estamos ante una fusión o una liquidación) sino que se trata de una puesta en común de determinadas y concretas funciones: es un instrumento de mera cooperación, no de integración.

Característica esencial de las AIE la constituye su carencia de ánimo de lucro para sí mismas: en otras palabras, los beneficios que pudieran obtener serían imputables a sus socios. Puesto que no se trata de verdaderas sociedades, como ya ha quedado claro, no se exige a los miembros de la AIE que efectúen aportación alguna de fondos.

La constitución de las AIE debe efectuarse ante notario, mediante escritura pública, que tendrá acceso al Registro Mercantil. El contenido mínimo de la escritura es muy reducido, puesto que es suficiente con que se haga constar la identidad de los socios, la denominación de la AIE, su duración, su domicilio, sus administradores y su capital sólo si lo tuviere. Con carácter potestavivo, se pueden incluir otras menciones como, por ejemplo, la forma de adoptar los acuerdos o determinadas causas de disolución de la AIE.

La administración y representación de las AIE presenta el rasgo de su agilidad, puesto que pueden ostentar tal cargo no sólo personas físicas (particulares) sino también personas jurídicas (sociedades, las cuales deberán actuar, como es evidente, mediante la persona física que designen). Si se acuerda que existan varios administradores, es perfectamente posible que estos actúen de manera indistinta (o lo que es lo mismo, solidaria), excepto que en la misma escritura de constitución de la AIE se prevea con carácter expreso que su actuación deba ser conjunta (o mancomunada, que es la expresión técnica jurídica).

Es importante mencionar, por último, que las AIE gozan de un régimen fiscal cuyas ventajas han motivado que, en los últimos años, sea esta una figura en crecimiento.

## Las agrupaciones europeas de interés económico

Las AEIE son un novedoso instrumento jurídico cuyo objeto es facilitar la cooperación transnacional entre las empresas europeas. En pocas palabras, podemos decir que viene a ser como una AIE pero a escala europea (transnacional), es decir, cuyos socios son de nacionalidades distintas.

El origen de estas asociaciones europeas cabe buscarlo en normas dictadas por el Consejo de Ministros de la Comunidad Europea, aunque desde el año 1991 existe una ley española que las regula.

Para constituir una AEIE es necesario que se suscriba un contrato escrito en el que conste, sin ningún género de dudas, la voluntad de sus miembros de ser tal su voluntad y que el mismo sea objeto de inscripción en un registro específico que existe al respecto.

Como órganos obligatorios de la AEIE sólo están previstos la asamblea (órgano decisorio) y los administradores (órgano de gestión), pese a que, con carácter potestativo, puedan existir otros.

En cuanto al régimen fiscal de las AEIE debe tenerse en cuenta que a cada miembro le serán de aplicación las normas propias de su país, puesto que las AEIE no son, por sí mismas, sujetos pasivos.

# El Registro Mercantil

El Registro tiene por objeto la inscripción de los comerciantes o empresarios mercantiles individuales.

## Fines

Siendo el Registro Mercantil un instrumento de publicidad, que sirve de garantía suficiente para todos los que se interesan en las operaciones mercantiles, debe distinguirse en la misma una finalidad próxima y otra remota. La finalidad inmediata de la publicación es dar certidumbre a las relaciones de responsabilidad. Por ello, se inscriben los hechos de significación para la responsabilidad, como el nombre, razón social, apoderamientos, el aumento y la disminución del capital social, etc. La finalidad mediata o remota del Registro no es otra que la protección del comerciante a la del tercero.

De la publicidad podemos hablar en sentido formal o en sentido material. Cuando decimos que el Registro es público, queremos decir que toda persona tiene acceso al Registro para tomar conocimiento de los datos que en él constan y tengan interés para el consultante. Esta publicidad se hace efectiva a través de tres formas:

— exhibición de las hojas registrables;
— nota simple o informativa;
— certificación expedida por el registrador, único modo de acreditar fehacientemente el contenido de los asientos registrales.

Cuando nos referimos a la publicidad material, queremos expresar que el hecho inscrito se supone para todos, mientras que el inscribible no inscrito se considera inexistente frente a tercero. Dice el artículo 7 del Reglamento del Registro que se presume que el contenido de los libros del Registro es conocido por todos y no podrá invocarse su ignorancia.

Estos efectos materiales de la publicidad descansan sobre la validez del acto inscrito, y para garantizar esta validez se impone al registrador el deber de calificar, con referencia a los títulos presentados, la competencia y facultades de quien autoriza o suscribe, la legalidad de la forma y contenido de los documentos. Esta función calificadora permite la presunción de que el contenido de los asientos registrales no sólo es exacto sino también válido. Constituye esta presunción el principio de legitimación de lo inscrito.

Podemos, en consecuencia, decir que el Registro Mercantil se apoya sobre los principios de publicidad, legalidad y legitimación.

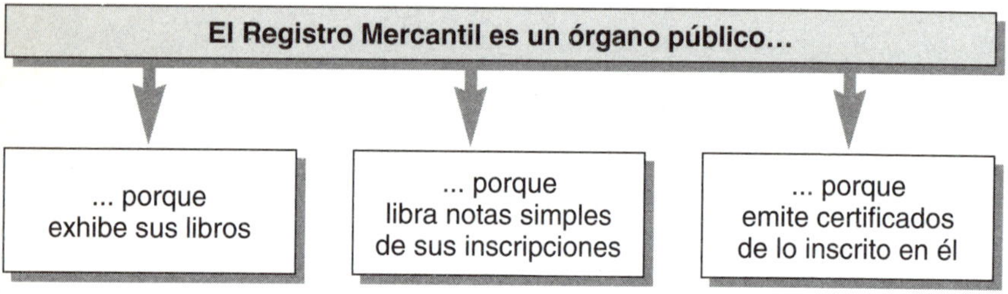

# La letra de cambio

## Caracteres de la letra de cambio

La letra de cambio es un título eminentemente formalista, ya que su validez y eficacia se hallan supeditadas a que el documento o título cumpla una serie de determinados requisitos. Si estos no se dieran, el documento no se considerará letra de cambio.

Se trata de un título completo en sí mismo, es decir, que es válido por sí mismo, ya que no tiene que hacer referencia a otros documentos que le hayan podido dar origen. Habrá de contener una obligación de pago, que habrá de ser en moneda, nunca en especie. El pago en moneda podrá ser indicado en moneda nacional, o bien en moneda extranjera.

La suma que deberá pagarse habrá de ser siempre cierta, nunca una cantidad indeterminada.

El pago de la letra de cambio, habrá de hacerse en el día de su vencimiento, que podrá ser:

— a fecha fija;
— a un plazo contado desde la fecha;
— a la vista;
— a un plazo contado desde la vista.

Las letras de cambio que indiquen otros vencimientos, o vencimientos sucesivos, serán nulas.

Habrá de hacerse efectiva a la persona que en principio esté designada en el documento o, a la orden de esta, a otra persona distinta que también debe designarse en el título.

## La forma de la letra de cambio

La declaración cambiaria fundamental, o lo que es igual, la creación de la letra de cambio, ha de hacerse de conformidad a un esquema formal determinado por la Ley. La creación de la letra de cambio, que hemos señalado ya, es un acto eminentemente formalista que exige el exacto cumplimiento de una serie de requisitos para la constitución o nacimiento válido de las obligaciones cambiarias.

Este rigor formalista viene dado por los artículos primero, segundo, séptimo, decimosegundo, decimotercero, nonagésimo noveno y en la Disposición Final primera de la Ley Cambiaria (Ley 19/1985 de 16 de julio).

## Requisitos formales relativos al título

Son los siguientes:

— la denominación de letra de cambio inserta en el texto mismo del título, expresada en el idioma empleado para su redacción;
— el mandato puro y simple de pagar una suma determinada en pesetas o moneda extranjera convertible admitida a cotización oficial;
— el nombre de la persona que ha de pagar, denominada *librado*;
— la indicación del vencimiento;
— el lugar en que se ha de efectuar el pago;
— el nombre de la persona a quien se ha de hacer el pago o a cuya orden se ha de efectuar;
— la fecha y el lugar en que la letra se libra;
— la firma del que emite la letra, denominado *librador*.

Como hemos indicado, la letra o documento que carezca de alguno de los requisitos que se han indicado no se considerará letra de cambio, salvo en los casos comprendidos a continuación:

— cuando en la letra de cambio no se haya consignado la fecha de su vencimiento, se entenderá que la misma es pagadera a la vista;
— a falta de una indicación expresa y especial, el lugar designado junto al nombre del librado se considerará como el lugar de pago y, al mismo tiempo, como lugar del domicilio del librado;
— igualmente, la letra de cambio que no indique el lugar de su emisión se considerará librada en el lugar designado junto al nombre del librador.

Finalmente, hay que señalar que cuando en una letra de cambio figure escrito el importe de la misma en letra y en números, en caso de que dichas cantidades no coincidan, será válida siempre la cantidad que figure escrita en letra.

Por otra parte, la letra de cambio cuyo importe esté escrito varias veces por sumas diferentes, ya sea en letras, ya sea en números, será tan sólo válida por la cantidad menor que en ella figure.

## El endoso

Podemos definir el endoso como aquella declaración formal y solemne que hace el acreedor de la letra de cambio, en virtud de la cual ordena al obligado para que realice el pago de dicha letra a otra persona, designada por el acreedor.

Así pues, la letra de cambio, aunque no esté expresamente librada a la orden, será transmisible por endoso.

No obstante, cuando el librador de la letra de cambio haya escrito en la misma las palabras «no a la orden», o cualquier otra expresión equivalente a esta, la letra no se podrá transmitir a no ser en la forma y con los mismos efectos que una cesión.

El endoso podrá hacerse a favor de cualquiera de las personas obligadas en la letra, que a su vez podrán endosarla de nuevo.

### La forma del endoso

El endoso de la letra de cambio, deberá ser total, puro y simple y toda condición a la que aparezca subordinado se considerará como no escrita, es decir, la ley prohíbe explícitamente el endoso condicional de la letra de cambio. Igualmente al ser necesariamente puro y simple, el endoso parcial será nulo.

El endoso hecho al portador, equivale al endoso en blanco. Será por lo tanto endoso en blanco aquel que no designe al endosatario o consista simplemente en la firma del endosante. En este último caso, para que el endoso sea válido, deberá estar escrito al dorso de la letra de cambio.

El endoso deberá escribirse en la letra de cambio o en su suplemento, y será firmado por el endosante. El endoso transmite todos los derechos resultantes de la letra de cambio, y por lo tanto, cuando el endoso se haya hecho en blanco, el tenedor de la letra de cambio, podrá:

- completar el endoso en blanco con su nombre o con el de otra persona;
- endosar la letra nuevamente en blanco o hacerlo designando un endosatario determinado;
- entregar la letra a un tercero, sin completar el endoso en blanco y sin endosarla.

El endosante de la letra de cambio puede prohibir un nuevo endoso, y caso de que así lo hiciera, no responderá frente a las personas a quienes posteriormente se les haya endosado la letra de cambio.

## La provisión de fondos

La provisión de fondos puede considerarse como la obligación del librador de la letra de cambio, de poner a disposición del librado los fondos que son necesarios que pueda atender el pago de la letra.

Es por esto que la provisión de fondos pueda verse como la efectiva remisión de valores al librado para que pueda pagar la letra o tenga garantía de su reembolso, o como el crédito que el librador tiene contra el librado, quien al pagar la letra, paga la deuda.

## La aceptación de la letra de cambio

La aceptación de la letra de cambio es una de las declaraciones cambiarias que pueden ser incorporadas al documento tras su creación.

La aceptación es una declaración solemne y formal que realiza el librado asumiendo la obligación de pagar la letra; es pues el compromiso de cumplir el mandato de pago recibido del librador. El librador, el tenedor o el simple portador de la letra de cambio podrá presentarla a la aceptación del librado en el lugar de su domicilio, y hasta la fecha de su vencimiento.

La aceptación, será pura y simple, pero el librado podrá limitarla a una parte de la cantidad expresada en la letra. Cualquier otra modificación introducida en la aceptación en el texto de la letra de cambio equivaldrá a una negativa de aceptación.

La aceptación de la letra se escribirá en esta mediante la palabra *acepto* o cualquier otra equivalente e irá firmada por el librado. La simple firma de este, puesta en el anverso de la letra equivale a la aceptación.

Cuando la letra sea pagadera a cierto plazo desde la vista, o cuando deba presentarse a la aceptación en un plazo fijado por una estipulación especial, la aceptación deberá llevar la fecha del día en que se haya dado, a no ser que el portador exija que se fije la fecha del día de la presentación. A falta de fecha, el portador, para conservar sus derechos contra los endosantes y contra el librador, hará constar esa omisión mediante protesto, levantado en tiempo hábil.

A falta de pago, el tenedor, aunque sea el propio librador, tendrá contra el aceptante la acción directa derivada de la letra de cambio para reclamar sin necesidad de protesto, tanto por la vía ordinaria como por la vía ejecutiva.

## El aval

El aval es una garantía extrínseca, externa y directa que garantiza el pago de la letra de cambio. Quien avala responde subsidiariamente del pago.

Así, dice la Ley que el pago de una letra podrá garantizarse mediante aval, ya sea por la totalidad o por parte de su importe. Esta garantía, puede prestarla tanto un tercero ajeno a la letra, como uno de los firmantes que aparecen en la misma.

El aval podrá suscribirse incluso después del vencimiento de la letra y denegación de pago de la misma, siempre que al otorgarse no hubiere quedado liberado ya el avalado de su obligación cambiaria.

El aval ha de hacerse constar en la letra o en su suplemento. Se expresará mediante las palabras «por aval» o cualquier otra fórmula que equivalga a esta, e irá firmada por el avalista.

La simple firma de una persona puesta en el anverso de la letra de cambio vale como aval, siempre que no se trate de la firma del librado o del librador. El aval deberá indicar la persona a la que se avala, y si no se indicara, se entenderá avalado el aceptante y en defecto de este, el librador de la letra.

El aval, como se ha señalado, deberá siempre figurar en la letra de cambio, ya que no producirá efectos cambiarios el aval que se haga en documento aparte.

Con el aval, el avalista, responde de igual manera que la persona a la que se ha avalado y no podrá poner las excepciones personales de este. Será válido el aval aunque la obligación garantizada fuese nula por cualquier causa, siempre y cuando no sea la de vicio de forma.

Cuando el avalista sea el que pague la letra de cambio, adquirirá para sí los derechos derivados de dicha letra, contra la persona o personas que sean responsables cambiariamente respecto de esta última.

## El protesto

El protesto, es un acto de carácter público y formal mediante el que se hace constar por parte del tenedor de la letra de cambio, la falta de aceptación o de pago. Así, la Ley Cambiaria, señala que la falta de aceptación o de pago deberá hacerse constar mediante protesto levantado conforme a las indicaciones de la propia ley, y que a continuación pasamos a señalar.

Produce todos los efectos cambiarios del protesto la declaración que conste en la propia letra, firmada y fechada por el librado en la que se deniegue la aceptación, así como la declaración, con los mismos requisitos, del domiciliatario o, en su caso, de la cámara de compensación, en la que se deniegue el pago, salvo que el librador hubiese exigido expresamente en la letra el levantamiento de protesta notarial. A este vamos a dedicar nuestra atención seguidamente.

El protesto notarial por falta de aceptación deberá hacerse dentro de los plazos fijados para la presentación a la aceptación, o de los cinco días hábiles siguientes a su terminación.

El protesto de una letra de cambio por falta de pago, siempre que su vencimiento sea a fecha fija, o a cierto plazo desde su fecha o desde la vista, deberá hacerse en uno de los cinco días hábiles siguientes al del vencimiento.

Cuando se efectúe el protesto por falta de aceptación, este, eximirá de la presentación al pago y del protesto por falta de pago.

La declaración de quedar protestada una letra, o del protesto, deberá ser hecha por el notario dentro de estos plazos indicados anteriormente, mediante un acta en la que se copiará o reproducirá la letra.

En estos dos días hábiles siguientes, el notario notificará el protesto al librado, mediante un acta en la que se copiará o reproducirá la letra.

En estos dos días hábiles siguientes, el notario notificará el protesto al librado, mediante una cédula extendida en papel común, en los que figurarán su nombre, apellidos y la dirección de su despacho. En esta cédula se copiará también, o se reproducirá la letra y se indicará al librado el plazo de que dispone para examinar el original de la letra de cambio, que estará depositado en la Notaría, a fin de que pueda aceptarla, o pagarla, según los casos, o hacer manifestaciones congruentes con el protesto.

Sin tener en cuenta la hora en que se hubiera efectuado esta notificación, el notario retendrá en su poder la letra de cambio, sin entregar esta ni testimonio alguno del protesto efectuado al tenedor, hasta las dos del mediodía, es decir, las catorce horas del segundo día hábil siguiente al de la notificación.

Si el protesto fuera por falta de pago y el pagador se presentara antes de la expiración de este último plazo para satisfacer el importe de la letra de cambio y los gastos del protesto, el Notario habrá de admitir el pago, haciéndole entrega de la letra, con una diligencia en la misma y en el acta, de haberse pagado la letra y cancelado el protesto.

De la misma forma, si el protesto fuese por falta de aceptación, la cancelación se anotará en el acta, si la letra fuese aceptada.

Una vez efectuado el protesto, el tenedor de la letra de cambio deberá comunicar la falta de aceptación o de pago a su endosante y al librador dentro del plazo de ocho días hábiles. Este plazo se computará de la forma siguiente:

— en el caso de protesto notarial, desde la fecha del mismo;
— en caso de declaración que conste en la propia letra, desde la fecha en que en ella conste;
— en el caso de la cláusula de devolución «sin gastos», desde la fecha de presentación de la letra.

Dentro de los dos días hábiles siguientes a la fecha en que el endosante haya recibido la comunicación, deberá a su vez comunicarlo a su endosante, si existiera, indicándole los nombres y direcciones de aquellos que hubiesen dado las comunicaciones precedentes. Esta misma obligación corresponderá a todos los endosantes, hasta llegar al librador.

Toda comunicación que al efecto se realice a un firmante de la letra de cambio deberá hacerse en el mismo plazo a su avalista. Si no consta su dirección, la comunicación deberá ser realizada por el avalado.

Quien no hubiese efectuado estas comunicaciones a que nos hemos estado refiriendo hasta el momento, dentro de los plazos indicados, conservará su acción, pero será responsable, si se diese el caso, de los perjuicios causados por su negligencia. No obstante, lo que se le pueda reclamar por daños y perjuicios, no podrá ser nunca superior al importe de la letra de cambio.

El tenedor de la letra de cambio, podrá reclamar contra las personas frente a las que ejercite su acción:

— el importe de la letra de cambio no aceptada o no pagada, con los intereses en ella indicados, si se hubiesen pactado;
— los réditos de la anterior cantidad que se hubiesen devengado desde la fecha del vencimiento de la letra, calculados al tipo del interés legal del dinero, incrementado en dos puntos;

— todos los demás gastos que se hubiesen producido, incluidos los del protesto y los efectuados con ocasión de las comunicaciones.

Igualmente, quien haya reembolsado la letra de cambio, podrá reclamar de las personas que sean responsables frente a él:

— la cantidad total íntegra que haya pagado por todos los conceptos;
— los intereses de dicha cantidad, calculados al interés legal del dinero, aumentado en dos puntos, a partir de la fecha del pago;
— los gastos que se haya visto obligado a realizar.

## Excepciones contra la acción cambiaria

El deudor cambiario podrá oponer al tenedor de la letra de cambio todas las excepciones basadas en sus relaciones personales con él.

También podrá oponer aquellas excepciones personales que él tenga frente a los tenedores anteriores si, al adquirir la letra, el tenedor procedió a sabiendas, en perjuicio del deudor.

Aquel contra quien se dirija una acción cambiaria, podrá oponer las siguientes excepciones:

— la inexistencia o falta de validez de su propia declaración cambiaria, incluida la falsedad de la firma;
— la falta de legitimación del tenedor o de las formalidades necesarias de la letra de cambio, conforme a lo que dispone la Ley Cambiaria de 16 de julio de 1985;
— la extinción del crédito cambiario cuyo cumplimiento se exige al demandado.

Frente al ejercicio de la acción cambiaria, sólo serán admisibles estas tres excepciones que se han enumerado, y por lo tanto no podrán ser consideradas excepciones, incluso aunque la acción cambiaria se ejercite por vía ejecutiva, las señaladas en el artículo 1.464 de la Ley de Enjuiciamiento Civil, ni las expresadas en el número uno y en el número dos del artículo 1.467 del mismo texto legal.

## Tarifas de las letras de cambio

Las letras de cambio deben extenderse en el efecto de la clase que corresponda a su cuantía y, en la actualidad, deben seguir las indicaciones especificadas por la Ley del Impuesto sobre Transmisiones Patrimoniales y Actos Jurídicos Documentados (Real Decreto Legislativo 1/1993).

Debe tenerse en cuenta que cuando el importe de la letra exceda de 192.320 euros, tendrán que añadirse 0,018 euros más por cada mil o fracción de exceso, que se liquidarán siempre en metálico. La falta de presentación a liquidación dentro de plazo implicará también la pérdida de la fuerza ejecutiva que a la letra de cambio le atribuye la ley.

| | | | | |
|---|---|---|---|---|
| Hasta 24,04 euros | | | | 0.06 euros |
| De | 24,05 | a | 48,08 euros | 0,12 euros |
| De | 48,09 | a | 90,15 euros | 0,24 euros |
| De | 90,16 | a | 180,30 euros | 0,96 euros |
| De | 180,31 | a | 360,61 euros | 1,98 euros |
| De | 360,61 | a | 751,27 euros | 4,21 euros |
| De | 751,27 | a | 1.502,53 euros | 8,41 euros |
| De | 3.005,07 | a | 6.010,12 euros | 16,83 euros |
| De | 6.010,13 | a | 1.220,24 euros | 33,66 euros |
| De | 12.020,25 | a | 24.040,48 euros | 67,31 euros |
| De | 24.040,49 | a | 48.080,97 euros | 134,63 euros |
| De | 48.080,97 | a | 96.161,94 euros | 269,25 euros |
| De | 96.161,94 | a | 192.323,87 euros | 538,51 euros |

La introducción del euro ha aconsejado la aprobación de un nuevo modelo de letra de cambio que mejora el modelo que estaba en circulación desde el año 1986 y que incluye un espacio reservado expresamente para especificar la moneda en que se libra la letra y el importe del timbre, tanto en pesetas como su equivalente en euros. No obstante, los trámites que se realicen de acuerdo con la normativa de 1986 son plenamente válidos a todos los efectos y podrán seguirse utilizando hasta que se agoten sus existencias.

que se anota el saldo disponible, que le permite retirar fondos personalmente, pero no pagar con ella a otras personas.

**3. Depósitos a plazo fijo.** En los que el cliente no puede disponer de la cantidad depositada durante el plazo convenido.

El interés con que se remuneran estos depósitos depende de la modalidad elegida, de la cantidad depositada y de su liquidez, es decir, de la mayor o menor facilidad con que el cliente puede retirar sus fondos.

En cuanto al, aproximadamente, 20 % restante de los recursos de los bancos, proviene de diversas fuentes: sus propios fondos, los que captan en el mercado interbancario, los créditos concedidos por el Banco de España, participaciones en empresas filiales, etcétera.

Los fondos así conseguidos son utilizados por los bancos en lo que se denominan *empleos*. Entre ellos, hay que distinguir los empleos no rentables de los que sí lo son.

**1. Empleos no rentables.** Están constituidos por el dinero líquido que los bancos conservan en su poder. Su cuantía es libre, pero tiene unos límites mínimos: los exigidos por el Gobierno como garantía de solvencia y según los fines de su política monetaria, a lo que ya se ha aludido en el primer epígrafe de este tema.

En la actualidad existen dos coeficientes obligatorios:

— el coeficiente de caja, respecto a los depósitos a la vista (5,75 %);
— el coeficiente de depósitos remunerados (3 %).

Lógicamente, mantener esas cantidades de dinero en su poder, líquidas, no le proporciona al banco ninguna rentabilidad. De ahí su nombre.

**2. Empleos rentables.** Los empleos rentables son aquellos que proporcionan al banco algún beneficio. Pero, de ellos, algunos son decididos libremente por cada banco, mientras que otros les son impuestos obligatoriamente por las autoridades monetarias o financieras.

Las inversiones obligatorias no llegan al 25 %, pero su rentabilidad es baja (oscila en torno al 6 %). Consisten en deuda pública, cédulas y bonos del Instituto de Crédito Oficial, y otros títulos de empresas públicas o privadas, consideradas de interés social. Esto origina los llamados *circuitos privilegiados de financiación*.

Las inversiones libres están dirigidas a la financiación de la economía privada, bajo diferentes formas: concesión de créditos, descuento de letras, adquisición de acciones y obligaciones de sociedades, etc. La rentabilidad de tales inversiones depende, como es lógico, de que hayan sido correctamente seleccionadas por los expertos del banco.

En la actualidad, los bancos privados se van convirtiendo, cada vez más, en entes prestadores de diferentes servicios. Entre ellos cabe destacar la domiciliación y pago de recibos, el adelanto de pensiones, la creación de fondos y planes de jubilación, la adquisición de valores bursátiles, la emisión de tarjetas de crédito, etc.

## Las cajas de ahorro

Las cajas de ahorro son entidades que, al igual que los bancos, ejercen una importante función como intermediarios financieros. Sus actividades son similares a las de la banca privada, pero con unas características especiales que las diferencian netamente de esta. Veamos por qué.

Las cajas de ahorro tienen el carácter de entidades benéfico-sociales. Pueden ser entes públicos promovidos por las diputaciones provinciales, los ayuntamientos, las comunidades autónomas o el Estado. También pueden tener su origen en una fundación privada (pero las fundaciones tienen que perseguir objetivos de interés público, y las cajas no son una excepción). Por ese motivo, las cajas carecen de cuentas de capital y no reparten beneficios. Los que obtienen han de ser empleados en la financiación de obras de carácter benéfico-social.

Existen en la actualidad más de 80 cajas de ahorro, que forman una confederación entre sí. Al margen de esta, se encuentra la Caja Postal, de carácter estatal.

La fuente principal de recursos de las cajas (más del 90 %) son recursos ajenos, constituidos por los depósitos de sus clientes. Las cajas fomentan el ahorro privado, ya que suelen ofrecer tipos de interés más elevados a los depósitos a plazo fijo, que la banca privada. Por ese motivo son las entidades preferidas por los ahorradores de clase media y baja. Además, desde 1977 las cajas están autorizadas a realizar descuento de letras, lo que ha hecho que aumenten considerablemente sus depósitos a la vista, por parte de empresas (pequeñas, sobre todo).

## Las cooperativas de crédito

Las sociedades cooperativas son las que realizan actividades económicas al servicio de sus propios socios, basándose en la cooperación y ayuda mutua entre estos. De las cooperativas en general, su organización interna y sus distintas clases, se trata con más detalle en otro capítulo. Ahora sólo vamos a referirnos a las cooperativas de crédito, desde el punto de vista de su condición de intermediarios financieros.

Las cooperativas de crédito son una de las clases o tipos de sociedades cooperativas existentes en España. La captación de recursos la realizan de forma similar a la de los bancos (depósitos a la vista, de ahorro y a plazo) y pueden realizar todos aquellos servicios bancarios que consideren convenientes. Sus clientes no tienen necesariamente que ser socios, ya que ofrecen sus servicios al público en general.

En cambio, las operaciones activas (concesión de créditos y préstamos) sí están limitadas a los propios socios de la cooperativa. Y, como es lógico, en condiciones ventajosas. Sólo algunas de las leyes autonómicas sobre cooperativas permiten a las de crédito realizar operaciones activas con quienes no sean socios, y siempre dentro de unos límites respecto al total.

Debido a estas limitaciones, las cooperativas de crédito tienen un reducido peso específico en el conjunto del sistema financiero. Sin embargo, eso no oscurece la importante labor que realizan, la concesión de créditos a otras cooperativas y a sus socios. Y es que las cooperativas han sido un sector tradicionalmente marginado por las actividades de la banca privada.

Dentro de este tipo de sociedades las más importantes son las cooperativas de crédito agrario, o cajas rurales. Estas entidades, si cumplen ciertos requisitos en cuanto a su ámbito territorial (provincial) y cuentan con el capital mínimo exigido legalmente, pueden ser calificadas como cajas de ahorro, lo que les permite realizar operaciones de descuentos de letras y conceder créditos a sus socios con fondos del Banco de Crédito Agrícola.

# El cheque

## La forma y emisión del cheque

Para que pueda hablarse de cheque, este deberá contener estos requisitos:

— la denominación de cheque inserta en el texto del título expresada en el idioma empleado para la redacción del mismo título;
— el mandato puro y simple de pagar una suma determinada en pesetas o en moneda extranjera convertible admitida a cotización oficial;
— el nombre del que debe pagar, denominado *librado*, y que necesariamente ha de ser un banco;
— el lugar de pago;
— la fecha y lugar de la emisión del cheque;
— la firma de quien lo expide, denominado *librador*.

Todo título que carezca de alguno de los requisitos indicados no se considerará cheque, salvo en los casos siguientes:

*a*) A falta de indicación especial el lugar designado junto al nombre del librado, se reputará lugar del pago. Cuando estén designados varios lugares, el cheque será pagadero en el primero de los lugares que se mencionan.

*b*) A falta de estas indicaciones o de cualquier otra, el cheque deberá pagarse en el lugar en que ha sido emitido, y si en él no tiene el librado ningún establecimiento, en el lugar donde el librado tenga su establecimiento principal.

*c*) El cheque sin indicación del lugar de su emisión se considerará suscrito en el que aparezca al lado del nombre del librador.

El cheque ha de librarse contra un Banco o Entidad de Crédito que tenga fondos a disposición del librador, y de conformidad con un acuerdo expreso o tácito, según el cual el librador tenga derecho a disponer por cheque de aquellos fondos. No obstante, a falta de estos requisitos, excepto el de la condición de Banco o Entidad de Crédito del librado, el título será válido como cheque.

El librado que tenga fondos a disposición del librador en el momento de la presentación al cobro de su cheque regularmente emitido, está obligado a su pago. Si sólo dispone de una provisión parcial, estará obligado a entregar su importe.

El librador que emita un cheque sin tener provisión de fondos en poder del librado, por la suma en él indicada, deberá pagar al tenedor, además de esta, el 19 % del importe no cubierto del cheque y la indemnización por los daños y perjuicios.

El cheque no puede ser aceptado, y cualquier fórmula de aceptación que se consigne en el mismo, se considerará como no puesta.

El librador o tenedor de un cheque podrá, no obstante, solicitar del Banco librado que este preste su conformidad a dicho cheque, y cualquier mención de «certificación», «visado», «conforme», u otra semejante firmada por el librado en el cheque acredita la autenticidad de este y la existencia de fondos suficientes en la cuenta del librador. El librado, como consecuencia de esto, retendrá la cantidad necesaria para el pago del cheque a su presentación hasta el vencimiento del plazo fijado en el mismo, o en su defecto a los quince días si es pagadero en España y emitido en el país; si se ha emitido en Europa y es pagadero en España, el plazo será de veinte días, y si está emitido fuera de Europa y es pagadero en España el plazo será de sesenta días.

Esta conformidad dada por el librado deberá expresar la fecha y será irrevocable.

## Modalidades del cheque

Las modalidades del cheque vienen dadas por la designación que en ellos se haga del acreedor, y así vemos que el cheque puede ser librado para que se pague:

— a una persona determinada con la cláusula «a la orden» o sin esta cláusula;
— a una persona determinada con la expresión «no a la orden» u otra semejante o equivalente;
— al portador.

El cheque a favor de una persona determinada, con la mención o «al portador», o un término equivalente, vale como cheque al portador.

Del mismo modo, valdrá como cheque al portador aquel cheque que, en su momento de presentación al cobro, carezca de indicación con respecto al tenedor. Así, el cheque puede librarse:

— a favor o a la orden del mismo librador;
— por cuenta de un tercero;
— contra el propio librador, siempre que el título se emita entre distintos establecimientos del mismo.

El cheque puede ser emitido para que se pague en el domicilio de un tercero, ya sea en la localidad donde el librado tiene su domicilio, ya sea en localidad diferente, siempre que el tercero sea un Banco o Entidad de Crédito.

## La presentación y el pago del cheque

El cheque es pagadero a la vista. Cualquier mención en sentido contrario se tiene por no puesta y por lo tanto se considera nula.

El cheque presentado al pago antes del día indicado como fecha de la emisión del mismo, es pagadero el mismo día de su presentación.

El cheque que se haya emitido en España para ser pagado también en España, deberá ser presentado a su pago en un plazo no superior a quince días.

El cheque emitido en el extranjero, y pagadero en España deberá presentarse en el plazo máximo de veinte días si fue emitido en Europa, y sesenta días si fue emitido fuera de Europa.

Estos plazos, de quince, veinte y sesenta días, se computarán a partir del día que conste en el cheque como fecha de emisión, no excluyéndose de este cómputo los días inhábiles, pero si el día del vencimiento de estos plazos fuere festivo o inhábil, se entenderá que el cheque vence el primer día hábil siguiente.

Cuando el cheque esté librado entre plazas con calendarios distintos, el día de la emisión se remitirá al correspondiente en el calendario del lugar del pago. La presentación a una cámara o sistema de compensación equivale a su presentación al pago.

El pago de un cheque librado en moneda extranjera convertible admitida a cotización oficial, deberá realizarse dentro del plazo de su presentación, en la moneda expresada, siempre que la obligación de pago en la referida moneda esté autorizada o resulte permitida de acuerdo con las normas de control de cambios.

Si no fuera posible efectuar el pago en la moneda pactada, por causa no imputable al deudor, este entregará el valor en pesetas de la suma expresada en el cheque, determinándose dicho valor de acuerdo con el cambio vendedor correspondiente al día de la fecha de presentación, al tenedor podrá exigir, a su elección, el valor en pesetas que resulte del cambio vendedor de la fecha de pago o reembolso, o el de la fecha de presentación.

Cuando el importe del cheque se haya indicado en una moneda que tenga la misma denominación, pero diferente valor en el país de emisión que en el país de pago, se presumirá que la moneda expresada es la del lugar de pago.

# La Bolsa de valores

## El mercado de valores

En lenguaje mercantil, se denomina *títulos-valor* a una serie de documentos (bonos, acciones, obligaciones, certificados de depósito, etc.) cuya característica común es la de tener un valor intrínseco. Es decir, que el valor se deduce de las características del propio documento, con independencia relativa del negocio que lo ha originado.

Ahora bien, cuando se habla de mercado de valores nos referimos sólo a algunos de tales títulos: concretamente a las acciones y obligaciones de las sociedades y de los valores públicos (acciones y obligaciones de las empresas estatales, deuda pública, cédulas del ICO, bonos, etc.). Todos ellos tienen en común que son esencialmente transmisibles, es decir, que su poseedor actual (legítimo, claro está) puede venderlos libremente a otra persona, si ambos están de acuerdo, y el adquirente recibe los mismos derechos que tenía el poseedor anterior (entre ellos, el de poder venderlos de nuevo cuando lo desee).

Pues bien, basándose en esas posibilidades, existe una oferta y una demanda de esos títulos. Por esta razón se habla de mercado de valores. Pero, en realidad, no existe uno, sino dos mercados de valores: el primario (o de emisión) y el secundario (o de negociación).

El mercado primario es el que se constituye entre los ahorradores y las empresas o entes públicos que emiten los títulos. Por parte de aquellos existe una oferta de dinero (demanda de rentabilidad). Quienes emiten los títulos, en cambio, realizan una demanda de dinero (para financiarse) y una oferta de rentabilidad (los intereses y las perspectivas de aumento de valor de los títulos).

El mercado secundario, o de negociación, es posterior: consiste en las transacciones realizadas entre quienes adquirieron originalmente los títulos, y los que los adquieren después, sucesivamente.

Ambos mercados se complementan mutuamente. En realidad, la existencia de un mercado secundario amplio y activo es una condición necesaria para la eficacia del mercado primario. Incluso puede decirse que es la razón de su existencia, ya que la posibilidad de vender fácilmente los títulos es lo que confiere a estos liquidez, haciendo atractiva su adquisición por parte de los ahorradores.

En el mercado primario es especialmente importante la intervención de los bancos y cajas de ahorro. En el secundario, la institución fundamental es la Bolsa de valores.

## La Bolsa de valores

La existencia de Bolsas de valores como instituciones en las que se centraliza el mercado de valores mobiliarios, sometiéndolo a un régimen de publicidad y transparencia, tiene orígenes remotos, derivando de las lonjas y casa de contratación bajomedievales y siendo objeto de una paulatina evolución en su organización y normativa reguladora.

En la actualidad existen en España cuatro Bolsas de valores: las de Madrid, Barcelona, Bilbao y Valencia. Su organización ha sido profundamente reformada en 1989. Sustituyendo de hecho a los antiguos agentes de cambio y bolsa, han sido legalmente reguladas las sociedades y las agencias de valores y bolsa de la manera siguiente:

— las sociedades de valores y bolsa (capital mínimo, 750 millones de pesetas) pueden realizar operaciones bursátiles por cuenta ajena o por cuenta propia;
— las agencias de valores y bolsa, en cambio, sólo pueden actuar por cuenta ajena, realizando operaciones por cuenta de sus clientes (capital mínimo, 150 millones de pesetas).

Las sociedades y agencias de valores y Bolsa son las que integran las sociedades rectoras de cada una de las bolsas existentes. Se trata de sociedades anónimas privadas, si bien sometidas a un riguroso control por parte de los poderes públicos dada su importancia en la vida económica del país.

### Valores negociables

Los valores negociados en Bolsa actualmente pueden clasificarse en tres grandes grupos:

— títulos de renta fija;
— títulos de renta variable;
— activos monetarios (o financieros a corto plazo).

El conjunto de títulos de renta fija está constituido por las distintas emisiones de deuda pública del Estado y de los Gobiernos autonómicos, las obligaciones de las entidades oficiales de crédito y otros organismos oficiales, obligaciones de corporaciones locales, bonos y cédulas hipotecarios de entidades financieras, y obligaciones emitidas por sociedades privadas.

El mercado de acciones, o de renta variable, está dividido en dos categorías: el de sociedades admitidas a cotización oficial y el de sociedades no cotizadas oficialmente, o segundo mercado, reservado a sociedades de dimensión media.

Tanto en el mercado de renta fija como en el de acciones de cotización oficial, se distingue entre títulos con cotización calificada y títulos de cotización simple. La cotización calificada se otorga a los títulos que disfrutan de mayor liquidez, medida por la frecuencia con que contratan y los volúmenes sobre los que se negocia, y a aquellos a los que la liquidez se garantiza a través del compromiso de sociedades de contrapartida.

En el mercado de activos monetarios se negocian pagarés del tesoro y pagarés de empresa. Los primeros se emiten por valor nominal de un millón de pesetas y vencimientos a 12 y 18 meses. Los pagarés de empresas se emiten por importes de 250.000, 500.000 y 1.000.000 de pesetas y vencimientos a 12 meses. También se negocian letras de cambio.

## Cotización

En el mercado de valores mobiliarios, estos alcanzan un precio dado, en razón de la oferta y demanda existente de cada uno. Es decir, de la cantidad de títulos que se encuentran a la venta en un momento determinado y de la cantidad que de ellos están dispuestos a adquirir los compradores.

Debido a ello, en cada momento un título puede cotizarse por encima o por debajo de su valor nominal (el que consta en el mismo, y que no varía). Tales fluctuaciones se reflejan en enteros (un entero es un 1 % del valor nominal), diciendo que tal título ha aumentado o disminuido tantos enteros sobre su valor nominal.

En la actualidad, tras la última reforma legal se ha creado el mercado continuo informatizado, que supondrá la progresiva sustitución de los tradicionales corros. Se trata de que las operaciones se realicen por medio de ordenadores conectados a una red informática que proporciona la cotización de cada título según su oferta y demanda en ese mismo instante. Pueden integrarse en ese sistema todos los valores bursátiles que se coticen en dos, como mínimo, de las cuatro Bolsas españolas.

# La compraventa mercantil

Ante todo, es preciso aclarar que determinadas compraventas no tienen carácter mercantil, aunque concurra el propósito del vendedor de lucrarse en la reventa. Así, el Código no reputa mercantiles las ventas que hicieren los propietarios y los labradores o ganadores de los frutos o productos de sus cosechas especiales en que se les paguen las rentas; ni las ventas que de los objetos construidos o fabricados por los artesanos hicieren estos en sus talleres.

Finalmente cabe señalar que, aunque el Código hable de cosas muebles, también puede ser mercantil la compraventa de inmuebles.

En cuanto al contenido de este contrato, es preciso estudiar las obligaciones que se generan para ambos contratantes.

## Obligaciones del vendedor

Son las siguientes:

**1. Entregar la cosa debida.** Para que la obligación de entrega se entienda cumplida no es necesaria la entrega material de la misma, sino que basta con la simple puesta a disposición del comprador en el lugar y tiempo convenidos. En cuanto al tiempo, si no se hubiera pactado un plazo, el vendedor deberá tenerla a disposición del comprador dentro de las veinticuatro horas siguientes al contrato.

**2. Responder del saneamiento de la cosa vendida.** En toda venta mercantil, el vendedor quedará obligado a la evicción y saneamiento en favor del comprador, salvo pacto contrario.

El saneamiento por evicción se da cuando se priva al comprador por sentencia firme y en virtud de un derecho anterior a la compra de todo o parte de la cosa comprada, y cuando sea procedente la evicción el comprador tendrá derecho a exigir del vendedor la restitución del precio que tuviera la cosa al tiempo de la evicción, y a ser indemnizado de los gastos y daños sufridos.

El saneamiento por vicios o defectos ocultos tiene importancia práctica. El plazo que tiene el comprador para denunciar los defectos o vicios ocultos es variable:

*a*) Cuando se examine la mercancía en el momento de la compra, la reclamación del comprador contra el vendedor por causa de vicio o defecto de cantidad o calidad habrá de hacerse inmediatamente. Si el comprador no reclama, la ley presume su asentamiento y su conformidad con el defecto, si existe.
*b*) Si las mercancías están embaladas, el comprador tiene un plazo de cuatro días contados desde el siguiente a su recibo.
*c*) Cuando se trate de vicios internos, el plazo de denuncia se amplía a los treinta días siguientes a la entrega.

El comprador que no hace reclamación alguna en el momento del examen de la mercancía, o en los plazos señalados, pierde toda acción y derecho a repetir contra el vendedor por causa de vicio o defecto de calidad o cantidad.

El vendedor tiene la obligación de soportar los daños que sufran las mercancías antes de haberlas puesto a disposición del comprador, y también los que se produzcan después e incluso por caso fortuito, en los siguientes supuestos:

*a*) Si la venta se hubiera hecho por peso, número o medida, o la cosa vendida no fuera cierta y determinada, con marcas y señales que la identifiquen.
*b*) Si por acto expreso o por uso del comercio, atendida la naturaleza de la cosa vendida, tuviera el comprador la facultad de reconocerla y examinarla previamente.
*c*) Si el contrato tuviere la condición de no hacer la entrega hasta que la cosa vendida adquiera las condiciones estipuladas.

## Obligaciones del comprador

Tanto en el supuesto de que el comprador rehúse sin justa causa el recibo de los efectos comprados, como en el de simple demora en hacerse cargo de las mercaderías, se faculta al vendedor para optar por la rescisión del contrato o por el cumplimiento del mismo depositando judicialmente las mercancías.

El comprador está obligado a pagar el precio a partir del momento de la puesta a disposición de las mercancías, o en los plazos convenidos con el vendedor, llevando consigo la demora en el pago del precio la obligación de satisfacer el interés legal de las cantidades adeudadas.

## Compraventa a plazos

Son aquellas compraventas en las que el precio no se satisface en el momento de la perfección del contrato, sino que se establecen varios plazos sucesivos y para el pago total del mismo.

Existen dos clases de compraventas a plazos: las que se rigen por la Ley de 13 de julio de 1988 y las excluidas expresamente del ámbito de aplicación de esta ley.

Estos contratos plantean diversos problemas, entre ellos, el del concepto en que el comprador posee la cosa hasta el pago del último plazo. Como quiera que en ellos se incluye frecuentemente un pacto de reserva de dominio, el comprador posee en calidad de depositario o arrendatario, con el fin de que si se produce el impago por parte del comprador de un solo plazo, poder determinar, en perjuicio del comprador, la pérdida del beneficio del plazo para el resto del precio pendiente de vencimiento y pago, o la pérdida de lo pagado, con devolución de la cosa comprada al vendedor.

## Régimen especial

Dedicaremos más adelante, dada su importancia, un capítulo al estudio de la compraventa a plazos que se rige por la Ley de 13 de julio de 1998, pero conviene que nos refiramos ahora a esa cuestión y analicemos algunos de sus rasgos más característicos.

El artículo 3 de la Ley define el contrato de compraventa a plazos como el contrato mediante el cual una de las partes entrega a la otra una cosa mueble corporal. La parte que recibe se obliga a pagar por ella un precio cierto, de forma total o parcialmente aplazada en tiempo superior a tres meses desde la percepción del mismo. También se entenderán comprendidas en dicho concepto los actos o contratos, cualquiera que sea su forma jurídica con la denominación que las partes les asignen, mediante los cuales se pretenda conseguir los mismos fines económicos que con la venta a plazos.

Los bienes muebles que constituyen el objeto del contrato de venta a plazos deben ser no consumibles e identificables.

Bajo estos conceptos entendemos aquellos bienes que se desgastan pero no desaparecen debido a su uso normal. Por bienes identificables entenderemos todos aquellos en los que conste la marca y número de serie o fabricación de forma indeleble e inseparable en una o varias de sus partes fundamentales, o que tengan alguna característica distintiva que excluya razonablemente que puedan confundirse con otros bienes.

# El contrato de transporte

Los elementos personales del contrato son el «porteador», el «cargador» y el «consignatario». El porteador es el empresario que asume directamente la obligación de realizar el transporte. El cargador o remitente es la persona que contrata en nombre propio con el porteador y entrega y se obliga a entregar la carta para su transporte. El consignatario o destinatario es la persona a quien se han de entregar las mercancías o efectos transportados. La designación del consignatario se hace en la carta de porte, y puede ser nominativa, a la orden, o al portador.

Los elementos reales del contrato de transporte de cosas son la *cosa* y el *precio*. Son cosas, a efectos del transporte, las mercaderías en sentido amplio. El precio representa la contraprestación de las obligaciones y del riesgo que asume la empresa porteadora. Puede ser satisfecho por el cargador o debido por el consignatario.

Elemento formal del contrato es la *carta de porte*, que es el documento en que constan los extremos de transporte. En la carta de porte habrán de expresarse: los nombres del cargador, porteador y consignatario; la designación de los efectos transportados; el precio; la fecha de la expedición; el lugar de entrega al consignatario, y la indemnización para el caso de retardo.

El contrato de transporte genera derechos y obligaciones para las partes. Así, el cargador asume las siguientes obligaciones:

— entregar al porteador la cosa objeto del contrato en el lugar y tiempo previsto;
— pagar el precio o porte del contrato, si se realiza a porte pagado.

El porteador asume una obligación principal y varias accesorias. La obligación principal es la de poner las cosas transportadas, en el estado en que las recibe, a disposición del consignatario, en el plazo, lugar y condiciones prevista en el contrato. Si el destinatario rehusare el recibo de la cosa o se negara al pago de los portes y gastos, o no fuere hallado, el porteador cumple con hacer el depósito judicial de los efectos transportados.

Obligaciones accesorias son: custodia de la cosa; no variar la ruta convenida, salvo fuerza mayor; cumplir las disposiciones administrativas sobre el transporte, etc.

Corresponde al porteador, como derecho principal, cobrar el precio y gastos efectuados, en su caso, para conservación de la mercancía.

Por su parte, el consignatario tiene derecho a que el porteador le entregue los objetos porteados en el plazo previsto en el contrato, o faltando el plazo, sin demora ni entorpecimiento alguno. Recibidas las cosas por el consignatario, queda obligado a satisfacer el precio del transporte, si se hizo a porte debido, y los gastos necesarios de la conducción.

## Transporte de personas

El transporte de personas es una modalidad del contrato de transporte en general. La circunstancia de que la prestación del porteador se refiera en este transporte a una persona, atribuye a este contrato especiales características frente al transporte de cosas. Así:

— no cabe hablar de «entrega» al comienzo y al final del contrato;
— no existe el tercer elemento subjetivo que es el consignatario.

Los sujetos del contrato son el porteador y el «viajero». El primero asume la obligación de trasladar al segundo de un lugar a otro, con las condiciones especiales de comodidad, ambiente, rapidez, etc., pactadas en el contrato. El viajero asume la obligación fundamental de pago del precio. El título probatorio del contrato es el «billete», extendido innominadamente, por lo general, facultando al tenedor para exigir al porteador la prestación.

Nuestro Código de comercio no regula específicamente el contrato de transporte de personas, sino que se limita a dictar alguna disposición aislada sobre el contenido que ha de tener la carta de porte o billete.

Como el transporte de las personas puede realizarse tanto por carretera como por ferrocarril o avión, habrá que estar atento a las normas especiales que regulan el transporte de personas por cada uno de estos medios.

# Los contratos de préstamo y de depósito

## Contrato de préstamo mercantil

Se trata de un contrato real, que se perfecciona por la entrega de la cosa que debe realizar el prestamista al prestatario. Es igualmente un contrato unilateral, pues una vez entregada la cosa sólo surgen obligaciones para una de las dos partes, es decir, para el prestatario.

**1. Obligación de restituir.** Constituye la obligación principal. El prestatario está obligado a devolver al prestamista otro tanto de lo recibido en el lugar y tiempo pactado, o en defecto de pacto, pasados treinta días a contar de la fecha del requirimiento notarial que se hubiera hecho exigiendo la devolución. Existen las siguientes modalidades:

— consistiendo el préstamo en dinero, pagará el deudor una cantidad igual a la recibida;
— en los préstamos de títulos o valores pagará el deudor devolviendo otros tantos de la misma clase e idénticas condiciones;
— si los préstamos fueren en especie, deberá el deudor devolver igual cantidad de la misma especie y calidad.

**2. Obligación de pagar los intereses pactados.** Se trata de una obligación accesoria de la restitución. Y aunque parezca anormal, lo cierto es que, con arreglo al artículo 314, los préstamos no devengan interés si no se hubiera pactado por escrito.

**3. Obligación de satisfacer los intereses de demora.** El artículo 316 señala que los deudores que demoren el pago de sus deudas después de vencidas, deberán satisfacer, desde el día siguiente al del vencimiento, el interés pactado para este caso o en su defecto el legal.

## Contrato de depósito mercantil

No da el Código de comercio una definición del depósito, sino que se limita a señalar sus características. Así, para que el depósito sea mercantil, se requiere:

— que el depositario al menos sea comerciante;
— que las cosas depositadas sean objeto de comercio;
— que el depósito constituya por sí una operación mercantil o se haga como causa o a consecuencia de operaciones mercantiles.

Las modalidades más importantes son el depósito regular y el depósito irregular.

### Depósito regular

Los elementos personales de este contrato son el depositante y el depositario. Los elementos reales son los efectos depositados y el precio o retribución del depósito.

El depósito produce para el depositario dos obligaciones principales: guardar y conservar la cosa objeto del depósito según la recibió, o devolverla, con sus aumentos, cuando el depositante la pida. Para el depositante surgen las obligaciones siguientes: retribuir al depositario, salvo pacto expreso en contrario, y reembolsar al depositario de los gastos que haya hecho para la conservación de la cosa depositada, indemnizándole además de todos los perjuicios que se le hayan seguido del depósito.

La extinción del contrato se produce por las siguientes causas:

— por devolución de la cosa depositada, bien a reclamación del depositante, bien a renuncia del depositario;
— por pérdida o destrucción de la cosa, sin perjuicio de la responsabilidad en que haya incurrido el depositario.

### Depósito irregular

El depósito irregular es aquel en el que el depositario está autorizado a usar y disponer de la cosa depositada, medie o no retribución. En la práctica, los depósitos irregulares son casi siempre depósitos bancarios y de numerario.

En cuanto a los efectos del depósito irregular, el más importante es el de adquisición de la propiedad de la cosa depositada por el depositario. El paso de la propiedad de cosa autoriza al depositario a disponer de la misma. Esta regla cobra especial relieve en el caso de quiebra del depositario, porque entonces, a diferencia de lo que ocurre en el depósito regular, el objeto del depósito no podrá ser separado de la masa de la quiebra, y el depositante sólo podrá figurar en la quiebra con un derecho de crédito.

# El contrato de seguro

Según el artículo 1.º de la Ley de Contrato de Seguro, el contrato de seguro es «aquel por el que el asegurador se obliga, mediante el cobro de una prima, y para el caso de que se produzca el evento cuyo riesgo es objeto de cobertura, a indemnizar, dentro de los límites pactados, los daños producidos al asegurado, o a satisfacer un capital, una renta u otras prestaciones convenidas».

Los sujetos que intervienen en este tipo de contratos son los que mencionamos a continuación:

— el asegurador (o, mejor, entidad aseguradora, ya que debe tratarse necesariamente de una sociedad anónima o mutua);
— el tomador del seguro (persona que lo contrata con el asegurador, es decir, quien suscribe la póliza);
— el asegurado (sujeto sobre cuya persona o bienes se pacta el contrato; puede ser el mismo tomador u otra persona distinta);
— el beneficiario (sujeto que recibe la prestación por parte del asegurador y que puede coincidir, o no, con el tomador y el asegurado).

El documento en el que se formaliza el contrato de seguro recibe el nombre de *póliza*. Por último, la prima es la cantidad que debe pagar el asegurado como contraprestación a la cobertura de sus riesgos.

En efecto, el contrato de seguro se basa en la existencia de un riesgo: la posibilidad de que se produzcan hechos que perjudiquen de alguna forma al asegurado, en su persona o en sus bienes. La entidad aseguradora se compromete a paliar o compensar las consecuencias de tales hechos... en el caso de que sucedan. Por ese motivo (porque sus obligaciones dependen de acontecimientos ajenos a la voluntad de las partes), este contrato es calificado de aleatorio.

A cambio de pagar la prima, el asegurado garantiza su futuro frente a hechos que podrían causarle un grave perjuicio económico a él o a su familia o empresa. En definitiva, contrata seguridad.

Ahora bien, como existe un gran número de hechos eventualmente perjudiciales, existen también diferentes modalidades de contratos de seguro. Cada una de ellas ofrece co-

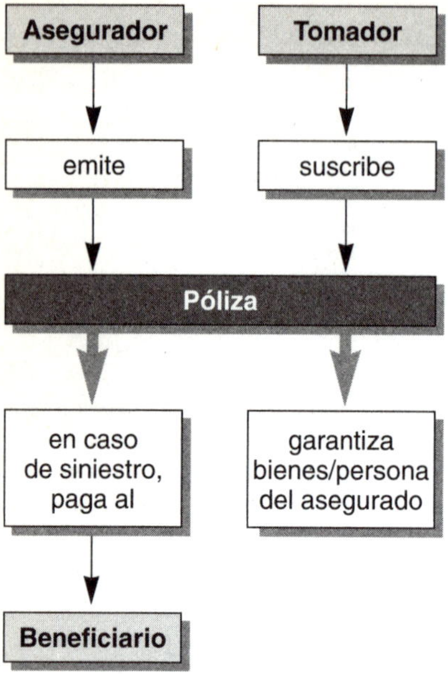


bertura sobre alguno o algunos de tales riesgos.

## Modalidades

Atendiendo al objeto de su cobertura, podemos clasificar los contratos de seguro en los dos grandes grupos siguientes:

— seguros sobre riesgos personales;
— seguros sobre riesgos de tipo patrimonial.

Los primeros garantizan asistencia médica e indemnizaciones económicas, en el caso de que el asegurado sufra daños en su persona. En este grupo podemos incluir las modalidades siguientes:

— seguros de vida;
— seguros de accidentes;
— seguros de enfermedad.

También pueden considerarse como seguros de este tipo los planes de jubilación.

Los seguros sobre riesgos patrimoniales cubren las consecuencias de diferentes hechos que pueden perjudicar económicamente al asegurado. Según sus diferentes coberturas, pueden enumerarse las siguientes modalidades de los mismos:

— seguro de crédito comercial;
— seguro de caución;
— seguro de responsabilidad civil;
— seguro de reclamación de daños;
— seguro de transporte;
— seguro de robo;
— seguro de averías en maquinarias;
— seguro de daños en las cosas (que, a su vez, comprende las modalidades de incendios, vandalismo, lluvia, viento, pedrisco o nieve, aguas interiores y exteriores, humo, impacto, caída de aeronaves o astronaves, instalaciones de extinción de incendios, rotura de cristales, inundación y lluvias, además de otras garantías adicionales).

## Pólizas combinadas

Las entidades aseguradoras ofrecen a sus clientes las denominadas *pólizas combinadas*, en las cuales se ofrece una cobertura conjunta de diferentes riesgos relacionados por un objeto común.

Tal es el caso de los seguros sobre vehículos a motor y sobre embarcaciones deportivas, en los que se ofrece la cobertura de robo, daños, responsabilidad civil, accidente, etc. Los seguros de asistencia en viaje ofrecen prestaciones tales como asistencia médica, repatriación, remolque de vehículos, estancia en hoteles, indemnización por pérdida o robo de equipajes, etc. También existen pólizas combinadas de seguros de la vivienda, que ofrecen cobertura frente a robos, incendios, daños, responsabilidad civil y otros riesgos, dirigidos tanto a propietaros o inquilinos de viviendas, como al conjunto de la comunidad de propietarios de un edificio en régimen de propiedad horizontal.

Otras pólizas especializadas son las que cubren riesgos propios de las empresas combinando seguros de robo, diversos daños (según la empresa de que se trate) y la responsabilidad civil contraída en el ejercicio de sus actividades.

## Riesgos excluidos

Existe una serie de riesgos que quedan fuera de la cobertura de los contratos de seguro, por diferentes motivos. Son los denominados *riesgos excluidos*, y se refieren a los daños ocasionados por alguna de las siguientes causas:

— por actos intencionados del asegurado o en los que, por su parte, haya existido imprudencia, negligencia o descuido grave;
— los que acontezcan con motivo de guerras, invasiones, motines y otros disturbios análogos;
— los debidos a catástrofes naturales como terremotos, erupciones volcánicas, huracanes, trombas y similares;
— los derivados del calor, radiaciones, explosiones o incendios producidos por sustancias radioactivas (riesgo atómico);
— los que se deban a taras o defectos de fabricación o posteriores de la cosa asegurada.

Además de estos riesgos, excluidos de la cobertura de todos los seguros, cada modalidad en concreto excluye algunos riesgos específicos.

En otros casos algunos riesgos están excluidos con carácter general, pero se admite su cobertura mediante el pago de una sobreprima. Es lo que sucede, por ejemplo, con la práctica de ciertos deportes, en relación con el seguro de accidentes.

## Derechos y obligaciones del asegurado

De los derechos del asegurado, el más importante es el de recibir la prestación convenida en la póliza cuando sufre los daños personales y materiales cubiertos en la misma. Según los casos, ello se traducirá en recibir asistencia médica o jurídica, o en cobrar una indemnización económica, ser alojado en hoteles, remolcar a su vehículo hasta un taller, etc.

Pero para ello, el asegurado debe cumplir con las obligaciones que ha contraído y que, con carácter general, son las siguientes:

— actuar con veracidad y buena fe en sus declaraciones a la entidad aseguradora (al proponer el seguro, y las posteriores);
— pagar la prima convenida, en la cuantía, forma y plazo establecidos en la póliza;
— comunicar a la entidad aseguradora todas aquellas circunstancias que, durante la vigencia de la póliza, pueden agravar el riesgo;
— adoptar todas las precauciones posibles, según las circunstancias, para aminorar las consecuencias del siniestro cuando este se produce;
— comunicar el siniestro a la entidad aseguradora en el plazo máximo de siete días (desde que se produce, o desde que tenga conocimiento de él).

Además de estas obligaciones generales, existen otras específicas para cada modalidad de seguro. Los derechos y obligaciones concretas del asegurado y, en su caso, del tomador y el beneficiario, si son distintos de aquel deben constar detalladamente en la póliza.

## Derechos y obligaciones de la entidad aseguradora

Los derechos y obligaciones de las entidades aseguradoras se corresponden, a la inversa, con los del asegurado. Así, la obligación fundamental de esas entidades es indemnizar al asegurado o prestarle los servicios convenidos cuando este sufre las consecuencias del siniestro objeto de la cobertura de la póliza.

En contrapartida, su derecho más importante, es el de cobrar la prima por anticipado. Según las modalidades de seguro, el pago de la prima puede pactarse de diferentes maneras: prima única, primas anuales, aplazamientos por trimestres o por meses, etc.

# El contrato de comisión

El contrato de comisión se halla regulado en el Código de comercio; mediante el mismo, una persona a la que se denomina *comisionista* se obliga a participar en un acto o contrato mercantil por cuenta de otra persona a la que se conoce con el nombre de *comitente.*

## Clasificación

Existen dos modos de desempeñar la comisión: sin poder de representación del comitente (es decir, obrando el comisionista en nombre propio) y con poder de representación (es decir, obrando el comisionista en nombre del comitente).

La diferencia esencial entre una y otra clase de comisión radica en que, en el primer supuesto, el comisionista queda obligado de un modo directo, como si, pese a que en realidad no es así, el negocio fuese suyo. Por tanto, en la relación que se establece, el comitente es ajeno.

¿Qué ocurre si las personas a las que se contrata tienen que interponer una reclamación judicial? La respuesta es que nada pueden intentar contra el comitente, como tampoco podría intentar este ejercer acción alguna contra aquellos.

En cambio, si el comisionista actúa como apoderado del comitente (en nombre de este, por tanto) debe manifestarlo así cuando cierre un contrato con un tercero y las acciones judiciales que se debieran interponer lo serían entre el comitente y el comprador, puesto que el comisionista habría intervenido como un mero intermediario.

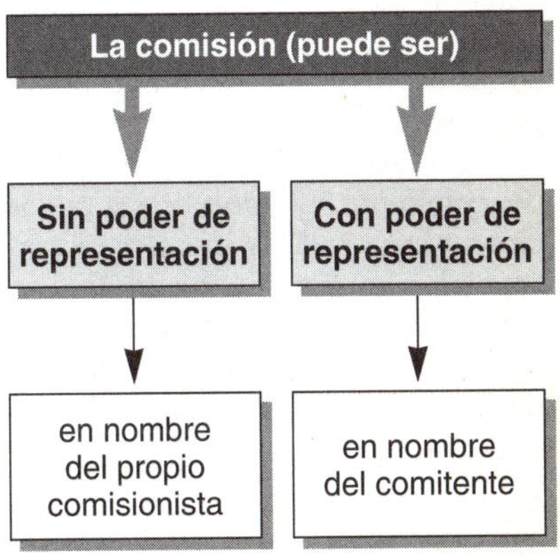

## Obligaciones de las partes

Dos son las obligaciones más importantes del comisionista: cumplir debidamente el encargo o la comisión y rendir cuentas.

El encargo debe ser llevado a cabo sujetándose a las instrucciones recibidas e informando periódicamente de su actividad, así como defendiendo los intereses del comitente como si fueran propios. Una manifestación de tales obligaciones es, por ejemplo, no concretar operaciones en condiciones más onerosas que las corrientes o no dando a los fondos recibidos otro destino que no sea el del encargo.

La obligación de rendir cuentas significa que debe reintegrar el sobrante de las cantidades que resulten a favor del comitente, así como devolverle las mercancías no vendidas, respondiendo de aquellas que tenga en su poder.

¿Puede el comisionista delegar sus funciones? Es decir, ¿puede llevar a término su encargo mediante otras personas o debe hacerlo personalmente? En principio, el contrato de comisión debe ser ejecutado por la persona con la que se celebra este. No obstante, si media autorización escrita del comitente, el comisionista puede delegar la actividad a una tercera persona. Es importante recordar que, incluso en estos supuestos, si este tercero incumple su cometido, el responsable ante el comitente, sigue siéndolo el comisionista.

Por su parte, dos son también las obligaciones principales del comitente: pagar la comisión estipulada (que suele ser un tanto por ciento del precio de las mercancías) e indemnizar al comisionista de los daños que la comisión pueda producirle, lo que significa que debe abonarle los gastos y desembolsos que hubiera hecho.

## Desarrollo del contrato

La comisión se establece como un contrato no duradero por lo que, consumado el encargo, se extingue la comisión: en esto se distingue del contrato de agencia.

Un aspecto a tener en cuenta es que el comisionista no puede comprar para sí ni para otro lo que se le ha mandado vender, ni puede vender lo que se le ha encargado comprar, salvo autorización expresa.

El contrato se extingue cuando se ha realizado el acto u operación que tuvo por ejemplo el contrato, como causa normal, pero también puede extinguirse por la revocación declarada por el comitente, así como por la muerte o inhabilitación del comisionista (lo que ocurre, por ejemplo, si el comisionista es una sociedad y se declara en quiebra).

Conviene tener en cuenta que no es causa de extinción de este contrato la renuncia efectuada por el comisionista, salvo que medie incumplimiento por parte del comitente.

# El contrato de distribución

Este contrato es conocido también como *concesión mercantil*, y presenta similitudes con la comisión y la agencia. No está regulado expresamente en el derecho español, pero su utilización en nuestro país se remonta a muchos años atrás.

Por lo que respecta a la agencia, se distingue la distribución, ya que en este contrato el distribuidor actúa siempre en su propio nombre y por su propia cuenta. Se diferencia de la comisión porque la distribución es un contrato de duración continuada, que no se extingue con una sola operación, como ocurre con la comisión.

## Concepto

Mediante el contrato mercantil de distribución, un comerciante denominado *distribuidor* se compromete a vender en un territorio geográfico determinado, siempre en nombre e interés propios, los productos de otro empresario que recibe la denominación de principal, obligándose, asimismo, a prestar a los adquirentes de los productos una determinada asistencia.

## Obligaciones de las partes

Las obligaciones más importantes del distribuidor son comercializar los productos objeto de contrato y no competir con el principal. La comercialización debe efectuarse siguiendo las instrucciones recibidas y, en principio, con la posibilidad de que colaboren en su actividad los llamados subdistribuidores.

Otra obligación que suele establecerse en esta clase de contratos es que se pactan cantidades mínimas, tanto de los productos que el distribuidor ha de adquirir periódicamente como de los que debe revender.

A su vez, las obligaciones del principal suelen ser —las partes gozan en este contrato de un amplio margen de libertad para fijar los pactos que estimen más oportunos en cada caso— los siguientes: pagar al distribuidor las cantidades acordadas (rappels o comisiones), satisfacerle aquellos gastos que se hubiesen convenido como de cuenta del principal, así como satisfacer debidamente los pedidos del distribuidor, asistiéndole en su actividad y respetando el régimen de exclusiva.

Además suele pactarse que el principal llevará a cabo campañas de publicidad y que serán a su cargo los gastos de formación del personal del distribuidor.

## Extinción

El contrato de distribución se extingue en el transcurso del plazo por el que se hubiese convenido, no admitiéndose en principio los contratos por tiempo indefinido.

Además, suele pactarse en los contratos de distribución —y más si lo son por un plazo notablemente largo— la posibilidad de que cada una de las partes pueda desistir del mismo preavisando a la otra con una determinada antelación.

**Tiene aspectos comunes con...**

| |
|---|
| ...el contrato de compraventa, si bien aquel es preparatorio de este |
| ...el contrato de comisión, si bien aquel es de duración continuada |
| ...el contrato de agencia, si bien en aquel se actúa por cuenta propia |

# El contrato de agencia

Desde el año 1992 existe en nuestro país una ley especial que regula el contrato de agencia, es decir, aquel contrato por el cual una persona (natural o jurídica) se obliga frente a otra, de manera continuada y a cambio de una remuneración, a promover operaciones de comercio.

## Elementos personales

Son sujetos del contrato: el agente, es decir, la persona obligada a promover las operaciones; quien puede actuar por cuenta propia o ajena y el principal o empresario, es decir, aquel frente al que queda obligado el agente.

Además, la actuación por cuenta ajena puede ser por uno o por varios empresarios.

## Obligaciones de las partes

La Ley sobre Contrato de Agencia establece como obligaciones del agente, entre otras, las siguientes: ocuparse diligentemente de la promoción y, en su caso, de la conclusión de las operaciones que se le hubiesen encomendado; recibir las reclamaciones que los terceros pudieren formular, llevar una ordenada contabilidad, etc.

Por su parte, el principal o empresario debe poner a disposición del agente los muestrarios, tarifas y demás documentos necesarios para la actividad profesional de aquel, satisfacer la remuneración pactada y procurar al agente todas las informaciones necesarias para la ejecución del contrato.

La remuneración del agente puede consistir en una cantidad fija, en una comisión o en una combinación de ambos sistemas. Además, si se pacta, el agente tiene derecho a que le sean reembolsados los gastos causados por su actividad profesional.

## Extinción del contrato

El contrato de agencia puede convenirse por tiempo determinado o indefinido. En este último caso, se extingue por denuncia de cualquiera de las partes, cursada con la antelación que corresponda según la vigencia del

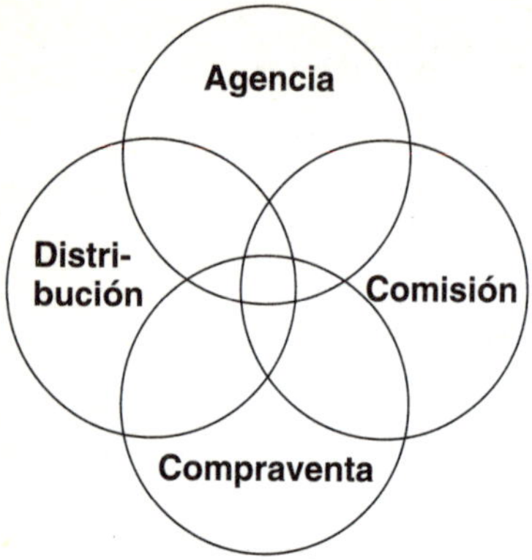


*Todos estos contratos participan de elementos comunes*

contrato, con un mínimo de un mes en cualquier caso.

Pese a que el contrato lo sea por tiempo determinado, cualquier parte lo puede dar por finalizado en cualquier momento y sin necesidad de preaviso si la otra parte hubiere incumplido sus obligaciones o hubiese sido declarada en quiebra o se le hubiese admitido su solicitud de suspensión de pagos.

Además, el contrato se extingue de forma automática por la muerte o la declaración de fallecimiento del agente.

## La indemnización del agente

Cuando se extinga el contrato, el agente tiene derecho, en principio, a las siguientes indemnizaciones:

— una indemnización por clientela equivalente al importe medio anual de las remuneraciones percibidas por el agente;
— una indemnización por daños y perjuicios si el contrato era por duración indefinida y si la denuncia

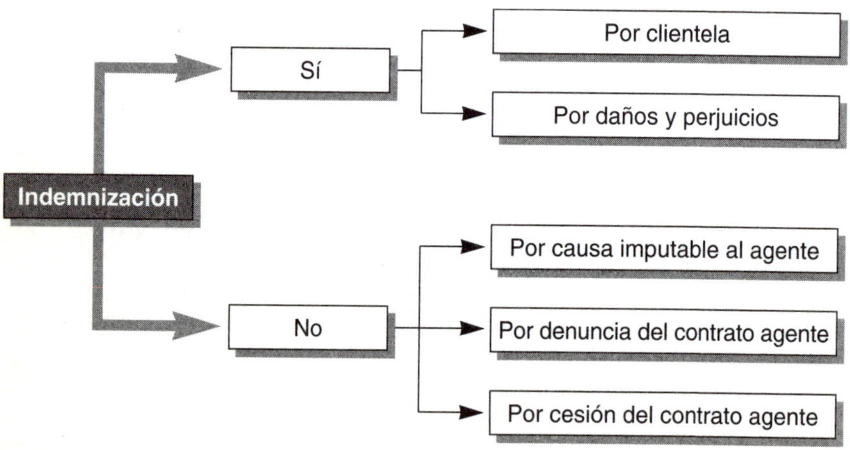

fue unilateral por parte del empresario o principal.

El agente no tendrá derecho a las anteriores indemnizaciones si la resolución del contrato fue por una causa imputable al agente o por denuncia del agente (salvo ciertos supuestos) o si hubo cesión a tercero —con consentimiento del empresario o principal— de los derechos y obligaciones de los que era titular el agente.

# Contratos mercantiles atípicos

Se denominan contratos *atípicos* (o *innominados*) aquellos que no están expresamente regulados por ninguna ley. Eso no significa, sin embargo, que estén prohibidos o que sean ilegales. Nuestro ordenamiento jurídico admite la plena libertad de las partes en materia contractual, y se limita a regular los contratos más frecuentes o de mayor trascendencia social.

En el campo mercantil, en el que los usos se adaptan con rapidez a la cambiante realidad económica, la aparición de contratos atípicos es algo muy frecuente. Sólo después, cuando se han generalizado, son regulados por las leyes. Y eso ni siquiera siempre: únicamente cuando la ausencia de una normativa aplicable da lugar a prácticas abusivas o fraudulentas por atentar contra la seguridad del tráfico.

Los contratos que se comentan en este capítulo son algunos de los contratos mercantiles atípicos más corrientes.

## El contrato de *leasing*

El *leasing* consiste, desde un punto de vista legal, en un contrato de arrendamiento de cosa con opción de compra al término del mismo. Apenas utilizado en el campo civil, en el mercantil, en cambio, ha adquirido una gran importancia. Las sociedades de *leasing* son las que están especializadas en alquilar bienes de equipo a las empresas, con opción de compra al finalizar el plazo por un valor residual pactado en el contrato. Se trata de un nuevo sistema de financiación para las empresas, cuyo nombre anglosajón nos indica claramente su procedencia y su origen reciente.

Estas sociedades se financian mediante el descuento bancario de los efectos que emiten con motivo del pago del arrendamiento a sus clientes de los bienes que les facilitan. La mayoría de las empresas de este tipo están directa o indirectamente vinculadas a la banca privada. Su crecimiento en nuestro país ha sido espectacular en las dos últimas décadas, tanto en su número como en volumen de negocios.

## El contrato de *factoring*

El contrato de *factoring* es la operación financiera que consiste en que una empresa transfiera a otra los créditos que ostenta frente a sus clientes, para que se encargue de cobrarlos. Una sociedad de *factoring* es, por lo tanto, la que asume los créditos de otras empresas, descargándoles del problema del cobro, de la necesidad de personal especializado en tales actividades, y reduciendo el riesgo de insolvencia. Todo ello, claro está, a cambio de una comisión o porcentaje sobre el importe de dichos créditos.

Las empresas de este tipo son también de origen reciente (aparecieron en España en 1964) pero, como las de *leasing*, han experimentado una fuerte expansión en los últimos años.

## Las tarjetas de crédito

Son los documentos que permiten a su titular usarlos como medio de pago en un número indeterminado de establecimientos comerciales, de diferentes clases, que las aceptan: hoteles, espectáculos, agencias de viajes, restaurantes, comercios, etc.

Las tarjetas de crédito normalmente son emitidas por los bancos o sociedades bancarias constituidas con ese fin, o vinculadas de alguna forma a la banca privada. Estas sociedades ofrecen diferentes formas de pago a sus clientes (cargar su importe directamente a su cuenta corriente, cobrarlo cada mes en una fecha fija, o bien aplazarlo en meses sucesivos).

Algunas tarjetas conceden a su poseedor un crédito ilimitado; otras, en cambio, lo limitan a una cierta cantidad. La concesión de tarjetas de crédito a los clientes se considera como un servicio bancario más, y por ello se cobra una cantidad anual.

En cuanto a los establecimientos que la aceptan como medio de pago, las sociedades emisoras acostumbran a cobrarles un porcentaje sobre cada operación realizada.

En cambio, reciben el nombre de *tarjetas de compra* las emitidas por los grandes almacenes para permitir la compra de artículos en los mismos. Son también un mecanismo de crédito, pero limitado al ámbito comercial de la propia empresa emisora, que no suele cobrar por ello a sus clientes. A ellas se pueden equiparar las tarjetas de pago emitidas por las empresa concesionarias de las autopistas y las que sirven para extraer dinero en efectivo de los cajeros automáticos de bancos y cajas de ahorro, fuera de horas de oficina.

Unas y otras responden a un formato homogéneo que se ha impuesto internacionalmente. Su mecanismo magnético sirve para cargar el importe de la operación a la cuenta del cliente.

## La franquicia

Las franquicias son también contratos mercantiles atípicos que se basan en la concesión de una empresa a otra de la utilización de los símbolos distintivos de su imagen comercial y a la comercialización de sus productos, a cambio de una contraprestación económica.

El franquiciador es el empresario que dispone de una empresa y de productos que gozan de prestigio en el mercado. El franquiciado, normalmente, es un empresario que pretende introducirse en el sector y desea el amparo de ese prestigio.

En el contrato de franquicia suele pactarse:

— que el franquiciado organizará su empresa siguiendo las directrices del franquiciador, respetando su imagen comercial (incluso en detalles de decoración de los establecimientos y uniformes de los empleados);
— que comercializará los productos suministrados por el franquiciador, o los fabricará bajo licencia, respetando sus características y calidad;
— que el franquiciador asesorará al franquiciado en cuanto a la instalación de su negocio y durante la vigencia del contrato, respecto a técnicas industriales y comerciales, reciclaje de empleados, organización, fiscalidad, etc.;
— que el franquiciado gozará de la exclusiva de tales actividades en una cierta zona;
— que, como compensación, pagará al franquiciador una cantidad inicial y un canon periódico (anual o mensual) normalmente establecido en función del valor de las ventas.

Es usual que para solucionar los conflictos derivados del cumplimiento e interpretación de estos contratos las partes se sometan a arbitrajes de derecho privado, en vez de acudir a los tribunales.

## El contrato de *renting*

Se trata de un tipo de contrato que carece de regulación en nuestro ordenamiento jurídico, cuya existencia no sólo es perfectamente posible y ha sido ratificada por los Tribunales de Justicia sino que, de hecho, en los últimos años ha gozado de un crecimiento espectacular debido, en buena parte, a su ventajosa fiscalidad.

Su origen es anglosajón, al igual que los contratos de *leasing* o de *factoring*, tal como puede apreciarse en su denominación. En algunas ocasiones ha sido traducido como «arrendamiento evolutivo» en un intento de adecuarlo a la lengua española.

Se puede definir el *renting* como aquel contrato mercantil por el cual una de las partes se obliga a ceder a otra el uso de un bien por un tiempo determinado (de 18 a 60 meses) a cambio del pago de una cuota fija periódica, siendo por cuenta del cedente el mantenimiento del bien (en el caso de los automóviles, por ejemplo, todo aquello que se refiera a las reparaciones, impuestos, asistencia en carretera, vehículo de sustitución, etc.), así como, en su caso, su aseguramiento y gozando el usuario de la facultad de cambiar el bien cedido o de cancelar el contrato en cualquier momento.

En resumidas cuentas, se trata de un mero arrendamiento pero con la asunción de determinadas obligaciones por parte del arrendador y con el otorgamiento de importantes ventajas para el arrendatario. En algunas ocasiones se conviene que el arrendatario pueda adquirir el bien arrendado, como en el *leasing*, pese a que no es este el derecho característico del *renting*.

## El comercio electrónico

Internet ha supuesto una verdadera revolución en nuestra sociedad. Como cualquier fenómeno que incide en la vida de las personas y en sus relaciones, la intervención del Derecho se hace precisa con el fin de evitar abusos. Para tal fin, existe en nuestro país desde el año 2002 la Ley de Servicios de la Sociedad de la Información y de Comercio Electrónico (Ley 34/2002, de 12 de julio).

Con la expresión *servicios de la sociedad de la información* se está haciendo referencia, siempre que representen una actividad económica, a los siguientes servicios:

- la contratación de bienes y servicios por vía telemática;
- la gestión de compras en la Red por grupos de personas;
- el envío de comunicaciones comerciales;
- el suministro de información por vía telemática;
- el suministro, recepción, y en general la distribución de vídeo y otro tipo de contenidos previos;
- la organización y gestión de subastas por medios electrónicos o de mercados y centros comerciales virtuales.

La ley fija las obligaciones que deben cumplir las empresas que cuenten con una dirección de Internet y que, en general, se refieren a la publicidad que deben otorgar a tal hecho: deben anotar en el Registro Mercantil en el que se hallen inscritas el nombre o nombres de dominio de Internet que correspondan al prestador de servicios, facilitar el acceso a los datos de identificación a cuantos visiten su sitio en Internet, informar de los precios de los servicios, etc.

Es muy importante señalar que la ley considera totalmente válido el consentimiento prestado por vía electrónica: sólo se exige —lógicamente— que exista consentimiento, sin necesidad de previo acuerdo entre las partes sobre la utilización de medios electrónicos para ello.

La ley se ocupa de manera detallada de regular las obligaciones de información que la empresa debe facilitar al cliente potencial.

La ley, por último, se preocupa de proteger los datos personales y la privacidad de las personas que hayan operado: así, se limita el tiempo por el cual los operadores de redes y servicios de comunicación electrónicas, así como los proveedores de acceso a redes de telecomunicaciones y los prestadores de servicios de alojamiento de datos, conservarán los datos de conexión y tráfico generados por las comunicaciones establecidas durante la prestación de un servicio.

# El procedimiento concursal

Mediante la Ley 22/2003, de 9 de julio, el ordenamiento español reforma y actualiza toda la materia relativa a los concursos de acreedores, las suspensiones de pagos y las quiebras, que quedan unificados bajo la denominación de *concurso*.

## Diferencias con la antigua regulación

La principal novedad de la ley es que se opta por los principios de unidad legal, de disciplina y de sistema; ello significa que se regulen en un solo texto legal los aspectos materiales (de fondo) y procesales (judiciales) del concurso.

Desaparece la diversidad de instituciones concursales para comerciantes y no comerciantes, fórmula que se justifica por la desaparición del carácter represivo de la insolvencia mercantil y por la tendencia a simplificar el procedimiento, sin que ello suponga ignorar determinadas especialidades del concurso de los empresarios sometidos a un estatuto propio y de la existencia en la masa activa de unidades productivas de bienes o de servicios.

La unidad del procedimiento de concurso se consigue en virtud de la flexibilidad de que la ley lo dota, que permite su adecuación a diversas situaciones y soluciones, a través de las cuales puede alcanzarse la satisfacción de los acreedores, finalidad esencial del concurso. Además, se han previsto reglas especialmente ágiles para los concursos de menor entidad.

## La insolvencia

Constituye el presupuesto objetivo del concurso la insolvencia, que se concibe como el estado patrimonial del deudor que no puede cumplir regularmente con sus obligaciones. Pero ese concepto unitario es también flexible y opera de manera distinta según se trate de concurso necesario o voluntario.

Pueden solicitar el concurso del deudor sus acreedores y, si se trata de una persona jurídica, quienes respondan personalmente de sus deudas.

Si el propio deudor insta la solicitud de concurso, deberá justificar su endeudamiento y su estado de insolvencia, si bien en este caso no sólo podrá ser actual, sino futuro, previsto como «inminente». El deudor tiene el deber de solicitar la declaración de concurso cuando conozca o hubiera debido conocer su estado de insolvencia, pero tiene la facultad de anticiparse a este.

El sistema legal combina así las garantías del deudor con la conveniencia de adelantar en el tiempo la declaración de concurso, a fin de evitar que el deterioro del estado patrimonial impida o dificulte las soluciones más adecuadas para satisfacer a los acreedores. Los estímulos a la solicitud de concurso voluntario, las sanciones al deudor por incumplimiento del deber de solicitarlo y el otorgamiento al crédito del acreedor instante de privilegio general hasta la cuarta parte de su importe son medidas con las que se pretende alcanzar ese objetivo.

## Efectos de la declaración del concurso

Respecto del deudor, es importante destacar que, en comparación con la normativa anterior, se suprimen los efectos que tienen un carácter represivo de la insolvencia.

La inhabilitación se reserva para los supuestos de concurso calificado como culpable, en los que se impone como sanción de carácter temporal a las personas afectadas.

Declarado el concurso, el ejercicio de las facultades patrimoniales del deudor se somete a intervención o se suspende, con sustitución en este caso por la administración concursal.

En principio, la primera de estas situaciones corresponde al concurso voluntario y la segunda al necesario, pero se reconocen al juez del concurso amplias facultades para adoptarlas o modificarlas.

Se establece, con un sentido positivo, el deber del deudor de colaborar con los órganos del concurso, de informarles de cuanto sea de su interés, de auxiliarles en la conservación y administración de la masa activa y de poner a disposición de la administración concursal los libros y documentos relativos al ejercicio de su actividad profesional o empresarial.

La declaración de concurso, por sí sola, no interrumpe el ejercicio de la actividad profesional o empresarial del deudor, sin perjuicio de los efectos que produce sobre las facultades patrimoniales de este, pero el juez del concurso goza de amplias potestades para acordar el cierre de sus oficinas, establecimientos o explotaciones, e incluso, cuando se trate de una actividad empresarial, el cese o la suspensión, total o parcial, de esta, previa audiencia del deudor y de los representantes de los trabajadores.

Durante la tramitación del concurso se mantienen los órganos de la persona jurídica deudora. Los administradores concursales están legitimados para ejercer las acciones de responsabilidad contra administradores, auditores y liquidadores, sin necesidad de previo acuerdo de la junta o asamblea de socios. El efecto más severo que la ley establece es el del embargo de bienes y derechos de los administradores y liquidadores, que el juez puede acordar cuando exista fundada posibilidad de que el concurso se califique como culpable y de que la masa activa resulte insuficiente para satisfacer todas las deudas.

Original es también, respecto del derecho anterior, la regulación de los efectos del concurso de la sociedad sobre los socios subsidiariamente responsables de las deudas de esta, que se reduce a atribuir a la administración concursal la legitimación exclusiva para ejercitar la correspondiente acción una vez aprobado el convenio o abierta la liquidación. Se evitan así tanto la extensión automática del concurso a personas que, aun responsables de las deudas sociales, pueden ser solventes, como las reclamaciones individuales de los acreedores contra los socios, perturbadoras del buen orden del concurso.

La ley regula asimismo los efectos de la declaración de concurso sobre los acreedores, ordenando la paralización de las acciones individuales promovidas por estos contra el patrimonio del concursado. Esta paralización no afecta a las declarativas de los órdenes civil o social ya en tramitación en el momento de declararse el concurso, que continuarán hasta la firmeza de la sentencia, ni a las de naturaleza contencioso-administrativa o penal con trascendencia sobre el patrimonio del deudor.

En cuanto a las acciones de ejecución de garantías reales sobre bienes del concursado, se respeta la naturaleza propia del derecho real sobre cosa ajena, pero al mismo tiempo se procura que la ejecución separada de las garantías no perturbe el mejor desarrollo del procedimiento concursal ni impida soluciones que puedan ser convenientes para los intereses del deudor y de la masa pasiva. La fórmula que combina estos propósitos es la de paralización temporal de las ejecuciones, en tanto se negocie un convenio o se abra la liquidación, con el plazo máximo de un año a partir de la declaración de concurso.

Naturalmente, los créditos con garantía real gozan en el concurso de privilegio especial y el convenio sólo les afectará si su titular firma la propuesta, vota a su favor o se adhiere a ella o al convenio aprobado.

## Los órganos del concurso

Sólo el juez, mediante los nuevos juzgados de lo mercantil, y la administración concursal constituyen los únicos órganos necesarios en el procedimiento, sin que siempre sea preciso que exista la figura de la junta de acreedores.

La reducción de los órganos concursales tiene como lógica consecuencia la atribución a estos de amplias e importantes competencias. La ley configura al juez como órgano rector del procedimiento, al que dota de facultades que aumentan el ámbito de las que le correspondían en el derecho anterior y la discrecionalidad con que puede ejercitarlas, siempre motivando las resoluciones. La Ley Concursal concede al juez del concurso una amplia discrecionalidad en el ejercicio de sus competencias, lo que contribuye a facilitar la flexibilidad del procedimiento y su adecuación a las circunstancias de cada caso.

La administración concursal se regula conforme a un modelo totalmente diferente del hasta ahora en vigor y se opta por un órgano colegiado en cuya composición se combina la profesionalidad en aquellas materias de relevancia para todo concurso —un abogado y un auditor— con la presencia representativa de un acreedor que sea titular de un crédito ordinario o con privilegio general, que no esté garantizado.

Las únicas excepciones al régimen de composición de este órgano vienen determinadas por la naturaleza de la persona del concursado —cuando se trate de entidad emisora de valores cotizados en bolsa, empresa de servicios de inversión, entidad de crédito o aseguradora—, o por la escasa importancia del concurso —en cuyo caso el juez podrá nombrar un solo administrador, de carácter profesional.

A la administración concursal se encomiendan funciones muy importantes, que habrá de ejercer de forma colegiada, salvo las que el juez atribuya individualizadamente a alguno de sus miembros. Cuando la complejidad del procedimiento lo exija, el juez podrá autorizar la delegación de determinadas funciones en auxiliares.

La ley prevé la reglamentación mediante arancel de la retribución de los administradores concursales y fija como criterios los de cuantía del activo y del pasivo y la previsible complejidad del concurso. Compete al juez aprobar la retribución.

Se regula el régimen de responsabilidad de los administradores frente al deudor —que es notablemente duro— y a los acreedores y el de su separación por justa causa.

Son funciones esenciales de los administradores concursales las de intervenir los actos realizados por el deudor en ejercicio de sus facultades patrimoniales o sustituir al deudor cuando haya sido suspendido en ese ejercicio, así como la de redactar el informe de la administración concursal, al que habrán de unirse el inventario de la masa activa, la lista de acreedores (que comprenderá una relación de los reconocidos y otra de los excluidos, así como una separada de los que tienen la consideración de créditos contra la masa) y, en su caso, la evaluación de las propuestas de convenio presentadas.

La administración concursal habrá de pronunciarse sobre la inclusión de todos los créditos puestos de manifiesto en el procedimiento, tanto de los que hayan sido comunicados en el plazo y en la forma que la ley establece como de los que resultaren de los libros y documentos del deudor o que por cualquier otro medio consten en el concurso. En la relación de los reconocidos, los créditos se clasificarán, conforme a la ley, en privilegiados —con privilegio especial o general—, ordinarios y subordinados.

## La clasificación de los créditos

Se considera que el principio de igualdad de tratamiento de los acreedores ha de constituir la regla general del concurso, y que sus excepciones han de ser muy contadas y siempre justificadas.

Las excepciones que la ley admite son positivas o negativas, en relación con los créditos ordinarios. Las primeras se concretan en los privilegios, especiales o generales, por razón de las garantías de que gocen los créditos o de la causa o naturaleza de estos.

A los acreedores privilegiados, en principio, sólo afectará el convenio con su conformidad y, en caso de liquidación, se les pagará con prioridad respecto de los ordinarios. Pero esos privilegios reducen en número e incluso limitan en su cuantía algunos de los tradicionalmente reconocidos, como los tributarios y los de cuotas de la Seguridad Social.

En líneas generales se pretende evitar que el concurso se consuma con el pago de algunos créditos, y, sin desconocer el interés general de la satisfacción de los mismos, conjugarlo con el de la masa pasiva en su conjunto, a la vez que se fomentan soluciones de convenio que estén apoyadas por los trabajadores y la Administración Pública en la parte en que sus créditos no gozan de privilegio.

Las excepciones negativas son las de los créditos subordinados, una nueva categoría que introduce la ley para clasificar aquellos que merecen quedar postergados tras los ordinarios, por razón de su tardía comunicación, por pacto contractual, por su carácter accesorio (intereses), por su naturaleza sancionadora (multas) o por la condición personal de sus titulares (personas especialmente relacionadas con el concursado o partes de mala fe en actos perjudiciales para el concurso).

Los titulares de estos créditos subordinados carecen de derecho de voto en la junta de acreedores y, en caso de liquidación, no podrán ser pagados hasta que hayan quedado íntegramente satisfechos los ordinarios.

La subordinación por motivo de especiales relaciones personales con el concursado no sólo se basa en las de parentesco o de convivencia de hecho, sino que, en caso de persona jurídica, se extiende a los socios con responsabilidad por las deudas sociales o con una participación significativa en el capital social, así como a los administradores de derecho o de hecho, a los liquidadores y a las sociedades del mismo grupo.

## El convenio

Las soluciones del concurso previstas en la ley son el convenio y la liquidación. El convenio es la solución normal del concurso. Entre las medidas para facilitar el convenio destaca la admisión de la propuesta anticipada de convenio que el deudor puede presentar con la propia solicitud de concurso voluntario. La regulación de esta propuesta anticipada permite, incluso, la aprobación judicial del convenio durante la fase común del concurso, con una notoria economía de tiempo y de gastos respecto de los procedimientos concursales clásicos.

En otro caso, si no se aprueba una propuesta anticipada y el concursado no opta por la liquidación de su patrimonio, la fase de convenio se abre una vez concluso el trámite de impugnación del inventario y de la lista de acreedores.

La ley procura agilizar la tramitación de las propuestas de convenio. La propuesta anticipada que no hubiese alcanzado adhesiones suficientes para su aprobación, podrá ser mantenida en junta de acreedores. El concursado que no hubiese presentado propuesta anticipada ni solicitado la liquidación y los acreedores que representen una parte significativa del pasivo podrán presentar propuestas incluso hasta cuarenta días antes del señalado para la celebración de la junta. Hasta el momento del cierre de la lista de asistentes a esta podrán admitirse adhesiones a las propuestas, lo que contribuirá a agilizar los cómputos de votos y, en general, el desarrollo de la junta.

También es flexible la ley en la regulación del contenido de las propuestas de convenio, que podrá consistir en proposiciones de quita o de espera, o acumular ambas.

Se admiten proposiciones alternativas, como las ofertas de conversión del crédito en acciones, participaciones o cuotas sociales, o en créditos participativos. Lo que no admite la ley es que, a través de cesiones de bienes y derechos en pago o para pago de créditos u otras formas de liquidación global del patrimonio del concursado, el convenio se convierta en cobertura de solución distinta de aquella que le es propia. Para asegurar esta y la posibilidad de cumplimiento, la propuesta de convenio ha de ir acompañada de un plan de pagos.

La finalidad de conservación de la actividad profesional o empresarial del concursado puede cumplirse a través de un convenio, a cuya propuesta se acompañará un plan de viabilidad.

El convenio necesita aprobación judicial, pero es preciso tener en cuenta que la aprobación del convenio no produce la conclusión del concurso, que sólo se alcanza con el cumplimiento de aquel.

## La liquidación

La ley concede al deudor la facultad de optar por una solución liquidatoria del concurso, como alternativa a la de convenio, pero también le impone el deber de solicitar la liquidación cuando durante la vigencia de un convenio conozca la imposibilidad de cumplir los pagos comprometidos y las obligaciones contraídas con posterioridad a su aprobación.

Los efectos de la liquidación son más severos que los aplicables al convenio. El concursado quedará sometido a la situación de suspensión en el ejercicio de sus facultades patrimoniales de administración y disposición y sustituido por la administración concursal; si fuese persona natural, perderá el derecho a alimentos con cargo a la masa; si fuese persona jurídica, se declarará su disolución, de no estar ya acordada, y el cese de sus administradores o liquidadores.

La ley reserva para esta fase de liquidación los clásicos efectos concursales de vencimiento anticipado de los créditos aplazados y conversión en dinero de los que consistan en otras prestaciones.

La ley dota las normas de esta fase de la conveniente flexibilidad, como se refleja en el plan de liquidación, que habrá de preparar la administración concursal y sobre el que podrán formular observaciones o propuestas el deudor y los acreedores concursales antes de su aprobación por el juez. Sólo si esta no se produce y, en su caso, en lo que no prevèa el plan aprobado, se aplicarán supletoriamente las reglas legales sobre realización de bienes y derechos de la masa activa del concurso.

Aun en este último caso, la ley procura la conservación de las empresas o unidades productivas de bienes o servicios integradas en la masa, mediante su enajenación como un todo, salvo que resulte más conveniente a los intereses del concurso su división o la realización aislada de todos o alguno de sus elementos componentes, con preferencia a las soluciones que garanticen la continuidad de la empresa.

Para evitar la prolongación de las operaciones liquidatorias, la ley impone a la administración concursal la obligación de informar trimestralmente del estado de aquellas y señala el plazo de un año para finalizarlas, con las sanciones, si lo incumpliere, de separación de los administradores y pérdida del derecho a retribución.

La regulación legal establece el orden de los pagos con privilegio general, de los ordinarios y de los subordinados, y contempla los supuestos especiales de pagos anticipados, de deudas solidarias y de los realizados en fase de cumplimiento de convenio anterior a la de liquidación.

## La calificación del concurso

Sólo habrá calificación del concurso en supuestos muy concretos: la aprobación de un convenio que, por la cuantía de la quita o la duración de la espera, resulte especialmente gravoso para los acreedores, y la apertura de la liquidación. En estos supuestos, el concurso se calificará como fortuito o como culpable. La última calificación se reserva a aquellos casos en los que en la generación o agravación del estado de insolvencia hubiere mediado dolo o culpa grave del deudor o de sus representantes legales, administradores o liquidadores.

La ley formula el criterio general de calificación del concurso como culpable y la continuación enuncia una serie de supuestos que, en todo caso, determinan esa calificación, por su intrínseca naturaleza, y otra de supuestos que, salvo prueba en contrario, son presuntivos de dolo o culpa grave, por constituir incumplimiento de determinadas obligaciones legales relativas al concurso.

Si el preceptivo informe de la administración concursal y el dictamen del Ministerio fiscal coincidieran en la calificación del concurso como fortuito, se archivarían las actuaciones sin más trámites. En otro caso, la calificación como culpable se decidirá tras un contradictorio, en el que serán partes el Ministerio fiscal, la administración concursal, el deudor y todas las personas que pudieran resultar afectadas por la calificación. La sentencia que califique el concurso como culpable habrá de determinar las personas afectadas y, en su caso, las declaradas cómplices; impondrá a todas aquellas la inhabilitación para administrar bienes ajenos y para representar a cualquier persona, sanción que será temporal, durante un periodo de dos a quince años; les impondrá asimismo la pérdida de cualquier derecho que tuvieran como acreedores concursales o de la masa y la condena a devolver los bienes y derechos que indebidamente hubieren obtenido del deudor o recibido de la masa activa, además de la de indemnizar todos los daños y perjuicios causados.

Es novedad la previsión de un procedimiento para asegurar el registro público de las sentencias que declaren concursados culpables y de aquellas resoluciones que acuerden la designación o la inhabilitación de los administradores concursales en los casos que la propia ley prevé.

## La conclusión del concurso

La ley regula detalladamente las causas de conclusión del concurso, cuya naturaleza puede ser muy diversa: bien porque la apertura no se ajustó a derecho (revocación del auto de declaración de concurso), bien porque el procedimiento alcanzó su finalidad (cumplimiento del convenio, íntegra satisfacción de todos los acreedores), bien por su frustración (inexistencia de bienes y derechos con los que satisfacer a los acreedores) o por el ejercicio del derecho de disposición de las partes sobre el procedimiento (desistimiento o renuncia de la totalidad de los acreedores reconocidos, transacción del deudor con ellos).

En los casos de conclusión por inexistencia de bienes y derechos, del concursado o de terceros responsables, con los que satisfacer a los acreedores, la ley contempla también la reapertura del concurso, tanto si se trata de deudor persona natural como de persona jurídica.

En este último caso, puesto que la conclusión por inexistencia de activos patrimoniales lleva consigo la extinción de la persona jurídica, la reapertura por aparición posterior de bienes y derechos se concretará a liquidarlos; sin embargo, si se trata de persona natural, la continuación de su actividad patrimonial habrá podido reflejarse tanto en la aparición de activos como de nuevos pasivos, lo que habrá de tenerse en cuenta en la actualización del inventario y de la lista de acreedores.

# DERECHO MERCANTIL
## RESUMEN

### El comerciante individual y social

• Desde hace siglos, los comerciantes han trabajado por cuenta propia o asociándose con otros para desarrollar su actividad comercial.

### La sociedad colectiva, comanditaria y de responsabilidad limitada

• La sociedad colectiva es una clase de compañía mercantil en la que todos sus miembros —en nombre colectivo y bajo una razón social— se comprometen a participar en la proporción que establezcan de los mismos derechos y obligaciones.

• La sociedad comanditaria es aquella en la que uno o varios sujetos aportan capital al fondo común para operaciones sociales dirigidas exclusivamente por otros con nombre colectivo.

• La sociedad limitada es aquella compañía en que el capital está dividido en participaciones sociales (no acciones), y se halla integrado por las aportaciones de todos los socios, quienes no responderán personalmente de las deudas sociales. Además, las sociedades limitadas no pueden cotizar en Bolsa.

### La sociedad anónima

• La sociedad anónima es el prototipo de las sociedades capitalistas, pues en ellas queda perfectamente reflejada la total disociación que —al menos en el plano teórico— existe entre la gestión de la compañía y la participación en la misma.

• La características principales de las sociedades anónimas son las siguientes: sus accionistas o socios no responden personalmente de las deudas de la compañía, su capital se divide en acciones y es transmisible (aunque pueden imponerse determinadas restricciones estatutarias al respecto) y su carácter es mercantil con plena y absoluta independencia de su objeto.

### La sociedad laboral

• Se trata de un tipo de sociedad mercantil (ya sea anónima o limitada) que se caracteriza porque en su capital participan de forma significativa los propios trabajadores de la misma.

### Sociedades cooperativas

• Se pueden definir las cooperativas como aquellas sociedades constituidas por personas que libremente se asocian para la realización de cualquier actividad económica de carácter lícito, encaminada a satisfacer sus necesidades y aspiraciones económicas y sociales, con estructura y funcionamiento democrático.

### Transformación, fusión, escisión y disolución de las sociedades

• La transformación supone el cambio de una clase de sociedad a otra (de sociedad anónima a sociedad de responsabilidad limitada o viceversa es el supuesto más extendido) pero con la característica que la sociedad que se transforma no desaparece sino que, en términos legales, conserva su personalidad jurídica.

• La vida de las sociedades puede experimentar variaciones bruscas, como sucede con las fusiones. El resultado de la fusión puede ser una entidad de nueva creación, o bien efectuarse una absorción.

• También puede suceder que una sociedad acuerde desgajar parte de su actividad para unirla a otra entidad previamente existente o bien para crear una compañía completamente nueva: tales son los dos supuestos de la escisión de sociedades.

• Por su parte, las sociedades pueden libremente acordar su disolución, es decir, poner fin a su existencia, abriéndose el correspondiente periodo de liquidación. La disolución también puede venir impuesta con carácter obligatorio por la ley en determinados supuestos.

### Formas de colaboración entre empresarios

• Las uniones temporales de empresas (UTE) son sistemas de colaboración entre empresarios, que carecen de personalidad jurídica propia, que se establecen por un tiempo cierto no superior a diez años, cuyo objeto es desarrollar o ejecutar una obra, un servicio o un suministro, así como todo lo que sea complementario o accesorio.

• Las agrupaciones de interés económico (AIE) son asociaciones de empresarios, agricultores o artesanos, profesionales liberales o entidades lucrativas dedicadas a la investigación que se unen para facilitar el desarrollo o mejorar la actividad de sus socios.

• Las agrupaciones europeas de interés económico (AEIE) son un novedoso instrumento jurídico cuyo objeto es facilitar la cooperación transnacional entre las empresas europeas.

### El Registro Mercantil

• El Registro Mercantil es aquella oficina pública a la que tienen acceso todos aquellos actos de las sociedades que se considera que, por su importancia y trascendencia, merecen hallarse a disposición de cualquier interesado.

## Letra de cambio

• Una letra de cambio es un instrumento de pago mediante el cual una persona ordena a otra que se abone, en una determinada fecha, una concreta suma de dinero. El pago de una letra de cambio puede ser exigido —si no se atiende en tiempo y forma— mediante un proceso judicial rápido y sumario que se denomina *juicio ejecutivo cambiario* y cuya principal característica es que el acreedor puede solicitar y obtener el embargo de bienes del deudor, si bien este puede defenderse sólo cuando el embargo haya tenido lugar.

## Los bancos y las cajas de ahorro

• Cada país suele tener una institución bancaria oficial a la que se ha concedido el monopolio de la emisión de los billetes de banco, el control sobre las instituciones de crédito privadas, la reserva de las divisas, etc. Debe tenerse muy en cuenta que el actual proceso de convergencia económica hacia una moneda única europea en el que se halla inmerso nuestro país está matizando mucho la concepción clásica de lo que son los bancos centrales.

• Los bancos privados son sociedades anónimas cuyo objeto es la captación del ahorro de los particulares y su canalización en forma de créditos. Existen, además, bancos especializados en determinados sectores de la economía.

• Por su parte, las cajas de ahorro son entidades que ejercen una importante función como intermediarios financieros. La principal diferencia que existe entre estas y los bancos es el carácter de entidades benéfico-sociales que tienen las cajas de ahorro.

## El cheque

• Se trata de un instrumento de pago muy extendido que sustituye al dinero en efectivo. Al igual que ocurre con las letras de cambio, el pago de un cheque puede ser exigido —si no se atiende en tiempo y forma— mediante un proceso judicial rápido y sumario denominado *juicio ejecutivo cambiario*, al igual que las letras de cambio. En ocasiones, se ha considerado el pagaré como una variante del cheque, ya que se trata de una promesa de pagar, en una fecha futura determinada, una suma de dinero concreta.

## La Bolsa de valores

• La Bolsa es aquella institución en la que se centraliza el mercado de valores mobiliarios y en la que se negocian títulos de renta fija o variable, así como activos monetarios.

• Por su gran importancia para la economía de los países, se hallan muy reguladas y limitadas las personas que pueden intervenir en dicho mercado. Así, en España sólo pueden operar en Bolsa las sociedades de valores y bolsa y las agencias de valores y bolsa.

trato y que no existe la figura del consignatario.

**La compraventa mercantil**

- Según el Código de comercio, será mercantil la compraventa de cosas muebles para revenderlas, bien en la misma forma que se compraron o bien en otra diferente, con ánimo de lucrarse en la reventa.

- No debe confundirse la compraventa con la permuta, puesto que en este contrato no se intercambia una mercancía por un precio, sino que se intercambian mercancías. También es posible que nos hallemos ante una permuta si media un precio, pero este es de carácter simbólico o residual respecto del valor de lo que constituye el objeto del contrato.

**El contrato de transporte**

- El contrato de transporte por vías terrestres o fluviales de todo género se reputará mercantil cuando su objeto son mercaderías o efectos de comercio o cuando el porteador sea comerciante o se dedique habitualmente a verificar transportes, sin que en este caso sea trascendente el objeto.

- El transporte de personas constituye una modalidad específica del contrato de transporte. Se distingue del contrato de transporte de géneros en que no cabe hablar de entrega ni al comienzo ni al final del con-

**Contratos de préstamo y de depósito**

- El contrato de préstamo mercantil existe cuando alguna de sus partes es comerciante o si las cosas prestadas se dedican a actos de comercio. Una característica muy importante de los préstamos mercantiles es que, salvo que se pacte expresamente, no devenga intereses.

- A su vez, el contrato de depósito mercantil es aquel en el cual al menos el depositario goza del carácter de comerciante, las cosas depositadas son objeto de comercio y el mismo constituye una operación mercantil o se hace como causa o consecuencia de una operación mercantil.

**El contrato de seguro**

- Se trata en este caso de un contrato por el cual el asegurador (una compañía de seguros) se obliga a satisfacer una determinada cantidad de dinero al beneficiario de la póliza en el supuesto que ocurra un determinado hecho dañoso que se denomina *siniestro.*

- Existen algunas actividades que se han venido considerando de riesgo y para cuyo ejercicio se exige tener suscrita una póliza de seguro: es el caso de la conducción o la práctica de la caza.

## Contrato de comisión

• El contrato de comisión es aquel por el cual el comisionista se obliga a participar en un acto o contrato mercantil por cuenta de otra, el comitente, a cambio del percibo de una determinada cantidad de dinero denominada *comisión*. Existen dos modos de desempeñar la comisión según obre el comisionista en nombre propio o del comitente.

## Contrato de distribución

• Este contrato (también conocido como *concesión mercantil*) presenta similitudes con la comisión y la agencia. Mediante el contrato de distribución, el distribuidor se compromete a vender en un territorio geográfico determinado, y siempre en nombre e interés propios, los productos de otro empresario que recibe la denominación de *principal*, obligándose, asimismo, a prestar a los adquirentes de los productos una asistencia que se determinará en el contrato.

## Contrato de agencia

• Se trata de un contrato mediante el cual el agente (quien puede actuar por cuenta propia o ajena) se compromete a promover y ejecutar operaciones mercantiles de forma estable y continuada en nombre de su principal a cambio de recibir una remuneración.

## Contratos mercantiles atípicos

• El vertiginoso desarrollo de los negocios ha comportado que, en los últimos años, hayan aparecido figuras contractuales que carecen de regulación legal específica pero que han sido admitidos entre los que podemos destacar el *leasing* y el *renting*. Las importantes ventajas fiscales de este tipo de contratos han permitido su rápida extensión y su enorme popularidad, por lo que hoy en dia se han convertido en casi ineludibles.

## El procedimiento concursal

• Las suspensiones de pagos, los concursos de acreedores y las quiebras han quedado unificados en un solo procedimiento denominado *concurso*.

• Pueden solicitar el concurso del deudor sus acreedores y, si se trata de una persona jurídica, quienes respondan personalmente de sus deudas.

• Si el propio deudor insta la solicitud de concurso, deberá justificar su endeudamiento y su estado de insolvencia, si bien en este caso no sólo podrá ser actual, sino futuro, previsto como «inminente». El deudor tiene el deber de solicitar la declaración de concurso cuando conozca o hubiera debido conocer su estado de insolvencia; pero tiene la facultad de anticiparse a este.

- Declarado el concurso, el ejercicio de las facultades patrimoniales del deudor se somete a intervención o se suspende, con sustitución en este caso por la administración concursal.

- La declaración de concurso, por sí sola, no interrumpe el ejercicio de la actividad profesional o empresarial del deudor, pero goza el juez del concurso de amplias potestades para acordar el cierre de sus oficinas, establecimientos o explotaciones, e incluso, cuando se trate de una actividad empresarial, el cese o la suspensión, total o parcial, de esta, previa audiencia del deudor y de los representantes de los trabajadores.

- Las soluciones del concurso previstas en la ley son el convenio y la liquidación para cuya respectiva tramitación se articulan específicas fases en el procedimiento. El convenio es la solución normal del concurso, que la ley fomenta con una serie de medidas, orientadas a alcanzar la satisfacción de los acreedores.

- La ley concede al deudor la facultad de optar por una solución liquidatoria del concurso, como alternativa a la de convenio, pero también le impone el deber de solicitar la liquidación cuando durante la vigencia de un convenio conozca la imposibilidad de cumplir los pagos comprometidos y las obligaciones contraídas con posterioridad a su aprobación.

- Sólo habrá calificación del concurso en supuestos muy concretos: la aprobación de un convenio que, por la cuantía de la quita o la duración de la espera, resulte especialmente gravoso para los acreedores, y la apertura de la liquidación. En estos supuestos, el concurso se calificará como fortuito o como culpable.

# III
# DERECHO ADMINISTRATIVO

# Conceptos y fuentes

## La Administración Pública

La Administración Pública es un conjunto de entidades y organismos integrados en el poder ejecutivo del Estado. Sin embargo, el Ejecutivo y la Administración no son lo mismo, sino que esta forma parte de aquel. El poder ejecutivo del Estado abarca funciones de tipo político, encomendadas al Gobierno, y otras de carácter administrativo, que son las ejercidas por la Administración Pública (de las que también forma parte el Gobierno cuando realiza esa clase de funciones).

### Funciones de la Administración

La función de la Administración es, básicamente, la de ejecutar las leyes, cumpliendo su contenido y haciéndolo cumplir a los ciudadanos esto es: gobernar y administrar el país persiguiendo fines que sean de utilidad o interés colectivo para la sociedad.

Pero, además de esta función ejecutiva o gubernativa, la Administración ejerce también funciones de tipo legislativo y judicial. Legisla cuando aprueba normas reglamentarias (decretos, órdenes, ordenanzas municipales, planes de urbanismo, etc.), y juzga cuando resuelve sobre la estimación o desestimación de los recursos que se plantean ante ella. Ello se debe a que el esquema liberal de la separación de poderes no se ha realizado nunca plenamente en la realidad.

En todo caso, esas funciones legislativas y jurisdiccionales las ejerce la Administración de forma subordinada, ya que no le son propias. Así, las normas reglamentarias son inferiores jerárquicamente a la Constitución, las leyes orgánicas y las ordinarias (estatales y autonómicas), y no pueden contradecirlas ni modificarlas. Por otro lado, las decisiones de la Administración sobre la resolución de los recursos no son definitivas, ya que pueden recurrirse ante los tribunales (vía contencioso-administrativa).

## El derecho administrativo

El liberalismo político no aportó sólo la teoría de división de poderes al modelo del Estado. Hizo más: exigió que los poderes públicos estuvieran sometidos al derecho, en su organización y en sus actuaciones, evitando cualquier arbitrariedad y despotismo.

Cuando este requisito se cumple se puede decir que existe un Estado de derecho. Y si las leyes son expresión de la voluntad soberana del pueblo, manifestada a través de sus representantes en el Parlamento, elegidos por sufragio universal, libre y directo, ese Estado será, además, democrático.

El derecho administrativo es el conjunto de normas jurídicas que regulan la estructura organizativa de la Administración Pública, sus actividades y sus relaciones con los particulares.

## Fuentes del derecho administrativo

Son fuentes del derecho administrativo las siguientes:

- la ley, o derecho escrito;
- la costumbre administrativa;
- los principios generales de derecho administrativo.

Además de estas fuentes directas, también se consideran como tales, pero de forma indirecta:

- la jurisprudencia;
- la doctrina científica.

### La ley

Al hablar de la ley, en general, como fuente del derecho, nos referimos a todo tipo de normas promulgadas por escrito.

Por lo tanto, tienen tal consideración:

- la Constitución;
- las leyes orgánicas;
- las leyes ordinarias, estatales y autonómicas;
- las normas reglamentarias con rango de ley formal (decretos-leyes y decretos legislativos);

— las demás normas reglamentarias dictadas por la Administración en sus diferentes esferas (decretos, órdenes, reglamentos, ordenanzas, etcétera).

Cuando estas normas constitucionales, legales y reglamentarias contienen preceptos que se refieran a la organización y actuaciones de la Administración, o a sus relaciones con los particulares, son fuente de derecho administrativo.

### La costumbre

Para que la costumbre sea considerada como fuente de derecho, debe ser un uso reiterado, uniforme, duradero y constante, expresión de una convicción jurídica que lo considera obligatorio y exigible, en defecto de la ley escrita.

Es dudoso que puedan considerarse como tal ciertas prácticas administrativas que son más bien producto de la inercia. En todo caso, quien invoca una costumbre debe probar su existencia.

### Los principios generales del derecho administrativo

Como principios generales del derecho generalmente admitidos, pueden citarse los siguientes:

— principio de igualdad;
— principio de equidad;
— principio de seguridad jurídica;
— principio de buena fe.

Los principios generales del derecho administrativo pueden aplicarse en defecto de la ley y la costumbre.

## Fuentes indirectas

Las fuentes indirectas, a diferencia de la ley, la costumbre y los principios generales del derecho, no son normas directamente aplicables.

— la jurisprudencia (o doctrina legal), es el criterio establecido reiteradamente por los tribunales, especialmente el Supremo, sobre la forma de interpretar y aplicar las leyes;
— la doctrina científica es la opinión de los juristas especializados en el estudio del derecho administrativo que han alcanzado un merecido prestigio.

La jurisprudencia, al establecer una doctrina consagrada, informa tanto a los tribunales inferiores como a los particulares sobre la interpretación y aplicación de las normas de derecho administrativo. Y, a nivel particular, esa misma función la realiza también la doctrina científica, que es tenida en cuenta por los juristas y los legisladores.

# Organización de la Administración Pública Española

## Entes y órganos

Al abordar el tema de la organización de la Administración Pública española, hay que empezar por distinguir dos conceptos básicos: el de entes y el de órganos administrativos. Su diferenciación podemos basarla en algunos rasgos distintivos.

Los entes administrativos son aquellos sectores de la Administración que poseen personalidad propia. Son, por lo tanto, personas jurídicas, como las asociaciones o sociedades privadas. Y como tales tienen capacidad para tener un patrimonio propio, adquirir derechos (reales o de crédito), contraer obligaciones, celebrar contratos y defender sus intereses ante los tribunales. A cada ente las leyes le asignan unas funciones determinadas, y regulan su organización interna.

Los órganos administrativos, en cambio, son divisiones funcionales de los entes. Consisten en una persona o una agrupación de ellas, que tienen un marco de competencias concretas. Su función es la de elaborar, manifestar y ejecutar la voluntad del ente al que pertenecen, para lo que gozan de determinadas atribuciones y tienen asignados los medios materiales necesarios.

Dicho esto, la Administración Pública española se compone de los siguientes tipos de entes: la Administración Central (que es un ente único), los entes de la Administración territorial y los institucionales.

Dentro de cada ente los órganos están estructurados de forma jerárquica, sometiéndolos a unos esquemas de subordinación (relaciones de mando), o simplemente de control (relaciones de tutela), respecto a otros superiores.

## La Administración central del Estado

La Administración central es una estructura ordenada y jerárquica de órganos que asume el cumplimiento de los fines generales del Estado, en aras de conseguir la satisfacción de los intereses colectivos de la nación. Como ya se dijo en el epígrafe anterior, la Administración Central es un solo ente.

En la Administración central existen unos órganos superiores, o centrales, cuyas competencias se extienden a todo el territorio nacional, y otros, periféricos, subordinados a aquellos y con competencias específicas sobre un sector del territorio.

### ÓRGANOS SUPERIORES DE LA ADMINISTRACIÓN CENTRAL

Los órganos superiores de la Administración central se clasifican en los siguientes grupos:

— de decisión;
— de asesoramiento.

Son órganos superiores de decisión de la Administración central del Estado:

— el rey (como representante del Estado);
— el consejo de ministros (o Gobierno en pleno);
— las comisiones delegadas (de varios departamentos ministeriales);
— el presidente del Gobierno;
— los vicepresidentes del Gobierno;
— los ministros, titulares o sin cartera, así como los secretarios de Estado.

A su vez, cada ministerio cuenta con una organización interior de subsecretarios, directores generales y secretarios técnicos, que se subdivide en una serie de departamentos, secciones y negociados.

Son órganos superiores consultivos o de asesoramiento de la Administración central del Estado:

— el Consejo de Estado;
— el Consejo de Economía Nacional.

### ÓRGANOS PERIFÉRICOS DE LA ADMINISTRACIÓN CENTRAL

La existencia de órganos periféricos de la Administración central descansa en el principio de desconcentración administrativa, es decir, en la transferencia de competencias de los órganos superiores a otros subordinados jerárquicamente, sobre los que se conserva un poder de control.

Estos órganos periféricos están subordinados jerárquicamente a alguno de los departamentos ministeriales y ejercen sus competencias en un ámbito territorial concreto (que puede coincidir con el de los entes territoriales, o no, como en el caso de los organismos militares).

Los principales órganos periféricos de la Administración central son:

— los delegados del Gobierno en las comunidades autónomas;
— los gobernadores civiles de las provincias, dependientes de aquellos;
— los capitanes generales del Ejército de Tierra (regiones militares) de la Armada (departamentos marítimos) y del Ejército del Aire (regiones aéreas);
— las delegaciones y servicios de los diferentes ministerios en cada pro-

vincia (en la medida en que sus competencias no hayan sido asumidas por los Gobiernos de sus respectivas comunidades autónomas).

A su vez, cada uno de estos órganos se subdivide en otros muchos, interiores (departamentos, secciones y negociados) y, en materia de defensa, en los correspondientes gobernadores militares, comandantes de marina, etc. Mención aparte merece la Administración de Justicia que, en cuanto a su estructura organizativa, depende del Ministerio de Justicia: tribunal supremo, tribunales superiores de las comunidades autonómicas, audiencias provinciales y juzgados de instrucción de primera instancia y de distrito, además de las magistraturas de trabajo, y los órganos de la justicia militar de los tres ejércitos.

## La Administración territorial

Los entes territoriales coexisten con la Administración central, con la que se reparten las competencias, y con los entes institucionales. Pero existen unas diferencias básicas entre unos y otros:

— al igual que la Administración central, los entes territoriales cumplen fines generales, pero limitados a un sector del territorio;

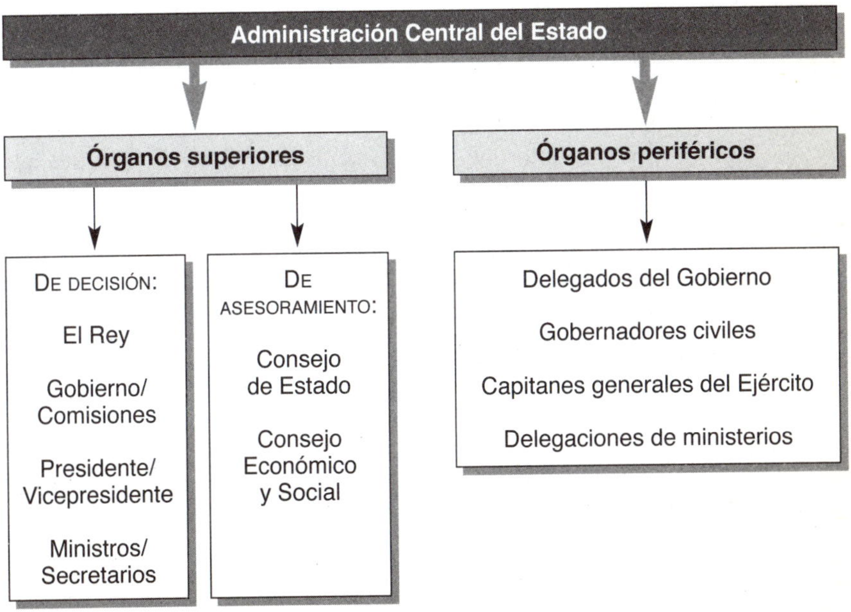

— de los entes institucionales, además de por su carácter territorial (frente al funcional de aquellos), se diferencian en que se han originado a través de un proceso histórico y social más o menos largo. Las leyes no los han creado; simplemente han reconocido su existencia.

La Constitución, en su título octavo, establece que el Estado se organiza territorialmente en municipios, provincias y comunidades autonómicas, gozando todos ellos de la autonomía necesaria para la gestión de sus fines e intereses propios. Municipios y provincias integran la Administración local, con características diferenciales respecto a las comunidades autónomas, por lo que conviene enumerarlos por separado.

## Las comunidades autónomas

De acuerdo con los principios de la Constitución vigente, España se ha organizado como un Estado de las autonomías integrado por diecisiete comunidades autónomas. Cada una de ellas cuenta con su propio estatuto de autonomía (con rango de ley orgánica) y con las siguientes instituciones de autogobierno:

— una asamblea legislativa (que puede aprobar normas con rango de ley ordinaria), elegida por representación proporcional;
— un presidente elegido por la asamblea y nombrado por el rey;
— un consejo de Gobierno, nombrado por el presidente y compuesto por un número variable de consejeros, de forma similar a la organización ministerial;
— un tribunal superior de justicia, como órgano máximo del poder jurisdiccional en cada comunidad (sin perjuicio de las atribuciones del tribunal supremo).

Todos estos organismos reciben diferentes nombres en cada comunidad autónoma atendiendo, en muchos casos, a razones históricas (Generalitat de Catalunya, Junta de Castilla y León, etc.).

Las competencias propias de las comunidades autónomas son las reconocidas por la Constitución y asumidas por sus respectivos estatutos.

## La Administración local

Dada la diversidad de los entes que integran la Administración local, no es fácil dar una definición general. Nos limitaremos a enumerarlos:

— las provincias (cuya administración corresponde a las diputaciones provinciales);
— las islas (en Baleares y Canarias) con cabildos o consejos insulares;
— las comarcas (en las comunidades autónomas donde se cree tal división territorial);
— las mancomunidades, agrupaciones y áreas metropolitanas (a efectos urbanísticos);

— las municipios (con sus respectivos ayuntamientos integrados por el alcalde y los concejales).

### LOS ENTES INSTITUCIONALES

Puede definirse la Administración institucional como aquel sector de la Administración pública integrado por entes de carácter no territorial, que han sido creados con un criterio de descentralización funcional. Este sector tiene, en la actualidad, un gran auge y expansión debido al fenómeno de la constante y progresiva asunción por parte del poder público de actividades antes atribuidas a la iniciativa privada, juntamente con la necesidad de dar agilidad a las actuaciones administrativas. Incluso este mismo fenómeno tiene importancia en el ámbito de la Administración local y autonómica. En efecto, también los ayuntamientos y los Gobiernos autonómicos pueden constituir entes institucionales para descentralizar sus propias competencias, y así lo vienen haciendo.

Dentro de la variedad de entes institucionales pueden establecerse dos grandes grupos: corporaciones y fundaciones.

En nuestro derecho positivo la terminología empleada para designar a los entes institucionales es muy variada. Así, por ejemplo, son entes de tipo corporativo las cámaras de comercio, industria y navegación, las de propiedad urbana, los colegios profesionales, comunidades, etc., y son de tipo fundacional los patronatos e institutos (como el INI o el INSALUD).

## Actividades de la Administración

Es clásica la distinción entre las actividades administrativas de servicio público, de fomento y de policía.

Los servicios públicos son los que se prestan a satisfacer necesidades de la colectividad de forma continuada y organizada. Tal es el caso de los transportes, el suministro de agua potable, la recogida de basuras, la enseñanza y tantos otros, de características muy dispares.

La titularidad de los servicios públicos corresponde a entes de carácter territorial (Estado, comunidades autónomas o entes locales). Las modalidades de gestión de los servicios públicos pueden resumirse en los siguientes:

— gestión directa de la Administración (estableciendo o no una empresa pública, o bien una sociedad privada mercantil, y en régimen de monopolio o de concurrencia con empresas privadas, según los casos);
— gestión indirecta de la Administración (cediendo la directa a una empresa privada en régimen de concesión, arrendamiento o concierto);
— gestión mixta (interesando a la Administración en los beneficios de una empresa privada o constituyendo empresas mixtas con participación de capital privado junto al público).

La actividad de fomento, por su parte, es la que persigue la promoción o la protección de las actividades, negocios o riquezas de los particulares, por considerar que redundan en la satisfacción de intereses públicos, al complementar o sustituir las actividades de la Administración. Tal es el caso de los honores y recompensas (títulos, condecoraciones, diplomas, cargos honoríficos, etc.), de las subvenciones económicas a las empresas, los subsidios, primas, anticipos, desgravaciones fiscales, permisos especiales, etc.

La actividad de policía, por último, es la que tiende a conseguir y mantener el orden público, entendiendo este en sentido amplio, limitando el ejercicio de los derechos de los particulares y, en su caso, utilizando medios coactivos. Existe una policía general, basada en la obligación general de los ciudadanos de no perturbar el orden legalmente establecido, y policías especiales, que actúan en aspectos concretos del mismo: policía criminal, fiscal, urbanística, etc. El ejercicio de esta actividad corresponde a los cuerpos de funcionarios del Estado, comunidades autónomas o municipios competentes en cada caso, aunque pueden ser auxiliados por ciertas organizaciones particulares, como es el caso de los guardas forestales, vigilantes jurados, etc.

Los medios empleados en el ejercicio de esta actividad pueden consistir en:

- mandatos y prohibiciones (como las referidas al tráfico, o las órdenes de demolición de edificios ruinosos o construidos ilegalmente);
- autorizaciones (como las licencias de obras, los permisos para efectuar manifestaciones o celebrar espectáculos en espacios públicos);
- sanciones administrativas (como las multas, clausuras de locales, amonestaciones, y otras similares, pero no la privación de libertad, que no puede ser impuesta por la Administración, sino sólo por los tribunales).

# Los actos administrativos

Podemos definir el acto administrativo como una manifestación de la voluntad, el conocimiento o el deseo de un ente de la Administración en cualquiera de sus esferas, realizado por el órgano competente para ello.

De lo dicho se deduce que no todos los actos de la Administración son actos administrativos. No tienen tal consideración los siguientes:

- aquellos que proceden de la Administración cuando actúa como persona jurídica de derecho privado (contratos civiles y laborales);
- cuando proceden de la Administración actuando con auténticas facultades legislativas, o sea, cuando dicta disposiciones con rango de ley formal (decretos-leyes y decretos legislativos);
- los actos políticos del Gobierno.

Tampoco tienen la consideración de actos administrativos las simples operaciones materiales o actos de ejecución material de los funcionarios, en ejercicio de sus actividades.

Todos estos actos, aunque proceden de la Administración no son actos administrativos ni, en consecuencia, están regulados por el derecho administrativo. Los demás, por exclusión, sí tienen tal consideración.

## Clases

La variedad de actos administrativos es muy grande y no existe un criterio único para clasificarlos, sino muchos. Citaremos los más significativos, evitando los puramente teóricos.

Uno de ellos es el que se refiere al grado de libertad de que goza la Administración al realizarlos. En este sentido, los actos administrativos pueden ser:

- *reglados:* cuando la Administración actúa sometida al principio de legalidad (existen normas que indican cuándo y cómo debe actuar);
- *discrecionales:* cuando la Administración tiene libertad en la emision del acto. Sin embargo, esta discrecionalidad no puede referirse a la totalidad de los elementos del acto, sino sólo a alguno o algunos de estos elementos, y no significa

arbitrariedad: su actuación debe ir dirigida al interés colectivo. En caso contrario, incurrirá en desviación del poder.

Desde otro punto de vista y atendiendo a quienes sean los destinatarios de los actos administrativos, estos pueden ser:

— *generales:* cuando van destinados a una pluralidad de personas (reglamentos, ordenanzas, decretos, etc.);
— *concretos:* cuando contienen una declaración concreta con un destinatario único (como al estimar un recurso, conceder una licencia de obra, decidir una expropiación forzosa, etc.).

Por último, otra distinción importante en la práctica, porque afecta a sus posibilidades de impugnación, es la de actos definitivos y actos de trámite.

Los actos definitivos son aquellos que dan fin al expediente. No deben confundirse con el acto que agota la vía administrativa. El acto definitivo se establece en función del carácter del mismo en el procedimiento en que ha sido dictado, mientras que el acto que agota la vía administrativa lo es en función de su impugnabilidad ulterior. Es decir, que un acto es definitivo cuando implica la resolución sometida al conocimiento de la Administración. Si, además, esta resolución no es susceptible de recurso ordinario, hay que añadir que causa estado en vía gubernativa y si, finalmente, se han dejado transcurrir los plazos de interposición de cualquier recurso, nos encontramos ante un acto firme.

Los actos de trámite son los que constituyen parte de una fase del procedimiento sin contener resolución definitiva, aunque pueden condicionarla en mayor o menor medida.

## El procedimiento administrativo

En un sentido amplio, el procedimiento administrativo es el cauce formal de la serie de actuaciones que deben realizar los órganos de la Administración para que sus actos sean válidos.

La existencia de un determinado formulismo en la actividad de la Administración tiene un doble carácter: por un lado, constituye una exigencia de garantía jurídica, en cuanto persigue la buena marcha de la Administración, y por otro, procura la tutela de los derechos e intereses de los particulares, aunque afecta o puede afectar al acto administrativo en cuestión. Es un hecho jurídico necesario producido por la necesidad de observar una tramitación en el desarrollo de las funciones públicas, demostrando que las garantías personales y el propio interés del Estado coinciden en este aspecto, no siendo posible una contradicción entre los mismos.

El procedimiento administrativo se materializa en el expediente administrativo, que es el conjunto ordenado de documentos y actuaciones que sirven de antecedente y fundamento a una resolución administrativa, así como las diligencias encaminadas a ejecutarla.

La Ley de Régimen Jurídico de las Administraciones Públicas y Procedimiento Administrativo de 1992 es el texto que contiene la regulación general en esta materia, y se aplica de forma subsidiaria a los actos de las administraciones autonómicas, locales e institucionales.

En un procedimiento administrativo general, podemos distinguir las siguientes fases:

— iniciación o apertura del expediente (de oficio o a instancia de parte);
— instrucción o desarrollo (conjunto de trámites adecuados a cada caso para determinar, conocer y comprobar los datos en que debe fundarse la resolución final: información pública, presentación de alegaciones, informes y dictámenes, pruebas, etc.) que, salvo causas excepcionales, no debe prolongarse más allá de seis meses;
— terminación (dictando una resolución, que es el supuesto normal o, anormalmente, por silencio administrativo, desistimiento o renuncia del interesado, o caducidad de plazos);
— notificación personal (en los actos concretos) o publicación en el BOE de la comunidad autónoma o de la provincia (en los actos generales);
— ejecución (llevar a cabo lo resuelto en el expediente).

La ejecución por parte del interesado será voluntaria cuando cumpla lo ordenado en la resolución y, en caso contrario, la Administración está facultada para llevar a cabo la ejecución forzosa.

Esta únicamente será realizable previa comunicación al interesado y siempre que la ley no exija la intervención de los tribunales, y se llevará a cabo por los siguientes medios:

*a*) Apremio sobre el patrimonio: cuando en virtud del acto administrativo hubiera de satisfacer cantidad líquida.
*b*) Ejecución subsidiaria: cuando se trate de actos que por no ser personalísimos puedan ser realizados por un sujeto distinto al obligado. El importe de los gastos, daños y perjuicios se exigirá siguiendo el procedimiento recaudatorio y podrá ser cautelar.
*c*) Multa coercitiva: cuando lo autoricen las leyes; en la forma y cuantía que lo autoricen podrán imponerse multas coercitivas, reiterada para determinados supuestos concretos.
*d*) Compulsión sobre las personas: cuando los actos administrativos impongan a los administrados una obligación personalísima de hacer o de soportar algo, en los casos expresamente autorizados por las leyes y siempre dentro del respeto debido a la dignidad de la persona humana y a los derechos reconocidos de forma explícita en la Constitución.

## Procedimientos especiales

Los procedimientos especiales propiamente dichos están recogidos en el título sexto de la Ley de Procedimiento Administrativo. Son los siguientes:

— procedimiento para la elaboración de disposiciones de carácter general;
— procedimiento sancionador;
— reclamaciones previas al ejercicio de acciones civiles y laborales.

Por otro lado, existen otros dos procedimientos que pueden considerarse como especiales, pero en sentido impropio:

— procedimiento sumario de gestión;
— procedimiento de urgencia.

Estos últimos se admiten siempre que los organismos administrativos deban resolver una serie numerosa de expedientes homogéneos. Consiste sencillamente en el empleo de formularios, impresos u otros métodos que permitan el rápido despacho de los asuntos (sumario de gestión), o cuando razones de interés público aconsejen la reducción a la mitad de los plazos establecidos para el procedimiento ordinario, salvo los relativos a la presentación de instancias y recursos (procedimiento de urgencia).

## El silencio administrativo

Unas líneas más arriba se ha considerado el silencio administrativo como una forma normal de terminación del procedimiento. Sin embargo, hay que hacer notar que no se trata de una forma de finalizar el procedimiento, sino de una presunción establecida por la ley en beneficio del administrado, frente a la pasividad de la Administración, con el fin de que pueda acceder a las garantías procesales establecidas.

Como veremos, para impugnar, tanto en la vía administrativa como jurisdiccional, la actuación de la Administración, es necesaria la previa existencia de un acto. Y la Administración podría evitar los medios de revisión y fiscalización, y privar al particular de las garantías que la ley le ha otorgado con sólo resolver las peticiones o recursos que se deduzcan ante ella, no actuando. Para impedir estas situaciones surge la llamada *doctrina del silencio administrativo* que, como se ha indicado, es una ficción legal que, en estos casos, supone un acto administrativo presunto, estimatorio o desestimatorio, según sea la naturaleza de este silencio, positivo o negativo.

Como regla general, la Administración dispone de un plazo máximo de tres meses para responder a las solicitudes que se le plantean, transcurrido el cual sin haber notificado ninguna resolución al interesado, se considera que la petición ha sido concedida, de forma tácita. Es lo que se conoce como *silencio positivo*.

Sin embargo, en ciertos casos especiales (peticiones según el artículo 29 de la Constitución, resolución de recursos y transferencia de facultades sobre dominio público), la falta de respuesta de la Administración se considera como una denegación de lo que se solicita. Es lo que se llama silencio negativo.

## Supuestos de invalidez: actos nulos, anulables o irregulares

Cualquier acto administrativo, incluso aquel que adolezca de algún defecto, produce efectos normales en tanto no sea anulado o revocado. Ahora bien, cuando el acto no reúne los requisitos que el ordenamiento exige, se producen efectos anormales. El examen de esos efectos anormales nos lleva al estudio de la invalidez y de la irregularidad de los actos administrativos.

Invalidez de un acto administrativo equivale a la declaración de que no es apto para producir los efectos que se supusieron al dictarlo. Pero existen dos grados de invalidez, que conllevan distintas consecuencias: la nulidad y la anulabilidad.

La diferencia entre ambos reside en que la anulabilidad sólo puede hacerse valer dentro de los plazos señalados por el ordenamiento. Para el administrado, el de los recursos admisibles frente al acto, según los casos; para la Administración, el plazo de cuatro años. Por el contrario, la declaración de nulidad puede instarse en cualquier momento, aun cuando hubiesen transcurrido los plazos de impugnación normal.

En consecuencia, mientras los actos nulos no pueden convalidarse ni subsanarse por la prescripción, los simplemente anulables quedan subsanados por el transcurso de los plazos para hacer valer la anulabilidad y pueden ser objeto de convalidación.

En la Ley de Procedimiento Administrativo ha quedado perfectamente sistematizado el sistema de nulidad y anulabilidad de los actos administrativos en la forma siguiente.

Son nulos de pleno derecho:

- los actos administrativos que lesionen el contenido esencial de los derechos y libertades susceptibles de amparo constitucional;
- los actos administrativos dictados por órganos manifiestamente incompetentes;
- los actos administrativos de contenido imposible o constitutivo de delito;
- los actos dictados prescindiendo totalmente y absolutamente del procedimiento legalmente establecido para ello o de las normas que contienen las reglas esenciales para la formación de la voluntad de los organos colegiados;
- los actos expresos o presuntos, contrarios al ordenamiento jurídico, por los que se adquieren facultades o derechos, cuando se carezca de los requisitos esenciales para su adquisición;
- cualesquiera otros que establezcan las normas legales.

En todos estos supuestos la nulidad puede ser declarada a instancia del interesado o de oficio.

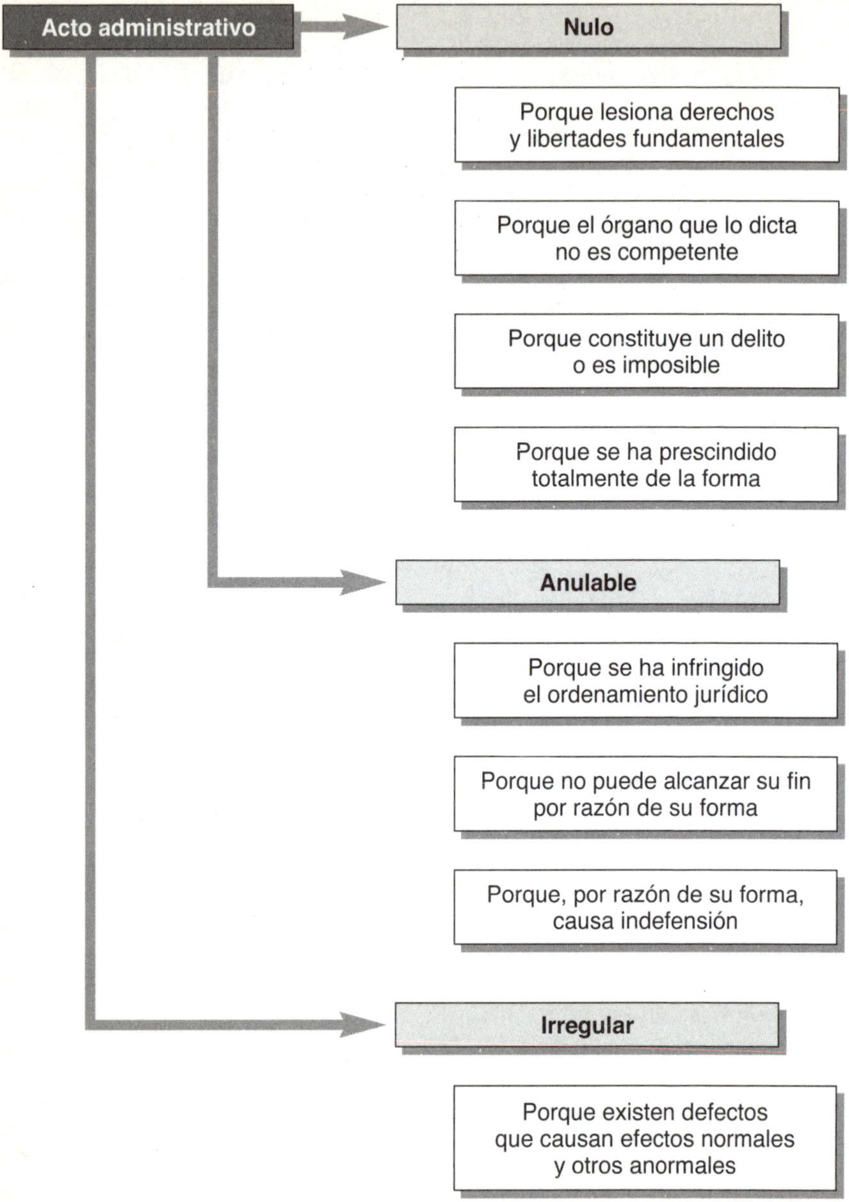
Acto administrativo
Nulo
Porque lesiona derechos y libertades fundamentales
Porque el órgano que lo dicta no es competente
Porque constituye un delito o es imposible
Porque se ha prescindido totalmente de la forma
Anulable
Porque se ha infringido el ordenamiento jurídico
Porque no puede alcanzar su fin por razón de su forma
Porque, por razón de su forma, causa indefensión
Irregular
Porque existen defectos que causan efectos normales y otros anormales

En cambio, son anulables los actos de la Administración que incurran en cualquier infracción del ordenamiento jurídico (incluso la desviación de poder) no contenida en los supuestos anteriores.

Sin embargo, los actos defectuosos por razón de su forma o tiempo de actuación sólo serán anulables cuando el acto carezca de los requisitos formales indispensables para alcanzar su fin, dé lugar a indefensión de los administrados o así lo imponga la naturaleza del término o plazo. En otro caso estaremos ante actos irregulares, pero no anulables.

Se entienden por actos irregulares aquellos en los que existiendo defectos en el acto administrativo, no dan lugar a la privación de sus efectos normales, sino que el acto sigue produciéndolos y, junto a estos, se producen otros anormales. Tal es el caso de la responsabilidad de los funcionarios. Así lo señala la Ley de Procedimiento Administrativo respecto a los actos dictados por funcionarios en los que concurran una causa de abstención y respecto a los dictados fuera del tiempo establecido.

## Posibilidad de impugnación

Si un particular se siente perjudicado en sus intereses legítimos por un acto administrativo y considera que adolece de alguna causa de nulidad o anulabilidad, puede impugnarlo. Es decir, solicitar que sea anulado.

Para conseguirlo, existen dos posibilidades:

— la vía administrativa, o gubernativa, consistente en solicitar la anulación del acto a la propia Administración. Se realiza interponiendo recursos administrativos;
— la vía judicial, interponiendo un recurso contencioso-administrativo ante los tribunales; de este modo se solicita la anulación del acto a la jurisdicción ordinaria.

Lo normal es que antes de acudir a los tribunales se exija que el particular haya agotado las posibilidades de recurrir en vía gubernativa. Prescindir de esta, pudiendo interponer directamente un recurso contencioso-administrativo, sólo se admite en supuestos especiales.

# Los contratos administrativos

Un contrato administrativo es aquel en el que una de las partes es un ente de la Administración pública, actuando como tal, es decir, gestionando intereses colectivos.

En esencia, los contratos administrativos son iguales a los privados: son convenios, acuerdos entre las partes por los que se establecen unos derechos y obligaciones recíprocos entre ellas. Pero al intervenir la Administración, y actuar esta en defensa del interés público, estos contratos presentan unas características peculiares, que los distinguen claramente de los contratos privados, civiles o mercantiles.

## Sujetos

Los contratos administrativos pueden celebrarse:

— entre un ente de la Administración y un particular, que es el supuesto más común;
— entre dos entes administrativos. En este caso, puede suceder que uno de ellos sea el titular de la competencia sobre el objeto del contrato, y el otro se limite a colaborar con él (contratos de colaboración) o que ambos entes tengan competencia, comprometiéndose a coordinar sus actividades (contratos de coordinación).

Excepcionalmente puede admitirse el caso de que se celebre un contrato administrativo entre dos particulares, siempre que uno de ellos, por lo menos, esté revestido de competencias públicas.

## Objeto

La Ley de Contratos de las Administraciones Públicas (Real Decreto Legislativo 2/2000, de 16 de junio) regula de forma específica los contratos de obras, gestión de servicios públicos y suministro y, en virtud de la reforma llevada a cabo mediante la Ley 13/2003, de 23 de mayo, también el contrato de concesión de obras públicas. Serán asimismo contratos administrativos todos aquellos que tengan dicha naturaleza por resultar vinculados al giro de la Administración contratante, por satisfacer una finalidad pública de la específica competencia de aquella o por declararlo así una ley.

## Causa

La causa del contrato administrativo es la que se deduzca, en cada caso, del objeto y contenido del mismo. Pero el fin último que persiga la Administración debe ser, en todo caso, la utilidad pública o el interés social. Y ello, dentro del ámbito de las competencias propias del ente administrativo en cuestión (o de todos ellos, si son varios).

## Contenido

Siendo el contrato administrativo un verdadero contrato, su contenido (los derechos y obligaciones recíprocos) tienen fuerza de ley entre las partes. Pero como consecuencia del fin público que persigue la Administración (defensa de intereses colectivos), esta tiene atribuidas una serie de prerrogativas. Por este motivo en los contratos administrativos existen siempre cláusulas exorbitantes, completamente extrañas a la contratación privada. En esta, las partes están situadas en un plano de igualdad. En los contratos administrativos, por el contrario, la Administración actúa desde una posición de poder, convirtiéndose de esta forma el contratista privado en un colaborador suyo, en la consecución de sus fines.

Entre tales prerrogativas de la Administración cabe destacar:

— la posibilidad de que apruebe normas o medidas de carácter general que, aunque no modifiquen directamente el contrato, sí afecten a su contenido;
— la posibilidad de que, tras haberse celebrado el contrato, la Administración pueda variar su contenido para proteger intereses públicos;
— la existencia de procedimientos especiales para proceder a una revisión del precio, en el caso de que la Administración decida incluir una cláusula de este tipo;
— el derecho de la Administración contratante de interpretar unilateralmente el contrato, siendo sus acuerdos en este sentido inmediatamente ejecutivos (aunque el contratista pueda recurrirlos).

En los epígrafes siguientes haremos un breve comentario de algunos de los contratos administrativos más comunes: el de obras, el de gestión, el de suministro y el de concesión.

### Contrato de obras

Las obras se ejecutarán con estricta sujeción a las cláusulas estipuladas en el contrato y al proyecto que sirve de base al mismo.

El contratista deberá cumplir los plazos parciales fijados para la ejecución sucesiva del contrato y, en general, para su total realización.

La ejecución del contrato se realizará a riesgo y ventura del contratista y este no tendrá derecho a indemnización por causas de pérdidas, averías o perjuicios ocasionados en las obras, sino en los casos de fuerza mayor (terremoto, inundaciones, rayos, guerras, motines, y otros similares).

Como derecho de contratista pueden señalarse los siguientes: derecho al abono de la obra que realmente ejecute con arreglo al precio convenido y el interés legal de las cantidades debidas, a partir de los tres meses de haber sido expedida la certificación y siempre que se establezca por escrito el cumplimiento del pago.

### Contrato de gestión de servicios públicos

Está obligado a prestar el servicio con la continuidad convenida, cuidar del buen orden del mismo e indemnizar los daños que cause a terceros como consecuencia del servicio, salvo que se hayan causado como consecuencia inmediata de una orden de la Administración.

Tiene derecho a percibir de los usuarios las tarifas aprobadas, a las prestaciones económicas previstas en el contrato y, en su caso, a la revisión de las mismas.

### Contrato de suministro

El empresario entregará las cosas en el tiempo y lugar fijados en el contrato y de conformidad con las prescripciones técnicas y cláusulas administrativas que figuren en él.

Cualquiera que sea el tipo de suministro, el adjudicatario no tendrá derecho a indemnización por causa de pérdidas o perjuicios ocasionados antes de su entrega a la Administración, salvo que esta hubiese incurrido en mora al recibirlos.

Tendrá derecho al abono de los suministros efectivamente entregados a la Administración, en las condiciones establecidas.

### Contrato de concesión de obras públicas

Es aquel en virtud del cual la Administración Pública otorga a un concesionario, durante un plazo, la construcción y explotación, o solamente la explotación, de obras que son necesarias para la prestación de servicios públicos de naturaleza económica o para el desarrollo de actividades o servicios económicos de interés general.

Como contraprestación, se reconoce al concesionario el derecho a percibir una retribución consistente en la explotación de la propia obra.

La construcción y la explotación de las obras públicas objeto de concesión se efectúan a riesgo y ventura del concesionario, quien asumirá los riesgos económicos derivados de su ejecución y explotación.

## Preparación del contrato

También a diferencia de los contratos privados, en los administrativos las partes no pueden pactar libremente su contenido en el momento de celebrarlo. Por el contrario, antes de conocer siquiera cuál va a ser el contratista seleccionado (cuestión de la que se tratará más adelante), la Administración debe haber aprobado los pliegos de cláusulas administrativas generales, los de cláusulas administrativas particulares y los de prescripciones técnicas.

En el primer caso, la Administración deberá establecer pliegos de cláusulas administrativas generales en las que se contengan las típicas a que, en principio, se acomodará el contenido de los contratos regulados en la ley.

Contendrá las declaraciones jurídicas económicas y administrativas que serán de aplicación, en principio, a todos los contratos de un objeto análogo. Los pliegos se referirán a los siguientes aspectos del contrato:

— ejecución del contrato y sus incidencias;
— derechos y obligaciones de las partes, régimen económico;
— resolución del contrato;
— conclusión del contrato, recepciones, plazo de garantía y liquidación.

Los pliegos de cláusulas administrativas particulares deberán aprobarse con anterioridad a la perfección y, en su caso, a la licitación de todo contrato, los pliegos de cláusulas administrativas particulares, de explotación o de bases, que incluirán a los pactos y condiciones definidores de los derechos y obligaciones que asumirán las partes del contrato. Las declaraciones contenidas en estos pliegos no podrán ser modificadas por los correspondientes contratos, salvo lo que se dispone en esta ley.

Los pliegos de prescripciones técnicas que hayan de regir la ejecución de la prestación, de conformidad con los requisitos que para cada contrato establece la ley, deberán elaborarse también con anterioridad a cada contrato.

## Selección del contratista

Como regla general, una vez aprobado el contenido del contrato la Administración no puede elegir discrecionalmente el contratista privado con quien va a celebrarlo. Por el contrario, debe seleccionarlo mediante licitación pública, respetando los principios de publicidad y libre concurrencia. Con ello se pretende garantizar que los particulares puedan contratar con la Administración en un plano de igualdad, y que esta pueda obtener las condiciones más ventajosas.

Para ello existen tres procedimientos de adjudicación: la subasta, el concurso y el procedimiento restringido.

La subasta es un procedimiento automático por el que se elige como contratista al licitador que ofrece las condiciones económicas más ventajosas, sin atender a otro tipo de consideraciones.

En el sistema de concurso, en cambio, la licitación versa sobre las circunstancias y elementos relativos al sujeto y al objeto del contrato y la adjudicación se otorga a la propuesta que, cumpliendo las condiciones del pliego, resulte más ventajosa, sin atender únicamente a la oferta económica, y según el juicio de la corporación (que será discrecional si la ley o la convocatoria no determinasen motivos de preferencia).

Con este sistema se ofrece a la Administración una mayor discrecionalidad y, al mismo tiempo, los particulares tienen un margen mayor de libertad de sus proposiciones al poder introducir las modificaciones que puedan hacerlas más convenientes para la realización del objeto del contrato, dentro de los límites que señale expresamente el pliego de cláusulas administrativas.

Por último, en algunos casos, en vez de la subasta o el concurso ordinarios, la Administración puede optar por el procedimiento restringido. Este consta de dos fases. En la primera, la Administración efectúa una selección previa entre los candidatos, eliminando a los que no reúnan ciertos requisitos (solvencia, experiencia personal, medios materiales, etc.). A continuación, se prosigue como en una subasta o un concurso ordinarios, sólo entre los que han superado el proceso de selección.

En cada caso, las normas legales y reglamentarias establecen el procedimiento de selección que debe utilizarse atendiendo al tipo de contrato (obras, servicios, suministros), a sus características (económicas y técnicas) y al ente administrativo contratante. No respetar esas normas es causa de nulidad del contrato.

Como excepción se admite la posibilidad de contratación directa (sin selección pública del contratista) por razones de urgencia, o cuando la cuantía sea inferior a la señalada en cada caso.

## Forma del contrato

Los contratos administrativos no pueden celebrarse verbalmente salvo que el contrato tenga carácter de emergencia. Por este motivo, tras la adjudicación definitiva al contratista seleccionado, el contrato deberá ser formalizado por escrito.

El documento en que se formalice el contrato será notarial en los contratos siguientes:

- — los que hayan de anotarse o inscribirse en algún registro que exija el cumplimiento de este requisito;
- — cuando la Administración o el contratista lo soliciten.

Los demás contratos se formalizarán en documento administrativo.

## Extinción del contrato

El contrato se extinguirá por:

**1. Cumplimiento.** El supuesto normal es que el contrato se extinga cuando ambas partes hayan cumplido con sus obligaciones respectivas.

**2. Resolución.** Se debe a la ineficacia sobrevenida por incumplimiento de sus obligaciones por cualquiera de las partes:

— el incumplimiento del contratista faculta a la Administración para exigir el cumplimiento o acordar la resolución;
— el incumplimiento de la Administración faculta al contratista para pedir la resolución.

**3. Rescisión.** Se produce a causa de una ineficacia sobrevenida por lesión:

— modificación del presupuesto de la obra en un porcentaje superior al 20 %;
— suspensión por más de seis meses del inicio de las obras.

Hay que tener en cuenta además otras formas de extinción:

— muerte del contratista;
— extinción de la personalidad jurídica de la sociedad contratista;
— quiebra o suspensión de pagos del contratista;
— mutuo disenso;
— las que establezca la ley;
— revisión, rescate o supresión del servicio, en los contratos de gestión de servicios.

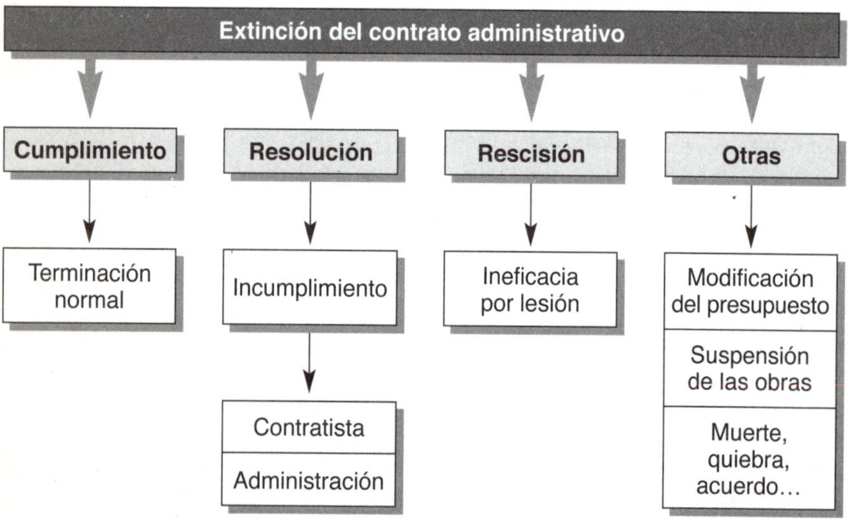

# Urbanismo y administración del territorio

Las competencias en materia de urbanismo y de ordenación del territorio en sentido propio corresponden a las Comunidades Autónomas, correspondiendo al Estado central la competencia para regular las condiciones básicas que garanticen la igualdad en el ejercicio del derecho de propiedad del suelo en todo el territorio nacional, así como regular otras materias que inciden en el urbanismo, como la expropiación forzosa, las valoraciones, la responsabilidad de las Administraciones Públicas o el procedimiento administrativo común.

En esta materia, la ley actualmente en vigor para todo el Estado es la Ley del Suelo 8/2007, de 28 de mayo. Esta ley reconoce, dentro del ámbito de competencia del Estado, el derecho regulado en el artículo 45 de la Constitución Española en lo relativo a la vivienda. Este artículo establece que:

1. Todos tienen derecho a disfrutar de un medio ambiente adecuado para el desarrollo de la persona, así como el deber de conservarlo.
2. Los poderes públicos velarán por la utilización racional de todos los recursos naturales, con el fin de proteger y mejorar la calidad de la vida y defender y restaurar el medio ambiente, apoyándose en la indispensable solidaridad colectiva.
3. Para quienes violen lo dispuesto en el apartado anterior, en los términos que la ley fije se establecerán sanciones penales o, en su caso, administrativas, así como la obligación de reparar el daño causado.

Esta ley ha eliminado la antigua clasificación que dividía el suelo urbano en urbanizable y no urbanizable, y ha establecido, en cambio, una nueva división: la de suelo rural y la de suelo urbanizado. Además, a diferencia de su antecesora, también regula la posibilidad de que participen como promotores de la urbanización ciudadanos que no son propietarios.

Igualmente, en la nueva norma se establece la obligatoriedad de reservar un 30 % del nuevo suelo residencial para construir vivienda de tipo protegido. En este sentido, la ley obliga a constituir un patrimonio de suelo público, separado e integrado por suelos que estén libres de las cargas de urbanización que correspondan y que deberán estar destinados a la edificación de vivienda social.

Establece también que estos suelos públicos destinados a vivienda protegida no podrán subastarse o venderse por encima del valor máximo de repercusión de los mismos para uso de vivienda social. Por este motivo, y para evitar posibles fraudes, la ley obliga a inscribir en el Registro de la Propiedad las limitaciones, obligaciones, plazos y condiciones de los destinos de las fincas del patrimonio público del suelo.

Por otro lado, y en aras a conseguir una mayor transparencia, prevé que los planes urbanísticos y convenios sean sometidos a información pública antes de ser aprobados.

Los ayuntamientos deben publicar en sus páginas webs los planes vigentes y facilitar copias a sus ciudadanos. Además, se requiere que sea en los plenos municipales donde se aprueben los planeamientos y las permutas de terrenos.

En este elenco de derechos reconocidos a los ciudadanos es de destacar el derecho de acceso a la información en materia territorial y urbanística. La ley establece la posibilidad de poder participar en los procesos administrativos en los que se contienen los instrumentos de ordenación urbanística, territorial y medioambiental. Así pues, a consecuencia del mencionado derecho a la información, se reconoce:

1. El acceso a la información de que dispone la Administración Pública en esta materia. Podemos decir que este derecho incluye: el derecho a obtener copia o certificado de aquellos actos acordados por la normativa aplicable y también a ser informados por la Administración competente, de forma completa y por escrito, del régimen y condiciones aplicables a una determinada finca.

En este sentido, el derecho de acceso a la información significa también que los ciudadanos que se interesen por determinadas cuestiones urbanísticas y consulten con la Administración, deben poder recibir de esta, dentro de un plazo razonable, la respuesta a sus consultas.

2. Igualmente, está prevista la posibilidad de que el ciudadano participe en cuestiones urbanísticas. En consecuencia, tiene derecho a ser miembro de la comunidad política en la que vive y, por lo tanto, se reconoce el derecho de actuación en relación a estas cuestiones.

Por otro lado, también se establecen las obligaciones que afectan a los concejales y dirigentes municipales, puesto que la Ley de Suelo exige que estos realicen declaraciones públicas acerca de sus bienes y actividades privadas.

Asimismo, en cuanto a la recalificación de terrenos que conlleven plusvalías, siempre deben ser identificados quienes han sido propietarios de las fincas beneficiadas durante los últimos cinco años, con la finalidad de conocer a quién benefician las decisiones de la Administración.

Igualmente, la actual Ley de Suelo dispone que:

- Haya una nueva forma de valoración del suelo. Se pretende que este se valore siempre por su situación real, y no por sus expectativas. Se establecen nuevos criterios de valoración para encontrar su valor real, atendiendo siempre a la realidad y huyendo de cualquier expectativa urbanística. Bien es cierto que también se prevén fórmulas de corrección de ese valor en función de valores objetivos de localización, como la accesibilidad a núcleos de población o a centros de actividad económica o la ubicación en entornos de singular valor ambiental o paisajístico. Con la antigua regulación —es decir, la que estaba vigente hasta que entró en vigor la nueva Ley— se perseguía reflejar con la mayor exactitud posible el valor real que el mercado asigna a cada tipo de suelo atendiendo a su destino y, por lo tanto, se consideraban también sus expectativas de revalorización.
- Sólo es posible urbanizar el suelo necesario para hacer ciudad, por lo que se obliga a proteger el resto. Se limita el crecimiento de las ciudades, con la finalidad de evitar impactos no deseados de nuevos desarrollos urbanísticos. La nueva ley prevé que debe realizarse una revisión global del planteamiento cuando una actuación de urbanización conlleve, por sí misma o junto a las aprobadas en los dos últimos años, un incremento superior al 20 % de la población o de la superficie de suelo urbanizado del municipio.
- Haya evaluaciones ambientales previas e informes de sostenibilidad económica sobre el impacto que puede tener la construcción y el mantenimiento de infraestructuras. En los nuevos desarrollos, los informes de costas, aguas y carreteras tendrán un peso determinante en la denominada *memoria ambiental,* ya que se prevé que sean especialmente considerados a la hora de decidir.

Finalmente, y sin lugar a dudas, las importantes modificaciones que ha introducido en esta materia el nuevo marco legal serán objeto de revisión por nuestros tribunales en los próximos meses. De hecho, ya desde la publicación de la ley, se ha anunciado la interposición de diversos recursos de inconstitucionalidad ante el Tribunal Constitucional. Estos se han centrado, en su mayoría, en el hecho de que las Comunidades Autónomas tienen atribuidas competencias casi exclusivas sobre la materia y, en consecuencia, resulta cuando menos cuestionable si la nueva ley está vulnerando las competencias que estas tienen atribuidas en este ámbito.

## La expropiación forzosa

La expropiación forzosa es aquel derecho del que goza la Administración Pública de hacer suyo un bien por así interesar al interés público y compensando al particular que se ve privado de él mediante la indemnización correspondiente, el llamado *justo precio*.

Esta figura se regula mediante la Ley de 16 de diciembre de 1954, de expropiación forzosa, modificada por las leyes 38/1999, 14/2000 y 53/2002.

El expediente de expropiación forzosa que inicia la Administración debe respetar unas normas:

- declaración de utilidad pública o de interés social;
- declaración de necesidad de ocupación;
- determinación del justo precio.

Por tanto, lo primero que la Administración debe hacer es declarar la existencia de utilidad pública o de interés social del bien a expropiar tras lo cual el ciudadano afectado puede presentar las correspondientes alegaciones. En la práctica, el afectado tiene pocos motivos para oponerse a la expropiación y, de hecho, lo que le interesa es que la indemnización que la Administración debe satisfacerle (el justo precio) sea la adecuada.

La fijación de dicho justo precio puede hacerse de mutuo acuerdo entre la Administración y el particular o, en caso contrario, se inicia un nuevo trámite legal en el que intervendrá el Jurado Provincial de Expropiación que será el que fije el importe de aquel.

Si la determinación del justo precio se demora más allá de seis meses desde el inicio del expediente expropiatorio, el ciudadano expropiado tiene derecho a percibir, en su día, el importe del precio más los intereses. Además, si la Administración tarda más de dos años desde que se fijó el precio sin que haga efectivo el pago entra en juego la *retasación*, cuya finalidad es lograr que el precio de la cosa expropiada se ajuste en todo momento a la realidad.

# Los recursos administrativos

A principios del año 1999 se llevó a cabo una importante reforma del procedimiento administrativo que se hallaba en vigor en nuestro país desde el año 1992.

Los recursos administrativos son aquellos actos en los que un sujeto legitimado pide a la Administración Pública que revise una resolución administrativa o un acto de trámite en determinados supuestos, dentro de los plazos y con las formalidades establecidas.

Normalmente, los recursos administrativos son un paso previo a la vía judicial, son como una primera instancia en la que la Administración pública goza del privilegio de resolver sus conflictos con los particulares por sí misma antes de que estos puedan acudir a los tribunales ordinarios de justicia. Otro privilegio es que, salvo que en una ley se diga lo contrario o en casos muy extraordinarios, la interposición de un recurso no suspende la ejecución del acto contra el que se interponga. Por ejemplo, si la Administración comunica a un ciudadano que debe pagar una multa, el que se recurra esta notificación no significa —en principio— que quede paralizado el procedimiento contra el administrado.

## Clases de recursos

Suelen distinguirse tres clases de recursos administrativos:

- *recursos ordinarios:* son los que pueden fundarse en cualquier motivo y que pueden dirigirse contra cualquier acto (recurso de alzada);
- *recursos especiales:* son aquellos que pueden basarse en cualquier motivo pero sólo pueden interponerse en aquellos supuestos en que venga especialmente determinado por la ley;
- *recursos extraordinarios:* se trata de los recursos que sólo pueden interponerse por motivos tasados legalmente (recurso de revisión).

Otra distinción es la que atiende al carácter potestativo (es decir, voluntario) o no de su interposición, como el recurso de reposición).

Vamos a analizar cada uno de los recursos administrativos que existen en nuestro ordenamiento jurídico.

## Recurso de alzada

Las resoluciones y los actos de trámite —si estos últimos deciden directa o indirectamente el fondo del asunto, determinan la imposibilidad de continuar el procedimiento, producen indefensión o perjuicio irreparable— podrán ser recurridos en alzada ante el órgano superior jerárquico al que los dictó.

El plazo para interponer este recurso es de un mes si la resolución contra la que se interpone es un acto expreso o de tres meses en caso contrario, es decir, si contra lo que se interpone el recurso es un acto presunto (lo que ocurre cuando la Administración ha aplicado el silencio administrativo negativo, es decir, que tenía un plazo máximo para resolver y no lo ha hecho).

## Recurso de reposición

Los actos administrativos que pongan fin a la vía administrativa pueden ser recurridos en reposición ante el mismo órgano que los hubiese dictado. Se puede acudir directamente a los tribunales contencioso-administrativos.

Los plazos para interponer este recurso potestativo son los mismos que los vistos para el recurso de alzada.

¿Cuáles son aquellos actos que ponen fin a la vía administrativa? Aquellas resoluciones que resuelven recursos de alzada o procedimientos de impugnación. Además, las leyes pueden establecer que una determinada resolución ponga, asimismo, fin a la vía administrativa.

## Recurso de revisión

El llamado *recurso extraordinario de revisión* es el que debe interponerse contra los actos firmes en vía administrativa en los que concurra alguna de las circunstancias siguientes:

— que al dictarlos se hubiera incurrido en error de hecho según se desprendiera de los documentos incorporados al expediente;
— que, con posterioridad, aparezcan documentos de los que se desprenda el error de la resolución recurrida;
— que en la resolución hayan influido documentos o testimonios declarados falsos por sentencia firme;
— que la resolución hubiese sido dictada como consecuencia de prevaricación, cohecho, violencia, maquinación fraudulenta u otra conducta punible.

# La jurisdicción contencioso-administrativa

La jurisdicción contencioso-administrativa es una de las ramas de la jurisdicción ordinaria, junto a la civil, la penal y la laboral. Está integrada, desde la reforma introducida por la Ley 29/1998 de Jurisdicción Contencioso-Administrativa, por los siguientes órganos: juzgados de lo contencioso-administrativo, juzgados centrales de lo contencioso-administrativo, salas de lo contencioso-administrativo de los tribunales superiores de justicia, sala de lo contencioso-administrativo de la Audiencia Nacional y sala de lo contencioso-administrativo del Tribunal Supremo, órganos de naturaleza judicial, no administrativa, integrados por magistrados de carrera. Ante ellos pueden acudir los particulares interponiendo un recurso contencioso administrativo.

En principio, todo acto administrativo es susceptible de ser impugnado ante la jurisdicción contencioso-administrativa, tanto si se trata de un acto normativo, como si no. Pero debe reunir dos requisitos:

— que se trate de un acto definitivo (o que, si es de trámite, condicione la resolución final, directa o indirectamente);
— que agote la vía gubernativa.

Para interponer un recurso contencioso administrativo es necesario (salvo en los casos en que está expresamente establecido) haber formulado previamente una notificación a la Administración de tal intención.

## Interposición del recurso

El recurso se iniciará con un escrito que se limite a citar el acto por razón del cual se formula y a solicitar que se tenga por interpuesto. Dicho escrito estará acompañado de los documentos acreditativos de la concurrencia de los requisitos y presupuestos exigidos para recurrir y las copias o traslado del acto o disposición o, al menos, se indicará el expediente en que ha recaído o el periódico oficial donde se ha publicado.

El juzgado o sala examinará de oficio la validez de la comparecencia tan pronto como se haya presentado el escrito de interposición. Si este escrito no se acompaña con los documentos precisos para admitirlo o los presentados son incompletos o, en general, siempre que se considere que no concurren los requisitos exigidos legalmente para la validez de la comparecencia, se requerirá para que esto sea subsanado señalando, a tal efecto, un plazo de diez días y si en dicho plazo el recurrente no la lleva a cabo, se ordenará el archivo de las actuaciones. Tras la admisión del escrito de interposición del recurso, el órgano jurisdiccional requerirá a la Administración para que le remita el expediente, salvo en determinados supuestos en los que el recurso se inicia mediante demanda, que son los casos de reclamación dirigida contra una disposición general, acto, inactividad o vía de hecho en la que no existan terceros interesados.

### Desarrollo del proceso

Presentado el recurso ante el tribunal competente y admitido por este, el procedimiento se desarrolla de forma similar a un proceso civil. En él el particular demandante puede servirse sólo de un abogado, o conferir también su representación a un procurador.

Las fases del proceso son las siguientes:

**1. Emplazamiento.** El juzgado o sala acordará al día siguiente hábil de ser interpuesto el recurso, si lo solicita el recurrente, que se anuncie la interposición del recurso en el periódico oficial que proceda, mediante una publicación que puede ser acordada de oficio por el juzgado o la sala.

**2. Demanda y contestación.** Recibido el expediente, el juzgado o tribunal acordará su entrega al recurrente para que deduzca la demanda en el plazo de veinte días. Una vez presentada, se dará traslado de la misma, con entrega del expediente, a las partes demandadas que hubieran comparecido para que la contesten, también en el plazo de veinte días.

**3. Alegaciones previas.** Las partes demandadas podrán alegar, dentro de los cinco días siguientes al emplazamiento para contestar, los motivos que pudieran determinar la falta de jurisdicción, la incompetencia del órgano jurisdiccional o la inadmisibilidad del recurso, sin perjuicio de alegarlos en la contestación, de tal escrito se dará traslado en cinco días al actor para que formule las alegaciones pertinentes y, en su caso, subsane el defecto alegado. El incidente se resolverá mediante auto que no es recurrible en caso de desestimar las alegaciones, pero sí cuando las estime.

**4. Prueba.** Sólo puede pedirse el recibimiento a prueba en los escritos de demanda y contestación, expresándose los puntos de hechos sobre los que haya de versar. La prueba se desarrollará con arreglo a las normas generales establecidas para el proceso civil, si bien el plazo será de quince días para proponer y treinta para practicar. Se podrán aportar las pruebas practicadas fuera de este plazo por causas no imputables a la parte que las propuso.

**5. Vistas y conclusiones.** Salvo que en la ley se disponga otra cosa, las partes podrán solicitar que se celebre la vista, que se presenten conclusiones por escrito o que el pleito sea declarado concluso para sentencia, sin más trámites. En la vista o escrito de conclusiones no podrán plantearse cuestiones no alegadas en la demanda y contestación, salvo que el juez o tribunal, por juzgarlo oportuno, dicte providencia al efecto.

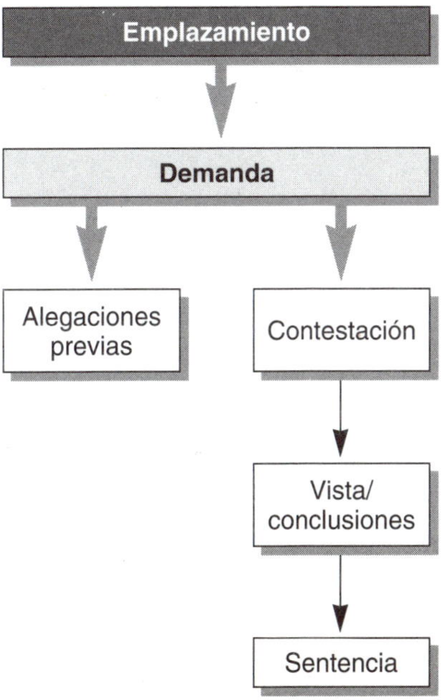


**6. Sentencia.** Cuyo fallo puede consistir en la estimación, desestimación o inadmisibilidad del recurso.

## Ejecución de la sentencia

La ejecución de la sentencia puede presentar diferencias notables respecto a la que tiene lugar en los procesos civiles. No existen cuando son los particulares los sujetos obligados por la decisión, pero sí cuando es la Administración, ya que tiene los privilegios de no poderse emplear con ella la coacción, ni poderse despachar mandamiento de ejecución o dictar providencias de embargo contra las rentas y caudales públicos.

La ejecución corresponde al órgano que hubiese dictado el acto o disposición objeto del recurso y pueden promoverla las partes interesadas. Habrá que estar al contenido del fallo y, salvo lo expuesto, debe acordar llevarla a puro y debido efecto en el plazo de dos meses. Transcurridos tres meses desde que la sentencia firme sea comunicada al órgano que deba cumplirla, se podrá instar la ejecución forzosa. En este caso, la autoridad judicial podrá incrementar en dos puntos el interés legal a devengar, siempre que apreciase falta de diligencia en el cumplimiento.

La Administración condenada al pago de cantidad podrá proponer al juez o tribunal un modo de ejecutar la sentencia en la forma que le resulte menos gravosa.

## Procedimientos especiales

La ley regula dos procedimientos especiales:

— los que se refieran a actos administrativos que afecten al ejercicio de los derechos fundamentales de las personas;
— los que se refieran a los actos de suspensión de los acuerdos de las corporaciones locales.

En ambos casos, se trata de procedimientos abreviados, acortándose los plazos y suprimiéndose algunos trámites.

## El recurso contencioso electoral

El recurso contencioso electoral no es propiamente un recurso contencioso administrativo especial, aunque sea la misma jurisdicción la competente para resolverlo. Puede interponerse para impugnar la validez de la proclamación de candidatos electorales o de las propias elecciones.

# DERECHO ADMINISTRATIVO
## RESUMEN

### Concepto y fuentes

• La Administración Pública es aquel conjunto de entidades y organismos integrados en el poder ejecutivo del Estado y cuyas funciones son la ejecución de las leyes, cumpliendo su contenido y haciéndolo cumplir a sus ciudadanos.

• El origen del derecho administrativo cabe buscarlo en las teorías propias del liberalismo político, que exigió que los propios poderes públicos se hallasen sometidos a las leyes.

• Las fuentes del derecho administrativo es la ley (es decir, cualquier norma escrita), la costumbre administrativa y los principios generales del derecho administrativo (los principios de igualdad, equidad, seguridad jurídica y de buena fe). Además, como fuentes indirectas hallamos la jurisprudencia (doctrina legal) y la doctrina científica (las opiniones de los especialistas).

### Organización de la Administración pública española

• Debe diferenciarse entre entes y órganos. Entes son aquellos sectores de la administración que poseen personalidad jurídica propia, mientras que órganos son divisiones funcionales de los entes.

• Los entes que componen la Administración Pública son la administración central, los entes de la administración territorial (las comunidades autónomas y la administración local) y los institucionales. Dentro de cada ente se observa que los órganos están estructurados de forma jerárquica.

• La administración central se compone de órganos superiores (que, a su vez, pueden ser de decisión o de asesoramiento) y de órganos periféricos (es decir, delegados del Gobierno, gobernadores civiles y capitanes generales del Ejército).

• La administración territorial se reparte con la administración central las competencias para dar reconocimiento a las múltiples realidades históricas y culturales que conforman nuestro país y, asimismo, para dar un más cercano y eficaz servicio a la ciudadanía.

### Los actos administrativos

• Un acto administrativo es una manifestación de voluntad emitida por un ente de la Administración en cualquiera de sus esferas y siempre que el órgano emisor sea competente.

• Por procedimiento administrativo se conoce el cauce formal de la serie de actuaciones que deben realizar los órganos de la Administración para que sus actos sean válidos. Todo procedimiento administrativo se suele desarrollar en las siguientes fases: iniciación, instrucción, terminación, notificación y ejecución. Al margen del procedimiento administrativo común existe una serie de procedimientos especiales.

• El silencio administrativo es un beneficio que se establece para los administrados, puesto que supone la facultad de tener por respondida una concreta solicitud que se haya formulado. Debe destacarse que no obstante mediante el silencio administrativo se pueda considerar estimada o desestimada una petición, la Administración tiene siempre y en todo caso la obligación de responder de forma expresa.

• Los actos administrativos pueden ser inválidos si en los mismos concurren causas de nulidad, anulabilidad o irregularidad. Los actos nulos no pueden ser subsanados nunca y la solicitud de tal declaración puede ser ejercida en cualquier momento.

## Los contratos administrativos

• Un contrato administrativo es aquel en el que una de las partes es un ente de la Administración Pública actuando como tal, es decir, gestionando intereses colectivos. La principal diferencia entre los contratos que celebran los particulares entre sí y aquellos en que interviene una Administración Pública radica en que, puesto que esta actúa en defensa del interés público, goza de importantes prerrogativas (así, la posibilidad unilateral de modificar el contenido del acuerdo una vez firmado).

• Los tres contratos administrativos clásicos son el de obras públicas, el de gestión de servicios públicos y el de suministro. Todos ellos responden a un mismo esquema: fase de preparación, fase de selección del contratista, fase de suscripción del contrato y fase de extinción del mismo.

## Urbanismo y administración del territorio

• La materia del urbanismo y de ordenación de territorio se regula mediante una ley de carácter estatal, pero son las comunidades autónomas y los ayuntamientos los que deben desarrollarla. El suelo se clasifica en las siguientes tres categorías: urbano, urbanizable y no urbanizable.

• En algunos casos, la Administración puede privar a una persona de la propiedad privada que ostenta sobre un terreno o un edificio en concreto mediante un procedimiento que se denomina *expropiación forzosa* y en el que se prevé siempre el pago del justiprecio. Los motivos en los que la Administración Pública puede ampararse son muy concretos y específicos y su finalidad última debe ser siempre destinar lo expropiado a finalidades de carácter público.

### Los recursos administrativos

• Los recursos administrativos son aquellos actos en los que un sujeto legitimado pide a la Administración Pública que revise una resolución administrativa o un acto de trámite en determinados supuestos, dentro de los plazos y con las formalidades establecidas.

• Las resoluciones y los actos de trámite en determinados casos podrán ser objeto de recurso de alzada ante el órgano superior jerárquico al que los dictó.

• Los actos administrativos que pongan fin a la vía administrativa pueden ser recurridos voluntariamente en reposición ante el mismo órgano que los hubiese dictado. Si no se quiere, se puede acudir directamente a los tribunales contencioso-administrativos.

• El llamado *recurso de revisión* es el que debe interponerse contra los actos firmes en vía administrativa en los que concurran circunstancias muy concretas y determinadas, de donde se deriva el carácter extraordinario que tiene atribuido este recurso.

### La jurisdicción contencioso-administrativa

• La jurisdicción contencioso-administrativa se halla integrada por los siguientes órganos: juzgados de lo contencioso-administrativo, juzgados centrales de lo contencioso-administrativo, Salas de lo contencioso-administrativo de los tribunales de justicia, Sala de lo contencioso-administrativo de la Audiencia Nacional y Sala de lo contencioso-administrativo del Tribunal Supremo.

• Cualquier acto administrativo puede ser impugnado ante la sala de la jurisdicción contencioso-administrativa, tanto si se trata de un acto normativo como si no lo es, pero siempre deben concurrir los requisitos de que sea un acto definitivo y que agote la vía gubernativa.

• Existen algunos procedimientos especiales, como el contencioso electoral y los referidos al ejercicio de los derechos fundamentales de las personas y a los actos de suspensión de los acuerdos de las corporaciones locales.

# IV
# DERECHO FISCAL

# Conceptos generales

## El derecho fiscal o financiero

Constituyen el derecho fiscal, o financiero, todo el conjunto de normas que regulan los ingresos públicos, y la forma de emplearlos por parte de los diferentes organismos de la Administración para sufragar todos los gastos públicos.

En el control de los ingresos y gastos públicos se halla el origen de los parlamentos europeos, que nacieron en la Edad Media para autorizar la imposición de tributos por los reyes. Desde el triunfo del liberalismo, es una premisa del Estado de derecho la regulación legal y el control presupuestario de las actividades financieras del Estado.

Este, para llevar a cabo las diferentes funciones que le asignan la Constitución y las leyes, incurre en una serie de gastos: personal (funcionarios y contratados), obras públicas, enseñanza, sanidad, defensa, subvenciones, mantenimiento de edificios, y un largo etcétera.

Por otro lado, el Estado cuenta con unas fuentes de ingresos que, en resumen, son:

— los rendimientos del patrimonio del Estado (empresas públicas, concesiones, explotaciones, etc.);
— las donaciones y herencias hechas a favor suyo;
— los créditos recibidos, tanto de instituciones españolas como extranjeras, incluyendo las emisiones de deuda pública;
— los tributos cobrados a los ciudadanos por diferentes motivos.

Las normas de derecho fiscal pretenden evitar que el Estado obtenga ingresos de forma irregular y que los utilice de forma incontrolada. Y lo mismo sucede, dentro de sus respectivas competencias, con las administraciones autonómicas y locales.

### Fuentes

Las fuentes del derecho fiscal son:

— la Constitución;
— las leyes (la Ley General Tributaria, las que regulan los diferentes impuestos, la de Patrimonio del Estado, etc.);

— la ley de presupuesto (la que aprueba el de cada ejercicio);
— los reglamentos que desarrollan las leyes mencionadas;
— los diferentes decretos del Gobierno y órdenes del Ministerio de Hacienda que regulan aspectos concretos de la aplicación de tales normas;
— de forma supletoria, las normas generales de derecho administrativo y, en su defecto, las del civil.

## Tributos y derecho tributario

Los tributos, en general, son cantidades cuyo pago exige el Estado a los particulares como contribución al sostén de los gastos públicos.

Existen tres clases de tributos:

a) *Las tasas.* Son cantidades que se exigen a los particulares por la utilización de bienes del dominio público, la prestación de servicios públicos o la realización por parte de la Administración de alguna actividad que le beneficie directamente (las tasas de aeropuertos y de los servicios postales, las judiciales, etcétera).
b) *Las contribuciones especiales.* Son las cantidades que se cobran a los particulares que han resultado beneficiados o han visto aumentar el valor de sus bienes como consecuencia de la realización de obras públicas o la ampliación de los servicios públicos (urbanización de terrenos, asfaltado de vías públicas, redes de alcantarillado, iluminación de calles, etc.).
c) *Los impuestos.* Son tributos que se exigen, sin una contraprestación directa, a los particulares cuyo nivel de renta o de patrimonio les obliga a contribuir. (De ellos se tratará en los capítulos siguientes).

Dentro del derecho fiscal las normas de derecho tributario son las que establecen las diferentes clases de tributos, los hechos que gravan, su cuantía, y las personas obligadas a pagarlas.

## Normas constitucionales

La Constitución contiene las siguientes normas de derecho tributario.

### Artículo 31

**1.** Todos contribuirán al sostenimiento de los gastos públicos de acuerdo con su capacidad económica mediante un sistema tributario justo inspirado en los principios de igualdad y progresividad que, en ningún caso, tendrá alcance confiscatorio.

**2.** El gasto público dedicará una asignación equitativa de los recursos públicos y su programación y ejecución responderán a los criterios de eficiencia y economía.

**3.** Sólo podrán establecerse prestaciones personales o patrimoniales de carácter público con arreglo a la ley.

**Artículo 133**

**1.** La potestad originaria para establecer los tributos corresponde exclusivamente al Estado.

**2.** Las comunidades autónomas y las corporaciones locales podrán establecer y exigir tributos de acuerdo con la Constitución y las leyes.

**3.** Todo beneficio fiscal que afecte a los tributos del Estado deberá establecerse en virtud de ley.

**4.** Las administraciones públicas sólo podrán contraer obligaciones financieras y realizar gastos de acuerdo con las leyes.

**Artículo 134**

**1.** Corresponde al Gobierno la elaboración de los presupuestos generales del Estado y a las Cortes Generales su examen, enmienda y aprobación.

**2.** Los presupuestos generales del Estado tendrán carácter anual, incluirán la totalidad de los gastos e ingresos del sector público estatal y en ellos se consignará el importe de los beneficios fiscales que afecten a los tributos del Estado.

**3.** El Gobierno deberá presentar ante el Congreso de los Diputados los presupuestos generales del Estado al menos tres meses antes de la expiración del año anterior.

**4.** Si la ley de presupuestos no se aprobara antes del primer día del ejercicio económico correspondiente, se considerarán automáticamente prorrogados los presupuestos del ejercicio anterior hasta la aprobación de los nuevos.

**5.** Aprobados los presupuestos generales del Estado, el Gobierno podrá presentar proyectos de ley que impliquen aumento del gasto público o disminución de los ingresos correspondientes al mismo ejercicio presupuestario.

**6.** Toda proposición o enmienda que suponga aumento de los créditos o disminución de los ingresos presupuestarios requerirá la conformidad del Gobierno para su tramitación.

**7.** La ley de presupuestos no puede crear tributos. Podrá modificarlos cuando una ley tributaria sustantiva así lo prevea.

Estas reglas generales deben respetarse, tanto por la Ley General Tributaria, como por las demás que crean y regulan los diferentes tipos de tributos, así como por las leyes de presupuestos aprobadas cada año. Y también, por supuesto, por las normas reglamentarias que desarrollan unas y otras.

## El sujeto pasivo

El sujeto pasivo de un tributo es la persona (natural o jurídica) que según las leyes está obligada al pago del mismo a la Hacienda Pública.

El sujeto pasivo es, normalmente, el contribuyente, es decir, la persona a quien las leyes imponen la carga tributaria por ser titular del hecho imponible que grava cada tipo de tributo. Pero, en otros casos, el sujeto pasivo es un sustituto del contribuyente (por ejemplo, las empresas, que detraen parte del sueldo de sus empleados en concepto de retención a cuenta del impuesto sobre la renta, con la obligación de ingresarlo en la Hacienda Pública).

También son consideradas como sujetos pasivos algunas entidades que, aunque carecen de personalidad jurídica, constituyen una unidad económica o un patrimonio separado. Tal es el caso de las herencias yacentes y de algunas comunidades de bienes.

La obligación principal de todo sujeto pasivo de un tributo es la de pagar su importe (la deuda tributaria). Pero también está obligado a realizar las declaraciones y comunicaciones que las leyes establezcan para cada tributo en concreto.

Además, tienen las siguientes obligaciones, de carácter accesorio:

— llevar y conservar los libros de contabilidad, registros y demás documentos que se establezcan en cada caso;
— facilitar la práctica de inspecciones y comprobaciones a los inspectores de Hacienda y demás funcionarios competentes;
— proporcionar a la Administración los datos, informes, antecedentes y justificaciones que tengan relación con el hecho imponible.

Estas obligaciones accesorias no pueden exigirse una vez que haya expirado el plazo de prescripción de la obligación principal.

La consideración de sujeto pasivo, contribuyente o sustituto del mismo, no puede ser alterada por pactos o convenios entre particulares. Estos no surtirán efecto ante la Administración, sin perjuicio de sus consecuencias jurídico privadas entre las partes.

Por último hay que hacer constar que, además de los sujetos pasivos, por la falta de pago de la deuda tributaria las leyes pueden declarar responsables a otras personas, de forma subsidiaria o solidaria. Tal es el caso de los colaboradores en las infracciones tributarias, sociedades obligadas a declaraciones consolidadas, administradores y liquidadores de sociedades, síndicos interventores y liquidadores de quiebras y suspensiones, y otros similares.

## El domicilio fiscal

Se denomina *domicilio fiscal* al domicilio legal de una persona, a efectos tributarios. A él dirigirá la Administración sus comunicaciones y notificaciones, y en él deben tenerse los libros y documentos necesarios, de cara a una inspección o comprobación.

El domicilio fiscal es, para las personas físicas, el de su residencia habitual, y para las jurídicas, el de su domicilio social, siempre que en él se desarrolle la dirección de sus negocios y su gestión administrativa. En caso contrario, se considerará como domicilio fiscal el lugar en que radiquen dicha gestión o dirección. Eso mismo se aplicará a las personas jurídicas que desarrollen actividades en España pero que estén domiciliadas en el extranjero.

Por otra parte, si un sujeto pasivo reside en el extranjero durante más de seis meses al año está obligado a nombrar un representante, con domicilio en España, a efectos de sus relaciones con la Hacienda Pública.

La Administración puede exigir a los sujetos pasivos que declaren su domicilio fiscal y le comuniquen sus variaciones, pero la misma Administración puede rectificar el domicilio declarado si comprueba que este no es correcto.

## Bases, tipo de gravamen, cuota y deuda tributaria

La ley propia de cada tributo debe establecer los medios y métodos para determinar la base imponible del mismo, dentro de algunos de los regímenes siguientes:

— estimación directa;
— estimación objetiva singular;
— estimación indirecta.

En cuanto a la base liquidable, es el resultado de practicar, en la imponible, en su caso, las reducciones señaladas por la ley propia de cada tributo.

El tipo de gravamen, por su parte, es el porcentaje de carácter proporcional o progresivo que debe aplicarse sobre la cuota tributaria. Esta cuota también puede determinarse en función de las cantidades fijas señaladas en la ley; o bien, conjuntamente, combinando cantidades fijas y tipos de gravamen, según los casos. De la cuota pueden deducirse, si procede, las cantidades devengadas por otros tributos que graven el mismo hecho imponible.

La deuda tributaria está constituida por la cuota que se acaba de comentar. Pero, además, pueden formar parte de la deuda tributaria las cantidades que esté obligado a pagar el sujeto pasivo por alguno de los conceptos siguientes:

— los recargos exigibles legalmente sobre las bases o las cuotas, a favor del Tesoro u otros entes públicos;
— el interés por demora, si no cumple su obligación dentro del plazo legal;
— el recargo por los aplazamientos o prórrogas que le haya concedido la Administración;
— el recargo de apremio;
— las sanciones pecuniarias que se le hayan impuesto por las infracciones fiscales cometidas.

## Prescripción

A partir del 1 de enero de 1999, a los cuatro años prescriben los siguientes derechos y acciones de la Administración:

- el derecho de determinar la deuda tributaria mediante la oportuna liquidación; el plazo se inicia el día en que finaliza el plazo reglamentario para presentar la oportuna declaración;
- la acción para exigir el pago de las deudas tributarias liquidadas; el plazo se inicia el día en el cual finalice el periodo de pago voluntario;
- la acción para imponer sanciones por infracciones tributarias, cuyo plazo se cuenta a partir del momento en que se cometieron.

Este plazo de prescripción fue una de las más importantes novedades introducidas por la Ley 1/1998 de Derechos y Garantías de los Contribuyentes, norma que se ha derogado y ha quedado incorporada a la actual Ley General Tributaria (Ley 58/2003), publicada en el Boletín Oficial del Estado del 18 de diciembre de 2003.

# Impuestos directos

Los impuestos son tributos exigidos sin contraprestación directa de la Administración al contribuyente. Ese rasgo es lo que los diferencia de las tasas y las contribuciones especiales.

El hecho imponible de los impuestos está constituido por negocios, actos o hechos de naturaleza jurídica o económica que ponen de manifiesto la capacidad contributiva del sujeto pasivo.

En su conjunto, gravan la posesión de un patrimonio, la circulación de ciertos bienes, o la adquisición o gasto de la renta.

El fundamento de los impuestos está en la obligación general de todos los ciudadanos, en función de su patrimonio y nivel de renta, de contribuir no sólo a sufragar aquellas actividades de la Administración que le beneficien directamente, sino la totalidad del gasto público, que resulta útil a toda la sociedad.

## Clases

La clasificación más importante de los impuestos es la que los divide en:

— *impuestos directos*, cuyo hecho imponible es directamente la renta o bien el patrimonio del contribuyente;
— *impuestos indirectos*, en los que el hecho imponible es la realización de ciertos actos (consumo, actividad profesional, adquisición de ciertos bienes) que demuestran indirectamente su capacidad contributiva.

Dedicaremos este capítulo a comentar los principales impuestos directos, destinando el siguiente a los indirectos.

## Impuestos de sociedades

El Impuesto sobre Sociedades (IS) es un impuesto directo que grava todos los ingresos que hayan obtenido las personas jurídicas, excepción hecha de las sociedades civiles. Su regulación la hallamos en la Ley 4/2004, de 5 de marzo.

La base imponible de este impuesto está integrada por la suma de los siguientes conceptos:

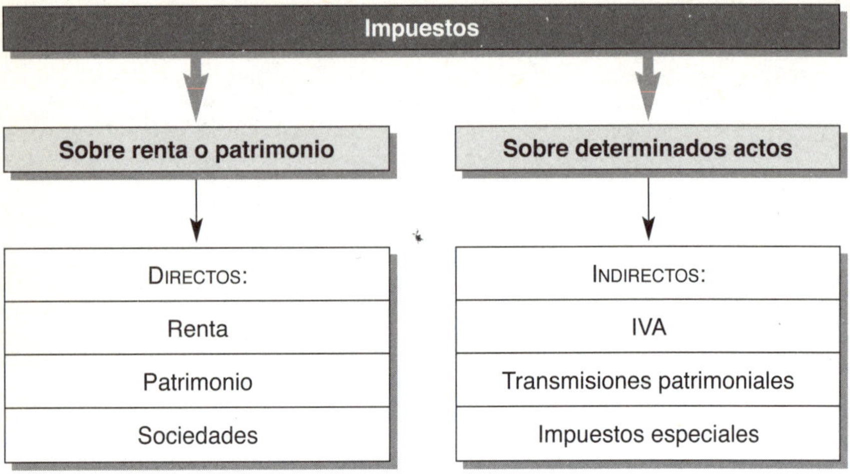


— los rendimientos netos de las actividades económicas de la sociedad;
— los rendimientos netos de los elementos del patrimonio que no están destinados a las actividades económicas;
— los rendimientos netos derivados directa o indirectamente de las actividades que constituyen el objeto social de las sociedades;
— los incrementos y disminuciones del patrimonio social.

La base imponible de un ejercicio puede compensarse con las de ejercicios anteriores, si son negativas, dentro del plazo máximo de cinco años.

A esta base imponible se le aplica el tipo de gravamen. De esta operación resulta la cuota tributaria íntegra. El tipo de gravamen varía según el tipo de sociedad de que se trate.

De la cuota íntegra se pueden realizar las siguientes deducciones:

— la correspondiente a la doble imposición de dividendos;
— por doble imposición internacional;
— bonificaciones;
— inversiones y creación de empleo;
— retenciones.

De estas deducciones resulta la cantidad total que debe ingresarse en la Hacienda Pública.

## El impuesto sobre la renta de las personas físicas

El impuesto sobre la renta de las personas físicas (IRPF), que se regula mediante la Ley 3/2004, de 5 de marzo, es un impuesto directo y de carácter personal que grava a los ingresos anuales obtenidos por el sujeto pasivo en función de su cuantía y naturaleza, y de las circunstancias personales y familiares, estando exentos los que no alcancen los niveles mínimos de renta.

Este impuesto se basa en las rentas obtenidas por todos los miembros de la unidad familiar (ambos cónyuges, hijos menores y otros familiares incapacitados que convivan con ellos). Sin embargo, puede optarse por realizar declaraciones separadas. En todo caso, una misma persona no puede formar parte de dos unidades familiares. La base imponible está compuesta por la suma de las rentas procedentes de los siguientes rendimientos:

— rendimientos del trabajo;
— rendimientos de capital (mobiliario e inmobiliario);
— rendimientos de actividades económicas;
— ganancias y pérdidas patrimoniales.

El reglamento de este impuesto detalla lo que debe incluirse en cada uno de esos apartados y las cantidades deducibles en cada caso.

La base imponible está compuesta por la suma de los rendimientos netos y de las ganancias y pérdidas patrimoniales. Si existen, pueden compensarse con las pérdidas sufridas en los cinco años anteriores. Para las personas que ejecen actividades económicas por su cuenta la cuantía de la base imponible puede determinarse en régimen de estimación directa o estimación objetiva singular, en ciertos casos. En función de la cuantía de la base imponible se calcula la cuota íntegra (cantidad fija y tipo de gravamen). Y, de ella, se restan las deducciones a que haya lugar, de lo que resulta la cuota líquida.

Por último, de la cuota líquida deben restarse las retenciones por rendimientos del trabajo durante ese ejercicio, lo que nos da un resultado positivo o negativo, con derecho a la devolución en este último caso.

## Impuesto sobre el patrimonio

El impuesto sobre el patrimonio (IP) grava la tenencia de un patrimonio personal si su valor sobrepasa la cuantía establecida. Se trata de otro impuesto directo y debe liquidarse en los mismos plazos que el IRPF. No hay que confundir el IP, que grava el valor del patrimonio en un momento dado, con las variaciones de ese valor que se consideran ingresos o pérdidas en el IRPF. Los sujetos pasivos de este impuesto son las personas físicas. Afecta tanto a los españoles, como a los extranjeros residentes en España, o titulares de bienes situados en nuestro territorio.

La base imponible está constituida por la diferencia entre el valor de la totalidad de los bienes y derechos patrimoniales del sujeto pasivo y el importe de sus deudas, debidamente justificadas. (Existen normas para proceder a la valoración de bienes inmuebles, cuentas corrientes, títulos, etc.). De la base imponible deben practicarse las deducciones establecidas (mínimo exento, matrimonio, hijos menores e incapacitados) de lo que resultará la base liquidable.

Por último, según la cuantía de la base liquidable hay que aplicarle el correspondiente tipo de gravamen, contenido en una escala progresiva, lo que nos proporcionará la cuota o deuda tributaria que debe ingresarse en Hacienda.

## El Impuesto sobre la Renta de no Residentes

Se trata de un tributo de carácter directo que grava la renta obtenida en territorio español por las personas físicas y entidades no residentes en este, que se regula por la Ley 5/2004, de 5 de marzo. Son contribuyentes por este impuesto:

- las personas físicas y entidades no residentes en territorio español, salvo que ya sean contribuyentes por el Impuesto sobre la Renta de las Personas Físicas;
- las personas físicas que sean residentes en España;
- las entidades en régimen de atribución de rentas.

La cuota tributaria se obtendrá aplicando a la base imponible el tipo de gravamen que, con carácter general, es del 25 %.

De la cuota sólo se deducirán:

- las cantidades correspondientes a las deducciones por donativos;
- las retenciones e ingresos a cuenta que se hubieran practicado sobre las rentas del contribuyente.

Las entidades no residentes que sean propietarias o posean en España, por cualquier título, bienes inmuebles o derechos reales de goce o disfrute sobre estos, estarán sujetas al impuesto mediante un gravamen especial.

La base imponible del gravamen especial estará constituida por el valor catastral de los bienes inmuebles, y, cuando no existiese valor catastral, se utilizará el valor determinado con arreglo a las disposiciones aplicables a efectos del Impuesto sobre el Patrimonio. El tipo del gravamen especial será del 3 %.

Es importante tener en cuenta que el contribuyente por este impuesto que sea una persona física residente de un Estado miembro de la Unión Europea, siempre que se acredite que tiene fijado su domicilio o residencia habitual en un Estado miembro de la Unión Europea y que ha obtenido durante el ejercicio en España por rendimientos del trabajo y por rendimientos de actividades económicas, como mínimo, el 75 % de la totalidad de su renta, podrá optar por tributar en calidad de contribuyente por el Impuesto sobre la Renta de las Personas Físicas, siempre que tales rentas hayan tributado efectivamente durante el periodo por el Impuesto sobre la Renta de no Residentes.

# Impuestos indirectos

En general, se consideran indirectos aquellos impuestos que gravan ciertos actos del contribuyente, con independencia de su patrimonio o su nivel de renta.

Independencia relativa, ya que se trata de actos de los que indirectamente puede deducirse un incremento patrimonial o una cierta capacidad de consumo por su parte. Y, en base a ese criterio, se establece su obligación de contribuir a la Hacienda Pública.

## El impuesto sobre el valor añadido

El impuesto sobre el valor añadido (IVA) es un impuesto indirecto que grava el consumo de ciertos bienes y servicios, y las importaciones.

La base imponible es el importe total de la operación gravada. Sobre ella se aplica el tipo de gravámenes que, según los casos es:

— un tipo reducido, en las operaciones básicas del 6 %;
— un tipo general, en las operaciones ordinarias, del 16 %.

De la cantidad obtenida pueden deducirse las cuotas del IVA devengadas en la adquisición de bienes o servicios relacionados con la operación sujeta al impuesto, y las cuotas impositivas soportadas en la adquisición o importación de bienes calificados como inversión.

La liquidación del IVA debe realizarse trimestralmente.

Lo que se ha comentado es el régimen general de este impuesto. Pero en relación con el IVA existen también los denominados *regímenes especiales*. Son los siguientes:

— el simplificado;
— el de agricultura, ganadería y pesca;
— el de bienes usados;
— el de objetos de arte, antigüedades y coleccionables;
— el de agencias de viaje;
— el de comercio minorista.

Desde su implantación, en 1986 (con ocasión de la entrada de España en la CEE), el IVA ha pasado a ser el principal impuesto indirecto, sustituyendo a veinticuatro de los que existían anteriormente.

## Impuesto sobre transmisiones patrimoniales y actos jurídicos documentados

Se trata de un impuesto indirecto que grava algunos tipos de transmisiones de bienes y actos y negocios jurídicos, y es conocido como *derechos reales* (debido a su denominación anterior). Este impuesto grava tres tipos de actos:

— las transmisiones patrimoniales a título oneroso;
— las operaciones societarias (constitución, fusión, escisión, transformación, disolución y variaciones del capital de las sociedades);
— los actos jurídicos documentados (notariales, mercantiles administrativos o judiciales).

Las formas de calcular las bases imponibles y liquidables y los tipos de gravamen a aplicar son diferentes en los distintos supuestos. También existen diferentes beneficios fiscales para las sociedades laborales, por ejemplo, o bien para determinadas operaciones (como pueden ser las adaptaciones necesarias que deben realizar las sociedades mercantiles a la normativa societaria vigente, siempre que dicha adaptación se lleve a cabo en el plazo máximo fijado para ello).

## Impuesto sobre donaciones y sucesiones

Este impuesto grava las transacciones patrimoniales a título gratuito, sean *inter vivos* (donaciones) o *mortis causa* (sucesiones). En su depende de tres factores:

— el grado de parentesco existente entre ambos sujetos;
— la cuantía de la donación o herencia que se recibe;
— el patrimonio del donatario o heredero.

Como es lógico, el impuesto grava en mayor medida las transmisiones cuanto más lejano sea el parentesco (más aún si no existe), mayor sea el valor de la herencia o donación y mayor el patrimonio de quien la recibe.

Este impuesto devenga en el momento en que se realiza la transmisión patrimonial (aceptación de la donación o la herencia).

## Otros impuestos indirectos

Además de los mencionados, cabe destacar otros dos impuestos de naturaleza indirecta:

— los impuestos especiales, que gravan el alcohol etílico, las bebidas alcohólicas, el petróleo y sus derivados, y el tabaco;
— los aranceles de aduanas, que gravan la importación de mercancías procedentes de otros países; estos aranceles se irán suprimiendo para los productos de países de la Unión Europea, mientras que para los de otros países existen las tarifas comunes de la UE.

# Los tributos locales y autonómicos

## Los tributos locales

El Real Decreto Legislativo 2/2004, de 5 de marzo, refunde y sistematiza toda la materia relativa a la regulación de las Haciendas Locales, creando unos regímenes especiales de financiación para determinadas zonas o ciudades (Baleares y Canarias por razón de su insularidad, Ceuta y Melilla por ser localidades con una especificidad geográfica evidente y Madrid y Barcelona por su carácter de grandes ciudades).

Los tributos locales son los que no son cobrados por la Hacienda estatal, sino por la de los entes locales, sobre todo, los municipales.

Como en los del Estado, pueden distinguirse tres clases:

- las tasas (la de recogida de basuras);
- las contribuciones especiales (las que se imponen a los beneficiados por obras de urbanización, iluminación de calles, alcantarillados, etcétera);
- los impuestos.

Este capítulo está dedicado a describir los impuestos más importantes.

## Impuesto sobre vehículos de tracción mecánica

Grava la posesión de vehículos que funcionan a motor.

Se devenga anualmente. Su cuantía se establece en función de la potencia fiscal del vehículo de que se trate.

## Impuesto sobre bienes inmuebles

Este impuesto grava la propiedad de bienes inmuebles en el casco urbano de las poblaciones. Se determina en función de su situación dentro del mismo (por barrios, zonas o urbanizaciones) y de su valor catastral. Su devengo es también anual.

## Impuesto sobre construcciones, instalaciones y obras

Este impuesto supuso, en su momento, una verdadera novedad en el sistema tributario español y es uno de los impuestos de carácter potestativo que contempla la Ley de Régimen Local de 28 de diciembre de 1988. Su hecho imponible está constituido por la mera realización de cualquier construcción, instalación u obra para la que se exija la obtención de la correspondiente licencia de obras o urbanística, cuando su expedición corresponda al Ayuntamiento que exige la tributación. La base imponible del impuesto está constituida por el coste real y efectivo de la construcción, instalación u obra.

## Impuesto sobre el incremento de valor de los terrenos

Este impuesto grava el aumento de valor experimentado por los bienes inmuebles desde el momento de su adquisición hasta el de su venta. Denominado usualmente *plusvalía*, devenga cada vez que se produce una transmisión de la propiedad.

## Impuesto sobre actividades económicas

El impuesto sobre actividades económicas (conocido por las siglas IAE) es un tributo local que recae sobre las actividades empresariales, profesionales y artísticas y que grava el ejercicio de las mismas.

El hecho imponible del impuesto que estamos analizando se delimita negativamente mediante el establecimiento de una serie de actividades cuyo ejercicio no se sujeta a tributación (por ejemplo: la venta de productos personales o bien de servicios profesionales, la realización de un solo acto u operación aislada de venta al menor, etc.).

Actualmente se trata de un impuesto cuyo pago sólo se exige con carácter residual; eso se debe a que la reciente reforma planteada por el gobierno en relación a este impuesto ha supuesto la práctica supresión de la obligación de satisfacerlo para todas aquellas personas que estaban obligadas pagarlo. La cuota tributaria del impuesto será la resultante de aplicar las tarifas aprobadas al efecto y, en su caso, los coeficientes y el índice que acuerde cada Ayuntamiento en la correspondiente ordenanza fiscal. Las tarifas del impuesto fijarán unas cuotas mínimas y son aprobadas por el Gobierno, pero podrán ser modificadas por las leyes de presupuestos (las cuales también podrán actualizar las cuotas inicialmente fijadas). Las cuotas mínimas establecidas en las tarifas del impuesto son susceptibles de ser incrementadas por los ayuntamientos mediante la aplicación de un coeficiente único, así como establecer una escala de índice que pondere la situación física del establecimiento dentro de cada término municipal, atendiendo a la categoría de la calle en que radique aquel. El impuesto se devenga, con carácter general, el primer día del periodo impositivo (que suele coincidir con el 1 de enero, inicio del año natural).

## Impuesto municipal sobre gastos suntuarios

Se trata de un impuesto que, tras su derogación con carácter general que tuvo lugar en el año 1988, se aplica solamente en cuanto al aprovechamiento de los cotos de caza y pesca.

El hecho imponible que grava el impuesto en cuestión es el aprovechamiento de los cotos privados, con total independencia de que sean de caza o de pesca y con independencia, asimismo, de cuáles sean las formas de explotación o disfrute de dichos aprovechamientos. Obligadas al pago de este impuesto estarán aquellas personas que sean titulares de los cotos a quienes les corresponda el aprovechamiento efectivo de la caza o la pesca en el momento de devengarse el impuesto.

La base imponible es el valor del aprovechamiento cinegético o piscícola, el cual será establecido por los ayuntamientos.

Por último, diremos que este impuesto se devenga el 31 de diciembre de cada año.

## Regímenes fiscales especiales de carácter municipal

Determinadas ciudades o comunidades autónomas gozan, a nivel municipal, de un régimen especial.

Así, las ciudades de Barcelona y Madrid disponen de un régimen financiero específico, al igual que Ceuta y Melilla, caracterizándose estas últimas por sus importantes bonificaciones.

Las islas Baleares tienen un régimen que permite que los consejos insulares tengan idénticos recursos que las diputaciones provinciales, como ocurre en Canarias. Por su parte, las entidades locales canarias disponen de los recursos regulados en la Ley de 28 de diciembre de 1988.

Navarra y el País Vasco disfrutan de sendos regímenes especiales, también en materia municipal.

## Los tributos de las comunidades autónomas

Las comunidades autónomas pueden establecer y exigir sus propios tributos de acuerdo con lo dispuesto en la Constitución, sus estatutos y las leyes, pero no pueden recaer sobre hechos imponibles que ya estén gravados por tributos estatales.

Los tributos de las comunidades autónomas pueden consistir en tasas, contribuciones especiales o impuestos.

Además, el Estado puede ceder a las comunidades autónomas los tributos establecidos y regulados por él, de forma total o parcial, de acuerdo con lo establecido en sus estatutos.

En general, el Estado puede ceder a las comunidades autónomas los siguientes tributos:

— impuesto sobre el patrimonio;
— impuesto sobre transmisiones patrimoniales;

— impuesto sobre sucesiones y donaciones;
— las tasas y demás exacciones sobre el juego.

En cambio, no pueden ser cedidos los impuestos sobre la renta de las sociedades y de las personas físicas, ni el IVA, así como tampoco los aranceles de aduanas. Pero las comunidades autónomas participan de un porcentaje sobre tales impuestos calculado en función de su población, renta, contribución al IRPF, déficit en servicios e infraestructuras.

Euskadi y Navarra gozan de un régimen fiscal especial, en virtud de sendos convenios suscritos con el Estado. En su virtud, se determinan las contribuciones globales de estas comunidades a las cargas generales del Estado, gozando de autonomía en cuanto al establecimiento y gestión de sus tributos.

# DERECHO FISCAL
## RESUMEN

### Conceptos generales

• El derecho fiscal o financiero lo forma el conjunto de normas que regulan los ingresos públicos y el modo de emplearlos de los diferentes organismos de la Administración para sufragar los gastos públicos.

• Las fuentes son la Constitución, las leyes (básicamente, la Ley General Tributaria y la Ley de Presupuestos), los reglamentos, las normas de rango inferior y, por último, las normas generales de derecho administrativo y civil.

• Los tributos son cantidades cuyo pago exige el Estado a los particulares como contribución a los gastos públicos. Se dividen en tasas, impuestos y contribuciones especiales.

• El sujeto pasivo de un impuesto es la persona (particular o sociedad) que, según las leyes, está obligada al pago del mismo a la Hacienda Pública, siendo el domicilio fiscal el domicilio legal de una persona.

• La base imponible se compone por todo un conjunto de conceptos derivado de la integración y compensación de las rentas sobre el que se aplican determinadas reducciones y se obtiene la base liquidable.

• La base liquidable es el resultado de aplicar a la base imponible del Impuesto sobre la Renta determinadas reducciones y al que se aplica el tipo de gravamen a fin de obtener la cuota íntegra del impuesto.

• Los impuestos son tributos que se exigen al contribuyente sin contraprestación directa. Se distingue entre impuestos directos (su hecho imponible es directamente a la renta o el patrimonio del contribuyente) e indirectos (que afectan a ciertos actos referentes a su capacidad contributiva).

### Impuestos directos

• El Impuesto sobre Sociedades grava los ingresos obtenidos por parte de personas jurídicas.

• El Impuesto sobre la Renta de las Personas Físicas (IRPF) grava la obtención de ingresos por parte de los particulares, como consecuencia de su trabajo, de los rendimientos de las cuentas corrientes, etc.

• El Impuesto Extraordinario sobre el Patrimonio (IEP) es el impuesto que grava la tenencia de bienes cuyo valor supere, en conjunto, una determinada cantidad.

**Impuestos indirectos**

• El Impuesto sobre el Valor Añadido (IVA) es un impuesto que lleva aparejada la entrega de bienes y prestaciones de servicios efectuadas por empresarios o profesionales, así como las adquisiciones y las importaciones de bienes. Existe en todos los países de Europa.

• El Impuesto sobre Transmisiones Patrimoniales y Actos Jurídicos Documentados (ITP) engloba las transmisiones de bienes en las que haya mediado precio o contraprestación (una compraventa, por ejemplo), pero también determinadas operaciones de las sociedades (aumentos de capital o constituciones de compañías) y los actos jurídicos documentados (notariales, mercantiles o administrativos).

• El Impuesto sobre Donaciones y Sucesiones grava las transacciones patrimoniales a título gratuito, sean *inter vivos* o *mortis causa*.

• Otros impuestos indirectos son los impuestos especiales (que gravan las bebidas alcohólicas, el petróleo, el tabaco o el alcohol etílico) y los aranceles de aduanas.

**Tributos locales y autonómicos**

• Los tributos locales y autonómicos son los cobrados por los entes locales y autonómicos.

• El Impuesto sobre Vehículos de Tracción Mecánica o impuesto de circulación grava la posesión de vehículos a motor.

• El Impuesto sobre Bienes Inmuebles (IBI) es aquel impuesto que los ayuntamientos exigen a los propietarios de fincas urbanas por el mero hecho de serlo.

• La base imponible del Impuesto sobre Construcciones, Instalaciones y Obras lo constituye la realización de cualquier construcción, instalación u obra para la que se exija la obtención de la correspondiente licencia de obras o urbanística.

• La plusvalía se corresponde con el Impuesto Municipal sobre Incremento del Valor de los Terrenos de Naturaleza Urbana y grava el aumento de valor experimentado por los bienes inmuebles cuando son objeto de transmisión.

• El Impuesto sobre Actividades Económicas (IAE) grava el hecho de desarrollar actividades empresariales, profesionales y artísticas.

• Las comunidades autónomas pueden establecer y exigir sus propios tributos y, además, determinados impuestos pueden ser cedidos. El País Vasco y Navarra gozan de un régimen fiscal específico, en virtud de los convenios suscritos al efecto con el Estado.

# V
# DERECHO LABORAL

# Configuración jurídica del derecho del trabajo

Al abordar el estudio de este tema cabe distinguir cuatro aspectos:

**1. Aspecto humano.** En cuanto a la configuración y, por consiguiente, la consideración que del trabajo hace el derecho, se han de descartar los esfuerzos irracionales y los resultados dependientes de la energía de las cosas; ahora bien, también existe trabajo en la combinación entre el rendimiento máquina-hombre.

**2. Aspecto social.** Opera como origen o posible origen de relaciones jurídicas.

El trabajo que se realiza por una persona para ella misma no es motivo en principio de relaciones jurídicas con otras personas.

Por otra parte, el trabajo es en sí mismo origen de relaciones jurídicas, un compromiso para realizar un trabajo como contraprestación y cumple también función social en las relaciones colectivas en la economía.

**3. Aspecto económico.** Es una actividad productora de bienes y servicios.

**4. Aspecto jurídico.** Es objeto de consideración por el derecho del trabajo, y es toda actividad humana aplicada al mundo exterior, con independencia de sus resultados, manual o intelectual. El aspecto jurídico puede verse en el trabajo por cuenta propia o por cuenta ajena, pues el hombre puede trabajar por cuenta propia, y los frutos de ese trabajo se los apropiará el mismo que trabaja, pero cualquier tipo de relación que derive de ese trabajo no lo será de ese trabajo en sí, ya que no engendra relación laboral propiamente dicha, sin perjuicio de que el fruto obtenido pueda venderlo, prestarlo, etc. Es el trabajo por cuenta ajena el que es objeto de la atención del derecho laboral, ya que una persona intercambia su trabajo por una cosa (la remuneración) y cede los productos de ese trabajo a otra persona.

La significación jurídica del trabajo implica dos aspectos distintos: el primero es el relativo a las relaciones sociales que nacen de la prestación del trabajo; el segundo son los criterios de delimitación de lo que tiene la consideración de trabajo.

Dentro de este último aspecto, cabe distinguir los tipos de trabajo siguientes.

**1. Trabajo productivo.** Es el que va destinado a satisfacer las necesidades de terceras personas; y trabajo improductivo, el que comienza y acaba en la propia satisfacción personal.

**2. Trabajo manual y trabajo intelectual.** Al principio, la consideración jurídica se ceñía tan sólo al trabajo manual, pero hoy en día esta diferenciación no existe, aunque sigue teniendo importancia en la delimitación del tipo de trabajo.

**3. Trabajo libre.** Es el que se presta voluntariamente.

**4. Trabajo forzoso.** Es el prestado obligatoriamente en contra de la libre voluntad, tanto si se realiza en régimen de libertad, como pueden ser las prestaciones personales obligatorias en supuestos de catástrofes, como el realizado en régimen de privación de libertad, consecuencia de la imposición de una pena, y que queda igualmente excluido del derecho laboral.

Otro criterio de delimitación es el que atiende a la existencia o no de dependencia, lo cual supone diferenciar entre trabajo subordinado y dependiente, y trabajo no subordinado o independiente. El trabajo subordinado puede ser la prestación de servicios, y el trabajo insubordinado es la ejecución de obra. En el trabajo subordinado, el riego que se deriva de la prestación es asumido por aquel para quien se realiza el trabajo. En el insubordinado, el riesgo es asumido por aquel que realiza el trabajo.

El objeto, pues, del derecho laboral en España es el trabajo dependiente, humano, voluntario, remunerado y por cuenta ajena.

## Relaciones excluidas de la ley laboral

La ley laboral que afecta a las relaciones entre las partes es el Estatuto de los Trabajadores, de 24 de marzo de 1995.

El Estatuto excluye taxativamente de la consideración de relación laboral regulada por el mismo las siguientes relaciones:

*a)* La relación de servicio de los funcionarios públicos al servicio de la administración, tanto si la administración es del Estado, local o de entidades públicas autónomas. Ello no quiere decir que estas personas no tengan la categoría de trabajadores por cuenta ajena, sino que no están amparadas por el Estatuto.
*b)* Las prestaciones personales obligatorias, a las que nos hemos referido antes.
*c)* La actividad que se limite pura y simplemente al mero desempeño del cargo de consejero o miembro de los órganos de administración de las empresas que revistan la forma jurídica de sociedad y siem-

pre que la actividad en la empresa sólo comparte la realización de cometidos inherentes a tal cargo.

*d*) Los trabajos realizados a título de amistad, benevolencia o buena vecindad.

*e*) Los trabajos familiares, salvo que se demuestre la condición de asalariados de quienes los desempeñen. A estos efectos, tendrán la consideración de familiares, siempre y cuando convivan con el empresario, el cónyuge, los descendientes, ascendientes y demás parientes por consanguinidad o afinidad hasta el segundo grado, y aquellos que sean familiares por adopción.

*f*) La actividad de las personas que intervengan en operaciones mercantiles por cuenta de uno o más empresarios, siempre que queden personalmente obligados a responder del buen fin de la operación, asumiendo el riesgo y ventura de la misma.

## Relaciones laborales de carácter especial

Existen unas determinadas relaciones que, teniendo todas las características del trabajo normal prestado por cuenta ajena, no tienen la consideración de sujeto de la regulación del Estatuto, a pesar de que, como mínimo, se habrán de respetar los derechos básicos reconocidos a los trabajadores por la Constitución.

Estas relaciones especiales son las siguientes:

— la del personal de alta dirección, es decir, consejeros y delegados de sociedades, pero que no se limiten tan sólo al desempeño de funciones inherentes a su cargo;
— la del servicio del hogar familiar;
— la de los penados en las instituciones penitenciarias;
— la de los deportistas profesionales;
— la de los artistas en los espectáculos públicos;
— la de las personas que intervengan en operaciones mercantiles por cuenta de uno o más empresarios sin asumir el riesgo y ventura de aquellos;
— la de los trabajadores catalogados como estibadores portuarios;
— la de los minusválidos.

## Personal de alta dirección

Se considera personal de alta dirección a aquel que ejerce poderes propios de la titularidad jurídica de la empresa y relacionados a los fines de la misma. El ejercicio de dichos poderes se realiza con plena autonomía y responsabilidad, limitadas únicamente por las instrucciones del órgano o persona que tenga adjudicado superior gobierno.

De este contexto se excluye la actividad que se limite simplemente al exclusivo desempeño del cargo de consejero o miembro de los órganos de administración en las empresas (cuando estas son sociedades), y siempre que su actividad en la empresa sólo signifique la realización de acciones correspondientes a su cargo.

La relación laboral especial del personal de alta dirección se basa en la recíproca confianza de las partes, las cuales fundamentan el ejercicio de sus derechos y obligaciones en la buena fe.

Los derechos y obligaciones concernientes a la relación laboral del personal de alta dirección se regularán por la voluntad de las partes.

Las normas aplicables en la legislación laboral común, incluido el Estatuto de los Trabajadores, además de las situaciones que ahora veremos, sólo serán de aplicación cuando se haga constar específicamente en el contrato.

Los conflictos surgidos de la relación entre la empresa y el personal de alta dirección que no estén previstos por pacto o legalmente como regulados por la legislación laboral, se resolverán según lo dispuesto en la legislación mercantil o civil.

El contrato especial de trabajo del personal de alta dirección se formaliza por escrito, en ejemplar duplicado (uno para cada contratante). Cuando no existe pacto escrito, se supone que el empleado es personal de alta dirección cuando se dan todos los supuestos que hemos señalado.

Cuando exista contrato, este contendrá como mínimo los siguientes aspectos:

— la identificación de las partes;
— el objeto del contrato;
— la retribución convenida, especificando las partes en metálico y en especie;
— la duración del contrato;
— otras cláusulas voluntarias no contrarias a la ley, tales como las que se detallan a continuación.

**1. Periodo de prueba.** Podrá pactarse un periodo de prueba, que no puede ser superior a nueve meses. Se suma al tiempo de servicios prestados, a efectos de antigüedad.

**2. Duración del contrato.** El contrato durará el tiempo que las partes contratantes deseen y pacten. Si no se especifica la duración, se entiende la duración del contrato como indefinida.

**3. Tiempo de trabajo.** Los contratantes podrán fijar a su conveniencia la jornada de trabajo, vacaciones y permisos, siempre y cuando no signifiquen para el empleado un exceso notorio.

**4. Pacto de no concurrencia y de permanencia en la empresa.** El trabajador de alta dirección no podrá celebrar otros contratos de trabajo con otras empresas, salvo autorización del empresario o cuando se haya permitido expresamente así en el contrato. Cuando se expresa en el contrato el pacto de no concurrencia para después de finalizado el contrato, se debe a las limitaciones siguientes:

*a*) El pacto de no concurrencia no puede ser superior a dos años, contados desde la finalización del contrato de trabajo.

*b*) Que el pacto de no concurrencia se deba al efectivo interés industrial o comercial del empresario.

*c*) La existencia del pacto de no concurrencia debe ser compensado con una contrapartida económica al trabajador de alta dirección que lo sufre.

Cuando el contrato especial de trabajo se extinga por voluntad del alto directivo, este tiene la obligación de avisar a la empresa con un mínimo de tres meses de antelación. El tiempo de preaviso no es necesario cuando existe un incumplimiento grave del empresario. Si el alto directivo incumple el tiempo de preaviso, el empresario tiene derecho a una indemnización equivalente a los salarios correspondientes a la duración del tiempo o periodo incumplido de preaviso.

El alto directivo podrá extinguir el contrato especial de trabajo con derecho a las indemnizaciones pactadas en el contrato o en el que señalaremos como legalmente establecido para el caso de extinción por causa del empresario, basándose en las siguientes causas:

— cuando se produzcan modificaciones sustanciales en las condiciones de trabajo que produzcan un grave perjuicio en su formación profesional o en su dignidad o signifiquen una grave transgresión de la buena fe por parte del empresario;
— la falta de pago o retraso continuado en el abono del salario pactado;
— cualquier otro incumplimiento grave por parte del empresario a excepción de los casos considerados fuerza mayor, en los que no procedería el abono de indemnización;
— la sucesión de empresas o cambio importante en la titularidad de la misma, en la medida que tales situaciones impliquen una renovación de su dirección o en el contenido y planteamiento de su actividad principal, siempre y cuando la extinción se produzca dentro de los tres meses siguientes al acontecimiento de tales cambios.

### Extinción del contrato por voluntad del empresario

El empresario podrá extinguir el contrato especial de alta dirección, cumpliendo los siguientes requisitos:

— comunicación por escrito;
— debe haber un tiempo de preaviso de al menos tres meses para la extinción del contrato;
— el empresario tendrá que pagar al directivo las indemnizaciones o cantidades pactadas en el contrato. Cuando no estuviera prevista en el contrato la indemnización esta será la legalmente establecida: siete días de salario en metálico por año trabajado por el alto directivo, con el límite de seis mensualidades.

Además si el empresario ha incumplido total o parcialmente el tiempo de preaviso, el alto directivo tendrá derecho a una indemnización complementaria equivalente a los salarios correspondientes a la duración del periodo de preaviso incumplido.

El empresario podrá, también, despedir al alto directivo basándose en el incumplimiento grave y culpable del alto directivo debiendo cumplir el despido las siguientes formalidades legales:

— notificación por escrito haciendo constar los hechos que motivan el despido y la fecha en que el mismo tendrá lugar;
— este despido, una vez reclamado por el alto directivo, puede ser calificado como nulo, improcedente o procedente.

Cuando el despido sea declarado improcedente o nulo por la autoridad judicial, el empresario y el alto directivo acordarán si se produce la readmisión o el abono de las indemnizaciones económicas pactadas en el contrato o, en su defecto, la cantidad de veinte días de salario en metálico por año de servicio con un máximo de doce mensualidades. En caso de desacuerdo entre empresario y alto directivo, se entiende que se opta por el abono de las percepciones económicas.

Independientemente de las causas de extinción del contrato que hemos analizado, el contrato especial de alta dirección se podrá extinguir por las causas y mediante los procedimientos previstos en el Estatuto de los Trabajadores para las relaciones laborales.

### Régimen disciplinario

El alto directivo podrá ser sancionado en virtud del incumplimiento de las obligaciones derivadas de esta relación laboral especial, en los términos que se pacten en el contrato.

Las faltas y correspondientes sanciones serán revisables ante el orden jurisdiccional social (actualmente los Juzgados de lo Social). Dichas faltas, cualquiera que sea su naturaleza, no tendrán efecto a partir de los doce meses desde la fecha en que fueron cometidas, o bien desde que el empresario tuvo conocimiento de ellas.

Las infracciones laborales de los empresarios serán penalizadas en la forma prevista en el Estatuto de los Trabajadores.

### Derechos de representación

El personal de alta dirección no participará como elector o elegible en los órganos de representación de la empresa (comités de empresa, delegados de personal). No obstante ello, el personal alto directivo puede hacer uso de otras formas de representación.

## Servicio del hogar familiar

La relación laboral especial del servicio del hogar familiar, más conocida como *servicio doméstico*, es la relación concertada entre el titular del hogar como empleador y la persona que, de forma dependiente y por cuenta de aquel, presta servicios retribuidos en el hogar familiar.

Es titular del hogar familiar el que lo es efectivamente, pero también el simple titular del domicilio o lugar de residencia en el que se presta el servicio doméstico. El objeto de esta relación laboral especial son los servicios prestados en o para la casa en cuyo seno se realizan, pudiendo ser de cualquier modalidad de las tareas domésticas, así como la dirección o cuidado del hogar en su conjunto o de alguna de sus partes, el cuidado de los miembros de la familia o de quienes convivan en el domicilio, incluyendo también los trabajos de guardería, jardinería, conducción de vehículos y otros trabajos de similares características que se desarrollen particularmente como tareas domésticas.

### Exclusiones de la relación laboral especial del servicio del hogar familiar

Están excluidas de la relación laboral especial del servicio del hogar familiar las siguientes situaciones:

*a*) Las relaciones concertadas por personas jurídicas, aun si su objeto es la prestación de servicios o tareas domésticas, como sería el caso de las empresas dedicadas a la actividad de limpieza, y otros.

*b*) Las relaciones concertadas entre familiares para la prestación de servicios domésticos, cuando la parte que preste el servicio no tenga la condición de asalariado, es decir, que tenga la condición de trabajador de empresa.

*c*) Los trabajos realizados a título de buena vecindad, amistad o benevolencia.

*d*) Cuando la persona que realiza servicios domésticos hace además otras actividades o trabajos para el mismo empleador, siendo estas actividades de carácter laboral, se entiende que existe una única relación laboral. Sin embargo, si se acreditara que la actividad laboral es de carácter no doméstico, la relación contractual sería la de servicio del hogar familiar.

*e*) Tampoco se considerarán relaciones de carácter especial del servicio del hogar familiar las situaciones de colaboración y convivencia familiar, mediante las que se prestan algunos servicios como enseñanza de idiomas, cuidado de niños y otros similares, a cambio de comidas, alojamiento o simples compensaciones de gastos.

### Modalidades y duración del contrato de trabajo doméstico

El contrato de trabajo doméstico cumplirá los siguientes requisitos:

*a*) Este contrato de trabajo especial puede celebrarse de palabra o de forma escrita, independientemente de su duración o modalidad.

*b)* Cuando el contrato sea escrito, se establece en el mismo la duración que tendrá. Cuando el contrato sea oral, se entiende que la duración del mismo es de un año, prorrogable tácitamente por periodos igualmente anuales, si no hubiera denuncia con anterioridad a su vencimiento, que deberá notificarse al trabajador con un plazo mínimo de siete días.

*c)* Se entiende que existe un periodo de prueba de quince días, entendiéndose como tales únicamente aquellos en que existe una prestación efectiva de trabajo.

**Contratación**

El empleador puede contratar directamente a los trabajadores destinados al servicio doméstico, sin pasar por la oficina de empleo, aunque la ley prohíbe expresamente la existencia de agencias privadas de colocación.

**Retribuciones**

En la relación laboral especial del servicio doméstico, el salario mínimo que debe recibir el empleado por sus servicios y cuando realice una jornada de cuarenta horas de trabajo efectivo es el que el Gobierno señale periódicamente como Salario Mínimo Interprofesional.

Evidentemente, cuando la jornada de trabajo es inferior dicho salario deberá pagarse de forma proporcional al tiempo trabajado.

Cuando la prestación de servicios dé derecho a prestaciones en especie, como alojamiento o manutención, se podrá descontar por tales conceptos el porcentaje que empleador y empleado acuerden, sin que la suma de los conceptos pueda significar un descuento superior al 45 % del salario total.

El empleado del hogar tiene derecho a un incremento del salario en metálico de un 3 % del mismo por cada tres años de antigüedad con un empleador, con un máximo de cinco trienios.

Asimismo tiene derecho a dos gratificaciones extraordinarias al año, que se percibirán, salvo otro tipo de acuerdo, al finalizar cada uno de los semestres del año y en proporción al tiempo trabajado durante el mismo. La cuantía de estas pagas será, como mínimo, igual al salario en metálico correspondiente a un total de quince días naturales, cada una de ellas.

Cuando el tiempo de trabajo sea inferior, dichas gratificaciones se reducirán proporcionalmente.

Los empleados del hogar que trabajen por horas, en régimen externo, tendrán como referencia a efectos de salario mínimo el que se fije periódicamente para los trabajadores eventuales y temporeros. Este salario mínimo (ya que siempre es susceptible de mejora por acuerdo entre las partes) se abonará en proporción a las horas efectivamente trabajadas.

## Tiempo de trabajo

La jornada máxima de trabajo por semana de carácter ordinario será de cuarenta horas de trabajo efectivo, sin tener en cuenta los tiempos de presencia a disposición del trabajador, acordados por las partes.

El horario será fijado libremente por el titular del hogar familiar, sin que las horas de trabajo efectivo al día puedan de ordinario ser superiores a nueve.

Entre una jornada de trabajo y la siguiente deberá haber un espacio de tiempo de al menos diez horas cuando el empleado del hogar no pernocte en el domicilio. Este espacio de tiempo será de ocho horas cuando el empleado del hogar haga noche en el domicilio del empleador.

Una vez finalizada la jornada de trabajo diaria y, en su caso, el tiempo de presencia pactado, el empleado del hogar no está obligado a permanecer en el domicilio del empleador.

## Horas extraordinarias

El número de horas extraordinarias máximas a realizar por día, mes y año será el establecido para las relaciones laborales por el Estatuto de los Trabajadores.

Dicha ley establece como el máximo número de horas extras a realizar el siguiente: dos al día, quince al mes y cien al año sin perjuicio de las que hubieran de realizarse en situaciones excepcionales.

## Descansos, fiestas y vacaciones

Los empleados del hogar tienen derecho a un descanso semanal de treinta y seis horas de las cuales, al menos, veinticuatro horas serán consecutivas y coincidentes, preferentemente, con el domingo. El resto de tiempo de descanso se acordará entre las dos partes.

Cuando el empleado del hogar no preste servicios en jornada completa, la retribución correspondiente al tiempo de descanso se reducirá proporcionalmente a las horas efectivamente trabajadas.

El empleado de hogar tendrá derecho al disfrute de las fiestas laborales que el Gobierno señale anualmente, debiendo acordarse entre las partes el disfrute de las fiestas citadas.

Las vacaciones anuales serán de treinta días naturales de los cuales un mínimo de quince días se disfrutarán de forma continuada, mientras que los restantes, por acuerdo entre las partes se pueden fraccionar.

## Conservación del contrato de trabajo doméstico

La validez del contrato cuando exista cambio de la persona del empleador sólo existirá cuando haya un previo acuerdo de las partes, entendiéndose que existe cuando el empleado de hogar siga prestando servicios al menos durante siete días en el mismo domicilio, tras haber cambiado la titularidad de este o la del hogar familiar.

Cuando existiera un cambio del hogar familiar a otra localidad, con carácter temporal, podría acordarse la suspensión del contrato.

Cuando se dé el supuesto de suspensión del contrato por incapacidad temporal del empleado del hogar, causada por enfermedad o accidente, si el empleado de hogar fuera interno tendrá derecho a permanecer alojado en el domicilio un mínimo de treinta días, a no ser que por prescripción facultativa se recomiende su hospitalización.

La suspensión del contrato implica sólo un carácter temporal.

## Extinción del contrato doméstico

La relación laboral de carácter especial del servicio del hogar familiar se extinguirá por las siguientes causas:

— por acuerdo de las partes;
— por las causas manifestadas en el contrato escrito, salvo cuando las mismas constituyan abuso manifiesto por parte del empleador sobre el empleado doméstico;
— por finalización del tiempo acordado, salvo cuando tácitamente se prorrogue el mismo contrato.

Cuando el empleador no prorrogue el contrato, decidiendo por tanto la extinción del mismo, deberá notificar dicha extinción al empleado doméstico con un mínimo de siete días y al mismo tiempo pondrá a disposición del trabajador una indemnización igual al salario en metálico de siete días naturales multiplicado por el número de años naturales de duración del contrato, incluyendo las prórrogas del mismo, con el límite máximo de seis mensualidades. Las causas pueden ser las siguientes:

— por dimisión del trabajador, avisando con una antelación de un mínimo de siete días;
— por muerte, gran invalidez, invalidez permanente, total o absoluta del empleado doméstico;
— por jubilación del empleado doméstico;
— por muerte o incapacidad del empleador;
— por fuerza mayor que imposibilite definitivamente la prestación del trabajo;
— por voluntad del empleado doméstico, basándose en un incumplimiento grave y culpable del mismo. Se considera como incumplimiento contractual el mismo conjunto de situaciones que recoge el Estatuto de los Trabajadores en el artículo 54.

Si el empleado doméstico reclama contra el despido de que ha sido objeto y la jurisdicción competente declara que dicho despido es improcedente, el empleado doméstico tiene derecho a una indemnización igual al salario en metálico correspondiente a veinte días naturales multiplicado por el número de años naturales de la duración del contrato, incluyendo en los mismos las prórrogas, con el límite máximo de doce mensualidades.

Cuando el empleador no ha cumplido los requisitos citados para formalizar el despido (comunicación escrita al trabajador, causas y fundamentos en las que se basa el despido y fecha del mismo) y el empleado doméstico lo reclama ante la jurisdicción competente, tendrá las mismas consecuencias económicas que hemos señalado para el despido improcedente.

Si el despido es declarado procedente el empleado doméstico no tiene derecho a ningún tipo de indemnización, quedando consolidada la decisión extintiva del empleador fundamentada en incumplimiento contractual grave y culpable del empleado doméstico.

Igualmente, si el empleado doméstico no reclama contra la comunicación de despido ante la jurisdicción competente (a pesar de no estar conforme con lo manifestado por el empleador en la notificación de despido), la decisión extintiva del empleador tiene sus efectos legales y el empleado doméstico pierde la posibilidad de indemnización por despido declarado improcedente.

El empleado de hogar interno tiene el derecho a residencia, a pesar de que se haya producido un despido disciplinario, en el periodo de tiempo que va desde las diecisiete horas y las ocho horas del siguiente día.

Sin embargo este derecho se pierde en el supuesto de que la extinción del contrato esté motivada por falta muy grave.

Por desistimiento del empleador. El contrato podrá extinguirse con anterioridad a la finalización del tiempo acordado, por desistimiento del empleador.

Si el tiempo de prestación de servicios fuera superior a un año, el empleador deberá conceder un plazo de preaviso de un mínimo de veinte días contados desde que se comunique al empleado doméstico el desistimiento hasta el momento del cese efectivo.

En los demás supuestos, el plazo de preaviso será de siete días.

Al mismo tiempo de la comunicación de la extinción el empleador deberá poner a disposición del empleado doméstico la indemnización de siete días naturales de salario en metálico multiplicado por el número de años naturales de duración del contrato, incluidas las prórrogas, con el límite de seis mensualidades.

Durante todo el tiempo de preaviso el empleado doméstico tendrá derecho, sin pérdida de su retribución, a una licencia de un total de seis horas semanales destinadas a buscar nuevo empleo.

No obstante lo anteriormente dicho, el empleador podrá sustituir el preaviso por una indemnización igual a los salarios en metálico que corresponderían por el tiempo de preaviso.

Si el desistimiento del empleador fuera causado por cambio del hogar familiar a localidad distinta, se aplicarán igualmente las indemnizaciones que hemos citado.

Cuando la extinción del contrato es producida por desistimiento del empleador, el empleado doméstico tiene derecho (siempre y cuando se trate de personal interno) a permanecer en el domicilio entre las diecisiete horas y las ocho horas del siguiente día.

### Comprobación de infracciones por la autoridad competente

La acción de control de cumplimiento de la legislación laboral, a cargo de la Inspección de Trabajo y Seguridad Social, sólo podrá realizarse salvaguardando los derechos a la inviolabilidad del domicilio y al debido respeto a la intimidad personal y familiar.

### Jurisdicción competente

Los conflictos que surjan como consecuencia de la relación contractual del servicio del hogar familiar corresponderían a los Jueces y Tribunales del orden jurisdiccional social.

## Relación laboral de carácter especial de los artistas en espectáculos públicos

Se entiende por *relación especial de trabajo de los artistas en espectáculos públicos* la establecida entre un organizador de espectáculos públicos o empresario y quienes se dediquen voluntariamente a la prestación de una actividad artística por cuenta y dentro del ámbito de organización y dirección de aquellos a cambio de una retribución.

Igualmente se incluyen todas las relaciones establecidas para la ejecución de actividades artísticas que, en los términos citados, se desarrollen directamente ante el público o vayan destinadas a cualquier tipo de grabación para su difusión al público, en medios como el teatro, cine, radiodifusión, televisión, plazas de toros, instalaciones deportivas, circo, salas de fiestas, discotecas y, en general, cualquier local destinado habitual o accidentalmente a espectáculos, o a actuaciones de tipo artístico o de exhibición.

No se incluyen en esta relación de trabajo especial las actuaciones artísticas en un ámbito privado.

### Capacidad para contratar

La autoridad laboral, excepcionalmente, podrá autorizar la participación de menores de dieciséis años en espectáculos públicos, siempre que dicha participación no suponga peligro para su salud física o su formación humana y profesional.

Dicha autorización deberá ser solicitada por los representantes legales del menor, acompañando el consentimiento del menor si tuviera suficiente juicio. La concesión de la autorización deberá constar por escrito, especificando el espectáculo o actuación concretos para los que se concede.

Una vez concedida la autorización, el padre o tutor son los responsables de la celebración del correspondiente contrato, requiriéndose también el previo consentimiento del menor, si tuviese suficiente juicio.

El padre o tutor son además los que deben ejercitar las acciones derivadas del contrato.

## Forma del contrato

El contrato se formalizará por escrito y en ejemplar triplicado.

Un ejemplar será para cada una de las partes contratantes y el tercero se registrará en el Instituto Nacional del Empleo.

En el contrato debe constar como mínimo el siguiente conjunto de datos:

- — la identificación de las partes;
- — el objeto del contrato;
- — la retribución acordada, con expresión de los distintos conceptos que integren la misma;
- — la duración del contrato y del periodo de prueba, si se acordara la existencia del mismo. Hay que tener en cuenta que sólo podrá acordarse un periodo de prueba en los contratos de duración superior a diez días.

La duración del periodo de prueba no podrá ser superior a los cinco días en los contratos de duración igual o inferior a dos meses. No podrá ser superior a diez días en los contratos de seis meses y de quince días en el resto.

## Duración y modalidades del contrato de trabajo

El contrato de trabajo especial de los artistas en espectáculos públicos podrá celebrarse para un tiempo indefinido o determinado.

El contrato de tiempo determinado podrá ser para una o varias actuaciones, por un tiempo cierto, por una temporada o por la duración de una obra en cartel. Podrán acordarse prórrogas sucesivas de los contratos de duración determinada salvo que se hiciese en fraude de ley.

## Derechos y deberes de las partes

El artista está obligado a realizar la actividad artística para la que se le contrató, en las fechas señaladas, aplicando la diligencia específica que corresponda a sus aptitudes artísticas y siguiendo las instrucciones de la empresa en lo que afecte a la organización del espectáculo.

Los artistas contratados para la participación en espectáculo público tienen derecho a la ocupación efectiva, no pudiendo, salvo sanción, ser excluidos de los ensayos ni otras actividades preparatorias de su actividad artística.

Cuando se haya acordado pacto de plena dedicación en el contrato escrito, no podrá ser rescindido unilateralmente por el artista durante su vigencia. La compensación por esa plena dedicación podrá ser expresa o bien quedar englobada en la retribución a percibir por el artista. Si el artista rompiera este pacto, el empresario tendrá derecho a una indemnización por daños y perjuicios, cuya cuantía puede ser prevista en el propio contrato o si no, ser fijada por el órgano judicial competente.

### Retribuciones

La retribución de los artistas en espectáculos públicos será, en sus modalidades y cuantía, la pactada en convenio colectivo o contrato individual de trabajo respetando el mínimo legal.

### Jornada de trabajo

La jornada de trabajo del artista comprenderá el tiempo efectivo de trabajo ante el público y el tiempo que está bajo las órdenes de la empresa, a efectos de ensayo o de grabación de actuaciones.

### Descanso y vacaciones

Los artistas en espectáculos públicos disfrutarán de un descanso mínimo semanal de día y medio, que será fijado de mutuo acuerdo, y que no coincidirá con los días en que deba realizarse ante el público la actividad artística de que se trate.

Si el descanso semanal ininterrumpido no es posible, podrá fraccionarse, respetando un descanso mínimo ininterrumpido de 24 horas, salvo que, mediante pacto individual o colectivo, se estableciera la acumulación por periodos de hasta cuatro semanas del disfrute del descanso semanal.

Cuando no puedan disfrutarse las fiestas incluidas en el calendario laboral por desarrollo en ellas de la actividad artística ante el público, se trasladará el descanso a otro día de la semana, o del periodo que se acuerde.

Los artistas en espectáculos públicos tendrán derecho a unas vacaciones anuales retribuidas, cuya duración mínima será de 30 días naturales, o proporción al tiempo trabajado cuando sea inferior al tiempo pactado.

### Extinción del contrato

El contrato de duración determinado se extinguirá por el cumplimiento del plazo acordado y sus prórrogas si las hubiera. Cuando la duración del contrato, incluidas las prórrogas sea superior a un año, el artista tendrá derecho a una indemnización cuya cuantía se fijará por pacto individual o colectivo. Si no existiese tal acuerdo, la indemnización sería de siete días de salario por año de servicio, contabilizándose por meses proporcionalmente los periodos inferiores al año.

La extinción del contrato debe ser preavisada al artista con diez días de antelación en los contratos superiores a tres meses, con quince días en los superiores a tres meses, con quince días en los superiores a seis meses, y con un mes en los superiores a un año. La falta de preaviso debe ser abonada en el número de días correspondientes de salario.

El incumplimiento del contrato por el empresario o por el artista que conlleve la total falta de ejecución de la prestación artística, se rige por lo establecido en el Código civil.

### Jurisdicción competente

Los conflictos entre empresarios y artistas se resolverán ante los jueces y tribunales del orden jurisdiccional social.

## Contrato laboral especial de las personas que intervengan en operaciones mercantiles por cuenta de uno o más empresarios sin asumir el riesgo y ventura de aquellas

Este contrato afecta a las relaciones que se establezcan entre una persona natural, actuando bajo la denominación de *representante*, *mediador* o cualquiera otra con la que se le identifique en el ámbito laboral, que se obliga con uno o más empresarios a cambio de una retribución, a promover o concertar personalmente operaciones mercantiles por cuenta de tales empresarios, sin asumir la ventura o riesgo de esas operaciones. Dicha actividad principal puede o no ir acompañada de la distribución o reparto de los bienes objeto de la operación.

Quedan excluidas de este contrato especial las siguientes situaciones:

— los trabajadores de la empresa que se dediquen a promover operaciones mercantiles para la misma, pero dicha actividad se realiza en los locales de la empresa y con sujeción al horario y autoridad de la empresa;
— quienes se dediquen a promover a concertar operaciones mercantiles de forma continuada por cuenta de uno o más empresarios, como titulares de una organización empresarial autónoma;
— las personas naturales incluidas en el ámbito específico de corresponsales no banqueros y producción de seguros.

### Forma del contrato

El contrato de trabajo especial se realizará por escrito y triplicado. Un ejemplar será para el empresario, otro para el trabajador y el tercer ejemplar se registrará por la empresa en la Oficina de Empleo que corresponda por razón del domicilio del trabajador.

En el contrato de trabajo deberá constar, como mínimo:

— identificación de las partes;
— especificación del tipo de operaciones mercantiles que deberá promover o concertar el trabajador con expresión de los productos o servicios a los que se refieren;
— las facultades atribuidas al trabajador, haciendo constar si le está permitido concertar o no operaciones en nombre del empresario;
— la obligación del trabajador de realizar sus servicios en exclusiva o no para el empresario;

— delimitación de la zona, demarcación o categoría de clientes con relación a los cuales haya de prestar sus servicios el trabajador, señalando en su caso si el empresario le otorga o no la exclusiva para ese ámbito de actuación;
— el tipo de retribución acordada y la duración de actuación;
— en anexos del contrato se señalarán, según deseo, el inventario y valor atribuido al muestrario facilitado al trabajador.

### Duración del contrato y periodo de prueba

La duración del contrato será la que se prevea en el mismo.

Si no se ha fijado una duración determinada, se entiende que el contrato se pacta por tiempo indefinido.

Los contratos pactados por tiempo determinado no pueden tener una duración superior a tres años.

Cuando se acuerden los contratos por un plazo inferior al máximo legal establecido de tres años, podrán prorrogarse antes de su término por acuerdo entre las partes una o más veces, por periodos no inferiores a seis meses, sin que el contrato original y las prórrogas acumuladas excedan los tres años.

Se entiende que el contrato se prorroga tácitamente cuando, siendo el contrato inferior en duración a tres años, no existe denuncia expresa del término de su vigencia y se sigue prestando la relación contractual. Dicha prórroga es válida, igualmente, hasta el término de tres años desde la celebración del contrato.

El periodo de prueba se regula por lo dispuesto para las relaciones laborales en el Estatuto de los Trabajadores.

### Jornada de trabajo y vacaciones

Inicialmente el trabajador en esta relación laboral especial no está sujeto a jornada u horario de trabajo concreto, aunque se regirá, si lo hubiera, por pacto individual o colectivo.

Los trabajadores tienen derecho al disfrute de vacaciones anuales retribuidas. La duración, fechas de disfrute y retribución de las mismas se regirá por pacto individual o colectivo, y en ausencia de estos por las normas laborales de carácter general.

Los trabajadores tienen derecho a los permisos pagados establecidos en el artículo 37, apartado 3, del Estatuto de los Trabajadores.

### Clientela

Los trabajadores tendrán derecho a que la empresa les reconozca la clientela que hayan conseguido como consecuencia de su trabajo, y la que la empresa haya asignado al principio de su gestión.

Si alguna de las partes lo exigiera, la relación única de la clientela que la empresa facilitase al trabajador se hará constar en un anexo al contrato. Este anexo se actualizará anualmente y en la relación correspondiente al término de la relación laboral sólo se incluirán los clientes que hayan hecho operaciones en los últimos dos años.

Sólo se entenderán como clientes los que hayan efectuado con la empresa alguna operación mercantil en los dos años anteriores a la fecha de contratación del trabajador.

Ninguna de las partes podrá variar unilateralmente la zona o demarcación territorial ni la relación de clientes asignados en el contrato.

Si el empresario asignara una zona ya atribuida a un trabajador, a otro u otros trabajadores en perjuicio del primero, deberá compensarlo económicamente mediante acuerdo con el afectado y en caso de desacuerdo por la jurisdicción competente. El trabajador afectado puede solicitar la extinción del contrato de trabajo con derecho a la indemnización de veinte días de salario por año de servicio, prorrateándose por meses los periodos inferiores a un año, y con un máximo de nueve meses. A esta indemnización, y si el trabajador una vez extinguido el contrato estuviera obligado a no competir con el empresario o a no prestar sus servicios para otro empresario competidor del mismo, se le sumará otra indemnización especial distinta en consideración al incremento de clientela conseguido por él.

## Muestrario e instrumentos de trabajo

Cuando la empresa, para el desarrollo de su actividad, proporcione al trabajador muestrario de artículos, relación de productos o instrumentos de trabajo, deberá hacerse un inventario de su contenido en anexo al contrato, si lo requiere su valor o lo exige alguna de las partes.

Los trabajadores serán responsables de las pérdidas o deterioros que sufra el muestrario o instrumentos de trabajo, por su culpa o negligencia, y de aquellas otras que no haya puesto en conocimiento de la empresa en los diez días siguientes al suceso.

Salvo pacto en contrario, al término del contrato de trabajo deberá devolverse a la empresa el material recibido como muestrario o instrumento de trabajo.

Los empresarios no podrán retener más de quince días los instrumentos o muestrarios de trabajo, cuando los requieran los trabajadores para su actualización o modificación.

La empresa está obligada a facilitar los muestrarios o instrumentos de trabajo con la suficiente antelación para el normal desarrollo de la actividad del trabajador. El incumplimiento de esta obligación por el empresario dará derecho al trabajador a la indemnización por daños y perjuicios que pudiera causar ese retraso.

El empresario facilitará en tiempo oportuno las tarifas y otras condiciones necesarias para la contratación con los terceros, así como el momento en que las nuevas tarifas y condiciones se apliquen a las operaciones ya obtenidas por el trabajador, y que han sido cursadas al empresario o están a punto de serlo.

## Obligaciones del empresario

El empresario debe cumplir las siguientes obligaciones:

— pagar al trabajador la retribución pactada, haciendo las liquidaciones en los plazos establecidos, si bien deberá compensarle, en su caso, los gastos de desplazamiento;
— poner a su disposición con la antelación debida los documentos y materiales necesarios para el desarrollo de su actividad;
— proporcionar al trabajador aviso inmediato de la aceptación o rechazo de las operaciones propuestas y de cuantas circunstancias se refieran a una operación ya aceptada, justificando el rechazo de cualquier operación debidamente;
— cumplir en los términos pactados las operaciones contratadas en firme con los clientes en los plazos y términos pactados, y mantener con los mismos una relación correcta;
— comunicar al trabajador las circunstancias de la actividad de la empresa que puedan incidir en la relación con los clientes, en especial cuando se programen cambios en los productos o servicios ofrecidos, en los precios y otras condiciones de contratación, en el volumen de las operaciones que podrían ejecutarse, así como la relación completa de representantes y clientes en todo el ámbito de actuación de la empresa;
— comunicar al trabajador los pedidos recibidos directamente de clientes atribuidos al trabajador en virtud del contrato.

## Retribuciones

Las retribuciones de los trabajadores comprendidos en esta relación laboral especial estarán constituidas por comisiones sobre las operaciones en que hubieran intervenido y fuesen aceptadas por el empresario. También puede constar la retribución de una parte fija y otra formada por comisiones sobre las operaciones mercantiles más los incentivos y compensaciones pactados, o bien estar formada sólo por una cantidad fija.

Cuando se hubiera pactado retribución por comisiones, estas se devengarán a favor del trabajador por todas las operaciones efectuadas por el mismo y también por las operaciones directamente realizadas por la empresa, cuando así se estipule.

El derecho a la comisión nacerá, salvo pacto en contrario, en el momento del pago por el cliente. La empresa liquidará y pagará al trabajador las comisiones a que tenga derecho en el plazo de un mes, ampliable hasta tres meses por acuerdo expreso.

Si una operación mercantil no llegara a buen fin por culpa probada del empresario, el trabajador tendrá derecho a la comisión igualmente.

La empresa deberá entregar a los trabajadores recibo de pago sellado y firmado, en el que aparezcan detalladas las operaciones y las correspondientes comisiones.

Podrá pactarse que las indemnizaciones por gastos realizados como consecuencia de la actividad laboral del trabajador puedan ser asumidas por este, siempre que tal circunstancia sea tenida en cuenta en la determinación de la retribución finalmente percibida.

Cuando el trabajador preste servicios en exclusiva para un solo empresario tendrá derecho a percibir con carácter inmediato la compensación de los gastos de desplazamiento, en lo referente a kilometraje y dietas.

## Obligaciones del trabajador

El trabajador debe cumplir las siguientes obligaciones:

- desarrollar la actividad necesaria para promocionar operaciones mercantiles a favor del empresario;
- desarrollar su actividad de promoción de manera correcta;
- suministrar al empresario noticias inmediatas sobre la realización de las operaciones;
- mantener informado al empresario sobre su actividad dirigida a la promoción de operaciones;
- no prestar servicios a empresas competidoras;
- dar a conocer al empresario las otras empresas a las que preste sus servicios, y obtener la autorización de aquel para asumir nuevos compromisos con otras empresas, si así se hubiere pactado;
- gestionar el cobro de las operaciones mercantiles en que directamente o no hubiesen intervenido, si así se determina en el contrato, y abonar al empresario de inmediato las cantidades cobradas a los clientes.

En ningún caso de la gestión de cobro podrá derivarse responsabilidad patrimonial para los trabajadores, salvo en el caso de negligencia grave o dolosa.

## Suspensión y extinción del contrato

Serán de aplicación las normas contenidas en el Estatuto de los Trabajadores en esta materia a excepción de las siguientes particularidades:

*a*) En caso de dimisión del trabajador, este deberá notificarlo con una antelación mínima de tres meses.
*b*) Las posibles indemnizaciones por despido improcedente o casos asimilados, serán fijadas en base al promedio de ingresos obtenidos los dos años anteriores al despido o resolución del contrato.
*c*) Será válido el pacto de no competencia con el empresario para después de extinguida la relación contractual, si concurren los siguientes requisitos:

- que la extinción del contrato no sea debida al incumplimiento del empresario de las obligaciones que le correspondan;
- que el empresario tenga un efectivo interés industrial o comercial en ello;

— que se pague al trabajador una compensación económica;
— este pacto no puede tener una duración superior a dos años.

### Indemnización por la clientela

El trabajador tendrá derecho a una indemnización especial distinta de la que pudiera corresponderle por despido improcedente, en consideración al incremento de clientela conseguido por él cuando concurran las siguientes circunstancias:

— extinción sin incumplimiento grave, y pacto de no competir;
— indemnización por acuerdo.

## Fuentes de las relaciones laborales

Tanto los derechos como los deberes y las obligaciones concernientes a las relaciones laborales se habrán de regular:

— por las disposiciones legales y reglamentarias del estado;

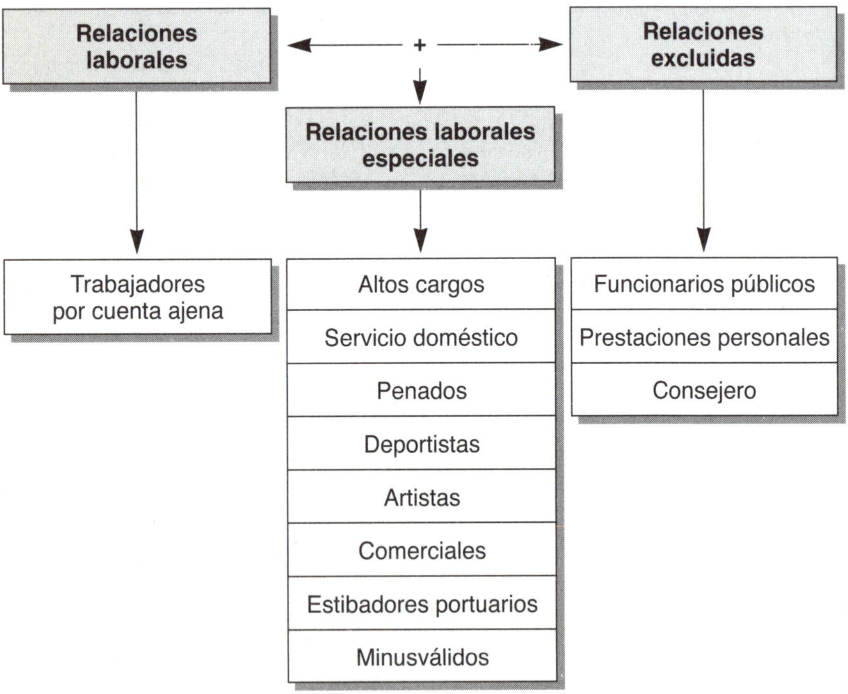

— por los convenios colectivos de trabajo;
— por la voluntad de las partes manifestadas en el contrato de trabajo, siendo su objeto lícito, y sin que en ningún caso puedan establecerse en perjuicio del trabajador condiciones menos favorables o contrarias a las disposiciones legales y convenios colectivos;
— por los usos y costumbres locales y profesionales.

# Derechos y deberes laborales básicos

## Derechos laborales

Esto, en cuanto a derechos generales. En cuanto a la relación de trabajo, de forma específica, los trabajadores, tendrán los siguientes derechos:

— a la ocupación efectiva;
— a la promoción y formación profesional en el trabajo;
— a su integridad física, así como a una adecuada política de seguridad e higiene;
— al respeto a su intimidad y a la consideración debida a su dignidad;
— a la percepción puntual de la remuneración pactada o legalmente establecida;
— al ejercicio individual de las acciones derivadas de su contrato de trabajo;
— a cuantos derechos se deriven de su contrato de trabajo;
— a no ser discriminados para el empleo, o una vez empleados, por razón del sexo, estado civil (dentro de los límites de las leyes), raza, condición social, ideas religiosas o políticas, afiliación o no a un determinado sindicato, así como por razón de lengua, dentro del Estado español. Tampoco podrán ser discriminados por disminuciones físicas, psíquicas y sensoriales siempre que sean aptos para el trabajo.

## Deberes laborales

Los deberes básicos son:

— cumplir con las obligaciones concretas de su puesto de trabajo, de conformidad con las reglas de la buena fe y diligencia;
— observar las medidas de seguridad e higiene que se adopten;
— cumplir puntualmente las órdenes e instrucciones del empresario en el ejercicio regular de las facultades directivas de este;
— no concurrir con la actividad de la empresa, es decir, no efectuar competencia desleal con la misma, en los términos fijados en la ley;
— contribuir a la mejora de la productividad;
— todos aquellos deberes que se deriven, en su caso, de los respectivos contratos de trabajo.

# El contrato de trabajo

## Capacidad para contratar

Podrán contratar la prestación de su trabajo:

*a*) Quienes tengan plena capacidad de obrar conforme a lo dispuesto en el Código civil.
*b*) Los menores de dieciocho años y mayores de dieciséis años que vivan de forma independiente, con consentimiento de sus padres o tutores o con autorización de la persona o institución que les tenga a su cargo. Si el representante de una persona de capacidad limitada le autoriza de forma expresa o tácita para realizar un trabajo, queda esta también autorizada para ejercitar los derechos y cumplir los deberes.
*c*) También los extranjeros podrán contratar, pero siempre de acuerdo con lo dispuesto en la legislación específica sobre la materia.

## Forma del contrato de trabajo

El contrato de trabajo se podrá celebrar bien por escrito, bien de palabra. Se presumirá además que el contrato existe entre todo aquel que presta un servicio por cuenta y dentro del ámbito de organización y dirección de otro, y el que lo recibe a cambio de una retribución a aquel.

No obstante, deberán constar por escrito los contratos de trabajo cuando así lo exija una disposición legal, y en todo caso habrán de ser por escrito los que se celebren para la formación, por tiempo o para obra de servicio determinado, cuya duración sea superior a cuatro semanas; igualmente, los contratos a tiempo parcial, en prácticas y a domicilio, así como los de los españoles contratados en España al servicio de empresas españolas situadas en el extranjero.

De no observarse tal exigencia, el contrato se presumirá celebrado por tiempo indefinido, salvo prueba en contrario que acredite la naturaleza temporal del mismo.

En todo caso, cualquiera de las partes contratantes podrá exigir que el contrato se formalice por escrito, y esto incluso durante el transcurso de la relación laboral.

## Validez del contrato

Cuando el contrato de trabajo resultara totalmente nulo, el trabajador podrá exigir, por el trabajo realizado ya, la remuneración consiguiente que debería haber cobrado si el contrato de trabajo hubiera sido válido.

Si resultase nula sólo una parte del contrato de trabajo, este permanecerá válido en lo restante, y se entenderá completado con los preceptos jurídicos adecuados conforme al siguiente sistema, y que ya hemos señalado al hablar de las fuentes de las relaciones laborales, es decir:

— por las disposiciones legales y reglamentarias;
— por los convenios colectivos;
— por la voluntad de las partes;
— por los usos y costumbres locales.

Si el trabajador tuviera asignadas condiciones o retribuciones especiales en virtud de contraprestaciones establecidas en la parte no válida del contrato, la jurisdicción competente que a instancia de parte declare la nulidad, hará el debido pronunciamiento sobre la subsistencia o supresión en todo o en parte de dichas condiciones o retribuciones.

## Modalidades del contrato de trabajo

La Ley recoge diversas modalidades del contrato de trabajo, que no formas del contrato de trabajo (que únicamente podrá ser de forma escrita u oral).

Estas modalidades han venido multiplicándose en los últimos años, y a ellas nos referiremos de forma sucinta indicando en cada uno de ellos los requisitos, la legislación aplicable, la duración, las prórrogas y los beneficios que los mismos conllevan.

### Contratos de obra o servicio determinado

*Requisitos del trabajador:* Ninguno en especial.

*Requisitos de la empresa:* Ninguno en especial.

*Características:* El contrato de trabajo deberá formularse por escrito si la vigencia del mismo excede de cuatro semanas, debiendo ser registrado en la correspondiente Oficina de Empleo.

En el contrato, deberá especificarse el objeto concreto de la contratación.

*Legislación aplicable:* Artículo 15, 1.º, *a* de la Ley 8 del año 1980, modificada por la Ley 32 de 1984. Real Decreto 2.104 del año 1984, de 21 de noviembre.

*Duración:* La duración de este tipo de contrato es indeterminada y viene dada en función de la obra o servicio en cuestión.

*Prórrogas:* No ha lugar a las prórrogas de este tipo de contrato.

*Beneficios:* No tiene ninguno en especial.

### Contratos eventuales por circunstancias de producción

*Requisitos del trabajador:* Ninguno en especial.

*Requisitos de la empresa:* Ninguno en especial.

*Características:* El contrato de trabajo habrá de formularse por escrito si la duración del mismo excediera de cuatro semanas y deberá ser registrado en la correspondiente Oficina de Empleo. En dicho contrato deberá hacerse constar la causa determinante de su duración puesto que la duración máxima de seis meses deberá estar comprendida dentro de los últimos doce meses, a partir de la fecha de comienzo de la prestación laboral. Las posibles prórrogas que pudieran darse deberán ser comunicadas a la misma Oficina de Empleo que registró el contrato inicial.

*Legislación aplicable:* Artículo 15, 1.°, *b* de la Ley 8 de 1980, modificada por la Ley 32 de 1984. Real Decreto 2.104/84 de 21 de noviembre.

*Duración:* La duración máxima de este tipo de contrato será de seis meses.

*Prórrogas:* La duración de este contrato será prorrogable hasta el máximo de seis meses que es el límite de su vigencia.

*Beneficios:* No tiene ninguno en especial.

### Contratos de interinidad

*Requisitos del trabajador:* Ninguno en especial.

*Requisitos de la empresa:* Ninguno en especial.

*Características:* El contrato de trabajo deberá formularse siempre por escrito y deberá ser registrado en la correspondiente Oficina de Empleo. En esta especialidad de contrato de trabajo, deberá hacerse constar el nombre del trabajador al que se sustituye y la causa que motiva esta sustitución.

*Legislación aplicable:* Artículo 15, 1.°, *c* de la Ley 8 de 1980; modificada por la Ley 32 dec 1984. Real Decreto 2.104 de 1984, de 21 de noviembre.

*Duración:* La duración del contrato será indeterminada y vendrá dada en función de la duración de la ausencia del trabajador, con derecho a reserva, que se sustituya.

*Prórrogas:* No ha lugar a las prórrogas en este tipo de contrato.

*Beneficios:* No tiene ninguno en especial.

### Contratos de trabajadores fijos discontinuos

*Requisitos del trabajador:* Contratación por razón de la antigüedad en la empresa.

*Requisitos de la empresa:* Obligación de llamar a los trabajadores fijos discontinuos, cuando empiece la actividad, por razón rigurosa de antigüedad y en orden de más a menos.

*Características:* El contrato de trabajo deberá ser formulado por escrito y deberá ser registrado en la correspondiente Oficina de Empleo. En el contrato deberá hacerse constar el carácter del trabajo, así como su consideración de fijo discontinuo. En la Oficina de Empleo en donde se registre habrá de comunicarse la fecha de comienzo y la fecha de terminación del contrato, que deberá finalizar obligatoriamente al concluir cada periodo, sin perjuicio de su restablecimiento en cada nuevo periodo de tiempo.

*Legislación aplicable:* Artículo 15, 1.º, 6, de la Ley 8 de 1980, modificada por la Ley 32 de 1984, en su artículo 15.6, Real Decreto 2.104 de 1984 de 21 de noviembre.

*Duración:* la duración de este tipo de contrato será indefinida.

*Prórrogas:* No ha lugar a las prórrogas en este contrato.

*Beneficios:* No tiene ninguno en especial.

### Contratos temporales como medida de fomento del empleo

*Requisitos del trabajador*: Los trabajadores que firmen este tipo de contrato deberán ser desempleados inscritos en la correspondiente Oficina de Empleo.

*Requisitos de la empresa*: La empresa habrá de solicitar los trabajadores mediante una oferta de empleo genérica o nominativa, que deberá ser presentada ante la Oficina de Empleo antes o en la misma fecha de la contratación. No podrán contratar acogiéndose a esta clase de contrato laboral las empresas que se encuentren en alguno de estos supuestos:

*a)* Cuando no hayan transcurrido doce meses desde la fecha en que la empresa hubiere amortizado puestos de trabajo por:

— haber efectuado el despido de un trabajador, si se ha declarado el mismo improcedente;
— expediente de regulación de empleo;
— causas objetivas previstas en el apartado *c* del artículo 52 del Estatuto de los Trabajadores.

*b)* Cuando los trabajadores hubieran estado vinculados a la empresa por otro contrato temporal de esta naturaleza durante los últimos doce meses inmediatamente anteriores, salvo que la duración de aquel contrato hubiera sido inferior a tres años, en cuyo caso podrá realizarse una nueva contratación hasta alcanzar el referido límite de tres años.

*c)* Cuando se trate de cubrir el mismo puesto que haya quedado vacante, dentro de los doce meses anteriores a la fecha de la nueva contratación de esta naturaleza, por la terminación de otro contrato temporal que hubiera agotado el plazo máximo de duración legalmente previsto.

*Características:* Los contratos y las prórrogas que de los mismos se efectúen deberán formalizarse por escrito según el modelo oficial y deberán ser registrados en la correspondiente Oficina de Empleo. De no acordarse ninguna prórroga en los contratos cuya duración inicial sea inferior a los tres años, y se realizase la continuación en la prestación laboral, se entenderán prorrogados automáticamente hasta el periodo máximo de tres años.

A la terminación del contrato por expiración del plazo convenido como duración del mismo, el trabajador tendrá derecho a percibir una compensación económica equivalente a doce días de salario por mes los periodos de tiempo inferiores a un año.

*Legislación aplicable:* Artículo 17.3 de la Ley 8/80, modificada por la Ley 10/1994 de 19 de mayo.

*Duración:* La duración de esta clase de contratos se halla comprendida entre un mínimo de un año y un máximo de tres.

*Prórrogas:* Estos contratos serán prorrogados por periodos no inferiores a un año hasta el límite máximo de los tres años de duración máxima que tiene el contrato.

*Beneficios:* Ninguno en especial.

### Contratos a tiempo parcial

*Requisitos del trabajador:* Ninguno en especial.

*Requisitos de la empresa:* Ninguno en especial

*Características:* Los contratos de trabajo de este tipo deberán formalizarse por escrito según el modelo oficial, por ejemplar cuadruplicado, y deberán ser presentados en la correspondiente Oficina de Empleo para su registro.

La jornada de trabajo deberá tener una duración inferior a dos terceras partes de la jornada habitual en el sector de que se trate. En el caso de que sea temporal, este contrato deberá ajustarse además a la norma específica de estos últimos.

*Legislación aplicable:* Estos contratos se rigen por todo lo dispuesto en el artículo 4 de la Ley 10/1994 de 19 de mayo, sobre medidas urgentes de fomento de la ocupación, y en el Real Decreto 2317/1993 de 19 de diciembre.

*Duración:* La duración puede ser indefinida o temporal según la legislación vigente.

*Prórrogas:* De ser temporal, se podrá prorrogar su vigencia de acuerdo con la normativa específica de la modalidad de contrato temporal de que se trate.

*Beneficio:* La cotización a la Seguridad Social será proporcional al tiempo real de trabajo.

### Contratos de relevo

*Requisitos del trabajador:* Ha de ser un desempleado inscrito en la correspondiente Oficina de Empleo.

*Requisitos de la empresa:* Deberá realizar, al mismo tiempo, un contrato a tiempo parcial del cincuenta por ciento de la jornada, al trabajador que vaya a pasar a la jubilación.

*Características:* El contrato deberá formalizarse por escrito en ejemplar cuadruplicado según el modelo oficial, y en el mismo deberá figurar el nombre, la edad y las circunstancias profesionales del trabajador sustituido.

La jornada de trabajo deberá ser al menos del cincuenta por ciento de la del trabajador que pase a jubilación parcial.

*Legislación:* Les son de aplicación las normas del artículo 4 de la Ley 10/1994 de 19 de mayo y el Real Decreto 2317/1993 de 19 de diciembre.

*Duración:* La duración máxima de este tipo de contrato será de tres años. En todo caso su duración deberá ser inferior al tiempo que le falta al trabajador que sustituye el 50 % de su jornada para cumplir la edad ordinaria de jubilación.

Si durante la vigencia del contrato de relevo, se produce el cese del trabajador, se deberá sustituir, en el plazo máximo de quince días, por otro trabajador desempleado.

Si el trabajador que comparte su trabajo con el titular del contrato de relevo fuera despedido improcedentemente y no se produjera su readmisión, la empresa deberá sustituirlo por otro trabajador en desempleo o ampliar la jornada del contrato de relevo.

*Prórrogas:* No ha lugar a las prórrogas en este contrato.

*Beneficios:* Si finalizado el contrato de relevo, la empresa opta por su conversión en un contrato a jornada completa y por tiempo indefinido, tendrá derecho a una reducción en la cuota patronal de la Seguridad Social, equivalente al cincuenta por ciento de las Contingencias Comunes, durante un periodo igual a la vigencia del contrato de relevo.

**Contrato para el fomento de la contratación indefinida**

*Requisitos del trabajador:* Existen dos modalidades:

*a*) Desempleados: jóvenes de entre 18 y 29 años, mayores de 45 años, minusválidos o parados de larga duración que lleven como mínimo un año inscritos como demandantes de empleo.
*b*) Trabajadores con contrato temporal que se transforme en indefinido: ya sean trabajadores que, con fecha anterior al 17 de mayo de 1997, tuvieran suscrito un contrato de duración determinada, como titulares de un contrato temporal que se concierte hasta el 17 de mayo de 1998 y que, a través de la negociación colectiva, se convierta en indefinido.

*Requisitos de la empresa:* Se prohíbe la celebración de ese tipo de contrato si en los doce meses anteriores a la suscripción del mismo —y a partir del 17 de mayo de 1997— se hubiera procedido a extinguir algún contrato por causas objetivas, y esta extinción hubiera sido declarada improcedente. Asimismo, tampoco puede celebrarlo si en el mismo periodo de 12 meses anteriores a la suscripción del contrato —y, también, a partir del 17 de mayo de 1997— se hubiera procedido a un despido colectivo.

*Características:* Es una modalidad de contrato que, en principio, se mantendrá vigente hasta el año 2001, cuando se procederá a analizar la conveniencia o no de mantenerla vigente.

A estos contratos se les aplica, con carácter supletorio, la normativa propia de los contratos por tiempo indefinido.

*Legislación aplicable:* Se trata de un contrato creado a raíz de la reforma del ordenamiento laboral del año 1997.

*Duración:* Se trata de un contrato indefinido desde su inicio.

*Beneficios:* Estos contratos gozan de una importante bonificación de la cuota que se paga a la Seguridad Social: un 40 % de la cuota empresarial por contingentes comunes durante un máximo de veinticuatro meses.

**Contratos en prácticas**

*Requisitos del trabajador:* El trabajador deberá poseer titulación universitaria o equivalente, título de Bachiller, Formación Profesional u otras titulaciones académicas o laborales que le habiliten legalmente para la práctica profesional.

El contrato deberá realizarse dentro de los 4 años siguientes a la finalización de los estudios anteriormente mencionados (la prestación del servicio militar interrumpe el cómputo de este periodo). En el supuesto de emigrantes titulados en el extranjero, el cómputo de los 4 años se efectuará desde la fecha en que tenga lugar la convalidación de estudios en España.

*Requisitos de la empresa:* Deberán solicitarse los trabajadores mediante oferta de empleo que podrá ser genérica o nominativa, y se presentará en la Oficina de Empleo correspondiente antes o en la misma fecha de contratación.

La empresa deberá estar al corriente de pago en sus obligaciones para con la Seguridad Social. No se concederán los beneficios cuando los contratos se concierten con el cónyuge, ascendiente o descendientes y demás parientes por consanguinidad o afinidad hasta el segundo grado inclusive, del empresario o de quienes ocupen puestos de alta dirección en la empresa.

*Características:* Los contratos de trabajo de este tipo deberán ser formalizados por escrito según el modelo oficial, por ejemplar cuadruplicado, debiéndose presentar para su registro en la correspondiente Oficina de Empleo.

La situación de Incapacidad Laboral Transitoria del trabajador o la prestación de este del Servicio Militar interrumpirá el cómputo de la duración del contrato, salvo que se acuerde expresamente lo contrario.

*Legislación aplicable:* Artículo 13 de la Ley 8 del 80, modificada por la Ley 32 de 1984. Ley 22/1992, de 30 de julio.

*Duración:* La duración del contrato en prácticas será de un mínimo de tres meses y de un máximo de tres años.

*Prórrogas:* Esta clase de contratos serán prorrogables por periodos no inferiores a tres meses hasta el límite máximo de tres años.

*Beneficios:* Si el contrato se realiza a jornada completa, se podrá obtener una reducción del setenta y cinco por ciento de la cuota empresarial de la Seguridad Social, correspondiente a las Contingencias Comunes por trabajador contratado para periodo de duración del contrato. La transformación del contrato en prácticas en indefinido se subvencionará con la cantidad de 550.000 pesetas.

**Contratos para la formación**

Este tipo de contrato viene a sustituir el ahora desaparecido contrato de aprendizaje y, como aquel, tiene por objeto que el trabajador adquiera formación teórica y práctica suficiente para desarrollar un oficio determinado.

*Requisitos del trabajador:* La edad máxima será de 21 años, con dos excepciones: los minusválidos, que pueden ser contratados con independencia de su edad, y los trabajadores contratados en escuelas-taller y casas de oficios, cuya edad máxima se establece en 24 años. En cualquier caso, el límite mínimo de edad estipulado es de 16 años.

Podrá ser contratado mediante esta modalidad todo aquel trabajador que carezca de la titulación requerida para realizar un contrato en prácticas.

*Características:* La formación que se ofrezca al trabajador debe ser adecuada a la labor a desarrollar, ocupando, al menos, el 15 % de la jornada. Dicho requisito de formación puede verse cumplido mediante la acreditación de haber seguido, con anterioridad, un curso de formación profesional ocupacional adecuado para el puesto de trabajo en cuestión.

*Legislación aplicable:* Se trata de un contrato creado a raíz de la reforma del ordenamiento laboral del año 1997.

*Duración:* En principio, la duración debe ser de seis meses a dos años. No obstante, mediante convenio colectivo sectorial se puede ampliar dicho límite temporal, pero sin que, en ningún caso, pueda exceder de tres años. Si el contrato se hubiera celebrado por menos de dos años, se podrá contratar al mismo trabajador sólo en el periodo que reste para completar los dos años o la máxima establecida por convenio, con el límite de tres. Agotado el periodo máximo, el trabajador no puede celebrar un nuevo contrato de este tipo.

El contrato gozará de la presunción de duración indefinida si se incumple totalmente el requisito de la formación.

**Contratos para minusválidos**

*Requisitos del trabajador:* El trabajador deberá tener una minusvalía acreditada no inferior al treinta y tres por ciento, y estar inscrito como demandante de empleo en su correspondiente Oficina de Empleo.

*Requisitos de la empresa:* La empresa deberá solicitar a los trabajadores mediante oferta genérica o nominativa, que será presentada ante la correspondiente Oficina de Empleo, antes o en la misma fecha de la contratación.

La empresa deberá mantener su nivel de empleo al menos durante tres años.

*Características:* Este tipo de contrato tiene también la posibilidad de realizar contrato de formación sin tener en cuenta la edad del trabajador, para lograr su mayor adaptación al puesto de trabajo. A este tipo de contratación podrán acogerse tanto las empresas como las cooperativas.

*Legislación:* Artículo 13 de la Ley 8 de 1980. Real Decreto 1.451 de 1983 de 11 de mayo.

*Duración:* La duración del contrato será indefinida.

*Prórrogas:* No ha lugar a la prórroga del contrato en razón de su duración indefinida.

*Beneficios:* Concesión de 500.000 pesetas a fondo perdido por cada trabajador minusválido contratado.

Bonificación en Cuotas de la Seguridad Social del setenta por cien si el trabajador es menor de 45 años y del noventa por cien si el trabajador es mayor de 45 años.

## Contrato de trabajo a domicilio

*Requisitos del trabajador:* Ninguno en especial.

*Requisitos de la empresa:* Ninguno en especial.

*Características:* Este tipo de contrato implica que la prestación de la actividad laboral se realiza en el domicilio del trabajador o en el lugar libremente elegido por este y sin vigilancia del empresario.

El contrato tendrá forma escrita con el visado de la Oficina de Empleo, donde quedará depositado un ejemplar, en el que conste el lugar donde se realiza la prestación laboral.

El empresario tiene la obligación de poner a disposición de los trabajadores a domicilio un documento de control de la actividad laboral que realicen, en el que debe constar el nombre del trabajador, la clase y cantidad de trabajo, materias primas entregadas, tarifas acordadas para la fijación del salario y entrega y recepción de los objetos elaborados.

Los trabajadores a domicilio podrán ejercer los derechos de representación sindical, salvo que se trate de un grupo familiar.

*Legislación:* Artículo 13 de la Ley 8/1980.

## Contrato de grupo y trabajo en común

*Características:* El contrato celebrado entre un empresario y un grupo de trabajadores considerado en su totalidad tiene la peculiaridad de que el jefe del grupo ostenta la representación de los trabajadores que lo integran y responde de las obligaciones nacidas de esa representación.

Si el empresario diera un trabajo en común a un grupo de sus trabajadores, conservará, respecto de cada uno de ellos considerados individualmente, sus derechos y deberes.

Si un trabajador, conforme a lo pactado con el empresario, asociare a su trabajo un ayudante, el empresario del primero lo será también de este.

*Legislación aplicable:* Artículo 10 de la Ley 8/1980.

## Prestación laboral mediante las Empresas de Trabajo Temporal (ETT)

En los últimos años, es cada vez más frecuente que las necesidades puntuales de personal que tienen las empresas se cubran mediante trabajadores adscritos a una ETT. El elevado grado de aceptación de la contratación a través de esta vía no sólo deriva del hecho de ser un medio más flexible de contratación, sino también de los menores costes salariales que implican la contratación de trabajadores de empresas de trabajo temporal; siendo este el principal incentivo para su utilización. Así pues, el recurso de la contratación de los trabajadores de empresas de trabajo temporal no sólo constituye un medio para atender a necesidades temporales de la empresa usuaria, sino que además se ha constituido en un medio de reducir los costes salariales.

Las Empresas de Trabajo Temporal (ETT) son aquellas empresas cuyo objeto es el de poner a disposición de una empresa usuaria trabajadores con carácter temporal.

El aspecto más destacable de la relación que se crea, desde el punto de vista del trabajador, es que el empleador es la ETT, pese a que la prestación se realiza, físicamente, en la empresa usuaria.

La regulación legal de las ETT en España data de 1994, cuando se dictó la Ley 14/94, de 1 de junio, reformada parcialmente en 1999 (mediante la Ley 29/99). El objetivo de esta reforma lo ha constituido el intentar garantizar al trabajador de este tipo de empresas una mayor seguridad jurídica en relación con la empresa usuaria.

En concreto, se asegura al trabajador que presta sus servicios a través de una empresa de trabajo temporal, una retribución igual que la del trabajador de la empresa usuaria, sin perjuicio de que por convenio colectivo de las empresas de trabajo temporal se establecieran retribuciones superiores, en cuyo caso serían aplicables estas últimas.

La constitución de una ETT se halla sometida, en garantía de los derechos de los trabajadores, a los requisitos siguientes:

- disponer de una estructura organizativa que permita cumplir las obligaciones que se asumen como empleador;
- dedicarse única y exclusivamente a la actividad de empresas de trabajo temporal;
- carecer de obligaciones pendientes de carácter fiscal o de Seguridad Social;
- no haber sido sancionado con suspensión de actividades en dos o más ocasiones;

— constituir una garantía, a disposición de la autoridad laboral;
— obtener una autorización expresa de la Dirección Provincial de Trabajo y Seguridad Social.

La ley define el contrato de puesta a disposición como aquel celebrado entre la empresa de trabajo temporal y la empresa usuaria, teniendo por objeto la cesión del trabajador para prestar servicios en la empresa usuaria, a cuyo poder de dirección queda sometido aquel. El contrato de puesta a disposición habrá de formalizarse, necesariamente, por escrito.

La duración máxima del contrato de puesta a disposición será de seis meses en el caso que se celebre para atender exigencias circunstanciales del mercado, acumulación de tareas o exceso de pedidos; de tres meses si se trata de cubrir de forma temporal un puesto de trabajo; o la del tiempo durante el cual subsista la causa que motivó el contrato en todos los restantes casos.

Por su parte, el contrato de trabajo celebrado entre la ETT y el trabajador será, asimismo, siempre por escrito y podrá celebrarse por tiempo indefinido o por duración determinada coincidente con la del contrato de puesta a disposición.

Según la reforma llevada a cabo en la ley, una vez finalizado el proceso de convergencia salarial de los trabajadores contratados por las empresas de trabajo temporal para ser cedidos a otras empresas, deberán impulsarse, preferentemente a través de la negociación colectiva, aquellas medidas que posibiliten un aumento de la estabilidad del empleo de los trabajadores de las empresas de trabajo temporal, tanto los de carácter estructural como los contratados, para prestar servicios en empresas usuarias.

Cuando los trabajadores desarrollan tareas en el ámbito de las empresas usuarias, las facultades de dirección y control de la actividad laboral serán ejercidas por aquellas durante el tiempo de prestación de servicios en su ámbito.

Por último, es importante señalar que la ley prohíbe terminantemente celebrar contratos de puesta a disposición en los supuestos siguientes:

— para sustituir trabajadores en huelga en la empresa usuaria;
— para realizar tareas clasificadas como especialmente peligrosas;
— para ceder trabajadores a otras empresas de trabajo temporal;
— cuando se hayan amortizado puestos de trabajo en los 12 meses inmediatamente anteriores.

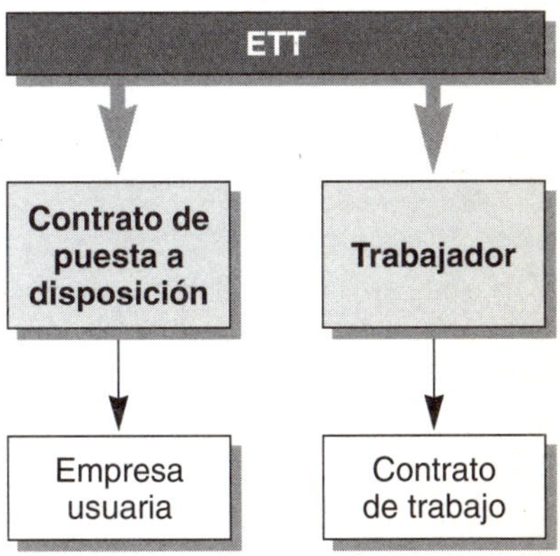

# El salario

Todas las cargas fiscales y de Seguridad Social a cargo del trabajador serán satisfechas por él mismo, siendo nulo todo pacto en contrario. Operará la compensación y absorción cuando los salarios realmente abonados en su conjunto, y cómputo anual, sean más favorables para los trabajadores que los fijados por las normas legales o convenios colectivos. Deberá existir, por otra parte, la constancia expresa en los convenios colectivos de trabajo de la remuneración anual, en función de las horas anuales de trabajo.

## El salario mínimo interprofesional

El Gobierno fijará, previa consulta con las organizaciones sindicales y asociaciones empresariales más representativas, y de forma anual, el salario mínimo interprofesional, para lo que habrá de tener en cuenta lo siguiente:

— el índice de precios al consumo;
— la productividad media nacional alcanzada;
— el incremento de la participación del trabajo en la renta nacional;
— la coyuntura económica general.

Igualmente, habrá de fijar una revisión semestral para el caso de que no se cumplan las previsiones sobre el índice de precios citados.

También es importante señalar que la revisión del salario mínimo interprofesional no afectará a la estructura ni a la cuantía de los salarios profesionales cuando estos, en su conjunto y cómputo anual, fueran superiores a aquel.

El salario mínimo interprofesional, en su cuantía completa, es inembargable.

## Igualdad de remuneración

El empresario, según señala expresamente la ley, está obligado a pagar por la prestación de un trabajo igual el mismo salario, tanto por salario base como por los complementos salariales, sin discriminación alguna por razón del sexo de los trabajadores a su cargo.

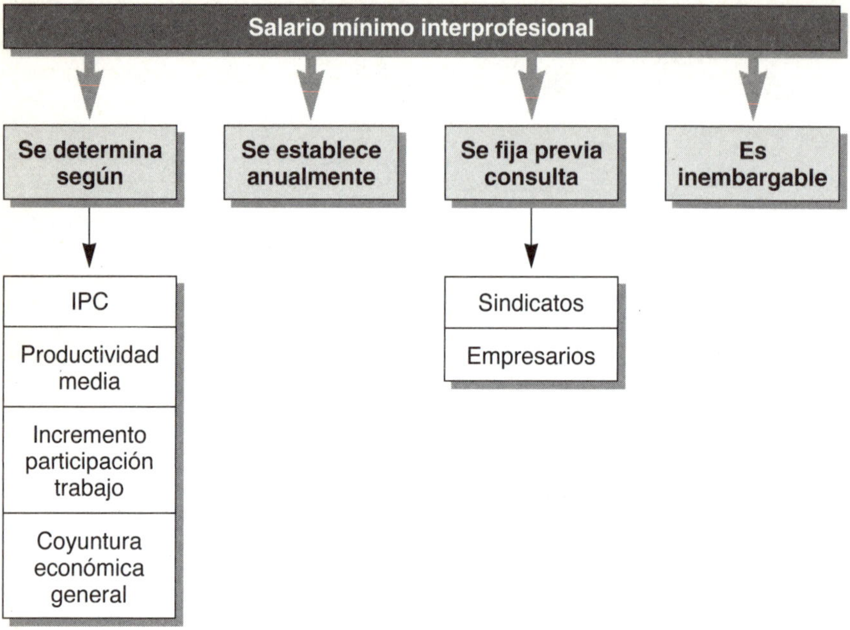


## Liquidación y pago del salario

La liquidación y el pago del salario se hará de forma puntual y documental, en la fecha y lugar convenidos por el trabajador y empresario, o conforme a los usos y costumbres. Este periodo de tiempo para el abono de las retribuciones periódicas y regulares, no podrá exceder de un mes.

El trabajador y, con su autorización, sus representantes legales, tendrá derecho a percibir, sin que llegue el día señalado para el pago, anticipos a cuenta del trabajo ya realizado.

El derecho al salario a comisión nacerá en el momento de realizarse y pagarse el negocio, la colocación o venta en que hubiere intervenido el trabajador, liquidándose y pagándose, salvo que se hubiese pactado otra cosa, al finalizar el año. El trabajador y sus representantes legales pueden pedir en cualquier momento comunicaciones de la parte de los libros referentes a tales devengos.

El interés por mora en el pago de los salarios será del diez por ciento de lo adeudado.

## Gratificaciones extraordinarias

El trabajador tiene derecho a dos gratificaciones extraordinarias al año, una de ellas con ocasión de las fiestas navideñas, y la otra en el mes que se fije en el convenio colectivo o por acuerdo entre el empresario y los representantes legales de los trabajadores. Igualmente se fijará por convenio colectivo la cuantía de tales gratificaciones extraordinarias. No obstante podrá acordarse en convenio colectivo que las gratificaciones extraordinarias se prorrateen en las doce mensualidades.

## Fondo de Garantía Salarial

El Fondo de Garantía Salarial es el organismo encargado de abonar a los trabajadores el importe de los salarios pendientes de pago por las causas siguientes:

— insolvencia de la empresa;
— quiebra o concurso de acreedores de la empresa.

A efectos de pago por el Fondo de Garantía Salarial, se entenderá como salario la cantidad que se haya reconocido como tal en acto de conciliación o en resolución judicial, así como la indemnización complementaria por salarios de tramitación que acuerde la Jurisdicción competente.

El Fondo de Garantía Salarial no abonará nunca, por salarios pendientes en las modalidades citadas, junta o separadamente un importe superior a la cantidad resultante de multiplicar el doble del salario mínimo interprofesional diario por el número de días de salario pendiente de pago, con un máximo de ciento veinte días en total.

El Fondo de Garantía Salarial, abonará indemnizaciones reconocidas como consecuencia de sentencia o resolución administrativa a favor de los trabajadores a causa de despido o extinción de los contratos por voluntad del trabajador (cuando exista justa causa para ello) o extinción por causas tecnológicas o económicas y fuerza mayor, con el límite máximo de una anualidad sin que el salario diario base del cálculo pueda exceder del doble del salario mínimo interprofesional.

A los efectos de abono por el Fondo de Garantía Salarial de las indemnizaciones por despido o extinción de contrato, la indemnización se calcula sobre la base de veinticinco días de salario por año de servicio con el límite máximo de un año.

En los procedimientos concursales, el Fondo de Garantía Salarial, a instancia de parte o de oficio debe ser citado, cuando exista o se presuma la existencia de créditos laborales.

El Fondo se personará en el expediente como responsable legal subsidiario del pago de los créditos laborales. El Fondo asumirá las obligaciones de pago, previa instrucción del expediente de comprobación de su procedencia.

El Fondo de Garantía Salarial se financiará con las aportaciones de comprobación de su procedencia.

A los efectos de pago por el Fondo se entiene que existe insolvencia del empresario, cuando en trámite de ejecución no se satisfagan los créditos laborales. La resolución en que se declare la insolvencia se dictará previa audiencia del Fondo.

El derecho a solicitar del Fondo el pago de prestaciones quedará sin efecto al año de la fecha del acto de conciliación, sentencia o resolución de la Autoridad Laboral en que se reconozca la deuda de salarios o se fijen las indemnizaciones. No obstante, este plazo queda interrumpido por el ejercicio de las acciones ejecutivas y demás formas legales de interrupción de prescripción de acciones.

En empresas de menos de veinticinco trabajadores el Fondo abonará el 40 % de la indemnización legal que corresponda a los trabajadores cuya relación laboral se extinga como consecuencia del expediente instruido en virtud de cese por causas tecnológicas, económicas y de fuerza mayor. El cálculo de la indemnización se ajustará a los máximos ya señalados.

# La jornada de trabajo

Si bien el Gobierno establece una prestación laboral de cuarenta horas a la semana, en los convenios colectivos podrán regularse jornadas anuales, respetando el máximo de horas extraordinarias diarias. En ningún caso se podrán realizar más de nueve horas diarias de trabajo efectivo. En todo caso, entre el final de la jornada y el comienzo de la siguiente mediarán como mínimo doce horas.

El tiempo de trabajo se computará de modo que, tanto al comienzo como al final de la jornada diaria, el trabajador se encuentre en su puesto de trabajo.

Las horas trabajadas durante el periodo comprendido entre las diez de la noche y las seis de la mañana, salvo que el salario se haya establecido atendiendo a que el trabajo sea nocturno por su propia naturaleza, tendrán una retribución específica incrementada, como mínimo, en un 25 % sobre el salario base.

## Horas extraordinarias

Cada hora de trabajo que se realice sobre la duración máxima de la semana de trabajo, fijada por la ley o por convenio, deberá abonarse con el incremento que se fije en el convenio colectivo o en el contrato individual.

El número de horas extraordinarias no podrá ser superior a 80 al año, salvo que estas se hagan para la reparación de desperfectos que sean urgentes.

El Gobierno, por su parte, podrá suprimir o bien reducir el número máximo de estas horas extraordinarias, por tiempo determinado, con carácter general o para ciertas ramas de la actividad o ámbitos territoriales de colocación de los trabajadores en paro forzoso.

La prestación de trabajo en horas extraordinarias será voluntaria, salvo que su realización se haya pactado en convenio colectivo o contrato individual de trabajo, dentro de los límites antes señalados.

La realización de horas extraordinarias habra de ser registrada día a día, y se totalizará semanalmente, entregando copia del resumen semanal al trabajador en el parte correspondiente.

## Horario flexible y trabajo por turnos

La fijación del horario flexible es facultad del empresario, previo informe favorable de los representantes legales de los trabajadores en el centro de trabajo, sin perjuicio de lo pactado en convenio colectivo.

El empresario podrá exigir una prestación de trabajo continuada, durante periodos ciertos y anunciados previamente al personal cuyo trabajo se realice en equipos o grupos similares y requiera la presencia a horas fijas de todos sus miembros.

En las empresas con procesos productivos continuos durante las veinticuatro horas del día, en la organización del trabajo de los turnos se tendrá en cuenta la rotación de los mismos, y que ningún trabajador estará en el de noche más de dos semanas consecutivas, salvo adscripción voluntaria.

Las empresas que, por la naturaleza de su actividad, realicen el trabajo en régimen de turnos, incluidos los domingos y días festivos, podrán efectuarlo bien por equipos de trabajadores que desarrollen su actividad por semanas completas, o contratando personal para completar los equipos necesarios durante uno o más días a la semana.

Respecto de los trabajadores contratados por uno o más días cada semana, sin comprender la semana completa, las empresas incluirán a los efectos de la cotización para la Seguridad Social, tan sólo las retribuciones correspondientes a dichos días. Tales trabajadores conservarán, respecto de los demás días, los beneficios, si los hubiere, de la contingencia de desempleo en el sistema de la Seguridad Social.

## Descanso semanal, fiestas y permisos

Los trabajadores tendrán derecho a un descanso mínimo semanal de día y medio ininterrumpido, que, como regla general, comprenderá la tarde del sábado o, en su caso, la mañana del lunes, y el día completo del domingo. Todo ello sin perjuicio de que, por disposición legal, convenio colectivo, contrato de trabajo o permiso expreso de la autoridad competente, se regule otro régimen de descanso laboral para actividades concretas.

Las fiestas laborales, que tendrán carácter retribuido y no recuperable, no podrán exceder de catorce al año, de las cuales dos serán locales. En cualquier caso, se respetarán como festivas las de la Navidad, Año Nuevo y Primero de Mayo.

El Gobierno podrá trasladar a los lunes todas las fiestas de ámbito nacional que tengan lugar entre semana, salvo las mencionadas antes, y aquellas otras que por su arraigo local deban celebrarse el día de su fecha. Las comunidades autónomas, dentro del límite anual de catorce días festivos, podrán señalar aquellas fiestas que por tradición les sean propias.

El trabajador, previo aviso y justificación, podrá ausentarse del trabajo, con derecho a remuneración, por:

— quince días en caso de contraer matrimonio;
— dos días en caso de enfermedad grave, fallecimiento de parientes hasta segundo grado y nacimiento de hijos (si el trabajador necesitase desplazarse, el plazo será de cuatro días);
— dos días, en los casos de intervención quirúrgica sin hospitalización de parientes hasta el segundo grado de consanguinidad o afinidad, siempre que precisen reposo domiciliario. Cuando sea necesario un desplazamiento, el permiso será de cuatro días;
— un día por traslado del domicilio habitual;
— por el tiempo indispensable para el cumplimiento de un deber inexcusable de carácter público y personal. Cuando conste en una norma legal o convenial un periodo determinado, se estará a lo que la norma disponga en cuanto al periodo de ausencia y compensación económica;
— para realizar funciones sindicales y de representación del personal, en los términos que se hallen establecidos por la ley o detallados en el convenio;
— las trabajadoras, por lactancia de un hijo menor de nueve meses, tendrán derecho a una hora de ausencia del trabajo que podrán dividir en dos fracciones. La mujer, por su voluntad, podrá sustituir este derecho por una reducción de su jornada en media hora con la misma finalidad. Este permiso podrá ser disfrutado indistintamente por la madre o el padre en caso de que ambos trabajen. La duración del permiso de lactancia se incrementa proporcionalmente en los casos de parto múltiple y se podrá disfrutar acumulándolo en jornadas completas en los términos previstos en la negociación colectiva o también por un acuerdo con la empresa;
— quien por razones de guarda legal tenga a su cuidado directo algún menor de ocho años o un minusválido físico, psíquico o sensorial, que no desempeñe una actividad retribuida, tendrá derecho a una reducción de la jornada de trabajo, con la disminución proporcional del salario entre, al menos, un octavo y un máximo de la mitad de la duración de aquella. Tendrá el mismo derecho quien precise encargarse del cuidado directo de un familiar, hasta el segundo grado de consanguinidad o afinidad, que por razones de edad, accidente o enfermedad no pueda valerse por sí mismo y que no desempeñe actividad retribuida.

La referida reducción de jornada constituye un derecho individual de los trabajadores, tanto de los hombres como de las mujeres. No obstante, si dos o más trabajadores de la misma empresa generasen este derecho por el mismo sujeto, el empresario podrá limitar su ejercicio simultáneo por razones justificadas de funcionamiento de la empresa.

## Vacaciones anuales

El periodo de vacaciones anuales retribuidas, no sustituible por compensación económica, será el pactado en convenio colectivo o contrato individual. En ningún caso la duración será inferior a treinta días naturales.

El periodo de su disfrute se fijará de común acuerdo entre el empresario y el trabajador, quienes también podrán convenir la división en dos del periodo total. A falta de acuerdo, se estará a lo dispuesto en los convenios colectivos sobre planificación anual de las vacaciones, respetándose en cualquier caso los siguientes criterios:

*a*) El empresario podrá excluir como periodo vacacional aquel que coincida con la mayor actividad productiva estacional de la empresa, previa consulta de los representantes legales de los trabajadores.

*b*) Por acuerdo entre el empresario y los representantes legales de los trabajadores, se podrán fijar los periodos de vacaciones de todo el personal, ya sea en turnos organizados sucesivamente, ya sea con la suspensión total de las actividades laborales, sin más excepciones que las tareas de conservación, reparación y similares.

*c*) Cuando exista un régimen de turnos de vacaciones, los trabajadores con responsabilidades familiares tendrán preferencia para que las suyas coincidan con los periodos de vacaciones escolares.

*d*) En el caso de que existiese un desacuerdo entre las partes, la jurisdicción competente fijará la fecha para la que el disfrute corresponda, y su decisión será irrecurrible. El procedimiento será de carácter sumario y preferente.

El calendario de vacaciones se fijará en cada empresa. El trabajador conocerá las fechas que le correspondan dos meses antes, al menos, de que comience a disfrutarlas. Se podrán disfrutar las vacaciones en fecha distinta, aunque haya terminado el año natural a que correspondan, si coinciden con una incapacidad temporal derivada del embarazo, el parto o la lactancia natural, o con el descanso por maternidad.

# Suspensión del contrato de trabajo

Cuando se dé la suspensión del contrato de trabajo, quedarán igualmente en suspenso las obligaciones recíprocas de trabajar, por parte del trabajador, y de remunerar, por parte del empresario.

## La excedencia

La excedencia podrá ser voluntaria o forzosa. Esta última, que dará derecho a la conservación del puesto de trabajo y al cómputo de la antigüedad de su vigencia, se concederá por la designación o elección de un trabajador para un cargo público que imposibilite la asistencia al trabajo. El reingreso deberá ser solicitado al mes siguiente, como máximo, al cese en el cargo público.

El trabajador con, al menos, una antigüedad en la empresa de un año tiene derecho a que se le reconozca la posibilidad de situarse en excedencia voluntaria por un plazo no menor de 4 meses y no mayor de cinco. Este derecho sólo podrá ser ejercitado por el trabajador de nuevo, cuando hayan transcurrido cuatro años desde el final de la anterior excedencia.

Los trabajadores tendrán derecho a un periodo de excedencia de duración no superior a tres años para atender al cuidado de cada hijo, tanto cuando lo sea por naturaleza, como por adopción, o en los supuestos de acogimiento, tanto permanente como preadoptivo y provisional, a contar desde la fecha de nacimiento o, en su caso, de la resolución judicial o administrativa. También tendrán derecho a un periodo de excedencia, de duración no superior a dos años –como mínimo–, los trabajadores para atender al cuidado directo de un familiar, hasta el segundo grado de consanguinidad o afinidad, que por razones de edad, accidente o enfermedad no pueda valerse por sí mismo y que no desempeñe actividad retribuida. Esta excedencia referida constituye un derecho individual de los trabajadores, hombres o mujeres. No obstante, si dos o más trabajadores de la misma empresa generasen este derecho por el mismo sujeto, el empresario podrá limitar su ejercicio simultáneo por razones justificadas de funcionamiento de la empresa.

Asimismo podrán solicitar su paso a la situación de excedencia en la empresa los trabajadores que ejerzan funciones sindicales de ámbito provincial o superior, mientras dure el ejercicio de su cargo representativo.

El trabajador excedente conserva sólo un derecho preferente al reingreso en las vacantes de igual o similar categoría a la suya que hubiera o se produjeran en la empresa.

## Suspensión con reserva de puesto de trabajo

Al cesar la causas legales de suspensión, el trabajador tendrá derecho a la reincorporación al puesto de trabajo reservado, en todos los supuestos señalados anteriormente como causas de suspensión de la relacion laboral, excepto en los supuestos primero y segundo, que se estará a lo pactado por las partes.

En el supuesto de incapacidad laboral transitoria, cesará el derecho de reserva si el trabajador es declarado en situación de invalidez permanente total absoluta, o gran invalidez, de acuerdo con las vigentes leyes de la Seguridad Social.

En los supuestos de prestación por cumplimiento del servicio militar o sustitutivo, ejercicio de cargo público representativo o funciones sindicales de ámbito provincial o superior, el trabajador deberá reincorporarse en el plazo máximo de treinta días naturales a partir de la cesación del servicio, cargo o función.

En el supuesto de parto, la suspensión tendrá una duración de dieciséis semanas que se distribuirán de forma ininterrumpida, ampliables en el supuesto de parto múltiple en dos semanas más por cada hijo a partir del segundo. El periodo de suspensión se distribuirá a opción de la interesada siempre que seis semanas sean inmediatamente posteriores al parto. En caso de fallecimiento de la madre, el padre podrá hacer uso de la totalidad o, en su caso, de la parte que reste del periodo de suspensión.

No obstante lo anterior, y sin perjuicio de las seis semanas inmediatas posteriores al parto de descanso obligatorio para la madre, en el caso de que el padre y la madre trabajen también, esta podrá optar por que el padre disfrute de una parte determinada e ininterrumpida del periodo de descanso posterior al parto, de manera simultánea o sucesiva con el de la madre.

En relación a estas cuestiones, la Ley de Igualdad ha introducido nuevos e importantes derechos para la madre, tales como:

- si la madre fallece, el permiso de maternidad por parto podrá ser disfrutado por el otro progenitor o progenitora, aunque no realizara ningún trabajo remunerado;
- la madre podrá continuar disfrutando —hasta concluir las dieciséis semanas— del permiso de maternidad por parto si falleciera el hijo o hija recién nacido;
- el progenitor o progenitora que esté disfrutando del permiso de maternidad por parto que le haya

cedido la madre continuará disfrutándolo aunque la madre no se reincorpore a su puesto de trabajo por estar en situación de incapacidad temporal;
- se establece la posibilidad de ampliar el permiso de maternidad hasta 13 semanas más en los casos de parto prematuro y de recién nacidos que precisen una hospitalización superior a siete días tras el nacimiento;
- el permiso por maternidad se amplía en dos semanas más para los supuestos de discapacidad de la hija o hijo recién nacido, o del menor adoptado o acogido.

También introduce nuevos derechos para el padre: así, se reconoce el derecho a disfrutar de un permiso por paternidad, autónomo del de la madre, de 15 días ininterrumpidos en los supuestos de nacimiento de hijo o hija, adopción o acogimiento. Este permiso puede disfrutarse simultáneamente con el permiso por maternidad del otro u otra progenitora, o una vez finalizado el mismo, y, en ambos casos, a tiempo completo o parcial.

En los supuestos de adopción y acogimiento, tanto permanente como preadoptivo, de menores hasta seis años o de mayores discapacitados o minusválidos o extranjeros, la suspensión tendrá una duración de dieciséis semanas ininterrumpidas, ampliables en dos semanas más contadas a la elección del trabajador, por cada hijo a partir del segundo en caso de adopción o acogimiento múltiple. En caso de que el padre y la madre trabajen, el periodo de suspensión se distribuirá a opción de los interesados, que podrán disfrutarlo de forma sucesiva o simultánea, siempre con periodos ininterrumpidos y con los límites señalados. Si se disfruta simultáneamente, la suma de los periodos de descanso no podrá exceder de las referidas dieciséis semanas.

## Extinción del contrato de trabajo

El contrato de trabajo se extingue por las siguientes causas:

*a*) Por mutuo acuerdo de las partes.
*b*) Por las causas consignadas válidamente en el contrato de trabajo, salvo que constituyan abuso de derecho por parte del empresario.
*c*) Por expiración del tiempo convenido o realización de la obra o servicio objeto del contrato. Si, llegado el término, no hubiese denuncia por alguna de las partes, el contrato se considerará válidamente prorrogado de forma tácita por tiempo indefinido, salvo prueba en contrario que acredite la naturaleza temporal de la prestación. Todo ello sin perjuicio de las prórrogas en los supuestos de contratos de duración determinada hasta el máximo legal establecido.

Si el contrato de duración determinada es superior a un año, la parte del contrato que formule la denuncia está obligada a notificar a la otra la terminación del mismo con una antelación mínima de quince días.

*d*) Por dimisión del trabajador, debiendo mediar el preaviso que señalen los convenios colectivos o la costumbre del trabajador.

*e*) Por jubilación del trabajador.

*f*) Por muerte, jubilación o incapacidad del empresario, salvo que exista sucesión en la empresa, o por extinción de la personalidad jurídica del contratante.

*g*) En este último caso se debe seguir la tramitación de la extinción de contratos ante la Autoridad Laboral, para que autorice dichas extinciones.

*h*) Por fuerza mayor que imposibilite definitivamente la prestación de trabajo.

*i*) Por cesación de la industria, comercio o servicio de forma definitiva, fundada en causas tecnológicas o económicas, siempre que esta cesación haya sido debidamente autorizada conforme a las leyes.

*j*) Por voluntad del trabajador, fundamentada en un incumplimiento contractual del empresario.

*k*) Por despido del trabajador.

*l*) Por causas objetivas legalmente procedentes.

## Extinción por voluntad del trabajador

Son causas justas para solicitar la extinción del contrato de trabajo:

— las modificaciones sustanciales en las condiciones de trabajo que redunden en perjuicio de su formación profesional o menoscabo de su dignidad;

— la falta de pago o de retrasos continuados en el abono del salario;

— cualquier otro incumplimiento grave de sus obligaciones contractuales por parte del empresario, salvo que estos incumplimientos sean debidos a fuerza mayor.

En todos estos casos, los trabajadores tendrán derecho a una indemnización igual que la señalada para el despido improcedente (es decir, cuarenta y cinco días de salario por año de servicio, hasta un máximo de cuarenta y dos mensualidades).

También tendrán derecho a percibir los salarios correspondientes hasta la fecha en que la Jurisdicción competente declare que queda extinguida la relación laboral.

## Extinción del contrato por causas objetivas

Se podrá dar por extinguido el contrato:

*a*) Por ineptitud del trabajador, conocida o sobrevenida con posterioridad a su colocación efectiva en la empresa.

*b*) Por falta de adaptación del trabajador a las modificaciones técnicas operadas en su puesto de trabajo, cuando dichos cambios sean razonables y hayan transcurrido como mínimo dos meses desde que se introdujo la modificación.

*c*) En las empresas de menos de cincuenta trabajadores, por la necesidad objetivamente acreditada de amortizar un puesto de trabajo individualizado, cuando no proceda utilizar los servicios del trabajador afectado en otras tareas de la empresa, en la misma localidad.

*d*) Por faltas de asistencia al trabajo, aun justificadas, que alcancen el veinte por ciento de las jornadas hábiles en dos meses consecutivos, o el veinticinco por ciento en cuatro meses discontinuos, dentro de un periodo de doce meses, siempre que el absentismo laboral de la plantilla del centro de trabajo supere el cinco por ciento en los mismos periodos.

*e*) Por la necesidad objetivamente acreditada de amortizar puestos de trabajo, siempre que la extinción del contrato laboral contribuya a la superación de situaciones económicas negativas o ayude a superar las dificultades que impidan el buen funcionamiento de la empresa.

## Extinción del contrato por despido disciplinario

El contrato de trabajo podrá extinguirse por decisión del empresario, mediante despido basado en el incumplimiento grave y culpable del trabajador.

Se considerarán, para estos efectos, incumplimientos graves por parte del trabajador y, por lo tanto, sujetos a despido disciplinario:

— la faltas repetidas e injustificadas de asistencia o puntualidad al trabajo;
— la indisciplina o desobediencia en el trabajo;
— las ofensas verbales o físicas al empresario o a las personas que trabajan en la empresa, o a los familiares que convivan con ellos;
— la transgresión de la buena fe contractual, el abuso de confianza en el desempeño del trabajo;
— la disminución continuada y voluntaria en el rendimiento del trabajo normal o pactado;
— la embriaguez habitual o toxicomanía si repercuten negativamente en el trabajo.

El despido disciplinario habrá de ser notificado al trabajador por escrito, en el que figuren los hechos que lo motivan y la fecha en que tendrá efecto.

El despido podrá ser declarado, por las magistraturas de trabajo, como procedente, improcedente o nulo. El despido será declarado procedente cuando quede acreditado el incumplimiento alegado por el empresario en su escrito de comunicación. En caso contrario, será improcedente. Será nulo el despido cuando este no se comunique por escrito al trabajador.

## Indemnización adicional

Cuando no se produzca la readmisión o la misma sea irregular se puede fijar una indemnización adicional de hasta veinticinco días de salario por año de servicio (máximo: veinticuatro meses).

# El despido nulo

Cuando el empresario no cumpliese con los requisitos formales exigidos para comunicar el despido (por escrito, con comunicación de las causas en las que se ampara la decisión, con puesta a disposición efectiva de las cantidades que corresponden al trabajador) este se reputará nulo.

Además, pese a que cumpla los requisitos de forma, el despido tampoco surtirá efecto (es decir, cabrá reputarlo como nulo) si la decisión del empresario tuviera como móvil algunas de las causas de discriminación prohibidas en la Constitución (religión, sexo, opinión política, etcétera) o se hubiera producido con violación de los derechos fundamentales y libertades públicas del trabajador.

La no concesión de preaviso no anulará la extinción, si bien el empresario, en este caso, deberá satisfacer los salarios correspondientes a dicho periodo.

Asimismo, también será nulo el despido de las trabajadoras embarazadas desde el inicio del embarazo y hasta la suspensión del contrato por tal causa, así como la de los trabajadores durante el periodo de suspensión del contrato de trabajo por maternidad, riesgo durante el embarazo, adopción o acogimiento o la notificada en una fecha tal que el periodo de preaviso finalice dentro de este.

Lo anterior no significa la imposibilidad –por cualquier causa o motivo– de despedir a trabajadoras embarazadas: si la causa del despido nada tiene que ver con el hecho del embarazo, el despido es válido. Por ejemplo, si una trabajadora embarazada roba a la empresa y es despedida por el hecho de cometer un robo, se trataría de un despido procedente.

# Órganos de representación de los trabajadores

## Delegados de personal

Los trabajadores elegirán, mediante sufragio libre, secreto y directo, los delegados de personal.

Los delegados de personal ejercerán mancomunadamente ante el empresario la representación para la que fueron elegidos, y tendrán las mismas competencias que los comités de empresa.

Los delegados de personal deben observar las normas sobre sigilo profesional establecidas para el comité de empresa por la dirección.

## Los comités de empresa

El comité de empresa es el órgano representativo y colegiado del conjunto de los trabajadores para la defensa de sus intereses, constituyéndose en cada centro de trabajo cuyo censo sea de cincuenta o más trabajadores fijos.

En las empresas que tengan, en la misma provincia o en municipios limítrofes, dos o más centros de trabajo cuyos censos no alcancen los cincuenta trabajadores fijos, pero que en su conjunto los sumen, se constituirán comités de empresas propios.

Por convenio colectivo podrá pactarse la constitución y funcionamiento de un comité intercentro, con un máximo de trece miembros designados de entre los componentes de los distintos comités guardando la proporcionalidad de los sindicatos, según los resultados globales electorales.

Estos comités no podrán arrogarse otras funciones que las concedidas en el convenio colectivo en que se acuerde su creación.

### Competencias

El comité de empresa tendrá las siguientes competencias:

*a*) Recibir información, que le será dada al menos trimestralmente, sobre la evolución general del sector económico al que pertenece la empresa, sobre la situación de la producción y ventas, y evolución probable del programa de empleo.

*b*) Conocer el balance, la cuenta de resultados, la memoria y los demás documentos que se den a conocer a los socios y en las mismas condiciones que a estos.

*c*) Emitir informes sobre reestructuraciones de plantilla y ceses de la misma, reducciones de jornadas y traslado de instalaciones, planes de formación profesional de la empresa, implantación o revisión de sistemas de control y organización del trabajo, estudios de tiempos, sistemas de primas y valoración de los puestos de trabajo.

*d*) Emitir informe, cuando la fusión, absorción o modificación del estatus jurídico de la empresa suponga cualquier variación de la plantilla.

*e*) Conocer los modelos de contrato de trabajo que la empresa utilice, así como los documentos terminación de la relación laboral.

*f*) Ser informado de las sanciones impuestas por faltas muy graves a los trabajadores.

*g*) Conocer como mínimo trimestralmente las estadísticas sobre absentismo laboral y sus causas, los accidentes de trabajo y enfermedades profesionales y sus consecuencias, los índices de siniestralidad, etc.

*h*) Ejercer una labor de vigilancia con respecto al cumplimiento de las normas relativas a la materia laboral, Seguridad Social, empleo, así como el control de las condiciones de seguridad e higiene en el trabajo.

*i*) Participar en la gestión de las obras sociales en beneficio de los trabajadores o de sus familiares.

*j*) Colaborar con la dirección de la empresa para establecer medidas de mantenimiento e incremento de la productividad.

*k*) Informar a sus representados en todos los temas y cuestiones que se han señalado.

Los informes deben elaborarse en el plazo de quince días.

### Composición del comité de empresa

El número de miembros del comité de empresa se determinará de acuerdo con la escala siguiente:

— de 50 a 100 trabajadores, 5;
— de 101 a 250 trabajadores, 9;
— de 251 a 500 trabajadores, 15;
— de 501 a 750 trabajadores, 17;
— de 751 a 1.000 trabajadores, 21;
— de 1.000 en adelante, dos por cada 1.000, con el máximo de 75.

Los comités elegirán de entre sus miembros a un presidente y a un secretario, y elaborarán su propio reglamento, que remitirán a la autoridad laboral y a la empresa. Los comités deberán reunirse cada dos meses, o cuando lo solicite un tercio de sus miembros o un tercio de los trabajadores.

## Elección y mandato

Podrán promover elecciones a delegados de personal y miembros del comité de empresa las organizaciones sindicales más representativas, las que cuenten con un mínimo de un 10 % de representantes en la empresa o los trabajadores del centro de trabajo por acuerdo de la mayoría. Serán elegidos por todos los trabajadores mediante sufragio personal, directo, libre y secreto. La duración del mandato será de cuatro años entendiéndose prorrogado si a su término no se hubiesen promovido elecciones de representantes. Las sustituciones, revocaciones, dimisiones y extinciones de mandato deben ser comunicadas al Instituto de Mediación, Arbitraje y Conciliación y al empresario, publicándose en el tablón de anuncios.

## Relaciones de trabajo en las cooperativas

En las cooperativas de primer grado que no sean de trabajo asociado o de explotación comunitaria de la tierra, así como en las de segundo grado o ulterior, los estatutos podrán prever la admisión de socios de trabajo, quienes realizan una prestación de su trabajo personal a la cooperativa.

Cuando los estatutos prevean un periodo de prueba para los socios de trabajo, este no procederá si el nuevo socio hubiese trabajado en la cooperativa como trabajador por cuenta ajena durante un tiempo equivalente.

Los estatutos, además, deben prever todo el sistema de sanciones, infracciones, preaviso por baja voluntaria, expulsión y otras circunstancias relacionadas con la relación del socio de trabajo con la cooperativa.

### Cooperativas de trabajo asociado

Estas cooperativas tienen por objeto proporcionar a los socios puestos de trabajo para la producción de bienes y servicios. No pueden ser socios los menores de dieciséis años. A estas cooperativas les será aplicable la normativa sobre seguridad e higiene en el trabajo. Los socios tendrán derecho a percibir periódicamente, en plazo no superior a un mes, anticipos laborales en cuantía similar a las retribuciones normales en la zona y sector de actividad de que se trate.

El número de trabajadores asalariados en la cooperativa con contrato por tiempo indefinido no podrá ser superior al 10 % del total de sus socios.

La admisión de un nuevo socio estará sujeta a periodo de prueba, que no puede ser superior a seis meses, aunque puede ser reducido o suprimido de mutuo acuerdo.

Los estatutos deben respetar:

— entre el fin de una jornada y el comienzo de la siguiente, deberá haber un mínimo de doce horas;
— los menores de dieciocho años no podrán trabajar más de cuarenta horas semanales;
— se deberán respetar las siguientes festividades: Navidad, Año Nuevo y Primero de Mayo. Se podrá trabajar en estas fiestas, sólo en caso especial, por la actividad específica del sector.

El socio trabajador, previo aviso y justificación, puede ausentarse:

— por contraer matrimonio: 15 días;
— por nacimiento de un hijo: 2 días;
— por enfermedad, fallecimiento de pariente hasta 2.º grado de consanguinidad o afinidad: 2 días;
— en el caso anterior, cuando haya desplazamiento: 4 días;
— por traslado de domicilio: 1 día;
— por el tiempo indispensable para el cumplimiento de un deber de carácter público y personal;
— para funciones de representación en el movimiento cooperativo.

Son causas de suspensión de la relación cooperativizada de trabajo:

— la situación de incapacidad laboral transitoria e invalidez provisional;
— la situación de enfermedad;
— la situación de servicio militar;
— la privación de libertad si no hay sentencia condenatoria;
— la excedencia forzosa;
— el cese por causas tecnológicas, económicas o de fuerza mayor.

Las cuestiones contenciosas que se susciten entre socio trabajador y cooperativa se resolverán aplicando la Ley General de Cooperativas, así como los estatutos de la cooperativa.

## Trabajadores autónomos

Son quienes trabajan por cuenta propia y pertenecen en la Seguridad Social al Régimen Especial de Trabajadores Autónomos (RETA), cuyas características son:

— en caso de enfermedad común el autónomo recibe las prestaciones a partir del cuarto día, siendo la cuantía de la prestación del 60 % de la base reguladora hasta el vigésimo día y, a partir de esta fecha y hasta el día de alta, del 75 %;
— tienen derecho a las prestaciones por accidente de trabajo, pero no por *accidente in itinere*;
— en cuanto a la pensión por incapacidad permanente parcial, no se hallan protegidos si dicha situación deriva de contingencias comunes, pero sí si deriva de contingencias profesionales;
— a todos los trabajadores autónomos, sin excepción, que se hallen en situación de incapacidad permanente total se les reconoce la posibilidad de optar entre una indemnización de 40 mensualidades o una pensión equivalente al 55 % de la base reguladora.

En relación con esta cuestión, la Ley 20/2007 de 11 de julio del Estatuto del Trabajador Autónomo ha creado la *figura del trabajador autónomo dependiente*, que es aquel que realiza una actividad económica o profesional de la que depende económicamente porque recibe de ella al menos el 75 % de sus ingresos. Esta novedad legislativa lo ampara ante un accidente *in itinere*, concede derecho al desempleo en función de las características personales o la actividad ejercida y, sobre todo, establece la obligación de protección por incapacidad temporal a partir del 1 de enero de 2008.

# DERECHO LABORAL
## RESUMEN

### Configuración jurídica del contrato de trabajo

• El derecho laboral regula las consecuencias del trabajo dependiente, humano, voluntario, remunerado y por cuenta ajena.

• Se hallan excluidas de la legislación laboral la relación de los funcionarios, las prestaciones personales obligatorias, el desempeño del cargo de consejero, los trabajos realizados a título de buena vecindad, benevolencia o amistad, los trabajos familiares y la actividad de las personas que intervengan en operaciones mercantiles si asumen el riesgo y ventura de las mismas.

• Existen determinadas relaciones laborales de carácter especial referidas al personal de alta dirección, a los miembros del servicio de hogar familiar, los penados, los artistas profesionales, los estibadores portuarios, los minusválidos y las personas que intervengan en operaciones mercantiles si no asumen el riesgo y ventura de las mismas.

### Derechos y deberes laborales básicos

• Los trabajadores gozan los derechos a la ocupación efectiva, la promoción y formación profesional, a no ser discriminados, a su integridad física, al respeto a su intimidad, a la percepción puntual de la remuneración pactada, al ejercicio individual de las acciones y a cuantos derechos se deriven específicamente de su contrato de trabajo.

• Por su parte, los deberes laborales son: cumplir con las obligaciones propias del puesto de trabajo, observar las medidas de seguridad e higiene, cumplir puntualmente las órdenes e instrucciones del empresario, no competir con la empresa, contribuir a la mejora de la productividad y cumplir, en general, con todos aquellos deberes que, en su caso, se deriven del contrato de trabajo.

### El contrato de trabajo

• Podrán celebrar un contrato de trabajo quienes tengan capacidad de obrar según el Código civil, los menores de dieciocho pero mayores de dieciséis años en determinados casos y los extranjeros de acuerdo con la legislación específica.

• El contrato de trabajo podrá ser celebrado de forma verbal, si bien la forma escrita es la más habitual y, en determinadas ocasiones, es un requisito indispensable para su validez.

• La legislación vigente recoge un gran número de modalidades de contratos de trabajo: el contrato para la formación (tiene por objeto que el trabajador adquiera formación teórica y práctica suficiente para desarrollar un oficio determinado), el contrato para el fomento de la contratación indefinida (con dos submodalidades: para desempleados y para trabajadores con contrato temporal que se transforme en indefinido) y un largo etcétera.

• Las Empresas de Trabajo Temporal (ETT) son empresas cuyo objeto es el de poner a disposición de una empresa usuaria trabajadores con carácter temporal. El contrato de puesta a disposición habrá de formalizarse, necesariamente, por escrito y deberá tener una duración máxima de seis meses en el caso que se celebre para atender exigencias circunstanciales del mercado, una acumulación de tareas o bien un exceso de pedidos. Si se trata de cubrir de forma temporal un puesto de trabajo, deberá tener una duración máxima de tres meses. Asimismo, podrá tener la misma duración la causa que motivó el contrato en todos los restantes casos.

**El salario**

• El salario es el producto que recibe el trabajador por su prestación y lo habitual es que se perciba en dinero metálico, pese a que cada vez es más extendida la figura del salario en especie (disfrute de un coche, contratación de un plan de pensiones, etc.), que suele convivir con la remuneración dineraria.

• El salario mínimo interprofesional es aquella cantidad que, anualmente, se determina como contraprestación mínima del trabajador y es inembargable.

• En los supuestos de crisis empresariales, el trabajador puede dirigirse al Fondo de Garantía Salarial (FOGASA).

**La jornada de trabajo**

• Está legalmente prevista la duración máxima de la prestación de los trabajadores, así como el número de horas descanso mínimas que debe existir entre una jornada laboral y otra.

• El número de horas extraordinarias también se halla limitado en su máximo y son objeto de una remuneración bastante superior a las del horario habitual.

• La legislación en vigor se ocupa de regular el trabajo por turnos, el horario flexible, el descanso semanal y anual, las fiestas y los permisos.

• Las trabajadoras, por lactancia de un hijo menor de nueve meses, tendrán derecho a una hora de ausencia del trabajo que podrán dividir en dos fracciones. La mujer, por su voluntad, podrá sustituir este derecho por una reducción de su jornada en media hora con la misma finalidad. Este permiso podrá ser disfrutado indistintamente por la madre o por el padre en caso de que ambos trabajen.

### Suspensión del contrato de trabajo

• La excedencia puede ser voluntaria o forzosa, pero en ambos casos supone la suspensión del contrato laboral, con la conservación del puesto de trabajo y el cómputo de antigüedad.

• Los trabajadores tendrán derecho a un periodo de excedencia de duración no superior a tres años para atender al cuidado de cada hijo, tanto cuando lo sea por naturaleza como por adopción, o en los supuestos de acogimiento, tanto permanente como preadoptivo, que comenzará a contarse desde la fecha de nacimiento o, en su caso, de la resolución judicial o administrativa.

• También tendrán derecho a un periodo de excedencia, de duración no superior a un año, los trabajadores para atender al cuidado directo de un familiar, hasta el segundo grado de consanguinidad o afinidad, que por razones de edad, accidente o enfermedad no pueda valerse por sí mismo y no desempeñe actividad retribuida.

### Extinción del contrato de trabajo

• El contrato de trabajo se extinguirá por mutuo acuerdo de las partes, por las causas consignadas en el contrato, por expiración del tiempo convenido, por dimisión del trabajador, por muerte, gran invalidez o invalidez permanente del trabajador, por jubilación del trabajador, por fuerza mayor, por cese de la industria, por incumplimiento del empresario, por concurrir causas objetivas y por despido del trabajador.

### Órganos de representación de los trabajadores

• Los órganos de representación de los trabajadores en sociedades mercantiles son los comités de empresa y los delegados de personal.

• Los trabajadores autónomos son aquellos que no se hallan sometidos a una relación laboral, sino que realizan el trabajo por su propia cuenta, existiendo, no obstante, un régimen de Seguridad Social al que pueden acogerse.

# VI
# DERECHO PENAL

# La ley penal

## Fuentes del derecho penal

Como fuente de producción del derecho penal, cabe señalar que el sujeto del cual nacen los preceptos jurídicos penales es el Estado. Es, pues, el Estado la fuente de producción de las normas penales, que han de someterse al llamado *principio de legalidad*, el cual afirma que sólo es fuente del derecho penal la ley, estando formulado este principio por la jurisprudencia en la afirmación de que no existe delito y no existe pena sin ley.

Partiendo de esta afirmación, podemos analizar el principio de legalidad, que supone:

— la no retroactividad de la ley penal, no pudiendo ser aplicada la ley penal a conductas anteriores a su promulgación;
— la existencia de una ley escrita, ya que los tribunales deberán motivar sus fallos en leyes escritas;
— la exigencia de que los preceptos jurídicos penales encuentren su base en una ley, excluyéndose, por lo tanto, lo que se denomina la analogía.

## Los delitos

Son delitos, según el Código penal, las acciones y omisiones dolosas o culposas penadas por la ley con penas graves. Tal es la definición que se infiere del artículo 10 de dicho cuerpo legal. No obstante, hemos de ver qué actos y con qué requisitos, pueden considerarse delitos.

### Acción

La acción, en esta acepción, hay que entenderla como manifestación de voluntad, orientada por una finalidad y tendente a la consecución o no de un resultado. Veámoslo:

*Manifestación de voluntad.* No basta que el sujeto piense o desee, sino que tiene que existir una aparición en el mundo sensible de la voluntad del sujeto.

*Finalidad.* La finalidad es la que define la acción; es propia de la actividad humana, produciéndose siempre la manifestación de voluntad con un fin determinado, para la consecución de una determinada meta.

*Consecución o no de un resultado.* A primera vista, la acción delictiva necesita de un resultado, pero el resultado no es requisito imprescindible de delito, siéndolo sólo de ciertas acciones delictivas.

## Antijuridicidad

La antijuridicidad, equivale a la contrariedad del derecho positivo; es un juicio sobre el acto, manifestado por la tipicidad de la acción que cumple un determinado tipo.

## Culpabilidad

Al contrario de la antijuridicidad, que es una calificación del acto, la culpabilidad es una calificación de la persona que comete el acto antijurídico. La culpabilidad será afirmada por parte del juez cuando concurran los siguientes elementos:

*a*) Imputabilidad, que es la capacidad de conocer y de querer, que puede desaparecer como consecuencia de la aparición en el sujeto de determinadas causas, fisiológicas unas (minoría de edad de 16 años) y morbosas otras (enajenación, o dominación del sujeto por un miedo insuperable).
*b*) Dolo o culpa. Se tiene que dar o una o la otra, ya que son excluyentes entre sí. Dolo se dará cuando se delinque en conciencia (el que quiere sustraer una determinada cantidad de dinero y lo consigue); y la culpa denotará su existencia en todos aquellos casos en que el sujeto no quiere realizar el hecho, pero este se produce por descuido del sujeto o por cualquier otra causa a él achacable.
*c*) Ausencia de causas de inexigibilidad, es decir, que no existan causas en donde la norma no opera con normalidad (por ejemplo, la minoría de edad de 18 años).

## Punibilidad

La punibilidad es el sometimiento de la acción a la pena; toda acción que sea típica, antijurídica y culpable, es también punible.

Por otra parte, señala el Código penal que son punibles tanto los delitos consumados como los frustrados, la tentativa y la conspiración, la proposición y la provocación para delinquir.

Hay delito frustrado cuando el culpable practica todos los actos de ejecución que deberían producir como resultado el delito, y sin embargo no lo producen por causas independientes de la voluntad del agente.

Hay tentativa de delito cuando el culpable da principio a la ejecución del delito directamente por hechos exteriores y no practica todos los actos de ejecución que debieran producir el delito, por causa o accidente que no sea su propio y voluntario desistimiento.

La conspiración existe cuando dos o más personas se conciertan para la ejecución de un delito, y resuelven ejecutarlo.

La proposición existe cuando el que ha resuelto cometer un delito invita a otra u otras personas a ejecutarlo.

La provocación existe cuando se incita de palabra, por escrito, o impreso, u otro medio de posible eficacia, a la perpetración de cualquier delito.

## Personas responsables de los delitos

Son responsables criminalmente de los delitos, así como de las faltas: los autores, los cómplices y los encubridores.

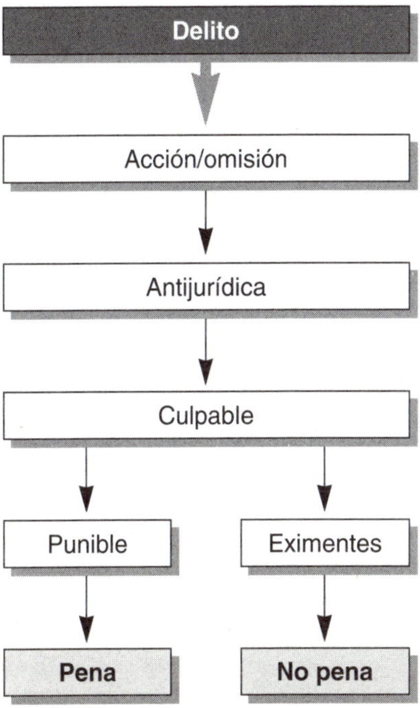


Se consideran autores los que toman parte directa en la ejecución del hecho delictivo, así como aquellos que fuerzan o inducen directamente a otros a ejecutarlos. Se consideran también autores a los que cooperan en la ejecución del hecho con un acto sin el cual no se hubiera efectuado. Igualmente tendrán la consideración de autores los que actúen como directivos y órganos de una persona jurídica, o en representación legal o voluntaria de la misma.

Se considerarán cómplices aquellas personas que, no estando incluidas en el concepto de autores, cooperan en la ejecución del hecho punible con actos anteriores o simultáneos.

Tienen la consideración legal de encubridores los que, con conocimiento de la perpetración de un hecho punible, sin haber tenido participación en él como autores ni cómplices, intervienen con posterioridad a él, de algunos de los modos siguientes:

- — auxiliando a los delincuentes para que se aprovechen de los efectos del delito o falta cometida;
- — ocultando o inutilizando el cuerpo, los efectos o los instrumentos del delito o falta, para impedir su descubrimiento;
- — albergando, ocultando o proporcionando la fuga al culpable, siempre que concurran algunas de las circunstancias siguientes: la de intervenir abuso de funciones públi-

cas por parte del encubridor; la de ser el delincuente reo de traición, genocidio, rebelión u homicidio contra el rey, de cualquiera de sus ascendientes o descendientes, de la reina consorte o bien del consorte de la reina, del regente o del príncipe heredero.

Estarán exentos de las penas que se impongan a los encubridores los que lo sean de su cónyuge y de personas a quienes se hallen ligados por una relación análoga de afectividad, o también a los que lo sean de sus ascendientes, descendientes y hermanos.

## Eximentes de la responsabilidad

El Código penal, en su artículo 20, indica cuáles son aquellas circunstancias que, concurriendo en la persona que comete un delito penado por la ley, y hacen que quede eximido de su responsabilidad y, por lo tanto, sin que la pena prescrita para dicho delito pueda serles aplicada.

Son circunstancias que eximen de la responsabilidad criminal las siguientes:

**1. La enajenación mental y el trastorno mental transitorio.** El enajenado y el que se halla en situación de trastorno mental transitorio, a no ser que este haya sido buscado a propósito para delinquir, están exentos de responsabilidad.

Cuando el enajenado hubiera cometido un hecho que la ley sancione como delito, el tribunal decretará su internamiento en un establecimiento destinado a los enfermos de esta clase, del que no podrá salir sin previa autorización del mismo tribunal. Cuando el tribunal también lo estime necesario, a la vista de los informes de los facultativos que asistan al enajenado, podrá sustituir el internamiento por alguna de las siguientes medidas: *a*) tratamiento ambulatorio; *b*) privación del permiso de conducir o la facultad de obtenerlo durante el tratamiento o el plazo que se le señale; *c*) privación de la licencia o autorización para la tenencia de armas durante el plazo que se señale; *d*) presentación mensual o quincenal, ante el juzgado o tribunal juzgador, del enajenado o de la persona que legal o judicialmente lo tenga en guarda y custodia.

**2. La minoría de edad.** En el caso de que un menor que no haya cumplido la edad de 18 años ejecute un hecho considerado por la ley como delito y, por lo tanto, punible, será confiado a los Tribunales Tutelares de Menores.

**3. Tener alterada gravemente la conciencia de la realidad.** Dice el Código que carecerán de responsabilidad penal aquellos que, por sufrir una alteración en la percepción desde el nacimiento o desde la infancia, tengan alterada gravemente la conciencia de la realidad.

Cuando estas personas hayan cometido un hecho que la ley sancione como delito, se les aplicará la medida de internamiento en un centro educativo especial, durante el tiempo necesario para su educación, del que no podrán salir sin la autorización del tribunal. Cuando la evolución de su estado lo permita, esta medida de internamiento será sustituida por alguna o algunas de las medidas señaladas al hablar de la enajenación mental transitoria.

**4. Obrar en defensa de la persona o derechos propios o ajenos (legítima defensa).** Esta defensa ha de reunir una serie de requisitos, que son los siguientes:

— que se dé una agresión ilegítima; en caso de defensa de los bienes, se reputará agresión ilegítima el ataque a los mismos que constituya delito y los ponga en grave peligro de deterioro o pérdidas inminentes; en caso de defensa de la morada o sus dependencias, se reputará agresión ilegítima la entrada indebida en aquella o estas;
— la necesidad racional del medio empleado para impedirla o repelerla; falta de provocación suficiente por parte del defensor.

**5. Estado de necesidad.** Quien, impulsado por un estado de necesidad y para evitar un mal propio o ajeno, lesiona un bien jurídico de otra persona, o infringe un deber, quedará eximido siempre y cuando concurran las siguientes circunstancias:

— que el mal causado no sea mayor que el que se trata de evitar;
— que la situación de necesidad no haya sido provocada intencionadamente por el sujeto;
— que el necesitado no tenga, por su oficio o profesión, obligación de sacrificarse.

**6. Otras circunstancias eximentes.** Son las siguientes:

— cuando una persona obra violentada por una fuerza a la que se vea incapaz de oponer resistencia;
— cuando una persona obra impulsada por un miedo insuperable de un mal igual o menor;
— cuando una persona obra en el cumplimiento de un deber o en el ejercicio legítimo de un derecho, oficio o cargo;
— cuando una persona obra en virtud de obediencia debida.

## Circunstancias modificativas de la responsabilidad

Las circunstancias modificativas de la responsabilidad son aquellas que de un modo u otro hacen que el sujeto pasivo de la pena, es decir, el autor del delito, no tenga el castigo idéntico que le correspondería si en él no concurrieran estas circunstancias.

Son las circunstancias atenuantes, recogidas por el artículo 21 del Código penal, y circunstancias agravantes, contenidas en el artículo 22.

### Circunstancias atenuantes

Son aquellas circunstancias que producen como efecto una aminoración de la responsabilidad penal. Son circunstancias que consisten en estados o situaciones que disminuyen la inteligencia o la voluntad del agente, determinándole más fácilmente al delito, o disminuyendo la perversidad del delincuente.

La concurrencia de una circunstancia atenuante tiene como consecuencia la imposición de una pena mínima en la mayoría de los casos; sin embargo, ciertas circunstancias producen una atenuación mayor, y rebajan la pena base en uno o dos grados.

Nuestro Código prevé las siguientes circunstancias atenuantes de la responsabilidad criminal:

— todas las circunstancias que eximen de la responsabilidad criminal, cuando no concurrieran los requisitos necesarios para eximir de la responsabilidad, en sus respectivos casos;
— la embriaguez no habitual, siempre que no se haya producido dicha embriaguez con el propósito de delinquir;
— la de no haber tenido el delincuente intención de causar un mal de tanta gravedad como el que se produjo;
— la de obrar el delincuente por causas o estímulos tan poderosos que hayan producido arrebato, obcecación u otro estado pasional de semejante entidad;
— la de haber procedido el culpable, antes de conocer la apertura del procedimiento judicial, y por impulsos de arrepentimiento espontáneo, a reparar o disminuir los efectos del delito, a dar satisfacción al ofendido o a confesar a las autoridades la infracción;
— cualquier otra circunstancia de análoga significación que las anteriores.

### Circunstancias agravantes

Las circunstancias agravantes son aquellas que producen un aumento de la responsabilidad penal. Son circunstancias que agravan el delito cometido las siguientes:

— ejecutar el hecho con alevosía: hay alevosía cuando el culpable comete cualquiera de los delitos contra las personas empleando medios, modos o formas en la ejecución que tiendan directa y especialmente a asegurarla, sin riesgo para su persona que proceda de la defensa que pudiera hacer el ofendido;
— cometer el delito mediante precio, recompensa o promesa;
— aumentar deliberadamente el mal del delito causando otros males innecesarios para su ejecución;
— emplear astucia, fraude o disfraz;
— abusar de superioridad o emplear medio que debilite la defensa;
— obrar con abuso de confianza;
— prevalerse del carácter público que tenga el culpable;

— ser reincidente: hay reincidencia cuando al delinquir el culpable hubiere sido condenado ejecutoriamente por un delito de los comprendidos en el mismo capítulo del Código penal, por otro al que la ley señale una pena igual o mayor, o por dos o más a los que castigue con una pena menor;
— ejecutar el hecho con ofensa de la autoridad o desprecio del respeto que por la dignidad o edad mereciese el ofendido, o en su morada cuando no haya provocado el suceso;
— ejecutar el hecho aprovechando las circunstancias del lugar, tiempo o auxilio de otras personas;
— cometer el delito por motivos racistas, antisemitas o de otra clase de discriminación referente a ideología, religión o creencias de la víctima, la etnia, raza o religión, o nación a la que pertenezca, su sexo u orientación sexual, o la enfermedad o minusvalía que padezca.

### Circunstancias mixtas

En el Código civil vigente figura, además de las circunstancias atenuantes y agravantes, una circunstancia de carácter mixto que puede obrar como atenuante o como agravante.

Consiste esta circunstancia en que el agraviado sea cónyuge o ascendiente, descendiente, o hermano por naturaleza, adoptivo o afín en los mismos grados, del ofensor (artículo 11 del Código penal).

Su estimación como agravante o atenuante es libre por parte del tribunal, quien la apreciará atendiendo a la naturaleza del delito, a los motivos que impulsaron al agente y a los efectos de la infracción.

Por regla general, ha sido apreciada como agravante en los delitos contra las personas, y como atenuante en los delitos contra la propiedad, pero esta doctrina jurisprudencial es sólo un principio orientador. Las circunstancias mixtas pueden no ser apreciadas ni como circunstancias atenuantes ni como agravantes.

El parentesco es atenuante específica del delito de mutilación para eximirse del servicio militar (artículo 426), lo es también en el aborto causado para ocultar la deshonra (artículo 414), y con el abandono de niños perpetrado con igual finalidad (artículo 488). Es elemento integrante del delito de parricidio (artículo 405) y del de infanticidio (artículo 410).

No es aplicable esta circunstancia cuando el parentesco cualifica el delito o determina la imposición de la pena taxativamente señalada en el Código.

# Las penas

La pena ha de estar señalada expresamente en el Código penal para el delito al que se aplique, pues señala el mismo Código, en su artículo 2, que no será castigado delito alguno ni falta con pena que no se halle establecida por la ley anterior a su perpetración.

Esta es, pues, una de las garantías de las leyes penales, que junto con la irretroactividad de las disposiciones penales, forman las dos más importantes. Con relación a esta última garantía, señala el Código que las leyes penales sólo tienen efecto retroactivo en cuanto sean favorecedoras del reo de un delito o falta, aunque al publicarse la ley más favorable ya hubiera recaído sentencia firme y el condenado estuviere cumpliendo la condena.

El Código no da la consideración de penas a las siguientes medidas:

- la detención y la prisión preventiva de los procesados;
- las multas y demás correcciones que en uso de atribuciones gubernativas o disciplinarias impongan los superiores a sus subordinados o administrados;
- las privaciones de derechos y las reparaciones que en forma penal establezcan las leyes civiles que se hallen en vigor.

## Clasificación de las penas

Las penas que los tribunales de justicia pueden imponer con arreglo a lo que dispone el Código penal son las siguientes:

Como penas graves:

- la prisión superior a cinco años;
- la inhabilitación absoluta;
- las inhabilitaciones especiales por tiempo superior a cinco años;
- la suspensión de empleo o cargo público por tiempo superior a cinco años;
- la privación del derecho a conducir vehículos a motor y ciclomotores por tiempo superior a ocho años;
- la privación del derecho a la tenencia y porte de armas por tiempo superior a ocho años;
- la privación del derecho a residir en determinados lugares o acudir

a ellos, por tiempo superior a cinco años;
— la prohibición de acercarse a la víctima o a aquellos de sus familiares u otras personas que determine el juez o tribunal, por tiempo superior a cinco años;
— la prohibición de comunicarse con la víctima o con aquellos de sus familiares u otras personas que determine el juez o tribunal, por tiempo superior a cinco años.

Como penas menos graves:

— la prisión de tres meses hasta cinco años;
— las inhabilitaciones especiales hasta cinco años;
— la suspensión de empleo o cargo público hasta cinco años;
— la privación del derecho a conducir vehículos a motor y ciclomotores de un año y un día a ocho años;
— la privación del derecho a la tenencia y porte de armas de un año y un día a ocho años;
— la privación del derecho a residir en determinados lugares o acudir a ellos, por tiempo de seis meses a cinco años;
— la prohibición de acercarse a la víctima o a aquellos de sus familiares u otras personas que determine el juez o tribunal, por tiempo de seis meses a cinco años;
— la prohibición de comunicarse con la víctima o con aquellos de sus familiares u otras personas que determine el juez o tribunal, por tiempo de seis meses a cinco años;
— la multa de más de dos meses;
— la multa proporcional, cualquiera que sea su cuantía;
— los trabajos en beneficio de la comunidad de 31 a 180 días.

Como penas leves:

— la privación del derecho a conducir vehículos a motor y ciclomotores de tres meses a un año;
— la privación del derecho a la tenencia y porte de armas de tres meses a un año;
— la privación del derecho a residir en determinados lugares o acudir a ellos, por tiempo inferior a seis meses;
— la prohibición de acercarse a la víctima o a aquellos de sus familiares u otras personas que determine el juez o tribunal, por tiempo de un mes a menos de seis meses;
— la prohibición de comunicarse con la víctima o con aquellos de sus familiares u otras personas que determine el juez o tribunal, por tiempo de un mes a menos de seis meses;
— la multa de diez días a dos meses;
— la localización permanente;
— los trabajos en beneficio de la comunidad de uno a 30 días.

Como penas privativas de derechos:

— la inhabilitación absoluta;
— las de inhabilitación especial para empleo o cargo público, profesión, oficio, industria o comercio, o de los derechos de patria potestad,

tutela, guarda y curatela, derecho de sufragio pasivo de cualquier otro derecho;
- la suspensión de empleo o cargo público;
- la privación del derecho a conducir vehículos a motor, incluyendo los ciclomotores;
- la privación del derecho a la tenencia y porte de armas;
- la privación del derecho a residir en determinados lugares o acudir a ellos;
- los trabajos en beneficio de la comunidad.

## Duración de las penas

La pena de prisión tendrá una duración mínima de tres meses y máxima de veinte años, salvo lo que expresamente se disponga excepcionalmente en el propio Código penal.

La pena de inhabilitación absoluta tendrá una duración de seis a veinte años; las de inhabilitación especial, de tres meses a veinte años, y las de suspensión de empleo o cargo público, de tres meses a seis años. La pena de privación del derecho a conducir vehículos a motor y ciclomotores y la del derecho a la tenencia y porte de armas tendrán una duración de tres meses a diez años. La pena de privación del derecho a residir en determinados lugares o acudir a ellos tendrá una duración de hasta diez años. La prohibición de acercarse a la víctima o a aquellos de sus familiares u otras personas que determine el juez o tribunal o de comunicarse con ellos, tendrá una duración de un mes a diez años.

La pena de trabajos en beneficio de la comunidad tendrá una duración de un día a un año, y la de la localización permanente, que tendrá una duración de hasta doce días, se introdujo mediante una reforma del Código penal del año 2003 y podrá cumplirse en el propio domicilio del penado o en aquel lugar determinado fijado por el juez en sentencia.

## Determinación de las penas

Cuando la ley establece una pena, se entiende que la impone a los autores de la infracción cometida.

A los autores de tentativa de delito se les impondrá la pena inferior en uno o dos grados a la señalada para el delito consumado, en la extensión que se estime adecuada, atendiendo al peligro inherente al intento y al grado de ejecución alcanzado.

A los cómplices de un delito consumado o intentado se les impondrá por la pena inferior en grado a la fijada por la ley para los autores del mismo delito.

Al responsable de dos o más delitos o faltas se le impondrán todas las penas correspondientes a las diversas infracciones para su cumplimiento simultáneo, si fuera posible, por la naturaleza y efectos de las mismas.

La pena superior o inferior en grado a la prevista por la ley para cualquier delito tendrá la extensión resultante de las siguientes reglas:

**1.** La pena superior en grado se forma partiendo de la cifra máxima señalada por la ley para el delito de que se trate y aumentando a esta la mitad de su cuantía, constituyendo la suma resultante su límite máximo.

**2.** La pena inferior en grado se formará partiendo de la cifra mínima señalada por la ley para el delito de que se trate y deduciendo de esta la mitad de su cuantía, constituyendo el resultado de tal deducción su límite mínimo.

Cuando, en la aplicación de la regla primera, la pena superior en grado exceda de los límites máximos fijados a cada pena en este Código, se considerarán como inmediatamente superiores:

— si la pena determinada fuera la de prisión, la misma pena, con la cláusula de que su duración máxima será de cuarenta años;
— si fuera la de inhabilitación absoluta o especial, la misma pena, con la cláusula de que su duración máxima será de veinticinco años;
— tratándose de privación del derecho a conducir, y del derecho a la tenencia y porte de armas, las mismas penas, con la cláusula de que su duración máxima será de quince años;
— si fuera de multa, la misma pena, con la cláusula de que su duración máxima será de treinta meses;
— en el arresto de fin de semana, la misma pena, con la cláusula de que su duración máxima será de treinta y seis fines de semana.

En la aplicación de la pena para un delito, los jueces o tribunales observarán según haya o no circunstancias atenuantes o agravantes, las siguientes reglas:

**1.** Cuando no concurrieren circunstancias atenuantes ni agravantes o cuando concurran unas y otras, los jueces o tribunales individualizarán la pena imponiendo la señalada por la ley en la extensión adecuada a las circunstancias personales del delincuente y a la gravedad del hecho, razonándolo en su sentencia.

**2.** Cuando concurra sólo alguna circunstancia atenuante, los jueces o tribunales no podrán rebasar en la aplicación de la pena la mitad inferior de la que fije la ley para el delito.

**3.** Cuando concurran una o varias circunstancias agravantes, los jueces o tribunales impondrán la pena en la mitad superior de la establecida por la ley.

**4.** Cuando sean dos o más las circunstancias atenuantes o una sola muy cualificada, los jueces o tribunales, razonándolo en la sentencia, podrán imponer la pena inferior en uno o dos grados a la señalada por la ley, aplicándola en la extensión que estimen pertinente en cada caso, según la entidad y número de dichas circunstancias.

## Suspensión de la ejecución de las penas privativas de libertad

Los jueces y tribunales gozan de la facultad de dejar en suspenso la ejecución de las penas privativas de libertad, siempre que estas sean inferiores a dos años.

El plazo por el que se acuerde la suspensión dependerá de la pena que se haya impuesto y atenderá, siempre, a las circunstancias personales del delincuente, las características del hecho y la propia duración de la pena.

El Código penal exige, para poder dejar en suspenso la ejecucion de la pena, que se cumplan determinadas condiciones:

— que el condenado haya delinquido por primera vez;
— que la pena impuesta, o la suma de las impuestas en una misma sentencia, no sea superior a los dos años de privación de libertad, como ya se ha dicho;
— que se hayan satisfecho las responsabilidades civiles que se hubieren originado o que se haya declarado la imposibilidad de que el condenado las afronte.

La suspensión de la ejecución de la pena queda condicionada a que el reo no delinca en el plazo que a tal efecto establezca el juez o tribunal, el cual podrá condicionar su decisión al cumplimiento por el delincuente de determinadas obligaciones o deberes, como son:

— prohibición de acudir a determinados lugares;
— prohibición de ausentarse del lugar de residencia, salvo mediando expreso permiso;
— obligación de comparecer personalmente ante el juez o tribunal, para informar de sus actividades y justificarlas;
— obligación de participar en programas laborales, culturales, etc.;
— cumplir los deberes que le sean impuestos y que sean tendentes a la rehabilitación social.

## Sustitución de las penas privativas de libertad

Cuando la naturaleza del hecho, las circunstancias personales del reo, su conducta o el propio esfuerzo para reparar el daño causado así lo aconsejen, los jueces o tribunales podrán tomar la decisión de sustituir las penas privativas de libertad que no excedan de un año, por el arresto de fin de semana o multa. En ningún caso debe tratarse de delincuentes habituales y se podrán imponer obligaciones o deberes que hemos visto antes.

Con carácter excepcional, la sustitución de las penas se podrá aplicar cuando estas excedan de un año pero no superen los dos años.

## La libertad condicional

El Código penal dispone que sea aplicada en las penas privativas de libertad para aquellos sentenciados con estas circunstancias:

- que se encuentren en el tercer grado del tratamiento penitenciario;
- que hayan extinguido las tres cuartas partes de la condena impuesta;
- que hayan observado buena conducta y exista un pronóstico favorable de reinserción social, emitido por expertos.
- que se haya satisfecho la responsabilidad civil derivada del delito.

De la misma manera, a los beneficiados por la medida de la libertad condicional les podrá ser impuesta la observancia de una o varias medidas de aseguramiento, como, por ejemplo, la obligación de residir en un lugar concreto, la sumisión a un tratamiento determinado, etc.

El periodo de libertad condicional tendrá una duración igual al tiempo que le falta al sujeto para cumplir su condena. Si durante dicho periodo, el reo delinque o no se observa que cumpla las reglas de conducta impuestas, pierde la libertad concedida.

# Clasificación de los delitos

En el presente capítulo vamos a ofrecer, a efectos puramente orientativos y sin ninguna pretensión académica, una clasificación de las distintas clases de delitos existentes de acuerdo con el vigente Código penal, para continuar con un detallado análisis de las figuras más conocidas.

A las faltas —que se diferencian de los delitos en su menor importancia y su consiguiente más leve penalización— dedicaremos un capítulo propio.

La clasificación de los delitos atenderá a lo que se suele denominar como el *bien jurídico* que se pretende proteger, es decir, al objeto cuya infracción se estima merecedora del máximo amparo que puede otorgar el ordenamiento jurídico; merecedora, en otras palabras, de una sanción penal.

**1. Delitos contra la integridad física.** Homicidio y sus distintas formas (asesinato, inducción al suicidio, etcétera), aborto (sin consentimiento de la mujer, con su consentimiento pero fuera de los casos permitidos por la ley y aborto imprudente), lesiones (incluidos los malos tratos habituales sobre la pareja), lesiones al feto y manipulación genética.

**2. Delitos contra la libertad.** Detenciones ilegales y secuestros, amenazas y coacciones.

**3. Delitos contra la integridad moral.** Torturas y trato degradante.

**4. Delitos contra la libertad sexual.** Agresiones sexuales, abusos sexuales, acoso sexual, exhibicionismo y provocación sexual y delitos relativos a la prostitución.

**5. Omisión del deber de socorro.** Cometido por particulares o por determinados profesionales.

**6. Delitos contra la intimidad, la propia imagen y la inviolabilidad del domicilio.**

Descubrimiento y revelación de secretos, allanamiento de morada, del domicilio de personas jurídicas y de establecimientos abiertos al público.

**7. Delitos contra el honor.** Calumnia e injuria.

**8. Delitos contra las relaciones familiares.** Matrimonios ilegales, suposición de parto, alteración de la paternidad, estado o condición del menor, delitos contra derechos y deberes familiares.

**9. Delitos contra el patrimonio y el orden socioeconómico.** Hurto, robo, extorsión, robo y hurto de vehículos, usurpación, defraudaciones, insolvencias punibles, alteración de precios en concursos y subastas públicas, daños, delitos relativos a la propiedad industrial, al mercado y a los consumidores, delitos societarios, receptación y conductas afines.

**10. Delitos contra la Hacienda Pública y la Seguridad Social.** Defraudación a la Hacienda Pública y defraudación a la Seguridad Social.

**11. Delitos contra los derechos de los trabajadores.** Imposición de condiciones laborales ilegales, tráfico ilegal de mano de obra, promoción de la inmigración clandestina, discriminación en el empleo, limitación mediante engaño del derecho de huelga, etcétera.

**12. Delitos relativos a la ordenación del territorio y la protección del patrimonio histórico y del medio ambiente.** Construcción en una zona verde o en suelo no urbanizable, derribo de edificios de interés histórico, daños en un archivo o museo, delitos relativos a la protección de la flora y la fauna, etc.

**13. Delitos contra la seguridad colectiva.** Delitos de riesgo catastrófico, incendios, delitos contra la salud pública (tráfico de drogas), delitos contra la seguridad del tráfico (conducción bajo los efectos del alcohol), etcétera.

**14. Falsedades.** Falsificación de moneda y efectos timbrados, falsedades documentales, usurpación del estado civil, usurpación de funciones públicas e intrusismo.

**15. Delitos contra la Administración Pública.** Prevaricación, abandono de destino, omisión de persecución de delitos, desobediencia y denegación de auxilio, infidelidad en la custodia de documentos, violación de secretos, cohecho, tráfico de influencias, malversación, fraudes y exacciones ilegales, etc.

**16. Delitos contra la Administración de Justicia.** Encubrimiento, realización arbitraria del propio derecho, acusación y denuncia falsas, simulación de delitos, falso testimonio, quebrantamiento de condena, etc.

**17. Delitos contra la Constitución.** Rebelión, delitos contra la Corona, delitos contra las instituciones del Estado y la división de poderes, ultrajes a España, etc.

**18. Delitos contra el orden público.** Sedición, desórdenes públicos, tenencia, tráfico y depósito de armas, municiones o explosivos, delitos de terrorismo, atentados contra la autoridad o sus agentes, resistencia, desobediencia, etc.

**19. Delitos de traición y contra la paz o la independencia del Estado y relativos a la defensa nacional.** Entre otros muchos: publicar o ejecutar una orden o disposición de un gobierno extranjero que atente contra la independencia o seguridad del Estado, levantar tropas en España para el servicio de una potencia extranjera sin estar autorizado para ello, reproducir planos o documentos relativos a zonas militares sin estar autorizado para ello y un largo etcétera.

**20. Delitos contra la Comunidad Internacional.** Delitos contra el derecho de gentes, delitos de genocidio y delitos contra las personas y bienes protegidos en caso de producirse conflicto armado.

# Delitos contra la seguridad del Estado

## Delitos contra el Estado

La ya clásica distinción entre delitos contra la seguridad exterior y contra la seguridad interior del Estado ha sido abandonada por el nuevo Código penal, debido, en buena parte, a las muchas críticas de la más acreditada doctrina penalista, que consideraba que esta distinción no respondía a la sensibilidad social actual.

En su sustitución, el Código penal establece diversos grupos de delitos, que denomina con los títulos que detallamos a continuación:

— delitos contra la Constitución;
— delitos contra el orden público;
— delitos de traición y contra la paz o la independencia del Estado y relativos a la Defensa Nacional;
— delitos contra la Comunidad Internacional.

Son delitos contra la Constitución los siguientes:

*a*) El delito de rebelión.
*b*) Los delitos contra la Corona.
*c*) Los delitos contra las instituciones del Estado y la división de poderes (que se subdividen, a su vez, en delitos contra las instituciones del Estado y delitos de usurpación de funciones).
*d*) Los delitos relativos al ejercicio de los derechos fundamentales y libertades públicas y al deber de cumplimiento de la prestación social sustitutoria (que comprenden los delitos cometidos con ocasión del ejercicio de los derechos fundamentales y de las libertades públicas garantizados por la Constitución, los delitos contra la libertad de conciencia, los sentimientos religiosos y el respeto a los difuntos y de los delitos contra el deber del cumplimiento de la prestación social sustitutoria).
*e*) Los delitos cometidos por los funcionarios públicos contra las garantías constitucionales. Esta categoría, a su vez, comprende distintos tipos, como los delitos cometidos por los funcionarios públicos contra la libertad individual, los delitos cometidos por los funcionarios públicos contra la inviolabilidad domiciliaria y demás garantías de la

intimidad y los delitos cometidos por los funcionarios públicos contra otros derechos individuales.

*f*) Los ultrajes a España.

Por su parte, son delitos contra el orden público los que a continuación se enumeran:

*a*) El delito de sedición.
*b*) Los delitos de atentado contra la autoridad, sus agentes y los funcionarios públicos, de resistencia y desobediencia.
*c*) El delito de desorden público.
*d*) El delito de tenencia, tráfico y depósito de armas, municiones o explosivos y el delito de terrorismo.

Los delitos que se conocen genéricamente de traición y contra la paz o la independencia del Estado y relativos a la Defensa Nacional, agrupan las siguientes conductas delictivas:

*a*) Delitos de traición.
*b*) Delitos que comprometen la paz o la independencia del Estado.
*c*) Delitos relativos a la defensa nacional (de los que forman parte los delitos de descubrimiento y revelación de secretos e informaciones relativas a la defensa nacional y los delitos contra el deber de prestación del servicio militar).

Por último, son delitos contra la Comunidad Internacional estos tres:

*a*) Delitos cometidos contra el derecho de gentes.
*b*) Delitos de genocidio.
*c*) Delitos contra las personas y bienes protegidos en caso de conflicto armado.

En el presente capítulo y en el siguiente estudiaremos algunos de los delitos más importantes que antes de entrar en vigor el Código penal del año 1995 (el que ha venido en llamarse *Código penal de la Democracia*) se agrupaban bajo las rúbricas de «delitos contra la seguridad exterior del Estado» y «delito contra la seguridad interior del Estado».

## Delitos de traición

Dentro de la denominación de *delitos de traición*, el Código penal castiga diferentes tipos de conductas:

— inducir o colaborar con otro Estado para que declare la guerra a España;
— auxiliar o favorecer a las tropas enemigas para que ataquen a nuestro país, o entorpecer a las tropas españolas en tales casos;
— desertar, pasándose a las filas enemigas, o inducir a otros a hacerlo;
— reclutar gente, dentro o fuera de nuestro territorio, para hacer la guerra contra España bajo banderas enemigas.

También se considera delito de traición realizar cualquiera de tales actos contra una potencia extranjera aliada de España frente a un enemigo común.

Las penas asignadas a tales delitos comprenden entre los doce y los veinte años de prisión.

## Delitos contra la paz o la independencia

Bajo esta denominación sanciona el Código penal una serie de actos, que son los que resumimos aquí en los siguientes puntos:

- difundir documentos de gobiernos extranjeros que ofendan la dignidad o independencia de España, o inciten al incumplimiento de las leyes;
- realizar actos ilegales o no autorizados que provoquen que otra potencia declare la guerra a España, o induzcan a tomar represalias contra españoles;
- comprender la neutralidad de España durante guerras en las que no intervenga;
- hacer que circulen por el extranjero informes falsos o tendenciosos, o realizar actos que perjudiquen el crédito o autoridad del Estado o comprometan la dignidad o intereses de la nación española;
- reclutar tropas en España con la finalidad de dedicarlos al servicio de una potencia extranjera (aunque no sea enemiga).

Las penas impuestas a estos delitos oscilan desde uno a quince años de prisión, atendiendo a su gravedad.

## Delitos contra la defensa nacional

Se trata de actos que atenten contra el sistema defensivo de nuestro país en tiempos de paz.

Podemos destacar los siguientes delitos concretos:

- violar treguas o armisticios que se hayan acordado entre España y un país enemigo;
- mantener contactos con países enemigos;
- pasar a un país enemigo.

## Delitos contra la comunidad internacional

Bajo este concepto hay que distinguir tres tipos de delitos:

**1. Delitos contra jefes de Estado extranjeros, o personas protegidas por un tratado internacional.** Las penas son las siguientes:

- su muerte se castiga con una pena entre veinte y veinticinco años de prisión;
- causarles lesiones graves, con una pena entre cuatro y veinte años de prisión;
- y si se viola su intimidad, la pena será la prisión, entre seis meses y tres años.

Si no existe reciprocidad en su país, estos delitos se castigan con las mismas penas que corresponderían si la víctima no tuviera ese carácter oficial.

**2. Delitos de genocidio.** Se trata de intentar destruir total o parcialmente a un grupo nacional, étnico, racial o religioso:

— si se provoca la muerte, castración, esterilización, mutilación o lesiones graves a algún miembro del grupo, se castiga con prisión entre quince y veinte años;
— si se les somete a condiciones de existencia que pongan en peligro su vida o perturben su salud, con prisión entre ocho y quince años;
— y la misma pena se aplica si se llevan a cabo desplazamientos forzosos del grupo o de individuos, o traslados de estos de un grupo a otro, o se adoptan medidas con el fin de impedir su género de vida o su reproducción.

**3. Delitos contra personas y bienes protegidos en caso de conflicto armado.** Se trata de delitos de degradación o violencia contra heridos, enfermos, náufragos, personal sanitario o religioso, prisioneros de guerra, parlamentarios, población civil, etc., que se lleven a cabo con ocasión de un conflicto armado.

## Disposiciones comunes

Existen dos normas que son aplicables a todos los delitos contra la seguridad exterior del Estado:

— si son cometidos por un funcionario público se le impondrá, además de la pena correspondiente, la de inhabilitación;
— la provocación, la conspiración y la proposición para la ejecución de dichos delitos se castigan con la pena inferior en uno o dos grados a la que les correspondería.

## Delitos contra la Corona

El Código penal protege especialmente la persona, libertad y dignidad del rey, la reina, los regentes o el príncipe heredero, imponiendo a los autores de delitos contra ellos una pena más grave que la que correspondería si la víctima no ostentara esa condición.

Así, se castiga con penas de prisión de hasta 25 años en algunos casos:

— si se les causa la muerte o lesiones graves;
— si se les priva de su libertad personal;
— si se les obliga a realizar actos contrarios a su voluntad mediante violencia o intimidación graves;
— si se les injuria o amenaza gravemente en su presencia;
— si se les injuria o amenaza gravemente por escrito o con publicidad;
— si se invade violentamente su morada;
— si se utilizan sus imágenes de forma que se pueda producir un desprestigio para la Corona.

## Delitos contra los altos organismos de la nación

Están calificados como delitos los actos que consistan en penetrar por la fuerza en el lugar donde está constituido el consejo de ministros, en las Cortes (congreso o senado) y en los parlamentos y gobiernos de las comunidades autónomas, para presentar peticiones, intimidar a sus miembros, o perturbar de cualquier forma las reuniones que allí se estén realizando.

De la misma manera, también están sancionadas las injurias, calumnias y amenazas contra tales organismos y contra el regente, el Consejo General del Poder Judicial, el Tribunal Constitucional y el Tribunal Supremo.

## Delitos contra el Gobierno

Se considera como tales delitos los actos tendentes a sustituir por otro el Gobierno de la nación, cambiar ilegalmente la organización del Estado o despojar al rey de todas o alguna de sus facultades.

Los promotores y jefes de este tipo de delito contra el gobierno son castigados con penas superiores que los meros participantes.

También se castiga a los que en reuniones o sitios de numerosa concurrencia den gritos, vivas o aclamaciones, repartan o lean impresos, o exhiban banderas o lemas que tiendan a esos fines.

## La rebelión

El delito de rebelión consiste en alzarse públicamente para cualquiera de los fines siguientes:

— derogar, suspender o modificar la Constitución, de forma total o parcial;
— destituir al Jefe del Estado u obligarle a ejecutar un acto contra su voluntad;
— impedir la libre celebración de elecciones para cargos públicos;
— disolver las Cortes, el congreso, el senado o la asamblea legislativa de cualquier autonomía, impedir que se reúnan o deliberen, u obligarles a adoptar alguna resolución;
— declarar la independencia de una parte del territorio nacional, o sustraer a la nación, a parte de ella o a cualquier fuerza armada a la obediencia del Gobierno;
— sustituir por otro el Gobierno de la nación o de una comunidad autónoma, despojarles de sus facultades, impedir o coartar su ejercicio, u obligar a sus miembros a ejecutar actos contrarios a su voluntad.

Las penas previstas para el delito de rebelión van desde los cinco hasta los veinticinco años de prisión. Pero si ha habido lucha armada, estragos en las propiedades, corte de líneas telegráficas o de vías férreas, exigencia de contribuciones, etc., las penas que se impondrán serán superiores.

El Código penal también castiga, en relación con este delito:

— su provocación por medio de la imprenta, radio u otros medios;
— su apología (y también la del terrorismo);
— la comisión por astucia, sin alzamiento publico, de cualquiera de los fines perseguidos por la rebelión;
— la sedición de tropas o fuerzas armadas para rebelarse (aunque no lleguen a hacerlo);
— la inhibición de los militares que no impidan o denuncien los propósitos de rebelión de sus subordinados.

Queda exento de pena el implicado que la denuncie a tiempo para evitarla.

## La sedición

La sedición consiste en el alzamiento público y tumultuoso para conseguir, por la fuerza o fuera de las vías legales, cualquiera de los fines siguientes:

— impedir la promulgación o ejecución de las leyes, o la celebración de elecciones para cargos públicos;
— impedir a cualquier autoridad, corporación oficial o funcionario público el libre ejercicio de sus funciones o el cumplimiento de sus providencias administrativas o judiciales.

También están considerados reos de sedición:

— los funcionarios que continúen desempeñando sus cargos bajo el mando de los sediciosos;
— los que acepten empleos de los sediciosos.

## Delitos contra las autoridades y sus agentes

Bajo la denominación de *atentados*, el Código penal castiga:

— los perpetrados contra ministros, autoridades o funcionarios en misiones o cargos de especial trascendencia, o sus familiares;
— los perpetrados por bandas armadas u organizaciones terroristas contra las Fuerzas Armadas, las de Seguridad del Estado y las Policías autonómicas o locales;
— el empleo de la fuerza o intimidación para conseguir alguno de los fines señalados en los delitos de rebelión o de sedición;
— el acometimiento o empleo de fuerza o intimidación, contra la autoridad, sus agentes o funcionarios públicos durante el ejercicio de sus cargos;
— el maltrato de obra a miembros de las Fuerzas Armadas, de servicio y vistiendo uniforme.

La pena señalada para estos delitos oscila muchísimo, dependiendo de la gravedad de los hechos y del perjudicado.

También castiga el Código penal los delitos de resistencia a la autoridad o a las Fuerzas Armadas, y los de simple desobediencia a las órdenes de las autoridades en el ejercicio de sus funciones.

Por último, constituyen delito el desacato, insulto, calumnia, injuria y amenaza contra los ministros, las autoridades y sus agentes.

## Desórdenes públicos

Como desórdenes públicos la ley castiga la comisión de los siguientes actos:

— alterar el orden en grupo, atentando contra la paz pública, lesionando personas o causando daños en las propiedades, obstaculizando vías públicas u ocupando edificios;
— provocar tumultos en juzgados y tribunales, colegios electorales, actos públicos de autoridades y corporaciones, oficinas públicas, espectáculos, solemnidades y reuniones numerosas;
— realizar actos en centros docentes sin pertenecer a los mismos, que perturben, o lo intenten, sus actividades, menoscaben la libertad de enseñanza o provoquen desobediencia a la autoridad académica;
— perturbar el orden público para injuriar a alguien o impedirle el ejercicio de sus derechos cívicos;
— proferir gritos u ostentar banderas o lemas provocativos de rebelión o sedición en reuniones o lugares públicos;
— causar desperfectos en los medios de comunicación o interceptarlos, apoderarse de material de transporte o abastecimiento de agua, gas, electricidad, telecomunicaciones, etcétera, o adquirirlo conociendo su procedencia;
— formular falsos avisos de existencia de explosivos, con intención de causar alarma.

## Tenencia de armas y explosivos

Se considera delito la mera tenencia de armas de fuego si no se posee la licencia o permiso correspondiente al arma de que se trate (se exceptúan aquí las de caza, las de valor artístico o histórico y las deportivas, cuya posesión no constituye un delito, sino sólo una infracción administrativa).

También se castiga con la pena de prisión menor la tenencia, fabricación, transporte o suministro de sustancias o aparatos explosivos, inflamables o asfixiantes, con propósito delictivo y fuera de los casos que son permitidos por la ley.

# Delitos contra bienes comunes

Con la denominación de *delitos contra bienes comunes* nos estamos refiriendo a todas aquellas conductas ilícitas que afectan a lo que se ha venido en denominar *patrimonio común*, es decir, a bienes que son necesarios y facilitan la existencia de los seres humanos, por lo que estos están obligados a preservarlos y transmitirlos a las generaciones venideras.

El nuevo Código penal recoge, en el título decimosexto del libro segundo, tres grupos:

— delitos contra la ordenación del territorio;
— delitos contra el patrimonio histórico;
— delitos contra los recursos naturales y el medio ambiente.

## Delitos contra la ordenación del territorio

Se trata de conductas atentatorias contra las normas administrativas (en concreto, contra las normas urbanísticas) que hacen referencia a la utilización racional del suelo.

En primer lugar, tenemos que se halla proscrita aquella acción, llevada a cabo por promotores, constructores o técnicos directores, consistente en realizar una construcción no autorizada en suelos destinados a viales, zonas verdes, bienes de dominio público o lugares que tengan legal o administrativamente reconocido su valor paisajístico, ecológico, artístico, histórico o cultural, o que, por los mismos motivos, hayan sido considerados de especial protección. Asimismo, se prohíbe llevar a cabo una edificación no autorizable en suelo calificado como no urbanizable.

Con carácter general, está previsto que los jueces o tribunales, siempre que lo hagan con un motivo, puedan ordenar, además, que el autor del hecho sea condenado a demoler la obra y a abonar las indemnizaciones debidas a aquellas personas que hubieran comprado una casa construida en un terreno no legalmente apto para ser edificado, sin conocer la existencia de tal prohibición.

Tenemos, por tanto, que nos hallamos ante lo que los estudiosos califican como «delitos de resultado», es decir, que lo que se persigue es la consecuencia de la acción: la realización de una construcción no autorizada o cuya autorización, concedida en un primer momento, se hubiera denegado con posterioridad, o la segunda de las conductas citadas, si concurre la circunstancia de que el suelo es calificado como de «no urbanizable» y la edificación como de «no autorizable».

Según ha quedado detallado, el autor de los delitos que analizamos sólo puede serlo quien profesionalmente se dedique a la construcción.

¿Qué ocurre cuando, como sucede con mucha frecuencia, el promotor, constructor o técnico director sea una sociedad (una «persona jurídica»)? ¿A quién habrá que considerar responsable del delito? La respuesta debemos buscarla en la Ley del Suelo, que, apartándose del principio penal que sólo considera responsable a las personas individuales, nunca a las sociedades, afirma que las sanciones cometidas en el ámbito urbanístico por particulares que actúen mediante personas jurídicas serán impuestas a estas, quienes asumirán, asimismo, el coste de las medidas de reparación.

Por último, señalemos que la construcción ilícitamente efectuada debe tener lugar en suelos que revistan una especial cualificación: tiene que tratarse de viales, zonas verdes, bienes de dominio público o lugares especialmente protegidos o de suelo no urbanizable.

El otro delito que el Código penal prevé bajo la denominación de *delitos contra la ordenación del territorio* es el siguiente: haber informado favorablemente, una autoridad o funcionario público, a sabiendas de su injusticia, acerca de proyectos de edificación o de la concesión de licencias contrarias a las normas urbanísticas vigentes o haber revuelto o votado a favor de la concesión de dichas licencias. Se trata, como se ve, de un delito cuyo autor tiene que ser un funcionario público o una autoridad.

## Delitos contra el patrimonio histórico

El nuevo Código penal no ha permanecido insensible ante la enorme proliferación, en nuestro país, de atentados contra el patrimonio artístico, cultural o histórico.

Es cierto que existen, desde hace ya algunos años, diversas leyes de carácter administrativo que establecían multas y sanciones a todos aquellos que, demostrando un verdadero desprecio por los bienes de pertenencia común y de indudable valor no sólo económico sino cultural (por ejemplo, monumentos, pinturas, esculturas, etcétera), atentaban contra ellos; pero es también cierto que, sin una norma penal, la protección era muy inferior a la deseable.

La doctrina que ha estudiado en profundidad este delito ha llegado a la conclusión de que, según el Código penal, se puede efectuar la siguiente clasificación:

— delitos que se agravan por recaer sobre bienes del patrimonio histórico;
— derribo o alteración grave de edificios singularmente protegidos;
— daños en archivos, museos, registros, bibliotecas, yacimientos arqueológicos, etc.

### Delitos que se agravan por recaer sobre bienes del patrimonio histórico

Se trata de figuras delictuales ya previstas en otros lugares del Código y que, por recaer sobre bienes pertenecientes al patrimonio histórico, tienen una penalidad más grave.

Así, nos encontramos con que los robos o hurtos que tengan por objeto alguno de dichos bienes en concreto, que se refieran a cosas de valor artístico, histórico, cultural o científico, presentan una mayor pena que los robos o hurtos que no recaigan sobre los objetos mencionados. Lo mismo ocurre si se ejecuta una apropiación indebida, una estafa o se cometen daños sobre bienes especialmente protegidos en razón de tratarse de integrantes del patrimonio artístico, cultural, histórico o científico.

### Derribo o alteración grave de edificios singularmente protegidos

El artículo 321 del Código penal sanciona a todos aquellos que derriben o alteren gravemente edificios singularmente protegidos por su interés histórico, artístico, cultural o monumental.

Al igual que los delitos contra la ordenación del patrimonio que hemos estudiado antes, se trata de «delitos de resultado», es decir, se consuman con el derribo o la grave alteración de un edificio singularmente protegido. Nótese que el Código resalta la «gravedad» como elemento necesario del tipo penal, y que se trata de un concepto totalmente indeterminado, por lo que deberán ser los jueces y tribunales los que, ante cada supuesto, determinen si la conducta es lo suficientemente grave como para ser encuadrada dentro del delito que analizamos o no.

El autor de este delito puede ser cualquier persona: a diferencia de los delitos vistos antes, aquí no se requiere que el sujeto activo tenga cualidad específica alguna.

En cuanto al objeto, está claro que este delito no se puede referir a cualquier edificio sino solamente a aquellos «especialmente protegidos» en atención a su «interés histórico, artístico, cultural o monumental».

Otra conducta prevista como sancionable por el Código penal en relación con el patrimonio histórico es la que se regula en el artículo 322, referido a la autoridad o funcionario público que, a sabiendas de su injusticia, haya informado favorablemente proyectos de derribo o alteración de edificios singularmente protegidos.

Se trata de un supuesto de prevaricación cualificado y agravado y cuyo autor tiene que ser, necesariamente, un funcionario público o una autoridad.

### Daños en archivos, museos, registros, bibliotecas, yacimientos arqueológicos, etc.

Según el artículo 323 del nuevo Código penal, se castiga la acción consistente en causar daños en un archivo, registro, museo, biblioteca, centro docente, gabinete científico, institución análoga o en bienes de valor histórico, artístico, científico, cultural o monumental, así como en yacimientos arqueológicos, pudiendo los jueces ordenar, a cargo del autor del daño, la adopción de medidas encaminadas a restaurar el bien dañado.

Se trata, también en este supuesto, de un delito que se consuma por el daño causado y cuyo autor puede ser cualquier persona, sin necesidad de que concurra cualidad específica alguna.

Este delito tiene su más inmediato antecedente en el último Código penal, derogado por el del año 1995, más en concreto en su artículo 561, cuya diferencia esencial con el actualmente en vigor radica en que antes se especificaba que los bienes tenían que ser «públicos», con lo cual parecía claro que los daños cometidos a, por ejemplo, un archivo de titularidad privada quedaban fuera del alcance de protección penal.

## Delitos relativos a la flora, fauna y animales domésticos

El Código Penal se hace eco de la cada vez mayor sensibilidad social por el medio ambiente y los animales y, desde el año 2003, castiga con dureza las acciones que atentan contra tales bienes jurídicos.

Así, se establece que el que con grave perjuicio para el medio ambiente corte, tale, queme, arranque, recolecte o efectúe tráfico ilegal de alguna especie o subespecie de flora amenazada o de sus propágulos, o destruya o altere gravemente su hábitat, será castigado con la pena de prisión de cuatro meses a dos años o multa de 8 a 24 meses. Además, aquel que introduzca o libere especies de flora o fauna no autóctona, de modo que perjudique el equilibrio biológico, será castigado con la pena de prisión de cuatro meses a dos años o multa de 8 a 24 meses.

Tampoco queda penalmente impune la caza o pesca de especies amenazadas o la realización de actividades que impidan o dificulten su reproducción o migración, comercie o trafique con ellas o con sus restos. Está asimismo penalizado el empleo, para la caza o pesca, de veneno, medios explosivos u otros instrumentos o artes de similar eficacia destructiva para la fauna.

El maltrato a los animales constituye también un tipo penal. En concreto, el Código establece que los que maltrataren con ensañamiento e injustificadamente a animales domésticos causándoles la muerte o provocándoles lesiones que produzcan un grave menoscabo físico serán castigados con la pena de prisión de tres meses a un año e inhabilitación especial de uno a tres años para el ejercicio de profesión, oficio o comercio que tenga relación con los animales.

Los que maltrataren cruelmente a los animales domésticos o a cualesquiera otros en espectáculos no autorizados legalmente sin incurrir en los supuestos previstos en el párrafo anterior, serán castigados con la pena de multa de 20 a 60 días o trabajos en beneficio de la comunidad de 20 a 30 días.

Por último, es importante hacer referencia a dos acciones que se hallan, también, tipificadas penalmente y que guardan una directa relación con los animales:

— los dueños o encargados de la custodia de animales feroces o dañinos que los dejaren sueltos o en condiciones de causar mal serán castigados con la pena de multa de 20 a 30 días;
— quienes abandonen a un animal doméstico en condiciones en que pueda peligrar su vida o su integridad serán castigados con la pena de multa de 10 a 30 días.

# Delitos contra el ejercicio de los derechos de la persona

## Discriminación

El Código penal castiga a los funcionarios y autoridades encargados de un servicio público que nieguen a una persona las prestaciones a que tenga derecho, por razón de su origen, sexo, situación familiar, raza, religión, afiliación política o sindical.

También, si no se respetan los derechos de una persona jurídica (fundación, asociación o sociedad) por los mismos motivos referidos a todos o alguno de sus miembros.

Estas violaciones del derecho a la igualdad frente a la ley, reconocido en nuestra Constitución, están sancionadas con la pena de arresto mayor y multa de hasta un millón de pesetas, que se impondrá en su grado máximo a los funcionarios culpables, además de su suspensión como tales.

## Libertad de conciencia

La Constitución proclama la aconfesionalidad del Estado (ninguna religión es la «oficial») y el derecho a la libertad religiosa y de culto, a expresar libremente las creencias de cada uno al respecto y a no ser obligado a manifestarlas si no lo desea.

En consecuencia, el Código penal castiga con la pena de prisión y multas los siguientes actos:

- impedir con violencia o intimidación que los miembros de una confesión religiosa practiquen actos de culto o asistan a ellos;
- obligar, por los mismos medios, a alguien a practicar o concurrir a ceremonias religiosas, a cambiar de religión o a manifestar si profesa o no alguna de ellas;
- realizar actos de profanación o provocar tumultos, ejercer la violencia o proferir amenazas en lugares de culto, interrumpir sus ceremonias o maltratar de obra o de palabra a un ministro de cualquier confesión religiosa;
- hacer escarnio, de palabra o por escrito, de alguna religión, o ultrajar públicamente sus dogmas, ritos o ceremonias.

Las ofensas más leves se castigan con penas de multa, pero las profanaciones más graves realizadas en lugares de culto pueden ser castigadas hasta con seis años de cárcel.

## Detenciones y prisiones ilegales

La Constitución garantiza que nadie pueda ser condenado si no es en virtud de sentencia firme, impuesta por un tribunal competente y tras un juicio imparcial en el que haya podido defenderse. Los detenidos, en el plazo máximo de setenta y dos horas deben ser puestos a disposición del juez, o dejados en libertad.

En relación con la violación de tales derechos el Código penal castiga con diversas penas a los funcionarios administrativos, militares y judiciales que no los respeten. En resumen, constituyen sendos delitos:

— las detenciones ilegales;
— no respetar el tiempo máximo de detención preventiva;
— imponer sanciones personales o pecuniarias sin tener competencia para ello;
— no cumplir, o dilatar, los mandatos judiciales de puesta en libertad de detenidos o presos;
— imponer penas diferentes a las establecidas legalmente o mantener a los presos incomunicados indebidamente, imponerles privaciones o tratarlos con un rigor innecesario.

Por otro lado, el Código penal castiga a los funcionarios que para obtener confesiones o testimonios maltraten de obra a los detenidos, los coaccionen o amenacen, o sometan al interrogado a condiciones o procedimientos que intimiden o violenten su voluntad.

## Libertades públicas

El nuevo Código penal persigue toda actitud de carácter discriminatorio respecto de nuestros semejantes, por lo que castiga, entre otras, las siguientes conductas:

— la provocación al odio, la discriminación o la violencia contra grupos o asociaciones, por motivos raciales, ideológicos, religiosos, de orientación sexual, de origen nacional, etc.;
— la difusión de información injuriosa que pueda afectar a determinadas personas o colectivos por las causas mencionadas;
— la denegación de una prestación a quien tuviera derecho a ella, por razón de su ideología, religión, su pertenencia a una etnia determinada, su sexo u orientación sexual, etc.

Las penas previstas por el Código van desde la mera inhabilitación para el ejercicio de una determinada profesión u oficio hasta la pena de prisión de hasta tres años, siendo los más graves los delitos cometidos por funcionarios en el ejercicio de su cargo.

Por otra parte, son punibles las reuniones o manifestaciones ilícitas, teniendo tal consideración las que se celebren con el fin de cometer algún delito o aquellas a las que concurran personas con armas, artefactos, explosivos u objetos contundentes o peligrosos.

Por otro lado, existe el derecho a la libertad de celebrar reuniones y manifestaciones siempre que sean pacíficas y sin armas.

Sólo si van a celebrarse en lugares de tránsito público debe comunicarse previamente a la autoridad gubernativa que, por razones de orden público, puede prohibirlas o modificar su fecha, lugar de celebración o itinerario previsto. Fuera de estos casos, impedir o perturbar el legal constituye delito, castigado con arresto mayor y multa de hasta un millón de pesetas.

Pero la ley también castiga la participación en reuniones o manifestaciones ilícitas (celebradas para cometer algún delito, o a las que concurran personas armadas o no autorizadas), negarse a disolverla a requerimiento de la autoridad o sus agentes, o realizar actos violentos contra estos o contra las personas y propiedades. Las penas de multa y privación de libertad se agravan en función del grado de participación y de la naturaleza de los hechos.

En cuanto a la libertad de asociación, también reconocida en la Constitución, impedirla, obstaculizarla o perturbar de alguna forma las actividades estatutarias de cualquier asociación lícita es una conducta tipificada penalmente.

Al mismo tiempo, el Código penal declara ilícitas las asociaciones que:

— tengan por objeto o promuevan la comisión de algún delito;
— aunque persigan fines lícitos, utilicen medios violentos para conseguirlos;
— sean clandestinas o de carácter paramilitar;
— promuevan la discriminación racial o inciten a ella.

A los fundadores, directores y presidentes de tales asociaciones se les castiga con la pena de prisión de dos a cuatro años e inhabilitación y multa entre doce y veinticuatro meses. A los miembros activos, con la de prisión de uno a tres años y multa entre doce y veinticuatro meses.

Las penas se agravan si se trata de organizaciones terroristas o rebeldes, o de bandas armadas, castigándose a los promotores, directores, partícipes, colaboradores, informadores y financiadores con penas que pueden llegar hasta catorce años.

Finalmente, atentar contra libertad sindical o el derecho de huelga se castiga con prisión de seis meses a tres años y multa de seis a doce meses.

## Otros delitos de este tipo

El domicilio es inviolable, y los agentes de la autoridad sólo pueden entrar en él (sin consentimiento del dueño) mediante un mandamiento judicial. Hacerlo sin él o registrar sus papeles y efectos está penado. Apoderarse de papeles, cartas o mensajes de correo electrónico, con la intención de descubrir secretos o vulnerar la intimidad ajena está castigado con pena de prisión de uno a cuatro años y multa de doce a veinticuatro meses. Igual pena corresponde a la interrupción de comunicaciones y al apoderamiento, utilización o modificación, en perjuicio de terceros, de datos que se hallen en ficheros o soportes informáticos, electrónicos o telemáticos o en cualquier otro tipo de archivo o registro. Corresponde una pena de dos a cinco años de prisión si se da publicidad o, también, si se ceden a terceros los datos o hechos descubiertos o las imágenes captadas a que se ha hecho referencia.

# Las falsedades

## Bien jurídico protegido

Bajo este epígrafe, recoge el Código penal una serie de delitos que atentan contra la fe pública, la confianza general sobre la autenticidad de ciertos símbolos, efectos, documentos y personas.

## Falsificación de moneda y efectos timbrados

Dentro de este epígrafe, se encuadran las siguientes conductas:

— la fabricación de moneda falsa;
— la introducción de moneda falsa en el país;
— la distribución o expedición de moneda falsa, en connivencia con los falseadores o las personas que han llevado a cabo la actividad de introducirla.

Dichas conductas, según el Código penal, llevan aparejada la pena de prisión de 8 a 12 años y multa de tanto al décuplo del valor aparente de la moneda.

También se hallan penados:

— el hecho de tener moneda falsa bien para su expedición o bien para proceder a su distribución;
— la adquisición de moneda falsa para su puesta en circulación;
— la distribución de moneda falsa que haya sido recibida de buena fe, constatada su falsedad.

Es importante destacar que por moneda se entiende tanto la metálica como el papel moneda, las tarjetas de crédito, las de débito y los cheques de viaje y que se equiparan a moneda nacional las de los países extranjeros (incluidos los de la Unión Europea).

Por último, se castiga asimismo la falsificación o expedición en connivencia con el falsificador, de sellos de correos o efectos timbrados o su introducción en España, conociendo su falsedad, así como la distribución de los mismos, recibidos de buena fe, en cantidad superior a 50.000 pesetas, una vez constatada su falsedad. Como puede apreciarse, las penas son considerablemente inferiores que las mencionadas para la moneda falsa.

## Falsedades documentales

Existen tres grupos de delitos dentro de dicha denominación genérica: la falsificación de documentos públicos, oficiales y mercantiles y de despachos transmitidos por servicios de telecomunicación, la falsificación de documentos privados y la falsificación de certificados.

El primer grupo de ellos consiste en alterar o falsear el contenido de un documento público, pero se trata de un delito que puede ser cometido tanto por funcionarios como por particulares. Asimismo, también incurren en este delito quienes presentan, en juicio o para perjudicar a otro, un documento falso.

La falsedad privada sólo se diferencia de las conductas descritas en el carácter del documento y es considerada, por el Código penal, como una conducta que debe ser sancionada pero de forma menos grave que por lo que a los documentos públicos se refiere.

Por otra parte, la emisión de certificados falsos por parte de facultativos, funcionarios o particulares, o el uso del certificado falso —a sabiendas de su carácter— constituyen las conductas tipificadas en el tercer grupo de las falsificaciones.

Las falsedades no han sido objeto de una profunda modificación en el nuevo Código penal, como ha sucedido con otros delitos. No obstante, sí conviene destacar las principales novedades que presenta el nuevo texto legal en comparación con el derogado: se establece una definición general de documento que deberá ser tenido en cuenta en cualquier mención que de dicha palabra se haga a lo largo del Código penal, la existencia de un nuevo delito como es la falsedad por imprudencia grave (del que sólo podrá ser autor un funcionario público) y la desaparición como delito específico de la falsificación del documento nacional de identidad, lo cual no significa que se trate de una conducta permitida, sino que se integra dentro de las falsedades de documentos de carácter oficial.

### Elementos del delito de falsedad

Los elementos que deben concurrir para que se pueda apreciar la existencia de un delito de falsedad documental son tres:

- la propia existencia de un documento, según viene definido en el mismo Código penal;
- que se trate de un documento oficial, mercantil o privado;
- que la acción falsaria tenga lugar mediante la confección o alteración material del documento y con la intención de llevar a cabo el mudamiento de la verdad.

Según el Código penal, documento es todo soporte material que exprese o incorpore datos, hechos o narraciones con eficacia probatoria o relevancia jurídica.

## La usurpación del estado civil y de funciones públicas y el intrusismo

Un supuesto específico dentro de las falsedades (que algunos denominan *falsedades personales*) lo constituyen:

- la usurpación del estado civil de otro (es decir, simular una filiación distinta de la propia);
- ejercer actos reservados a una autoridad o funcionario, sin ser ninguna de las dos cosas;
- ejercer actos propios de una profesión sin poseer el correspondiente título académico, agravándose la conducta si la actividad desarrollada exigiere un título oficial o si el sujeto se atribuye públicamente la cualidad profesional amparada por el título referido.

# Delitos contra la Administración de Justicia

## Acusaciones y denuncias falsas

Constituye un delito acusar falsamente a otra persona ante funcionarios que tengan competencia para investigar los hechos y castigarlos. Si se acusa falsamente a alguien de un delito grave, la pena es de prisión de seis meses a dos años y de doce a veinticuatro meses de multa; la multa será de doce a veinticuatro meses si se imputa un delito menos grave, y de tres a seis meses si lo que se imputa es una falta. La falsedad de la acusación debe constar en sentencia o auto firme de sobreseimiento o archivo. Con la pena de prisión de uno a cuatro años y multa de seis a veinticuatro meses, se castigan los actos de violencia o intimidación contra denunciantes, partes, testigos, peritos o intérpretes para que desistan de su acción o alteren sus declaraciones, o tomen represalias contra ellos.

## Falso testimonio

Prestar declaraciones falsas en un juicio constituye un delito de falso testimonio que está castigado con penas de prisión de seis meses a dos años y multa de tres a seis meses. La pena es mayor si el falso testimonio se da en contra del reo en causa criminal por delito.

Cometen asimismo este delito los peritos e intérpretes que falten maliciosamente a la verdad en su dictamen o traducción.

## Quebrantamiento de condena y evasión de presos

Está castigado el hecho de que los presos quebranten la condena, se evadan de las cárceles, o de que alguien los saque de ellas o les facilite la evasión. El código castiga severamente el hecho en caso de que el culpable fuera un funcionario encargado de la conducción o custodia del detenido.

## Realización arbitraria del propio derecho

Este delito consiste en ejercer un derecho actuando fuera de las vías legales y mediando violencia, intimidación o fuerza.

La pena es de multa de seis a doce meses o incluso más si se utilizan armas u objetos peligrosos.

## Simulación de delitos

Comete este delito la persona que, a sabiendas, finge ser el responsable o la víctima de un delito, y actúa declarando este hecho ante las autoridades y provocando que se inicie una actuación procesal.

La pena que se impone para castigar tales hechos es la de multa de seis a doce meses.

## Omisión del deber de impedir delitos o de denunciarlos

Todos los ciudadanos, sin excepción, tienen el deber de procurar impedir la comisión de delitos contra la vida, la integridad física, la libertad sexual, y la libertad y seguridad de las personas, si puede hacerlo sin riesgo propio o ajeno.

Quien no intervenga en tales circunstancias será castigado con penas de prisión o de multa, dependiendo del delito del que se trate.

Las personas que tengan conocimiento de la comisión de alguno de tales delitos y no los denuncien a la autoridad o sus agentes, serán condenadas también a las mismas penas que las que no intenten evitarlos.

## Deslealtad profesional

Pese a que este es el nombre que recibe una serie de conductas que se encuadran dentro del epígrafe «delitos contra la Administración de Justicia», lo cierto es que el autor de tales delitos, al menos en algunos supuestos, puede ser un particular en el que no recaiga calidad profesional específica alguna.

En concreto, en los artículos 465, 466 y 467 se tipifican las siguientes conductas que conforman los delitos de deslealtad profesional:

- — la destrucción, inutilización u ocultación por parte de un abogado, un procurador o un particular, de documentos o actuaciones de los que haya recibido traslado en el marco de un proceso judicial;
- — revelar un abogado, un procurador, un fiscal, un juez o un particular actuaciones judiciales que hayan sido declaradas secretas;
- — actuar un abogado o un procurador en un mismo pleito en representación de dos partes con intereses contrapuestos o perjudicar manifiestamente los intereses que se le hayan encomendado.

Las penas que corresponden a los delitos descritos dependen de la persona que los haya cometido (si se trata o no de un profesional), pero en cualquier caso se encuadran dentro de la categoría de los denominados por el propio Código penal como delitos menos grave.

# Delitos contra la seguridad colectiva

Bajo este epígrafe se recogen en el nuevo Código penal diversas conductas que afectan muy directamente al derecho, constitucionalmente protegido, de no sufrir daño alguno por conductas de terceros o, lo que es lo mismo, el derecho a la seguridad.

## Delitos contra la seguridad vial

Como delitos de riesgo contra la seguridad del tráfico rodado el Código penal castiga los siguientes actos:

— colocar en las vías públicas obstáculos imprevisibles, derramar sustancias deslizantes o inflamables, modificar o dañar las señales o alterar la seguridad del tráfico por cualquier otro medio;
— no restablecer la seguridad de la vía cuando haya obligación de hacerlo;
— conducir bajo la influencia de bebidas alcohólicas, drogas o sustancias psicotrópicas;
— conducir un vehículo con temeridad manifiesta, poniendo en peligro la vida o la integridad de las personas.

## Cultivo, elaboración y tráfico de drogas

Cultivar, elaborar, traficar y promover, favorecer o facilitar de otro modo el consumo de drogas tóxicas, estupefacientes o sustancias psicotrópicas, o poseerlas con esos fines; todas estas actividades se castigan con penas de prisión que oscilan de uno a nueve años y multa del tanto al triple del valor de la droga objeto del delito.

Estas penas se agravarán si:

— se facilitan drogas a menores de edad o disminuidos psíquicos; se introducen en centros docentes, militares o penitenciarías, o se suministran a personas en tratamiento de rehabilitación;
— se difunden en establecimientos abiertos al público por los responsables o encargados de los mismos;
— la cantidad de droga es notoriamente importante;

— se adulteran, mezclan o manipulan entre sí, o con otros productos, incrementando su posible nocividad;
— los culpables pertenecen a asociaciones organizadas con ese fin, aunque sean transitorias (a los jefes aún se les eleva la pena en otro grado más);
— los culpables son autoridades, agentes, funcionarios, facultativos, trabajadores sociales, docentes o educadores.

Los tribunales pueden imponer las penas superiores en un grado cuando los hechos revistan extrema gravedad.

## Otros delitos contra la salud pública

La ley castiga con diferentes penas de privación de libertad la comisión de los hechos siguientes:

— elaboración de sustancias tóxicas o capaces de causar estragos, y su suministro o tráfico (sin autorización);
— venta de medicamentos y anticonceptivos deteriorados, o que no cumplan las formalidades legales o reglamentarias;
— adulteración de sustancias medicinales, su simulación y su tenencia, ofrecimiento, venta y utilización;
— violación de las normas sobre caducidad o composición de productos alimenticios y su adulteración;
— vertido de sustancias gravemente contaminantes en la atmósfera, suelo, aguas terrestres o marítimas, violando las normas sobre medio ambiente (con penas más graves si se trata de industrias clandestinas, o se producen daños catastróficos o irreversibles);
— fabricación, manipulación, transporte o tenencia de sustancias inflamables, explosivos, productos corrosivos, radiactivos, tóxicos, asfixiantes u otras sustancias que pueden causar estragos, contraviniendo las normas de seguridad;
— construcción de edificios, presas, canales, pozos o excavaciones y otras obras análogas que infrinjan las normas de seguridad con riesgo de causar daños catastróficos;
— infringir las normas de seguridad e higiene en el trabajo, poniendo en peligro la vida, la integridad física o la salud de los trabajadores.

## Delitos relacionados con el tráfico de drogas

El mero consumo de drogas tóxicas, estupefacientes o sustancias psicotrópicas no constituye delito. Pero sí lo es facilitar el consumo a otras personas, inducirlas a ello y, con mayor razón, traficar con esas sustancias para obtener un beneficio económico.

El Código penal considera delitos:

— su cultivo, elaboración o tráfico;
— su posesión con esos fines;
— la fabricación, transporte, distribución y venta de equipos, materiales y sustancias que se utilicen en el proceso de su elaboración;

— facilitar el tráfico de drogas convirtiendo, transfiriendo o adquiriendo bienes o derechos, encubriendo su origen y naturaleza («blanqueo de dinero») sabiendo que proceden de tales delitos.

Estos delitos están castigados con diferentes penas, según el tipo de droga de que se trate (más o menos nociva) y su cantidad. Si se trata de organizaciones delictivas, se provoca el consumo de menores o se utilizan para el tráfico, se adulteran las drogas, se facilitan a personas que están siendo rehabilitadas o se trata de grandes cantidades de droga, las penas son más elevadas. Además, pueden decomisarse los instrumentos, vehículos, barcos o aeronaves que hayan sido utilizados en la comisión de esos delitos.

## Delitos relativos a la energía nuclear

Son los delitos relativos al mal uso de la energía nuclear o a la sustración, sin ánimo de lucro, de materiales nucleares o radiactivos. Las penas son muy diversas y dependen de la mayor o menor gravedad de las conductas ilícitas. Así, por ejemplo, la liberación de energía nuclear que ponga en peligro la vida o la salud de las personas o sus bienes se sanciona con prisión de quince a veinte años e inhabilitación para empleo o cargo público, profesión u oficio por tiempo de diez a veinte años, mientras que la sustracción, sin ánimo de lucro, de materiales nucleares o radiactivos se castiga con una pena de prisión de uno a cinco años.

# Delitos contra la Hacienda Pública y la Seguridad Social

## Fraude a la Hacienda Pública

Eludir el pago de tributos o disfrutar de beneficios fiscales indebidos a partir de una determinada cuantía es un delito castigado con las penas de prisión de uno a cuatro años y multa de hasta seis veces la cantidad defraudada.

Para determinar la cuantía, si se trata de tributos periódicos o de declaración periódica, se tendrá en cuenta lo defraudado en cada periodo impositivo y si este es inferior a doce meses se referirá al año natural.

En los demás tributos la cuantía se entenderá referida a cada uno de los distintos conceptos por los que un hecho imponible sea susceptible de liquidación.

El obtener una subvención o desgravación superior a una determinada cantidad falseando u ocultando los datos o el incumplir las condiciones después de haberla obtenido alterando los fines para los que fue concedida, se castiga con las mismas penas.

En todos estos casos los responsables pierden la posibilidad de obtener subvenciones públicas o créditos oficiales y el derecho de gozar de beneficios o incentivos fiscales durante un periodo de tres a seis años.

## Fraude a la Seguridad Social

Por su parte, también comete delito aquel que elude el pago de las cuotas de la Seguridad Social, obtiene indebidamente devoluciones o disfruta ilícitamente de deducciones por cualquier concepto, siempre que la cuantía de las cuotas defraudadas o de las devoluciones o deducciones indebidas exceda de una determinada cantidad. La pena que corresponde es de prisión de uno a cuatro años y multa del tanto al séxtuplo de la citada cuantía.

# Homicidio

Sujeto activo de este delito puede ser cualquiera. Sujeto pasivo del homicidio es toda persona viva.

Hay homicidio aun cuando el que resulta muerto careciera de capacidad vital o cuando fuere una persona próxima a morir, y cualquiera que sea su sexo, su edad o su raza, aun cuando fuera un ser monstruoso.

Toda vida humana, sin excepción alguna, puede ser sujeto de homicidio; la ley penal protege la vida de todo ser humano.

Son elementos del delito la extinción de una vida humana, y la voluntad del homicida.

El *primer elemento* es la muerte de una persona. Sólo el hombre vivo es objeto del homicidio. Es indiferente que la víctima muera en el momento de recibir las heridas, o transcurrido un espacio de tiempo. Los medios empleados por el agente para la ejecución del hecho pueden ser de muy diversa clase, y según la doctrina común deben ser actos idóneos y dirigidos a causar la muerte. Pueden consistir tanto en actos positivos como de omisión.

El segundo elemento integrante de este delito es la voluntad de matar. No es necesaria la concurrencia de dolo determinado; basta el indeterminado, la intención de matar a una persona cualquiera. La jurisprudencia ha considerado como signos reveladores de ánimo de matar: la clase de arma empleada, las partes del cuerpo afectadas, la distancia entre ofensor y ofendido, la importancia de las lesiones causadas, la forma en que se desarrolló el suceso, etc. El ánimo homicida es discutible en casación.

*Móviles:* los móviles del homicidio, aun cuando en general sean indiferentes, pueden en ciertos casos cualificar este delito convirtiéndolo en una infracción de mayor gravedad, o de menor gravedad.

*Justificación:* no hay homicidio cuando la muerte está legitimada por la concurrencia de una causa de justificación, como en el caso del que mata en situación de legítima defensa.

*Consumación:* el homicidio se consuma con la muerte. Es indiferente que el espacio de tiempo comprendido entre el acto homicida y la muerte sea más o menos largo.

Hay frustración cuando, habiendo realizado el culpable, con intención de matar, los actos que debieran causar la muerte, esta no se produce por causas ajenas a su voluntad.

Para la existencia de tentativa es preciso:

— voluntad de matar;
— principio de ejecución de un acto o de actos encaminados directamente a causar la muerte.

*Autores:* son autores no solamente los que ejecutan los actos que causan la muerte, sino cuantos obran de concierto con el homicida y con igual propósito.

## Auxilio e inducción al suicidio

Comete este delito el que presta auxilio e induce a otro para que se suicide.

El vigente Código no pena el suicidio ni su tentativa, pero castiga el auxilio y la inducción para que otro se suicide. Sujeto de este delito puede serlo cualquiera. Prestar auxilio para el suicidio equivale a prestar los medios o cualquier otra clase de cooperación positiva y directa, con la finalidad de ayudar al suicida. La mera actuación o actitud pasiva del que no impide el suicidio no constituye auxilio. Inducir al suicidio significa tanto como excitar, instigar en él. La inducción debe ser directa y eficaz. Existe el delito en sus dos modalidades, tanto si existe el suicidio como si no se lleva a cabo.

El elemento interno de este delito es la voluntad de ejecutar actos de auxilio al suicidio o de inducir al mismo. Los móviles que hayan llevado a prestar este auxilio o a inducir al suicidio son indiferentes.

*Penalidad:* depende del grado de cooperación que se produzca. Los supuestos de eutanasia activa moderan las penas previstas.

## Homicidio consentido

El texto legal, después de declarar punible al que prestare auxilio a otro para que se suicide, sanciona al que se lo prestare hasta el punto de ejecutar él mismo la muerte. Prestar auxilio para el suicidio hasta el punto de ejcutar la muerte equivale a matar con el consentimiento de la víctima.

Penalidad: prisión de seis a diez años.

# Asesinato y homicidio imprudente. Lesiones y violencia doméstica

La regulación del asesinato y de otras figuras relativas a atentados contra la vida humana independiente, como el parricidio y el infanticidio, han sido objeto de una profunda reforma y simultánea actualización por parte del nuevo Código penal.

El delito de parricidio, es decir, el homicidio de un ascendente, descendiente o cónyuge, ha perdido sustantividad propia. Con el nuevo Código, quien cometa dichas acciones será considerado reo de homicidio con la agravante de parentesco.

Por su parte, el delito de infanticidio ha desaparecido del Código por la propia evolución de la sociedad. Recordemos que cometía el delito de infanticidio aquella mujer (no es el hombre) que, «para ocultar su deshonra», mataba a su hijo recién nacido. Es decir: no se castigaba la acción de causar la muerte de un recién nacido sin más, sino que siempre tenía que concurrir el móvil de ocultar la deshonra que el nacimiento de aquel hijo producía en la madre (por ser soltera, viuda o tratarse de un hijo extramatrimonial). Con el nuevo Código, causar la muerte de un hijo recién nacido se castiga como un homicidio agravado por la circunstancia de parentesco, sin que se pueda tener en cuenta para nada la posible alteración social que el alumbramiento suponga para la madre.

El asesinato, es de un homicidio en el cual la acción es ejecutada concurriendo determinadas circunstancias que son entendidas como merecedoras de un mayor castigo. Si comparamos el antiguo Código y el vigente en la actualidad, observamos que se han eliminado algunas circunstancias que permitían calificar un homicidio como asesinato.

Con el nuevo Código, se mantienen las siguientes:

- la alevosía;
- el precio, la recompensa o la promesa;
- el ensañamiento.

En consecuencia, han desaparecido:

- la premeditación;
- la inundación, el incendio, el veneno y el explosivo.

No obstante, se trata de una reducción más aparente que real, por cuanto los tribunales siempre habían sostenido que la alevosía y la premeditación iban indisolublemente ligadas, de tal manera que la una y la otra coexistían en todo caso.

Por lo que se refiere a la inundación, el incendio, el veneno y el explosivo, se pueden apreciar como incluidas dentro de la alevosía o el ensañamiento, puesto que denotan una clara intención de matar sin ser descubierto.

Las otras tres circunstancias que con el antiguo Código penal estaban previstas como definitorias del asesinato, se mantienen en su integridad en la nueva redacción legal.

## Asesinato

Sujeto de este delito puede ser cualquiera.

El delito de asesinato en nuestro Código penal no es en realidad más que un homicidio agravado por la concurrencia de alguna de las tres circunstancias a las que se ha hecho referencia anteriormente.

El objeto material de ambas infracciones es el mismo: se trata de una vida humana.

*Asesinato cualificado por la alevosía*. La alevosía, como cualificativa del asesinato, se halla en muy pocos códigos, porque se estima que sin premeditación no puede haber alevosía, y por lo tanto ambas circunstancias se identifican.

La alevosía, cuando concurra, siempre deberá ser estimada como cualificativa del asesinato, y no como agravante del homicidio.

*Asesinato cualificado por precio, recompensa o promesa*. La razón de que la concurrencia de esta circunstancia cualifique el asesinato radica, respecto del mandante, en el hecho de englobar en la propia perfidia a una persona indiferente y de servirse de ella para fines propios mediante recompensas o bien mediante promesas de carácter económico: respecto del mandatario, en el móvil, en el lucro, que le determina a la comisión del delito.

Por precio o recompensa debe entenderse una suma de dinero u objeto de valor; por promesa, el ofrecimiento de una remuneración.

Son culpables de este delito tanto el que paga el precio o hace la promesa como el que lo realiza materialmente.

*Asesinato cualificado por el ensañamiento*. Está cualificado este asesinato por la circunstancia de aumentar deliberada e inhumanamente el dolor del ofendido. No está integrada esta circunstancia cualificativa por la repetición de los golpes, ni por el gran número de heridas causadas; consiste, según repetida jurisprudencia, en la inhumana y cruel prolongación del dolor. El ensañamiento debe constar por hechos concretos.

*Penalidad:* cuando en un asesinato concurran más de una de las circunstancias previstas, la pena será de prisión de veinte a veinticinco años.

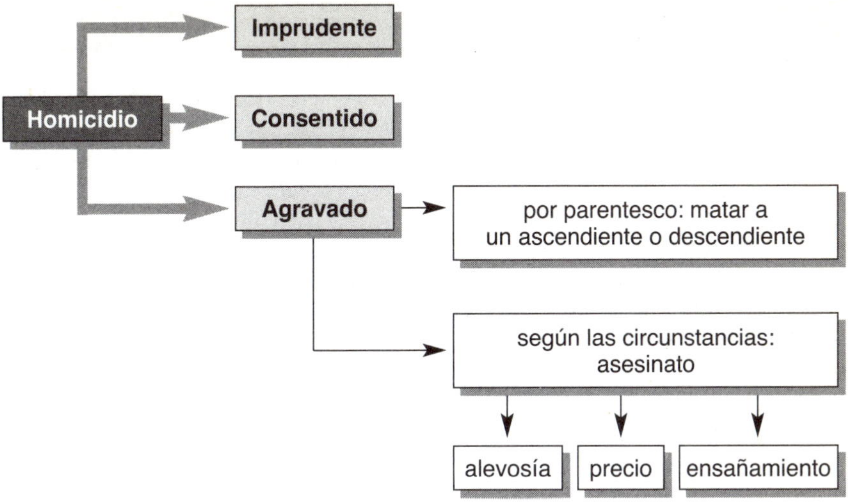


## Homicidio imprudente

El que por imprudencia grave causare la muerte de otro será castigado, como reo de homicido imprudente, con la pena de prisión de uno a cuatro años.

Cuando el homicidio imprudente sea cometido utilizando un vehículo a motor, un ciclomotor o un arma de fuego, se impondrá asimismo, y respectivamente, la pena de privación del derecho a conducir vehículos a motor y ciclomotores o la privación del derecho a la tenencia y porte de armas, de uno a seis años.

Cuando el homicidio fuere cometido por imprudencia profesional se impondrá además la inhabilitación especial para el ejercicio de la profesión por un periodo de tres a seis años.

## Lesiones y violencia doméstica

Causar una lesión a otra persona es una acción que el Código Penal recoge y regula con cierto detalle.

Como es lógico, las penas previstas dependen del daño causado, de los medios empleados para producir la lesión (armas), de la persona a la que se le causa (mayor pena si la víctima es un menor, por ejemplo) y de si hubiere mediado ensañamiento o alevosía, etc.

Evidentemente, cuando la lesión se haya cometido utilizando un ciclomotor, un vehículo a motor, o un arma de fuego, se impondrá asimismo, y respectivamente, la pena de privación del derecho a conducir vehículos a motor y ciclomotores o del derecho a la tenencia y porte de armas por término de uno a cuatro años.

Cuando las lesiones sean cometidas por imprudencia profesional se impondrá asimismo la pena de inhabilitación especial para el ejercicio de la profesión, oficio o cargo por un periodo de uno a cuatro años.

Está previsto, en los delitos de lesiones, que si ha mediado el consentimiento de forma válida, libre y espontánea y expresamente emitido del ofendido, la pena se verá reducida, pero no será válido el consentimiento otorgado por un menor de edad o un incapaz.

La violencia doméstica se trata de un problema respecto del cual existe una clara sensibilidad por parte de la sociedad en general, fruto de la cual ha sido la Ley Orgánica 1/2004, de 28 de diciembre, de Medidas de Protección Integral contra la Violencia de Género.

Dicha ley ha modificado el Código Penal en lo que atañe a incrementar la sanción penal cuando la lesión se produzca contra quien sea o haya sido la esposa del autor, o mujer que esté o haya estado ligada a él por una análoga relación de afectividad, aun sin convivencia.

Además, prevé que se castiguen como delito las coacciones leves y las amenazas leves de cualquier clase cometidas contra las mujeres mencionadas con anterioridad; y las amenazas y las coacciones graves pasan de faltas a delitos cuando las cometa un hombre sobre una mujer —su pareja o ex pareja— o cuando la víctima sea una persona especialmente vulnerable.

# Aborto, lesiones al feto y manipulación genética

## El aborto

El tema del aborto ha sufrido una modificación importante con el nuevo Código penal. Según la Exposición de Motivos del texto legal, se ha optado, en su regulación, por prever la remisión a las correspondientes normas especiales. Ello se justifica por dos razones:

*a*) Porque la idea que preside el Código penal es la de «estabilidad y fijeza», de manera que no se deba modificar su texto cada vez que varía la normativa propia de la materia.
*b*) Porque no se trata de normas incriminadoras, sino de normas que regulan supuestos de no incriminación. Se dio cumplimiento, así, a la exigencia expresada por el Tribunal Constitucional en el sentido que se adoptasen, en la configuración de dichos supuestos, garantías que parecen más propias de otro tipo de norma, no de un Código penal.

Por otra parte, se ha eliminado de la redacción de los artículos al delito que nos ocupa, cualquier referencia a la intención de causar un aborto para «ocultar la deshonra de la madre».

En general, podemos decir que todos los delitos que se engloban bajo la rúbrica del aborto tienen las características siguientes:

— *el sujeto pasivo del delito* será siempre una mujer encinta;
— *el sujeto activo* puede ser la mujer (en el caso de aborto no permitido) y, en todos los supuestos, la persona (médico, facultativo o no) que practique el aborto;
— *la consumación:* en todos los casos, el delito de aborto se consumará cuando se produce la muerte del fruto de la concepción, independientemente de que esta tenga lugar mediante su expulsión prematura o en el propio vientre de la madre.

A continuación, analizaremos todas y cada una de las conductas delictivas que se manifiestan sobre la vida humana dependiente.

El que produzca el aborto de una mujer sin su consentimiento, será castigado con la pena de prisión de cuatro a ocho años e inhabilitación especial para ejercer cualquier profesión sanitaria, o para prestar servicios de toda índole en clínicas, establecimientos o consultorios ginecológicos, públicos o privados, por tiempo de tres a diez años.

Las mismas penas se impondrán al que practique el aborto habiendo obtenido la anuencia de la mujer mediante violencia, amenaza o engaño.

El que produzca el aborto de una mujer, con su consentimiento, fuera de los casos permitidos por la ley, será castigado con la pena de prisión de uno a tres años e inhabilitación especial para ejercer cualquier profesión sanitaria, o para prestar servicios de toda índole en clínicas, establecimientos o consultorios ginecológicos, públicos o privados, por tiempo de uno a seis años.

La mujer que produjese su aborto o consintiese que otra persona se lo cause, fuera de los casos permitidos por la ley, será castigada con la pena de prisión de seis meses a un año o multa de seis a veinticuatro meses.

El que por imprudencia grave ocasionare un aborto será castigado con pena de arresto de doce a veinticuatro fines de semana.

Cuando el aborto fuere cometido por imprudencia profesional se impondrá asimismo la pena de inhabilitación especial para el ejercicio de la profesión, oficio o cargo por un periodo de uno a tres años.

La embarazada no será penada a tenor de este supuesto.

## Las lesiones al feto

El que, por cualquier medio o procedimiento, causare en un feto una lesión o enfermedad que perjudique gravemente su normal desarrollo, o provoque en el mismo una grave tara física o psíquica, será castigado con pena de prisión de uno a cuatro años e inhabilitación especial para ejercer cualquier profesión sanitaria, o para prestar servicios en clínicas, establecimientos o consultorios ginecológicos, públicos o privados, por tiempo de dos a ocho años.

El que, por imprudencia grave, cometiere los hechos descritos en el párrafo anterior, será castigado con la pena de arresto de siete a veinticuatro fines de semana.

Cuando los hechos descritos fueren cometidos por imprudencia profesional se impondrá asimismo la pena de inhabilitación especial para el ejercicio de la profesión, oficio o cargo por un periodo de seis meses a dos años.

La embarazada no será penada a tenor de este supuesto.

## La manipulación genética

Los delitos que se encuadran bajo la denominación de «delitos contra la manipulación genética» son conductas punibles de muy nueva creación y son un claro ejemplo de que el derecho es siempre un reflejo de la sociedad.

Los avances científicos que han tenido lugar los últimos años, han dado como fruto la existencia y el desarrollo de las técnicas de fecundación y de reproducción asistidas, que ganan popularidad día a día.

El debate ético y moral que surge en relación con la bondad o no de la utilización de las técnicas mencionadas es, lógicamente, ajeno al derecho penal. Al derecho penal le preocupa que la mujer que se someta a, por ejemplo, una «fecundación *in vitro*» lo haga con pleno conocimiento de lo que hace y sin que su voluntad se halle coartada, por un lado, y por otro, que la utilización de las técnicas de fecundación y reproducción asistida tengan como objetivo ayudar a personas con problemas para tener descendencia y no otros que, hoy por hoy, no son admitidos por la ley.

En consecuencia, se considerarán delictivos los actos siguientes.

**1. Manipulación de genes humanos.** Serán castigados con la pena de prisión de dos a seis años e inhabilitación especial para empleo o cargo público, profesión u oficio de siete a diez años los que, con finalidad distinta a la eliminación o disminución de taras o enfermedades graves, manipulen genes humanos de manera que se altere el genotipo.

Si la alteración del genotipo fuera realizada por imprudencia grave, la pena será de multa de seis a quince meses e inhabilitación especial para empleo o cargo público, profesión u oficio de uno a tres años.

**2. Uso ilícito de la ingeniería genética.** La utilización de la ingeniería genética para producir armas biológicas o exterminadoras de la especie humana será castigada con la pena de prisión de tres a siete años e inhabilitación especial para empleo o cargo público, profesión u oficio por tiempo de siete a diez años.

**3. Fecundación ilícita de óvulos humanos.** Serán castigados con la pena de prisión de uno a cinco años e inhabilitación especial para empleo o cargo público, profesión u oficio de seis a diez años quienes fecunden óvulos humanos con cualquier fin distinto a la procreación humana.

Así también será castigada la creación de seres humanos idénticos por clonación o cualquier otro procedimiento dirigidos a la selección de la raza.

**4. Reproducción asistida no consentida.** Quien practicare reproducción asistida en una mujer, sin su consentimiento, será castigado con la pena de prisión de dos a seis años, e inhabilitación especial, para empleo o cargo público, profesión u oficio por tiempo de uno a cuatro años.

Para proceder por este delito será precisa denuncia de la persona agraviada o de su representante legal. Cuando aquella sea menor de edad, incapaz, o una persona desvalida, también podrá denunciar el Ministerio Fiscal.

# La despenalización del aborto

A partir de la Ley orgánica 9/85 de 5 de julio, no será punible el aborto practicado por un médico o bajo su dirección, en centro o establecimiento sanitario público o privado, acreditado, y con consentimiento expreso de la mujer embarazada, cuando concurra alguna de las circunstancias siguientes.

*a*) Que el aborto sea necesario para evitar un peligro grave para la vida o la salud física o psíquica de la embarazada y así conste en un dictamen emitido con anterioridad a la intervención, por un médico de la especialidad correspondiente, distinto de aquel por quien o bajo cuya dirección haya de practicarse el aborto. En caso de urgencia por riesgo vital para la madre, podrá prescindirse del dictamen y del consentimiento expreso.
*b*) Que el embarazo sea consecuencia de un hecho que constituye delito de violación, siempre que el aborto se practique dentro de las doce primeras semanas de gestación y que la violación hubiera sido denunciada.
*c*) Que se presuma que el feto habrá de nacer con graves taras físicas o psíquicas, siempre que el aborto se practique dentro de las veintidós primeras semanas de gestación y que el dictamen médico previo a la realización del aborto sea emitido por dos especialistas de un centro o establecimiento público o privado acreditado al efecto y distintos de aquel por quien o bajo cuya dirección se practique el aborto.

En los casos previstos no será punible la conducta de la embarazada aun cuando la práctica del aborto no se realice en un centro o establecimiento público o privado acreditado al efecto, o no se hayan emitido los dictámenes médicos exigidos.

Los centros o establecimientos a que se refiere la norma jurídica, en relación con su acreditación para realizar abortos, serán aquellos que cuenten al menos con los siguientes medios personales o materiales:

— un médico especialista en obstetricia y ginecología y personal médico

de enfermería y auxiliar sanitario necesario;
— los locales, instalaciones y material sanitario adecuado;
— las unidades correspondientes de laboratorio de análisis, anestesia y reanimación y banco o depósito de sangre;
— las unidades e instalaciones de enfermería y hospitalización;
— las unidades de servicio social del centro o en otro de referencia.

# Delitos contra la libertad sexual

## Agresiones sexuales

Debemos aclarar que sujeto de este tipo de delito puede ser cualquiera, no sólo un hombre, sino también una mujer.

En general, el atentar contra la libertad sexual de otra persona, mediando violencia o intimidación, está penado con la pena de prisión de uno a cuatro años.

Si la agresión consiste en tener acceso carnal, en la introducción de objetos o en la penetración bucal o anal, la pena es de prisión de seis a doce años.

Las expresadas penas son más elevadas cuando concurra cualquiera de las siguientes circunstancias: cuando la violencia o intimidación revistan un carácter especialmente degradante o vejatorio; cuando los hechos se cometan por tres o más personas, por la particular vulnerabilidad de la víctima; por la relación de parentesco entre el autor y la víctima y, por último, si al cometer el delito se utilizan medios peligrosos susceptibles de provocar la muerte o graves lesiones a la víctima.

## Abusos sexuales

Cualquier conducta que suponga un atentado contra la libertad sexual de otra persona y siempre que no medie violencia o intimidación se castiga con la pena de multa de doce a veinticuatro meses.

Según el Código penal, se considerará que existe abuso sexual cuando el sujeto pasivo de las prácticas sea un menor de doce años o una persona privada de sentido o mentalmente trastornada.

## Acoso sexual

Este nuevo tipo penal consiste en solicitar favores sexuales para uno mismo o bien para un tercero aprovechándose de una situación de superioridad laboral, docente o análoga, con la amenaza de perjudicar las legítimas expectativas que la persona acosada pudiera tener en el ámbito de dicha relación.

La pena que se prevé es de arresto de doce a veinticuatro fines de semana o multa de seis a doce meses.

## Exhibicionismo y provocación

Se castiga tanto ejecutar o mandar ejecutar a un tercero actos de exhibición obscena ante menores o incapaces (lo cual será castigado con la pena de multa de tres a diez meses) como la difusión, venta o exhibición de material pornográfico entre menores o incapaces (cuya pena es de multa de tres a diez meses).

## Delitos relativos a la prostitución

Un error muy común es creer que el Código penal castiga la prostitución en sí misma considerada. Ello no es exacto, ya que lo que persigue es toda aquella actuación relativa a coartar la libertad ajena y obligar a prostituirse, por un lado, y por otro lado, las conductas que afecten a menores de edad o incapaces. Se pueden distinguir los siguientes delitos relativos a la prostitución:

— inducción, promoción, favorecimiento o facilitamiento de la prostitución de una persona incapaz o menor de edad;
— determinación coactiva a una persona mayor o menor de edad, para ejercer la prostitución o para mantenerse en ella;
— utilización de un menor de edad o de un incapaz con fines o en espectáculos exhibicionistas o pornográficos;
— no impedir la continuación en la prostitución de aquel menor de edad o incapaz del que se tiene la potestad, la tutela, la guarda o el acogimiento.

Con el fin de evitar la extensión y la propagación de las conductas aquí descritas, el Código penal dispone expresamente que la condena de un juez o tribunal extranjero impuesta por los delitos mencionados será equiparada a las sentencias españolas, a los efectos de la aplicación de la agravante de reincidencia.

# Calumnia e injuria

## Disposiciones comunes a la calumnia y la injuria

Por tratarse de delitos con evidentes similitudes, el Código penal establece diversas disposiciones que son de aplicación a uno u otro delito.

En primer lugar, tenemos que hacer referencia a lo tocante al tema de la publicidad que, como hemos visto, se trata de una circunstancia que agrava la penalidad de dichos delitos. El Código considera que ha existido publicidad siempre que se propaguen mediante la imprenta, la radiodifusión o por cualquier otro medio de eficacia semejante, todo ello con independencia de la efectiva repercusión. Además, se considerará responsable civil solidario (es decir, deberá pagar la indemnización que se establezca) el propietario del medio informativo a través del cual se haya propagado la injuria o la calumnia.

En segundo lugar, si la injuria o la calumnia se cometiera por precio, recompensa o promesa, conllevará que la pena se vea agravada mediante la inhabilitación especial del delincuente por tiempo entre seis meses y dos años.

Otro aspecto a tener en cuenta es el del retracto de las imputaciones, con expreso reconocimiento de la falsedad de la injuria o de la calumnia: si ello tiene lugar ante juez o tribunal, la pena que se impondrá será objeto de reducción sistemática.

Por último, es importante destacar que se trata de delitos para los cuales siempre se exige que medie querella de la persona ofendida o de su representante legal (en el caso de menores, por ejemplo) y cuya responsabilidad queda extinguida si la persona ofendida expresa su perdón otorgado de forma indubitada y siempre que no se haya iniciado la ejecución de la pena. Por ambas características, la doctrina denomina a la injuria y las calumnias como «delitos privados».

## La calumnia

Elementos de este delito son la falsa imputación de un delito y la voluntad criminal.

*Imputar* significa atribuir a otra persona una culpa, delito o acción. Ha de ser una imputación falsa, no verdadera, porque el derecho imputado no constituya delito o porque la persona acusada no haya intervenido en su perpetración, pues si la imputación no es falsa, no existe calumnia.

Voluntad delictuosa. El elemento subjetivo del delito está integrado por el conocimiento de la inocencia del imputado; el culpable ha de saber que el delito imputado no ha sido cometido por el ofendido.

Distingue el texto legal dos clases de calumnia: la calumnia propagada con publicidad, que es la más grave, y la no propagada con publicidad, de menor gravedad. La primera exige la concurrencia de las dos circunstancias que la caracterizan.

La calumnia, que está enmarcada en los delitos contra el honor, tiene gran semejanza con el delito de acusación o denuncia falsa. La acusación o denuncia falsa ha de tener lugar ante funcionario administrativo o judicial que por razón de su oficio deba proceder a su averiguación y castigo. Aquella es una ofensa contra el honor personal, mientras que este delito constituye un atentado contra la administración de justicia.

Penalidad: la calumnia propagada con publicidad se castigará con las penas de prisión de seis meses a dos años o multa de seis a veinticuatro meses; no propagándose la calumnia con publicidad, será castigada con multa de cuatro a diez meses.

El acusado de calumnia quedará exento de toda pena probando el hecho criminal que hubiere imputado, es decir, que la prueba de la verdad del hecho imputado corresponde al calumniador, que es el que afirma.

La sentencia en que se declara la calumnia se publicará en periódicos, si el calumniado lo pidiere. Este precepto encierra una justa reparación de carácter honorario, concedida al calumniado para que públicamente se le reponga su buen nombre.

La retractación del culpable de la calumnia, hecha con posterioridad a la consumación del delito, no excluye la infracción, pero conllevará una atenuación de la pena a imponer.

## La injuria

Define el Código penal la injuria como toda expresión proferida o acción ejecutada en deshonra, descrédito o menosprecio de otra persona.

Sujeto a este delito puede serlo cualquiera; asimismo, sujeto pasivo puede serlo también cualquiera, mientras que el cualquiera sea una persona determinada, es decir, debe ser determinada la persona a la que injuria, aunque no es necesario que sea designada por su nombre.

Este delito está constituido por los siguientes elementos: por expresiones o por actos. La injuria puede consistir en palabras o hechos, pero también puede consistir en escritos. Así pues, la injuria puede tener lugar por palabras, por escritos o por actos. La injuria, cualquiera que sea su modalidad, ha de tener siempre un contenido ofensivo, ha de ser apta para ofender. La injuria no pierde su condición de

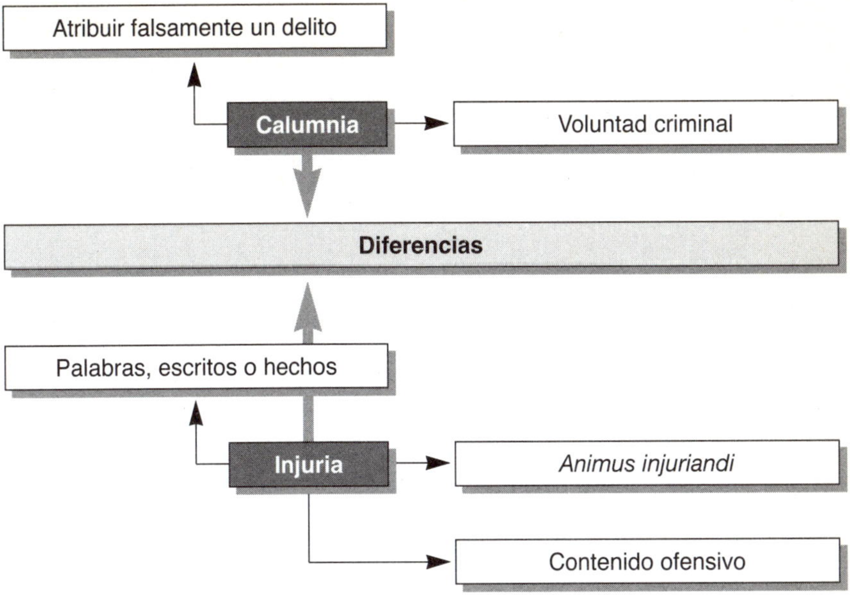


manifiesta aunque tenga lugar de una forma encubierta, por medio de alegorías, caricaturas, emblemas o alusiones.

Es necesario, para la existencia de este delito, no solamente la voluntad de ejecutar los actos o de proferir las expresiones injuriosas, sino el ánimo de ofender, es decir, la concurrencia de *animus injuriandi*.

Consumación: la injuria verbal se consuma en el momento en que se pronuncia la palabra injuriosa; la injuria por escrito y la injuria real, en el momento en que llegan a conocimiento del injuriado. La cometida por medio de la imprenta se consuma en cuanto se publica el escrito injurioso.

Solamente serán constitutivas de delito las injurias que, por su naturaleza, efectos y circunstancias, sean tenidas en el concepto público por graves.

Las injurias que consistan en la imputación de hechos no se considerarán graves, salvo cuando se hayan llevado a cabo con conocimiento de su falsedad o temerario desprecio hacia la verdad.

Las injurias hechas con publicidad se castigan con multa de seis a catorce meses y las hechas sin publicidad, con multa de tres a siete meses.

# El derecho al honor

## Caracteres generales

El derecho al honor, a la intimidad personal y familiar y a la propia imagen es irrenunciable, inalienable e imprescriptible. La renuncia a la protección que la ley prevé será nula, sin perjuicio de los supuestos autorizados y consentidos por la propia ley y que referiremos más adelante.

La protección del honor, de la intimidad y de la propia imagen, queda pues delimitada por las leyes y por los usos sociales atendiendo al ámbito que, por sus propios actos, mantenga cada persona reservado para sí misma o su familia. Así, no se apreciará la existencia de intromisión ilegítima en el ámbito protegido cuando estuviere expresamente autorizado por la ley o cuando el titular del derecho hubiese otorgado al efecto su consentimiento expreso.

Este consentimiento puede ser revocable en cualquier momento.

El ejercicio de las acciones de protección del honor, la intimidad o la propia imagen la tendrá cada persona que se considere afectada. Caso de que la persona afectada haya fallecido, el ejercicio de la acción corresponderá a quien esta hubiere designado, que puede ser una persona jurídica.

No habiendo existido tal designación o habiendo fallecido también la persona designada, estarán legitimados para recabar la protección de la ley, el cónyuge, los descendientes, los ascendientes y hermanos de la persona afectada que viviesen al tiempo de su fallecimiento.

A falta de todos ellos, el ejercicio de las acciones de protección corresponderá al Ministerio Fiscal que podrá actuar de oficio o a instancia de persona interesada, siempre que no hubiesen transcurrido más de ochenta años desde el fallecimiento del afectado. Este mismo plazo será el que habrá de observarse cuando el ejercicio de las acciones corra a cargo de una persona jurídica designada en testamento.

## Intromisiones ilegítimas

Tienen la consideración de intromisiones ilegítimas las que se indican a continuación:

*a*) El emplazamiento en cualquier lugar de aparatos de escucha, filmación, de dispositivos ópticos o de cualquier otro medio apto para grabar o reproducir la vida íntima de las personas.
*b*) La utilización de aparatos de escucha, dispositivos ópticos, o de cualquier otro medio para el conocimiento de la vida íntima de las personas o de manifestaciones o cartas privadas no destinadas a quien haga uso de tales medios, así como su grabación, registro o reproducción.

Cuando, para descubrir los secretos de una persona o su intimidad, sin su consentimiento se interceptaran sus comunicaciones telefónicas, el autor será castigado con la pena de prisión de uno a cuatro años y multa de doce a veinticuatro meses.

Cuando con la misma finalidad se usen instrumentos o artificios técnicos de escucha, transmisión, grabación o reproducción del sonido, corresponderá el mismo castigo.

Si la información así obtenida se divulgare o revelare se incurrirá en las penas de prisión de dos a cinco años.

Si la escucha ilegal de las comunicaciones telefónicas se realizara por la autoridad, funcionario público o bien un agente de estos, sin la debida autorización judicial, se incurrirá en las penas y además en la inhabilitación absoluta.

Igualmente, corresponderá la misma pena cuando el funcionario público o agente suyo utilice artificios técnicos de escucha, reproducción, transmisión o grabación del sonido.

Si además divulgara o revelara la información obtenida por cualquiera de estos medios la pena que correspondería sería más grave.

Aun cuando en el supuesto que hemos visto de la comisión del delito por un funcionario o agente mandado por el mismo, es un delito calificdo en el título de los derechos reconocidos por las leyes, afecta igualmente a la intimidad de las personas y también a su protección.

La reciente normativa sobre estos supuestos de escuchas ilegales de comunicaciones telefónicas se debe al aumento de las mismas, que en los últimos años han sufrido multitud de ciudadanos, y el aumento de denuncias por dicha causa. Se consideran punibles las acciones siguientes:

*a*) La divulgación de hechos relativos a la vida privada de una persona o familia que afecten a su reputación o buen nombre, así como la revelación o publicación del contenido de cartas, memorias u otros escritos personales de carácter íntimo.
*b*) La revelación de datos privados de una persona o familia conocidos a través de la actividad profesional u oficial de quien los revela.
*c*) La captación, reproducción o publicación por fotografía, filme o cualquier otro procedimiento, de la imagen de una persona en lugares o momentos de su vida privada o fuera de ellos, salvo que la ley expresamente lo autorice.

*d*) La utilización del nombre, de la voz o de la imagen de una persona para fines publicitarios, comerciales o de naturaleza análoga.

*e*) La divulgación de expresiones o hechos concernientes a una persona cuando la difame o la haga desmerecer en la consideración ajena.

## Actos permitidos

No se reputarán con carácter general intromisiones ilegítimas:

— las actuaciones autorizadas o acordadas por la autoridad competente de acuerdo con la ley, ni cuando predomine un interés histórico, científico o cultural relevante;

— la captación, reproducción o publicación por cualquier medio, cuando se trata de personas que ejerzan un cargo público o una profesión de notoriedad o proyección pública, y la imagen se capte en un acto público o en lugares abiertos al público;

— la utilización de la caricatura de dichas personas, de acuerdo con el uso social;

— la información gráfica sobre un suceso o acaecimiento público, cuando la imagen de una determinada persona aparezca como meramente accesoria.

Será necesario tener en cuenta que las acciones de protección frente a las intromisiones ilegítimas caducarán transcurridos cuatro años desde que el legitimado para hacerlo pudo ejercitarlas.

La existencia de perjuicio se presumirá siempre que se acredite la existencia de intromisión ilegítima. La indemnización se extenderá al daño moral, que se valorará atendiendo a las circunstancias del caso y a la gravedad de la lesión efectivamente producida por la intromisión ilegítima, para lo que se habrá de tener en cuenta, en su caso, la difusión o audiencia del medio a través del que haya podido producirse.

También habrá de tenerse en cuenta, y por lo tanto se habrá de valorar, el beneficio que haya podido obtener quien haya sido el causante de la lesión, como consecuencia de la misma.

# Allanamiento de morada

## Allanamiento activo

Sujeto activo de este delito puede serlo cualquiera, incluso los parientes del sujeto pasivo, pues el bien jurídico protegido por este artículo no admite excepciones por razón de parentesco. Sujeto pasivo del delito es el morador.

Sus elementos son los siguientes.

**1. El hecho de entrar en morada ajena.** Es necesario tener en cuenta si la entrada en dicha morada ajena no tiene otra finalidad que su allanamiento, o por el contrario esta entrada se efectúa como medio para la realización de un fin ulterior. En el primer caso, habrá sólo un delito de allanamiento de morada; en el segundo, se dará un concurso de delitos. El delito está constituido por el hecho de entrar efectivamente en la morada ajena, siendo indiferente que para ello se emplee o no violencia o intimidación, pues en caso de que así se hiciera, sólo tendría como consecuencia la agravación del delito.

La morada es el local en donde habita una persona, en principio, pero la jurisprudencia ha extendido este concepto a todas las dependencias de la casa habitada en comunicación interior con ella. No se reputarán morada, a los efectos de este delito, los siguientes lugares: los cafés, las tabernas, las posadas y demás casas públicas, mientras estuvieren abiertas.

**2. El hecho de entrar contra la voluntad del morador.** Es el segundo elemento de este delito. Así pues, no es necesaria la prohibición expresa; basta que la voluntad contraria del morador sea presumible por el que realiza el allanamiento.

**3. La voluntad criminal.** Es el tercer elemento de este delito. La voluntad criminal estará integrada por la voluntad de entrar en la morada ajena sabiendo que se obra contra la voluntad del morador y teniendo conciencia de ello.

Perderá el hecho el carácter delictivo, por ausencia de antijuridicidad, cuando se entrare en morada ajena para evitar un mal grave a sí mismo, a los moradores o a un tercero, cuando esta entrada en morada ajena se produzca para prestar algún servicio humano o a la justicia.

## Allanamiento pasivo

Incurre en esta segunda modalidad del allanamiento el que se mantiene en morada ajena contra la voluntad del morador.

Sujeto activo de este allanamiento sólo puede serlo un particular. Sujeto pasivo lo será, desde luego, el morador.

Son elementos de este delito los siguientes:

*a*) El hecho de permanecer, es decir, de mantenerse, en la morada ajena. Esto supone que el sujeto activo del delito ha entrado en la morada de modo legítimo, con el consentimiento o sin el consentimiento del morador; en caso contrario existiría un allanamiento activo.

*b*) El extraño, o sujeto activo del delito, ha de mantenerse en la morada en contra de la voluntad del morador, por lo que será necesario que este exteriorice su voluntad de manera expresa.

*c*) El elemento interno de esta clase de delito está constituido por la voluntad de permanecer en la morada con conciencia de la voluntad contraria del morador y con conocimiento de la ilegitimidad de su permanencia. Este allanamiento pasivo es uno de los delitos que se realizan por omisión.

Así como en la primera modalidad del delito, es decir, en el allanamiento activo, el delito se consuma en cuanto el agente se ha introducido en la morada, la segunda modalidad del delito, o allanamiento pasivo, se consuma en cuanto el extraño se mantiene en la morada ajena por mayor tiempo del necesario para obedecer a la voluntad de hacerle salir manifestada por el morador. La pena es de prisión de seis meses a dos años.

## Allanamiento agravado

Este delito se agrava cuando se ejecuta con violencia o intimidación.

La violencia puede ejercerse sobre las personas o sobre las cosas.

La pena es de prisión, de uno a cuatro años y multa de seis a doce meses.

# Amenazas y coacciones

## Amenazas

El delito de amenazas consiste en anunciar a otra persona el propósito de causar a él, a su familia o a otras personas con las que esté vinculado un mal que constituye delito de homicidio, lesiones, aborto, contra la libertad, torturas y contra la integridad moral, la libertad sexual, la intimidad, el honor, el patrimonio y el orden socioeconómico.

La amenaza puede ser condicional (es decir, se causará el mal si no se entrega una cantidad de dinero o se impone alguna otra condición) o incondicional (se exterioriza la intención de causar el daño sin posibilidad de remediarlo).

Las penas varían en uno u otro caso, previéndose una pena superior si las amenazas condicionales logran su objetivo y si se efectúan en nombre de una entidad u organización o se hacen por teléfono o por cualquier medio de comunicación o reproducción.

Un supuesto específico es el de la amenaza de un mal que no constituye delito. En este caso, la pena prevista es de prisión de seis meses a dos años o de multa de doce a veinticuatro meses, atendidas la gravedad y la circunstancia del hecho en cuestión.

De la misma manera, el Código penal regula y sanciona las amenazas como mera falta para los supuestos que sean considerados como menos graves.

## Coacciones

Comete este delito el que, sin estar legitimado para ello, impidiere a otro con violencia hacer lo que la ley no prohíbe, o le compeliere a efectuar lo que no quiera, sea justo o injusto.

Es este un delito que lesiona la libertad de determinarse y de obrar según los propios motivos y deseos. Por tanto, el bien aquí protegido es la facultad de libre determinación de la voluntad y de libre expresión de esta.

Sujeto activo de este delito puede serlo cualquiera. Sujeto pasivo, en cambio pueden serlo todas las personas capaces de voluntad.

Son elementos de este delito los siguientes:

*a*) El hecho de impedir a otro con violencia hacer lo que la ley no prohíbe o de compelerle a ejecutar lo que no quiera, sea justo o injusto. El elemento básico de este delito es el hecho de imponer a otro la propia voluntad mediante el empleo de la violencia.

*b*) La violencia empleada ha de ser ilícita; el que la emplea, no ha de estar legítimamente autorizado para impedir a otro hacer lo que la ley no prohíbe o para compelerle a efectuar lo que no quiera, sea justo o injusto.

*c*) El tercer elemento de este delito es no sólo la voluntad criminal, sino el dolo específico de atentar contra la libertad de obrar de una persona.

*Consumación:* este delito se consuma cuando el coaccionado a causa de la violencia empleada o de la intimidación sufrida, efectúa lo que no quiere o deja de hacer lo que quiere.

*Penalidad:* el delito de coacciones está penado con prisión de seis meses a tres años o multa de seis a veinticuatro meses, según la gravedad de la coacción o de los medios empleados.

## Diferencia entre amenazas y coacciones

Ambos delitos constituyen un atentado contra la libertad; tienen, pues, carácter común, pero también existen entre ellos algunas diferencias que los separan. La coacción es el empleo de la violencia material o moral para obligar a otro a realizar algo que no quiere hacer, mientras que la amenaza consiste en el mero anuncio de un mal futuro, concreto y determinado.

# El hurto y el robo

## El hurto

Para la existencia de este delito deben concurrir los siguientes elementos:

**1. El hecho de tomar una cosa sin la voluntad de su dueño.** *Tomar*, en su sentido gramatical, equivale a coger, asir una cosa pero en el texto legal significa «apropiarse, traer a nuestro poder una cosa ajena». Así pues, el hecho material del hurto no está constituido por la mera aprehensión de la cosa; es necesario que el agente la sustraiga efectivamente de la custodia ajena y la traiga a su poder por un tiempo más o menos duradero.

**2. Que la cosa sea mueble.** *Cosa*, jurídicamente, es toda sustancia corporal, material, susceptible de ser aprehendida, que tenga un valor cualquiera, y cuya pérdida o sustracción cause un perjuicio efectivo a su propietario.

La sustracción de títulos valores, cuando sean al portador o a la vista, es decir, aquellos títulos que puedan ser realizados en el acto por su portador, quedan equiparados a dinero metálico a los efectos del delito de hurto.

**3. Que la cosa sea ajena.** Es cosa ajena, para los efectos de este delito, la que en el momento del hecho es propiedad o está en posesión conjuntamente, de la persona a la que se sustrae.

**4. Que el apoderamiento tenga lugar sin la voluntad de su dueño.** Si el agente toma la cosa ajena con su voluntad, es decir, con el consentimiento de su dueño, no hay delito. Al imputado corresponde probar que tomó la cosa ajena con la voluntad de este.

**5. El elemento subjetivo.** Está constituido por la voluntad de tomar una cosa sabiendo que es ajena y que se está obrando sin el consentimiento del propietario o del poseedor de la cosa. Es necesario, además de este dolo genérico, el específico de ejecutar el hecho con ánimo de lucro.

En cuanto a la consumación, la doctrina hoy generalmente sustentada considera que el hurto se consuma cuando la cosa queda de hecho a disposición del que la sustrae. El hecho de que este pueda aprovecharse o no de lo hurtado es indiferente.

La jurisprudencia del Tribunal Supremo también distingue entre el delito consumado de hurto y el agotado. La consumación solamente requiere que los objetos sustraídos permanezcan por algún tiempo en poder material del sujeto activo del delito y fuera de la disposición del propietario, mientras que el agotamiento consiste en que el autor del hecho disponga libremente de lo hurtado y consiga el lucro que se había propuesto. Hay tentativa cuando la actividad del culpable se paraliza antes de tomar la cosa.

Autores son no sólo los que toman la cosa con ánimo de lucro, sino también, conforme a la doctrina general de la jurisprudencia, cuantos de común acuerdo, con unidad de propósito y con ánimo de lucro, cooperan en el hurto.

Por lo que se refiere a la penalidad, los reos del hurto serán castigados con la pena de prisión de seis a dieciocho meses, si el valor de lo sustraído supera los 300,50 euros. Si concurriera alguna de las circunstancias que se señalan a continuación, se impondrá la pena de prisión de uno a tres años.

Las circunstancias que agravan el delito de hurto son:

- cuando se trate de cosas destinadas a un servicio público, si se produjera una grave perturbación del servicio, o de cosas de primera necesidad cuando lleguen a producir una situación de grave desabastecimiento;
- cuando el hurto recaiga sobre cosas de valor histórico, cultural o artístico;
- cuando revista especial gravedad, atendiendo el valor de los efectos sustraídos, o se produzcan perjuicios de especial consideración;
- cuando coloque a la víctima o a su familia en grave situación económica, o se haya realizado con abuso de superioridad en relación con las circunstancias de la víctima.

## El robo

Uno de los delitos más clásicos, como es el robo, tampoco ha sido ajeno a las reformas introducidas por el Código penal del año 1995.

Las modificaciones más importantes en esta materia son relativas a la desaparición de determinados delitos complejos, como el robo acompañado de homicidio o el robo con violación.

En la actualidad, quien cometa dichas infracciones será castigado por las dos conductas por separado, no será, como hasta fecha reciente, reo de un solo delito.

La Exposición de Motivos del Código penal se refiere a la desaparición de las figuras delictuales complejas diciendo que han perdido su razón de ser, por tratarse de delitos surgidos en un momento histórico concreto (el de la lucha contra el bandolerismo) ya superado, considerándose técnicamente más correcto que se apliquen las normas generales.

Son reos del delito de robo los que, con ánimo de lucrarse, se apoderan de las cosas muebles ajenas, con violencia o intimidación en las personas o empleando fuerza en las cosas.

Para la existencia de este delito, han de concurrir los siguientes elementos:

*a*) Apoderamiento de una cosa con violencia o intimidación en las personas o fuerza en las cosas. El texto legal, en vez de usar (como en la definición del hurto) la expresión *tomar*, emplea la de *apoderarse*, con lo que, sin duda, se aspira a designar una actuación más violenta.

   Por otra parte, *violencia* significa el empleo de la fuerza física, y la *intimidación* es el empleo de la coacción moral. Tanto una como otra han de ser empleadas antes o en el momento de la ejecución del robo. La *fuerza en las cosas* a que el texto legal se refiere es el medio empleado por el culpable para vencer la resistencia del propietario o poseedor para evitar que se apoderen de ellas contra su voluntad.

*b*) La cosa sobre la que el apoderamiento recae ha de ser mueble y corporal.

   La sustracción de títulos valores al portador o a la vista queda equiparada a la de dinero metálico a los efectos del delito de robo. Las cosas incorporales no pueden ser objeto de robo, ya que no es posible cogerlas ni llevarlas consigo. Los inmuebles y los derechos pueden ser objeto del delito de usurpación, que consiste en ocuparlos o usurparlos mediante intimidación o violencia, pero no será delito de robo.

*c*) La cosa robada ha de ser ajena. Ha de tener un propietario o un poseedor. Es diferente cómo este haya adquirido la cosa, aun cuando la hubiera adquirido ilícitamente.

*d*) El elemento psíquico de este delito está constituido por la voluntad de apoderarse de una cosa con la conciencia de que es ajena y con conocimiento de que se obra contra la voluntad de su dueño; debe también concurrir un móvil especial de ánimo de lucro. Así pues, el dolo especial de este delito será ese ánimo de lucro, que tendrá la misma significación que la que tenía en el hurto.

### Robos con violencia o intimidación en las personas

El robo con violencia o intimidación en las personas se castiga con la pena de prisión de dos a cinco años, sin perjuicio de la pena que pudiera corresponder a los actos de violencia física que se realizaran.

La pena prevista se impondrá en su mitad superior siempre que el delincuente hiciere uso de armas u otros medios igualmente peligrosos que llevare consigo, ya sea al cometer el delito, o bien para proteger la huida y cuando el reo atacare a los que acudiesen en auxilio de la víctima o de sus perseguidores.

No obstante, podrá imponerse la pena inferior en grado a la prevista con carácter general, atendiendo a la menor entidad de la violencia o intimidación ejercidas y valorando, asimismo, las restantes circunstancias del hecho.

**Extorsión**

La extorsión consiste en mediando ánimo de lucro, obligar a otro, con violencia o intimidación, a realizar u omitir un acto o negocio jurídico en perjuicio de su patrimonio o del de un tercero.

La pena que se prevé es la de prisión de uno a cinco años, sin perjuicio de las que correspondieran a los actos de violencia física realizados.

**Robos con fuerza en las cosas**

Hay robo con fuerza en las cosas cuando el hecho se ejecuta concurriendo alguna de las circunstancias siguientes:

— escalamiento;
— rompimiento de pared, techo o suelo, o fractura de puerta o ventana;
— fractura de armarios, arcas u otra clase de muebles u objetos cerrados o sellados, o su sustracción para fracturarlos o violentarlos fuera del lugar del robo;
— uso de llaves falsas, ganzúas u otros instrumentos semejantes;
— inutilización de alarmas.

El elemento material de este delito será constituido por el hecho de realizar el robo por uno de estos medios:

*a*) Por escalamiento; debe entenderse no sólo la entrada o acceso a un lugar por vía no destinada al efecto, sino también el hecho de alcanzar el lugar, aun sin entrar en el edificio, en cuyo interior se halla la cosa, subiendo o trepando hasta él.
*b*) Por rompimiento de pared, suelo, techo o fractura de puertas o ventanas.
*c*) Con fractura de armarios, arcas u otra clase de muebles u objetos cerrados o sellados, o sustracción para ser fracturados o violentados fuera del lugar del robo. Para que el delito se consume no es necesario que los culpables lleguen a fracturar o violentar los muebles y objetos cerrados o sellados sustraídos; basta que los sustraigan a tal fin.
*d*) Con uso de llaves falsas, ganzúas u otros instrumentos semejantes. Conforme el artículo 510, se entenderán llaves falsas: los instrumentos a que se refiere el artículo anterior (los destinados especialmente para ejecutar el delito de robo); las llaves legítimas sustraídas al propietario, cualesquiera otras que no sean las destinadas por el propietario para abrir la cerradura violentada por el culpable. Además de las aquí mencionadas,

se consideran también llaves falsas las legítimas extraviadas por el propietario, las sustraídas al encargado de guardarlas y legítimas retenidas indebidamente sin conocimiento del mismo.

*e*) Añadido por el nuevo Código penal, la utilización de sistemas específicos de alarma o guarda.

En cuanto a la penalidad, el culpable de robo comprendido en alguno de estos casos será castigado con la pena de prisión de uno a tres años.

La pena será de dos a cinco años de prisión si concurriese alguna de las circunstancias que más adelante se enumeran como tales.

*Consumación.* Los robos aquí tratados, con excepción de la sustracción de muebles u objetos prevista en el anterior apartado 3.°, se consuman en el momento en que el culpable se apodera de la cosa, teniéndola a su disposición, aun cuando sólo sea momentáneamente. No es preciso que llegue a ser aprovechada.

Son autores, no sólo los que con fuerza se apoderan de las cosas muebles ajenas, sino cuantos de común acuerdo cooperan a su ejecución.

El texto legal menciona, en su artículo 241, un grupo de circunstancias calificativas, que según la doctrina jurisprudencial son aplicables a los robos con fuerza en las cosas, así como a los efectuados con violencia o intimidación en las personas. El efecto de dicha concurrencia es la imposición de la pena de prisión de dos a cinco años. Estas circunstancias son las siguientes:

— cuando se sustraigan cosas de valor artístico, histórico, cultural o científico;
— cuando sean cosas de primera necesidad o destinadas a un servicio público, siempre que la sustracción ocasionare un grave quebranto a este, o una situación de desabastecimiento;
— cuando revista especial gravedad, atendiendo al valor de los efectos sustraídos, o se produjeren perjuicios de especial consideración;
— cuando ponga a la víctima o a su familia en grave situación económica o se haya realizado abusando de las circunstancias personales de la víctima;
— cuando el robo se cometa en casa habitada, edificio o local abiertos al público o en cualquiera de sus dependencias.

Se considera casa habitada todo albergue que constituye morada de una o más personas, aunque accidentalmente se encuentren ausentes de ella cuando el robo tenga lugar.

Se consideran dependencias de casa habitada o de edificio o local abiertos al público sus patios, garajes y demás departamentos o sitios cercados y contiguos al edificio y en comunicación interior con él, y con el cual formen una unidad física.

### Robo de vehículos a motor

Sustraer un vehículo a motor o un ciclomotor cuyo valor exceda de la cuantía que en cada momento determine el Código penal sin el ánimo de apropiárselo y mediando fuerza en las cosas o con violencia o intimidación en las personas se castiga específicamente en el Código penal. La característica principal de este delito consiste en que el vehículo a motor o el ciclomotor han de ser restituidos en un plazo no superior a 48 horas; en caso contrario, el delito pasa a ser un robo y la pena es superior.

# Insolvencia punible y usurpación

En las insolvencias punibles, es decir, en aquellas situaciones de insuficiencia económica que merecen un castigo por ser consecuencia de una conducta empresarial reprochable, confluyen normas de variada naturaleza: civiles-mercantiles, procesales y penales.

El nuevo Código penal intenta dar respuestas válidas y actualizadas al problema de las crisis empresariales que, según los expertos, no se solucionará hasta que no se acometa una profunda y radical reforma del derecho empresarial, más en concreto en lo que hace referencia a las suspensiones de pagos y a las quiebras.

No obstante, debe destacarse que se ha producido una importante mejora en cuanto a la determinación de las conductas punibles, en comparación con el antiguo Código penal.

En la actualidad, podemos distinguir dos bloques delictivos distintos relativos a la materia que tratamos:

— el alzamiento de bienes;
— los procedimientos de ejecución universal delictivos: quiebras, suspensiones de pagos y concurso de acreedores punibles.

En general, podemos destacar que, con el nuevo texto, el delito de alzamiento de bienes ya no es exclusivo de los comerciantes, que han desaparecido del Código penal las quiebras negligentes (es decir, no intencionadas) y que, por el contrario, se introduce como delito determinadas actividades que causan la suspensión de pagos de la empresa.

A los efectos del Código penal, podemos considerar válida la definición que de insolvencia dio un conocido jurista italiano llamado Rocco, que consideró como tal toda aquella situación de hecho de desequilibrio patrimonial entre los valores realizables y las prestaciones exigibles, con independencia de que la insolvencia sea real o sólo aparente.

El nuevo Código penal introduce una importante novedad en relación con el enjuiciamiento de los delitos que estamos tratando y es que, por su consideración de delitos graves, el conocimiento de los mismos puede llegar hasta el Tribunal Supremo; antes, la sentencia que el juez pena sólo podía ser objeto de recurso ante las Audiencias Provinciales.

En el presente capítulo, trataremos brevemente del delito de alteración de precios que no puede ser calificado como insolvencias punibles, pero que guardan cierta relación conceptual con estas.

## Alzamiento de bienes

Es preciso que el culpable oculte o haga desaparecer sus bienes, y quede, a consecuencia de esta ocultación, en situación de insolvencia. La ocultación o desaparición de los bienes debe realizarse con el propósito de defraudar a los acreedores.

*Penalidad.* La pena prevista para este delito es la de prisión de uno a cuatro años y multa de doce a veinticuatro meses. La pena es la misma, con independencia de que el defraudado sea una sociedad, un particular, etc.

## Procedimientos de ejecución universal delictivos

La reforma del año 2003 modifica sustancialmente el contenido de los artículos 259, 260 y 261 a fin de adaptarlos a la nueva legislación concursal.

Según el artículo 259 del Código penal, será castigado con la pena de uno a cuatro años de prisión y multa de doce a veinticuatro meses, el deudor que, una vez admitida a trámite la solicitud de concurso, sin estar autorizado para ello ni por el juez ni por los administradores concursales y fuera de los casos permitidos por la ley, realice cualquier acto de disposición patrimonial o generador de obligaciones, destinado a pagar a uno o varios acreedores, privilegiados o no, con posposición del resto.

A su vez, al artículo 260 establece que el que fuera declarado en concurso será castigado con la pena de prisión de dos a seis años y multa de ocho a veinticuatro meses, cuando la situación de crisis económica o la insolvencia sea causada o agravada dolosamente por el deudor o persona que actúe en su nombre, teniéndose en cuenta, para graduar la pena, la cuantía del perjuicio inferido a los acreedores, su número y condición económica.

Debe tenerse en cuenta que la persecución de este delito es independiente del proceso civil, por lo que no es preciso esperar a la conclusión de este para actuar penalmente contra quien lo haya cometido.

También es importante señalar que, en ningún caso, la calificación de la insolvencia en el proceso civil vincula a la jurisdicción penal. Así, el concurso de un empresario puede ser calificado en vía civil como *fortuito* (es decir, accidental), pero sin que ello suponga que la jurisdicción penal no le pueda condenar por haber cometido el delito que estamos analizando.

Por su parte, según el artículo 261 del Código penal, aquella persona que en un procedimiento concursal presentare, a sabiendas, datos falsos relativos al estado contable, con el fin de lograr indebidamente la declaración de aquel, será castigada con la pena de prisión de uno a dos años y multa de seis a doce meses.

## Alteración de precios en concursos y subastas públicas

Se halla penado, con prisión de uno a tres años y multa de doce a veinticuatro meses e inhabilitación, todo aquel acto consistente en solicitar dádivas o promesas para no tomar parte en un concurso o subasta pública o, por el contrario, en intentar alejar de ellas a los postores mediante amenazas, dádivas, promesas o artificios. Igual pena se impondrá a todos aquellos que se concierten para alterar el precio del remate o los que con fraude quebraren o abandonaren la subasta habiendo obtenido la adjudicación.

Si se tratare de un concurso o subasta convocados por las administraciones o entes públicos, al reo de dicho delito se le impondrá la prohibición de contratas con las Administraciones públicas por un periodo entre tres y cinco años.

## La usurpación

Dentro del título que el Código penal dedica a los delitos patrimoniales nos encontramos con la usurpación. Esta comprende tres conductas:

— distraer el curso de las aguas en provecho propio o ajeno sin hallarse autorizado para ello;
— alterar términos o lindes de pueblos o heredades o señales o mojones destinados a fijar los límites de propiedades o demarcaciones de predios contiguos;
— ocupar una casa inmueble o usurpar un derecho real inmobiliario ajeno, con violencia o intimidación en las personas, así como ocupar sin autorización, un inmueble ajeno que no está habitado.

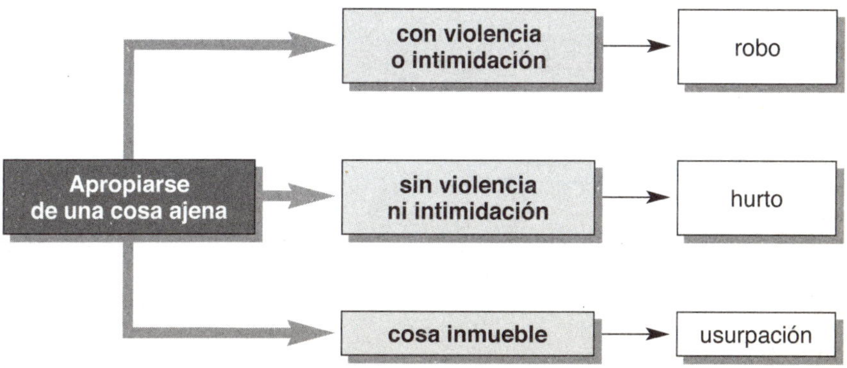

La última de las mencionadas es la conducta punible de mayor aplicación y actualidad, pues ha sido mediante la configuración de esta como ha sido posible considerar como un delito las ocupaciones de locales.

La penalidad de las conductas descritas es diversa; así, la distracción del curso de las aguas conlleva una multa de tres a seis meses, la alteración de los términos, una multa de tres a dieciocho meses, y las ocupaciones, multa que oscila entre los tres y los dieciocho meses más la penalidad que corresponda a las violencias ejercidas.

# Estafas y otros engaños

## Estafa

El delito de estafa, de acuerdo con el vigente Código penal, comprende dos conductas distintas:

- mediando ánimo de lucro, utilizar engaño bastante para producir error en una persona e inducirla así a realizar un acto de disposición en perjuicio propio o ajeno;
- mediando, asimismo, ánimo de lucro y valiéndose de alguna manipulación informática o artificio semejante, conseguir la transferencia no consentida de cualquier activo patrimonial en perjuicio de tercero.

La que se ha descrito en primer lugar es el delito de estafa que podemos denominar «clásico» y que, sustancialmente, es el que ya se contenía en el antiguo Código penal. Por su parte, la segunda de las conductas detalladas supone una novedad y su introducción es consecuencia lógica de los cambios experimentados en nuestra sociedad y en los cada día más sofisticados medios de que se valen los delincuentes.

Con el antiguo Código penal, determinadas conductas que, a la luz del sentido común, eran absolutamente reprochables y, por su gravedad, merecedoras de una sanción penal, no podían, sin embargo, ser castigadas por la jurisdicción criminal al no hallar cabida en el tenor literal de los tipos existentes. Un claro ejemplo lo constituye la estafa que se lleva a cabo no por medio de engaños, sino mediante una manipulación con medios informáticos.

La estafa lleva aparejada una pena básica de prisión de seis meses a cuatro años, dependiendo de la cuantía de lo defraudado y siempre que por su importe reducido no se trate de una falta.

Para la fijación de la pena, el Código impone que se tengan en cuenta los aspectos que pasaremos a citar a continuación:

- el importe de lo efectivamente defraudado;
- el quebranto económico causado al perjudicado;
- las relaciones existentes entre defraudador y perjudicado;

— los medios empleados por el estafador para cometer el delito;
— cualesquiera otras circunstancias que puedan servir para valorar la gravedad de la infracción.

Lo que hemos señalado antes es lo que hemos denominado *penalidad básica*, pero el Código prevé que la estafa sea castigada con una pena superior si:

— recae sobre cosas de primera necesidad, vivienda u otros bienes de reconocida utilidad social;
— se realiza con simulación de pleito o empleo de fraude procesal;
— se lleva a cabo mediante cheque, pagaré, letra de cambio en blanco o negocio cambiario ficticio (esta circunstancia viene a sustituir el ahora derogado delito de «cheque en descubierto»);
— se perpetre abusando de firma de otro o sustrayendo, ocultando o inutilizando, en todo o en parte, algún proceso, expediente, protocolo o documento público u oficial de cualquier clase;
— recaiga sobre bienes integrantes del patrimonio artístico, histórico, cultural o científico;
— revista especial gravedad atendiendo al valor de la defraudación, a la entidad del perjuicio y a la situación económica en que deja a la víctima o a su familia;
— se cometa con abuso de las relaciones personales existentes entre víctima y estafador o aproveche este su credibilidad empresarial o profesional.

El supuesto más grave de estafa y que lleva aparejada una pena superior (en concreto, prisión de cuatro a ocho años y multa de doce a veinticuatro meses) es la que se comete concurriendo las tres circunstancias siguientes: que recaiga sobre cosas de primera necesidad, viviendas u otros bienes de reconocida utilidad social; que revista especial gravedad por el valor de la defraudación, la entidad del perjuicio y la situación económica en que se deje a la víctima o a su familia, y, por último, se cometa con abuso de las relaciones personales existentes entre víctima y estafador o aproveche este su credibilidad empresarial o profesional.

Un tercer grupo de delitos que el Código penal regula bajo el epígrafe de la estafa, son los siguientes:

*a*) La venta, arriendo o gravamen de un bien del que ya no se es o nunca se ha sido titular, siempre que tal acción suponga un perjuicio para otro.
*b*) La disposición como libre de un bien previamente gravado, si de ello se deriva un perjuicio para el adquiriente o un tercero.
*c*) La nueva venta o la imposición de un gravamen (una hipoteca, por ejemplo) sobre un bien ya enajenado, si de ello se deriva un perjuicio para el adquiriente o un tercero.
*d*) El otorgamiento, en perjuicio de otro, de un contrato simulado.

La pena prevista para estos delitos es la de prisión con un mínimo de un año y un máximo de cuatro años.

## Apropiación indebida

Se trata de apropiarse o distraer, en perjuicio de tercero, dinero, efectos, valores u otra cosa mueble o activo patrimonial previamente recibido en depósito, comisión, administración u otro título que obligue a entregarlos o devolverlos, o negar haberlos recibido. Para que se pueda apreciar la existencia de delito, el valor de lo apropiado debe ser superior a cincuenta mil pesetas; en caso contrario nos hallaríamos ante una falta.

La pena que se previene es idéntica a la de la estafa. En los casos de «depósito necesario o miserable» (es decir, cuando se haga en cumplimiento de una obligación legal o con ocasión de alguna calamidad como incendio, ruina, saqueo, naufragio u otras semejantes) la pena se impondrá siempre en su mitad superior.

Otros supuestos de apropiación indebida son los siguientes:

*a*) Apropiarse, con ánimo de lucro, de cosas perdidas o de dueño desconocido, siempre que su valor exceda de un determinado importe.
*b*) Negar la recepción indebida, provocada por error del transmitente, de dinero u otra cosa mueble o, una vez comprobado el error, no proceder a su devolución, siempre que la cuantía de lo recibido supere un determinado importe.

La pena prevista para ambos supuestos es la de multa de tres a seis meses, excepto en el caso de apropiación de cosa perdida o de dueño desconocido, si se trata de un objeto de valor artístico, histórico, cultural o científico, en cuyo supuesto la pena será de prisión de seis meses a dos años.

## Defraudaciones de fluido eléctrico y análogas

Para terminar con el presente capítulo, mencionemos dos conductas tipificadas como delitos en el Código penal.

En primer lugar, la defraudación, por importe superior a una cifra determinada, utilizando energía eléctrica, gas, agua, telecomunicaciones u otro elemento, energía o fluido ajenos.

La defraudación debe producirse mediante alguno de estos medios:

— valiéndose de mecanismos instalados para realizar la defraudación;
— alterando maliciosamente las indicaciones o aparatos contadores;
— empleando cualesquiera otros medios clandestinos.

En segundo lugar, otra defraudación es la de utilizar un equipo terminal de telecomunicación, sin perjuicio de su titular, ocasionando a este un perjuicio superior a la cifra que esté legalmente determinada.

Todas las anteriores defraudaciones se castigan por el Código penal con multa de tres a doce meses. Si la defraudación no alcanza el mencionado importe que la ley establezca para este tipo de delitos, nos hallamos ante una falta.

# Las faltas

Las faltas son también actos típicos, antijurídicos, culpables y punibles, como los delitos. Sin embargo, a diferencia de estos, están castigadas con penas leves.

Ello se debe a que el mal causado con tales actos (a las personas, propiedades u otros intereses colectivos) es de menor entidad que en el caso de los delitos.

## Clases

El Código penal tipifica las faltas agrupándolas en cuatro categorías, atendiendo al bien jurídico o interés social contra el que atenta su comisión.

**1. Faltas contra el orden público.** Se castigan como falta los atentados leves contra el orden público tales como perturbar levemente el orden en los tribunales y juzgados, faltar al respeto o desobedecer levemente a la autoridad o a sus agentes y ejercer una profesión sin estar colegiado cuando ello es obligatorio, etcétera.

**2. Faltas contra los intereses generales y regímenes de las poblaciones.** Bajo tal concepto, el Código penal castiga hechos como abandonar jeringuillas en lugares frecuentados por menores, dejar en libertad a animales feroces o dañinos, hacer circular monedas o billetes falsos, recibidos de buena fe (si no superan la cifra que la ley determine para ser considerado delito).

También constituye una falta el hecho de maltratar cruelmente animales domésticos u otros en espectáculos no autorizados.

**3. Faltas contra las personas.** Consisten en causar lesiones leves, golpear o maltratar a otro sin lesionarle; descuidar los deberes propios de la patria potestad, tutela o guarda de menores o incapacitados; no entregar a la autoridad a menores abandonados; amenazar, coaccionar o insultar levemente a otro, y, por último, no prestar ayuda para evitar males mayores, siempre y cuando no exista riesgo propio.

**4. Faltas contra el patrimonio.** Se castigan como tales los hurtos, apropiaciones indebidas, estafas y otras defraudaciones, la alteración de lindes, el deslucimiento indebido de bienes inmuebles y los daños en las cosas, por un valor que la ley no considere que se trata de un delito, sino de una falta.

## Penas

Las penas que impone el Código penal a los autores de faltas son de carácter leve y, en su aplicación, los jueces y tribunales tendrán muy en cuenta las circunstancias del caso y del culpable.

# Los delitos societarios

El nuevo Código penal ha introducido los denominados *delitos societarios*, bajo cuya denominación describe diversas conductas ilícitas que se han detectado con demasiada frecuencia en los últimos años. Hasta la promulgación del texto penal vigente, los tribunales aplicaban, en determinados casos, las figuras delictivas existentes (estafa, apropiación indebida, falsedades, etc.) a pesar de no hallarse redactadas específicamente para los supuestos de delitos cometidos mediante sociedades, por lo que los resultados que se obtenían no eran siempre correctos desde un punto de vista técnico-jurídico.

Los intereses que se pretenden proteger mediante la creación de los delitos societarios son, en primer lugar, los intereses de los propios socios y, en segundo lugar, los del sistema económico en general.

Los delitos que ahora nos ocupan se caracterizan procesalmente porque exigen que se produzca una denuncia por parte de la persona perjudicada o, en los supuestos que esta sea menor de edad o incapaz, por parte del Ministerio Fiscal.

Existe un acuerdo casi unánime entre toda la doctrina en el sentido de que la penalidad impuesta a esta clase de delitos no será suficiente si no va acompañada de lo que se han llamado *normas extrapenales complementarias*.

Con ello se quiere decir que, por la especial naturaleza de los delitos que nos ocupan, es preciso que se exijan los presupuestos siguientes:

*a*) Exigir una absoluta transparencia en la gestión de las sociedades de carácter mercantil (anónimas y limitadas).
*b*) Exigir la inscripción en el Registro Mercantil de las sociedades (y, añadamos, de todas sus actuaciones que puedan afectar a terceros: movimientos del capital, traslados de domicilio), sin que se produzcan demoras de tipo alguno.
*c*) Control administrativo de determinadas empresas.
*d*) Intervención periódica tanto de los accionistas como de los propios trabajadores en la actividad de la empresa y en su contabilidad.
*e*) Creación, en determinados casos, de órganos de control y de vigilan-

cia de la marcha de la sociedad, así como el establecimiento de garantías para los acreedores y para los empleados y socios.

*f*) Posibles restricciones a la puesta en marcha de nuevas sociedades: obtención de permisos, licencias, etc. Hay algún autor que aboga, incluso, por crear un registro de personas inhabilitadas para formar parte de sociedades, atendiendo a sus antecedentes delictuales en el ámbito mercantil.

Asimismo, una medida que se considera imprescindible como complemento a las sanciones puramente penales que se provean para los delitos societarios es la referida a la censura de las cuentas sociales.

Por «censura de las cuentas sociales» se entiende la votación que, tras su análisis y detenido estudio, efectúan los socios sobre el balance y otros documentos contables de la empresa, con carácter anual. Es precisamente en el momento de votar cuando los accionistas pueden expresar su disconformidad con la forma de gestionar y administrar la sociedad llevada a cabo por sus directivos.

La información que acerca de las cuentas sociales reciben los accionistas suele ir acompañada de un informe independiente elaborado por los auditores de la empresa.

Es evidente que la sola penalización de determinadas conductas en el ámbito societario no será nunca suficiente si no se toman algunas medidas complementarias, como las que hemos señalado aquí u otras que la misma práctica pueda aconsejar.

El Magistrado del Tribunal supremo José Manuel Martínez-Pereda distingue, en el Código penal vigente, seis delitos societarios distintos; son los siguientes:

— falsificación de documentos contables de la sociedad;
— adopción de acuerdos perjudiciales para la sociedad o los socios;
— prevalimiento de situación accionarial mayoritaria;
— negativa o impedimento al derecho de los socios;
— negativa o impedimento a la intervención de la Administración;
— administración de tipo desleal de la sociedad.

## Falsificación de documentos contables de la sociedad

Se persigue aquí el falseamiento de los documentos que deben reflejar la situación económica real de la sociedad, en especial las cuentas anuales, de manera que se causa un perjuicio económico a la sociedad, a los socios o a terceros.

Las penas previstas son prisión de uno a tres años y multa de seis a doce meses.

El delito lo puede causar el administrador que haya sido legalmente elegido para desempeñar tal cargo («administrador de derecho») o aquel que actúe como tal aun sin serlo («administrador de hecho»).

## Adopción de acuerdos perjudiciales para la sociedad o los socios

La situación mayoritaria —en la junta de accionistas o en el consejo de Administración— nunca puede amparar situaciones de abuso que redunden en el perjuicio de los demás socios y que no aporten ningún beneficio a la sociedad.

Las penas previstas para tales conductas son la prisión de seis meses a tres años y multa.

## Negativa o impedimento al derecho de los socios

Todo socio tiene reconocido, con independencia del número de acciones que posea de la sociedad, una serie de derechos que son inderogables e inviolables, como el derecho de información, suscripción preferente de acciones, etc.

Cualquier conducta que infrinja tales derechos inherentes a la condición de socio se halla castigada con la pena de multa de seis a doce meses.

## Negativa o impedimento a la intervención de la Administración

Ningún administrador de hecho o de derecho de una sociedad que cotice en Bolsa puede impedir u obstaculizar la actividad supervisora o inspectora de aquellos órganos que, legalmente, tengan encomendada dicha misión. Las penas previstas son de prisión de seis meses a tres años o multa de doce a veinticuatro meses, pudiéndose asimismo acordar la clausura, disolución y suspensión de las actividades de la sociedad.

## Administración desleal de la sociedad

El cargo de Administrador debe ser desempeñado con lealtad y cualquier conducta contraria a esto es perseguible penalmente. Asimismo tienen la obligación de actuar con diligencia los administradores de hecho y los propios socios. Las penas previstas son de prisión de seis meses a cuatro años o multa.

# La jurisdicción penal

Un proceso penal es un conjunto de actuaciones llevadas a cabo por los organismos judiciales de los particulares que tienden al esclarecimiento de si ha existido la comisión de un delito o falta, las responsabilidades que de ello se derivan y la imposición, en su caso, de las penas correspondientes.

El desarrollo de los procesos penales está regulado por la Ley de Enjuiciamiento Criminal.

La jurisdicción penal es una de las partes o ramas de la jurisdicción ordinaria, junto a la civil, la laboral y la contencioso-administrativa. Está encomendada a los jueces de distrito, los de instrucción y a las salas de lo penal de los tribunales superiores de Justicia de las comunidades autónomas y del Tribunal Supremo.

## Denuncia

Una denuncia es un acto por el que cualquier ciudadano comunica a las autoridades unos hechos que, a su entender, pueden ser constitutivos de delito o falta. Todo ciudadano tiene el deber de denunciarlos si ha sido testigo presencial, si llega a conocerlos por razón de su profesión (salvo el caso de secreto profesional), o por cualquier otro medio. La denuncia puede presentarse ante el juzgado de guardia (de instrucción), o bien en una comisaría de policía (en cuyo caso habrá que ratificar ante el juzgado cuando este la reciba), y puede ser oral o escrita. Para ello, no es necesario valerse de procurador ni de abogado. La denuncia es, pues, una simple comunicación a las autoridades para que estas procedan a investigar sobre los hechos. Iniciado el proceso, el denunciante no es parte del mismo (aunque puede ser citado como testigo). Si el denunciante es la víctima u «ofendido» (el que resulta perjudicado por el delito), sus intereses quedarán representados por el ministerio fiscal (y también las reclamaciones civiles derivadas, si no se las ha reservado para ejercerlas separadamente).

## Querella

La querella es el acto por el que *cualquier* ciudadano, en ejercicio de la llamada *acción popular*, solicita intervenir en un proceso penal.

El querellante no se limita a informar sino que acusa a un presunto culpable, solicita al juzgado que lo detenga ingresándolo en prisión o exigiéndole que deposite una fianza y, en su caso, que se proceda al embargo de sus bienes para asegurar su responsabilidad civil. La querella, redactada por escrito, debe ir suscrita por un letrado (abogado) y ser presentada por medio de procurador ante el juzgado de instrucción (que puede exigir a su vez que el querellante deposite una fianza, al objeto de evitar querellas infundadas).

Por lo tanto, la víctima de un delito o falta tiene dos posibilidades:

— la simple denuncia de los hechos;
— la interposición de una querella sosteniendo una acusación particular (sólo es recomendable en caso de haber sufrido perjuicios muy graves).

Algunos delitos, como las injurias y calumnias, sólo son perseguibles si existe una querella interpuesta por el ofendido, o sus familiares si este ha fallecido. En estos delitos (calificados por ello como delitos privados) no basta con denunciar los hechos: es necesario querellarse contra su autor.

## Las partes

Se denomina así a quienes defienden intereses distintos durante un proceso. Son las siguientes:

— *el procesado:* es la persona a quien se acusa de haber cometido el delito o falta; también llamado *acusado*, *inculpado* o *denunciado*, en los juicios de faltas;
— *el ministerio fiscal:* es el acusador público; representa el interés de la víctima, pero también de la sociedad en su conjunto, lesionada como colectividad, por el delito o falta cometido;
— *el acusador particular:* cuando existe, representa el interés de una persona en que se castigue el delito y se indemnice a las víctimas; por ello suele correr a cargo de estas o de sus familiares, aunque puede sostenerla cualquier persona ajena al caso;
— *el actor civil:* cuando su interés se centra en la indemnización derivada del delito, prescindiendo de solicitar la imposición de una pena determinada (lo que equivale a aceptar la pedida por el fiscal);
— *el acusador privado:* es el que representa el interés del ofendido en los delitos que sólo pueden perseguirse mediante querella de este, o de sus familiares si han fallecido.

## El sumario

El sumario, llevado a cabo por el juez de instrucción tras aceptar una denuncia o querella, es un conjunto de actuaciones de diversa índole. Su objeto es averiguar si los hechos denunciados son ciertos, si constituyen un delito o falta sus efectos y quiénes son los presuntos responsables. Se trata, pues, de preparar el juicio, aclarando su contenido.

Forman parte del sumario actuaciones tan diversas como las citaciones a las partes y los testigos, sus declaraciones, los informes periciales y de la policía de tráfico, y otras pruebas como fotografías, certificados médicos, etc., que varían según los hechos y las circunstancias del caso.

Todas estas diligencias puede decretarlas el juez de oficio (por su propia iniciativa) o a instancia de parte (es decir, a solicitud de cualquiera de ellas).

El sumario concluye cuando el juez instructor considera que ya se han practicado todas las averiguaciones posibles sobre el caso. Al ordenar la conclusión del sumario, el juez puede:

— *decretar el sobreseimiento del caso:* si los hechos que constan en el sumario no constituyen delito o no se ha probado que existieran, o si los procesados resultan exentos de responsabilidad o son desconocidos;
— *pasar a la fase del juicio oral:* si hay indicios racionales que permitan acusar al procesado de la comisión de un delito o falta.

En este caso, el juez instructor lo comunicará a las partes y trasladará el sumario ante el tribunal competente para juzgar el caso (el juzgado de distrito, si se trata de faltas, y el de instrucción o las salas de lo penal, según su gravedad, si los hechos constituyen delitos).

## Juicio oral por los delitos

En el caso de un juicio oral por delitos el acusador particular (si lo hay) y el procesado deben estar representados por procurador y asistidos por un letrado. Si el acusado no los tiene, el tribunal debe ordenar que se le provean de oficio (por los correspondientes colegios profesionales, según un turno rotatorio).

El juicio oral se inicia por la presentación de las partes, de los escritos de calificación. En ellos cada parte expone su posición, su versión de los hechos, las pruebas que piensa utilizar y las conclusiones sobre la existencia o no de delito, así como el grado de responsabilidad civil de los autores (es decir, su deber de indemnizar a los perjudicados por los hechos).

Tras ello, el tribunal fijará la fecha de celebración del juicio, citando a las partes para el mismo. Al iniciarse el acto, el presidente debe preguntar al procesado si se reconoce inocente o culpable del delito que se le imputa, y responsable civilmente, en su caso. Si se declara culpable y su defensor no se opone, el tribunal declarará, sin más, concluido el juicio, quedando visto para sentencia. Si no es así, se iniciará el juicio.

En primer lugar se practicarán las diligencias de prueba (informes periciales, forenses, fotografías, etc.) y el interrogatorio a los testigos y procesados.

A continuación, las partes, por medio de sus respectivos letrados, procederán a formular sus conclusiones definitivas (que pueden haber variado respecto a las provisionales, emitidas en el escrito de calificación), informando de palabra al tribunal.

Por último, el tribunal concederá la palabra al procesado por si este cree necesario manifestar algo personalmente. Tras ello, el presidente declarará concluido el juicio, quedando visto para sentencia.

## Juicio de faltas

Son competentes para juzgarlas los jueces de distrito, y tienen un desarrollo más sencillo y rápido que en el caso de delitos. En este tipo de juicios las partes no precisan de letrado ni de procurador, y no existe el trámite del escrito de calificación.

Se inicia con la lectura de la querella, si la hay. A continuación, el juez procederá al interrogatorio de los testigos, de la víctima y del denunciado, y a la práctica de las demás pruebas que propongan las partes.

Por último las partes expondrán, de palabra, los argumentos que consideren oportunos. Pueden hacerlo por sí mismas, o también pueden hacer hablar en su nombre a un «hombre bueno» (que puede ser cualquier ciudadano, pero que, de hecho, normalmente, suele ser un abogado).

Terminado el juicio el juez dictará sentencia en el acto, o bien en el plazo de tres días.

## La sentencia

La sentencia es el acto procesal por el que el tribunal resuelve las cuestiones que han sido sometidas a su juicio. En el caso de los procesos penales la sentencia debe contener:

- los hechos que se consideran probados (o resultandos);
- la calificación de los mismos como delitos o faltas, y la determinación de quiénes son los responsables (o considerandos) según la ley penal aplicable;
- el fallo, es decir, la absolución del procesado o su condena a la pena correspondiente, así como los aspectos referentes a la responsabilidad civil derivada de los delitos o faltas cometidas. Estos últimos, si el perjudicado no se ha reservado la acción civil, para ejercerla de forma independiente.

## Apelaciones

Contra las sentencias de un tribunal o juez, si una de las partes las considera injustas puede recurrir ante los de rango superior. Son los llamados *recursos de apelación*. Así, contra las sentencias de los juzgados se puede apelar ante los tribunales.

A su vez, contra las sentencias dictadas por estos puede interponerse un recurso de casación ante el Tribunal Supremo, alegando infracción de la ley o doctrina legal o quebrantamiento de forma por parte del tribunal inferior.

## El jurado

Con la finalidad de dar cumplimiento a lo dispuesto en el artículo 125 de la Constitución española que establece que los ciudadanos podrán participar en la Administración de Justicia mediante el jurado, el año 1995 fue publicada la ley reguladora de dicha institución.

El jurado, ejemplo del derecho y al mismo tiempo deber que tenemos todos los ciudadanos de participar en la Administración de Justicia, no goza de competencia para el enjuiciamiento de cualquier clase de delitos, sino sólo de aquellos que la ley señala y que son los siguientes:

— delitos contra las personas (por ejemplo, el asesinato);
— delitos cometidos por funcionarios públicos en el ejercicio de sus cargos (por ejemplo, la prevaricación);
— delitos contra el honor (por ejemplo, la calumnia);
— delitos contra la libertad y la seguridad (por ejemplo, las amenazas);
— delitos de incendios.

El Tribunal del Jurado se compondrá de nueve miembros (los «jurados») y un magistrado integrante de la Audiencia Provincial, que será quien lo presida. La función de jurado es un derecho ejercitable por aquellos ciudadanos en los que no concurra motivo que lo impida y su desempeño es un deber para quienes no estén en causa de incompatibilidad o prohibición ni puedan excusarse conforme a lo que establece la propia ley.

Los requisitos para ser jurado son los siguientes: ser español mayor de edad, encontrarse en pleno ejercicio de los derechos políticos, saber leer y escribir, ser vecino —al tiempo de la designación— de cualquiera de los municipios de la provincia en que el delito se hubiese cometido y no estar impedido física, psíquica o sensorialmente para el desempeño de la función.

Incapacitará para ser jurado: haber sido condenado por delito doloso; estar procesado, detenido o preso y hallarse suspendido, en un proceso penal, del empleo o cargo público.

La ley también regula las personas incompatibles para ser jurado, de las que destacamos las siguientes: los miembros de la familia real así como sus cónyuges, los miembros del Gobierno, los presidentes de las comunidades autónomas, el Defensor del Pueblo, los miembros en activo de las fuerzas y cuerpos de seguridad, los funcionarios de instituciones penitenciarias, etc.

Se regulan, asimismo, siete motivos que permiten excusarse (es decir, no es automático) para actuar como jurado: ser mayor de sesenta y cinco años, haber desempeñado la función de jurado en los cuatro años precedentes, ser causa de grave trastorno por razón de las cargas familiares, desempeñar un trabajo de relevante interés general, residir en el extranjero, ser militar profesional en activo o el que concurran razones de servicio o, por último, alegar y acreditar cualquier otra causa que justifique el no desempeño de la función de jurado.

Los jurados atenderán a las sesiones del juicio y, concluido este, el magistrado-presidente de la Sala les preguntará por escrito cuál deberá ser el objeto de su decisión, que se denomina «veredicto». Seguidamente, el jurado se retirará para emitir su decisión, en la fase llamada *deliberación*.

La deliberación será secreta y a puerta cerrada, sin que permita la revelación de lo que se discuta ni la comunicación con persona alguna hasta que no se haya emitido el veredicto, momento en que cesarán en sus funciones los jurados.

El veredicto puede ser de inculpabilidad o de culpabilidad: en el primer caso, se dictará sentencia absolutoria, y en el segundo, se concederá la palabra al fiscal y a las demás partes para que informen acerca de la pena o medidas a imponer.

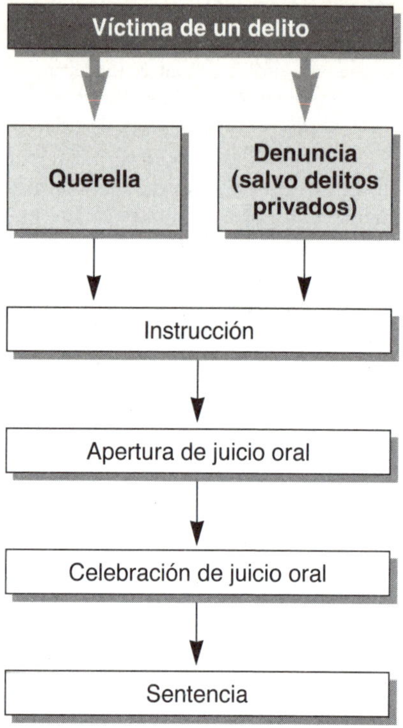

# DERECHO PENAL
## RESUMEN

### La ley penal

• El principio de legalidad supone la no retroactividad de las leyes penales, la prohibición de la analogía y la necesidad de que las normas penales sean escritas en cualquier caso.

• Debe distinguirse entre delitos y faltas: ambas conductas son sancionadas penalmente, pero las primeras lo son de forma mucho más severa que las segundas.

• Las personas responsables de los delitos son los autores, los cómplices y los encubridores. No toda persona que cometa un delito o una falta será considerada culpable ni lo será de la misma manera: en el primer caso, porque pueden concurrir circunstancias eximentes y en el segundo, por concurrir circunstancias atenuantes.

### Las penas

• Como penas graves están la prisión superior a tres años, la inhabilitación absoluta, etc.

• Como penas menos graves hallamos la prisión de entre seis meses y tres años o bien el arresto, que puede durar, de siete a veinticuatro fines de semana.

• Como penas leves están la privación del permiso de conducir por tiempo de entre tres meses y un año o la multa de cinco días a dos meses.

### Clasificación de los delitos

• La clasificación de los delitos puede hacerse tomando como referencia el objeto que se pretende proteger mediante la tipificación de dicha conducta.

• Sobre dicha base, podemos señalar diversas categorías o clases de delitos: contra la integridad física, la libertad, la integridad moral, la libertad sexual, la intimidad, el honor, los derechos de los trabajadores, el patrimonio y el orden socioeconómico, contra la Hacienda Pública y la Seguridad Social, la Administración Pública y la Administración de Justicia, la Constitución, etc.

### Las falsedades

• Entre estos delitos se hallan la falsificación de moneda y efectos timbrados, las falsedades documentales, la usurpación del estado civil, la usurpación de funciones públicas y el intrusismo.

**Delitos contra la Administración de Justicia**

• Son delitos contra la Administración de Justicia el encubrimiento, la realización arbitraria del propio derecho, la acusación y denuncia falsas, la simulación de delitos, el falso testimonio o bien el quebrantamiento de condena.

**Delitos contra la seguridad colectiva**

• Dentro de estos delitos están el delito de incendios, los delitos contra la salud pública (tráfico de drogas) y los delitos contra la seguridad del tráfico (conducción bajo los efectos del alcohol).

**Homicidio**

• Dar muerte a un semejante de forma voluntaria ha sido considerado, desde siempre, un acto execrable y, por ello, ha sido considerado en todas las culturas y a lo largo de los siglos como un hecho merecedor de castigo.

• Prestar auxilio a otra persona para que se suicide e se equipara al mismo homicidio.

**Asesinato y homicidio imprudente**

• El asesinato consiste en un homicidio cometido empleando determinados medios o en forma tal que implica un grado elevado de maldad (por ejemplo, actuando con alevosía o enseñamiento o incluso mediando precio).

• El homicidio imprudente supone dar muerte a una persona, pero no de forma intencional o voluntaria.

**Aborto, lesiones al feto y manipulación genética**

• El aborto es punible si lo es sin consentimiento de la mujer, con su consentimiento pero fuera de los casos permitidos por la ley o cuando se trata de aborto imprudente.

• También se hallan tipificadas conductas como las lesiones que se causen al feto y la manipulación genética.

**Delitos contra la libertad sexual**

• Son delitos contra la libertad sexual (con independencia de quien sea la víctima, un hombre o una mujer): las agresiones, los abusos, el acoso, el exhibicionismo y la provocación así como los delitos relativos a la prostitución (en los que se castiga no el hecho de ejercerla, sino de favorecerla y lucrarse con ella).

**Calumnia e injuria**

• La calumnia (uno de los delitos contra el honor) consiste en imputar a alguien la comisión de un delito, a sabiendas de que no es cierto.

• La injuria supone lesionar la dignidad de otra persona menoscabando su fama o atentando contra su propia estimación.

**El derecho al honor**

• El derecho al honor, a la intimidad personal y familiar y a la propia imagen es irrenunciable, inalienable e imprescriptible y la ley se ocupa de protegerlo de las intromisiones ilegítimas.

**Allanamiento de morada**

• Uno de los principales delitos contra la intimidad, la propia imagen y la inviolabilidad del domicilio lo constituye el allanamiento de morada, es decir, introducirse en una vivienda habitada sin permiso de sus dueños o permanecer en su interior contra la voluntad de estos.

**Amenazas y coacciones**

• Constituyen delitos contra la libertad las detenciones ilegales, los secuestros, las amenazas y las coacciones.

• Son amenazas el anunciar a una persona el propósito de causarle a él o a sus familiares un mal que constituya un delito de homicidio, lesiones, un delito contra la libertad sexual, etc.

• Coacción es impedir, mediando violencia, que una persona haga lo que la ley no prohíbe o compelir a efectuar lo que no quiera, sea justo o injusto.

**El hurto y el robo**

• La diferencia básica entre robo y hurto lo constituye el uso o no, respectivamente, de fuerza o violencia para apoderarse de una cosa ajena.

**Insolvencia punible y usurpación**

• Dentro de los delitos contra el patrimonio y el orden socioeconómico hallamos —entre otros, como las defraudaciones— la insolvencia punible y la usurpación.

**Estafa y otros engaños**

• El delito de estafa supone, utilizando engaño y mediando ánimo de lucro, convencer a una persona para que realice un acto de disposición patrimonial en perjuicio propio o ajeno. También lo es si, mediando ánimo de lucro y utilizando manipulaciones informáticas, se consigue una transferencia patrimonial no consentida, en perjuicio de tercero.

**Los delitos societarios**

• El Código penal de 1995 ha tipificado conductas muy diversas que se llevan a cabo en el ámbito de sociedades mercantiles.

**Las faltas**

• Son actos típicos, antijurídicos, culpables y punibles, como los delitos, pero siendo mucho menor la pena que llevan aparejada, puesto que no se consideran de tanta gravedad como estos.

**La jurisdicción penal**

• La puesta en conocimiento de un hecho delictivo se puede llevar a cabo mediante una denuncia o una querella. Tras la admisión a trámite, el procedimiento se desarrolla ante el juzgado de instrucción y el juicio se celebra en el juzgado de lo penal o en la Audiencia Provincial, dependiendo de su gravedad.

• En el enjuiciamiento de determinados delitos está prevista la intervención del jurado, formado por personas ajenas al mundo del derecho y designadas por sorteo.

# VII
# DERECHO CIVIL

# El derecho civil y sus fuentes

Tradicionalmente, se han reconocido como fuentes del derecho, la ley, en primer lugar y con prevalencia sobre las demás, la costumbre, en segundo lugar, y los principios generales del derecho. Tanto la costumbre como los principios generales del derecho actúan como fuentes supletorias, a falta de la correspondiente ley aplicable. Nuestro sistema jurídico establece cuáles son y con qué prelación han de aplicarse las fuentes del derecho, al establecer, en el artículo primero del Código civil, los siguientes:

*a*) Las fuentes del ordenamiento jurídico español, son: la ley, la costumbre y los principios generales del derecho.

*b*) Carecerán de validez las disposiciones que contradigan otra de rango superior.

*c*) La costumbre sólo regirá en defecto de ley aplicable siempre que no sea contraria a la moral o al orden público y que resulte probada. Los usos jurídicos que no sean meramente interpretativos de una declaración de voluntad tendrán la consideración de costumbre.

*d*) Los principios generales del derecho se aplicarán en defecto de ley o costumbres, sin perjuicio de su carácter informador del ordenamiento jurídico.

*e*) Las normas jurídicas contenidas en los tratados internacionales no serán de aplicación directa en España en tanto no hayan pasado a formar parte del ordenamiento interno, mediante su publicación íntegra en el Boletín Oficial del Estado.

*f*) La jurisprudencia complementará el ordenamiento jurídico con la doctrina que, de modo reiterado, establezca el Tribunal Supremo al interpretar y aplicar la ley, la costumbre y los principios generales del derecho.

*g*) Los jueces y tribunales tienen el deber inexcusable de resolver en todo caso los asuntos que conozcan, ateniéndose al sistema de fuentes establecido.

Vemos, pues, que en nuestro ordenamiento jurídico se da una supremacía de la ley como fuente del derecho, que resulta tanto de la actuación de la costumbre y los principios generales del derecho como fuentes supletorias, como de la declaración de falta de validez de aquellas disposiciones de rango inferior, contradictorias con otras de rango superior.

## La costumbre

Como concepto general y simplista, podemos decir que la costumbre es un derecho no escrito; en un concepto jurídico podemos definir la costumbre como aquella norma que ha sido creada e impuesta por el uso social.

Tradicionalmente, se han venido distinguiendo entre los diversos tratadistas las siguientes clases de costumbre:

— *extra legem*, que es aquella que regula situaciones en las que la ley no ha dictado ninguna disposición;
— *contra legem*, que regula una situación en contradicción a los dispuesto sobre ella por la ley;
— *secundum legem*, que se limita a interpretar de un modo determinado una disposición legal existente.

El artículo primero del Código civil admite expresamente la costumbre fuera de la ley. En cambio, el artículo 2 del mismo texto legal niega eficacia a la costumbre que va contra lo dispuesto en una ley que regule la misma materia.

Requisitos: tradicionalmente, ni la ley ni la doctrina de los tribunales fijaban los requisitos de la costumbre, lo que dio lugar a una abundante gama de opiniones en la doctrina. Hoy día, el artículo primero del Código civil establece como características de la costumbre las siguientes:

— la costumbre no debe ser contraria a la ley;
— no debe contradecir la moral o el orden público;
— debe resultar probada, corriendo esta prueba a cargo de aquella parte por la que sea alegada.

## Jerarquía de las normas

El principio general que rige la jerarquía de las normas en orden a su aplicación es el siguiente: no será de aplicación la norma que discrepe de otra superior en el orden jerárquico.

## Los principios generales del derecho

Son fuentes del derecho, que actúan con carácter supletorio, en defecto de la ley o de la costumbre. Una definición de los principios generales del derecho puede ser aquella que señala que son las ideas fundamentales e informadoras del conjunto de la organización jurídica de la nación.

Sus características son las que explicamos a continuación:

— sólo son admisibles cuando se alegan como supletorios, en defecto de ley o costumbre;

— han de estar reconocidos por la ley o por la doctrina legal para poder ser aplicados;
— para que puedan invocarse es necesario citar las sentencias del Tribunal Supremo que los hayan reconocido y los hayan declarado aplicables.

Entre los principios generales del derecho, cabe hacer la distinción de los tres grupos siguientes:

*a*) Principios de derecho natural, que son o deben ser la base del derecho positivo y han de informar al conjunto del ordenamiento jurídico del Estado, por corresponderse con la naturaleza humana.
*b*) Principios tradicionales, tales como usos, convicciones, aspiraciones, etc., que con el transcurso del tiempo se convierten en tradición.
*c*) Principios políticos, que pueden verse como impulsores de la maquinaria del Estado, y están subordinados en su eficacia jurídica a la fuerza legitimadora del derecho natural, y que con respecto a su eficacia social no habrán de ser contrarios a los principios nacionales sobre los que se asienta la organización del Estado.

## La ley

En un sentido primario, de norma estatal, se llama ley a cualquiera de las reglas que tienen su origen inmediato en el poder del Estado (leyes, decretos, órdenes, etc.) y que se contraponen a la costumbre y a los principios generales del derecho.

Ahora bien, en un sentido estricto, se llama ley a la norma estatal de primer orden, dictada por el órgano superior del Estado y con la máxima solemnidad.

La ley, en su sentido estricto de norma estatal primordial, ha de reunir ciertos requisitos para su vigencia:

### Requisitos internos

Son requisitos fundamentales, y pueden resumirse en las notas de legitimidad y legalidad. La ley ha de merecer ante todo la consideración de regla de derecho. Después, ha de reunir ciertos caracteres técnicos (órganos competentes, solemnidad de su confección, importancia de su finalidad) de acuerdo con las normas fundamentales del ordenamiento jurídico.

Las demás reglas creadas por el Estado, las disposiciones legislativas de carácter secundario, tales como decretos, órdenes, reglamentos, circulares, etc., tienen vigencia derivada siempre de las leyes en sentido estricto, pues ellas determinan la competencia del órgano subordinado y señalan sus peculiares requisitos.

### Requisitos externos

Respecto a la forma en que la ley se manifiesta, se distingue la promulgación y la publicación. Con el primer concepto, se entiende el acto solemne de atestiguar la existencia de ley y de ordenar a las autoridades que la cumplan y la hagan cumplir; con el segundo, la notificación solemne de la ley a los ciudadanos. Según el artículo 2 del Código civil, las leyes entrarán en vigor a los veinte días de su completa publicación en el Boletín Oficial del Estado, si en ellas no se dispone otra cosa.

## El nacimiento de la ley

La ley nace mediante una proposición de ley presentada por el órgano del Estado que es competente para ello, es decir, que tiene facultades de iniciativa.

Estos órganos con iniciativa reconocida por la Constitución para la proposición de las leyes que hayan de elaborarse, son el Gobierno, el Congreso de los diputados y el Senado. La ley reconoce también la validez de la iniciativa popular, exigiendo para ello la aportación de al menos 500.000 firmas acreditadas. Esta iniciativa popular, recogida por la Constitución, podrá darse en cualquiera de las materias legales, salvo en materias que sean exclusivas de leyes orgánicas.

El Gobierno ejerce su iniciativa legislativa mediante proyectos de ley, que, previa aprobación del Consejo de Ministros, se remiten a las Cortes para que estas se pronuncien.

Entregado por el Gobierno el proyecto de ley, el presidente de las Cortes ordenará su publicación en el Boletín Oficial de las Cortes, teniendo los diputados y los grupos parlamentarios un plazo de quince días para presentar enmiendas a dicho proyecto de ley. Estas enmiendas, que podrán ser a la totalidad del proyecto o bien al articulado del mismo, habrán de ser debatidas por la Comisión correspondiente, que entregará al Congreso un dictamen sobre las mismas.

Así pues, una vez debatido el proyecto de ley en comisión, pasa al Pleno del Congreso para su discusión y su aprobación.

El texto aprobado por el Pleno del Congreso de los Diputados pasa al Senado, el cual, en el plazo de dos meses, podrá o bien aprobarlo tal como llega del Congreso, a vetarlo, o introducir las enmiendas que considere pertinentes. Este proyecto de ley no será sancionado hasta que el Congreso ratifique el texto, o se pronuncie sobre las enmiendas introducidas por el Senado.

El rey, en el plazo de quince días, habrá de sancionar las leyes que le hayan sido remitidas por las Cortes, mandando su publicación en el Boletín Oficial del Estado.

## Eficacia de la ley

Las leyes obligarán en todo el territorio español a los veinte días de su publicación en el Boletín Oficial del Estado, si en dichas leyes no se dispone lo contrario, según ordena el artículo 2.1 del Código civil.

La ley dispone, única y exclusivamente, para el tiempo venidero, o sea

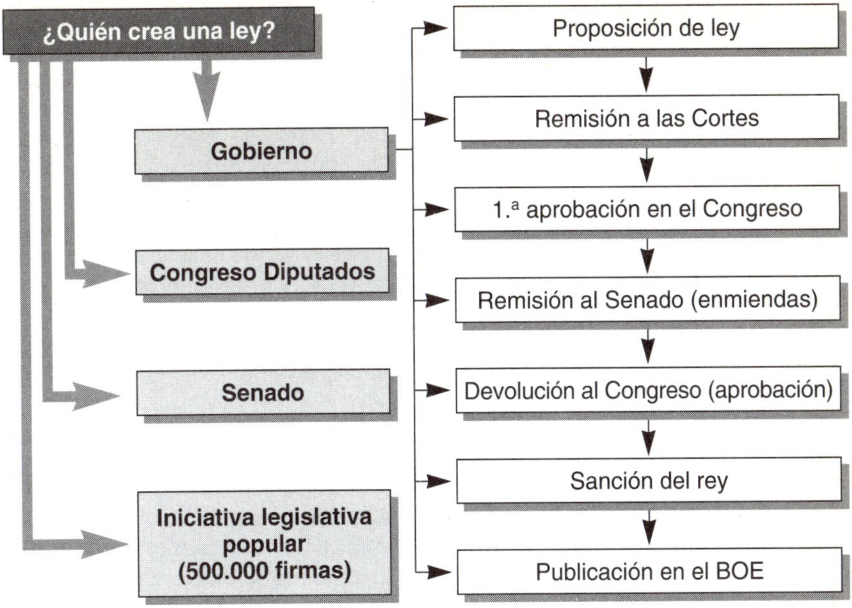


que no tiene efectos retroactivos. Ahora bien, en casos especiales se puede extender la vigencia de la ley a situaciones jurídicas anteriores a esta. Asimismo, el Código civil dispone en el artículo 2.3 que las leyes no tendrán efectos retroactivos, excepto en los casos en que la misma ley dispusiese lo contrario.

Un caso especial de retroactividad se da en la legislación penal, cuando después de ejecutado un delito, y antes de promulgarse la sentencia por el tribunal que entiende el caso, se dicte una ley que pene el delito cometido con una sanción más benigna que la ley anterior; en este supuesto, se aplicará siempre la ley posteriormente promulgada.

En el supuesto contrario, es decir, cuando la nueva ley sea más severa que la anterior, se aplicará la primera; es decir, siempre se aplicará la ley más beneficiosa para el culpable.

## Fin de la vigencia de la ley

La forma normal de que la ley pierda su vigencia es la derogación, acto del poder legislativo, solemne y expreso algunas veces y tácito en otras en el que se deja sin efecto una ley vigente.

La derogación puede ser, pues, expresa o tácita. La primera es aquella en que la nueva ley manda expresamente que quede sin efecto la anterior; será, por el contrario tácita cuando la antigua ley contradiga a la nueva, siendo inaplicables los imperativos anteriores, ya que la nueva ley prescribe lo contrario.

Ahora bien, las leyes no pueden ser derogadas por disposiciones legislativas de rango inferior. Así, una ley no puede ser derogada en ningún caso por un decreto o por una orden.

### Cómputo del tiempo legal

Siempre que no se establezca otra cosa, en los plazos a contar por días a partir de uno determinado, quedará este excluido del cómputo, el cual deberá comenzar al día siguiente. Si los plazos estuviesen señalados por meses o por años, se computarán de fecha a fecha. Cuando en el mes de vencimiento no hubiese día equivalente al inicial del cómputo, se entenderá que el plazo expira el último del mes.

En el cómputo civil de los plazos no se excluyen los días inhábiles.

### Eficacia de la ley en el espacio

Como regla general, puede decirse que todos los Estados aplican, dentro de su propio territorio, sólo las leyes propias de cada uno.

Pero la regla señalada admite excepciones. Así, las leyes penales, las de policía y las de seguridad pública obligan a todos los que viven en el territorio español, según dispone el artículo 8.1; esta disposición aplica el principio de territorialidad de la ley, y todos los que viven en el país, españoles y extranjeros, deben observar obligatoriamente las disposiciones referidas. Por el contrario, en el artículo 9 impera el principio de la personalidad de la ley: las leyes relativas a los derechos y deberes de la familia, o al estado, condición y capacidad de las personas, obligarán a los españoles, aunque residan en el extranjero. El principio de la «personalidad de la ley» universalmente aceptado, obliga a considerar que las leyes relativas a los puntos referidos siguen siempre al natural de un país a cualquier otro que se traslade.

En relación con los bienes inmuebles, dispone el artículo 10.1 del Código civil que se regirán por la ley del lugar donde se hallen, y lo mismo ocurrirá con los bienes muebles.

Como excepción a este principio general, vemos que las disposiciones que se relacionan con las sucesiones por causa de muerte, tanto aquellas en las que hay testamento, como aquellas otras que se regulan por la ley, estarán regidas por el país propietario, ya sean los bienes muebles o inmuebles, ya se encuentren en el país del propietario como en cualquier otro Estado extranjero.

## El Defensor del Pueblo

La Constitución, en su artículo 54 prevé la regulación de esta institución, y en su artículo 70 las causas de incompatibilidad e inteligibilidad para diputado y senador.

Además, la ley de 6 de noviembre de 1985 sobre prerrogativas y garantías de las distintas figuras (de naturaleza similar) de las comunidades autónomas regula la colaboración y coordinación de esta institución.

## Concepto

El Defensor del Pueblo es el alto comisionado de las Cortes Generales designado por estas para la defensa de los derechos comprendidos en el título I de la Constitución.

A tal efecto puede supervisar la actividad de la Administración, dando cuenta de la misma a las Cortes Generales.

## Elección y relación con las Cortes

Puede ser elegido Defensor del Pueblo cualquier español mayor de edad que se encuentre en el pleno disfrute de sus derechos civiles y políticos.

Se elige por un periodo de cinco años, por las Cortes Generales, y se dirige a las mismas a través de los presidentes del Congreso y del Senado.

## Cese y sustitución

El cese del Defensor del Pueblo se puede producir por:

- renuncia;
- expiración del plazo de su nombramiento;
- muerte o incapacidad sobrevenida;
- actuación negligente en el cumplimiento de las obligaciones y deberes de su cargo;
- haber sido condenado, mediante sentencia firme, por delito doloso.

La vacante en el cargo será declarada por el presidente del Congreso en los casos de muerte, renuncia y expiración del plazo del mandato.

En los demás casos de vacante, se decidirá por mayoría de las 3/5 partes de los componentes de cada cámara mediante debate y previa audiencia del interesado.

En los casos de muerte, cese por incapacidad temporal o definitiva del Defensor del Pueblo, y hasta nueva designación, desempeñarán sus funciones interinamente los adjuntos al Defensor del Pueblo.

## Prerrogativas e incompatibilidades

Las más importantes son las que siguen:

- no está sujeto a mandato imperativo;
- no recibe instrucciones de ninguna autoridad; desempeña sus funciones con autonomía y según su criterio;
- goza de inviolabilidad, por lo que no puede ser detenido, expedientado, multado, perseguido o juzgado en razón de las opiniones que formule o los actos que realice en el ejercicio de competencias propias de su cargo;

— en los demás casos, y mientras permanezca en el ejercicio de sus funciones, el Defensor del Pueblo no puede ser detenido ni retenido sino en caso de flagrante delito, que será juzgado exclusivamente por la sala de lo penal del Tribunal Supremo.

Estas reglas son igualmente aplicables a los adjuntos en el cumplimiento de sus funciones.

El Defensor del Pueblo podrá iniciar y proseguir de oficio o a petición de parte la investigación conducente al esclarecimiento de los actos y resoluciones de la Administración pública y sus agentes en relación con los ciudadanos.

Las atribuciones del Defensor del Pueblo se extienden a las actividades de los ministros, autoridades administrativas, funcionarios y cualquier persona que actúe al servicio de las administraciones públicas.

Puede solicitar la actuación del Defensor del Pueblo cualquier persona natural o jurídica que invoque un interés legítimo sin restricción alguna.

Cuando el Defensor del Pueblo reciba quejas de la Administración de Justicia debe dirigirlas al ministerio fiscal para que este investigue su realidad y tome las medidas que sean oportunas.

El Defensor del Pueblo, aun no siendo competente para modificar o anular los actos y resoluciones de la Administración pública puede sugerir la modificación de los criterios utilizados para la producción de los propios actos y resoluciones (de la Administración).

El Defensor del Pueblo, además, está legitimado para interponer recursos de inconstitucionalidad y amparo.

### Tramitación de quejas

Las quejas presentadas ante el Defensor del Pueblo pueden presentarse en papel común.

El escrito deberá contener necesariamente los siguientes datos:

— nombre y apellidos;
— domicilio;
— firma;
— exposición razonada de la queja.

El escrito debe presentarse en el plazo máximo de un año contado a partir del momento en que el formulante tuviera conocimiento de los hechos objeto de la queja.

Todas las acusaciones son gratuitas y no es obligatoria la asistencia de letrado ni la de procurador.

El Defensor del Pueblo acusará recibo de toda queja presentada.

### Adjuntos

El Defensor del Pueblo está auxiliado por dos adjuntos, llamados *adjunto primero* y *adjunto segundo*.

Son nombrados y separados de su nombramiento por el propio Defensor del Pueblo, previa conformidad de las cámaras del Congreso y del Senado.

# La persona. Capacidad jurídica y capacidad de obrar

## Desde el punto de vista jurídico

### De modo amplio

Se dice que es persona el sujeto de derecho, pero la persona no sólo es sujeto de derecho, sino también de obligación; y además, todo sujeto de derecho es persona, pero no al revés.

### De modo estricto

Dos concepciones o teorías se han ocupado del concepto de persona.

La *teoría positivista*, que, partiendo de la tesis de que la persona es todo ente o ser al que el ordenamiento jurídico le confiere la aptitud para ser sujeto tanto de derechos como de obligaciones, define la persona como el término subjetivo en las relaciones del derecho.

La *teoría iusnaturalista*, que arranca de la tesis formulada por Santo Tomás de que todo hombre, por derecho natural, merece la consideración de persona.

## Persona y personalidad

Estos términos, aunque a veces se usan como sinónimos, y aunque son consecuencia uno del otro, no deben confundirse. Persona es el sujeto capaz de derechos y obligaciones. Personalidad es la aptitud para ser sujeto (activo o pasivo) de las relaciones jurídicas. Se es persona, pues, pero la personalidad se tiene.

Establecidos estos conceptos, cabe distinguir varias clases de personas:

*a*) Por su composición, se habla de personas físicas o individuales, y de personas colectivas o jurídicas.
*b*) Por su capacidad, de capaces e incapaces.
*c*) Por su regulación, de personas de derecho privado o de personas de derecho público, de personas nacionales y extranjeras.

## Personas individuales: nacimiento

El artículo 9.1 establece que el nacimiento determina la personalidad.

### Requisitos del nacimiento

El artículo 30 del Código civil dice lo siguiente: para los efectos civiles, sólo se reputará nacido el feto que tiene figura humana y viviese veinticuatro horas enteramente desprendido del seno materno. Son dos, pues, los requisitos: tener figura humana, con lo que se excluye de la consideración de nacidos a los que, aun estando vivos, no merecen la consideración de personas según el sentir popular, y esto excluye a fetos anencéfalos, bicéfalos, etc., y vivir veinticuatro horas totalmente desprendido del seno materno; por lo tanto, se excluye en este apartado a todo feto que mantiene, aunque sea por un tiempo superior a veinticuatro horas, sus funciones vitales asistidas por métodos artificiales.

### Momento del nacimiento

Es aquel en el que el feto queda totalmente desprendido del seno materno, y desde aquel momento se empieza a contar su edad, tiene personalidad y capacidad.

Si no llegara a reunir los requisitos prescritos por el artículo 30, será considerado como mueble de naturaleza especial y no podrá inscribirse en el Registro Civil.

### Prueba de nacimiento

La prueba oficial es la inscripción en el Registro Civil, que da fe del hecho, fecha, hora y lugar de nacimiento, del sexo, y en su caso de filiación del inscrito, y en ella se consignará el nombre que se da al nacido. La inscripción no se permite hasta 24 horas después del alumbramiento, y para promoverla se requiere:

*a*) Declaración de conocimiento cierto del nacimiento. Están obligados a formularla: el padre, la madre, el pariente más próximo o, en su defecto, cualquier persona mayor de edad presente en el lugar del alumbramiento al tiempo de verificarse, el jefe del establecimiento o el cabeza de familia de la casa donde el nacimiento haya tenido lugar; y respecto de los niños abandonados, las persona que los haya recogido.
*b*) Parte escrito de carácter técnico o profesional del médico, comadrona o ayudante sanitario que asista al nacimiento.
*c*) La declaración del conocimiento cierto de nacimiento habrá de formularse entre las 24 horas y los ocho días siguientes al alumbramiento; pasado este plazo, será necesario promover el correspondiente expediente gubernativo para practicar la inscripción fuera del plazo prescrito.

## Extinción

Según el artículo 32, la personalidad civil se extingue por la muerte de las personas. Esta disposición puede referirse al hecho del fallecimiento y al momento de la muerte. La ley nada dice sobre requisitos de la muerte, por lo que se entenderá en su sentido natural.

En cuanto a pruebas de la muerte, el medio de prueba oficial es la inscripción de la defunción en el Registro Civil, que da fe a la muerte de una persona, y de la fecha, lugar y hora en que acontece.

La inscripción normal ha de hacerse antes del enterramiento del cadáver. Para que pueda ser inscrito en el Registro, han de concurrir dos clases de declaraciones:

*a*) Declaración del conocimiento de la muerte. Los que están obligados a promover la inscripción son los parientes más próximos, habitantes de la misma casa, o en su defecto, los vecinos. Si el fallecimiento ocurriese fuera de casa, están obligados los parientes más próximos, el jefe del establecimiento o cabeza de familia de la casa donde hubiera ocurrido, o la autoridad gubernativa.

*b*) Calificación médica de la existencia de señales inequívocas de muerte. A falta de facultativo, el encargado, antes de inscribir, deberá examinar el cadáver por sí mismo, sin perjuicio de delegación reglamentaria.

La inscripción después de la inhumación o en caso de desaparición del cadáver, se hará por sentencia firme, expediente gubernativo, u orden de la autoridad judicial que instruye las diligencias por muerte violenta, que afirman, sin lugar a dudas, el fallecimiento.

### Premoriencia y conmoriencia

Frecuentemente, se plantea el supuesto del fallecimiento de varias personas, ligadas por vínculos jurídicos, en un mismo accidente, o en otros supuestos en los que el fallecimiento es simultáneo. Ocurre en estas hipótesis que es imposible determinar por medios científicos cuál de los fallecimientos ocurrió primero, siendo así que de su determinación depende la transmisión de derechos entre unos y otros. Tal es el caso del padre y el hijo muertos en un mismo accidente. A falta de pruebas, las legislaciones tienen un sistema de presunciones.

Nuestro Código civil establece acertadamente una presunción de conmoriencia, al disponer que si se duda entre dos o más personas llamadas a sucederse, quién de ellas ha muerto primero, el que sostenga la muerte anterior de una o de otra debe probarlo; a falta de pruebas se presumen muertas al mismo tiempo y no tiene lugar la transmisión de derechos de uno a otro.

## Capacidad jurídica y capacidad de obrar

Como queda expuesto, el contenido jurídico de la personalidad se desdobla en dos manifestaciones: la capacidad jurídica y la capacidad de obrar.

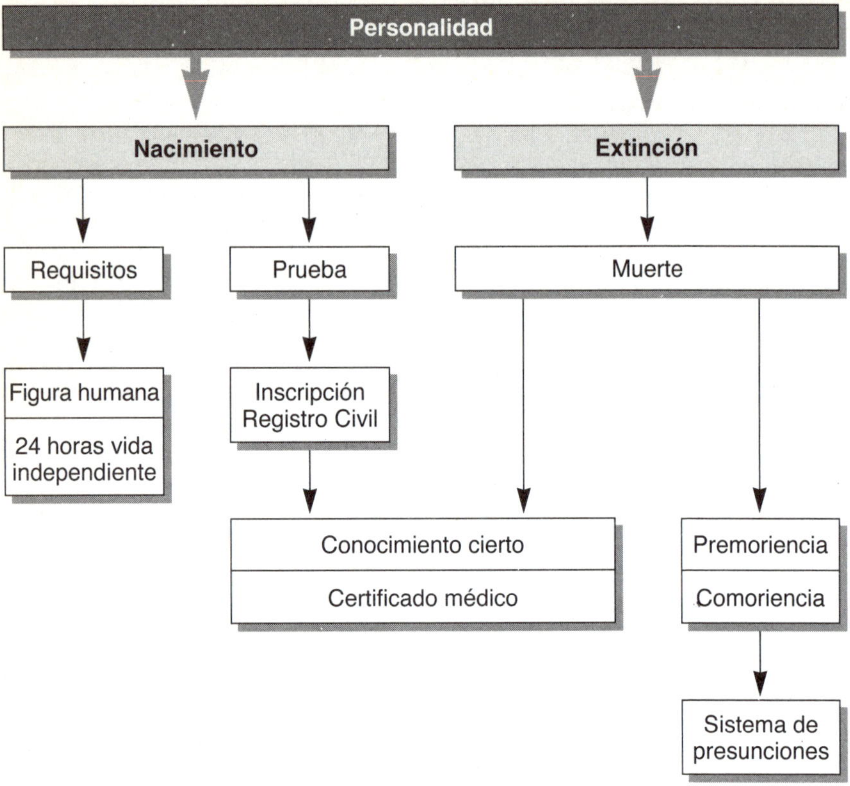


La primera es la aptitud de cualidad intrínseca de la persona que la habilita para ser titular de relaciones jurídicas, distinguiéndose dos clases: capacidad jurídica en general, o aptitud de una persona para ser titular de relaciones jurídicas; y capacidad especial, o aptitud para ser titular de una determinada clase de relaciones jurídicas.

Es poseedora de las siguientes características:

— es una cualidad esencial de la persona: no es persona quien carece de capacidad jurídica;
— es la aptitud jurídica para la apropiación: poseer, adquirir, estar obligado y responder, de modo que afecte la propia esfera jurídica;
— tiene una eficacia unificadora, por cuanto centraliza las relaciones jurídicas cuyo titular sea la persona (es unidad del patrimonio personal, etc.).

La capacidad de obrar es la cualidad jurídica de la persona, que afecta a la eficacia de cada uno de sus actos.

Se distingue en ella: la capacidad de obrar general o aptitud de una persona para realizar actos con eficacia jurídica; y capacidad de obrar especial o aptitud para realizar con eficacia jurídica un determinado acto; la capacidad plena y la capacidad limitada, según que esté afectada o no por una circunstancia que la modifique o restrinja.

Tiene como características las siguientes:

— es una cualidad propia e inseparable de cada persona; no puede negarse ni limitarse de un modo excesivo y arbitrario;
— es la aptitud de la persona para producir por sí misma, con sus actos, efectos jurídicos para sí mismo y para su patrimonio.

Tanto la capacidad jurídica como la capacidad de obrar se encuentran fuera de la esfera de acción de las personas. Constituyen una investidura que la ley confiere o niega y sobre la cual no es posible influir, como si se tratara de la materia y objeto de un negocio jurídico. Así, no es posible rechazar la mayoría de edad pretendiendo continuar bajo la patria potestad, o ponerse bajo tutela, sin tener los requisitos que la ley exige.

La distinción entre capacidad jurídica y capacidad de obrar ha quedado expuesta; está recogida en nuestro Código civil, si bien este emplea denominaciones distintas, llamando a la capacidad jurídica *personalidad civil*, y a la capacidad de obrar *personalidad jurídica*. Así, dice el artículo 32 que la personalidad civil, se extingue por la muerte de las personas. La minoría de edad, la demencia e imbecilidad, la sordomudez, la prodigalidad y la interdicción civil, no son más que restricciones de la personalidad jurídica. Los que se hallaren en alguno de estos estados son susceptibles de derechos, y aun de obligaciones, cuando estas nacen de los hechos o de las relaciones entre los bienes del incapacitado y un tercero.

# La nacionalidad, la vecindad y el domicilio

## La nacionalidad

Nuestro ordenamiento jurídico regula la materia de la nacionalidad, en sus artículos 17 a 26. Señala que son españoles de origen las siguientes personas:

*a*) Los hijos nacidos de padre o madre españoles.
*b*) Los nacidos en España de padres extranjeros, si al menos uno de estos hubiera nacido también en España. Se exceptúan los hijos de padre o madre extranjeros del servicio diplomático o consular.
*c*) Los nacidos en España de padres extranjeros, si ambos carecieran de nacionalidad o si la legislación de ninguno de ellos atribuye al hijo una nacionalidad.
*d*) Los nacidos en España, de filiación desconocida, o cuando aunque sea conocida respecto de uno de los padres, la legislación de este no atribuya al hijo su nacionalidad, y los menores hallados en territorio español si no se conoce el lugar de su nacimiento ni su filiación.
*e*) La determinación legal de la filiación respecto del padre o madre españoles producirá automáticamente la adquisición de la nacionalidad española de origen.

## Adquisición de la nacionalidad

### Por adopción

En el caso de la adopción, se considera que el extranjero menor de dieciocho años adoptado en forma plena adquirirá por este hecho la nacionalidad española cuando cualquiera de los adoptantes fuera español. Es importante señalar que si alguno de los adoptantes era español al tiempo del nacimiento del adoptado, este tendrá, desde la adopción, la condición de español de origen, es decir, que se le considerará español de nacimiento.

### Por opción

Desde la reforma que en esta materia se ha realizado durante el año 2002, tienen derecho a optar a la nacionalidad española por una parte las personas que estén o hayan estado sujetas en el pasado a la patria potestad ejercida por un ciudadano español, y por otro aquellas personas que hubiesen nacido en España y cuyo padre o madre hubiese sido originariamente españoles.

La declaración de opción deberá realizarse mediante una de las siguientes vías:

*a*) Por el representante legal de esa persona cuando el optante fuese menor de catorce años o resultase declarado incapaz.
*b*) Por el propio interesado, aunque asistido por su representante legal cuando aquel fuese menor de edad, pero mayor de catorce años.
*c*) Por el propio interesado por sí solo cuando este tuviese más de 18 años.

Los mencionados límites de edad no deberán tenerse en cuenta en el supuesto de las personas que hubiesen nacido en España y cuyo padre o madre hubiesen sido originariamente españoles.

**Por carta de naturaleza**

Se puede adquirir la nacionalidad española por carta de naturaleza que otorga el Gobierno mediante Real Decreto, cuando en el interesado concurran circunstancias excepcionales. Podrá solicitar de este modo la nacionalidad española el interesado que esté emancipado o sea mayor de dieciocho años, y el menor desde que cumple los catorce asistido de su representante legal, debiendo cumplirse igualmente, como requisitos, la renuncia a la anterior nacionalidad, el juramento o la promesa de fidelidad al rey y obediencia a las Leyes, y la inscripción en el Registro.

En circunstancias concretas la concesión de la nacionalidad no irá precedida de previa petición por parte del interesado, sino que será concedida de manera discrecional por parte del Gobierno, como es el caso de los familiares de las víctimas del atentado de Madrid del día 11 de marzo de 2004.

**Por residencia**

La nacionalidad española se adquiere, previa solicitud del interesado y mediante concesión otorgada por el Ministerio de Justicia, al mantener la residencia en España durante diez años, pero serán suficientes solamente cinco años cuando se tenga la condición de refugiado, y exclusivamente dos años cuando se trate de ibero-americanos y sefardíes o bien de personas originarias de Andorra, Filipinas, Guinea Ecuatorial y Portugal, que acrediten su respectiva condición. No obstante, el plazo se reducirá a un solo año si el interesado se encuentra en uno de los siguientes casos:

*a*) Haber nacido en España.
*b*) No haber ejercido en su momento la opción por la nacionalidad española.

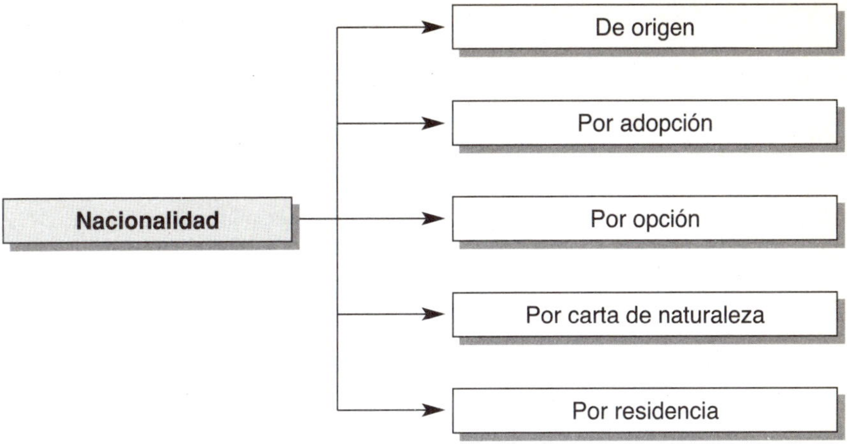


*c*) Haber estado sujeto a la tutela, guarda o acogimiento de un español durante un plazo mínimo de dos años.
*d*) Estar casado con una persona de nacionalidad española.
*e*) Ser de estado civil viudo o viuda de una persona española.
*f*) Haber nacido en el extranjero, pero siendo descendiente de padre, madre, abuelo o abuela de origen español.

## Pérdida de la nacionalidad

La nacionalidad española se pierde por las causas siguientes:

El español de origen que, hallándose fuera de España con tres años de anterioridad, adquiera voluntariamente otra nacionalidad, siempre y cuando no justifique ante el Registro Central o Consular que ha adquirido esa otra nacionalidad por razón de migración.

El español de origen que desde su minoría de edad tuviere además otra nacionalidad extranjera, perderá la española si, una vez emancipado, renuncia en cualquier momento de forma expresa a la nacionalidad española.

La adquisición de la nacionalidad de países iberoamericanos, Andorra, Filipinas, Guinea Ecuatorial y Portugal o de aquellos con los que se concierte un tratado de doble nacionalidad, sólo producirá pérdida de la nacionalidad de origen cuando el interesado así lo declare expresamente en el Registro Civil, una vez emancipado.

El español que no sea de origen perderá la nacionalidad cuando por sentencia firme sea condenado a su pérdida.

El español que no sea de origen perderá la nacionalidad cuando entre voluntariamente al servicio de las armas o ejerza cargo público en un Estado extranjero, contra la prohibición expresa del Gobierno.

## Recuperación de la nacionalidad española

El español que haya perdido la nacionalidad española podrá recuperarla, siempre y cuando cumpla los siguientes requisitos:

— residencia legal y continuada en España durante el periodo de un año, inmediatamente anterior a la petición;
— declaración ante el correspondiente encargado del Registro Civil de su voluntad de recuperar la nacionalidad española;
— renuncia, ante el encargado del registro civil, de su nacionalidad extranjera;
— inscripción de la recuperación de la nacionalidad española en el Registro Civil.

No podrán recuperar la nacionalidad española sin previa autorización del Gobierno, que la concederá discrecionalmente: los que la hayan perdido siendo menores de catorce años, sin haber cumplido en España el servicio militar o la prestación social sustitutiva y los que la hayan perdido, al no ser españoles de origen, por sentencia firme o por entrar al servicio de un Estado extranjero, sin la autorización del Gobierno.

## La vecindad civil

Con el término de *vecindad* se designa la condición de la persona que determina la aplicación de las disposiciones del Código civil y las de cada uno de los derechos forales, en cuanto a su estatuto personal.

De esta manera, el artículo 14 del Código civil señala que la sujeción a la nacionalidad civil común o a la especial o foral se determina por la vecindad civil.

## Adquisición y pérdida

La vecindad civil, como la nacionalidad, puede ser originada o derivada, y se adquiere (según indica el artículo 14 del Código civil) por filiación; por nacimiento; por opción o por simple residencia, salvo declaración en contrario; por residencia unida a la declaración de voluntad de querer adquirirla; por una razón de unidad familiar; y por adquirir la nacionalidad española.

La anterior vecindad se pierde al adquirir otra nueva, o bien al perder la nacionalidad española.

Veamos los casos de adquisición de la vecindad.

### Por filiación

Tienen vecindad en territorio de derecho común o en uno de los de derecho especial, los nacidos de padres que tengan tal vecindad.

### Por lugar de nacimiento

En caso de duda prevalecerá la vecindad civil que corresponda al lugar de nacimiento. En cuanto al nacimiento, un determinado territorio puede ser conocido o presunto; aplicándose a este los preceptos legales sobre presunciones.

### Por opción

Si la vecindad adquirida no fuese la del nacimiento, podrán optar por esta, ante el encargado del Registro Civil, dentro del año siguiente a la mayoría de edad o emancipación.

### Por residencia

Se distinguen dos tipos: por residencia continuada durante dos años, siempre que el interesado manifieste ser esa su voluntad y por residencia continuada de diez años, sin declaración en contrario del interesado en ese plazo.

### Por unidad familiar

La esposa tendrá la condición de su marido, y los hijos no emancipados, la del padre o, en su defecto, la de la madre.

### Por adquisición de la nacionalidad española

La adquisición de la nacionalidad española lleva aparejada la vecindad civil común, a menos que resida en un territorio de derecho especial durante el tiempo necesario para ganarla, y en el expediente de nacionalización hubiere optado por la vecindad especial.

La recuperación de la nacionalidad española lleva consigo la de aquella vecindad que ostenta el individuo en el momento en que la perdió.

## El domicilio

Podemos definir el domicilio en los siguientes términos: para el ejercicio de los derechos y el cumplimiento de las obligaciones civiles, el domicilio de las personas naturales es el lugar de su residencia habitual y en su caso el que determina la ley de enjuiciamiento civil.

Son requisitos del domicilio: residencia y habitualidad. Además, habrán de tenerse en cuenta dos notas.

Una *positiva*, señalada por la doctrina jurisprudencial, la de hogar o centro de vida familiar.

Otra *negativa*, derivada del sistema del Código, la de que no puede tener domicilio propio quien carece de independencia jurídica.

Por otra parte, pueden catalogarse como domicilios especiales los siguientes:

### Domicilio derivado

Resulta de la dependencia jurídica personal. Normalmente, por mandato de la ley, la mujer tiene el domicilio de su marido; el hijo el domicilio del padre o la madre, según sea uno u otra quien ejerce la patria potestad; el pupilo y el incapacitado tienen su domicilio en el del tutor al que corresponde la tutela de su persona.

El *domicilio conyugal o familiar* se considera la vivienda común, el lugar donde está el hogar de la familia, la residencia habitual y normal de la mujer legítima y de los hijos legítimos.

El *domicilio propio*, separado, de la mujer casada o del hijo no emancipado, existe cuando por autorización expresa o tácita del jefe de familia, este deja de imponer la unidad familiar de domicilio.

El *domicilio provisional* será el señalado a la mujer que se decida a interponer demanda de nulidad, o bien de separación matrimonial, y que solicite la separación de domicilio.

**Ley de Enjuiciamiento Civil**

Utiliza otras figuras como:

*a*) El domicilio legal de los empleados será el pueblo en que sirvan su destino. Cuando por razón de su empleo deambulen continuamente, se considerarán domiciliados en el pueblo en que vivieran más permanentemente.
*b*) El domicilio legal de los militares en servicio activo será el del pueblo en que se hallare el cuerpo a que pertenezcan cuando se hiciere el emplazamiento.
*c*) La Ley de Enjuiciamiento Civil regula también de un modo especial el domicilio de los comerciantes, localizándolo en el pueblo donde tuvieren el centro de sus operaciones comerciales.

**Extraterritorialidad**

Aplicable al domicilio de los diplomáticos residentes por razón de su cargo en el extranjero y que gocen de derecho de extraterritorialidad, será el último que hubiese tenido en territorio español.

**Domicilio electivo**

Es el fijado por el convenio entre unas determinadas personas. Se utiliza en general para designar el lugar en que se han de practicar requerimientos y notificaciones y para determinar la competencia de un tribunal.

# Los extranjeros

Se define *extranjero*, según la Ley de Extranjería de enero de 2000, reformada en noviembre de 2003, como aquella persona que carece de la nacionalidad española, pero sin que les sea de aplicación la ley a los agentes diplomáticos y funcionarios consulares, a los representes y delegados de las misiones permanentes o de las delegaciones, antes los organismos intergubernamentales, con sede en España o en conferencias internacionales que se celebren en España. Tampoco les será de aplicación a los funcionarios destinados en organizaciones internacionales o intergubernamentales con sede en nuestro país.

## Derechos y libertades de los extranjeros

Los extranjeros gozarán de los derechos y libertades reconocidos en el Título I de la Constitución en los términos establecidos en los Tratados internacionales, en la Ley de Extranjería y en las que regulen el ejercicio de cada uno de ellos.

Los extranjeros que se encuentren en territorio español tienen el derecho y la obligación de conservar la documentación que acredite su identidad, expedida por las autoridades competentes, así como la que acredite su situación en España. Todos los extranjeros a los que se haya expedido un visado o una autorización para permanecer en España por más de seis meses, podrán obtener la tarjeta de identidad de extranjero.

Los extranjeros que se hallen legalmente en España tendrán derecho a circular libremente por el territorio español y a elegir su residencia sin más limitaciones que las que establezcan los tratados y las leyes o las acordadas por la autoridad judicial.

Los extranjeros residentes en España podrán ser titulares del derecho de sufragio en las elecciones municipales, atendiendo a criterios de reciprocidad, en los términos que por Ley o Tratado sean establecidos para los españoles residentes en los países de origen de aquellos.

Los extranjeros residentes, empadronados en un municipio, tienen todos los derechos establecidos por tal concepto en la legislación de bases de régimen local, pudiendo ser oídos en los asuntos que les afecten de acuerdo con lo que dispongan los reglamentos de aplicación.

Los extranjeros tendrán el derecho de reunión y el de asociación, conforme a las leyes que los regulan para los españoles y que podrán ejercer cuando obtengan autorización de estancia o residencia en España.

Asimismo, todos los extranjeros menores de dieciocho años tienen derecho y deber a la educación en las mismas condiciones que los españoles, derecho que comprende el acceso a una enseñanza básica, gratuita y obligatoria, a la obtención de la titulación académica correspondiente y al acceso al sistema público de becas y ayudas.

En el caso de la educación infantil, que tiene carácter voluntario, las Administraciones Públicas garantizarán la existencia de un número de plazas suficientes para asegurar la escolarización de la población que lo solicite.

Los extranjeros residentes tendrán derecho a la educación de naturaleza no obligatoria en las mismas condiciones que los españoles.

Los poderes públicos promoverán que los extranjeros residentes que lo necesiten puedan recibir una enseñanza para su mejor integración social, con reconocimiento y respeto a su identidad cultural.

Los extranjeros residentes podrán acceder al desempeño de actividades de carácter docente o de investigación científica de acuerdo con lo establecido en las disposiciones vigentes. Asimismo podrán crear y dirigir centros de acuerdo con lo establecido en las disposiciones vigentes.

Los extranjeros que reúnan los requisitos previstos en la ley tendrán derecho a ejercer una actividad remunerada por cuenta propia o ajena, así como al acceso al sistema de la Seguridad Social.

Los extranjeros residentes en España podrán acceder, en igualdad de condiciones que los nacionales de los Estados miembros de la Unión Europea, como personal laboral al servicio de las Administraciones Públicas, de acuerdo con los principios constitucionales de igualdad, mérito y capacidad, así como el de publicidad.

Los extranjeros tendrán derecho a sindicarse libremente o a afiliarse a una organización profesional, en las mismas condiciones que los trabajadores españoles, que podrán ejercer cuando obtengan autorización de estancia o residencia en España.

Los extranjeros residentes tienen derecho a acceder al sistema público de ayudas para la vivienda en las mismas condiciones que los españoles.

Además, los extranjeros residentes tienen derecho a la vida en familia y a la intimidad familiar en la forma prevista en la ley y de acuerdo con lo dispuesto en los Tratados internacionales suscritos por España.

Los extranjeros que se encuentren empadronados en España tienen derecho a la asistencia sanitaria en las mismas condiciones que los españoles, pero no es necesario el requisito del empadronamiento para poder ser atendidos en caso de urgencia o si se trata de menores de dieciocho años o de mujeres embarazadas.

## Reagrupación familiar

Los extranjeros residentes en España tienen derecho a reagrupar con ellos a sus familiares.

El cónyuge que hubiera adquirido la residencia en España por causa familiar y sus familiares con él agrupados conservarán la residencia, aunque se rompa el vínculo matrimonial que dio lugar a la adquisición.

Los familiares a los que se tiene derecho a reagrupar son los siguientes:

*a*) El cónyuge del residente, siempre que no se encuentre separado de hecho o de derecho o que el matrimonio se haya celebrado en fraude de ley. En ningún caso podrá reagruparse más de un cónyuge, aunque la ley personal del extranjero admita esta modalidad matrimonial.

*b*) Los hijos del residente y del cónyuge, incluidos los adoptados, siempre que sean menores de dieciocho años o estén incapacitados, de conformidad con la ley española o su ley personal y no se encuentren casados.

*c*) Los menores de dieciocho años o incapaces cuando el residente extranjero sea su representante legal.

*d*) Los ascendientes del reagrupante o su cónyuge, cuando estén a su cargo y existan razones que justifiquen la necesidad de autorizar su residencia en España.

Los extranjeros que deseen ejercer el derecho de reagrupación deberán solicitar una autorización de residencia por reagrupación familiar a favor de los miembros de su familia que deseen reagrupar y aportar la prueba de que disponen de un alojamiento adecuado y de los medios de subsistencia suficientes para atender las necesidades de su familia una vez reagrupada. Sólo podrán ejercer el derecho a la reagrupación con sus familiares en España cuando hayan residido legalmente un año y tengan autorización para residir al menos otro año.

## Requisitos de entrada

El extranjero que pretenda entrar en España deberá hacerlo por los puestos habilitados al efecto, hallarse provisto del pasaporte o documento de viaje que acredite su identidad, que se considere válido para tal fin en virtud de convenios internacionales suscritos por España, y no estar sujeto a prohibiciones expresas. Asimismo, deberá presentar los documentos que se determinen reglamentariamente que justifiquen el objeto y condiciones de estancia, y acreditar medios de vida suficientes para el tiempo que pretenda permanecer en España, o estar en condiciones de obtener legalmente dichos medios.

Salvo en los casos que se establezca lo contrario en los convenios internacionales suscritos al efecto o en la normativa de la Unión Europea, será preciso, además, un visado, pero es importante señalar que este visado no se exigirá cuando el extranjero tenga una tarjeta de identidad de extranjero o de una autorización de regreso.

## Los visados

La ley distingue cinco tipos de visado:

— visado de tránsito: para transitar por la zona de tránsito internacional de un aeropuerto español o atravesar el territorio español;
— visado de estancia, que habilita para una estancia ininterrumpida o estancias sucesivas por un periodo o suma de periodos no superior a tres meses por semestre a partir de la primera entrada;
— visado de residencia, que habilita para residir sin ejercer actividad laboral o profesional;
— visado de trabajo y residencia, que habilita para residir y para ejercer actividad laboral o profesional;
— visado de estudios, que habilita para residir en España para la realización de cursos, estudios, trabajos de investigación o formación.

## Prohibición de entrar en España

No podrán entrar en España, ni obtener un visado a tal fin, los extranjeros que hayan sido expulsados, mientras dure la prohibición de entrada, así como aquellos que la tengan prohibida por otra causa legalmente establecida o en virtud de convenios internacionales en los que sea parte España.

A los extranjeros que no cumplan los requisitos establecidos para la entrada, les será denegada mediante resolución motivada.

## Salidas del territorio español

Las salidas del territorio español podrán realizarse libremente, excepto en los casos previstos en el Código penal y en la ley. Excepcionalmente, el Ministro del Interior podrá prohibir la salida del territorio español por razones de seguridad nacional o de salud pública. La salida será obligatoria en los siguientes casos:

— expulsión del territorio español por orden judicial, en los casos previstos en el Código penal;
— expulsión o devolución acordadas por resolución administrativa en los casos previstos en la ley;
— denegación administrativa de las solicitudes formuladas por el extranjero para continuar permaneciendo en territorio español, o falta de autorización para encontrarse en España.

## Situaciones de los extranjeros

Los extranjeros podrán encontrarse en las situaciones de estancia o residencia (temporal o permanente).

*Estancia* es la permanencia en territorio español por un periodo de tiempo no superior a noventa días, salvo lo dispuesto para los estudiantes. Transcurrido dicho tiempo, para permanecer en España será preciso obtener una prórroga de estancia o un permiso de residencia.

La *residencia temporal* es la situación que autoriza a permanecer en

España por un periodo superior a noventa días e inferior a cinco años. La situación de residencia temporal se concederá al extranjero que acredite disponer de medios de vida suficientes para atender sus gastos de manutención y estancia, incluyendo, en su caso, los de su familia, durante el periodo de tiempo por el que la solicite sin necesidad de realizar actividad lucrativa, se proponga realizar una actividad económica por cuenta propia o ajena y haya obtenido la autorización administrativa para trabajar o sea beneficiario del derecho a la reagrupación familiar.

A su vez, la *residencia permanente* es la situación que autoriza a permanecer en España indefinidamente y trabajar en igualdad de condiciones que los españoles. Para obtener esta situación se tiene que haber residido en España durante cinco años de manera continuada.

## Régimen sancionador

Son infracciones leves:

*a*) La omisión o el retraso en la comunicación a las autoridades españolas de los cambios de nacionalidad, de estado civil o de domicilio, así como de otras circunstancias determinantes de su situación laboral cuando les sean exigibles por la normativa aplicable.
*b*) El retraso, hasta tres meses, en la solicitud de renovación de las autorizaciones una vez hayan caducado.
*c*) Trabajar en España sin haber solicitado autorización administrativa para trabajar por cuenta propia, cuando se cuente con permiso de residencia temporal.

Son infracciones graves:

*a*) Encontrarse irregularmente en territorio español, por no haber obtenido o tener caducada más de tres meses la prórroga de estancia, la autorización de residencia o documentos análogos, cuando fueren exigibles, y siempre que el interesado no hubiere solicitado la renovación de los mismos en el plazo previsto reglamentariamente.
*b*) Trabajar en España sin haber obtenido permiso de trabajo o autorización administrativa previa para ello, cuando no cuente con autorización de residencia válida.
*c*) Incurrir en ocultación dolosa o falsedad grave en el cumplimiento de la obligación de poner en conocimiento del Ministerio del Interior los cambios que afecten a nacionalidad, estado civil o domicilio.
*d*) El incumplimiento de las medidas impuestas por razón de seguridad pública, de presentación periódica o de alejamiento de fronteras o núcleos de población concretados singularmente, de acuerdo con lo dispuesto en la presente ley.
*e*) La comisión de una tercera infracción leve, siempre que en un plazo de un año anterior hubiera sido sancionado por dos faltas leves de la misma naturaleza.

*f*) La participación en la realización de actividades contrarias al orden público previstas como graves en la Ley Orgánica sobre Protección de la Seguridad Ciudadana.
*g*) Las salidas del territorio español por puestos no habilitados, sin exhibir la documentación prevista o contraviniendo las prohibiciones legalmente impuestas.

Son infracciones muy graves:

*a*) Participar en actividades contrarias a la seguridad exterior del Estado o que pueden perjudicar las relaciones de España con otros países, o estar implicados en actividades contrarias al orden público previstas como muy graves en la Ley Orgánica sobre Protección de la Seguridad Ciudadana.
*b*) Inducir, promover, favorecer o facilitar, formando parte de una organización con ánimo de lucro, la inmigración clandestina de personas en tránsito o con destino al territorio español siempre que el hecho no constituya delito.
*c*) Realizar conductas de discriminación por motivos raciales, étnicos, nacionales o religiosos, siempre que el hecho no constituya delito.
*d*) La contratación de trabajadores extranjeros sin haber obtenido con carácter previo el correspondiente permiso de trabajo, incurriéndose en una infracción por cada uno de los trabajadores extranjeros ocupados.
*e*) La comisión de una tercera infracción grave siempre que en un plazo de un año anterior hubiera sido sancionado por dos faltas graves de la misma naturaleza.
*f*) El transporte de extranjeros por vía aérea, marítima o terrestre, hasta el territorio español, por los sujetos responsables del transporte, sin que hubieran comprobado la validez y vigencia, tanto de los pasaportes, títulos de viaje o documentos de identidad pertinentes, como, en su caso, del correspondiente visado, de los que habrán de ser titulares los citados extranjeros.

Cuando los infractores sean extranjeros y realicen conductas de las tipificadas como muy graves, o algunas de las conductas graves, podrá aplicarse en lugar de la sanción de multa la expulsión del territorio español, previa la tramitación del correspondiente expediente administrativo.

Asimismo, constituirá causa de expulsión, previa tramitación del correspondiente expediente, que el extranjero haya sido condenado, dentro o fuera de España, por una conducta dolosa que constituya en nuestro país delito sancionado con pena privativa de libertad superior a un año, salvo que los antecedentes penales hubieran sido cancelados. En ningún caso podrán imponerse conjuntamente las sanciones de expulsión y multa.

La expulsión conllevará la extinción de cualquier autorización para permanecer en España, así como la prohibición de entrada por un periodo mínimo de tres años y máximo de diez.

# El Registro Civil. Antecedentes y objeto

El interés del Registro Civil es, a grandes rasgos, triple:

— para el Estado, en cuanto le permite conocer el estado jurídico de cada persona;
— para la comunidad, por la seguridad que da a las relaciones jurídicas;
— para la persona misma, en cuanto sirve para facilitar el reconocimiento de su estado civil.

## Antecedentes

Dejando al margen antecedentes más remotos, en nuestro país el precedente más directo del Registro Civil se halla en los registros parroquiales que llevaba la Iglesia.

En España, por imperativo de la Constitución de 1869, al ser proclamada la libertad de cultos, se creó en 1870 el Registro Civil, abarcando ya a los individuos de cualquier religión. Regulado inicialmente por la ley de 17 de junio de 1870, y su reglamento, constituyendo su actual legislación la ley de 8 de junio de 1957 y el reglamento de 14 de noviembre de 1958, en vigor desde el 1.º de enero de 1959.

## Objeto

El objeto del registro lo constituyen los hechos concernientes al estado civil de las personas y aquellos otros que determina la ley. En concreto, son indispensables los siguientes:

— el nacimiento;
— la filiación;
— el nombre y apellidos;
— la emancipación y habilitación de edad;
— las modificaciones judiciales de la capacidad de las personas, o si estas han sido declaradas en concurso, quiebra o en suspensión de pagos;
— las declaraciones de ausencia o fallecimiento;
— la nacionalidad y vecindad;
— la patria potestad, tutela y demás representaciones que señala la ley;
— el matrimonio;
— la defunción.

La inscripción de estos hechos o actos inscribibles exige en todo caso ciertos requisitos.

Con carácter general, se exige que todos los hechos inscribibles consten en documentos suficientes para producir su inscripción; en este sentido, el artículo 23 dice que las inscripciones se practicarán en virtud de documento auténtico o, en los casos señalados por la ley, por la declaración en la forma que ella prescriba; también podrán practicarse, sin necesidad de previo expediente, por certificación de asientos extendidos en Registros extranjeros siempre que no haya duda de la realidad del hecho inscrito y de su legalidad.

A su vez, cada hecho o acto inscribible ha de reunir para su inscripción efectiva ciertos requisitos concretos. Así, refiriéndose únicamente a aquellos supuestos más fundamentales de inscripción, tenemos:

### Nacimiento

Para ser inscribible tendrá que reunir las condiciones requeridas por el artículo 30 del Código civil.

La inscripción están obligados a promoverla los padres, parientes más próximos o personas que hayan recogido a los recién nacidos abandonados, estando al mismo tiempo obligados a dar parte inmediatamente por escrito del mismo encargado del Registro, el médico, comadrona o ayudante técnico sanitario que asistan al nacimiento.

### Matrimonio

Respecto al canónico, vienen obligados a promover su inscripción los propios contrayentes. En cuanto al matrimonio civil, como el funcionario que lo autoriza es el juez municipal, al mismo tiempo que se celebra extenderá el acta e inscribirá el matrimonio con los requisitos que mande la ley.

### Defunciones

Se practica en virtud de quien tenga conocimiento cierto de la muerte, debiendo promover la inscripción los parientes más próximos del difunto o los habitantes de la misma casa o, en su defecto, los vecinos, exigiéndose para proceder a la inscripción certificado médico de señales inequívocas de muerte.

### Tutelas y representaciones legales

Los cargos tutelares, así como las representaciones legales, que sean inscribibles, se inscribirán en virtud de testimonio judicial u otro documento público suficiente que acredite la toma de posesión.

## Organización

En cuanto centro u organismo, el Registro depende del Ministerio de Justicia y, dentro del mismo, de la Dirección General de Registros y del Notariado.

Dentro de su unidad como centro y organismo, el Registro se organiza en registros municipales, registros consulares y un registro central.

### Registros municipales

Existirá cuando menos un Registro de esta clase para cada término municipal, salvo la Sección 4.ª (Tutelas y Representaciones Legales), que será única para toda la circunscripción del Juzgado municipal o comarcal correspondiente (hoy Juzgados de Distrito). Estos registros se encuentran a cargo del Juez de Distrito respectivo, asistido del Secretario del Juzgado. En los términos municipales en los que no exista Juez de Distrito, actuarán por delegación de aquel los jueces de paz, asistidos de los Secretarios.

### Registros consulares

Existirá uno por cada demarcación consular. Los registros consulares estarán a cargo de los cónsules de España o, en su caso, de los Secretarios de Embajada encargados de las Secciones Consulares de la misión diplomática.

### Registro central

Se llevará este Registro en la Dirección General de Registros y del Notario. Se inscribirán en este registro los hechos y actos para cuya inscripción no resulte competente ningún otro, y aquellos que no puedan inscribirse por concurrir circunstancias excepcionales.

En cuanto a su estructura, el Registro está integrado por cuatro secciones, con la denominación de: Sección de Nacimientos y General; Sección de Matrimonios; Sección de Defunciones; Sección de Tutelas y Representaciones legales.

Cada una de estas secciones tiene una función determinada, que más adelante explicamos. Las inscripciones de cada una de ellas se llevarán en libros diferentes.

### Sección de nacimientos y general

Tiene como finalidad principal la inscripción del nacimiento con los datos que la ley marca: nombre, sexo, fecha, etc. Al margen de dicha inscripción, se inscribirán todos los demás hechos inscribibles que la ley indique o para los que no se establece especialmente que la inscripción se haga en otra sección: adopción, modificaciones judiciales de la capacidad, declaración de concurso, quiebra o suspensión de pagos, ausencia de domicilio, los relativos a la nacionalidad y vecindad civil, los que afecten a la patria potestad, etc.

### Sección de matrimonios

La sección segunda se destinará a recibir las inscripciones de celebración de matrimonios, tanto civil como canónico, inscribiéndose al margen de los mismos las sentencias y resoluciones sobre validez, nulidad o separación matrimonial, divorcio, y en general cuantos afecten al matrimonio.

### Sección de defunciones

En la sección tercera se inscribe la muerte de las personas.

### Sección de tutelas y representaciones legales

En la cuarta sección se inscribe el organismo y las demás representaciones legales que no sean de personas jurídicas, y sus modificaciones.

## Clases de asientos

Los asientos que se practican en el Registro son de diversas clases, y pueden ser: inscripciones, anotaciones, notas e indicaciones marginales y, por último, cancelaciones. Atendiendo a este tipo de división, vamos a distinguir:

*a*) *Inscripciones principales:* con las que se abre el folio en los diversos libros; de esta clase son las de nacimiento, matrimonio, defunción y la primera que se practique en cada caso de tutela o representación legal.
*b*) *Inscripciones marginales:* son las que se consignan al margen de las principales, y lo son todas las referentes a los demás hechos que son objeto de inscripción.
*c*) *Anotaciones principales o marginales:* según que con ella se tienda a una inscripción principal, que no pueda practicarse inmediatamente, en cuyo caso la anotación abre folio registral y sirve de soporte a diversos asientos marginales, o se practiquen al margen del folio, porque tenga por fin sólo informar de otros determinados hechos.
*d*) *Notas marginales:* cuya función es únicamente la de establecer referencias entre unos asientos y otros, estableciendo relaciones entre ellos.
*e*) *Indicaciones marginales sobre régimen de bienes:* cuya función consiste, no en recoger nada relativo al estado civil, sino en dar publicidad a la existencia de pactos, resoluciones judiciales y demás hechos que modifiquen el régimen económico de la sociedad conyugal.
*f*) *Cancelaciones:* son asientos que anulan otros anteriores.

Por lo que se refiere al valor de los asientos en orden al estado civil, debe distinguirse el de las inscripciones del de las anotaciones. En cuanto a las inscripciones, constituyen las pruebas de los hechos inscritos, y no sólo los prueban sino que en principio son las pruebas exclusivas de ellos, y tratándose de hechos relativos al estado civil resulta imposible cualquier otra prueba.

Por lo que se refiere a la publicidad formal, el Registro es público, conforme al artículo 6 de ley, para quienes tengan interés en conocer los asientos, presumiéndose dicho interés en quienes solicitan la certificación. Ahora bien, en ciertos casos la publicidad se encuentra limitada, por motivaciones especiales. Y así tenemos que, en ciertos supuestos, sólo se tiene acceso al Registro previa autorización de la persona a quien directamente afecta la publicidad del asiento de que se trate; en otros casos, se exige la autorización del juez de primera instancia a solicitud de quienes justifiquen interés legítimo y razón fundada.

En cuanto a la forma de hacer efectiva esta publicidad de los asientos, existen tres medios: por manifestación y examen de los libros; por certificación, que puede ser positiva o negativa y por nota simple informativa.

## Rectificación de asientos

Las inexactitudes y defectos registrales pueden y deben ser rectificados. Esta rectificación puede producirse bien por juicio, bien por expediente administrativo.

En el caso de la rectificación mediante juicio, hay que tener en cuenta que, en principio, las inscripciones del Registro sólo pueden ser rectificadas por sentencia firme recaída en juicio ordinario. Las demandas se dirigirán contra el ministerio fiscal y contra aquellos a quienes se refiera el asiento que no sean demandantes. El procedimiento es el del juicio declarativo de mayor cuantía.

En cuanto a la rectificación mediante expediente administrativo, es posible, como excepción al principio general antes señalado, rectificar los asientos mediante un expediente gubernativo que se dará con carácter general en relación con las menciones erróneas de identidad, la indicación equivocada del sexo y cualquier otro error registral cuya evidencia resulte de la confrontación con otra u otras inscripciones, que darán fe del hecho correspondiente.

Se exige para la rectificación gubernativa dictamen favorable del ministerio fiscal cuando se trate de:

- error cuya evidencia resulte de la confrontación de documentos en virtud de los cuales se haya practicado la inscripción;
- errores que procedan de documentos públicos o eclesiásticos ulteriormente rectificados.

Señalaremos finalmente, en cuanto al proceso a seguir en esta tramitación, que podrá promoverlo o constituirse en parte cualquier persona que tenga interés legítimo en él, debiendo promoverlo obligatoriamente aquellas personas que en cada caso marca la ley; será oído el ministerio fiscal; la incoación será comunicada siempre a los interesados, los cuales podrán hacer las manifestaciones que consideren oportunas; por último, cabe siempre apelación contra la resolución que recaiga ante la dirección general de los registros y del notariado.

## Inscripción de nombres

En la inscripción se expresará el nombre que se da al nacido, si bien no podrá consignarse más de un nombre compuesto ni más de dos simples.

Quedan prohibidos los nombres que objetivamente perjudiquen a la persona, así como los diminutivos o variantes familiares y coloquiales que no hayan alcanzado sustantividad, los que hagan confusa la identificación y los que induzcan en su conjunto a error en cuanto al sexo.

No puede imponerse al nacido nombre que ostente uno de sus hermanos, a no ser que hubiera fallecido, así como tampoco su traducción usual a otra lengua.

A petición del interesado o de su representante legal, el encargado del Registro sustituirá el nombre propio de aquel por su equivalente onomástico en cualquiera de las lenguas españolas. Así, un chico a quien se le impuso el nombre de Miguel puede solicitar que se le sustituya por el de Mikel, su equivalente en vasco, sin ninguna dificultad.

## El orden de los apellidos

Los apellidos de una persona vienen determinados por su filiación, teniendo en cuenta que si son conocidos el padre y la madre, estos, de común acuerdo, podrán decidir el orden de transmisión de su respectivo primer apellido, antes de la inscripción registral: es decir, que pueden acordar que su hijo o hija lleve como primer apellido el primero de la madre.

Si no hay acuerdo o nada dicen, se aplica la regla general: si es el primer hijo, se inscribirá con los primeros apellidos del padre y de la madre, por este orden y si es el segundo o posterior hijo, el orden de apellidos inscrito para el mayor de los hijos regirá en las inscripciones de nacimiento posteriores de sus hermanos del mismo vínculo.

Esto sí, el hijo, al alcanzar la mayoría de edad, podrá solicitar que se altere el orden de los apellidos.

En los supuestos de nacimiento con una sola filiación reconocida (por ejemplo, si no existe padre conocido) esta determina los apellidos (es decir, que el hijo o la hija llevará los mismos apellidos que la madre, siguiendo el ejemplo).

Y el progenitor que reconozca su condición de tal puede determinar al tiempo de la inscripción el orden de los apellidos. El orden de los apellidos establecido para la primera inscripción de nacimiento determinará el orden para la inscripción de los posteriores nacimientos con idéntica filiación.

Como en el supuesto que sean conocidos el padre y la madre, alcanzada la mayoría de edad, se podrá solicitar la alteración del orden de los apellidos.

Si se pretende la inscripción de un nacido cuya filiación no sea conocida (es el triste caso de los recién nacidos que son abandonados) el encargado del Registro impondrá un nombre y unos apellidos de uso corriente.

# La persona jurídica: concepto y naturaleza

Para que exista persona jurídica son indispensables estos elementos:

— que aparezca una entidad independiente de sus componentes, incluso de los individuos humanos que la constituyen;
— que a esta entidad le sean reconocidos derechos y obligaciones que no sean los de los miembros componentes.

## Naturaleza jurídica

La teoría de las personas jurídicas es relativamente moderna. Cabe clasificarla en tres grupos.

**1. Teoría de la ficción legal.** Fue desarrollada por Savigny y Puchta. Para estos autores, las personas morales son fingidas por la mente humana y carecen de existencia verdadera. Las personas jurídicas sólo nos muestran una suma de personas individuales. La persona moral, dice Vareilles-Sommieres, es una persona ficticia, sin realidad ni objetividad que no existe más que en la imaginación de los hombres. En suma, para los teóricos de la ficción legal, las personas jurídicas no son sino una creación de la ley.

**2. Teorías negativas de la personalidad jurídica.** La crítica de las teorías de la ficción dio lugar a las teorías negativas de la personalidad jurídica. Según estas teorías, no existe más persona real que el ser humano; por lo tanto, no se puede admitir las personas jurídicas ni como ficción creada por la ley. No obstante, es preciso explicar la situación jurídica de los bienes que integran el patrimonio social, así como los derechos que se ejercitan con la colectividad, y para ello acuden a diversas construcciones doctrinales, como la propiedad colectiva, etc.

**3. Teorías realistas.** Son características de estas teorías los siguientes puntos:

— rechazar toda ficción legal o doctrinal;
— abandonar el viejo principio de que sólo el hombre es persona;
— afirmar que las corporaciones y fundaciones reúnen las condicio-

nes necesarias para funcionar en la vida jurídica, no por virtud de una artificial creación de la ley, sino en razón de su propia naturaleza.

## Clasificación de las personas jurídicas

Las personas jurídicas suelen clasificarse desde diversos puntos de vista, pero principalmente se clasifican desde dos muy característicos: por razón de su encuadramiento en el Estado; y por razón de su estructura.

Por razón de su encuadramiento en el Estado las personas jurídicas pueden ser de derecho público o de derecho privado y, por razón de su estructura, de tipo corporativo o de tipo fundacional.

Las personas jurídicas de derecho público son las que participan, en mayor o en menor grado, de la potestad o autoridad del Estado, por ejercer funciones de soberanía estatal (ejemplo: los municipios, las universidades). Las personas de derecho privado son las que no tienen ninguna delegación de la potestad pública.

La distinción entre personas jurídicas de tipo corporativo y de tipo fundacional es tradicional. Primeramente surgieron las corporaciones o reuniones de personas para alcanzar un fin común. Más tarde, por obra del derecho canónico, aparecen las fundaciones.

En las corporaciones domina la voluntad de los miembros, que deciden su constitución y disolución; el fin de la corporación es un interés propio de los miembros, y también a estos corresponde el suministrar los medios para conseguirlo.

En cambio, las fundaciones se constituyen por la voluntad de un tercero, que fija las reglas invariables por las que han de regirse y su fin, dotándolas de un patrimonio para poder alcanzarlo. En consecuencia, mientras en las corporaciones es decisiva la voluntad de sus miembros para el nacimiento, vida y extinción del ente, en la fundación domina la voluntad del fundador.

## Régimen jurídico

### Constitución

Es esencial para que exista persona jurídica la concurrencia de dos aspectos: un sustrato o soporte, y el reconocimiento implícito o explícito del ordenamiento jurídico.

#### Formación de sustrato

Es preciso distinguir entre los dos tipos básicos de personas jurídicas.

**1. Asociaciones y corporaciones.** Las asociaciones tienen por base una colectividad humana, que unas veces tiene un origen histórico natural y otras, las más, uno puramente voluntario.

En el primer caso, aunque la colectividad preexista como realidad social, el Estado interviene ordenando jurídicamente la estructura y funcionamiento de dicha comunidad, dándole su constitución por medio de una ley.

En el segundo caso, la asociación se constituye mediante un acto constitutivo, que crea el vínculo de unión entre los componentes de aquella, y un estatuto que ordena su vida futura.

**2. Fundaciones.** El establecimiento de una fundación requiere la elección válida de un organismo adecuado cuando al cumplimiento duradero de un fin de la vida, y que puede tener lugar, ya por un acto del Estado, ya por un acto de voluntad particular.

### Reconocimiento

El segundo de los elementos esenciales para que exista persona jurídica es el reconocimiento. Su ausencia determinará la falta de personalidad de la asociación o institución.

Los sistemas por las legislaciones en orden al reconocimiento se pueden reducir a tres:

Sistema de la libre constitución. El reconocimiento en estos sistemas se produce por la mera existencia.

Sistema normativo. Reconocimiento por el cumplimiento de ciertos requisitos legales, atestiguado por un acto de autoridad, generalmente, la inscripción en un registro.

Sistema de reconocimiento por concesión. En el derecho español se sigue, por lo general, el segundo de los sistemas.

## Capacidad

El Código civil da las normas generales en cuanto a la capacidad de las personas jurídicas, disponiendo lo siguiente.

Sobre las de interés público, que la capacidad civil de las corporaciones, se regulan por las leyes que ya han creado o reconocido; las de las asociaciones por sus estatutos; y la de las fundaciones por las reglas de su institución debidamente aprobadas por disposición administrativa, cuando este requisito fuese necesario.

Sobre las de interés privado que las asociaciones de interés particular se regirán por las disposiciones relativas al contrato de sociedad, según la naturaleza de este.

Las personas jurídicas, dice nuestro Código, pueden adquirir y poseer bienes de todas clases, así como contraer obligaciones y ejercitar acciones civiles y criminales, conforme a las leyes y reglas de su constitución. Además de todo ello:

— pueden tener nacionalidad y domicilio;
— pueden llevar un nombre que las identifique;
— pueden obtener derechos reales de cualquier especie;
— pueden recibir por medio de testamento;
— pueden, por sí solas, aceptar o repudiar herencias, a excepción de los establecimientos públicos oficiales, que no pueden hacerlo sin la aprobación del Gobierno.

### Representación

Las personas jurídicas no sólo son capaces de derechos, sino también de ejercitarlos. Los que actúan por las personas jurídicas pueden hacerlo con el carácter de representantes legales o de órganos. Sin perjuicio de que puedan actuar tales personas por representantes extraños u ocasionales, normalmente pueden hacerlo por sus propios miembros u órganos establecidos estatutariamente.

#### Asociaciones y sociedades

La representación de las asociaciones está encomendada a los órganos establecidos en los reglamentos, estatutos y escrituras de cada asociación, con sujeción a la ley respectiva por la que se rija.

#### Fundaciones

La representación de las fundaciones es ejercitada por sus órganos representantes o patronos designados en la forma establecida en la escritura fundacional.

El Estado se reserva cierta inspección e intervención para que los fines de las fundaciones sean cumplidos.

### Responsabilidad

La responsabilidad contractual no ofrece duda alguna. La discusión se centra sobre si puede contraer responsabilidad extracontractual por actos dañosos cometidos por sus gerentes o administrativos. Parece que la responsabilidad se impone por razones de equidad y de utilidad pública.

### Domicilio

Al domicilio de las personas jurídicas se refiere el artículo 41 del Código civil, en los siguientes términos: cuando ni la ley que las haya creado o reconocido, ni los estatutos o las reglas de la fundación fijaren el domicilio de las personas jurídicas, se entenderá que lo tienen en el lugar donde se halle establecida su representación legal, o donde ejerzan las principales funciones de su instituto.

En el domicilio de las personas jurídicas habrá de seguirse el siguiente orden de preferencia:

— el domicilio de libre elección, o sea, el establecido en la ley, estatutos o reglas fundacionales;
— el lugar donde la persona tenga establecida su representación social;
— el de la localidad donde desarrolle su actividad o ejerza sus principales funciones.

### Nacionalidad

Por lo que se refiere a la nacionalidad de las personas, jurídicas, según nuestro Código civil, «las corporaciones, fundaciones y asociaciones, re-

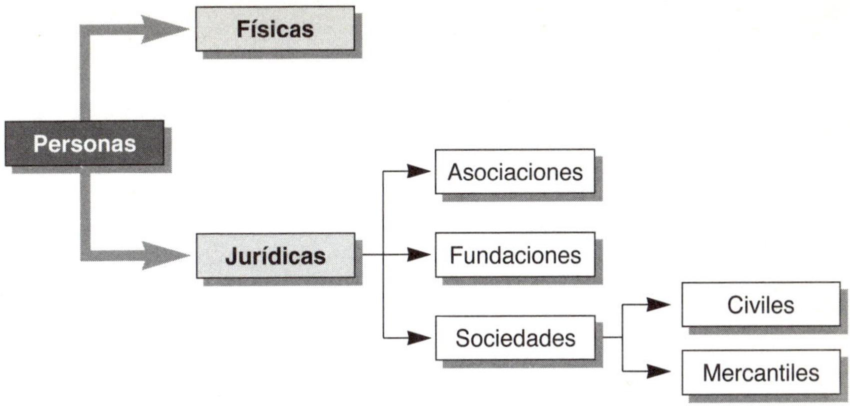


conocidas por la ley y domiciliadas en España, gozarán de la nacionalidad española, siempre que tengan el concepto de personas jurídicas con arreglo a las disposiciones del presente Código».

**Extinción**

Las personas jurídicas se extinguen por tres razones:

— haber expirado el plazo durante el cual funcionaban legalmente;
— haber realizado el fin para el cual se constituyeron;
— ser ya imposible aplicar a este la actividad y los medios de que dispone.

Esta enumeración no es taxativa, pues cabe que las personas jurídicas se extingan y, en consecuencia, pierdan su capacidad por otras causas. Así, es eficiente que las asociaciones pueden terminar en virtud de un acuerdo con la mayoría prevista en los estatutos o también cuando el número de socios quede reducido a uno.

# El matrimonio

El Código civil reconoce dos formas de matrimonio: uno, el matrimonio civil, contraído de acuerdo con las reglas del Código civil ante el juez o funcionario que determina el mismo Código; otro, el llamado matrimonio religioso, contraído en la forma religiosa legalmente prevista. Con respecto a este último, y dada la escasa incidencia de los matrimonios religiosos contraídos en forma religiosa no católica, tan sólo haremos referencia al matrimonio canónico, es decir, contraído según las reglas de la Iglesia católica.

## El matrimonio canónico

El matrimonio canónico es un sacramento del Nuevo Testamento, que santifica la unión legal de un hombre y una mujer, destinada a engendrar la prole y educarla santamente.

La santidad del matrimonio, es decir, su origen divino, viene deducida de los Evangelios, definiéndose como artículo de fe en el Concilio de Trento. Son ministros de este sacramento los mismos contrayentes, siendo el sacerdote un simple testigo autorizado por la Iglesia. La materia del sacramento matrimonial es la voluntad de los contrayentes, mientras que la forma la constituye la expresión de esa misma voluntad.

## Requisitos del matrimonio canónico

Antes de la celebración del matrimonio canónico, existen unos requisitos que previamente habrán de cumplirse. Así, se inicia un expediente de examen de los novios, con comprobación de si los futuros contrayentes poseen los conocimientos necesarios, y para instruirlos sobre los deberes del estado conyugal, así como determinar si existen o no impedimentos y si tienen capacidad suficiente para celebrar el matrimonio. Este examen competerá al párroco, el cual deberá exigir para ello las correspondientes partidas de bautismo.

Posteriormente, se harán las proclamas o amonestaciones. Con este nombre, se conocen las publicaciones que, salvo dispensa del Ordinario con causa legítima, debe hacer el párroco del domicilio o cuasi domicilio de los contrayentes, a los fieles en general y en forma oral, durante la misa y otros oficios concurridos, en tres domingos o fiestas de precepto consecutivas; o en forma escrita cuando se autorice, fijadas en las puertas de las iglesias parroquiales, durante ocho días; que comprendan cuando menos dos fiestas de precepto.

Las proclamas habrán de repetirse si hubieran transcurrido seis meses sin que se hubiera celebrado el matrimonio, salvo dispensa del Ordinario.

Como requisitos concurrentes, es decir, que han de concurrir al momento de la celebración del matrimonio, se distinguen cuatro grupos o clase: la capacidad legal, el consentimiento, la inexistencia de impedimentos y la observancia de la forma.

### Capacidad legal

Consiste en la plena aptitud física y psicológica de los contrayentes, que se cifra por el Canon 1.076 en la edad de 16 años para los varones y en la edad de 14 años para la mujer.

### Consentimiento

Es el acto de voluntad por el que cada una de las partes transmite y acepta un derecho perpetuo y exclusivo en orden a los actos adecuados para la generación de la prole (Canon 1.081). Ha de ser mutuo, de presente, deliberado, voluntario, libre y manifestado exteriormente por la palabra, siempre que sea posible, admitiéndose sin embargo el prestado por medio de procurador e intérprete.

Los vicios, también llamados *impedimentos por falta de consentimiento*, invalidan el matrimonio en los siguientes casos:

- defecto de uso de razón al tiempo de prestar el consentimiento, pudiendo, por tanto, celebrarse en intervalos lúcidos;
- ignorancia de la esencia del matrimonio; no se presume después de la pubertad;
- simulación o reserva mental: imponen la obligación de convalidar el matrimonio prestando el consentimiento debido; son de muy difícil prueba;
- error: invalida el matrimonio el error en la persona o cuando el error recae en las cualidades de la persona;
- violencia o miedo graves, injustos, externos y proporcionados a la persona que los sufra;
- rapto, mientras la raptada permanezca en poder del raptor;
- la condición, cuando es de futuro y va contra la esencia del matrimonio; si es imposible, ilícita o torpe, pero no va contra la esencia del matrimonio, se tiene por no puesta; siendo lícita, aunque sea de futuro, produce todos sus efectos.

## Inexistencia de impedimentos

Se entiende por impedimento toda circunstancia que produzca prohibición para contraer matrimonio. La división más importante de los impedimentos es aquella que distingue los impedimentos dirimentes, que determinan la invalidez del matrimonio, y los impedimentos impedientes, que acarrean solamente la ilicitud del matrimonio, pero no lo anulan, si a pesar de ellos se contrae el matrimonio.

## Impedimentos dirimentes

### Por falta de aptitud física

Se consideran los siguientes:

— si el varón es menor de 16 años o la mujer de 14;
— en caso de impotencia, que ha de ser cierta, anterior, perpetua y absoluta o relativa del varón o de la mujer.

### Por incompatibilidad de estado

Se consideran los siguientes:

— ligamen: el matrimonio contraído anteriormente, aun el no consumado, dirime al posterior, salvo el Privilegio Paulino;
— orden sacro: los que tienen órdenes sagradas;
— profesión religiosa: todos aquellos religiosos que hayan hecho voto de castidad tienen este impedimento; de contraer el matrimonio, este será nulo;
— disparidad absoluta de cultos entre bautizados y no bautizados.

### Por parentesco

Son los siguientes:

— consanguinidad en línea recta y en la colateral hasta el tercer grado canónico, que puede ser dispensada por el papa;
— afinidad en línea recta y en la colateral hasta el segundo grado canónico;
— pública honestidad, que nace del matrimonio inválido y del público y notorio concubinato en los grados 1.º y 2.º de la línea recta;
— parentesco espiritual existente entre el bautizado y el bautizante y los padrinos;
— parentesco legal: aquellos que, según la legislación civil, tienen impedimentos.

### Por delito

Son los siguientes:

— cuando existe adulterio con promesa de matrimonio;
— cuando haya conyugicidio (muerte del otro cónyuge) aunque no haya mediado adulterio;
— cuando exista adulterio con conyugicidio.

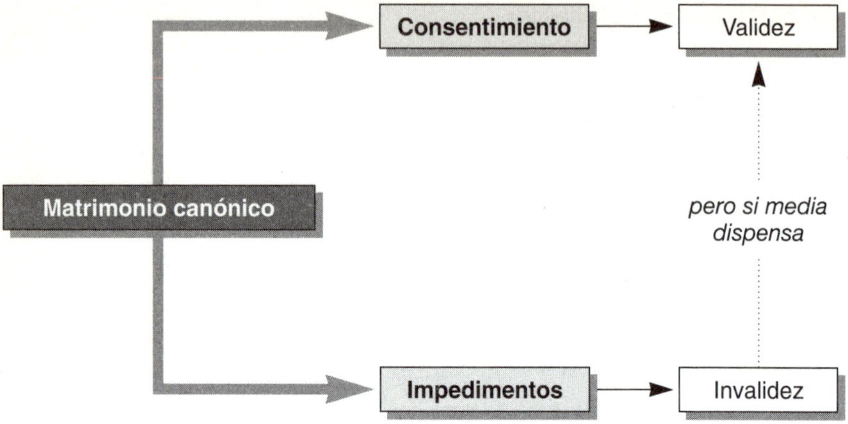


**Impedimentos impedientes**

Son los siguientes:

- el voto simple, es decir, el voto de castidad, de no casarse y, en todo caso, de abrazar el estado religioso o eclesiástico;
- la mixta religión entre católicos y herejes o cismáticos;
- el veto de la Iglesia sobre réprobos, públicos pecadores, censurados, indiferentes o sectarios.

Por otra parte, la forma de hacer cesar los efectos de los impedimentos es su dispensa dada por cada caso en particular por el superior eclesiástico competente.

Ello permite distinguir los impedimentos indispensables y no indispensables.

A la Santa Sede compete declarar cuáles se incluyen en cada apartado.

**Conservancia de la forma**

Para la validez del matrimonio, es necesario:

- que se celebre ante el párroco u ordinario del lugar o un sacerdote delegado por ellos y al menos ante dos testigos;
- que el párroco u ordinario haya tomado posesión canónica del oficio o beneficio;
- que el matrimonio se celebre dentro de los límites territoriales de su jurisdicción;
- que requieran y reciban el consentimiento libre de los contrayentes;
- es norma que el matrimonio ha de celebrarse ante el párroco de la novia, a excepción de las delegaciones admitidas.

Una vez efectuado el matrimonio se habrá de inscribir la celebración del mismo en el Libro de Matrimonios de la parroquia y anotarse en el de Bautismos, dando conocimiento al párroco o párrocos correspondientes si los contrayentes hubiesen sido bautizados en otra parroquia.

También, e inmediatamente después de celebrado el matrimonio canónico, el sacerdote ante el cual se celebró entregará a los esposos la certificación eclesiástica con los datos exigidos para su inscripción en el Registro Civil. Y en todo caso, el párroco en cuyo territorio parroquial se celebró el matrimonio, en el plazo de cinco días, transmitirá al encargado del Registro Civil que corresponda el acta del matrimonio canónico para su oportuna inscripción, en el supuesto de que esta no se haya efectuado ya a instancia de las partes interesadas.

## El matrimonio civil

Previamente a la celebración del matrimonio civil, ha de ser instruido un expediente matrimonial, que comenzará con la presentación por parte de los futuros contrayentes, ante el Registro Civil de su domicilio, de una solicitud firmada por ambos, en la que se hará constar el nombre de ambos, edad, profesión y domicilio de los mismos, así como los nombres y datos de los padres de los contrayentes. A esta solicitud se añadirá la declaración de dos testigos, así como una partida de nacimiento de cada cónyuge, una certificación de fe de vida de cada uno, y un certificado de empadronamiento expedida por el ayuntamiento del lugar del domicilio.

El juez que instruya el expediente matrimonial mandará fijar edictos en los que, por término de quince días, se anuncie la pretensión de celebrar el matrimonio, para que aquellos que sepan de algún impedimento lo pongan en conocimiento del juez. Estos edictos se publicarán en el tablón de los juzgados situados en los lugares en donde los contrayentes hubieran vivido los dos últimos años.

## Capacidad

La Ley 13/2005, de 1 de julio, ha modificado el Código Civil en lo relativo al derecho a casarse a las personas del mismo sexo, con plenitud e igualdad de derechos y obligaciones que los matrimonios celebrados por personas de distinto sexo. Los efectos del matrimonio, por tanto, serán únicos en todos los casos, por ejemplo, en lo que se refiere a derechos y prestaciones sociales o a la posibilidad de ser parte en procedimientos de adopción. Como es lógico, se han adaptado a la nueva realidad diversos artículos del Código Civil y del Reglamento del Registro Civil en los que se contenían referencias explícitas al sexo de sus integrantes. Así, cuando se hablaba de *marido y mujer* se cambiará por *cónyuges* o *consortes*. Con esta importante modificación, España se sitúa en la vanguardia de los países más avanzados en lo que se refiere al reconocimiento pleno de los derechos de todas las personas por igual, sin discriminación alguna como consecuencia de su orientación sexual.

La capacidad para contraer matrimonio, según el Código, no viene dada por las características que deberán tener los contrayentes, sino que lo hace de forma negativa; así, no podrán contraer matrimonio (o lo que es lo mismo, constituye impedimento para contraer el mismo):

— los menores de edad que no estén emancipados;
— los que estén ligados con vínculo matrimonial;
— tampoco pueden contraer matrimonio entre sí los parientes en línea recta por consanguinidad o adopción;
— los colaterales por consanguinidad hasta el tercer grado;
— los condenados como autores o cómplices de la muerte dolosa del cónyuge de cualquiera de ellos.

No obstante, el Ministerio de Justicia puede dispensar, a instancia de parte interesada, el impedimento de muerte dolosa del cónyuge anterior.

El juez de primera instancia podrá dispensar, con justa causa y a instancia de parte, los impedimentos del grado tercero entre los colaterales y de edad a partir de los catorce años. En el expediente de dispensa de los menores de edad habrán de ser oídos por el juez el menor y los padres de este o los guardadores del mismo.

La posterior dispensa convalidará desde su celebración el matrimonio cuya nulidad no haya sido instada judicialmente por alguna de las partes.

## La celebración del matrimonio

Para la celebración del matrimonio civil será competente:

— el juez encargado del Registro Civil;
— en los municipios en los que no resida el juez encargado del Registro Civil, el alcalde o el delegado designado reglamentariamente;
— el funcionario diplomático o consular encargado del Registro Civil en el extranjero.

En caso de peligro de muerte inminente de quien desee contraer matrimonio, la ley considera que son competentes para autorizar la celebración las siguientes personas:

El juez encargado del Registro Civil, o el delegado, aunque los contrayentes no residan en su circunscripción, y en defecto de ambos, el alcalde.

En defecto de juez, y con respecto a los militares en campaña, será competente para la celebración del matrimonio el oficial o jefe superior inmediato.

Respecto a los matrimonios que se celebren a bordo de naves o aeronaves, el capitán o comandante de la misma.

Este matrimonio no requerirá para su autorización la previa formación de ningún expediente, pero sí será necesaria la presencia de dos testigos que sean mayores de edad, salvo que ello sea imposible, lo cual habrá de acreditarse.

Volviendo a la normalidad, es decir, a la celebración del matrimonio civil previa instrucción del mencionado expediente gubernativo (o expediente matrimonial), el juez o funcionario deberá leer a los contrayentes los artículos 66, 67 y 68 del Código civil (derechos y deberes de los cónyuges), y preguntará a cada uno de ellos si consienten en contraer matrimonio con el otro y si efectivamente lo contraen en dicho acto; y, respondiendo ambos afirmativamente, declarará que los mismos quedan unidos en matrimonio, y extenderá la inscripción o el acta correspondiente, con su firma, la de los contrayentes y los dos testigos, y entregará a los contrayentes un documento acreditativo de la celebración del matrimonio (Libro de Familia).

## Derechos y deberes de los cónyuges

Los derechos y deberes de los cónyuges vienen recogidos por el Código civil, en sus artículos 66 a 71, y son los siguientes:

— los cónyuges son iguales en derechos y deberes;
— los cónyuges deben respetarse y ayudarse mutuamente y actuar en interés de la familia;
— los cónyuges están obligados a vivir juntos, guardarse fidelidad y socorrerse mutuamente. Deberán, además, compartir las responsabilidades domésticas y el cuidado y atención de ascendientes y descendientes y otras personas dependientes que estén a su cargo;
los cónyuges fijarán de común acuerdo el domicilio conyugal; y en caso de discrepancia, habrá de resolver el juez, que deberá tener en cuenta el interés de la familia;
— ninguno de los cónyuges puede atribuir la representación del otro, sin que le hubiere sido conferida.

## La nulidad del matrimonio

Serán nulos, cualquiera que haya sido la forma de su celebración, los siguientes matrimonios:

— el celebrado sin consentimiento matrimonial;
— el celebrado entre aquellas personas legalmente incapaces para contraerlo;
— el que se contraiga sin la intervención del juez o funcionario ante quien deba celebrarse, o sin la de los testigos;
— el celebrado por error en la identidad de la persona del otro contrayente o en aquellas cualidades personales que por su entidad hubieren sido determinantes de la prestación del consentimiento;
— el contraído por coacción o miedo grave.

La acción para pedir la nulidad del matrimonio corresponde a los cónyuges, al ministerio fiscal y a cualquier persona que tenga interés directo y legítimo en ella.

La declaración de nulidad del matrimonio no invalida los efectos ya producidos respecto de los hijos y del contrayente o contrayentes de buena fe. Esta buena fe se presume.

# El régimen económico del matrimonio

A falta de capitulaciones matrimoniales, o cuando estas capitulaciones sean ineficaces, el régimen económico del matrimonio será el de la sociedad de gananciales, de manera general, salvo que legislaciones forales o especiales de un determinado territorio estipulen como general otro régimen de la sociedad conyugal.

Las capitulaciones matrimoniales podemos definirlas como la convención o el contrato otorgado por los cónyuges, antes o después del matrimonio, en vistas a fijar el régimen a que deberán sujetarse los bienes presentes y futuros del matrimonio.

En las capitulaciones matrimoniales, podrán los otorgantes estipular, modificar o sustituir el régimen económico de su matrimonio, o cualesquiera otras disposiciones por razón del mismo.

Para que las capitulaciones matrimoniales sean válidas, la ley exige de forma taxativa que habrán de hacerse constar en escritura pública.

En cuanto a la capacidad para el otorgamiento de capitulaciones matrimoniales, señala el Código civil, en sus artículos 1.329 y 1.330, que el menor que con arreglo a la ley pueda casarse podrá otorgar capitulaciones matrimoniales antes o después de la boda, pero necesitará el concurso y el consentimiento de sus padres o tutor, salvo que en dichas capitulaciones matrimoniales se limite a pactar el régimen de separación o de participación. En cuanto al incapacitado judicialmente, sólo podrá otorgar capitulaciones matrimoniales con la asistencia de su representante legal y, en su caso, autorizado por el consejo de familia.

## La sociedad de gananciales

Siguiendo al Código civil, podemos definir la sociedad de gananciales como aquella sociedad mediante la cual se hacen comunes para los cónyuges las ganancias o beneficios obtenidos indistintamente por cualquiera de ellos, que les serán atribuidos por mitad en caso de disolución de esta sociedad.

En cuanto al nacimiento de este tipo de sociedad, se señala que la sociedad de gananciales comenzará en el momento de la celebración del matrimonio, o posteriormente al tiempo de pactarse las capitulaciones.

La sociedad de gananciales, no obstante ser una comunidad casi completa de los bienes de los esposos, deja a salvo unos determinados bienes privativos de cada uno de los cónyuges; así, son privativos de cada uno los siguientes:

— los bienes y derechos que a cada uno le pertenecieran al comenzar la sociedad;
— los que adquiera después a título gratuito;
— los bienes adquiridos a costa de bienes privativos o en sustitución de estos;
— los bienes que se adquieran por derecho de retracto, cuando este derecho de retracto perteneciera a uno sólo de los cónyuges;
— los bienes y derechos patrimoniales que sean inherentes a la persona de uno solo de los cónyuges, y los bienes no transmisibles intervivos;
— el resarcimiento o indemnización por daños inferidos a la persona de uno de los cónyuges o a sus bienes privativos;
— las ropas y objetos de uso personal que no sean de un extraordinario valor;
— los instrumentos necesarios para el ejercicio de la profesión u oficio, salvo cuando estos sean parte integrante o perteneciente a un establecimiento o explotación de carácter común.

Los bienes señalados en el número 4 y en el número 8 no dejarán de ser privativos de cada uno de los cónyuges aunque su adquisición se hubiera efectuado con fondos de la sociedad de gananciales, pero si así se hubiera hecho, la sociedad será acreedora, por el importe gastado, del cónyuge propietario.

En cuanto a los bienes que tienen el carácter de gananciales, podemos señalar los siguientes:

— los bienes obtenidos por el trabajo o la industria de cualquiera de los dos cónyuges;
— los frutos, rentas o intereses que produzcan tanto los bienes privativos de cada uno de los cónyuges, como los bienes gananciales;
— los adquiridos a título oneroso a costa del caudal común, bien se haga la adquisición para la comunidad o para uno solo de los esposos, salvo lo dicho con respecto a los números 4 y 8, en el apartado anterior;
— los bienes adquiridos por derecho de retracto de carácter ganancial, aun cuando fueran adquiridos con fondos privativos, en cuyo caso la sociedad será deudora del cónyuge que haya gastado el capital, por el importe del mismo;
— las empresas y establecimientos fundados durante la vigencia de la sociedad por uno de los cónyuges cualquiera, a expensas de los bienes comunes;
— el derecho de usufructo o de pensión, perteneciente a uno de los

cónyuges, formará parte de sus bienes propios, pero los frutos, pensiones e intereses devengados durante el matrimonio serán gananciales;

— serán gananciales las cabezas de ganado que, al disolverse la sociedad, excedan del número aportado por cada uno de los cónyuges con carácter privativo;
— las ganancias obtenidas por los cónyuges en el juego, o en las procedentes de otras causas que eximan la restitución, pertenecerán a la sociedad de gananciales.

Los cónyuges también podrán, de común acuerdo, atribuir la condición de bienes gananciales a los que se adquieran a título oneroso durante el matrimonio, cualquiera que sea la procedencia del precio o prestación y la forma y plazos en que se satisfaga.

Se presumirán gananciales los bienes existentes en el matrimonio mientras que no se pruebe que pertenecen privativamente al marido o a la mujer.

### Las cargas de la sociedad de gananciales

Serán de cargo de la sociedad de gananciales los gastos que se originen por alguna de las causas siguientes:

*a*) El sostenimiento de la familia, la alimentación y educación de los hijos comunes, y las atenciones de previsión acomodadas a los usos y circunstancias de la familia. La alimentación y educación de los hijos de uno solo de los cónyuges correrá a cargo de la sociedad de gananciales, cuando convivan en el hogar familiar. En caso contrario, los gastos derivados de estos conceptos serán sufragados por la sociedad de gananciales, pero darán derecho a ser reintegrados cuando se efectúe la liquidación de la sociedad.
*b*) La adquisición, tenencia y disfrute de los bienes comunes.
*c*) La administración ordinaria de los bienes privativos de cualquiera de los cónyuges.
*d*) La explotación regular de los negocios o el desempeño de la profesión, arte u oficio de cada cónyuge.
Serán también a cargo de la sociedad de gananciales las cantidades donadas o prometidas por ambos cónyuges de mutuo acuerdo, cuando no se hubiere pactado que hayan de satisfacerse con los bienes privativos de uno de ellos en todo o en parte.

De las deudas de un cónyuge que sean además deudas de la sociedad, responderán también solidariamente los bienes de esta sociedad.

Los bienes gananciales responderán igualmente de las obligaciones contraídas por los dos cónyuges conjuntamente, o por uno de ellos con el consentimiento expreso del otro.

También responderán los bienes gananciales de las obligaciones contraídas por uno solo de los cónyuges, en caso de separación de hecho, para atender a los gastos de sostenimiento, previsión y educación de los hijos que estén a cargo de la sociedad de gananciales.

### La administración de la sociedad de gananciales

A diferencia de lo que ocurría con anterioridad, en que el Código atribuía la administración de la sociedad de gananciales al marido, a raíz de la reforma del Código, efectuada por la Ley 11/1981 de 13 de mayo, en su artículo 1.375, se señala que en defecto de pacto en las capitulaciones matrimoniales la gestión y las disposiciones de los bienes gananciales corresponden de manera conjunta a ambos cónyuges.

No obstante, cuando para la realización de actos administrativos fuere necesario el consentimiento de ambos cónyuges, y uno se hallare impedido para prestarlo o se negara injustificadamente, podrá suplir este consentimiento el juez, siempre que encontrara fundada la petición. Igualmente, el juez podrá suplir el consentimiento en aquellos actos en que uno de los cónyuges negara el consentimiento para disponer a título oneroso de bienes gananciales.

Los cónyuges podrán disponer en sus testamentos de la mitad de los bienes gananciales como si se tratara de bienes privativos. Igualmente, y en razón de la administración conjunta de los bienes de la sociedad de gananciales, los cónyuges deben informarse recíproca y periódicamente sobre la situación y rendimientos de cualquier actividad económica suya.

### Disolución de la sociedad de gananciales

La sociedad de gananciales se dará por concluida automáticamente y de pleno derecho, por alguna de las siguientes causas:

- cuando se disuelva el matrimonio;
- cuando el matrimonio sea declarado nulo;
- cuando judicialmente se decrete la separación de los cónyuges;
- cuando los cónyuges convengan un régimen económico distinto en la forma del régimen de gananciales.

También terminará el régimen de sociedad de gananciales por decisión judicial, a petición de uno de los cónyuges, cuando:

- el otro cónyuge haya sido incapacitado judicialmente, haya sido declarado ausente, o en quiebra o concurso de acreedores, o condenado por abandono de familia;
- el otro cónyuge haya venido realizando por sí solo actos dispositivos o de gestión patrimonial que entrañen fraude, daño o peligro para los derechos del otro cónyuge en la sociedad;
- uno de los cónyuges lleve separado de hecho más de un año por acuerdo mutuo o por abandono de hogar;

— por alguno de los cónyuges se ha incumplido de manera grave y reiterada el deber de informar sobre la marcha y rendimiento de sus actividades económicas.

Los efectos de esta disolución del régimen de gananciales se producirán desde la fecha en que se acuerde.

Así pues, una vez disuelta la sociedad de gananciales, se procederá a la liquidación de la misma, que comenzará por un inventario del activo y del pasivo.

Los bienes que necesariamente habrán de figurar en el activo serán:

— los bienes gananciales existentes en el momento de la disolución;
— el importe actualizado del valor de los bienes que hubiesen sido enajenados por negocio ilegal o fraudulento, si estos bienes no hubiesen sido recuperados;
— el importe actualizado de las cantidades pagadas por la sociedad que fueran de cargo sólo de un cónyuge, y en general las cantidades que constituyen créditos de la sociedad con respecto a este.

Los bienes que necesariamente habrán de figurar en el pasivo serán los siguientes:

— las deudas pendientes a cargo de la sociedad;
— el valor actualizado de los bienes privativos de cada uno de los cónyuges, cuando su restitución deba hacerse en metálico por haber sido gastados en interés de la sociedad;
— el importe actualizado de las cantidades que, habiendo sido pagadas por uno solo de los cónyuges, fueran de cargo de la sociedad, y en general las cantidades que constituyan créditos de los cónyuges contra la sociedad;

Terminado el inventario, se pagarán las deudas de la sociedad, comenzando por las alimenticias, que siempre tendrán preferencia, y posteriormente las restantes, repartiendo entre los cónyuges por mitad lo que reste.

## El régimen de participación

El régimen conyugal de participación viene regulado por los artículos 1.411 a 1.434 del Código civil, y como característica de este régimen cabe destacar que cada uno de los cónyuges adquiere derecho a participar en las ganancias obtenidas por su consorte durante el tiempo en que dicho régimen haya estado vigente.

A cada cónyuge le corresponderá la administración, el disfrute y la libre disposición tanto de los bienes que le pertenezcan en el momento de contraer matrimonio como de los que pueda adquirir después por cualquier título.

Si los casados en régimen de participación adquieren conjuntamente algún bien o derecho, les pertenecerá por mitad indivisa.

Este régimen de participación podrá extinguirse en los casos previstos al estudiar el régimen de sociedad de gananciales, además de cuando se produzca la irregular administración de uno de los cónyuges, que comprometa gravemente los intereses del otro cónyuge.

Una vez extinguido este régimen, se habrán de determinar las ganancias habidas, estimándose estas por las diferencias entre los patrimonios iniciales y finales. Así, el patrimonio inicial de cada uno de los cónyuges se estimará constituido por los bienes y derechos que le pertenecieran al empezar el régimen y por los bienes adquiridos después a título de herencia, donación o legado.

## El régimen matrimonial de separación de bienes

Se llama régimen de separación de bienes aquel en que cada uno de los cónyuges retiene el dominio, el goce y la administración de sus propios bienes.

El Código civil, en su artículo 1.437, señala que, en el régimen de separación de bienes, pertenecerán a cada cónyuge los bienes que tuviese en el momento inicial del mismo y los que después adquiera por cualquier título.

El régimen de separación de bienes existe entre los cónyuges cuando así lo hubieran convenido entre sí, cuando hubieran pactado en las capitulaciones matrimoniales que no regirá para ellos ni el régimen de sociedad de gananciales ni el régimen de participación.

En este régimen de separación de bienes, las obligaciones contraídas por cada uno de los cónyuges serán de su exclusiva responsabilidad, pero tendrán ambos cónyuges la obligación de contribuir al sostenimiento de las cargas del matrimonio; esta contribución podrá ser expresada en las capitulaciones matrimoniales, y a falta de especificación, deberán hacerlo en proporción a sus respectivos recursos económicos. A este respecto, el trabajo para la casa será computado y tendrá el carácter de contribución al sostenimiento de las cargas familiares, dando derecho a obtener una compensación, que el juez señalará a falta de acuerdo, cuando se extinga el régimen de separación.

En el supuesto de que dentro de este régimen de separación, uno de los cónyuges administre bienes del otro, se considerará que ejerce la función de administrador en calidad de mandatario, sin que tenga que dar cuenta de los frutos de los bienes administrados y que hayan sido consumidos, salvo que se demuestre que con esos frutos se ha procedido a efectuar otras cosas distintas del levantamiento y sostenimiento de las cargas familiares.

## El régimen económico en legislaciones forales

### Aragón

El régimen económico del matrimonio en Aragón se rige por la Compilación de derecho Civil de Aragón, que deja en completa libertad a los cónyuges para establecer el régimen que crean más oportuno; pero a falta del otorgamiento de capitulaciones matrimoniales, regirá el llamado *régimen legal*, en el que el patrimonio común de los cónyuges está constituido por los bienes inmuebles adquiridos a título oneroso, a costa del caudal común, los bienes que los cónyuges obtengan con su trabajo, los frutos de los bienes comunes o privados, etc. Se presume que son bienes comunes todos aquellos cuyo carácter privativo no pueda demostrarse.

**Cataluña**

El régimen económico está recogido por la Compilación de derecho Civil especial de Cataluña, que señala que el régimen económico familiar será el que se convenga en las capitulaciones matrimoniales, y en defecto de pactos, el matrimonio quedará sujeto al régimen de separación de bienes.

**Baleares**

Se rige por la Compilación de derecho Civil especial de Baleares, que establece que el régimen económico del matrimonio será el que libremente elijan los cónyuges al otorgar las capitulaciones, y que en defecto de estas, se regirán por el régimen económico de absoluta separación de bienes.

**Navarra**

Se rige por la Compilación de derecho Civil Foral de Navarra, que por lo que se refiere al régimen económico del matrimonio, estipula que este se regirá por el que los cónyuges elijan, y en defecto de elección plasmada en capitulaciones, habrán de someterse al de la llamada *sociedad conyugal de conquistas*.

**Vizcaya**

Rige la Compilación de derecho Civil de Álava y Vizcaya, que acata la voluntad de los cónyuges en cuanto al régimen a seguir, siempre que se otorguen las preceptivas capitulaciones matrimoniales, señalándose que todos los bienes serán comunes por mitad, tanto sean bienes muebles como inmuebles, adquiridos por el matrimonio, o aportados a él, y por el título que sea.

**Fuero de Baylio**

Es derecho consuetudinario que pervive en partes de Extremadura, y señala que en defecto de pacto en contrario en las capitulaciones matrimoniales, se observará el régimen económico de bienes, fundiéndose entre los cónyuges todos los bienes e inmuebles, presentes o futuros y sus frutos, así como sus ganancias.

# La separación conyugal y el divorcio

La regulación actualmente en vigor es la introducida por la Ley 15/2005, de 8 de julio, por la que se modifican el Código Civil y la Ley de Enjuiciamiento Civil en materia de separación y divorcio.

La libertad de los cónyuges por lo que se refiere a solicitar la disolución del matrimonio es amplísima. Es suficiente con que uno de los esposos lo desee para que pueda pedir el divorcio y sin que la otra parte pueda oponerse a la petición y sin que, salvo contadas excepciones, el juez pueda rechazar la petición. No es necesario, por tanto, tener que justificar la decisión con motivo alguno, como ocurría antes de la reforma, cuando las únicas causas que permitían solicitar la disolución del matrimonio se enumeraban

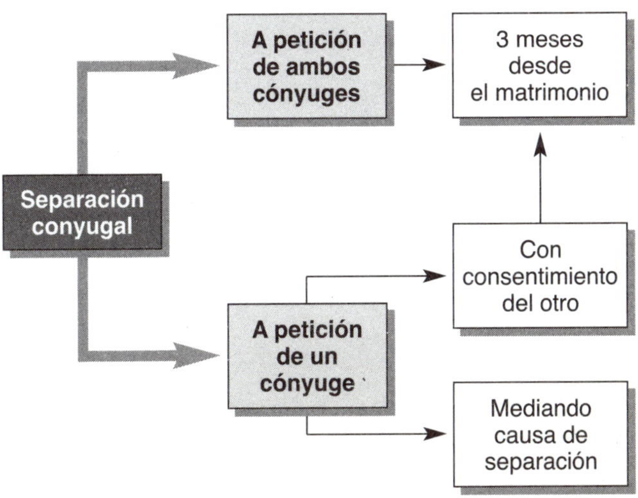

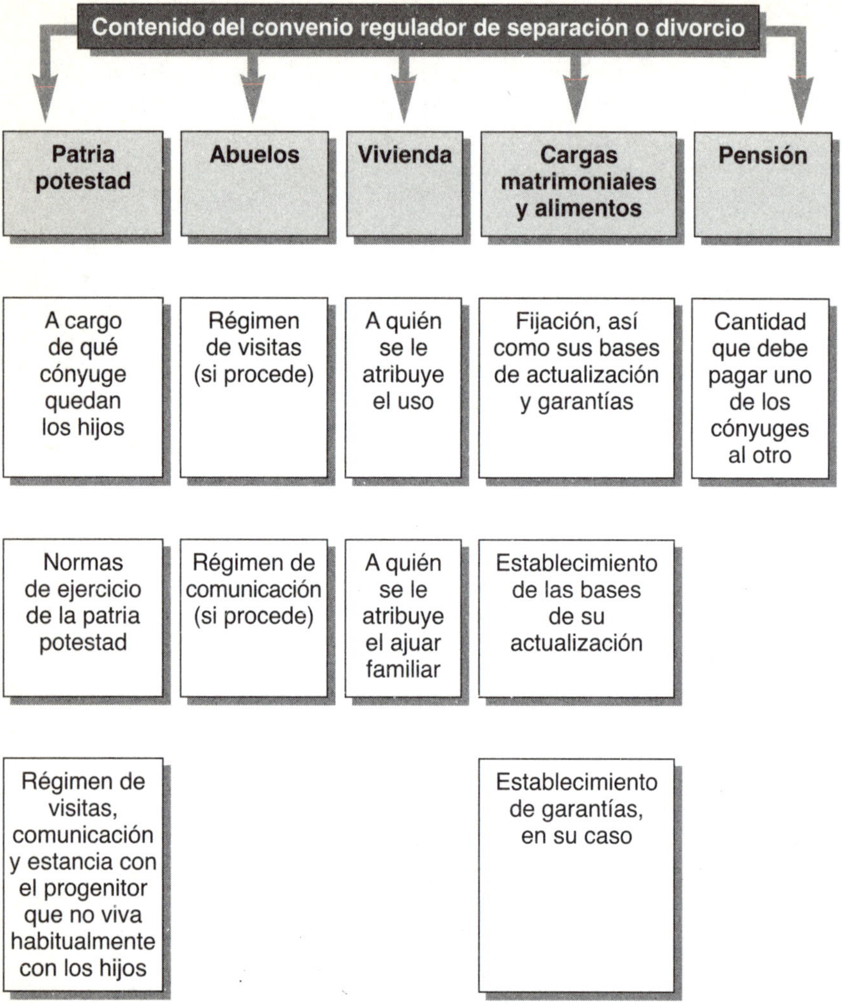


en listados de causas de separación y de divorcio.

Además, se reduce drásticamente el plazo mínimo de petición: si antes de 2005 era un año desde el matrimonio, ahora es suficiente —salvo que el interés de los hijos o del cónyuge demandante lo justifique, como sería el caso de que existieran malos tratos, la suspensión o disolución de la convivencia incluso con antelación— con que hayan transcurrido tres meses desde la celebración del matrimonio para poder solicitar que el juez declare la separación o el divorcio.

## La separación judicial

La separación judicial se mantiene. Se diferencia del divorcio en que es de aplicación a aquellos casos en los que la pareja decide no disolver el matrimonio, pero considera lo más conveniente para sus intereses personales no hallarse sometidos a la obligación de convivencia que conlleva el matrimonio. Ya no será imprescindible pasar por el trámite de la separación previa para presentar, posteriormente, la demanda de divorcio.

Así, el artículo 81 del Código Civil establece que se decretará judicialmente la separación, cualquiera que sea la forma de celebración del matrimonio:

**1.** A petición de ambos cónyuges o de uno solo con el consentimiento del otro, una vez transcurridos tres meses desde la celebración del matrimonio. A la demanda se acompañará una propuesta de convenio regulador redactada conforme a las disposiciones del propio Código.

**2.** A petición de uno solo de los cónyuges, una vez transcurridos tres meses desde la celebración del matrimonio. No será preciso el transcurso de este plazo para la interposición de la demanda cuando se acredite la existencia de un riesgo para la vida, la integridad física, la libertad, la integridad moral o libertad e indemnidad sexual del cónyuge demandante o de los hijos de ambos o de cualquiera de los miembros del matrimonio. A la demanda se acompañará propuesta fundada de las medidas que hayan de regular los efectos derivados de la separación.

## El divorcio

El divorcio implica la ruptura o disolución del matrimonio, a diferencia de lo que sucede en el caso de la mera separación judicial.

Se decretará judicialmente el divorcio, cualquiera que sea la forma de celebración del matrimonio, a petición de uno solo de los cónyuges, de ambos o de uno con el consentimiento del otro, cuando concurran los requisitos y circunstancias exigidos en el artículo 81 que hemos citado y al que nos remitimos.

## La reconciliación

La reconciliación pone término al procedimiento de separación y deja sin efecto ulterior lo resuelto en él, pero ambos cónyuges separadamente deberán ponerlo en conocimiento del juez que entienda o haya entendido en el litigio.

## Efectos de la separación y del divorcio

### El convenio regulador

El convenio regulador a que nos hemos referido tanto en el apartado de la separación conyugal como en el divorcio, es un documento suscrito por los cónyuges, en el cual habrán de hacerse todas las manifestaciones que consideren oportunas para regular a partir de entonces sus relaciones. Es casi un nuevo contrato de capitulaciones matrimoniales, efectuado no para regular cómo será el matrimonio, sino su desintegración.

Este convenio regulador habrá de referirse necesariamente y al menos a los siguientes extremos:

- el cuidado de los hijos sujetos a la patria potestad de ambos, el ejercicio de esta y, en su caso, el régimen de comunicación y estancia de los hijos con el progenitor que no viva *habitualmente* con ellos;
- la atribución del uso de la vivienda familiar y del ajuar familiar;
- la contribución a las cargas del matrimonio y alimentos, así como sus bases de actualización y garantías en su caso;
- la liquidación, si procede, del régimen económico del matrimonio;
- la pensión que corresponda satisfacer, en su caso, a uno de los cónyuges en favor del otro.

Este convenio adoptado por los cónyuges de mutuo acuerdo será aprobado por el juez, salvo que sean perjudiciales para los hijos o gravemente perjudiciales para uno de los cónyuges. La resolución que adopte el juez será en todo caso motivada, y los cónyuges deberán aportar una nueva propuesta para su aprobación.

En el caso de que no exista acuerdo entre los cónyuges, será el juez quien determinará las medidas que habrán de adoptarse con respecto a los hijos, la vivienda familiar, las cargas del matrimonio, la liquidación del régimen económico, y las cautelas o garantías procedentes para su logro.

Estas medidas, cuando afecten a los hijos, habrán de ser adoptadas en beneficio de ellos, tras oírles si tuvieran suficiente juicio y siempre a los mayores de doce años.

También determinará la contribución de cada uno de los progenitores para la satisfacción de los alimentos, adaptando esta contribución a las circunstancias económicas de cada uno y a las necesidades de los hijos.

Con respecto a las visitas, a falta de acuerdo entre los cónyuges, el juez determinará el modo, tiempo y lugar en que deban efectuarse, pudiendo suspender este derecho si se dieran graves circunstancias que así lo aconsejaran o se produjera un grave incumplimiento de los deberes impuestos en la resolución judicial.

## La pensión y su impago

El Código Penal prevé que el que deje de pagar durante dos meses consecutivos o cuatro meses no consecutivos cualquier tipo de prestación económica en favor de su cónyuge o sus hijos, establecida judicialmente en los casos de separación legal, divorcio, declaración de nulidad del matrimonio, proceso de filiación, o proceso de alimentos a favor de sus hijos, será castigado con la pena de prisión de tres meses a un año, o multa de 6 a 24 meses. Además, el que incumpla obligaciones familiares establecidas en convenio, siempre que dicho incumplimiento no constituya delito, será castigado con la pena de multa de 10 días a dos meses o trabajos en beneficio de la comunidad de uno a 30 días.

## Las medidas provisionales

Con el nombre de *medidas provisionales* se conocen los acuerdos o, a falta de acuerdos, las decisiones judiciales adoptadas mientras dura el proceso de separación o de divorcio, en orden a salvaguardar los intereses de las personas afectadas por este procedimiento, durante el transcurso del mismo.

Así, previene el artículo 102 del Código civil que, admitida la demanda, se producen por ministerio de la ley los siguientes efectos:

— los cónyuges podrán vivir separados, y cesa la presunción de que existe convivencia conyugal;
— quedan revocados y sin efecto todos los consentimientos y poderes que cualquiera de los cónyuges hubiera llegado a otorgar en favor del otro;
— cesa la posibilidad de vincular los bienes privativos del otro cónyuge, en el ejercicio de la potestad económica.

Es decir, que con la interposición de la demanda, la ley ordena una separación provisional de los cónyuges, física y económica. En cuanto a las llamadas *medidas*, el juez, a falta de acuerdo, adoptará, con audiencia de estos, las siguientes:

*a*) Determinará, en interés de los hijos, con cuál de los cónyuges han de quedar los que estén sujetos a la patria potestad de ambos, y determinará de forma particular la forma en que el cónyuge que haya sido apartado de ellos (de los hijos) podrá cumplir el deber de velar por estos, y el modo y lugar en que podrá comunicar con ellos y tenerlos en su compañía.

De forma excepcional, los hijos podrán ser encomendados a una tercera persona, y de no haberla, a una institución que el juez considere idónea, a la que se le conferirán las funciones tutelares que ejercerá bajo la autoridad del juez.

*b*) Determinará, teniendo en cuenta el interés familiar más necesitado de protección, cuál de los cónyuges ha de continuar en el uso de la vivienda familiar, y asimismo, previo inventario de los bienes y objetos del ajuar doméstico, los que continuarán en el domicilio y los que habrá de llevarse el otro cónyuge.

*c*) Fijará la contribución de cada cónyuge a las cargas del matrimonio, incluida si procede la *litis expensas*, o cantidad que uno de los cónyuges deberá pagar al otro en razón de los gastos que le ocasione la demanda de separación o divorcio, o la contestación a la misma, y establecerá igualmente las bases para la actualización de las cantidades que se abonen, con disposición de las garantías, depósitos o retenciones u otras medidas, a fin de asegurar la efectividad de lo que por estos conceptos uno de los cónyuges haya de abonar al otro.

Se considerará contribución a dichas cargas el trabajo que uno de los cónyuges dedicará a la atención de los hijos comunes sujetos a la patria potestad.

*d*) Señalará igualmente, atendidas las circunstancias, los bienes gananciales o comunes que previo inventario hayan de ser entregados a uno u otro cónyuge, y las reglas que habrán de observarse en la administración de estos.

*e*) Determinará también el régimen de administración y disposición de aquellos bienes privativos que, por capitulaciones matrimoniales o por escritura, estuvieren especialmente afectados por las cargas del matrimonio.

Estas medidas provisionales podrán ser solicitadas por aquel cónyuge que se proponga interponer demanda de separación o divorcio, pero habrá de interponer esta demanda en los treinta días siguientes, ya que de lo contrario estas medidas quedarán sin efecto.

Esta demanda de medidas provisionales podrá interponerse por el cónyuge que ha abandonado el domicilio conyugal por causa razonable, en el plazo de los treinta días siguientes, no considerándose entonces que ha incumplido el deber de convivencia que impone la ley.

## Relaciones entre nietos y abuelos

Se ha entendido que los abuelos, ordinariamente ajenos a las situaciones de ruptura matrimonial, pueden desempeñar un papel crucial para la estabilidad del menor. En este sentido se afirma que disponen de una autoridad moral y de una distancia con respecto a los problemas de la pareja que pueden ayudar a los nietos a racionalizar situaciones de conflicto familiar, favoreciendo su estabilidad y su desarrollo. En este sentido se dicta la Ley 42/2003, de 21 de noviembre, en la que se regula el régimen de relaciones entre los abuelos y los nietos, tanto en caso de ruptura familiar, como de simple dejación de obligaciones por parte de los progenitores.

A estos fines se modifica el Código civil estableciendo que el convenio regulador podrá contemplar, en la forma más adecuada al interés del hijo, el régimen de visitas y comunicación de este con sus abuelos y que el juez se puede pronunciar sobre el régimen de visitas con los abuelos.

## La guarda y custodia compartida

La separación, la nulidad y el divorcio no eximen a los padres de sus obligaciones para con los hijos. Así, por una parte, los padres podrán acordar en el convenio regulador (o el juez podrá decidir, en beneficio de los hijos) que la patria potestad sea ejercida total o parcialmente por unos de los cónyuges. Además, por otra parte, los padres pueden acordar que el ejercicio de la guarda y custodia sea compartido. En tal caso, el juez adoptará las cautelas procedentes para el eficaz cumplimiento de dicho régimen de guarda, procurando no separar a los hermanos.

# La paternidad y la filiación

Vamos, pues, a referirnos primero a la filiación por naturaleza, como la llama el Código civil. Vemos que comienza con una distinción, que es natural por otra parte, al señalar que la filiación por naturaleza puede ser matrimonial y no matrimonial, siendo lógicamente filiación matrimonial cuando los padres están casados entre sí.

No obstante, esta distinción entre filiación matrimonial y no matrimonial, y a diferencia de lo que ocurría con anterioridad a la Ley 11/1981 de 13 de mayo, los efectos que surten son iguales, es decir, que no hay distinción entre matrimoniales y no matrimoniales, ni entre legítimos o ilegítimos. Así pues, todos los hijos son iguales ante la ley.

Actualmente, tras la reforma efectuada en el año 1999, si la filiación está determinada tanto por lo que respecta al padre como a la madre, ambos progenitores de común acuerdo podrán acordar que el apellido materno sea el primero del hijo y el del padre el segundo. Si nada dicen o no existe acuerdo, el del padre será el primero, siguiéndose la norma tradicional. Debe tenerse en cuenta que el orden de apellidos inscrito para el mayor de los hijos regirá para los hermanos menores si ambos progenitores son los mismos.

Si sólo se conoce la filiación del padre o de la madre, el hijo llevará los apellidos del progenitor que reconozca su condición, en el orden que este determine en el momento de la inscripción en el Registro Civil.

En todo caso, el hijo, al alcanzar la mayoría de edad, podrá solicitar que se altere el orden de sus apellidos.

En cuanto a los padres, con carácter general se señala que estarán obligados con respecto a sus hijos menores a velar por ellos y a proporcionarles alimentos, entendiéndose aquí por alimentos no sólo la comida, sino también el vestido, la educación, etc., y ello aunque se les prive o no ostenten la patria potestad sobre los hijos. Esta privación de la patria potestad viene determinada por la ley cuando se da alguno de los dos supuestos siguientes:

Cuando el progenitor haya sido condenado a causa de las relaciones a que obedezca la generación, según sentencia penal firme. (Por ejemplo, carecerá de patria potestad sobre el hijo, aunque con deber de velar por él y proporcionarle alimentos, el padre que lo sea por violación de una mujer). Cuando la filiación del hijo haya sido determinada judicialmente contra la oposición del padre.

En estos dos supuestos, el hijo no ostentará el apellido del padre en cuestión más que si lo solicita él mismo o su representante legal.

## Determinación y prueba de filiación

La filiación se acredita y prueba por la inscripción del nacimiento en el Registro Civil, por el documento o sentencia que la determina legalmente, por la presunción de la paternidad matrimonial, y por la posesión de estado.

La filiación comienza a producir sus efectos desde el mismo momento en que tiene lugar, teniendo efectos retroactivos si la filiación se determina por medios legales, siempre que la ley no dispusiera otra cosa distinta.

### Determinación de la filiación matrimonial

La filiación matrimonial, tanto paterna como materna, quedará legalmente determinada: por la inscripción de nacimiento junto con la de matrimonio de los padres, y por sentencia firme.

Se presumirán hijos del matrimonio los nacidos después de la celebración del matrimonio y antes de los trescientos días siguientes a la disolución del mismo, o a la separación legal o de hecho de los cónyuges.

No obstante, si el hijo nace dentro de los ciento ochenta días siguientes a la celebración del matrimonio, podrá el marido destruir la presunción de paternidad mediante una declaración auténtica en sentido contrario, formalizada dentro de los seis meses siguientes al conocimiento del parto. Se exceptuará de este supuesto cuando el padre hubiere reconocido la paternidad de forma expresa o de forma táctica, o hubiera conocido el embarazo de la mujer con anterioridad a la celebración del matrimonio, salvo que en este último caso la declaración auténtica se hubiere formalizado con el consentimiento de ambos cónyuges, antes del matrimonio o después del mismo, dentro de los seis meses siguientes al nacimiento del hijo.

La filiación adquirirá el carácter de filiación matrimonial desde la fecha del matrimonio de los progenitores, cuando este tenga lugar con posterioridad al nacimiento del hijo.

Aun cuando no exista la presunción de paternidad del marido, por causa de haberse separado los cónyuges, ya sea legalmente, ya sea de hecho, podrá inscribirse el hijo como matrimonial si existe el consentimiento de ambos.

### Determinación de la filiación no matrimonial

La filiación no matrimonial quedará determinada de forma legal en los siguientes casos:

— por el reconocimiento formulado ante el encargado del registro civil, en testamento u otro documento;
— por resolución recaída en el expediente tramitado al efecto, con arreglo a lo que se dispone en la legislación del Registro Civil;
— por sentencia firme;
— respecto de la madre, cuando se haga constar la filiación materna en la inscripción de nacimiento.

El reconocimiento, naturalmente, habrá de ser hecho por los padres, pero en el caso de que el padre o madre sea incapaz, o sea persona que la ley no autoriza para contraer matrimonio, por razón de la edad, necesitará para la validez del reconocimiento la aprobación judicial, con audiencia del ministerio fiscal.

## Las acciones de la filiación

Cuando sea necesaria la celebración de juicio para la determinación de la filiación, será admisible cualquier clase de pruebas para la investigación tanto de la paternidad como de la maternidad. Entre las pruebas que la ley admite, caben las pruebas biológicas.

No obstante, los jueces no admitirán demandas para la determinación de la paternidad si no se presenta junto a esta demanda un principio de pruebas que haga presumible el éxito de la acción sobre los hechos en que se funde dicha demanda.

Las acciones para reclamar judicialmente la filiación, que correspondan al hijo menor de edad, o al incapaz, podrán ser ejercitadas indistintamente por su representante legal o por el ministerio fiscal.

En caso de que se produzca la muerte del que reclame la filiación, sus herederos podrán confirmar la acción ya entablada.

## Reclamación de la filiación

Cualquier persona que tenga un interés legítimo puede ejercitar la acción para que se declare la filiación, siempre y cuando esta filiación que se reclama no contradiga otra que esté legalmente determinada.

Cuando no se tenga la correspondiente posesión de estado, la acción de reclamación de la filiación matrimonial corresponde al padre, a la madre o al hijo. Esta acción es imprescriptible, es decir, que no tiene plazo de caducidad.

La acción para la reclamación de filiación no matrimonial, cuando falte la respectiva posesión de estado, corresponde al hijo durante toda su vida.

Tanto en la reclamación de la filiación matrimonial, como en la no matrimonial, si falleciera el hijo antes de transcurrir cuatro años desde que alcanzase plena capacidad, o durante el año siguiente al descubrimiento de las pruebas en que haya de fundarse la demanda, su acción corresponderá a sus herederos por el tiempo que le faltara para cumplir esos plazos.

## Impugnación de la filiación

Por medio de la impugnación de la filiación, la ley provee a los que se valgan de esta acción de una serie de garantías para que puedan exceptuarse ante una reclamación de filiación, ejercitada como hemos visto por aquel que tenga un interés directo.

El Código civil señala que el padre, o mejor dicho el marido, podrá ejercer la acción de impugnación de su paternidad en el plazo de un año contado desde la inscripción de la filiación en el Registro Civil. No obstante, este plazo no comenzará a contar mientras el marido ignore el nacimiento.

Si por cualquier causa el marido falleciera antes de transcurrido este plazo de un año, la acción de impugnación de su paternidad corresponderá a sus herederos por el tiempo que faltare hasta completar el plazo de este año, en el supuesto de que conociera el nacimiento; pero si lo desconociera, el año se contará desde que ese conocimiento lo tenga el heredero.

La paternidad también podrá ser impugnada por el hijo durante el año siguiente al de la inscripción de la filiación, y si fuere menor o incapaz, el plazo comenzará a contarse desde que alcance la mayoría de edad o la plena capacidad. Esta acción, en caso de menores de edad o incapaces, corresponderá también, durante el año siguiente a la inscripción de la filiación, a la madre que ostenta la patria potestad sobre el hijo o al ministerio fiscal.

La mujer podrá también ejercitar la acción de impugnación de su maternidad, justificando la suposición del parto, o justificando que no es cierta la identidad de su hijo.

La acción de impugnación del reconocimiento de la paternidad o de la maternidad que se hubiese realizado mediante error, violencia o intimidación, corresponderá a quien hubiese otorgado ese reconocimiento bajo esas circunstancias.

Esta acción caducará al año de efectuado ese reconocimiento, o desde que cesaran las circunstancias que viciaron el consentimiento, y podrá también ser ejercitada o continuada por los herederos de aquel, si hubiere fallecido antes de transcurrir el año.

## Filiación extracorpórea

Los modernos avances y descubrimientos científicos han hecho posible, entre otros, el desarrollo y utilización de técnicas de reproducción alternativas a la esterilidad de la pareja humana, generalmente conocidas como *técnicas de reproducción asistida* o *artificial*. De ellas, la inseminación artificial con semen del varón de la pareja o con semen de donante, se viene realizando en España desde hace bastantes años; el primer banco de semen data concretamente de 1978. La fecundación *in vitro* con transferencia de embriones es una técnica de mayor complejidad pero que tuvo su primer éxito en nuestro país en el año 1984. Existe, además, otra técnica, conocida como *transferencia intraovárica de gametos*, menos conocida que las anteriormente citadas.

Los avances científicos corren, por regla general, por delante del derecho, que suele retrasarse en su acomodación a las consecuencias de aquellos avances. Este asincronismo entre la ciencia y el derecho origina frecuentes situaciones de vacío legal, como ocurría en España hasta el año 1988 con la reproducción asistida. En aquel año se dictó la Ley 35/88 de 22 de noviembre que vino a suplir la importante laguna jurídica existente. No obstante, se trata de una materia en constante y continua evolución, por lo que, desde aquellas fechas, se han decretado diversos reglamentos que desarrollan aspectos específicos.

Según la citada Ley, las técnicas de reproducción asistida tienen como finalidad fundamental la actuación médica ante la esterilidad humana, para facilitar la procreación cuando otras terapéuticas se hayan descartado por inadecuadas o ineficaces. Estas técnicas, además, podrán utilizarse en la prevención y tratamiento de enfermedades de origen genético o hereditario, cuando sea posible recurrir a ellas con suficientes garantías diagnósticas y terapéuticas y estén estrictamente indicadas.

Las técnicas de reproducción asistida se realizarán según establece el artículo 2 de la Ley solamente:

- cuando haya posibilidades razonables de éxito y no supongan riesgo grave para la salud de la mujer o la posible descendencia;
- en mujeres mayores de edad y buen estado psicofísico, si las han solicitado y aceptado libre y conscientemente, y han sido debidamente informadas.

Siempre es obligado dar información y asesoramiento suficiente a quienes deseen recurrir a estas técnicas, o sean donantes, sobre los distintos aspectos e implicaciones posibles de las mismas, así como sobre los resultados y los riesgos previsibles. La aceptación de la realización de las técnicas se reflejará en un formulario. La mujer receptora de estas técnicas podrá pedir que se suspendan en cualquier momento de su realización, debiéndose atender su petición. Todos los datos relativos a la utilización de estas técnicas se recogerán en historias clínicas individuales, que serán tratadas con toda reserva y con estricto secreto de la identidad de los donantes, de la esterilidad de los usuarios y de las circunstancias que concurran en el origen de los hijos así nacidos.

Se prohíbe la fecundación de óvulos humanos con cualquier fin distinto a la procreación humana. Además, la Ley establece que se transferirán al útero solamente el número de preembriones considerado científicamente como el más adecuado para asegurar el embarazo (que suele ser de dos o tres).

La Ley dedica el artículo 5.° a los donantes de gametos y preembriones, de los cuales destacaremos que se vinculan con el centro autorizado para su conservación, mediante un contrato gratuito, formal y secreto. La donación será siempre anónima. No obstante, los hijos nacidos tienen derecho a obtener información general de los donantes, pero no a saber su identidad. Iguales derechos se reconocen a las receptoras de gametos. Dicha restricción sólo puede ser salvada en circunstancias extraordinarias: cuando existe peligro comprobado para la vida del hijo o cuando proceda según las leyes procesales penales. El donante deberá tener más de dieciocho años y plena capacidad de obrar.

Por su parte, el artículo 6.º de la Ley establece que toda mujer podrá ser receptora o usuaria de las técnicas que estamos estudiando, siempre que lo haga de forma voluntaria y que tenga dieciocho años, al menos, y plena capacidad de obrar. Si estuviese casada, es preciso el consentimiento del marido.

El origen de los nacidos con las técnicas de reproducción asistida no tendrá ninguna constancia en el Registro Civil.

La Ley se ocupa también de privar de cualquier uso los contratos que se puedan convenir respecto de la gestación (con o sin precio) a cargo de una mujer que renuncia a la gestación materna en favor del contratante o de un tercero.

# La adopción

La adopción es la institución jurídica por medio de la cual una persona, pasa a ser considerada como hijo de quienes no son sus padres biológicos.

En la actualidad, las normas sobre la adopción están contenidas en el capítulo V del Libro I del Código civil (artículos 172 a 180), titulado «De la adopción y otras formas de protección de menores», y el título II del Libro III de la Ley de Enjuiciamiento Civil (artículos 1.825 a 1.832). Ambos textos fueron modificados por la Ley de 11 de noviembre de 1987.

## Requisitos para ser adoptado

Como requisito para ser adoptado, es imprescindible ser menor de edad no emancipado.

Excepcionalmente, pueden ser adoptadas personas mayores de edad, si consta que antes de serlo, ya existía una relación de acogimiento o convivencia con quienes pretenden adoptarlos, iniciada antes de cumplir los 14 años.

## Requisitos para ser adoptante

Ante todo, es imprescindible ser mayor de 25 años y tener 14 años más que el adoptado, por lo menos.

Si se trata de un matrimonio o pareja de hecho, esos límites de edad basta con que se cumplan en uno de los dos.

## Imposibilidad de adopción

No es posible adoptar:

— a los propios descendientes (hijos, nietos, etc.);
— a ningún pariente de hasta segundo grado de la línea colateral, sea por consanguinidad (hermanos) o por afinidad (cuñados);
— al pupilo, por el tutor, hasta que no se haya aprobado su rendición de cuentas sobre la tutela.

## Procedimiento

Las adopciones realizadas en España deben tramitarse por medio de un procedimiento judicial. Si el adoptado es pariente de hasta tercer grado del adoptante, hijo de su cónyuge, o está vinculado a él por tutela o acogimiento, el adoptante debe solicitarlo directamente al juez. En los demás casos, debe dirigirse a las instituciones encargadas de la protección de menores en su comunidad autónoma, que son las encargadas de tramitar esa gestión, y seleccionar a las personas más idóneas.

En un caso u otro, ante el juez deben prestar su consentimiento:

— el adoptante;
— el adoptado, en caso de que sea mayor de 12 años (si es menor, pero tiene capacidad de razonar, se le pide su opinión).

También deben manifestarse conformes el cónyuge del adoptante y los padres del adoptado (si son conocidos y no han sido privados de la patria potestad sobre el menor). En vista de todo ello, el juez debe dictar un auto concediendo o denegando la adopción que se le solicita.

Para adoptar a un menor en un país extranjero, debe obtenerse el permiso de las autoridades del mismo, y tramitarlo ante el cónsul de España en ese lugar, que ejerce las funciones del juez en tales casos.

## Efectos

Según nuestra legislación vigente, ha desaparecido todo tipo de discriminación entre los distintos tipos de filiación. Por lo tanto, los hijos adoptivos gozan de los mismos derechos y tienen las mismas obligaciones que los biológicos.

Sus padres adoptivos ejercen la patria potestad sobre el hijo, ostentando su representación legal y teniendo la obligación de velar por él, tenerlo en su compañía, alimentarlo, educarlo y proporcionarle una formación integral. El adoptado adquiere los apellidos de sus padres adoptivos, y los correspondientes derechos sucesorios.

En cambio el adoptado pierde toda relación con sus padres biológicos (excepto cuando se adopta a un hijo del propio cónyuge, o de otra persona de distinto sexo, con consentimiento de esta).

## La adopción internacional

Como es bien sabido, la adopción de un niño o de una niña españoles es una tarea prácticamente imposible por la escasez de pequeños, no aquejados de discapacidad o enfermedad grave susceptibles de ser adoptados.

De aquí que la denominada *adopción internacional* (es decir, la adopción de niños y niñas procedentes del extranjero) se haya venido imponiendo en los últimos años en nuestro país como una solución alternativa a la adopción nacional. Resulta significativo indicar que en el año 1996 las peticiones de adopción de niños y niñas extranjeros aumentaron cerca de un 45 % respecto del año anterior. Este nota-

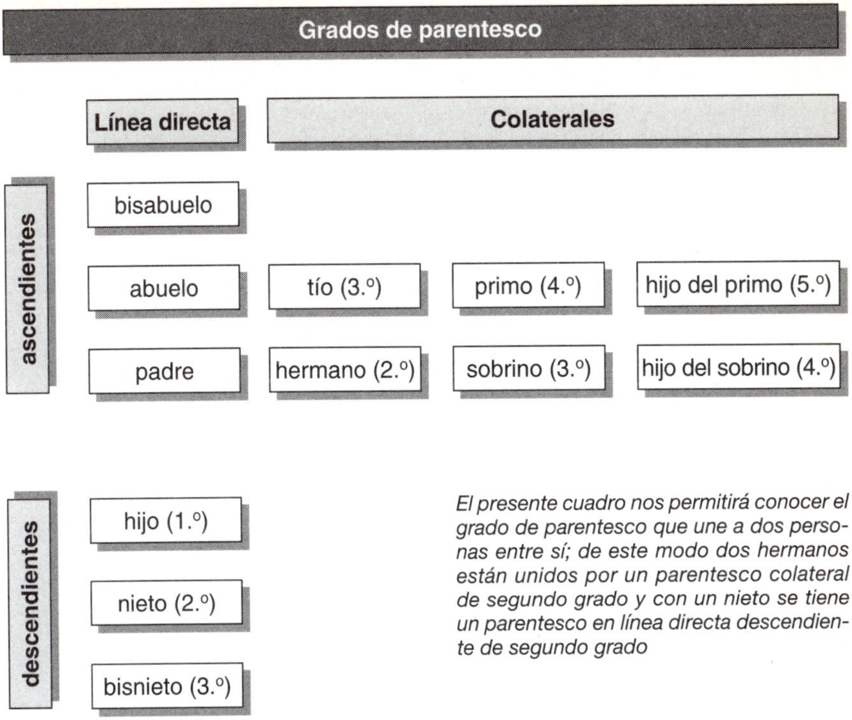


*El presente cuadro nos permitirá conocer el grado de parentesco que une a dos personas entre sí; de este modo dos hermanos están unidos por un parentesco colateral de segundo grado y con un nieto se tiene un parentesco en línea directa descendiente de segundo grado*

ble incremento se debe a que no solamente parejas con problemas de esterilidad hayan mostrado su interés por la adopción internacional, sino que la mayor sensibilidad social hacia los países menos desarrollados ha conllevado que parejas sin tal problemática hayan decidido adoptar niños y niñas procedentes de países como India, Colombia, Perú o China.

Si los trámites para optar a la adopción son siempre largos y costosos, los propios de una adopción internacional, lógicamente, lo son aún más. Téngase en cuenta que los padres deberán desplazarse al país de origen del pequeño, una vez les sea asignado este y permanecer allí, mientras se ultiman los trámites de la adopción, un periodo de tiempo que oscila entre los veinte y los cuarenta y cinco días.

Muchas comunidades autónomas tienen traspasadas las competencias relativas a la infancia, por lo que, en el supuesto de que se quiera acceder a una adopción internacional, se debe establecer contacto con el correspondiente organismo oficial que facilitará los presupuestos y requisitos a seguir en cada supuesto.

Por último, debemos advertir sobre la existencia de determinadas asociaciones —carentes de cualquier reconocimiento y homologación administrativa— que prometen adopciones internacionales rápidas y económicas y que, en muchos casos, no son más que un fraude económico, cuando no verdaderas organizaciones de tráfico ilegal de niños y niñas.

# La patria potestad

La patria potestad se habrá de ejercer conjuntamente por ambos progenitores, o por uno solo de ellos con el consentimiento expreso o tácito del otro.

En caso de desacuerdo entre ambos, cualquiera de ellos podrá acudir al juez, quien después de oírlos tanto a ellos como al hijo (si tuviera suficiente juicio, y en todo caso si fuera mayor de doce años), atribuirá sin posterior recurso la facultad de decidir al padre o a la madre.

Si los desacuerdos que surgiesen entre estos fueran reiterados, o bien concurriese alguna causa que entorpeciera gravemente el ejercicio de la patria potestad, podrá el juez atribuirla total o parcialmente a uno de los padres, o bien distribuir entre ellos sus funciones.

Esta medida no podrá durar más de dos años.

El sujeto de la patria potestad es, o son, los hijos no emancipados.

En razón de la patria potestad se produce una serie de deberes y facultades entre los padres y los hijos, que podemos dividir de la siguiente manera.

## Deberes y facultades de los padres

Son los siguientes:

— velar por los hijos, tenerlos en su compañía, alimentarlos, educarlos y procurarles una formación integral;
— representarlos y administrar sus bienes;
— oír a los hijos, siempre que tengan suficiente juicio, antes de adoptar decisiones que les afecten;
— recabar, en el ejercicio de su potestad, el auxilio de la autoridad; podrán también corregir razonable y moderadamente a los hijos.

## Deberes de los hijos

Son los siguientes:

— obedecer a sus padres mientras permanezcan bajo su potestad y respetarles siempre;
— contribuir equitativamente, según sus posibilidades, al levantamiento de las cargas de la familia mientras convivan con ella.

## La representación de los hijos

Los padres que ostenten la patria potestad tiene la representación legal de sus hijos menores de edad no emancipados, es decir, son sus representantes legales, excepto para una serie de actos que la ley enumera taxativamente y que son:

— los actos relativos a los derechos de la personalidad u otros, que el hijo, de acuerdo con las leyes, y con sus condiciones de madurez, pueda realizar por sí mismo;
— aquellos actos en los que exista conflicto de intereses entre los padres y los hijos;
— los actos relativos a los bienes que están excluidos de la administración de los padres.

Siempre que en un asunto determinado el padre y la madre tengan un interés opuesto al de sus hijos no emancipados y, por tanto, sometidos a la patria potestad, se nombrará a estos un defensor que los represente en juicio y fuera de él. Si el conflicto de intereses existiera sólo con uno de los progenitores, corresponde al otro por ley sin necesidad de especial nombramiento, representar al menor, o completar su capacidad.

El juez, a petición del padre o de la madre, del ministerio fiscal o de cualquier persona capaz de comparecer en juicio, nombrará defensor, con las facultades que se le señalen, al pariente del menor al que teóricamente le correspondería la tutela legítima, y a falta de este, o cuando esta persona tuviera intereses contrapuestos, a otro pariente del menor o a un extraño.

## La administración de los bienes de los hijos

Los padres son, aparte de los legales representantes de sus hijos, los administradores de los bienes de estos. Los padres administrarán, pues, los bienes de sus hijos con la misma diligencia y cuidado que si fueran suyos. No obstante esta cualidad de administradores, la ley establece una serie de excepciones que se detallan a continuación, y que son las siguientes:

*a*) Los bienes del menor adquiridos por títulos gratuitos, cuando el disponente lo hubiera ordenado de manera expresa. Se cumplirá estrictamente la voluntad de este sobre la administración de estos bienes y destino de sus frutos. (Ejemplos de estos bienes pueden ser: donaciones, legados testamentarios, etc.).
*b*) Los bienes adquiridos por sucesión en que el padre, la madre o ambos hubieran sido justamente desheredados o no hubieran podido heredar por causa de indignidad, que serán administrados por la persona designada por el causante, y en su defecto y sucesivamente, por el otro progenitor, o por un administrador judicial especialmente nombrado.
*c*) Los bienes que el hijo mayor de dieciséis años hubiere adquirido

con su trabajo o industria. Los actos de administración ordinaria, en este supuesto, serán realizados por los hijos, que necesitarán el consentimiento de los padres para aquellos actos que excedan de esta administración ordinaria.

Los padres no podrán renunciar a derechos de que los hijos sean titulares, ni enajenar o gravar sus bienes inmuebles, establecimientos mercantiles o industriales, objetos preciosos o valores mobiliarios, sino por causas justificadas de utilidad o necesidad, y previa autorización del juez del domicilio con audiencia del ministerio fiscal.

Cuando la administración de los padres ponga en juego el patrimonio del hijo, el juez, a petición del propio hijo, del ministerio fiscal, o de cualquier pariente del menor, podrá adoptar las medias que estime convenientes para la seguridad de los bienes, e incluso podrá nombrar un administrador.

Una vez finalizada la patria potestad, podrán los hijos exigir de los padres que les rindan cuentas de la administración de sus bienes hasta entonces.

La posibilidad de exigir cuentas caducará a los tres años del cese de la patria potestad.

## Extinción de la patria potestad

La patria potestad se acaba por una de las siguientes causas: por la muerte o declaración de fallecimiento de los padres o del hijo, por la emancipación, por la adopción del hijo.

También se acaba la patria potestad cuando a la madre o al padre se les priva total o parcialmente de ella, por sentencia que se funde en el incumplimiento de los deberes inherentes a esta con respecto a los hijos, siempre que la sentencia se haya dictado en causa criminal o matrimonial. La patria potestad que se ejerza sobre los hijos que hubieran sido declarados como deficientes por anomalías psíquicas o por sordomudez, y por lo tanto incapacitados, quedará prorrogada por disposición de la ley, al llegar estos hijos a la mayoría de edad.

La patria potestad prorrogada de esta manera, cesará por las causas siguientes, y por lo tanto se extinguirá:

- — por la muerte o declaración de fallecimiento de ambos padres o del hijo;
- — por la adopción del hijo;
- — por haber cesado la causa de la incapacidad;
- — por haber contraído matrimonio el incapacitado.

# La tutela

## La tutela en general

Estarán sujetos a tutela:

— los menores no emancipados que no estén bajo patria potestad;
— los incapacitados cuando así lo establezca una sentencia;
— los sujetos a la patria potestad prorrogada, al cesar esta, salvo que proceda la curatela.

Los padres podrán, en testamento o en documento público notarial, nombrar tutor, establecer órganos de fiscalización de la tutela, así como designar las personas que hayan de integrarlos u ordenar cualquier otra disposición sobre la persona o bienes de sus hijos menores o incapacitados. Estas disposiciones vincularán al juez al constituir la tutela, salvo que el beneficio del menor o incapacitado exija otra cosa, en cuyo caso lo hará con decisión motivada.

Cuando existan disposiciones en testamento o en documento público notarial del padre y de la madre, se aplicarán las dos clases de disposiciones en cuanto fueren compatibles; si no fuesen compatibles se adoptarán por el juez.

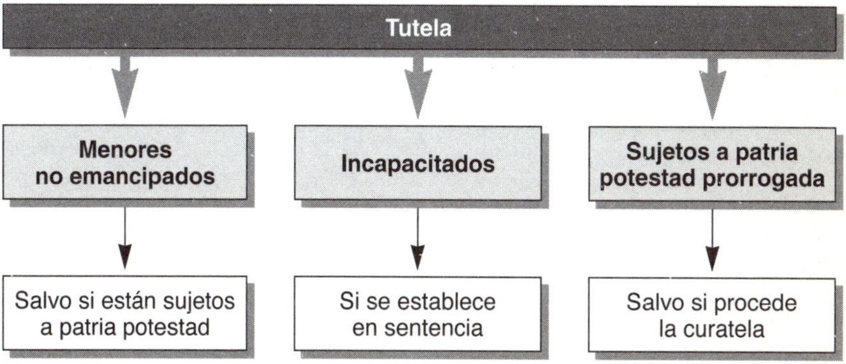

El Código civil regula la tutela en los artículos 222 y 285.

La Ley 39 de la Generalidad de Cataluña de 1991 contiene en su título II las distintas disposiciones sobre tutela.

## Personas que han de promover la tutela

Están obligados a promover la constitución de la tutela, desde el momento en que tengan conocimiento del hecho que dé lugar a ella, los parientes llamados a la tutela, la persona bajo cuya guardia se encuentre el menor e incapacitado, y el director del establecimiento, si se tratase de un menor acogido a este tipo de establecimientos.

Cualquier otra persona podrá poner en conocimiento del Ministerio Fiscal o de la Autoridad judicial el hecho determinante de la tutela.

El juez constituirá la tutela tras haber oído a los parientes más próximos del menor o incapacitado, además de a las personas que él considere oportuno y en todo caso al tutelado, si tuviera suficiente juicio, y siempre si fuera mayor de doce años. La tutela se ejercerá bajo la vigilancia del juez que actuará de oficio, a solicitud del Ministerio Fiscal o a instancia de cualquier interesado.

## Nombramiento del tutor

Para el nombramiento del tutor, la Ley indica que entre las personas que pueden serlo, se preferirá:

— al cónyuge que conviva con el menor o incapacitado;
— a los padres;
— a la persona o personas designadas por estos en sus disposiciones de última voluntad;
— al descendiente, ascendiente o hermano que designe el juez.

En defecto de estas personas, el juez designará tutor a quien por sus relaciones con el tutelado, y en beneficio de este, considere más idóneo.

La tutela se ejercerá por un solo tutor, con las excepciones siguientes:

*a*) Cuando por concurrir determinadas circunstancias especiales en la persona del tutelado o de su patrimonio, convenga separar como cargos distintos el de tutor de la persona y el de los bienes, cada uno de los cuales actuará independientemente en el ámbito de su competencia, si bien las decisiones que conciernan a ambos deberán tomarlas conjuntamente.
*b*) Cuando la tutela corresponda al padre y a la madre, será ejercida por ambos conjuntamente de modo análogo a la patria potestad.
*c*) Si se designa a alguna persona tutor de los hijos de su hermano y se considera conveniente que el cónyuge del tutor ejerza también la tutela.
*d*) Cuando el juez nombre tutores a las personas que los padres de los tutelados hayan designado en testamento o documento público notarial para ejercer la tutela conjuntamente.

Si los tutores tienen facultades atribuidas conjuntamente y hubiese incompatibilidad u oposición de intereses en alguno de ellos en un acto o contrato, podrá este ser realizado por otro tutor; o de ser varios, por lo demás en forma conjunta. Si existiese pluralidad de tutores, y por cualquier causa cesare alguno de ellos, la tutela subsistirá con los restantes, a no ser que al hacer el nombramiento se hubiera dispuesto otra cosa diferente.

## Facultades para ser tutor

Podrán ser tutores todas las personas que se encuentren en el pleno ejercicio de sus derechos civiles y en quienes no concurran alguna de las causas de inhabilidad que más adelante veremos.

Podrán ser también tutores las personas jurídicas que no tengan finalidad lucrativa y entre cuyos fines figure la protección de menores e incapacitados.

Si se tratase de un menor acogido en un establecimiento público, la tutela podrá ser atribuida al director del establecimiento.

## Imposibilidades para ser tutor

No podrán ser tutores las personas siguientes:

— las que estuvieran privadas o suspendidas en el ejercicio de la patria potestad, o total o parcialmente de los derechos de guarda y educación, por resolución judicial;
— las que hubiesen sido removidas anteriormente de una tutela anterior;
— las condenadas a cualquier pena privativa de libertad, mientras estén cumpliendo la condena;
— las condenadas por cualquier delito que haga suponer fundamentalmente que no desempeñarán bien la tutela;
— las personas en quienes concurra imposibilidad absoluta;
— las que tuvieren enemistad manifiesta con el menor o incapacitado;
— las personas de mala conducta o que no tuvieren manera de vivir conocida;
— las que tuvieren importantes conflictos de intereses con el menor o incapacitado, mantengan con él pleito o actuaciones sobre el estado civil o sobre la titularidad de los bienes, o los que le adeudaran sumas de consideración;
— las quebradas y concursadas no rehabilitadas, salvo que la tutela lo sea solamente de la persona;
— las personas excluidas expresamente por el padre o por la madre en sus testamentos o documentos notariales, salvo que el juez con resolución motivada estime otra cosa en beneficio del menor o del incapacitado.

El desempeño de la tutela, será renunciable, cuando por razones de edad, enfermedad, ocupaciones personales o profesionales, por falta de vínculos de cualquier clase entre tutor y tutelado o por cualquier otra causa, resulte excesivamente gravoso el ejercicio del cargo. Las personas jurídicas podrán excusarse, cuando carezcan de medios suficientes para el adecuado desempeño de la tutela.

Quien alegue causa de excusa de la tutela, deberá hacerlo en el plazo de quince días a partir del que tuviera conocimiento del nombramiento.

El tutor podrá excusarse de seguir ejerciendo la tutela siempre que hubieren personas de parecidas condiciones para sustituirla, cuando durante el desempeño del ejercicio de la tutela le sobrevenga cualquiera de los motivos de excusa indicados anteriormente. Esto no se aplicará a las personas jurídicas.

## Ejercicio de la tutela

Una vez designada la persona o personas que habrán de ser tutores, el juez dará posesión de su cargo a quienes se hayan nombrado, pudiendo exigir del tutor la constitución de una fianza que asegure el cumplimiento de sus obligaciones, no obstante lo cual esta fianza y su cuantía podrán ser variadas en cualquier momento y con causa justa.

El tutor está obligado a efectuar un inventario de los bienes del tutelado dentro del plazo de sesenta días a contar desde aquel en que hubiese tomado posesión de su cargo no obstante este plazo podrá ser prorrogado mediante causa justa por el juez.

El inventario se formará judicialmente con intervención del Ministerio Fiscal y con citación de las personas que el juez estime conveniente. Una vez formado el inventario, el dinero, las alhajas, los objetos preciosos y valores mobiliarios que a juicio del juez no deban permanecer en poder del tutelado, serán ingresados en un establecimiento destinado al efecto.

El tutor que en el inventario no haya relacionado sus créditos contra el tutelado, los renuncia.

Como obligaciones del tutor para con el tutelado, se pueden señalar como más importantes:

- procurarle alimentos;
- educar al menor y procurarle una formación integral;
- promover la adquisición o recuperación de la capacidad del tutelado y su mejor inserción en la sociedad;
- informar al juez anualmente sobre la situación del menor o incapacitado, y rendirle cuentas anualmente de su administración;

El tutor es el administrador legal del patrimonio del tutelado y está obligado a ejercer dicha administración con la diligencia de un buen padre de familia. No obstante ello, el tutor necesita la autorización judicial para lo siguiente:

- para internar al tutelado en un establecimiento de salud mental, o formación especial;
- para enajenar o gravar bienes inmuebles, establecimientos mer-

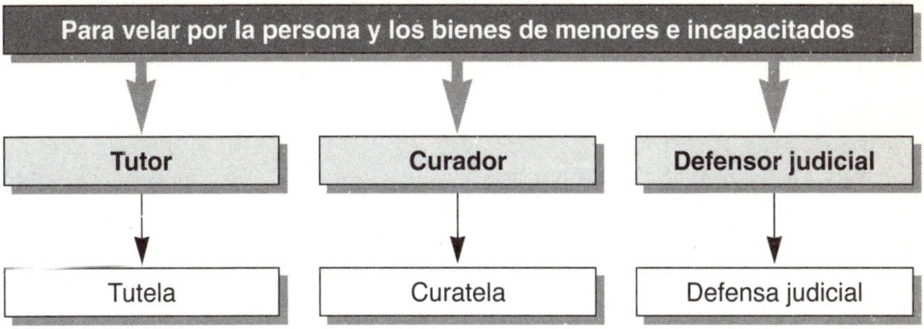


cantiles o industriales, objetos preciosos o valores mobiliarios de los menores incapacitados, celebrar contratos o realizar actos susceptibles de inscripción, salvo la venta del derecho de suscripción preferente de acciones;

— para renunciar a los derechos, así como transigir a someter a arbitraje cuestiones en que el tutelado estuviese interesado;
— para realizar la participación de la herencia o la división de una cosa común, las cuales una vez practicadas requerirán además la aprobación judicial;
— para aceptar sin beneficio de inventario cualquier herencia o para repudiar esta o las liberalidades;
— para hacer gastos extraordinarios;
— para entablar una demanda en nombre de los sujetos a tutela, salvo en los asuntos urgentes o de escasa cuantía;
— para ceder bienes en arrendamiento sujetos a prórroga forzosa;
— para dar y tomar dinero a préstamo;
— para disponer a título gratuito de bienes o derechos del tutelado, salvo autorización judicial;
— para ceder a terceros los créditos que el tutelado tenga contra él, o adquirir a título oneroso los créditos de terceros contra el tutelado, salvo autorización judicial en cualquiera de los dos casos.

Por último, hay que señalar que el tutor tiene derecho a una retribución siempre que el patrimonio del tutelado lo permita. Corresponderá al juez fijar su importe y el modo de percibirlo, para lo cual deberá tenerse en cuenta el trabajo que habrá de realizar el tutor y el valor y la rentabilidad de los bienes, procurando en lo posible que la cuantía de la retribución no baje del 4 % ni exceda del 20 % del rendimiento líquido de los bienes.

## Extinción de la tutela

La tutela se extingue por las causas siguientes:

- cuando el menor cumple los 18, a menos que hubiera sido judicialmente incapacitado;
- por la adopción del tutelado menor de edad;
- por el fallecimiento del tutelado;
- por la concesión al menor del beneficio de la mayoría de edad;
- cuando la tutela fuese originada por privación o suspensión de la patria potestad y el titular de esta la recupere;
- al dictarse la resolución judicial que ponga fin a incapacitación en virtud de la que se sustituye la tutela por la curatela.

Cuando el tutor haya cesado en el desempeño de su cargo deberá efectuar un rendimiento general de cuentas justificativo de su administración, ante la Autoridad Judicial, en el plazo de tres meses, prorrogables por el tiempo necesario.

# La curatela

La curatela es una institución dirigida a proteger los derechos e intereses de los pródigos o de los menores no sujetos a patria potestad.

El curador intervendrá en todos aquellos actos que los menores o pródigos no pueden hacer por sí solos.

En cuanto a los incapacitados, la curatela de los mismos tendrá por objeto la asistencia del curador en aquellos actos que expresamente imponga la sentencia que la haya establecido.

## El defensor judicial

El defensor judicial es la tercera de las figuras, junto con la del tutor y la del curador, que hemos señalado al comienzo como institución encargada de velar por las personas y los bienes de los menores e incapacitados.

Se nombrará un defensor judicial que represente y ampare los intereses de quienes se hallen en los siguientes supuestos:

*a*) Cuando en algún asunto exista conflicto de intereses entre los menores e incapacitados y sus representantes legales o el curador. En el caso de tutela conjunta ejercida por ambos padres, si el conflicto de intereses existiere sólo con uno de ellos, entonces corresponderá al otro el cargo por ley, y sin necesidad de nombramiento especial, podrá representar y amparar al menor o emancipado.

*b*) En el supuesto de que, por cualquier causa, el tutor o curador no desempeñare las funciones, hasta que cese la causa determinante o se designe otra persona para desempeñar el cargo.

*c*) Cuando la ley expresamente así lo indique.

Al cargo de defensor judicial, le serán aplicables igualmente las causas de inhabilitación, excusas y remoción del cargo aplicables a los tutores y curadores.

Asimismo, el defensor judicial, que tan sólo tendrá las atribuciones que el juez le haya conferido, deberá rendirle cuentas de su gestión una vez concluida esta.

# La sucesión *mortis causa*

La sucesión se divide en universal y particular. La primera supone la sustitución en la universalidad de los bienes, derechos y obligaciones; la segunda, sustitución en determinados bienes o derechos. El sucesor a título universal recibe en nuestro derecho el nombre de *heredero*; el sucesor a título particular, el de *legatario*.

Las diferencias son las siguientes:

*a*) El heredero sucede al causante en la totalidad de sus relaciones jurídicas. El legatario adquiere uno o más bienes concretos. El heredero recibe el patrimonio como un todo.

*b*) El heredero sucede al causante no sólo en sus derechos, sino también en sus obligaciones. Responde de las deudas si acepta la herencia, no sólo con los bienes de la misma, sino con los suyos propios, salvo que acepte a beneficio de inventario. El legatario tiene un límite: no estará obligado a responder sino hasta donde alcance el valor del legado.

*c*) El heredero sucede al causante incluso en la posesión de los bienes hereditarios. El legatario no puede ocupar por su propia autoridad la cosa legada, sino que debe pedir su entrega y posesión al heredero.

## Relaciones jurídicas transmisibles por herencia

Son transmisibles por herencia las titularidades jurídicas dejadas por el causante, especialmente las correspondientes a relaciones patrimoniales reales y de crédito, activas y pasivas, excluyendo aquellas que no pueden sobrevivir a su titular.

La regla general es que los derechos que no pertenecen al patrimonio no pasan, en lo fundamental, al heredero. En cambio, los derechos patrimoniales son fundamentalmente transmisibles por su cesión hereditaria.

## Sucesión voluntaria y sucesión legal

La sucesión a título universal se divide, en razón de su origen, en:

— *sucesión testamentaria:* libre, cuando no hay herederos forzosos, y li-

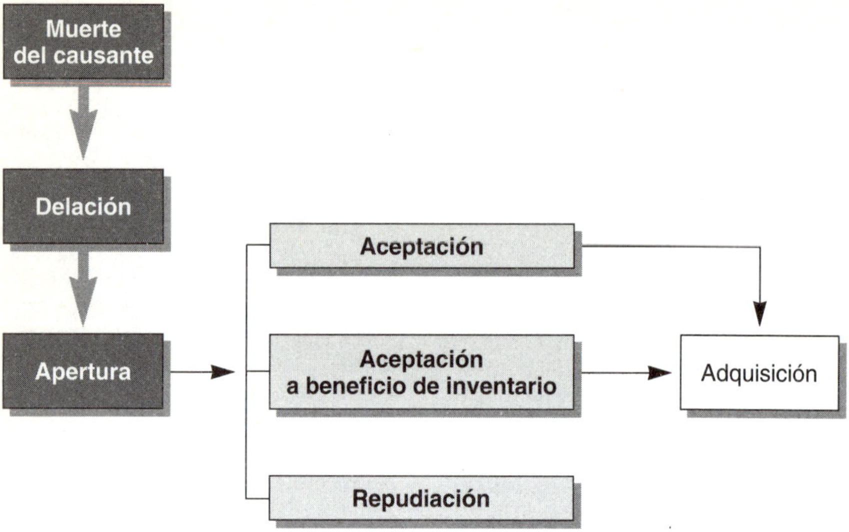


mitada, cuando hay herederos forzosos;
- *sucesión legítima:* cuando no hay testamento válido;
- *sucesión mixta:* cuando hay testamento, pero no dispone en él de todos los bienes.

El Código español indica que la sucesión se difiere por la voluntad del hombre manifestada en testamento y, a falta de este, por disposición de la ley.

## Apertura, vocación y delación

Tendremos en cuenta que al ser la herencia un fenómeno que se desarrolla en el tiempo, pueden separarse las siguientes etapas:

- *la apertura de la sucesión:* se produce en la fecha de la muerte del causante;
- *la delación de la herencia:* es el efectivo llamamiento de determinadas personas a reconocer la herencia causada; generalmente coincide con la apertura, aunque puede no coincidir;
- *la decisión del heredero:* si es favorable se traduce en la aceptación de la herencia;
- *la adquisición de la herencia:* es la asunción por el sucesor de las titularidades del difunto.

### La apertura de la sucesión

Se produce en la fecha de la muerte del causante.

Pero se admite también en el derecho español la apertura en el caso de muerte presunta y consiguiente declaración de fallecimiento.

La declaración de fallecimiento de ausente y la apertura de sucesión puede ser rectificada por la prueba del hecho de la muerte o por la presencia del ausente, o por prueba de su existencia.

### La delación de la herencia

Se usan a veces como términos sinónimos los de *delación de la herencia y vocación hereditaria*. Puede entenderse que la vocación supone sencillamente un llamamiento a la herencia, mientras que la delación significa un llamamiento efectivo hecho a la persona del sucesor para que, mediante la aceptación, pueda adquirir la herencia.

### Requisitos de la delación

Los requisitos de la delación son los siguientes:

— en primer lugar, que la sucesión esté abierta;
— que exista un llamamiento para suceder, siendo indispensable que el llamado esté determinado o sea determinable;
— que el llamado sobreviva al causante;
— que el llamado esté dotado de capacidad.

## El derecho de acrecer

El derecho de acrecer es un fenómeno no excepcional que se produce cuando dos o más sucesores universales o particulares han sido llamados por el testador a la misma parte hereditaria o al mismo bien particular, de tal manera que, si uno de estos herederos o legatarios instituidos falta, su parte acrece a los demás sucesores conjunto, por derogación de las reglas generales de la transmisión sucesoria.

En la legislación moderna, el derecho de acrecer se fundamenta en la voluntad del causante, y por ello sólo se admite en los casos en que el llamamiento conjunto de los herederos hace posible tal presunción:

*a*) Si el testador no hace designación de partes, cada uno de los herederos o legatarios es llamado a la totalidad de la cosa o porción, y es lógico que tenga derecho a acrecer las partes vacantes.
*b*) Si el testador llama a los herederos o legatarios con designación de partes alícuotas (una mitad, un tercio), se presume que a todos los considera merecedores de la herencia o la cosa, y que la otorgaría a cada uno especial o individualmente, a no ser por la necesidad o el deseo de dar participación en ello a los demás, lo que justifica también el derecho de acrecer.
*c*) Si el testador hace partes números o por cualesquiera señales separadas, no hay base para el derecho de acrecer.

# La capacidad para suceder

## Incapacidad

Se da la circunstancia de que los incapaces para realizar los demás actos jurídicos (menores, locos, etc.) son perfectamente capaces para suceder.

Es preciso enumerar las incapacidades que la ley establece, distinguiendo las absolutas y las relativas.

### Incapacidades absolutas

Son las que impiden participar en cualquier herencia; afectan a criaturas abortivas y asociaciones y corporaciones no permitidas por la ley.

### Incapacidades relativas

Son las que impiden la participación de la herencia de una persona determinada.

Pueden distinguirse dos grupos.

*a*) Las que se fundan en motivos de desconfianza, afectan al sacerdote que hubiera confesado al testador durante su última enfermedad, y a los parientes del mismo dentro del cuarto grado de su iglesia, cabildo, comunidad o instituto religioso. Afecta al tutor en relación a su pupilo, antes de haberse aprobado la cuenta definitiva. Afecta al notario que autorice el testamento y a la familia de este hasta el cuarto grado, y a los testigos del testamento.

*b*) Las que se fundan en motivo de sanción afectan al tutor testamentario que se excusa de la tutela, así como al albacea que no acepte el cargo o renuncie sin causa justa.

### Efectos de la incapacidad

Son los siguientes:

— nulidad de las disposiciones testamentarias;

— restitución de los bienes y de sus frutos; el incapaz de suceder que contra las disposiciones legales hubiese entrado en posesión de los bienes hereditarios, estará obligado a restituir con sus acciones con todos sus frutos y rentas que haya recibido;

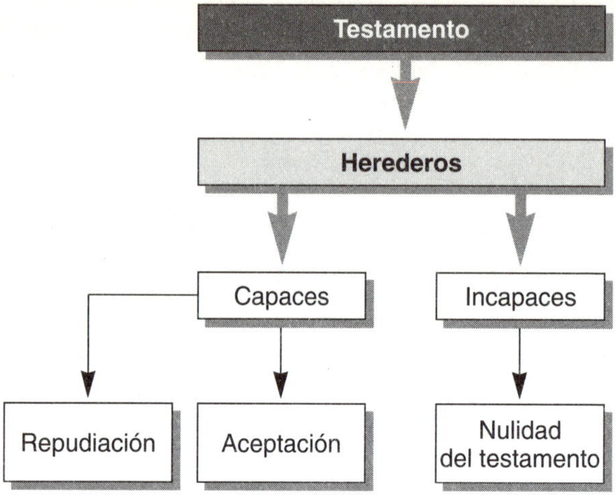


— transmisión de la legítima a los hijos y descendientes del excluido de la herencia por incapacidad.

## Indignidad sucesoria

Se debe distinguir entre incapacidades e indignidad.

Las indignidades obedecen a la infracción de los deberes del sucesor hacia el difunto.

Son causas de indignidad para suceder las siguientes:

— los padres que abandonen a sus hijos, o prostituyeran a sus hijas o atentaren a su pudor;
— el que fuere condenado en juicio por haber atentado a la vida del testador, de su cónyuge, descendiente o ascendiente;
— el que hubiere acusado al testador de delito, cuando la acusación sea declarada calumniosa;
— el heredero mayor de edad que, sabedor de la muerte violenta del testador, no la hubiese denunciado;
— el que con amenaza, fraude o violencia obligare al testador a hacer testamento o cambiarlo;
— el que por iguales medios impidiere a otro hacer testamento o revocar el que tuviere hecho.

Las causas de indignidad dejan de surtir efecto si el testador las conocía al tiempo de hacer el testamento. Los efectos de la indignidad son los mismos que los de la incapacidad.

# Aceptación y repudiación de la herencia

La aceptación es un acto por el cual la persona a cuyo favor se difiere la herencia, por testamento o abintestato, manifiesta su decisión de tomar la calidad de heredero.

La aceptación de la herencia tiene la función de provocar la adquisición de la misma. Sus caracteres son:

— ser enteramente voluntaria y libre;
— ser irrevocable;
— ha de ser pura, no condicional ni a plazo, salvo el caso de la aceptación a beneficio de inventario;
— es indivisible en el sentido de poder hacerse en parte;
— retrotráese siempre al momento de la muerte del causante.

En cuanto a sus condiciones, son las siguientes:

— que la herencia esté en condiciones de ser aceptada por haber muerto la persona de cuya sucesión se trate;
— que se realice la aceptación o repudiación por el llamado a la herencia;
— que se tenga la capacidad necesaria.

## Clases y formas

### Clases

La aceptación de una herencia puede ser pura (también llamada *simple*) o a beneficio de inventario.

En el primer caso cabe distinguir entre una aceptación expresa o una tácita.

La aceptación expresa se hace en documento público o privado, ya que no se admite la verbal.

La tácita, en cambio, se da en los siguientes casos:

— cuando el heredero vende, dona o cede su derecho a un extraño;
— cuando el heredero renuncia a la herencia a beneficio de uno o más de sus coherederos;
— cuando la renuncia por precio a favor de todos sus coherederos indistintamente.

No implica aceptación tácita de la herencia:

— la renuncia gratuita de la herencia a favor de los coherederos;

— los actos que el heredero tuviera derecho a realizar por título distinto a su cualidad de tal;
— los actos de mera conservación o administración provisional.

La aceptación a beneficio de inventario, por hacerse bajo esta reserva, produce los efectos especiales y restringidos.

### Formas

La aceptación pura y simple expresa ha de hacerse en documento público o privado.

La aceptación a beneficio de inventario requiere forma expresa y solemne ante notario o juez competente.

## Capacidad para la aceptación

Como principio general, pueden aceptar o repudiar una herencia todos los que tienen la libre disposición de sus bienes.

Las excepciones a este principio general son las siguientes:

— *menores e incapacitados:* la aceptación corre a cargo del tutor; si los menores están sujetos a la patria potestad será el padre, o en su caso la madre;
— *sordomudos:* si saben leer y escribir aceptarán o repudiarán la herencia por sí o por medio de procurador; en caso contrario, la aceptará el tutor a beneficio de inventario;
— *pobres:* las herencias dejadas a los pobres son distribuidas por las personas que el testador designare al efecto; en todo caso, se entiende hecha la aceptación a beneficio de inventario con exclusión de la posibilidad de renunciar;
— *personas jurídicas:* la aceptación la efectuarán los legítimos representantes.

## La repudiación

Es el acto en virtud del cual el llamado a la sucesión declara formalmente que rehúsa a la herencia a su favor diferida.

Las condiciones y capacidad exigidas para la repudiación son las mismas que las señaladas para la aceptación, con la diferencia de que las personas jurídicas necesitan para la repudiación la aprobación judicial. Requiere forma expresa y auténtica; es necesario que se haga en instrumento público o auténtico o por escrito presentado ante el juez.

Los efectos son los siguientes:

— el que válidamente renuncia a una herencia se entiende que no la ha poseído en ningún momento;
— la renuncia de una herencia no implica la renuncia de todos los derechos y beneficios derivados del causante (no impide la aceptación de un legado);
— la repudiación da lugar en los respectivos casos al llamamiento del

heredero sustituto, o al ejercicio del derecho de acrecer, o a la apertura de la sucesión legítima.

## *La interrogatio in iure*

Es una figura jurídica por medio de la cual las personas interesadas en la sucesión podrán obtener del juez, una vez transcurridos nueve días a contar desde la muerte del causante, que señale un plazo al heredero para que manifieste si acepta o repudia la herencia. Este plazo no excederá de treinta días.

Transcurrido el plazo señalado sin haber el heredero efectuado declaración, se tendrá la herencia por aceptada.

## La aceptación a beneficio de inventario

Es la facultad concedida por la ley a los herederos para aceptar la herencia con la modalidad de no responder de las obligaciones del finado ilimitadamente, sino sólo hasta donde alcance el valor de los bienes hereditarios. Representa esta institución una atenuación del principio de la confusión de patrimonios y el de la responsabilidad ilimitada del heredero.

La utilidad del beneficio de inventario radica en la conveniencia de evitar, en los casos de herencias muy cargadas de deudas o de composición dudosa, las renuncias, facilitándose la aceptación por el interés social de que haya un heredero y las relaciones jurídicas resulten continuadas.

Tiempo en que ha de hacerse la aceptación a beneficio de inventario: caso de tener el heredero en su poder todo o parte de los bienes hereditarios, para utilizar el beneficio ha de manifestar que pretende hacerlo ante el juez competente de la testamentaría o abintestato, en el término de diez días si reside en el lugar del fallecimiento del causante, y treinta si reside fuera.

Ambos plazos empiezan a contar desde que se conoce su calidad de heredero.

La aceptación a beneficio de inventario requiere: una declaración de voluntad del heredero. Que la declaración de voluntad vaya seguida o precedida de un inventario fiel y exacto de todos los bienes de la herencia.

La regla general es que el inventario se practicará dentro de los treinta días siguientes a la citación de los acreedores y legatarios, y concluirá dentro de otros sesenta. El juez podrá prorrogar este término por el tiempo que estime necesario, sin que pueda exceder de un año.

El Código no habla de las formalidades con que ha de practicarse el inventario. No excluye la forma notarial, pero lo más corriente es hacerlo ante el juez.

Si por culpa o negligencia del heredero no se principiare o no se concluyere el inventario en los casos y con las formalidades prescritas, se entenderá que se acepta la herencia pura y simplemente.

Casos en que el heredero pierde el beneficio del inventario son los siguientes:

— si a sabiendas dejare de incluir en el inventario alguno de los bienes, derechos o acciones que se incluyen en la herencia;
— si antes de completar el pago de las deudas y legados enajenase bienes de la herencia sin autorización judicial o la de todos los interesados, o no diese al precio de lo vendido la aplicación determinada al concederle la autorización.

**La responsabilidad del heredero en la aceptación a beneficio de inventario**

El heredero no queda obligado a pagar las deudas y demás cargas de la herencia, sino hasta donde alcanzan los bienes de la misma.

El heredero conserva contra el caudal hereditario todos los derechos y acciones que tuviera contra el difunto.

No se confunden, para ningún efecto, en daño del heredero, sus bienes particulares con los que pertenezcan a la herencia.

# Partición de la herencia

La partición es aquel acto jurídico, unilateral o plurilateral, necesario e irrevocable, de naturaleza declarativa, compuesto de un conjunto de operaciones, verificadas sobre ciertas bases o supuestos de hecho y de derecho, y en el cual, después de determinarse el activo y el pasivo de la masa hereditaria y de proceder a su avalúo y liquidación, se fija el haber de cada partícipe, se divide el caudal partible y se adjudica cada lote de bienes formado a cada heredero respectivo, probando la transformación de las participaciones abstractas de los coherederos sobre patrimonio relicto en titularidades concretas sobre bienes determinados.

Nuestro Código señala que ningún coheredero podrá ser obligado a permanecer en la indivisión de la herencia.

Este principio general de divisibilidad de la herencia tiene sin embargo importantes excepciones. El derecho a pedir la partición puede quedar limitado:

*a*) Cuando el testado prohíba expresamente la división. Pero esta prohibición no será eficaz cuando concurran algunas de las causas que extingue la sociedad. Esta prohibición puede ser hecha por tiempo determinado o indeterminado.

*b*) Por convenio entre los herederos; es válido el pacto de conservar la herencia indivisa por tiempo determinado que no exceda de 10 años, prorrogables por nueva convención.

*c*) Por incertidumbre acerca de los herederos y las cuotas hereditarias. Están previstas en la ley, como circunstancias: el supuesto de que uno de los coherederos lo sea bajo condición suspensiva y que se espere el nacimiento de un concebido.

## Legitimación

El principio general es que todos los herederos, y sólo ellos, pueden pedir la partición de la herencia, por lo que para promover la partición se necesita tener un derecho definitivo sobre la herencia, y que el heredero tenga libre administración y disposición de sus bienes.

Por los incapacitados y los ausentes, deberán pedirla sus representantes legítimos. Por los menores no emancipados será el padre, o en su defecto la madre, y a falta de ambos el tutor. El menor emancipado necesitará la intervención del padre, madre o tutor. Los demás incapacitados pedirán la participación del tutor.

Otras personas que tienen derecho a instar la partición son:

— los herederos del heredero que muera antes de hacer la partición;
— el cónyuge supérstite y los legatarios de parte alícuota;
— los cesionarios de los herederos;
— los acreedores particulares del heredero, cuando este haya repudiado la herencia en perjuicio de aquellos;
— los acreedores de la herencia, que no obstante pueden oponerse a que se lleve a efecto la partición de la herencia hasta que se les pague o afiance el importe de sus créditos.

## El acto particional

La partición, por razón de su forma y personas que la llevan a cabo, puede ser de varias clases.

### Partición negocial

Cuando el testador no hubiese hecho la partición, ni encomendado a otro esta facultad, si los herederos fueren mayores y tuvieren la libre administración de sus bienes podrán distribuir la herencia de la manera que tengan por conveniente.

La partición en que haya herederos menores o que no tengan la libre administración de sus bienes tiene dos especificaciones:

*a*) Que en nombre de esos herederos faltos de capacidad habrán de intervenir sus representantes legítimos.
*b*) Que, en ciertos casos, se exige la aprobación judicial de la partición. Estos casos son:

— menores sometidos a la patria potestad y representados en la partición por el padre o la madre; no es necesaria la intervención judicial;
— menores sujetos a la patria potestad que no están representados por su padre o madre, en razón a la existencia de intereses opuestos; es necesario el requisito de la aprobación judicial;
— menores e incapacitados sometidos a tutela; el tutor necesitará la autorización del juez.

### Partición judicial

Se da cuando hace quiebra el principio de unanimidad entre los herederos. La partición judicial puede ser de cinco clases:

— la que ha lugar a formalizar en juicio necesario la testamentaría;

— la del juicio voluntario de testamentaría;
— la que se practica en el juicio abintestato;
— la que se realiza para adjudicar bienes a que estén llamadas varias personas, sin designación de nombre;
— la que se lleva a cabo por ejecución de sentencia pronunciada en juicio ordinario.

**Partición arbitral**

Tiene dos orígenes: por contrato celebrado por los herederos para que se realice la partición por medio de árbitros por ellos designados y por forma testamental: el arbitraje puede ser instituido por disposición testamentaria.

**Partición por el cónyuge viudo**

En el derecho anterior al Código, era frecuente la práctica de conceder al cónyuge viudo el cargo de contador partidor.

Pero en el vigente Código se otorga al viudo la cuota legitimaria, haciendo surgir la duda de si tiene el cónyuge viudo la condición legal de heredero en la sucesión del premuerto, y si, por consiguiente, le es aplicable la prohibición del artículo 1.057, que impide al testado el encomendar la partición a uno de los coherederos.

La jurisprudencia ha resuelto el problema en el sentido de considerar heredero al cónyuge viudo, siempre que no renuncie a su cuota usufructuaria.

No obstante, existe en el Código cierta contradicción, ya que la prohibición de partición por el cónyuge cuando es considerado heredero se funda en el artículo 807, y en el artículo 831 autoriza al viudo para dividir los bienes con arreglo a la voluntad expresada por el testador y a distribuir los bienes a su prudente arbitrio y para mejorar.

**La partición hecha por el testador**

El Código, atento al principio de que la voluntad del causante es ley fundamental de la sucesión, concede al testador la facultad amplísima para hacer por sí la partición.

En la partición hecha por el testador por acto *inter vivos*, el problema se centra en la cuestión de si esta facultad de realizar el causante la propia partición requiere la existencia de un testamento.

Se han sostenido, a propósito de esta cuestión, diversas teorías. No obstante, ciñéndose a la letra del Código, la doctrina dominante sostiene que sólo el testado y no todo causante puede partir su herencia.

La jurisprudencia última del Tribunal Supremo sigue esta dirección, exigiendo la existencia de un testamento, ya sea interior o posterior al acto de partición, y que para la validez de esta se requiere además que no perjudique la legítima de los herederos forzosos.

### La partición hecha por comisario

Puede el testador encomendar por acto *inter vivos* o *mortis causa* para después de su muerte la simple facultad de hacer la partición a cualquier persona que no sea uno de los herederos.

A la persona designada por el testador para hacer la partición, el Código civil la denomina *comisario*. Puede ser definido el comisario testamentario como la persona nombrada por el testador, en acto *inter vivos* o *mortis causa*, para realizar las operaciones de inventario, avalúo, liquidación, división y adjudicación de los bienes hereditarios pertenecientes al mismo.

Como caracteres del comisario cabe destacar:

- es un cargo personalísimo, que ha de desempeñar el comisario por sí mismo;
- es voluntario, por analogía con el cargo de albacea;
- es temporal;
- es considerado cargo gratuito, en principio, pero su condición más normal es la de cargo retribuido.

Los comisarios tendrán facultades que el testador les haya concedido, y si se les nombra con todas podrán realizar todas las operaciones divisorias desde el inventario a la adjudicación.

## Limitaciones

Si entre los coherederos hay alguno de menor edad o sujeto a tutela, el comisario debe inventariar los bienes de la herencia con citación de los coherederos, acreedores y legatarios.

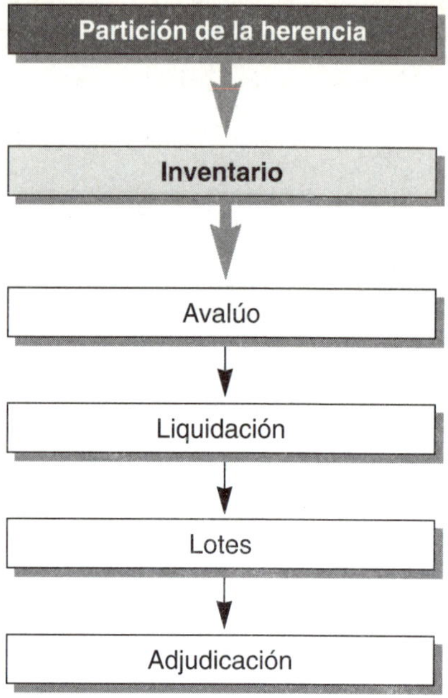


Las facultades de los comisarios han de estar siempre ceñidas a los actos de verdadera partición, ya que ha declarado el Tribunal Supremo que sólo están autorizados para dividir los bienes de la herencia, no para alterar los derechos que se deriven del testamento.

## Mecánica de la partición

El Código civil no describe las operaciones particionales, pero pueden verse las siguientes:

## Determinación del activo y del pasivo

### Inventario

Es la relación de los bienes hereditarios para que queden identificados. Suelen agruparse por separado los bienes muebles y los inmuebles.

### Avalúo

Es la tasación de los bienes descritos y puede realizarse por quien la verifique o por peritos que nombre al efecto.

### Liquidación

Su finalidad es determinar el activo neto de la herencia; lleva consigo dos operaciones matemáticas:

*a*) Deducir del activo las bajas comunes y especiales. Son bajas comunes las que resulten de la liquidación de la sociedad conyugal; son bajas especiales las deudas del causante, los gastos de última enfermedad y los de partición.
*b*) Adicionar el importe de los bienes colacionables, cuando los hubiere.

### Formación de lotes

Se ha de guardar la posible igualdad, haciendo lotes o adjudicando a cada uno de los coherederos cosas de la misma naturaleza, calidad o especie.

### Adjudicaciones

Previamente procede la división, en la que se concreta la cifra de valor que cada partícipe tiene en la herencia para determinar su haber.

La adjudicación es la designación de los bienes inventariados que se asignen a cada heredero, hasta la cantidad suficiente, según avalúo para cubrir su haber. Con ello quedan formadas las «hijuelas», o lotes de bienes de cada partícipe.

### Efectos de la partición

La partición legalmente hecha confiere a cada heredero la propiedad exclusiva de los bienes que le hayan sido adjudicados. Hecha la partición, los coherederos estarán recíprocamente obligados a la evicción y saneamiento de los bienes adjudicados.

La finalidad de esta obligación es mantener la igualdad o proporcionalidad de la partición, que queda destruida cuando alguno de los coherederos se ve privado del goce normal de su cuota.

Si se adjudica a un heredero un crédito cobrable, los coherederos no responderán de la insolvencia posterior del deudor hereditario, y sólo serán responsables de su insolvencia al tiempo de hacerse la partición. Si, por el contrario, se adjudicase un crédito como incobrable no hay responsabilidad, pero si se cobra, en todo o en parte, se distribuirá lo percibido proporcionalmente entre los herederos.

# La colación

La colación puede ser definida como la agregación que deben hacer a la masa hereditaria los herederos forzosos que concurran en una sucesión con otros, de los bienes que hubieren recibido del causante, en vida de este, por dote, donación y otro título lucrativo, para computarlos en la cuenta de la partición.

## Requisitos

Que concurran en la sucesión varios herederos forzosos, ya sea la sucesión testamentaria o abintestato.

Entre los herederos llamados a colacionar están comprendidos los descendientes de segundo o ulterior grado que hereden por derecho de representación, los cuales han de colacionar lo que colacionaría su padre si viviera, y también lo que ellos hayan recibido del causante de la herencia durante la vida de este, salvo que el testado hubiese dispuesto lo contrario, en cuyo caso deberá respetarse su voluntad.

Que alguno de dichos coherederos haya recibido del causante de la herencia, en vida de este, bienes o valores por dote, donación u otro título lucrativo.

No hay obligación de colacionar las liberalidades *inter vivos*, si el donante hubiere dispuesto expresamente que nó tenga lugar la colación.

### Bienes que tienen la condición de colacionables

Los bienes absolutamente colacionables (es decir, que lo son siempre) son los siguientes:

- los bienes recibidos por el heredero en virtud de dote, donación, u otro título lucrativo;
- las cantidades satisfechas por el padre para redimir a sus hijos de la suerte de soldados (anacrónico), pagar sus deudas, conseguirles un título de honor y otros gastos análogos;
- los regalos de boda consistentes en joyas, vestidos, y equipos en la parte que excedan de un décimo o más de la parte de libre disposición;

— las donaciones hechas conjuntamente al hijo y al consorte, que han de ser colacionadas por el hijo únicamente.

Los relativamente colacionables son, en cambio:

— los gastos que el padre hubiere hecho para dar a sus hijos una carrera profesional o artística, en los casos excepcionales en que aquel disponga que se colacionen;
— los bienes dejados en testamento, cuando el testador así lo dispusiere o se perjudicaren las legítimas.

En último lugar, los bienes que no están sujetos a colación son los siguientes:

— los donados por los ascendientes a sus nietos, cuando no hereden estos sino los padres;
— las donaciones hechas al consorte del hijo;
— los gastos de alimentos, educación, curación de enfermedades.

## Efectos de la colación

Con respecto a los bienes colacionables, estos no han de traer a colación y partición las mismas cosas donadas o dadas en dote, sino el valor que tenían al tiempo de la donación o dote, aunque no se hubiere hecho antes su justiprecio.

Con relación a los coherederos, habrá que seguir las indicaciones siguientes:

*a*) El donatario tomará de menos en la masa hereditaria tanto como hubiese recibido ya, percibiendo sus coherederos el equivalente.
*b*) No pudiendo verificarse lo anterior, si los bienes donados fueren inmuebles, los coherederos tendrán derecho a ser igualados en metálico o valores mobiliarios al tipo de cotización, y no habiendo dinero ni valores cotizables en la herencia, se venderán otros bienes en pública subasta en la cantidad necesaria. Cuando los bienes donados fueren muebles, los coherederos sólo tendrán derecho a ser igualados en otros muebles de la herencia por el justo precio, a su libre elección.
*c*) La dote o donación hecha por ambos cónyuges se colacionará por mitad en la herencia de cada uno de ellos.
*d*) Si entre los coherederos surgiera contienda sobre la obligación de colacionar o sobre los objetos que han de traerse a colación, no por eso dejará de proseguirse la partición, prestando la correspondiente fianza.

Con relación a los frutos, intereses o rentas. Los frutos e intereses sujetos a colación no se deben a la masa hereditaria sino desde el día en que se abra la sucesión.

# La sucesión testada

Para muchos autores, el derecho de testar es un derecho de dominio: si todo propietario puede disponer de sus bienes durante la vida, es lógico que pueda disponer de ellos después de la muerte.

Para otros, la facultad de testar es una simple concesión de la ley, pues sólo la ficción legal puede explicar el hecho contradictorio de que la voluntad del testador haya de ser aceptada y producir efectos precisamente cuando esa voluntad ya no existe.

## Capacidad

El Código civil reduce las causas generales de incapacidad para otorgar testamento a dos, y expresamente declara que pueden testar todos aquellos a los que la ley no se lo prohíba expresamente.

Las causas generales de incapacidad para testar señaladas taxativamente por el Código, son: los menores de 14 años de uno y otro sexo. El que habitual o accidentalmente no se hallare en su cabal juicio; pero es preciso que la enfermedad exista en el momento del otorgamiento, y que sea grave, hasta el extremo de excluir, en quien la padezca, la conciencia de sus propios actos. El testamento otorgado en intervalo lúcido es válido.

La capacidad del testador corresponde determinar al notario y a los testigos.

## El testamento

Existen diversas definiciones del testamento:

- acto por el cual el hombre manifiesta su última voluntad para que esta sea cumplida después de su muerte;
- un acto espontáneo personal, solemne y revocable, por virtud del cual, una persona, según su arbitrio y los preceptos de la ley, dispone para después de su muerte;
- el Código civil dice que es el acto por el cual una persona dispone, para después de su muerte, de todos sus bienes o de parte de ellos.

Los caracteres del testamento son los siguientes:

— es un negocio jurídico *mortis causa* y, como tal, unilateral;
— es individual; sólo puede ser otorgado por una persona;
— es personalísimo;
— es libre; el testamento otorgado con violencia, dolo o fraude es nulo;
— es formal o solemne y es necesario que revista la forma y solemnidades fijadas por la ley;
— es revocable.

## Estructura y contenido

El testamento puede ser: común y especial. Son testamentos comunes el ológrafo, el abierto y el cerrado. Se consideran testamentos especiales el militar, el marítimo y el hecho en país extranjero.

## Reglas formales

Se suelen considerar como solemnidades generales del testamento la intervención de testigos y la identificación del testador.

### Intervención de testigos

La mayoría de las formas testamentarias exigen la concurrencia de testigos. Por razón de ser el testamento un acto formal o solemne, el concurso de testigos, en los testamentos que la ley lo exige, tiene el carácter de requisito esencial de forma o de solemnidad, que afecta a la validez del acto.

El Código civil exige que los testigos testamentarios sean idóneos y señala las incapacidades para ser testigo, que son:

— los menores de edad, salvo el caso excepcional de epidemia, en que lo pueden ser los mayores de dieciséis años;
— los no domiciliados en el lugar del otorgamiento, a no ser que aseguren conocer al testador, y el notario conozca a este y a aquellos;
— los ciegos y los totalmente sordos o mudos;
— los que no entiendan el idioma del testador;
— los que no estén en su sano juicio;
— los que hayan sido condenados por el delito de falsificación de documentos públicos o privados, o por falso testimonio, o los que estén sufriendo pena de interdicción civil;
— los oficiales, auxiliares, copistas, subalternos y criados, cónyuges o parientes dentro del cuarto grado de consanguinidad o segundo grado de afinidad del notario autorizante.

La Ley de 20 de diciembre de 1991 modifica diversos artículos del Código civil en cuanto a la capacidad para disponer por testamento y a la concurrencia de testigos en el testamento abierto, el cerrado y el realizado en país extranjero.

IDENTIFICACIÓN DEL TESTADOR

El Código civil establece tres sistemas:

*a*) Identificación por conocimiento del notario y de los testigos. En los testamentos en que no intervenga notario han de identificar el testador no dos de los testigos, sino todos los que concurran, por precepto de la ley.

*b*) Identificación por testigos de conocimiento. Si el notario y dos de los testigos no conocen al testador, se identificará la personalidad de este con dos testigos que le conozcan y sean conocidos del mismo notario y de los instrumentales.

*c*) Identificación por reseña de documentos y señas personales. Si no pudiera identificarse la persona del testador en las formas antes expresadas, limita el Código la obligación del notario o de los testigos, en su caso, a declarar esas circunstancias, reseñando los documentos que el testador presente con dicho objeto y las señas personales del mismo.

**Carácter personalísimo del testamento**

El testamento es un acto personalísimo. No podrá dejarse su formación, en todo ni en parte, al arbitrio de un tercero, ni hacerse por medio de comisario o mandatario. Tampoco podrá dejarse al arbitrio de un tercero la subsistencia del nombramiento de herederos o legatarios, ni la designación de las porciones en que hayan de suceder, cuando sean instituidos nominalmente.

Sólo podrá el testador encomendar a un tercero la distribución de las cantidades que deje en general, a clases determinadas, como a los parientes, a los pobres, etc.

# Formas testamentarias

La sucesión testamentaria se define en función de la figura jurídica de la cual recibe el nombre, a saber: el testamento.

De hecho el artículo 667 del Código civil indica claramente: «El acto por el cual una persona dispone para después de su muerte de todos sus bienes o de parte de ellos se llama *testamento*».

En principio se puede afirmar que la libertad de disposición es la característica más significativa de esta institución, ya que el legado depende enteramente de ella.

No obstante, esta libertad no es completa. Aunque los límites son escasos a la hora de otorgar testamento, no por ello son inexistentes, como descubriremos a lo largo de esta exposición.

## El testamento abierto

Es aquel en que el testador manifiesta su última voluntad en presencia de personas que deben autorizar el acto, quedando enteradas de lo que en él se dispone.

### Inconvenientes

Obliga al testador a dar a conocer sus disposiciones tanto al notario como a los testigos.

Está rodeado este testamento de tantas formalidades y condiciones, que las nulidades son frecuentes.

### Ventajas

El testamento abierto es el único que pueden utilizar las personas que no saben leer ni escribir.

Está dotado de la plena fuerza probatoria de los actos auténticos y reúne garantías morales y técnicas.

### Requisitos

#### Capacidad del testador

Establece el Código que el notario y los testigos procurarán asegurarse de que, a su juicio, tiene el testador la capacidad legal necesaria para otorgar el testamento, lo que hará constar el notario.

#### Solemnidades relativas al notario y testigos

Son las siguientes:

— notario hábil en el lugar del otorgamiento;
— número de testigos: es necesaria la presencia de tres testigos;
— idoneidad de los testigos: tratándose de testamento abierto, el artículo 694 señala que los testigos, lo mismo que el notario, vean y entiendan al testador; que uno de los tres testigos, por lo menos, sepa y pueda escribir, con objeto de que pueda firmar en nombre de los que no sepan.

#### Manifestación de la voluntad del testador

Es requisito característico del testamento abierto. El Código civil admite dicha manifestación en forma verbal o escrita. En forma oral, el testador expresará su última voluntad al notario y a los testigos. Posteriormente, se efectuará la redacción del testamento por el notario, con arreglo a la expresión y voluntad del testador, expresándose igualmente en dicho testamento el lugar, año, mes, día y hora del otorgamiento. Habrá también de procederse a la lectura en alta voz del testamento redactado, que corresponde al notario, teniendo el testador que hacer manifestación de que se halla conforme con su voluntad, el testamento redactado. Finalmente, llegará la firma del testador y de los testigos que puedan hacerlo.

El notario ha de dar fe, al final del testamento, de haber cumplido todas las formalidades expresadas, pero aparte ha de dar fe específica y determinada de los siguientes extremos:

— de la capacidad legal que a su juicio tiene el testador para otorgar el acto;
— de la declaración del testador, o alguno de los testigos instrumentales, de no saber o no poder afirmar y hacerlo a su ruego uno de los testigos u otra persona;
— de conocer al testador o a los testigos de conocimiento en su caso.

## El testamento cerrado

El testamento cerrado es aquel en que el testador, sin revelar su última voluntad, declara que esta se halla contenida en el pliego que presenta a las personas que han de autorizar el acto.

### Inconvenientes

Excesivo número de formalidades.

### Ventajas

Son las siguientes:

— armonizar el secreto de la disposición, con la garantía de que esta no

ha de extraviarse, ni falsearse, sin más que asegurar su conservación depositando el documento en la casa del notario;
— pone una forma secreta de hacer testamento al alcance de aquellas personas que, por no saber o no poder escribir, no pueden hacer uso del testamento ológrafo.

## Capacidad

El Código establece que no pueden hacer testamento cerrado los ciegos, y los que no sepan o no puedan leer.

## Solemnidades

El testamento cerrado puede ser preparado de tres formas distintas:

*a*) Escribiendo por sí mismo el testador, que rubricará todas las hojas y pondrá al final su firma, después de salvar las palabras enmendadas, tachadas o escritas entre renglones.
*b*) Escribiéndolo otra persona a ruego del testador, quien pondrá su firma entera en todas las hojas y al pie del testamento.
*c*) Firmando y rubricando las hojas otra persona a ruego del testador, cuando este no sepa o no pueda firmar, y expresándose las causas de la imposibilidad.

Son comunes a los tres casos anteriores las siguientes formalidades:

Que el testamento se escriba en papel común. No obstante, la doctrina estima que este no se un requisito fundamental, y que si el testador quiere puede hacerlo en papel sellado y que exprese el lugar, día, mes y año en que escribe.

Durante el periodo del otorgamiento del testamento cerrado, han de observarse las siguientes formalidades:

*a*) Guarda del papel que contenga el testamento, dentro de una cubierta cerrada y sellada, de tal forma que no pueda extraerse el testamento sin romper la cubierta.
*b*) Comparecencia del otorgante ante el notario y cinco testigos idóneos, de los cuales, tres, al menos, han de saber firmar, o con el testamento cerrado y sellado, o cerrándolo y sellándolo en el acto. El notario debe ser hábil.
*c*) Manifestación del testador, en presencia del notario y de los testigos, de que el pliego que presenta contiene su testamento.
*d*) Acta notarial de otorgamiento, extendida sobre la cubierta del testamento, y que ha de hacer mención expresa de las circunstancias siguientes: número y marcas de los sellos con que está cerrado el testamento; dación de fe de haberse observado las solemnidades legales; fe de conocimiento del testador, o de haberse identificado; fe de hallarse el testador, a juicio del notario, con capacidad legal necesaria para otorgar testamento; indicación de estar firmado el testamento

por el testador; expresión del lugar, hora, día, mes y año del otorgamiento.

*e*) Lectura del acta, firma de ella por el testador y testigos que sepan firmar, y autorización del notario con su signo y firma.

*f*) Entrega al testador del testamento cerrado, después de poner el notario, en el protocolo reservado, copia autorizada del acta del otorgamiento.

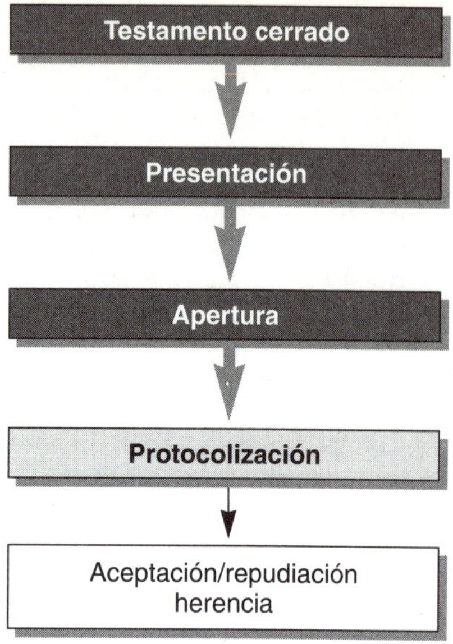


## Periodo de protocolización

La conservación del testamento por parte del testador podrá hacerse por este a su libre elección, entre tres medios distintos:

— conservar el testador en su poder el testamento;
— encomendar su guarda a persona de su confianza;
— depositarlo en poder del notario autorizante para que lo guarde en su archivo. En este caso, el notario dará recibo al testador y hará constar en su protocolo reservado, al margen o a continuación de la copia del acta de otorgamiento, que queda el testamento en su poder. Si lo retirase después el testador, firmará un recibo a continuación de dicha nota.

### La presentación

Para asegurar este requisito esencial, dispone el Código que el notario o la persona que tenga en su poder el testamento cerrado, tiene la obligación de presentarlo al juez competente, luego que sepa el fallecimiento del testador.

El incumplimiento de la obligación tiene en el Código las siguientes sanciones:

*a*) El que no verifica dentro de los diez días la presentación del testamento cerrado que obre en su poder, por simple negligencia, es responsable de los daños y perjuicios que su negligencia origine.

*b*) El que deja de presentarlo dentro del mismo plazo, mediante dolo, además pierde todo derecho a la herencia, si lo tuviere.

*c)* El que, también dolosamente, sustrae el testamento cerrado del domicilio del testador o de la persona que lo tiene en su guarda o depósito, o lo oculta, rompe o inutiliza de otro modo, incurre en la misma pena de pérdida de derechos, y además en la responsabilidad criminal que proceda.

APERTURA Y PROTOCOLIZACIÓN

Las formalidades más importantes son las siguientes:

— el examen del pliego por el actuario y diligencia sobre el estado del mismo;
— citación que manda hacer el juez al notario y testigos instrumentales;
— examen del pliego por los testigos, y declaración relativa a si lo hallan en el mismo estado que tenía cuando pusieron su firma, o diligencia supletoria para el caso de haber fallecido algún testigo o el notario;
— apertura del pliego y lectura del testamento;
— auto del juez, mandando que se protocolice.

## El testamento ológrafo

Es la disposición de la última voluntad que el testador formaliza por sí mismo, escribiéndola y firmándola de su puño y letra, sin intervención de testimonio ajeno alguno.

De este carácter se derivan otras notas que distinguen esta clase de testamento: autografía total; secreto absoluto de la disposición testamentaria.

### Inconvenientes

Son los siguientes:

— falta de garantía de la capacidad del testador;
— falta de garantía de que el testador no ha obrado por miedo, dolo o violencia;
— es muy expuesto a falsedades y simulaciones;
— facilidad para ser destruido.

### Ventajas

Son las siguientes:

— es una forma de testar cómoda, sencilla y barata;
— facilita el secreto absoluto de la disposición;
— se conjuga libertad de formas con la protocolización.

Sólo puede ser otorgado por personas mayores de edad.

### Requisitos de forma

Son los siguientes:

— autografía total: el testamento debe estar totalmente escrito de

puño y letra del testador; los extranjeros pueden otorgar el testamento en su propio idioma;
- la doctrina entiende que no es preciso que se consigne el nombre entero y los apellidos en la firma, sino que basta que el testador firme en la forma usual, o en la suficiente;
- debe hacerse constar el año, mes y día del otorgamiento del testamento, y no se exige, en cambio, la indicación del lugar ni la hora;
- necesidades de salvar las palabras tachadas, enmendadas o entrerrenglonadas bajo su firma;
- declaración de la intención de testar.

## Formalidades posteriores o complementarias

El testamento ológrafo, formalizado con los requisitos señalados, no tiene en sí otro carácter que el de documento privado, y necesita, para tener la consideración de documento público y producir sus efectos legales, una serie de formalidades posteriores a su otorgamiento, muy parecidas a las que se realizan en los documentos cerrados.

### Conservación

No hay establecida ninguna medida de conservación; pero el testador puede, por su propia iniciativa, proveer dicha conservación depositando el documento en poder de otra persona o de un notario.

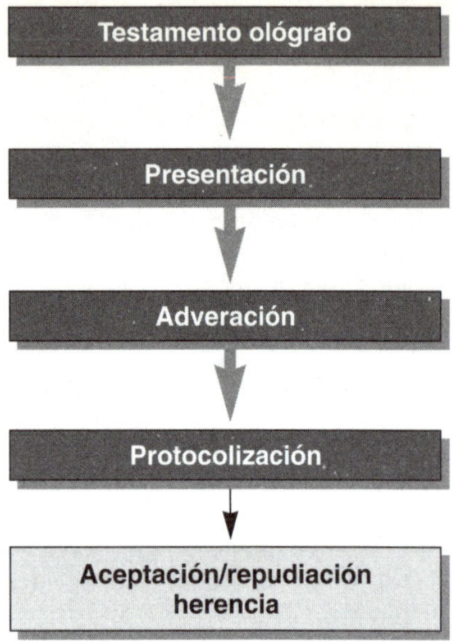


### Presentación

El testamento ha de ser presentado para su protocolización al juez de primera instancia del último domicilio del testador o al del lugar en que este hubiere fallecido, dentro de los cinco años contados desde el día del fallecimiento, no siendo válido si no se cumple este requisito.

Respecto a quiénes han de presentar el testamento, hay que distinguir entre las personas que deben y las que pueden hacerlo:

- debe presentar al juzgado el testamento, luego que tenga noticia de la muerte del testador, la persona en cuyo poder se halle depositado;

no verificándolo dentro de los 10 días siguientes, será responsable de los daños y perjuicios que cause con su dilación;
- puede presentarlo cualquiera que tenga interés en él.

## Adveración y protocolización

Una vez presentado el documento, hay que practicar la adveración, que está integrada por las siguientes formalidades:

- justificación del fallecimiento del causante;
- apertura por el juez del testamento, si estuviere contenido en pliegue cerrado;
- rúbrica del juez con el actuario, en todas las hojas en que esté contenido el testamento;
- comprobación, por medio de testigos, de la identidad del testador; estos testigos habrán de ser tres y habrán de conocer la letra y la firma del testador; cotejo pericial de letras en defecto de testigos idóneos;
- citación para la práctica de las diligencias antes expresadas, y con la mayor brevedad posible, al cónyuge sobreviviente, si lo hubiere, a los descendientes y ascendientes legítimos del testador, y en defecto de unos y otros a los hermanos o al ministerio fiscal.

Si el juez estima justificada la identidad del testamento, acordará que se protocolice, con las diligencias practicadas, en el registro del notario correspondiente, por el cual se darán a los interesados las copias o testimonios que procedan. En caso contrario, denegará el juez la protocolización.

Cualquiera que sea la decisión del juez, se llevará a efecto, a pesar de que hubiese oposición, y quedará a salvo el derecho de los interesados para el ejercicio de las acciones oportunas en el juicio que corresponda.

# Testamentos especiales

La ley clasifica los testamentos en comunes y especiales, subdividiendo el primer apartado en tres clases: ológrafo, abierto y cerrado, y a su vez, dentro de algunas de estas, se detallan los testamentos extraordinarios del sordo, del ciego, del sordomudo que sabe escribir y del testamento en peligro de muerte; entre los testamentos especiales encontramos el testamento militar, el marítimo y el efectuado en país extranjero.

Pasemos a estudiar estos últimos testamentos.

## Testamentos en peligro de muerte

### Presupuestos

Son los siguientes:

— que el testador se halle en peligro inminente de muerte, aunque no basta que se otorgue en estado de enfermedad grave, pues debe haber peligro racional e inmediato de perder la vida;
— que no sea racionalmente posible la intervención de un notario.

### Formalidades

Son las siguientes:

— otorgar el testamento ante cinco testigos idóneos, entendiéndose por tales aquellos en que no concurra ninguna de las causas de incapacidad;
— que los cinco testigos conozcan al testador;
— que se escriba el testamento, cuando sea posible. No cabe prescindir de esta formalidad sino en caso extremo de imposibilidad material. Estimada la posibilidad de escribir, sin que se haga, la falta de ese importante requisito no puede menos que afectar a la validez del testamento.

### Condiciones para la validez del testamento

Son las siguientes:

— que se cumplan, en general, los requisitos fundamentales exigidos para el testamento abierto, excepto la intervención de notario;

— que se eleve a escritura pública y se protocolice en la forma que establece la Ley de Enjuiciamiento Civil.

CADUCIDAD DEL TESTAMENTO

Por la finalidad circunstancial del testamento en peligro de muerte, el Código civil le da un cierto carácter provisional, sujetándolo a caducidad por alguna de estas dos causas:

— el transcurso de dos meses desde que el testador haya salido del peligro de muerte;
— el transcurso de tres meses desde que el testador haya fallecido, si dentro de ellos no se acude al tribunal competente para que se eleve el testamento a escritura pública.

La práctica muestra que esta forma de testar es fuente de extralimitaciones, abusos y litigios.

## Testamento en caso de epidemia

Se rige por las mismas normas que el efectuado en caso de peligro de muerte, pero tiene algunas peculiaridades.

### Requisitos

Son los siguientes:

— que exista caso de epidemia, si bien no es indispensable que exista dicha declaración, pues Sánchez Román y Castán creen que la declaración oficial de la epidemia será sólo un modo de justificar;
— que se otorgue el testamento ante tres testigos, mayores de 16 años, varones o mujeres;
— que los testigos conozcan al testador;
— que el testamento sea escrito, si es posible. es preferible a la forma oral;
— que se eleve a escritura pública y se protocolice en la forma prevista en la Ley de Enjuiciamiento Civil.

### Caducidad

El testamento en caso de epidemia está sujeto a las mismas causas de caducidad que el otorgado en peligro de muerte.

Son dos meses desde que haya cesado la epidemia y tres meses si el testador fallece y no se acude al tribunal competente para elevar el testamento a escritura pública.

La determinación del momento en que cesó la epidemia, si no se cree necesaria la declaración oficial de aquella, ha de quedar sujeta a la apreciación de los tribunales.

## Testamento marítimo

### Quiénes pueden otorgarlo

Todos aquellos que, durante un viaje marítimo, vayan a bordo del buque.

## Formalidades y solemnidades

FORMA ORDINARIA, ABIERTO O CERRADO

En un *buque de guerra*, ha de otorgarse ante el contador o el que haga sus funciones, en presencia de dos testigos idóneos que vean y entiendan al testador. El comandante del buque pondrá además el visto bueno.

En un *buque mercante*, lo autorizará el capitán o el que haga sus veces, con dos testigos idóneos.

En los dos casos los testigos se elegirán entre los pasajeros, si los hubiere, pero uno de ellos, por lo menos, ha de poder firmar, y lo hará por sí y por el testador, si este no sabe o no puede hacerlo. Se observarán las solemnidades, si el testamento es abierto, propias de esta clase de testamentos, y si fuese cerrado, las prevenidas en el Código, con exclusión de lo relativo al número de los testigos y a la intervención del notario.

FORMALIDADES POSTERIORES O COMPLEMENTARIAS

Las formalidades que deben observarse para que un testamento marítimo tenga validez son las siguientes:

— custodia del testamento abierto por el comandante o por el capitán del buque;
— mención del testamento, sea abierto o cerrado, en el diario de navegación;

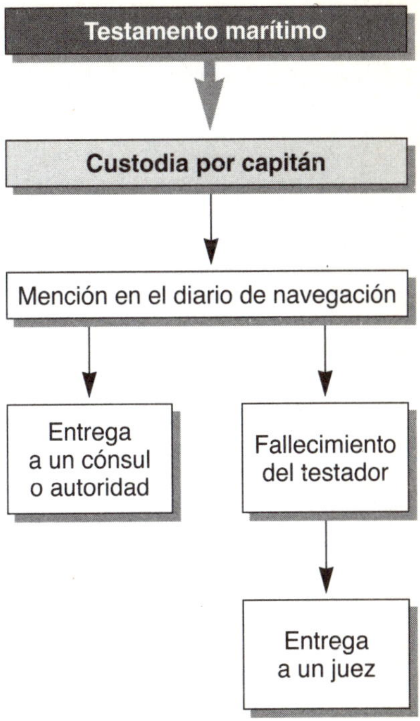


— entrega, al arribar el buque a puerto extranjero, de certificación de copia del testamento abierto o del acta de otorgamiento del cerrado a la representación diplomática o consular española;
— caso de arribada a puerto español, la entrega se hará a la autoridad marítima correspondiente;
— si el otorgante del testamento abierto hubiese fallecido, el ministerio debe remitirlo al juez del último domicilio del difunto, y si no constare, al decano de los de Madrid;

— si el otorgante fuera extranjero, el testamento será remitido, por el ministerio, al de Asuntos Exteriores, al efecto de su curso por la vía diplomática;
— en el caso de testamento y fallecimiento del otorgante, conservándolo en su poder el jefe del buque, se deberá entregar a la autoridad marítima correspondiente del primer puerto, después de la oportuna nota en el diario de a bordo.

#### Forma extraordinaria

Se admite para el caso de peligro de naufragio, y tiene la solemnidad de ser otorgado de palabra ante dos testigos.

### Caducidad

Los testamentos marítimos ordinarios, abiertos o cerrados, caducan pasados cuatro meses, contados desde que el testador desembarca en un punto donde pueda testar de forma común.

Los extraordinarios, otorgados en peligro de naufragio, caducan una vez salvado el peligro, o aunque no se salvare el testador, si los testigos no lo formalizaren ante el funcionario competente.

## Testamento militar

### Quiénes pueden otorgarlo

Los militares en campaña, voluntarios, rehenes, prisioneros y demás individuos empleados en el ejército o que sigan a este, y los individuos de este que se hallen en país extranjero.

### Cuándo se puede otorgar

Cuando se esté en tiempo de guerra y se halle el testador en campaña.

### Formas y solemnidades

#### Forma ordinaria abierta

Ha de otorgarse ante un oficial que tenga por lo menos la categoría de capitán.

Si el testador estuviese enfermo o herido, puede hacerlo ante el capellán o el facultativo que le asista; y si estuviere en destacamento, ante el que lo mande, aunque sea subalterno. En todo caso, es necesaria la presencia de dos testigos idóneos, en un sentido amplio.

Una vez otorgado el testamento, ha de ser remitido, con la mayor brevedad posible, al cuartel general, y por este al Ministerio de la Guerra (hoy de Defensa). Si hubiere fallecido el testador, el ministerio remitirá el testamento al juez del último domicilio del difunto, y no siendo conocido el domicilio, al juez decano de los de Madrid, para que de oficio sean citados los herederos y demás interesados. Estos deberán solicitar que se eleve a escritura pública y se protocolice en la forma que se señala en la Ley de Enjuiciamiento Civil.

FORMA ORDINARIA CERRADA

Se otorga ante un comisario de guerra, que ejerce en este caso las funciones del notario, observándose las solemnidades del testamento cerrado común.

Una vez remitido este testamento, lo mismo que se hace con el abierto, al cuartel general, pasará al Ministerio, que lo remitirá al domicilio del testador o al juez decano de los de Madrid, caso de que se conozca dicho domicilio.

FORMA EXTRAORDINARIA ABIERTA

Puede usarse durante una batalla, asalto, combate y, en general, en todo peligro próximo de acción de guerra, y se otorga de palabra ante dos testigos, sin que se exija la idoneidad de estos.

FORMA EXTRAORDINARIA CERRADA

Se otorga ante un oficial que tenga por lo menos la categoría de capitán, observándose las solemnidades del testamento cerrado común, debiendo firmar el acta el otorgante, si puede, juntamente con todos los testigos.

### Caducidad de los testamentos militares

*Testamento ordinario abierto.* Caduca a los cuatro meses después de que el testador haya dejado de estar en campaña.

*Testamento extraordinario abierto.* Queda ineficaz si el testador no muere o, aunque no se salve, si no se formaliza el testamento por los testigos ante el auditor de guerra o funcionario de justicia que siga al ejército.

No habla el Código de la caducidad de los testamentos militares cerrados. La doctrina opina que dichos testamentos, tanto ordinarios como extraordinarios, son definitivos y no caducan por el transcurso del tiempo.

## Testamento otorgado en el extranjero

*Forma ológrafa.* El Código civil autoriza a los españoles para otorgar testamento ológrafo en país extranjero, aunque este no admita en su legislación esta forma testamentaria. Pero como el Estado español no puede imponer a los demás este criterio, hay que entender que el testamento ológrafo otorgado en esta forma y válido en España, podrá ser rechazado en los otros países donde hubiere necesidad de ejecutarlo, si en ellos la respectiva legislación no contiene ningún concepto autorizando esta forma de testar.

El agente diplomático o consular de España, en cuyo poder se hubiese dejado un testamento ológrafo, debe remitirlo, en unión del certificado de defunción, cuando fallezca el testador, al Ministerio de Asuntos Exteriores, que publicará en el BOE la noticia del fallecimiento para que los

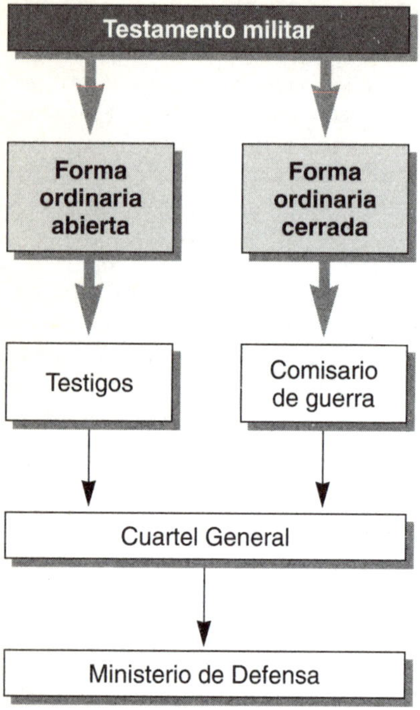


interesados en la herencia puedan recoger el testamento y protocolizarlo.

*Formas establecidas por la ley territorial.* Los españoles pueden testar fuera del territorio español, sujetándose a las formas establecidas en las leyes del país en que se hallen, aunque en este supuesto se pueden suscitar problemas muy discutidos en derecho internacional. También pueden los españoles testar en alta mar, navegando en buque extranjero, con sujeción a las leyes de la nación a la que pertenezca el buque. En ningún caso será válido en España el testamento mancomunado que los españoles otorguen en país extranjero.

*Forma abierta o cerrada ante agente diplomático.* Pueden, asimismo, los españoles que se encuentren en país extranjero otorgar su testamento, sea abierto o cerrado, ante el agente diplomático o consular de España residente en el lugar del otorgamiento.

El agente debe remitir copia del testamento abierto, o del acta del otorgamiento del cerrado, al Ministerio de Asuntos Exteriores, así como remitir el testamento cerrado que hubiere dejado en su poder y el certificado de defunción, cuando fallezca el testador.

## Memorias testamentarias

No están recogidas por el Código civil actual, pero sí lo estaban en el Código anterior, y consistían en notas o escritos autógrafos del testador, o al menos firmados por él, por los cuales, haciendo uso de la facultad que expresamente se había reservado en el testamento, adicionaba, modificaba o derogaba alguna disposición contenida en este. No tenían otras normas de regulación que la del derecho consuetudinario y la jurisprudencia.

Dentro de la legislación actual han sido sustituidas por el testamento ológrafo.

# La institución del heredero

Es la designación hecha por el testador de la persona o personas que han de sucederle a título universal, o sea, en la totalidad o en parte alícuota de sus bienes, derechos y obligaciones transmisibles.

Las formas de designación del heredero son las siguientes:

*a*) *Designación nominal:* el testador designará por su nombre y apellido al heredero, y cuando haya dos que lo tengan iguales deberá señalar alguna circunstancia que los diferencie.
*b*) *Designación por circunstancias:* aunque el testador haya omitido el nombre del heredero, si lo designa por circunstancia que no haga dudar de su identidad, valdrá la institución.
*c*) El *error* en el nombre o apellidos o sus cualidades no vicia la institución si hay otra manera de conocer su identidad.
*d*) Si entre personas del mismo nombre y apellidos hay *igualdad de circunstancias*, de tal modo que sea imposible distinguirlas, ninguno será heredero.

Cuando el heredero es instituido en una cosa cierta y determinada, será considerado como legatario.

## El legado de parte alícuota

Es una variedad del legado de cantidad, caracterizado por consistir en una cifra que sea cuota o parte divisible de la herencia.

Las circunstancias de este legado son las siguientes:

*a*) El derecho del legatario de parte alícuota está supeditado al resultado de la liquidación de la herencia. Liquidada la herencia, si hay remanente podrá percibir su parte alícuota, mayor o menor, o nada si no la hay. Las deudas le afectan, pero no responde de ellas.
*b*) Puede pedir la partición, a menos que el testado lo haya prohibido.
*c*) En cuanto a las deudas hereditarias y aumentos en la herencia, parece lógico arbitrar un procedimiento para que, si por nuevas deudas o nuevos incrementos patrimoniales de la herencia, no tenidas en cuen-

ta al determinar su valor líquido, se alterase el valor base, pueda procederse a mutuas compensaciones.

*d*) Es preceptiva la intervención del legatario en la partición, pero no es lógico que tenga que reclamar la entrega de los bienes.

*e*) No procede el derecho de acrecer entre legatarios de parte alícuota y coherederos, pero sí entre colegatarios.

En la práctica, a veces todo el caudal hereditario se agota con los legados dispuestos por el causante, e incluso, en ocasiones, es insuficiente para satisfacerlos. Este mero hecho no altera las reglas generales sobre los respectivos papeles de la institución de heredero y el legado.

Pero hay supuestos en los cuales la propia ordenación del causante se muestra dirigida a distribuir su patrimonio mediante asignaciones a título particular, de tal modo que ninguna de tales asignaciones puede interpretarse como institución de heredero. Así, el Código civil dice: Si la herencia se distribuye en legados, se prorrateará las deudas y gravámenes de ella entre legatarios a proporción de sus cuotas, a no ser que el testado hubiera dispuesto otra cosa.

## Otras instituciones

*Instituciones en favor del alma.* En siglos pasados se hizo uso frecuente de las instituciones en favor del alma del testador, muy favorecidas por el derecho canónico.

Nuestro Código, con criterio respetuoso a los principios del derecho canónico, a fin de eliminar la incertidumbre e indeterminación de la institución, establece la siguiente regla:

Si el testador dispusiere de todo o parte de sus bienes para sufragios y obras piadosas en beneficio de su alma, haciéndolo indeterminadamente y sin especificar su aplicación, los albaceas venderán los bienes y distribuirán su importe dando la mitad al Diocesano para que lo destine a los indicados sufragios y a las atenciones y necesidades de la Iglesia, y la otra mitad, al Gobernador civil correspondiente, para los establecimientos benéficos del domicilio del difunto, y en defecto, para los de la provincia.

*Institución en favor de los parientes.* La disposición hecha genéricamente en favor de los parientes del testado se entiende hecha en favor de los próximos en grado.

*Institución en favor de los pobres.* Las disposiciones hechas a favor de los pobres en general, sin designación de personas ni población, se entenderán limitadas a los del domicilio del testador en la época de su muerte, si no constare claramente haber sido otra su voluntad. La calificación de los pobres y la distribución de los bienes se harán por la persona que haya designado el testador, en su defecto por los albaceas, y si no los hubiere, por el párroco, el alcalde y el juez del distrito, los cuales resolverán por mayoría de votos las dudas que ocurran.

## La institución sujeta a condición, término y modo

Según dispone el artículo 790 del Código civil, las disposiciones testamentarias, tanto a título universal como particular, podrán hacerse bajo condición. Según la concepción clásica, es condicional la institución de heredero cuando sus efectos están subordinados a la realización de un acontecimiento futuro e incierto, pero incluso el Código civil admite que también pueden ser objeto de condición los hechos pasados que los interesados ignoren.

Por el derecho tradicional se rechaza la institución de herederos a término, pero el Código consigna expresamente la validez de la institución desde o hasta cierto día. El artículo 806 dice: será válida la designación del día o de tiempo en que haya de comenzar o cesar el efecto de la institución de heredero o legado. En ambos casos, hasta que llegue el término señalado o cuando este concluya, se entenderá llamado el sucesor legítimo. Mas en el primer caso, no entrará este en posesión de los bienes sino después de prestar caución suficiente, sin intervención del instituido.

Finalmente, institución *sub modo* es aquella en la que el testador impone una obligación o carga al heredero.

# Las sustituciones

Veamos para empezar que se entiende por *sustitución.* La palabra *sustitución* significa, en el sentido específico que tiene un derecho de sucesiones, la disposición en virtud de la cual un tercero es llamado a recibir un activo hereditario en defecto de una primera persona o después de ella.

## Sustitución vulgar

El testador puede nombrar su sucesor (heredero legatario, artículo 789) en primer término, y, para el caso de que llegue a serlo, nombrar a otro que lo sustituya. Entonces, si el primer nombrado hereda, no entra en funciones el

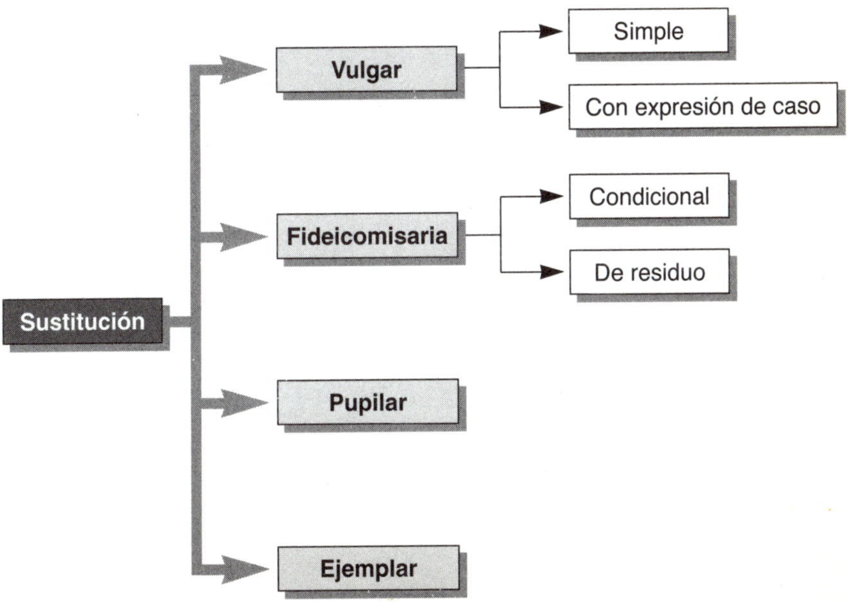

segundo; pero si aquel no sucede, la herencia (o legado) se difiere a este.

Se trata pues, de una institución normal (la del primero), y de otra institución condicional (la del segundo), consistiendo la condición en que aquel no sea heredero. La figura se llama *sustitución vulgar*, y su naturaleza jurídica es la de una verdadera institución condicional, por lo que se aplican las reglas de esta.

Los supuestos que se dan para que ocurra esta circunstancia son:

- premoriencia del heredero con respecto al testador;
- repudiación a la herencia por el sustituido;
- incapacidad del heredero sustituido para recibirla.

### Formas y modalidades de la sustitución vulgar

Por los casos o hipótesis en que haya de tener lugar la sustitución, esta puede ser: sustitución simple o sin expresión de caso (si el testador dice: instituyo heredero a A, y para el caso de que este no llegue a serlo, a B). Según el Código, la hecha de esta forma, comprende a los tres supuestos señalados anteriormente de premoriencia, repudiación de la herencia o incapacidad para recibirla. Sustitución con expresión de caso. Si el testador establece la sustitución para sólo uno o dos de los tres supuestos indicados, es lógico que no deben entenderse comprendidos el caso o casos restantes.

Por el número de los designados sustitutos:

- un sustituto para heredero;
- un sustituto para varios herederos;
- varios sustitutos para un heredero; los sustitutos pueden ser nombrados conjunta o sucesivamente;
- varios sustitutos para varios herederos;
- varios herederos sustitutos entre sí.

El sustituto, salvo voluntad contraria del testador, es el llamado a la herencia de las mismas condiciones que el sustituido, excepto en lo que ataña a cosas estrictamente personales.

Son causas genéricas de extinción de esta sustitución todas las que producen la de la institución de heredero, y causas específicas la aceptación de la herencia por el instituido y la premoriencia del sustituido con relación al instituido heredero.

## Sustitución fideicomisaria

Se llama *sustitución fideicomisaria* la disposición por virtud de la cual el testador impone al heredero o legatario la obligación de conservar la herencia o legado y de transmitirla a su muerte a otras personas expresamente indicadas por el mismo. El testador que ordena la sustitución es el llamado *fideicomitente*; el encargado de transmitir la herencia, *heredero fiduciario*; aquel a quien ha de ser entregada, *heredero fideicomisario*. Los requisitos serán los siguientes:

— la existencia de una doble o múltiple vocación hereditaria para el goce de unos mismos bienes;
— un gravamen de conservar y restituir los bienes impuestos al fiduciario, en beneficio del fideicomisario;
— establecimiento de un orden sucesivo para la adquisición de la herencia o legado, por el heredero y el sustituto o sustitutos.

## Condición y límites

Son los siguientes:

— que no pase la sustitución del segundo grado, o en favor de personas que vivan al tiempo del fallecimiento del testador;
— los llamamientos a la sustitución fideicomisaria han de ser expresos;
— las sustituciones nunca gravarán la legítima, y si recayesen sobre el tercio de mejora, sólo podrán hacerse en favor de descendientes.

*Efectos.* El heredero fiduciario tiene el derecho de disfrutar de los bienes hereditarios. Es corriente considerarle como usufructuario de los bienes del fideicomiso.

*Obligaciones del fiduciario.* El Código civil sólo impone expresamente la de conservar y transmitir la herencia al fideicomisario; la doctrina, por su parte, considera que en la administración de la herencia debe comportarse con la diligencia que con sus propios asuntos emplearía.

*Derechos del fideicomisario.* El Código civil establece que el fideicomisario adquiere el derecho desde la muerte del testador, y aunque muera antes que el fiduciario, transmite desde aquel instante sus derechos a sus herederos.

## Sustitución fideicomisaria condicional

Cualquier disposición testamentaria que dependa de la voluntad del testador puede hacerse puramente o bien bajo condición, o a término o imponiendo un modo o carga para que resulte beneficiado de la disposición; por consiguiente, es posible la sustitución fideicomisaria condicional.

Si las condiciones son imposibles o prohibidas, se tendrán por no puestas. Si la condición depende de la voluntad del instituido, ha de cumplirse en principio una vez enterado de ella, después de la muerte del testador, mientras que si es causal puede cumplirse en cualquier momento.

Para la figura de la sustitución fideicomisaria condicional, rigen los artículos 790 y siguientes del Código civil.

### Condición pendiente

Puede ser de dos tipos:

— *suspensiva:* la institución no produce efectos;
— *resolutoria:* como lo que está pendiente mientras no se cumpla la condición es la resolución de los

efectos, esta, mientras tanto, aunque amenazada de resolución, se ha producido normalmente, y el sucesor ha adquirido sus derechos a la herencia.

#### Condición cumplida

Existen dos tipos:

— *suspensiva:* los efectos se producen a consecuencia de haberse cumplido ellos mismos;
— *resolutoria:* los efectos se resuelven, y pasan los derechos, si el testador no ha dispuesto lo contrario al heredero abintestato.

#### Condición incumplida

Puede ser de dos tipos:

— *suspensiva:* no hay efectos, y los derechos pasan al heredero abintestato si el testador no ha previsto otra cosa;
— *resolutoria:* cesa la amenaza de resolución de los efectos producidos.

### El fideicomisario de residuo

Consiste en que el fideicomitente no establece que el fiduciario debe conservar la herencia para transmitirla al fideicomisario, sino que, pudiendo disponer de los bienes, sin embargo, los que aún queden a la muerte de dicho fiduciario vayan al fideicomisario.

## Sustitución pupilar

Consiste en que, por derogación de la regla de que el testamento es un acto personalísimo que sólo puede realizar el propio interesado, se autoriza a que los padres, y demás ascendientes, puedan hacerlo por sus descendientes menores de catorce años, para el caso de que mueran antes de llegar a esta edad.

Pueden nombrar sustituto pupilar todos los que, teniendo capacidad para testar, sean ascendientes del sustituto.

Por lo que respecta a los efectos, el Código no los determina, pero los principios generales de esta sustitución son:

— el sustituto adquiere la herencia en las mismas condiciones que el sustituido;
— cuando el sustituido tenga herederos forzosos, sólo será válida la sustitución en cuanto no se perjudiquen los derechos legitimarios de estos.

La extinción tendrá lugar en el caso de llegar al descendiente a la edad de catorce años y si el sustituto premuere al testador o al sustituido.

## Sustitución ejemplar

La sustitución ejemplar, llamada así porque se introdujo a ejemplo de la pupilar, consiste en que los ascendientes de los mayores de 14 años que hayan sido declarados incapaces por enajenación mental pueden testar por ellos.

# El legado

Del artículo 660 del Código civil se infiere que el legado es una forma de suceder *mortis causa* a título singular, o sea, de bienes o derechos particulares de una persona.

*Requisitos:* el legatario ha de tener capacidad para suceder.

La posibilidad de disponer legados tiene el límite de que no pueden hacerse perjudicando la legítima; sin haber legitimarios pueden hacerse legados, aun excediendo de los bienes de la herencia, pero, salvo que exista un heredero simple y puro, nadie está obligado al pago de los legados, sino con los bienes de la herencia.

*Efectos:* el legatario adquiere derecho a los legados puros desde la muerte del testador, pero no puede ocupar por su propia autoridad la cosa legada, sino que debe pedir su entrega y posesión al heredero o albacea, cuando este se halle autorizado para darla.

## Personas obligadas al pago

Los herederos pueden ser gravados con la prestación de un legado. Los que acepten la herencia pura y simple tendrán que cumplir el legado, aunque su valor supere el importe del haber hereditario, salvo siempre el respeto debido a la legítima si se tratare de herederos forzosos. En caso de ser varios los herederos, la regla general es que todos, en proporción a su haber respectivo, están obligados al pago de los legados, pero si el testador grava con un legado a uno solo de los herederos, él solo quedará obligado al cumplimiento.

Los legatarios, en cambio, no estarán obligados a responder del gravamen sino hasta donde alcance el valor del legado.

No existe persona obligada al pago cuando toda la herencia se reparte en legados.

## Preferencia entre legatarios

Para el caso de que el valor total de los legados ordenados por el testador supere el líquido disponible de la herencia, se resuelve esta colisión de derechos adoptando un orden de prelación para el pago de los mismos, de acuerdo con el siguiente orden:

— los legados remuneratorios;
— los legados de cosa cierta y determinada que formen parte del caudal hereditario;
— los legados que el testador haya declarado preferentes;
— los de alimentos;
— los de educación;
— los demás a prorrata (proporcionalmente por su respectivo valor).

## Garantías del legatario

La acción que habrá de ejercitar el legatario para pedir la entrega y posesión de las cosas legadas es la de carácter personal.

Si el legado es de cosa determinada, la doctrina entiende que el legatario es dueño de la misma desde la muerte del testador, y puede ejercitar la acción reivindicatoria.

Como garantía de efectividad de su derecho, el legatario tiene la facultad de:

— si se trata de legatarios de parte alícuota, promover el juicio voluntario de testamentaría, si el testado no la ha prohibido expresamente;
— si no son de parte alícuota, pedir anotación preventiva de su derecho en el Registro de la Propiedad, siempre y cuando existan en la herencia bienes inmuebles o derechos reales.

Si el legado es de cosa indeterminada y señalada sólo por el género o especie, se impone el gravado con el legado la obligación de responder de la evicción.

Corresponden al legatario, en los mismos términos que son aplicables a los herederos, los derechos de sustitución, a acrecer y de transmisión.

## Extinción

Aparte de las causas de nulidad o invalidez, hay otras de extinción propia-

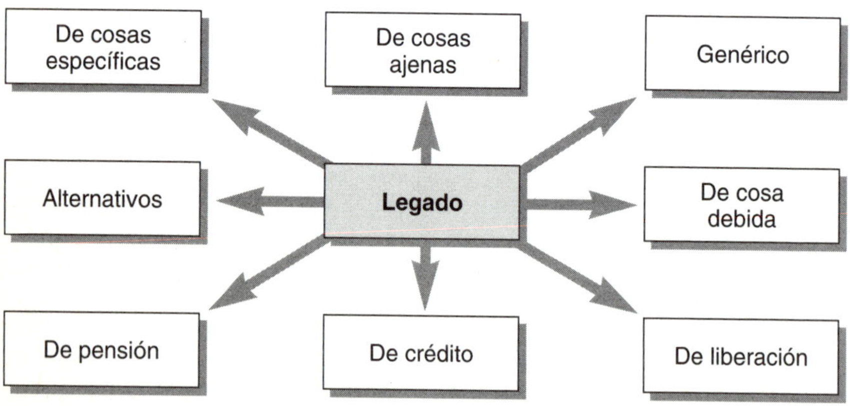

mente dichas que, suponiendo la validez del legado, producen su inefectividad posterior, a saber:

*a*) Caducidad por no aceptación del legatario. En este caso, los bienes se refundirán en la masa de la herencia, salvo en los casos de sustitución y derechos de acrecer.
*b*) Caducidad por transformación, enajenación o pérdida del objeto legado:

— *transformación:* si el testador transforma la cosa legada, de modo que no conserve ni la forma ni la denominación que tenía;
— *enajenación:* si el testador enajena por cualquier título o causa la cosa legada;
— si la cosa legada perece del todo viviendo el testador o después de su muerte, sin culpa del heredero.

## Distintas clases de legados

### Legado de cosas específicas

Se llama así al que recae sobre cosa individualmente determinada. Sus principales reglas, según el Código, son las siguientes:

— el legatario adquiere la propiedad de la cosa desde la muerte del testador, y hace suyos los frutos o rentas pendientes;
— la cosa legada corre desde la muerte del testado a riesgo del legatario;
— el heredero debe dar la misma cosa legada, pudiendo hacerlo, y no cumple con dar su estimación en dinero o cosa equivalente;
— la cosa legada ha de ser entregada con todos sus accesorios y en el estado en que se halle al morir el testador.

### Legado de cosas ajenas

El legado de cosas que no pertenezcan al testador tiene carácter anormal, pues lo que no figura en el haber del causante no puede, en realidad, ser materia de sucesión *mortis causa*, universal ni singular. Sin embargo, algunas legislaciones, entre ellas la española, admiten tal posibilidad. La cosa puede ser de un tercero, del gravado o del favorecido. Veamos tales supuestos:

**1.** Es perfectamente posible legar cosas de terceros, pero el Código quiere evitar que valga el legado de cosas que no se habrían legado de saber que no eran propias, luego que realmente se legaron por error, y así dispone:

*a*) Que el legado de cosa ajena, si el testado lo sabía al legarla, es válido, y el heredero estará obligado a adquirirla para entregarla al legatario, y no siéndole posible, a dar a este su justa estimación.
*b*) Si el testador ignoraba que la cosa era ajena, el legado será nulo, salvo que la adquiera después de otorgarlo el testamento.

*c*) Si la cosa es sólo parcialmente del testador, luego ajena en parte, la ley estima legado sólo el derecho a la parte que en ella tenía aquel, porque piensa que no hay legado de cosa ajena.
*d*) Diferente del legado de cosa ajena es el de cosa propia del testador, pero gravado por derecho de otro. En tal caso es lógico pensar que se lega tal cual la tiene aquel, o sea, con el gravamen.

**2.** Si la cosa legada no es propia del testador, pero no es de un tercero, sino de otro sucesor, heredero, legatario, estamos ante legado de cosa propia del gravado. Tal legado es válido, y aquellos, al aceptar la sucesión, deberán entregar la cosa o su justa estimación al beneficiario.

**3.** La última hipótesis de legado de cosa ajena es que la cosa no sea de un tercero o del gravado, sino del favorecido, es decir, de aquel a quien le fue legada; en tal caso:

*a*) No producirá efecto el legado de cosa que al tiempo de hacerse testamento fuera ya propia del legatario, aunque en ella tuviese algún derecho otra persona; pero si el testado dispone que la cosa sea liberada de este derecho o gravamen, valdrá en cuanto a este legado.
*b*) Si el legatario la hubiese adquirido gratuitamente después de serle legada, no podrá pedir nada, mas si la adquisición la hubiese hecho a título oneroso, podrá pedir al gravado que le indemnice lo que él hubiese dado por adquirirla.

## Legado genérico

Se conoce como legado genérico aquel que recae sobre cosa que se determina únicamente por el género a que pertenece.

La elección de la cosa en el legado genérico está sujeta a las siguientes reglas:

*a*) Si nada dispone el testador, corresponde la elección al heredero, quien cumple con dar una cosa que no sea de calidad ni inferior ni superior.
*b*) Si, por el contrario, el testador deja expresamente la elección al heredero o al legatario, podrá el primero dar o el segundo elegir libremente lo que mejor les pareciera.
*c*) Si el heredero o el legatario no pudiera hacer la elección en el caso de haberle sido concedida, pasa su derecho a los herederos.
*d*) Una vez hecha la elección, es irrevocable.

## Legados alternativos

El testador puede legar alternativamente una cosa y otra. El caso se rige por lo que aquel haya dispuesto, y supletoriamente por las reglas de las obligaciones alternativas, y también por estas, la facultad de elegir corresponde al obligado.

## Legado de pensión

Comprende los legados de alimentos, educación y pensión periódica.

El legado de educación dura hasta que el legatario sea mayor de edad.

El de alimentos comprende el anterior, ya que los alimentos abarcan la educación e instrucción del alimentista, cuando es menor de edad, y dura mientras vive el legatario, si el testador no dispone otra cosa.

El de pensión periódica estipula una cierta cantidad anual, mensual o semanal; el legatario podrá exigir el primer periodo así que muera el testador, y la pensión de los siguientes en el principio de cada uno de ellos, sin que haya lugar a la devolución, aunque el legatario muera antes de que termine el periodo comenzado.

## Legado de crédito

Tiene lugar cuando el testador deja al legatario crédito que le corresponde contra un tercero.

Para cumplir el legado de crédito, basta con que el heredero ceda al legatario todas las acciones que pudieran competirle contra el deudor.

## Legado de liberación

Se puede legar el perdón de lo que se deba al testador. Es decir, este no lega a uno lo que otro le debe a él, sino que concede al propio deudor la liberación de su deuda.

En este legado, la deuda se extingue desde que el legatario lo adquiere, y basta que el heredero le dé carta de pago si aquel se la pide.

## Legado de cosa debida

Se entiende por tal el legado que hace el testador a un acreedor suyo declarando expresamente que le lega lo mismo que le debe.

A primera vista parece absurdo y falto de objeto este legado, por no haber en él verdadera liberalidad, pero en realidad se proporciona al acreedor una nueva y distinta acción que puede resultar ventajosa, en cuanto le exime de la prueba de la obligación.

# El albaceazgo

Con el nombre de *albaceas* se designa a aquellas personas que nombran los testadores para asegurar el cumplimiento de sus últimas voluntades. El albacea es un ejecutor.

## Caracteres del cargo

Es un cargo *testamentario* porque sólo puede ser designado un testamento.

Además, es un cargo *voluntario* porque el nombrado puede aceptarlo o no. Se entiende que lo acepta si no se excusa dentro de los seis días en que tenga noticia de su nombramiento. Una vez aceptado, el cargo es obligatorio, y sólo puede ser renunciado por justa causa cuya apreciación queda al prudente arbitrio del juez. Si el nombrado no acepta el cargo o renuncia sin justa causa pierde lo que le hubiere dejado el testador, salvo siempre el derecho que tuviere a la legítima.

Es un cargo *gratuito*, aunque con las salvedades siguientes:

— que el testador señale una retribución a los albaceas;

— no es obstáculo a la gratitud del cargo el derecho que asiste al albacea de cobrar lo que le corresponda por trabajos de participación o facultativos.

## Capacidad

No podrá ser albacea el que no tenga capacidad para obligarse.

El menor no puede ser albacea ni aun con autorización del padre o del tutor, pero puede ser albacea quien sea mayor en el momento de la apertura de la sucesión, aunque fuera menor cuando el testamento se redactó.

## Clases

### Por el origen de su nombramiento

Se distinguen las clases siguientes:

*a*) *Testamentarios:* son los nombrados por el testador.
*b*) *Legítimos:* aparecen cuando el testador no ha nombrado albaceas.

c) *Dativos:* su existencia aparece a resultas del artículo 966 de la LEC, que a propósito de los abintestatos en que el finado no deja ascendientes, descendientes o colaterales dentro del cuarto grado, ni cónyuge legítimo que hubiera vivido en su compañía, ordena al juez que nombre un albacea dativo que se encargue del entierro y demás con arreglo a las leyes.

### Por la extensión de sus facultades

Se distinguen las siguientes clases:

— *universales:* cuando el testador los autoriza para el cumplimiento total del testamento;
— *particulares:* cuando el testador sólo les señala determinadas funciones.

### Por el número de albaceas

El testador puede nombrar un solo albacea o una pluralidad de ellos, y a estos puede nombrarlos como sucesivos o simultáneos, y a estos últimos como mancomunados o solidarios.

## Facultades

### Facultades en caso de determinación por el testador

Según el Código, la regla general es que los albaceas tendrán todas las facultades que expresamente les haya concedido el testador y no sean contrarias a las leyes.

### Facultades en defecto de determinación por el testador

Son las siguientes:

— disponer y pagar los sufragios y el funeral;
— satisfacer los legados que consistan en metálico;
— vigilar la ejecución de todo lo demás ordenado en el testamento;
— tomar las precauciones necesarias para la conservación y custodia de los bienes;
— tienen la facultad para promover la venta de los bienes muebles; mas esta facultad está condicionada a que no haya en la herencia dinero bastante para estos pagos; a que los herederos no lo aporten de su peculio particular; a que se realice la venta con intervención de los herederos; a que los herederos lo sean pura y simplemente; a que si estuviere interesado en la venta algún menor, ausente, corporación o establecimiento público, la venta ha de hacerse con las formalidades prevenidas por la ley para tales casos.

### Obligaciones

El albacea debe cumplir su cometido con arreglo a las instrucciones del testador y a las disposiciones del Código. Asimismo, debe dar cuenta de su encargo a los herederos.

### Prohibiciones

Los albaceas no pueden adquirir los bienes confiados a su cargo.

### Extinción

El albaceazgo se extingue por las siguientes causas: el cumplimiento de la voluntad del testador; el transcurso del término señalado por el testador; la muerte del albacea; la imposibilidad del albacea; la renuncia del cargo; la remoción del albacea.

# Ineficacia del testamento

Son ineficaces los testamentos cuando en ellos concurra alguna de las siguientes causas:

— *nulidad:* cuando en el testamento no concurren los requisitos y solemnidades necesarias para su validez;
— *revocación:* cuando pierde el testamento su eficacia por voluntad expresa o presunta del testador;
— *caducidad:* cuando la ley le priva de efectos en determinadas circunstancias, pasado cierto plazo a contar de la fecha de su otorgamiento. Son ineficaces, pues: cuando la ley expresamente lo declare y cuando, aun sin dicha expresa declaración, resulte inconciliable la validez de los mismos con los requisitos esenciales o indispensables exigidos en el Código para ella.

## La nulidad

Las causas de nulidad total son las siguientes:

— la falta de capacidad del testador;
— la inobservancia de cualquiera de las solemnidades establecidas por el Código;
— la intervención de violencia, dolo o fraude;
— la mancomunidad en el otorgamiento;
— la delegación a un tercero, o sea, la testamentación por comisario.

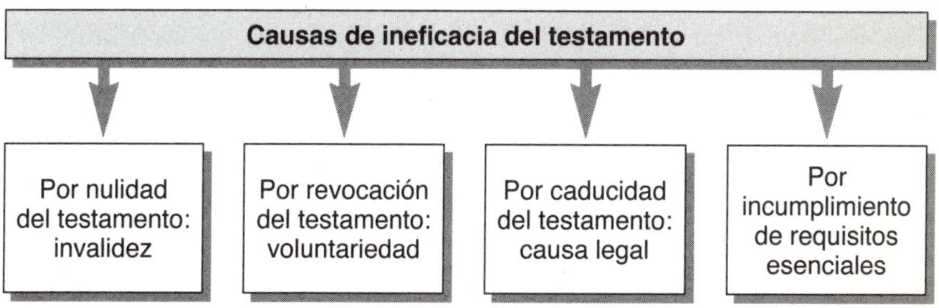

El derecho de declarar el testamento nulo no puede ser impedido por el testador en los casos en que haya nulidad declarada por la ley, pero en cambio pueden renunciar a dicho derecho los titulares de la acción de nulidad.

La acción de nulidad tiene siempre carácter personal. Si se ejercita conjuntamente la acción de nulidad de un testamento y la reclamación de bienes, se tratará entonces de la coexistencia de una acción personal y una real.

A la acción de nulidad del testamento le es aplicable la prescripción de 15 años.

## La revocación

La revocación se produce en el momento en que el testamento pierde eficacia por voluntad expresa o presunta del testador.

Según el Código civil, todas las disposiciones testamentarias son revocables, aunque el testador exprese en el testamento su voluntad o resolución de no revocarlas.

### Revocación expresa

La revocación expresa es la que tiene lugar cuando el testador manifiesta su voluntad de revocar.

Esta puede ser total, si se refiere a todo el testamento, o parcial, si se refiere a una o varias disposiciones del mismo.

### Revocación tácita

Cuando el cambio de voluntad se deduce del otorgamiento de un testamento posterior.

### Revocación real

Con aplicación al testamento cerrado. Existe esta revocación cuando se deduce de otros hechos, como el de destruir o inutilizar el otorgante su propio testamento. La naturaleza especial del testamento cerrado lleva al Código a establecer casos de revocación tácita o presunta:

*a*) en el caso de que el testamento se encuentre en poder del testador, este se presume revocado si aparece en el domicilio del testador con las cubiertas rotas o los sellos quebrantados;

*b*) cuando el testamento se encontrare en poder de otras personas, se entenderá que el vicio procede de ellas, y no será válido como no se pruebe su autenticidad.

### Efectos de la revocación

Deja sin efecto el testamento, si es total, a las disposiciones a que se refiera, si es parcial.

Subsiste y produce sus efectos la revocación aunque la institución de heredero o nombramiento de legatarios, hechos en el segundo testamento, queden sin efecto por incapacidad o renuncia de los mismos. Subsisten también los efectos de la revocación aunque el testador revoque el segundo testamento. Sólo recobra fuerza el anterior si el testador revoca el posterior y declara expresamente la validez del primero.

## La caducidad

La caducidad se produce por virtud de un hecho posterior al acto de otorgamiento, que puede ser el no haberse practicado las solemnidades complementarias o simplemente el haber transcurrido el plazo de validez de aquel.

En el Código civil se registran los siguientes casos de caducidad:

El testamento *ológrafo* que no se presente para su protocolización al juez de 1.ª Instancia en el plazo de cinco años.

El testamento *abierto* otorgado en peligro inminente de muerte o en tiempo de epidemia, a los dos meses de pasado el peligro; o a los tres, si muriendo el testado dentro de aquel plazo no se acude al Tribunal para que se eleve a escritura pública.

El testamento *militar* otorgado en campaña, pasados cuatro meses después de salir de ella; y el otorgado en peligro próximo de acción de guerra, pasado el peligro o, aun pereciendo en él el testado, si no se cumplen ciertas formalidades posteriores.

Los testamentos *marítimos*, abiertos o cerrados, pasados cuatro meses posteriores al desembarque en el punto donde se pueda testar en la forma ordinaria; y el hecho en peligro de naufragio, si el testador se salva del peligro y no se formaliza el testamento debidamente.

En general, los testamentos otorgados *sin autorización de notario*, que no se eleven a escritura pública y se protocolicen en la forma prevenida en la Ley de EC.

# La legítima

La legítima es la porción de bienes de que el testador no puede disponer por haberla reservado la ley a determinados herederos, llamados *herederos forzosos*.

En la realidad la legítima no sólo está sustraída a la disponibilidad por testamento, sino también a la disponibilidad por actos *inter vivos* a título gratuito.

En cuanto a su naturaleza jurídica, hay que decir que es:

— porción hereditaria forzosa, atribuida directamente por la ley mediante una delación hereditaria forzosa;
— freno de libertad de testar, mediante el cual la ley impone al causante determinados deberes *mortis causa* y sanciona su incumplimiento con nulidades o rescisiones, totales o particiales, bien sea del testamento o bien de la institución de herederos;
— derecho a crédito dinerario o alimentario, establecido por la ley.

Constituye la legítima de los hijos y descendientes las dos terceras partes del haber hereditario del padre y de la madre.

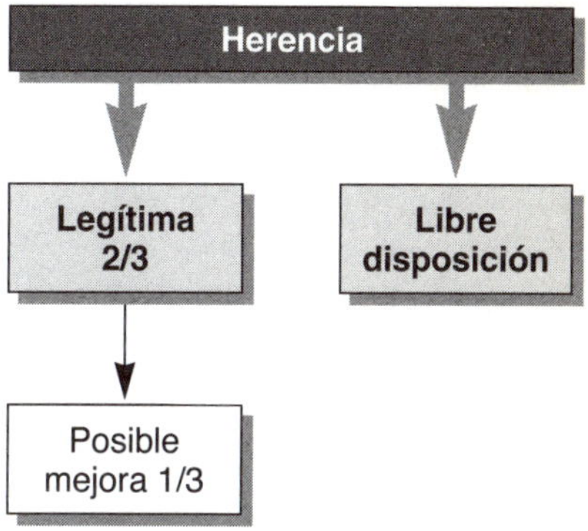


Sin embargo, podrán estos disponer de una parte de las dos que forman la legítima, para aplicarla como mejora a sus hijos descendientes. La tercera parte restante será de libre disposición.

## La mejora

Es una institución genuinamente española, que presenta la feliz combinación del principio de libertad de testar y el de sucesión forzosa.

En la terminología jurídica puede contemplarse un concepto amplio y otro más restringido de la palabra *mejora*. En un sentido amplio, significa aquella porción de la herencia que recibe un descendiente además de la legítima, y como ventaja respecto de los otros herederos forzosos. Desde el punto de vista más restringido, es aquella porción del segundo tercio con la cual el ascendiente, o bien favorece a alguno de los descendientes que no sean herederos forzosos, o bien la distribuye desigualmente entre los que efectivamente lo sean, incluso atribuyéndola totalmente a uno solo de ellos.

### Personas que pueden mejorar

El Código faculta para mejorar al padre y a la madre, pero como permite mejorar a los hijos y descendientes es evidente que esta facultad corresponde a todos los ascendientes.

El Código civil, consecuente con el principio de que el testamento es un acto personalísimo, establece que la facultad de mejorar no puede encomendarse a otro. Pero se reconoce una excepción a esta regla en la posibilidad de delegar en el cónyuge la facultad de mejora, y a este propósito se dispone que podrá válidamente pactarse, en capitulaciones matrimoniales, que muriendo intestado uno de los cónyuges, puede el viudo o viuda, que no haya contraído nuevas nupcias, distribuir, a su prudente arbitrio, los bienes del difunto y mejorar en ellos a los hijos comunes, sin perjuicio de las legítimas y de las mejoras hechas en vida por el finado.

### Personas que pueden ser mejoradas

El Código civil menciona a los hijos y a los descendientes.

## Objeto de la mejora

Por el objeto sobre el que recae, la mejora se clasifica en los grupos siguientes:

a) *Mejora de cuota.* Tiene lugar cuando se deja al mejorado la totalidad del tercio o una parte de él, determinada, bien por la expresión numérica de cantidad, bien por distribución de la cuota en diferentes partes alícuotas.
b) *Mejora de cosa cierta y determinada.* Cuando se deja al mejorado una cosa. Esta disposición está siempre subordinada a la cuota legal máxima en que la cuota puede consistir. Así pues, la mejora podrá señalarse de cosa determinada, y si el valor de esta excediese del tercio destinado a la mejora y de la parte legítima correspondiente al mejorado, deberá este abonar la diferencia en metálico a los demás interesados.
c) *Mejora de cuota con asignación de cosa determinada.* Esta mejora se regula siempre por la cuota y no por la cosa cierta. Si el valor de esta ex-

cediese al de la cuota, se aplicará lo establecido para el caso anterior.

## La desheredación

### Concepto

La desheredación es aquella disposición testamentaria por la que se priva de su legítima a un heredero forzoso, en virtud de una justa causa de las que enumera la ley. Desheredar no equivale a privar de la condición de heredero a alguno de los herederos forzosos; hoy desheredar es privar de su legítima a quienes, tienen derecho a ella.

### Quiénes pueden desheredar, y a quiénes

El Código nada dice en torno a quién tiene capacidad para desheredar, por lo que debe entenderse que la capacidad para desheredar es la norma requerida para testar; quien puede instituir heredero, puede desheredar.

Según el Código, pueden ser desheredadas las siguientes personas: los hijos descendientes, los padres y los ascendientes, el cónyuge.

### Forma

La desheredación sólo podrá hacerse en testamento, expresando en él la causa legal en que se funde. Aunque el Código no lo diga, habrá de expresarse asimismo quién es el desheredado.

### Requisitos

Los requisitos que se exigen para la desheredación son los siguientes:

— que la causa en que se funde sea legal, es decir, alguna de las causas que expresamente señala la ley;
— que sea cierta; según el artículo 850, la prueba de la certeza corresponderá a los herederos del testador si el desheredado lo negare;
— que el desheredante no hubiera otorgado, antes de ordenar la desheredación, pero después de conocer el hecho invocado, testamento instituyendo heredero al que después deshereda;
— que el testamento que contenga la desheredación no sea anulado ni revocado.

### Causas de desheredación

Generales; son justas causas para desheredación, en sus respectivos casos, las de incapacidad por indignidad para suceder, señaladas en el artículo 756, con los números 1.°, 2.°, 3.°, 5.° y 6.°.

Las causas especiales de desheredación de los descendientes son:

— haber negado, sin motivo legítimo, los alimentos al padre o ascendientes que desheredan;
— haberle maltratado de obra o injuriado gravemente de palabra;
— haberse entregado la hija o nieta a la prostitución;

— haber sido condenado por un delito que lleve consigo la pena de interdicción civil.

Las causas especiales de desheredación de los ascendientes son:

— haber perdido la patria potestad por las causas expresadas en el artículo 170;
— haber negado los alimentos a sus hijos o descendientes sin motivo legítimo;
— haber atentado uno de los padres contra la vida del otro, si no hubiera habido entre ellos reconciliación.

Las causas especiales de desheredación del cónyuge son:

— las que dan lugar a la separación personal;
— las que dan lugar a la pérdida de la patria potestad;
— haber negado alimentos a los hijos o al otro cónyuge;
— haber atentado contra la vida del cónyuge testador, si no hubiere mediado reconciliación.

### Efectos de la desheredación

Por lo que respecta al desheredado, queda excluido de todo derecho a reclamar su legítima, así como también debe quedar excluido de la sucesión intestada, cuando hubiere lugar a ella.

En cuanto a los descendientes del desheredado, los hijos ocuparán su lugar y conservarán los derechos de herederos forzosos respecto de la legítima, pero el padre desheredado no tendrá el usufructo ni la administración de los bienes de la misma.

## La preterición

Se entiende por *preterición* la omisión de alguno de los herederos forzosos en el testamento, sin desheredarlo expresamente.

Es, pues, una privación de la legítima hecha tácitamente, a diferencia de la desheredación, que es una privación de modo expreso.

Los requisitos que deben cumplirse son los siguientes:

— que haya omisión de todos o alguno de los herederos forzosos;
— que la omisión sea completa o total, pues la institución en cantidad suficiente sólo da derecho de pedir el complemento;
— que los herederos preteridos sobrevivan al testador, pues en otro caso la preterición sería indiferente para el derecho.

# La sucesión intestada

Según el Código civil, la sucesión se difiere, o tiene lugar, por la voluntad del hombre manifestada en testamento, y, a falta de este, por disposición de la ley.

La primera se llama *sucesión testamentaria*. La segunda, llamada *sucesión legítima*, se caracteriza por lo siguiente:

- es una sucesión hereditaria;
- es una sucesión legal, pues la ley es la que hace el llamamiento a los herederos;
- es una sucesión supletoria, ya que sólo se abre cuando falta total o parcialmente la sucesión testamentaria.

A este respecto, y sobre el fundamento de la misma, existen varias teorías. Unas, llamadas *individualistas*, y que están desarrolladas por los autores de derecho natural, entienden que si la sucesión testada deriva de la voluntad expresa del causante, la intestada tiene que derivar de la voluntad presunta, apareciendo como un testamento tácito. Otras teorías, llamadas *familiares*, fundan la sucesión intestada en el elemento familiar. Podemos agruparlas en:

- las que se fijan en el aspecto biológico o físico de la familia;
- las que lo hacen en el aspecto jurídico del vínculo familiar;
- las que se apoyan en el aspecto ético o espiritual;
- las que destacan el aspecto puramente político o constitucional;
- las que subrayan el aspecto patrimonial.

De otra parte, existen las teorías mixtas o eclécticas, para las que la sucesión intestada tiene su fundamento en las exigencias combinadas de la familia y las de la sociedad.

El Código civil, en su artículo 912, señala que la sucesión legítima tiene lugar en los casos siguientes:

- cuando uno muere sin testamento, o con testamento nulo o que haya perdido después su validez;
- cuando el testamento no contiene institución de heredero en todo o en parte de los bienes, o no dispone de todos los que corresponden

al testador; en este caso, la sucesión legítima tendrá lugar solamente respecto a los bienes de que no hubiere dispuesto;
— cuando falta la condición puesta a la institución de heredero, o este muere antes que el testador, o repudia la herencia sin tener sustituto y sin que haya lugar a acrecer;
— cuando el heredero instituido es incapaz de suceder.

## La troncalidad

La proximidad del parentesco se determina por el número de generaciones entre dos personas. Cada generación forma un grado. La línea es el conjunto de grados; puede ser directa o colateral: directa es la que está constituida por una serie de grados entre personas que descienden unas de otras; colateral es la constituida por una serie de grados entre personas que si bien no descienden unas de otras, proceden de un tronco común. A su vez, la línea directa se divide en descendente y ascendente. La primera une al cabeza de familia con los que descienden de él; la segunda liga a una persona con aquellos de quienes desciende. En las líneas, se cuentan tantos grados como personas o generaciones, descontando la del progenitor.

## Clases, órdenes y grados

En la sucesión sin testamento no se acepta como único principio de la sucesión el de la proximidad de grado, sino que el orden de llamamiento se basa en tres criterios escalonados de preferencia, que constituyen los principios fundamentales que informan la regulación de esta materia; estos son: clase, orden y grado de parentesco.

### Clases

Son las categorías de personas llamadas a la sucesión en virtud de un mismo fundamento; resultan tres clases:

— los parientes del difunto;
— el viudo o la viuda;
— el Estado.

Así lo establece el Código civil en su artículo 913.

### Órdenes

Son los grupos de personas que, dentro de una clase, suceden con exclusión de los demás. Las órdenes son llamadas a la herencia sucesivamente, de tal modo que mientras exista un solo miembro del grupo anterior, no puede pasarse al posterior. El orden es el siguiente:

— descendientes;
— ascendientes;
— viudo o viuda no separado del causante;
— parientes colaterales;
— el Estado.

La Ley de 30 de abril de 1992 de Medidas Urgentes de Reforma Procesal señala que la declaración de que determinadas personas, que sean descendientes, ascendientes o cónyuges del finado, son los únicos herederos abintestato se obtendrá mediante acta de notoriedad tramitada conforme a la legislación notarial por notario hábil para actuar en el lugar en que hubiere tenido el causante su último domicilio en España y ante el cual se practicará la prueba testifical y documental precisa.

Los demás herederos abintestato podrán obtener la declaración en vía judicial justificando debidamente el fallecimiento de la persona cuya sucesión se trate y su parentesco con la misma.

### Grado

Es cada una de las generaciones que median entre dos personas ligadas por vínculos de sangre. Según el Código, la proximidad del parentesco se determina por el número de generaciones, y cada generación forma un grado.

## Métodos de distribución

Sucesión por cabezas. Consiste en distribuir la herencia en tantas partes como personas están llamadas a la sucesión.

Sucesión por estirpes. Consiste en distribuir la herencia por grupos o series de parientes, cada uno de los cuales toma conjuntamente una cuota que hubiera correspondido si hubiera vivido y podido heredar. Se da esta forma siempre que se hereda por derecho de representación, el cual se da únicamente en la línea recta descendente, a favor de nietos y descendientes más remotos, y en la línea colateral, a favor de los hijos de los hermanos, cuando concurren con los tíos.

Sucesión por líneas. Consiste en dividir la herencia en dos partes, una para los parientes de la línea paterna y otra para los parientes de la línea materna.

## El derecho de representación

Aparece como excepción al principio de que el pariente más próximo excluye al más remoto. Así lo establece el Código civil en su artículo 921, al señalar este principio general que quiebra con el derecho de representación. Este derecho da lugar a la sucesión por estirpes.

El artículo 924 del Código civil lo define como aquel derecho que tienen los parientes de una persona para sucederle en todos los derechos que tendría si viviera o hubiera podido heredar.

El fundamento de este derecho, para Castán, está en un doble objetivo, uno humanitario y otro familiar, para reparar en lo posible el perjuicio de la muerte prematura de un ascendiente y asegurar la partición igualitaria de las estirpes.

Casos en que tiene lugar: premoriencia, incapacidad e indignidad, desheredación del representado.

En cuanto al modo de distribución de la herencia, se hará de modo que el representante o representados no hereden más de lo que heredaría su representado si viviera. Es decir, la herencia se distribuye por estirpes.

# Orden de los llamamientos

Los hijos y sus descendientes suceden a los padres y demás ascendientes sin que haya distinción de sexo y edad o filiación.

El criterio igualitario que preside la situación de los descendientes sólo está alterado por la influencia del derecho de representación, que en esta línea se aplica sin restricción alguna.

## Sucesión a favor de descendientes

Los hijos del difunto heredarán sus bienes siempre por derecho propio, dividiendo la herencia en partes iguales.

Los nietos y demás descendientes heredarán por derecho de representación y, si alguno hubiese fallecido dejando varios herederos, la porción que le corresponda se dividirá entre estos por partes iguales.

Si quedaren hijos y descendientes de otros hijos que hubiesen fallecido, los primeros heredarán por derecho propio y los segundos por derecho de representación.

## Sucesión a favor de ascendientes

El Código establece el régimen de preferencia de los ascendientes sobre los colaterales. En el orden de los ascendientes, el grado más próximo excluye al más remoto. En la línea ascendente no existe derecho de representación. Existen las siguientes normas:

— el padre y madre heredan por partes iguales; si existe uno solo, heredará en todo la herencia;
— a falta de padres, sucederán los ascendientes más próximos en grado; si hubiera de igual grado pertenecientes a la misma línea, dividirán la herencia por cabezas;
— si los ascendientes fueren de líneas diferentes, pero de igual grado, la mitad corresponderá a los ascendientes paternos y la otra mitad a los maternos;
— en cada línea la división se hará por cabezas;
— lo dispuesto en esta sección se entiende sin perjuicio de lo ordenado en los artículos 811 y 812 para sucesión intestada y testamentaria.

## Sucesión del cónyuge y de los colaterales

A falta de ascendientes o descendientes, el Código civil señala que procederá a heredar el cónyuge viudo, y los parientes colaterales, con prioridad por parte del cónyuge, en concurrencia con los parientes colaterales del causante, siempre y cuando el cónyuge no esté separado, bien por sentencia firme, bien mediante separación de hecho por mutuo acuerdo.

En cuanto a lo que se refiere al orden de sucesión entre los colaterales, establece la ley que:

— los hermanos e hijos de hermanos suceden con preferencia a los demás colaterales;
— si no existieran más que hermanos de doble vínculo (hijos del mismo padre y de la misma madre), estos heredarán por partes iguales;
— si concurrieren hermanos con sobrinos, hijos de hermanos de doble vínculo, los primeros heredarán por cabezas y los segundos por estirpes;
— si concurrieren hermanos de padre y madre con medios hermanos, aquellos tendrán doble porción que estos en la herencia;
— en caso de que no existan sino medios hermanos, unos por parte de padre y otros por la de la madre, heredarán todos por partes iguales, sin que haya ninguna distinción de bienes;
— los hijos de los medio hermanos sucederán por cabezas o por estirpes, según las reglas establecidas para los hermanos de doble vínculo.

## Sucesión del Estado

### Fundamento

Faltando personas con derecho a heredar abintestato, es llamado a sucesión el Estado. Las razones que lo justifican son: la seguridad jurídica, ya que el Estado quiere dar continuidad a las relaciones patrimoniales de los que mueren sin sucesión, asumiéndolas sin dejar los bienes abandonados, y la participación del Estado en la formación de la propiedad.

Ello supone que, en la sucesión testamentaria, el titular de los bienes puede disponer de una parte de ellos, corresponde otra a la familia como legítima, y otra retrae al Estado a través del impuesto sucesorio. Cuando el titular no dispone de su parte y cuanto más lejanos son los parientes llamados a la herencia, la totalidad de los bienes debe pertenecer al Estado.

### Código civil

A falta de personas con derecho a heredar, heredará el Estado, dividiendo el producto de la herencia en tres partes:

— una tercera parte a las instituciones municipales del domicilio del difunto, de beneficencia, instrucción, acción social, o profesiones que sean de carácter público o privado;

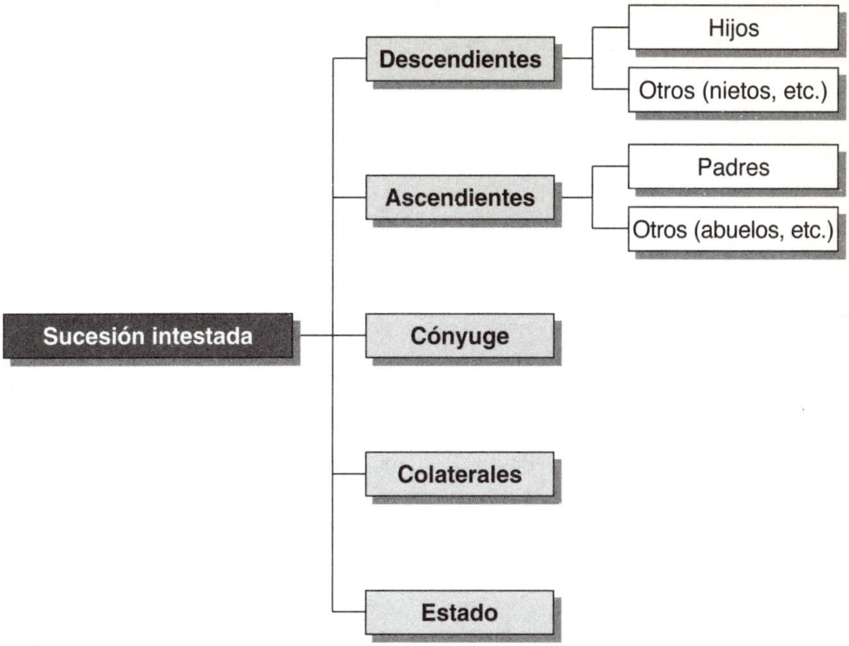


— una tercera parte de las instituciones provinciales de igual carácter;
— otra tercera parte ingresará en el Tesoro.

### Derechos y obligaciones del Estado

Como heredero, serán las mismas que los demás herederos, pero se entenderá siempre aceptada la herencia a beneficio de inventario.

### Requisitos

Para que el Estado pueda apoderarse de los bienes, habrá que proceder a la declaración judicial de heredero, adjudicándose los bienes por falta de herederos legítimos.

# El contrato

Nuestro Código civil no define lo que es el contrato. El artículo 1.089 enumera el contrato entre las «fuentes de las obligaciones»; el artículo 1.091 afirma que las obligaciones que nacen de los contratos tienen fuerza de ley entre las partes contratantes y deben cumplirse a tenor de las mismas. De estos preceptos podemos deducir que el contrato aparece por la conjunción de estas dos notas: un consentimiento común de dos o más personas, dirigido a crear obligaciones entre ellas.

## El concepto de contrato

La formación del concepto actual del contrato se produce en los tiempos modernos como consecuencia de la influencia de tres corrientes diversas de pensamiento. La primera de ellas es la doctrina de los canonistas, que probablemente por una serie de motivos de orden ético y religioso, establecen el deber de fidelidad a la palabra dada y, por consiguiente, el deber de observar los pactos. La segunda corriente aparece en las necesidades prácticas del tráfico mercantil de liberar de trabas formales la contratación. La tercera corriente se produce merced al pensamiento de la ilustración, que buscando especialmente una justificación a las normas en la razón natural, llegará a la conclusión de que el fundamento racional de la creación de obligaciones se encuentra en la libre voluntad.

Se llega de esta manera a la concepción moderna del contrato. Contrato es todo acuerdo de voluntades por el cual los interesados se obligan. El contrato así concebido se convertirá en la institución central no sólo del derecho civil, sino de todo el ordenamiento jurídico, que es, desde esta perspectiva, una trama de contratos que los particulares celebran. En términos estrictamente jurídicos, cabría por ello hablar, más que de uno, de varios conceptos de contrato.

La idea de contrato es en primer lugar un supraconcepto que es aplicable a todos los campos jurídicos y, por consiguiente, tanto al derecho privado e incluso al derecho matrimonial. Son contratos, desde este punto de vista, los tratados internacionales, los concordatos, los acuerdos entre naciones, los contratos administrativos, etcétera.

Dentro de la órbita estricta del derecho privado, la idea de contrato es igualmente una idea de carácter general, que se aplica para designar a todos los negocios jurídicos bilaterales, lo mismo a los que se dan en el derecho patrimonial que a los que tienen lugar en el derecho de familia (contrato de matrimonio, contrato de adopción), o en el derecho de sucesiones (contratos sucesorios).

En un sentido más restringido, y buscando el sometimiento a un régimen jurídico unitario, la doctrina más reciente aplica el concepto de contrato exclusivamente respecto a todos aquellos negocios jurídicos que inciden sobre relaciones jurídicas patrimoniales. Visto desde esta perspectiva, que es la que ha suscitado aquí nuestro interés, el contrato es el negocio jurídico patrimonial de carácter bilateral. Es, por consiguiente, contrato todo negocio jurídico bilateral, cuyo efecto consiste en constituir, modificar o extinguir una relación jurídica patrimonial.

## Las modalidades contractuales

Hemos puesto de relieve cómo el concepto de contrato constituye un supraconcepto, que es, por tanto, susceptible de aplicarlo a diversas situaciones: son contrato las operaciones económicas puramente manuales e instantáneas de la vida cotidiana (la compra de bienes de consumo en un establecimiento público, la utilización de un medio de transporte colectivo, etcétera).

Al lado de estos contratos manuales, fugaces o instantáneos, existen otros mediante los cuales se trata de llevar a cabo operaciones económicas de intercambio de bienes o de servicios, que o bien poseen una gran envergadura o bien deben dar lugar entre las partes a una relación jurídica permanente o duradera.

Esta última característica hace que en este tipo de contrato la reglamentación contractual se destaque sobre el puro cambio de las prestaciones.

La evolución económica y social ha dado lugar a la aparición de una serie de modalidades contractuales de muy difícil encasillamiento, en el régimen jurídico tradicional. Aparecen, en primer lugar, los contratos en masa o contratos-tipo, impuestos a sus clientes por grandes empresas mercantiles e industriales y referidos muchas veces a la utilización de bienes o de servicios imprescindibles en la vida cotidiana (agua potable, gas, energía eléctrica, teléfono, etc.). El hecho de referirse a bienes de consumo necesario hace que la libertad de iniciativa se encuentre en ellos enormemente restringida y que parezca muy clara la situación de prepotencia de una de las partes respecto de la otra. Se abre camino, de esta manera, a los llamados contratos de adhesión, contratos por formularios o contratos con condiciones generales, a los que más adelante haremos referencia.

En segundo lugar, una serie de condicionamientos de política económica y de política social (por ejemplo, escasez de viviendas, necesidad de colocación de la mano de obra) hacen que el régimen jurídico o el contenido de determinados contratos no puedan dejarse tampoco al juego de la pura libertad contractual, porque ello supondría dejar a una de las partes, económicamente más débil, a merced de la otra, por lo que el Estado tiene que asumir la tarea de dotar legislativamente de un contenido imperativo e irrenunciable a estos contratos. Puede hablarse así de unos contratos normandos o contratos con contenido imperativo determinado.

Bajo el nombre de *contrato forzoso* conoce la doctrina moderna todos aquellos casos que son en gran parte productos del «dirigismo» estatal en materia económica y de la cada vez más absorbente intervención pública en materia patrimonial, en los cuales las partes se ven inmersas en una relación contractual o, para decirlo más exactamente, en una relación jurídica similar a la que crea un contrato sin haberlo querido, esto es, sin voluntad o incluso en contra de su voluntad.

## Clasificación de los contratos

Son aplicables a los contratos algunas de las clasificaciones establecidas para los negocios jurídicos patrimoniales en general: contratos onerosos y gratuitos; contratos conmutativos y aleatorios. Además, pueden establecerse otras clasificaciones. En este lugar nos referimos a las que se establecen entre: contratos consensuales, reales y formales; contratos unilaterales y bilaterales o sinalagmáticos; contratos típicos y atípicos.

### Contratos consensuales, reales y formales

En el derecho romano, para constituir una obligación se necesita el pronunciamiento de unas palabras solemnes, la suscripción de un documento, la entrega de una cosa o la prestación del consentimiento.

Los dos primeros casos se engloban bajo la rúbrica de «contratos formales». Se denomina, en cambio, contratos reales a aquellos que se perfeccionan mediante la entrega de una cosa. Finalmente, contratos consensuales son aquellos que se perfeccionan por mero consentimiento.

Esta clasificación ha perdido en el derecho moderno gran parte de su valor. En el derecho moderno, la regla general es que los contratos se perfeccionan por el consentimiento, por lo cual los contratos consensuales constituyen la regla.

La categoría de los contratos formales debe ser conservada contraponiéndolos a los contratos no formales. Los primeros son aquellos que para su validez o para su plena eficacia precisan una forma especial. Los segundos, aquellos que al amparo del principio de libertad de forma son válidos y eficaces, cualquiera que sea la forma como se celebren.

De contratos reales se habla en la doctrina moderna en un sentido completamente distinto del anterior, para aludir a aquellos contratos que producen como efecto la constitución, transmisión, modificación o extinción de un derecho real.

### Contratos unilaterales y bilaterales

Cuando se habla de unilateralidad o de bilateralidad con referencia a los contratos, no se alude al número de partes, sino al número de obligaciones que el contrato crea y la estructura de estas obligaciones. Los contratos se llaman *bilaterales*, o también *sinalagmáticos*, cuando crean obligaciones recíprocas a cargo de ambas partes. Por el contrario, son unilaterales aquellos que crean obligaciones a cargo de una sola de las partes.

Como un género intermedio, la doctrina ha considerado los llamados contratos *sinalagmáticos* como aquellos en que las obligaciones derivadas del contrato recaen sobre una de las partes, pero que en el momento de su liquidación pueden imponer obligaciones a cargo de la otra. En el depósito y en el comodoro no hay más obligación que la del depositario o comodatario de restituir. En el momento de la terminación del contrato, pueden surgir obligaciones a cargo del depositante y del comodante, como son las de resarcir los gastos sufridos para la conservación de la cosa.

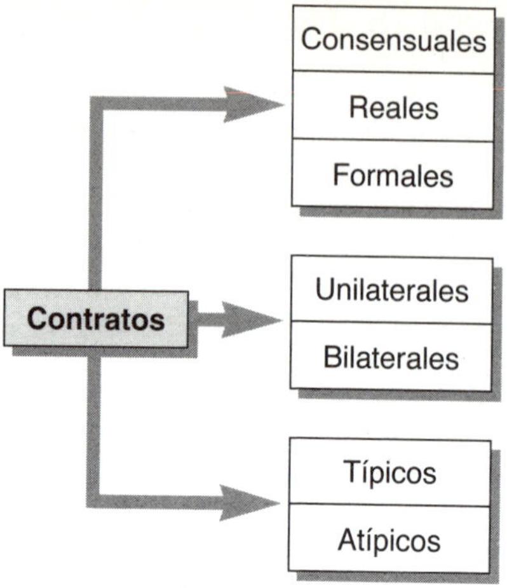


### Contratos típicos y contratos atípicos

Consagrada en el derecho moderno la regla de la libertad contractual, la posibilidad de que las partes celebren contratos sin ajustarse a los esquemas preestablecidos por la ley es indiscutible.

Aparece así la distinción entre los contratos típicos y los contratos atípicos, según que exista o no una disciplina legislativa previa del tipo contractual. Por ejemplo: son típicos la compraventa, el arrendamiento, la sociedad; son atípicos el contrato de hospedaje, el de educación, el de edición.

## Contrato de franquicia

Mediante un contrato de franquicia el franquiciador cede al franquiciado, a cambio de una contraprestación, el derecho a ser representado bajo su razón social y su marca para vender productos o servicios de una determinada manera y mediante unas técnicas comerciales uniformes.

Se trata, por tanto, de un sistema de distribución exclusiva cuya existencia ha sido reconocida por los tribunales de justicia españoles desde hace largo tiempo y del que es posible hallar referencias en algunos textos legales, pero sin que ello pueda concederle la consideración de contrato típico.

En 1998 fue creado en nuestro país un registro de franquiciadores que recoge los datos personales de quienes desarrollen su actividad en el ámbito de más de una comunidad autónoma. La inscripción en el mismo es obligatoria y con carácter previo al inicio de la actividad.

## Contrato de edición

Por el contrato de edición una parte del contrato se obliga a la reproducción de una obra cuyo autor es la otra parte del contrato, normalmente.

El autor está protegido por la Ley de Propiedad Intelectual, y en virtud de esa protección tiene derecho a controlar las tiradas de reimpresiones o sucesivas ediciones que de su obra se hagan.

El Real Decreto n.º 396/1988, de 25 de abril, dispone el procedimiento de control del número de ejemplares de cada edición de su obra, tanto si se trata de una edición única como si se realizan sucesivas ediciones o reimpresiones de su obra.

Con este control el autor puede acceder fácilmente a las cifras que debe manejar para obtener el porcentaje correspondiente por impresión de su obra.

# Los requisitos del contrato

Nuestro Código civil establece en el artículo 1.261 que no hay contrato sino cuando concurren los requisitos siguientes:

- — consentimiento de todos los contratantes;
- — objeto cierto que sea materia del contrato;
- — causa de la obligación que se establezca.

## El consentimiento de las partes

Consentimiento es la acción de consentir, y consentir es permitir o tolerar, es decir, dar la aquiescencia o la aprobación de algo.

En rigor, cuando se habla de consentimiento contractual hay que distinguir los siguientes fenómenos:

*a*) la voluntad interna, individual de cada contratante, en la que puede valorarse el simple querer y el propósito empírico que guía a la voluntad;

*b*) la declaración que el contratante emite, a través de la cual su voluntad es conocida e inducida, tanto por el otro contratante como por las demás personas;

*c*) lo que puede llamarse la *voluntad* o *intención común*, es decir, aquella zona donde las dos declaraciones coinciden, pues es evidente que el contrato supone esa zona de coincidencia.

### Capacidad para contratar

Nuestro Código civil regula en el artículo 1.263 la capacidad para contratar como sinónima de capacidad para prestar consentimiento.

Según el artículo 1.263, no pueden prestar consentimiento las siguientes personas: los menores no emancipados, los locos o dementes y los sordomudos que no sepan escribir.

Regulada así la capacidad, son capaces para contratar todas aquellas personas a quienes la ley no declare expresamente incapaces para ello. En consecuencia, aquellas personas que tengan limitada su capacidad de obrar la tienen también limitada para contratar.

Un fenómeno distinto de la incapacidad para contratar es el de la existencia de una prohibición legal que impide a determinadas personas celebrar determinados tipos de contratos. La incapacidad se encuentra relacionada o tiene su fundamento básico en el estado civil de la persona afectada. Las prohibiciones, en cambio, se basan en razones de conveniencia o inconveniencia de la celebración del tipo de contrato a que en cada caso la ley se refiere.

### La autocontratación

Generar el contrato es obra común de dos o más personas y, por consiguiente, de dos o más voluntades. ¿Es posible que el contrato sea obra de una sola persona cuando ostenta además el poder de incidir con sus actos en la esfera jurídica ajena? Así, ¿puede una persona comprar o arrendar para sí la cosa que otra le ha encargado vender o arrendar?

Nuestro Código civil no regula con carácter general la figura del «autocontrato» o «contrato consigo mismo», que pudiera implicar realmente un conflicto de intereses entre representante y representado, pues aquel ha de obrar siempre en interés de este.

Así pues, el autocontrato, en principio, no es aceptado cuando hay una contraposición de intereses que no se ha salvado por la voluntad del mandante, llegándose a afirmar la nulidad de pleno derecho del acto del mandatario.

## El objeto

Para el artículo 1.271 del Código civil, pueden ser objeto de contrato todas las «cosas», aun las futuras, que no estén fuera del comercio de los hombres y todos los «servicios» que no sean contrarios a las leyes y buenas costumbres.

Teniendo en cuenta que el contrato es expresión de una autorregulación por las partes de sus propios intereses, diremos que el objeto de contrato es un bien susceptible de una valoración económica que corresponda a interés de las partes.

El objeto de contrato ha de reunir los requisitos de posibilidad, licitud y determinación.

### Posibilidad

Las cosas futuras: dice el artículo 1.272 que no podrán ser objeto de contrato las cosas o servicios imposibles.

La imposibilidad que aquí se contempla es la imposibilidad originaria, cuando el comportamiento prometido es imposible al calibrarse el contrato.

La posibilidad característica del objeto no excluye la futuridad. Dice en tal sentido el artículo 1.271 que pueden ser objeto de contrato las cosas futuras. Por cosa futura ha de entenderse todo bien inexistente en el momento de la celebración del contrato, pero podrá existir según el curso normal de los acontecimientos, ya por hecho de la naturaleza, ya por hecho del hombre, ya por hecho de la naturaleza y del hombre.

En todos los casos en que el contrato recae sobre cosas futuras, los contratantes asumen la obligación de realizar todas aquellas actividades a su alcance que sean necesarias para que la cosa llegue a tener existencia y, al mismo tiempo, omitir las que pongan en peligro ese resultado.

### Licitud

El requisito de la licitud se expresa en el artículo 1.271 de distinta forma, según se refiere a las cosas o a los servicios. Para las cosas, exige que no estén fuera del comercio de los hombres. Para los servicios, que no sean contrarios a las leyes y buenas costumbres.

### Determinación

A tenor del artículo 1.273, el objeto de todo contrato debe ser una cosa determinada en cuanto a su especie. La indeterminación en la cantidad no será obstáculo para la existencia del contrato, siempre que sea posible determinarla sin necesidad de nuevo convenio entre los interesados.

Por tanto, el objeto puede estar perfectamente determinado en un principio. Pero es admisible una relativa indeterminación, cuando se señala el género al que la cosa pertenece, y es a ello a lo que apunta el Código civil cuando habla de una cosa determinada en cuanto a su especie. Así, por ejemplo, hay determinación cuando se vende un caballo, una silla o una mesa. La elección de la cosa dentro del género se hace al concretarse la obligación genérica.

El artículo 1.273 exige también la fijación de la cantidad cuando ello es necesario para delimitar el objeto, para saber con exactitud a lo que se obliga el deudor. Pero permite que, en lugar de ser ya determinada desde la celebración del contrato, sea determinable posteriormente según criterios que no impliquen la necesidad de un nuevo acuerdo entre las partes.

# La cláusula penal en los contratos

Se denomina *pena convencional* a la prestación, generalmente consistente en el pago de una suma de dinero, que el obligado se compromete a satisfacer al que tiene derecho a exigirle el cumplimiento o a una tercera persona, en el supuesto de que incumpla o cumpla defectuosamente su obligación. Por ejemplo, el contratista se obliga a pagar una suma de dinero por cada día que retrase la entrega de la obra que se obligó a construir.

## Conceptos y caracteres

La pena convencional se establece usualmente por medio de una disposición negocial que se incorpora al negocio constitutivo de la obligación. De ahí su nombre más común y que acepta el legislador: *cláusula penal*. Pero nada impide que se origine otro negocio separado, y que se pacte también con posterioridad al negocio creador de la obligación, siempre que sea anterior al momento de su vencimiento.

De lo expuesto se deduce que hay un nexo de dependencia y accesoriedad entre cláusula penal y obligación principal, que trae como consecuencia, según el Código civil, que «la nulidad de la obligación principal lleva consigo la cláusula penal», pero que, en cambio, «la nulidad de la cláusula penal no lleva consigo la de la obligación principal».

## Funciones

La cláusula penal es considerada por el artículo 1.152 como sustitutiva de la indemnización de daños y perjuicios y abono de intereses a que todo deudor incumplidor está sometido por el artículo 1.101. Pero la norma del Código civil, citada primeramente, no es imperativa. Las partes pueden pactar válidamente que la cláusula penal jugará con independencia del derecho del acreedor a exigir daños y perjuicios. Es en ausencia de esa voluntad cuando se entiende en función sustitutoria.

El carácter penal propiamente dicho lo tendrá la cláusula si es exigible además de los daños y perjuicios, o cuando, aun en función sustitutoria, el monto a que asciende es superior a los daños y perjuicios que podría reclamar el acreedor. Entonces, además, cumple una función coercitiva de garantía, porque el deudor tratará verosímilmente de cumplir para eludirla.

La cláusula penal sustitutoria opera automáticamente. El acreedor no tiene que demostrar que el incumplimiento o cumplimiento defectuoso, según los casos para los que se haya establecido, ha ocasionado daños y perjuicios.

La estipulación de una pena convencional reviste una configuración distinta si al deudor se le otorga la facultad de liberarse de la obligación pagando la pena, concesión que ha de ser expresa. Este pacto, permitido por el artículo 1.153, hace surgir la pena de arrepentimiento o multa penitencial, y, en esencia, una obligación facultativa con cláusula de sustitución.

Por último, el mismo artículo 1.153 niega al acreedor la facultad de exigir conjuntamente el cumplimiento de la obligación y la satisfacción de la pena sin que le haya sido claramente concedida. No obstante, en modo alguno se le prohíbe como norma general que exija el cumplimiento; en otras palabras, que la cláusula penal no obliga a pedir exclusivamente su efectividad. Cabe que opte por el cumplimiento y, caso de no lograrlo, por la cláusula penal, pero siempre en grado subsidiario.

## Presupuestos de aplicación

Las partes son libres de especificar el supuesto o supuestos en que tendrá efectividad la cláusula penal. Es posible sintetizarlos en casos de incumplimiento total y cumplimiento defectuoso, en el que se incluye el cumplimiento diario. Es esencial que subsistan los supuestos con arreglo a los cuales se pactó.

El incumplimiento o cumplimiento defectuoso ha de ser imputable al obligado al pago de la pena, no debido a caso fortuito o fuerza mayor, salvo que se haya convenido que también en estos dos últimos casos sea exigible.

## Moderación

A tenor del artículo 1.154, el juez modificará equitativamente la pena cuando la obligación principal hubiese sido en parte o irregularmente cumplida. Es una disposición de obligada observancia, una norma imperativa a aplicar, aunque no haya sido solicitada por quien pudiera beneficiarse de la reducción.

La reducción ha de basarse en un juicio de equidad sobre el presupuesto de un incumplimiento parcial o irregular de la prestación, nunca de un incumplimiento total. Este juicio es irrevisable en casación por el Tribunal Supremo.

## Interpretación restrictiva

La cláusula penal, como declaración de voluntad, ha de ser interpretada adecuadamente con las reglas de interpretación de los contratos aplicables a los negocios *inter vivos*. La interpretación versa generalmente sobre si las partes han querido establecer una u otra garantía distinta, su contenido o extensión y, por último, sobre los supuestos a que se refiere. Si las dudas no quedan disipadas con esta labor, ha de seguirse el criterio jurisprudencial favorable a una interpretación restrictiva sobre su existencia, contenido y alcance de la pena.

# El contrato de compraventa

Por el contrato de compraventa uno de los contratantes se obliga a entregar una cosa determinada, y el otro, a pagar por ella un precio cierto, en dinero o signo que lo represente.

De esta definición se deduce claramente que en nuestro sistema civil el contrato de compraventa es únicamente productor de obligaciones recíprocas. No se transfiere la propiedad, por tanto, por la mera perfección del contrato. Para la efectiva adquisición de dominio se necesita la entrega de la cosa vendida.

## Concepto y caracteres

En nuestro Código civil, la compraventa es un contrato consensual en el sentido de que se perfecciona por el mero consentimiento, desde que comprador y vendedor hubiesen convenido en la cosa objeto del contrato y en el precio, aunque ni la una ni el otro se hayan entregado.

Caracteres destacados del contrato de compraventa son también la onerosidad y conmutatividad. Se considera que hay onerosidad en tanto que el desplazamiento patrimonial que produce, el sacrificio para el vendedor, está compensado por la contraprestación que asume el comprador. Existe conmutativamente porque normalmente, y a partir de la conclusión del contrato, es posible calcular la ganancia obtenida por cada contratante; no depende de una circunstancia desconocida, de un riesgo o del azar.

## Capacidad

El artículo 1.457 sienta la regla general: podrán celebrar el contrato de compraventa todas las personas a quienes este Código autoriza para obligarse, salvo las modificaciones contenidas en los artículos siguientes. Esta amplia capacidad deriva de su carácter obligatorio. De ahí que sean todas las personas capaces de contraer obligaciones las que puedan celebrar el contrato.

El artículo 1.459 no contiene en sentido propio excepciones a aquella regla general de capacidad, sino prohibiciones, pues a las personas mencionadas en el mismo les está prohibida la celebración siempre que se den las circunstancias especiales prevenidas legalmente y precisamente por razón de su concurrencia en ellas.

Las personas señaladas en el artículo 1.459 no pueden comprar ni en subasta pública o judicial, ni por sí, ni por persona intermedia. Tales personas son:

*a*) El tutor, a quien prohíbe el Código civil la compra de los bienes de la persona o personas que están bajo su tutela.
*b*) Los mandatarios encargados de la administración o enajenación de los bienes no pueden comprarlos, salvo cuando es el propio dueño (en cuyo interés se establece la prohibición) quien vende al mandatario. La prohibición no rige cuando al tiempo de adquirir ha desaparecido ya en el mandato. Por el hecho de haber sido administrador no queda privado el mandatario de la posibilidad de adquirir el bien que con anterioridad hubo administrado.
*c*) Los albaceas, quienes no pueden comprar los bienes confiados a su cargo. La prohibición es absoluta, y no sólo para los bienes de cuya administración o enajenación estuviesen encargados.
*d*) Los empleados públicos, a quienes se prohíbe la compra de los bienes del Estado, del municipio, de los pueblos y de los establecimientos también públicos cuya administración les ha sido confiada. Tal prohibición afecta también a los jueces y peritos que de cualquier modo intervienen en la venta.
*e*) Las personas encargadas de la Administración de Justicia. Los magistrados, jueces, individuos del ministerio fiscal, secretarios de tribunales y juzgados, y oficiales de Justicia, no podrán adquirir por compra los bienes y derechos que estuviesen en litigio ante el tribunal en cuya jurisdicción o territorio ejercieran sus funciones respectivas, extendiéndose además esta prohibición al acto de adquirir por cesión. Por otro lado, se exceptuarán de esta regla aquellos casos en que se trate de acciones hereditarias entre herederos, así como de cesión en pago, de créditos o incluso de la garantía de los bienes que poseen.

La prohibición contenida en el artículo 1.459, 5.º, comprenderá a los abogados y procuradores respecto a los bienes y derechos que fueren objeto de un litigio en que intervengan por su profesión u oficio. La actuación de estas personas deben obedecer a la defensa de los intereses de alguno de los contendientes.

## Objeto

Como norma general pueden ser objeto del contrato de compraventa tanto las cosas corporales como incorporales específicas y genéricas. Pero el objeto es abstracto, y requiere una serie de condiciones.

### Existencia real o posible

El objeto debe existir al celebrarse el contrato. Si no existe entonces por pérdida total, queda sin efecto. Pero si el vendedor tenía conocimiento de aquella circunstancia, está obligado a indemnizar daños y perjuicios por culpa. La indemnización abarca las ventajas patrimoniales que se hubieran obtenido si el contrato se hubiera celebrado.

Si el objeto se ha perdido parcialmente, el comprador tiene facultad para desistir del contrato o reclamar la parte existente, abonando su precio en proporción al total convenido. Caso de que opte por desistimiento, debe concedérsele la indemnización del «interés negativo».

Pero el objeto del contrato puede ser una cosa futura, señalada anteriormente (artículo 1.271). Por cosa futura hemos de entender, en sentido amplio, aquella cosa que se espera según el curso natural, pero no existe aún en el momento de la celebración del contrato. Por ejemplo, si A compra a B la cosecha que producirá su finca el año próximo, o si A compra a B un piso en un edificio que va a construir.

Si la cosa no llega a tener existencia, entonces el vendedor no cumplirá su obligación de entrega, quedando sin causa la obligación recíproca del comprador de pagar el precio, por lo que eximirá de su cumplimiento. Pero por la índole del objeto sobre del que se contrata, la perfección del contrato hará nacer unas obligaciones en íntima conexión con la finalidad que se persigue. Estas obligaciones son, de una parte, la negativa de no impedir el nacimiento de la cosa, y por otra, la prestación positiva, a cargo usualmente del vendedor, de desplegar una actividad para que la cosa llegue a tener existencia.

### Cosa determinada

Así lo exige el artículo 1.445, sin que ello signifique que no quepa un contrato perfecto si el objeto es una cosa genérica (mil kilos de trigo, tres caballos). Lo único preciso es la operación de concentración de la cosa dentro del género.

En la compraventa ha de cumplirse lo que preceptúa el artículo 1.273 respecto al objeto de todo contrato, que debe recaer en una cosa determinada «en cuanto a su especie», significándose así que la determinación equivale a una fijación o señalamiento de modo que no se confunda con otras.

### Cosa de lícito comercio

Por mandato del artículo 1.271, pueden ser objeto de contrato todas las cosas y servicios que no estén fuera del comercio de los hombres y no sean contrarias a la ley.

## Precio

El artículo 1.445 dice que el precio en la compraventa debe ser cierto en dinero o signo que lo represente. Pero no obliga a que cuantitativamente se determine en el momento de la celebración del contrato. Precisamente los artículos 1.447 y 1.448 contemplan supuestos en los que el precio no está fijado al perfeccionarse el contrato, y ello no obsta a que se tenga por cierto. Lo que el Código civil no permite es que haya necesidad de un acuerdo posterior para fijarlo (pues entonces no se entendería perfeccionada la compraventa con anterioridad) ni que su señalamiento se deje al arbitrio de uno de los contratantes. En cambio, autoriza a estos para que pacten en el contrato de compraventa el procedimiento mediante el cual el precio se determinará sin influencia posible de sus voluntades. El precio no es determinado, sino determinable, hasta entonces. Así, cuando se fija con referencia a otra cosa cierta o se señala el que la cosa vendida tenía en determinado día, bolsa o mercado, o en un tanto mayor o menor que este precio.

Es lícito remitirse al arbitrio de personas determinadas para la fijación del precio, cuya decisión es obligatoria para los contratantes. Si aquella no quisiera o no pudiera señalarse, quedará ineficaz el contrato.

El precio no ha de ser forzosamente justo. Nuestro Código civil no requiere que la prestación del comprador tenga un valor equivalente al de la cosa vendida. Propugna el principio de *tantum valet res quantum vendi potest*, propio de una economía puramente liberal.

Sin embargo, el intervencionismo del Estado en materia de fijación de precios es una realidad de nuestros días por motivos de política social.

## Las arras

Como consecuencia del carácter puramente consensual y productor de obligaciones que posee el contrato de compraventa, el artículo 1.450 dice que la venta se perfeccionará entre comprador y vendedor y será obligatoria, para ambos, si hubieren convenido en la cosa objeto del contrato y en el precio, aunque ni la una ni el otro se hayan entregado.

Al perfeccionarse el contrato, el comprador suele entregar al vendedor una suma de dinero. A esa entrega se la denomina *arras* o *señal*. ¿Qué significado tiene?

El artículo 1.454 marca un efecto, consistente en que podrá rescindirse el contrato allanándose el comprador a perderlas o el vendedor a devolverlas duplicadas. Contempla, pues, las arras con una finalidad penitencial, aneja a la facultad que concede a cada parte contratante para desligarse del contrato.

Pero la jurisprudencia ha reiterado que tal norma no es imperativa, que hay que interpretar previamente y en todo caso la voluntad de las partes, cuyo resultado ha de conducir a la certeza de que han querido las arras con el significado penitencial del artículo 1.454. De lo contrario, la entrega ha de reputarse anticipo del precio.

## Obligaciones del vendedor

### Obligación de transmitir la propiedad

Esta es la obligación básica que sustenta todo el contrato de compraventa, contrato traslativo de dominio.

En íntima relación con esta obligación se nos presentan dos cuestiones: la venta de cosa ajena; la venta con reserva de dominio.

#### LA VENTA DE COSA AJENA

Si el vendedor ha de transmitir el dominio parece que no cabe una compraventa válida de una cosa que no le pertenece. Sin embargo, dado que en el Código civil la compraventa es contrato generador de obligaciones, el vendedor puede obligarse a transmitir una cosa que no le pertenece. Si no está en posesión de ella, incumplirá su obligación de entrega, pero ello no afecta a la validez del contrato celebrado.

La jurisprudencia es fluctuante, si bien con un predominio de la línea afirmativa de la validez del contrato en cuestión, en razón a su carácter consensual y obligatorio. Las decisiones negativas se fundamentan en la teoría del error, consistente en suponer cosa propia del vendedor la que es ajena e incluso que en estas ventas falta el elemento real, la cosa, pues la que es propia del tercero y no del vendedor se reputa inexistente.

#### LA VENTA CON RESERVA DE DOMINIO

En las ventas cuyo precio se aplaza mientras el vendedor cumple su obligación de entrega de la cosa al comprador, y como garantía de los derechos de aquel, se suele pactar que, pese a la transmisión efectuada, el comprador no adquiere el dominio de la cosa hasta que no se pague la totalidad del precio. Se da solamente una entrega de la posesión al comprador, que no adquiere la propiedad hasta el momento en que culmina el cumplimiento de su obligación de pago.

Este pacto, que ha sido reiteradamente estimado como lícito por la jurisprudencia, entraña una condición suspensiva que afecta sólo a la consumación de la compraventa y a la transmisión del dominio. La transmisión del derecho de propiedad coincide con el cumplimiento de la condición (el pago de precio aplazado).

El pacto de reserva de dominio es eficaz frente a los acreedores del comprador. Es decir, no podrán embargar el objeto, aunque se encuentre en el patrimonio de este, siempre que aquel pacto tenga una cierta publicidad, como la de que conste por escrito que tenga fecha cierta anterior a la ejecución pretendida por aquellos.

### Obligación de entrega de la cosa

El vendedor está obligado a la entrega de la cosa comprada. Es el medio para que el comprador adquiera el dominio sobre ella.

Como reglas generales aplicables a esta obligación, señalaremos:

— la de entregar la cosa vendida en el estado en que se hallaba en perfeccionamiento el contrato;
— la de entregar los frutos al comprador desde el día en que se perfecciona el contrato;
— la de entregar la cosa con todos sus accesorios, si se ha vendido una cosa determinada;
— la de poner en poder del comprador todo lo que se exprese con el contrato.

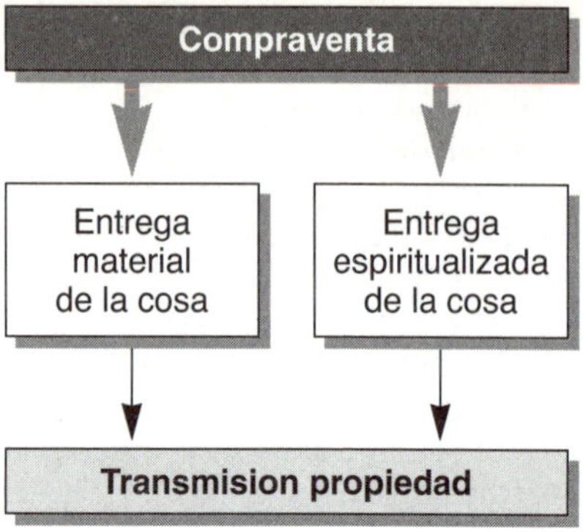


Según el artículo 1.462, se entiende entregada la cosa vendida cuando se ponga en poder y posesión del comprador. Pero, si bien la entrega real es el medio normal de cumplir la obligación, no es el único. El Código civil admite otras diferentes formas espiritualizadas de entrega. Tales formas son:

*a*) El otorgamiento de la escritura pública de una venta equivaldrá a la entrega de la cosa objeto de contrato, si de la misma escritura no resultare o se dedujere claramente lo contrario.
*b*) Tampoco es necesaria la entrega material cuando el vendedor continúa poseyendo la cosa, pero ahora por otro título jurídico; v. gr.: arrendamiento, usufructo, o bien cuando el comprador tenía ya la posesión y por la compra comienza a poseerla a título de dueño.
*c*) La entrega de los bienes muebles puede hacerse de una manera material o utilizando la tradición instrumental. El artículo 1.463 permite también que se realice de una manera simbólica: por la entrega de las llaves del lugar o sitio donde se hallen almacenados o guardados; por el solo acuerdo o conformidad de los contratantes, si la cosa vendida puede trasladarse a poder del comprador en el instante de la venta, o si este la tenía ya en su poder por algún otro motivo.
*d*) Respecto a los bienes incorporales, su entrega no es la material dada la naturaleza del objeto sobre el que recae el contrato. En cualquier caso, se entenderá por entrega el hecho de poner en poder del comprador los títulos de pertenencia, o el uso que del derecho haga el mismo comprador, consintiéndolo el vendedor.

*Lugar de la entrega.* Las partes poseen libertad para fijarlo. En defecto de pacto regirá la disposición general del artículo 1.171.

*Gastos de entrega.* Son de cuenta del vendedor, y los de su transporte o traslado van a cargo del comprador, salvo pacto en contrario.

*Tiempo de la entrega.* Salvo la existencia de condición o término, la obligación de entrega nace en el mismo momento de la perfección del contrato.

*Casos en que no procede la obligación de entrega.* El vendedor está autorizado para no cumplir su obligación en los siguientes casos: cuando el comprador no le ha pagado el precio o no se ha señalado en el contrato un plazo para el pago.

Aunque se haya aplazado el precio, no tiene obligación de entregar si después de la venta se descubre que el vendedor corre el riesgo inminente de perder el precio. Se exceptúa el caso en que el comprador afirme pagar en el plazo convenido. Por la insolvencia pierde el comprador el derecho a utilizar el plazo, y su prestación puede serle inmediatamente exigida.

*Obligación de entrega en relación con la cabida en los inmuebles.* Regulan esta materia los artículos 1.469 y 1.472 del Código civil. Para su mejor comprensión, conviene distinguir:

*a*) Disminución o aumento de cabida. No se requiere que en el contrato se fije la cabida del inmueble que se vende. Pero si así se hace, y además se señala un precio por unidad de medida, las partes han demostrado conceder gran importancia a la cabida, hasta el punto de que el precio es proporcionado exactamente a la misma.

*b*) Venta de inmueble como cuerpo cierto. Su característica radica en que las partes no han querido el precio en función de la unidad media. Las consecuencias jurídicas de la venta como cuerpo cierto son sencillas: no da lugar a aumento o disminución del precio si la cabida es mayor o menor que la reseñada en el contrato.

*c*) Defecto o exceso de calidad en el inmueble. El Código civil solamente atribuye efectos jurídicos al defecto de calidad, y, además en el supuesto de ventas hechas a razón de un precio por unidad de medida. Ello se deduce de la inclusión de aquellos efectos en el artículo 1.469, dedicado a esa clase de ventas. El defecto de calidad, a tenor del precepto citado, debe apreciarse *en alguna parte de la cosa*.

Debemos señalar que los efectos jurídicos son los mismos que el Código civil consagra para las ventas que se hagan a precio en relación con la medida.

Pero por la índole específica del vicio se debe interpretar que si por consecuencia de su concurrencia en alguna parte o partes de la cosa, esta tiene un menor valor que no exceda la de la décima parte del precio convenido, el comprador sólo tiene derecho a una rebaja proporcional en el precio. Caso de que sobrepase el 10 por 100, podrá optar entre la rebaja proporcional o la rescisión del contrato.

## El saneamiento

Como complemento de la obligación de entrega, el artículo 1.461 pone a cargo del vendedor la obligación de saneamiento de la cosa vendida. El alcance de esta obligación es el siguiente: responder al comprador de la posesión legal y pacífica de la cosa vendida. Responder al comprador de los vicios o defectos ocultos que tuviere.

## La evicción. Definición y requisitos

Tendrá lugar la evicción cuando se prive al comprador, por sentencia firme y en virtud de un derecho anterior a la compra, de todo o parte de la cosa comprada.

La sentencia firme indica claramente la necesidad de que exista un juicio contradictorio entre el tercero y comprador y resolución de los tribunales de Justicia.

Pero la jurisprudencia del Tribunal Supremo admite, a los fines del saneamiento por evicción, la eficacia de las decisiones administrativas.

Para que el comprador pueda proceder contra el vendedor por evicción es requisito indispensable que se le notifique a este, a instancias de aquel, la demanda interpuesta.

La notificación de la demanda abre la posibilidad de que el vendedor intervenga en el proceso, pero no le obliga a entrar en él como parte demandada.

### Pactos sobre la obligación de sanear por evicción

La obligación de responder por evicción no es esencial a la compraventa, sino natural. De ahí que el código autorice los pactos que tengan por objeto el aumento, disminución o supresión de la misma. Ahora bien, la renuncia a la evicción no evita que el vendedor responda del precio que tenía la cosa al ocurrir. La exención de esta responsabilidad residual debe ser objeto del pacto expreso.

### Contenido de la obligación del vendedor

El artículo 1.478 fija las consecuencias legales de la responsabilidad por evicción en el derecho del comprador a exigir del vendedor los siguientes reembolsos:

*a*) El precio que tuviere la cosa vendida al tiempo de la evicción, sea mayor o menor que el de la venta.
*b*) Los frutos o rendimientos si se le hubiere obligado a entregarlos al que lo haya vencido en juicio. Responsabilidad ciertamente extraña, pues presupone que el comprador es poseedor de mala fe, es decir, conocedor de que no adquiría del verdadero propietario, y, sin embargo, se le otorga el derecho de reclamarlos de este, quizás ignorante del vicio de transmisión.
*c*) Las costas del pleito que haya motivado la evicción y, en su caso, las

del seguido contra el vendedor para el saneamiento. Y ello aunque el vendedor haya comparecido en el primer pleito para defender al comprador.

*d*) Los gastos de contrato, si los hubiere pagado el comprador.

*e*) Si el vendedor es de mala fe, deberá abonar al comprador los daños e intereses (del precio) y los gastos voluntarios o de puro recreo u ornato que hubiere efectuado en la cosa.

EVICCIÓN PARCIAL

Cuando por consecuencia de la evicción se haya perdido una parte de la cosa vendida de tal importancia con relación al todo que sin dicha parte no se hubiese comprado, el comprador podrá exigir la rescisión del contrato devolviendo la cosa sin más gravámenes que los que tuviese al adquirirla.

## Saneamiento por vicios ocultos

El vendedor responde por vicios o defectos ocultos de la cosa cuando la hagan impropia para el uso a que se la destina, o disminuya de tal modo este uso que, de haberlos conocido el comprador, no la habría adquirido o habría dado menos precio por ella. No se trata de que la cosa sea inútil para todo uso, sino para el que motivó su adquisición, debiendo entenderse que fue comprada para aplicarla al uso más conforme con su naturaleza y en armonía con la actividad a que se dedica el adquiriente, si nada se hubiese pactado sobre su destino.

*a*) Pactos sobre la obligación de responder por vicios ocultos. Al igual que vimos en materia de evicción, la autonomía de la voluntad de las partes es libre para aumentar, disminuir o suprimir las consecuencias legales del saneamiento por vicios.

La renuncia al saneamiento por vicios ocultos debe ser expresa, y además el vendedor ha de ignorarlos. Si los conoce y no los manifiesta al comprador, incurre en dolo.

*b*) Las acciones redhibitoria y *quanti minoris*. Como consecuencia de la obligación de sanear por vicios, el artículo 1.486 otorga al comprador la opción entre desistir del contrato (acción redhibitoria), abonándosele los gastos que pagó, o rebajar una cantidad proporcional del precio (acción *quanti minoris*), a juicio de peritos.

Si el vendedor obra de mala fe, el comprador que opte por la rescisión podrá exigir indemnización de daños y perjuicios. El plazo de ejercicio de las acciones es el de seis meses, contados desde la entrega de la cosa vendida.

*c*) Perecimiento de la cosa por efecto de los vicios ocultos. Si la cosa vendida se perdiere por efecto de los vicios ocultos, el vendedor ha de restituir el precio que pagó al comprador y los gastos del contrato, con indemnización de daños y perjuicios, en el caso de que fuera de mala fe; y si fuera de buena fe, sólo el precio y los gastos del contrato.

El plazo de ejercicio de todas estas acciones es de seis meses, a contar desde la entrega de la cosa.

*d*) Saneamiento en caso de venta de dos o más cosas conjuntamente y en el de venta judicial. Vendiéndose dos o más cosas conjuntamente, sea por un precio alzado, sea señalándolo a cada una de ellas, el vicio de una no dará lugar a que se considere en todas las demás, a no ser que se entienda que el comprador no habría comprado estas sin aquellas.

En las ventas judiciales haya lugar al saneamiento por vicios ocultos, pero nunca a la indemnización de daños y perjuicios. Ello es debido al ambiente de publicidad que rodea estas ventas, de un lado; de otro, y muy principalmente, a la situación especial del vendedor, que no toma parte en la venta ni interviene en la determinación del precio.

## Saneamiento por vicios ocultos en la venta de animales

Ante todo, el Código civil preceptúa la nulidad de la compraventa de animales que padezcan enfermedades contagiosas. Tal nulidad entendemos que será radical, absoluta e insubsanable.

También considera nulo el contrato si, expresándose en el mismo el uso o servicio para que se destina el animal, resulta inútil para prestarlo. Aquí, la nulidad debe ser la relativa o anulabilidad, pues se basa en un vicio de consentimiento (error) del comprador. Ha sido inducido a contratar en la creencia de que servía.

No habrá lugar al saneamiento por vicios ocultos en las ventas hechas en feria o en pública subasta, ni en las caballerías enajenadas como de desecho. En cambio, sí a las acciones de nulidad cuando se dan los supuestos del artículo 1.494.

Vendiéndose dos o más animales conjuntamente, sea a un precio alzado, sea señalándolo a cada uno de ellos, el vicio redhibitorio de cada uno dará solamente lugar a su redhibición, y no a la de los otros, a no ser que aparezca que el comprador no habría comprado el sano o sanos sin el vicioso. Se presume esto último cuando se procede a comprar un tiro, yunta, pareja o juego, aunque se haya señalado un precio por separado para cada uno de los animales que lo componen.

### Acciones derivadas del saneamiento

El comprador puede optar entre la acción redhibitoria y la *quanti minoris*, pero ha de interpelar en el plazo de cuarenta días contados desde la entrega de la cosa, salvo que en el uso de cada localidad se hallen establecidos plazos mayores o menores. Producirán los efectos que vimos en el saneamiento por vicios ocultos en general.

MUERTE DEL ANIMAL

Si el animal muriese a los tres días de comprado, será responsable el vendedor, siempre que la enfermedad que ocasionó la muerte existiera antes del contrato, a juicio de los facultativos. El plazo dentro del que debe ocurrir la muerte se cuenta desde la venta, o lo que es lo mismo, muriendo el animal dentro de esos tres días procede aplicar la disposición.

La muerte no debe tener como causa exclusiva un vicio redhibitorio. Dada la generalidad con que se pronuncia el precepto, cualquier enfermedad es tenida en cuenta.

## Obligaciones del comprador

El comprador está obligado a pagar el precio de la cosa vendida en el tiempo y lugar fijados en el contrato. Si no se hubieran fijado, deberá hacerse el pago en el tiempo y lugar en que se haga la entrega de la cosa vendida.

### Suspensión de la obligación de pago del precio

El artículo 1.502 del Código civil expresa que si el comprador fuese perturbado en la posesión de la cosa adquirida, o tuviere fundado temor de serlo por una acción reivindicatoria o hipotecaria, podrá suspender el pago del precio hasta que el vendedor haya hecho cesar la perturbación o peligro, a no ser que afiance la devolución del precio, en su caso, o se haya estipulado que, no obstante cualquier contingencia de aquella clase, el comprador está obligado a verificar el pago.

Esta facultad de suspender el pago del precio indica que la compraventa de la que parte el artículo 1.502 es una compraventa cuyo precio se ha aplazado total o fraccionadamente, pero el comprador ha recibido la cosa. Además, únicamente entrará en juego cuando se haya ejercitado contra él una acción reivindicatoria o hipotecaria o tenga el temor fundado de ser perturbado en el futuro por su ejercicio, sin que sean de apreciar las suspicacias de compradores desconfiados y pesimistas ni pueda servir de pretexto para abusos maliciosos y resistencias injustificadas.

### Otros gastos

Los gastos de otorgamiento de escritura serán de cuenta del vendedor, y los de primera copia y los demás posteriores a la venta serán de cuenta del comprador salvo pacto en contrario.

## Garantías del vendedor por el precio aplazado

### El artículo 1.503 del Código civil

Si el vendedor ha entregado la cosa y la prestación del comprador se ha aplazado, aquel puede promover inmediatamente la resolución del contrato caso de que tuviere motivo fundado para temer la pérdida de la cosa y del precio. Es una excepción del artículo 1.124, pues aún no existe incumplimiento del contrato y se acciona para resolverlo en base a un temor fundado de que el comprador no cumplirá y de que la cosa a restituir, en consecuencia, no se devolverá.

Entendemos que si el precio aplazado está garantizado o el comprador afianza al instar la resolución el vendedor, quedará sin efecto el artículo 1.503.

## La resolución de la venta de bienes muebles

Respecto de los bienes muebles, dice el artículo 1.505 que la resolución de la venta tendrá lugar de pleno derecho, en interés del vendedor, cuando el comprador, antes de vencer el término fijado para la entrega de la cosa, no se haya presentado a recibirla, o presentándose, no haya ofrecido al mismo tiempo el precio, salvo que para el pago de este se hubiese pactado mayor dilación.

Es básico, pues, que se haya pactado un término para la entrega. Si se presenta a retirarla, adquiere en ese momento todo su vigor el principio de la ejecución simultánea de las obligaciones recíprocas, por lo que al no pagar el precio en aquel momento se da el presupuesto para el ejercicio del derecho potestativo a la resolución, salvo que se haya aplazado por convenio entre los interesados el cumplimiento de esta obligación del comprador.

## La doble venta

El artículo 1.473 da reglas para solucionar el conflicto que se presenta cuando una misma cosa ha sido vendida a diferentes compradores.

Si la cosa fuera mueble, la propiedad se transmite a quien primero haya tomado posesión de ella con buena fe. Si fuera inmueble, al adquiriente que antes la haya inscrito. Si no hubiese inscripción corresponderá a quien de buena fe sea primero en la posesión, y faltando este, a quien presente título de fecha más antigua.

Cualquiera que fuere el criterio elegido, la buena fe es ingrediente fundamental, significando aquí el desconocimiento de que la cosa haya sido objeto de venta con anterioridad.

Esa buena fe ha de darse en el momento de la perfección del contrato, siendo irrelevante que en el lapso de tiempo entre perfección e inscripción se conozca la transmisión anterior. Por otra parte, no bastará el mero hecho de la inscripción. Antes de la misma debe haberse consumado el contrato de compraventa con la *traditio* o entrega de la cosa.

## Los riesgos en la compraventa civil

Una vez perfeccionado el contrato, aunque no se haya hecho entrega de la cosa, ¿quién soportará el riesgo de su pérdida o deterioro por caso fortuito o fuerza mayor o bien como consecuencia de la actuación de un tercero? Si lo soporta el comprador, no recibirá la cosa y tendrá que pagar el precio. Si se hace recaer sobre el vendedor, pierde la cosa y no recibe aquel.

Según opinión, no exenta de críticas y de aplicaciones prácticas injustas, y según la jurisprudencia, el riesgo lo soporta el comprador desde la perfección del contrato. Históricamente, se dice, el legislador no ha hecho caso omiso de una tradición constante desde el derecho romano.

El artículo 1.452, dedicado al problema, distingue: el riesgo en la compraventa de cosa determinada; el riesgo en la venta de cosas fungibles que se venden a razón de un precio fijado en relación con su peso, número o medida.

Se libera al vendedor, en el primer supuesto, de entregar la cosa si se pierde por caso fortuito, salvo que se haya constituido en mora respecto de su obligación de entrega o haya vendido la misma cosa a dos o más compradores. No dice, sin embargo, que el comprador debe abonar, a pesar de ello, el precio. Pero se acepta esta interpretación.

En el segundo supuesto no imputa el Código civil el riesgo al comprador hasta que las cosas se hayan medido, contado o pesado, es decir, se separen de la masa a que pertenecen, salvo que se hubiera constituido en mora. Ahora bien, la separación no puede ser nunca un acto unilateral del deudor (vendedor) antes del cumplimiento. La imputación de los riesgos al comprador se producirá tan sólo, dentro de la teoría tradicional, cuando antes del cumplimiento haya existido una separación bilateral (por acuerdo entre vendedor y comprador).

# La compraventa de bienes muebles a plazos

## Ventas a plazos sobre bienes muebles

Las ventas a plazos de bienes muebles se hallan reguladas por la Ley 28/1998 de 13 de julio, que incorpora al ordenamiento español determinadas directivas emanadas de la Unión Europea.

## Ámbito de aplicación

La ley tiene un triple objeto:

*a*) La regulación de los contratos de venta a plazos de bienes muebles corporales no consumibles e identificables. Son identificables los que tienen marca y número de serie o fabricación, de forma indeleble o inseparable en una o varias de sus partes fundamentales.
*b*) La regulación de los contratos de préstamo para facilitar su adquisición.
*c*) La regulación de las garantías que se constituyan para asegurar el cumplimiento de las obligaciones nacidas de los mismos.

Quedan excluidos de la ley:

*a*) Las compraventas a plazos de bienes muebles que, con o sin ulterior transformación o manipulación, se destinen a la reventa al público y los préstamos cuya finalidad sea financiar tales operaciones.
*b*) Las ventas y préstamos ocasionales efectuados sin finalidad de lucro.
*c*) Los préstamos y ventas garantizados con hipoteca sobre los bienes objeto del contrato.
*d*) Los contratos de venta a plazos o préstamos para su financiación inferiores a determinada cuantía.
*e*) Los contratos de arrendamiento financiero (los contratos de *leasing*).

## El contrato de venta a plazos

Se entenderá por venta a plazos aquel contrato mediante el cual una de las partes entrega una cosa mueble corporal a otra que se obliga a pagar un precio cierto, de forma total o parcialmente aplazada en tiempo superior a tres meses desde la perfección del mismo.

También se entenderán comprendidos en esta ley los actos o contratos, cualquiera que sea su forma jurídica o la denominación que las diferentes partes les asignen, mediante los que las partes se propongan conseguir los mismos fines económicos que con la venta a plazos.

## Forma, eficacia y contenido del contrato de venta a plazos

Para la validez de los contratos será preciso que consten por escrito. Se formalizarán en tantos ejemplares como partes intervinientes, entregándose a cada una su ejemplar firmado.

La eficacia de los contratos en los que se establezca expresamente que la operación incluye la obtención de un crédito de financiación, quedará condicionada a la obtención de este crédito.

Estas compraventas, además de los pactos y cláusulas que las partes estipulen, contendrán:

— lugar y fecha del contrato;
— los datos personales completos de las partes y además, en los contratos de financiación, los datos del financiador;
— la descripción del objeto vendido;
— el precio de venta al contado, el importe del desembolso inicial cuando exista, la parte que se aplaza y, en su caso, la parte financiada por un tercero;
— cuando se trate de operaciones con interés, una relación del importe, el número y la periodicidad o las fechas de los pagos que debe realizar el comprador para el reembolso de los plazos o del crédito y el pago de los intereses y los demás gastos, así como el importe total de estos pagos;
— el tipo de interés nominal;
— la tasa anual equivalente;
— la relación de elementos que componen el coste total del crédito, con excepción de los relativos al incumplimiento de las obligaciones contractuales, y especialmente los que se integran en el cálculo de la tasa anual equivalente;
— cuando se pacte, la cesión que de sus derechos frente al comprador realice el vendedor subrogando a un tercero, y su nombre o razón social y domicilio; o la reserva de la facultad de ceder a favor de persona aún no determinada;
— la cláusula de reserva de dominio, si así se pactara, así como el derecho de cesión de la misma o cualquier otra garantía de las previstas y reguladas en el ordenamiento jurídico;
— la prohibición de enajenar o de realizar cualquier otro acto de disposición en tanto no se haya pagado la totalidad del precio o reembolsado el préstamo, sin la autorización por escrito del vendedor o, en su caso, de el financiador;
— el lugar establecido para notificaciones, requerimientos y emplazamientos; si no se consignara se efectuarán en el domicilio de cada obligado; también se hará constar

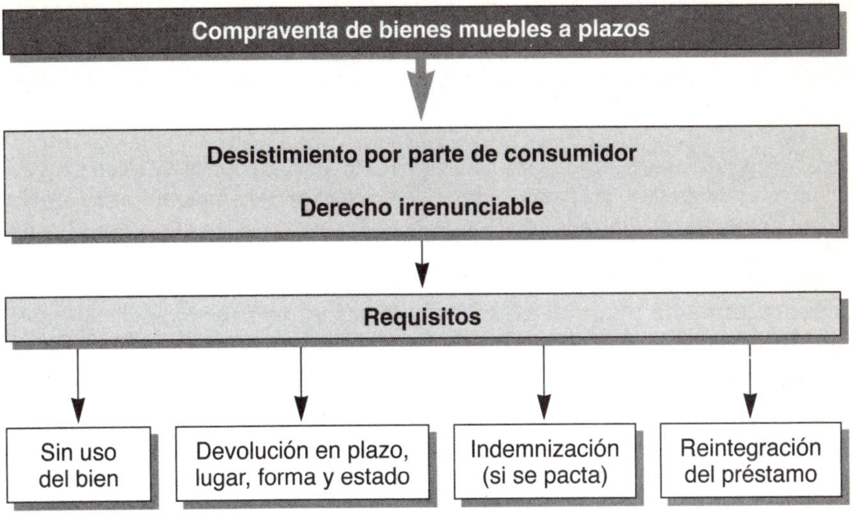


un domicilio donde se verificará el pago;
— la tasación del bien para que sirva de tipo en la subasta, si fuera el caso.

## Facultad para desistir

El consumidor podrá desistir del contrato dentro de los siete días hábiles siguientes a la entrega del bien, comunicándolo al vendedor o al financiador, siempre que se cumplan estos requisitos:

*a*) No haber usado el bien.
*b*) Devolverlo, dentro del plazo señalado anteriormente, en el lugar y forma y estado en que lo recibió y libre de todo gasto para el vendedor.
*c*) Proceder, cuando así se haya pactado, a indemnizar al vendedor en la forma establecida contractualmente por la eventual depreciación comercial del bien.
*d*) Reintegrar el préstamo de financiación para las ventas a plazos que se haya concedido, en los términos acordados.

La facultad para desistir se articula como un derecho irrenunciable, sin que la no constancia de tal cláusula en el contrato prive al comprador de esta facultad. La única excepción que la ley contempla es la referida a vehículos de motor susceptibles de matriculación, en los que dicha facultad podrá ejercerse de forma distinta a lo previsto en la ley o excluirse.

Si como consecuencia del ejercicio de este derecho se resolviera el contrato de venta a plazos también se dará por resuelto el contrato de financiación al vendedor y, en tal caso, el financiador sólo podrá reclamarle a él el pago.

Una vez transcurrido el plazo para el ejercicio de la facultad para desistir surtirán los efectos derivados del contrato. No obstante, en cualquier momento de vigencia del contrato, el comprador podrá pagar anticipadamente, de forma total o parcial, el precio pendiente de pago o reembolsar anticipadamente el préstamo obtenido, sin que en ningún momento puedan ser exigidos intereses no devengados. En tal supuesto, el comprador sólo podrá quedar obligado a abonar, por razón del pago anticipado o reembolso, la compensación que para tal supuesto se hubiera pactado y que no podrá ser superior al 1,5 % del precio aplazado, o del capital reembolsado anticipadamente en los contratos con tipo de interés variable y del 3 % en los contratos con tipo de interés fijo.

Salvo pacto, los pagos parciales anticipados no podrán ser inferiores al 20 % del precio.

## Incumplimiento del comprador

Si el comprador demora el pago de dos plazos o del último de ellos, el vendedor podrá optar entre exigir el pago de todos los plazos pendientes de abono o la resolución del contrato.

Cuando el vendedor optare por la resolución del contrato, las partes deberán restituirse recíprocamente las prestaciones realizadas.

El vendedor o prestamista tendrá derecho a lo siguiente:

*a*) Al 10 % de los plazos vencidos en concepto de indemnización por la tenencia de las cosas por el comprador.

*b*) A una cantidad igual al desembolso inicial, si existiera, por la depreciación comercial del objeto. Cuando no existiera el desembolso inicial, o fuera superior a la quinta parte del precio de venta al contado, la deducción se reducirá a esta última.

Por el deterioro de la cosa vendida podrá exigir el vendedor, además, la indemnización que en derecho proceda.

La falta de pago de dos plazos o del último de ellos dará derecho al financiador a exigir el abono de la totalidad de los plazos pendientes.

## Incumplimiento del deudor

El acreedor podrá recabar el cumplimiento de las obligaciones derivadas de los contratos de ventas a plazos de bienes muebles mediante el ejercicio de las acciones declarativas y ejecutivas que correspondan, de acuerdo con la legislación procesal civil.

En caso de incumplimiento de un contrato inscrito en el registro de venta a plazos de bienes muebles y formalizado en el modelo oficial establecido al efecto, el acreedor podrá dirigirse directa y exclusivamente contra los bienes adquiridos a plazos de acuerdo con el procedimiento que la ley se ocupa de regular detalladamente.

Cuando el bien vendido con pacto de reserva de dominio o prohibición de disponer, inscrito en el registro existente al efecto, se hallare en poder de persona distinta al comprador, se le requerirá a través de fedatario público (un notario será lo más habitual), para que, en un plazo de tres días hábiles pague el importe reclamado o desampare el bien. Si pagare, ocupará la posición del acreedor y podrá, a su vez, reclamar al comprador. Si desamparase el bien, se entenderán con él todas las diligencias del procedimiento.

## Intervención de jueces y tribunales

Los jueces y tribunales, con carácter excepcional y por justas causas, podrán señalar nuevos plazos o alterar los contenidos, determinando, en su caso, el recargo en el precio por los nuevos aplazamientos de pago.

Igualmente los jueces y tribunales tendrán facultades moderadoras de las cláusulas penales pactadas para el caso de pago anticipado o incumplimiento por parte del comprador.

La competencia judicial para el conocimiento de los litigios relativos a contratos regulados en la ley que se está analizando corresponderá a los juzgados y tribunales del domicilio del demandado.

## El registro de venta a plazos de bienes muebles

Para que puedan plantearse frente a terceros las reservas de dominio o las prohibiciones de disponer que se inserten en los contratos de venta a plazos de bienes muebles, será necesaria su inscripción en el registro.

La inscripción se efectuará sin necesidad de que conste nota administrativa sobre su situación fiscal.

Este registro será llevado por los registradores de la propiedad y mercantiles y se sujetará a las normas que dicte el Ministerio de Justicia.

A todos los efectos legales se presumirá que los derechos inscritos existen y pertenecen a su titular en la forma determinada por el asiento respectivo.

Igualmente se presumirá, salvo prueba de lo contrario, que los contratos inscritos son válidos.

No podrá ejercitarse ninguna acción contradictoria del dominio de bienes muebles o de derechos inscritos a nombre de persona o entidad determinada sin que, previamente o a la vez, se entable demanda de nulidad o cancelación de la inscripción correspondiente. Si la demanda contradictoria del dominio inscrito va dirigida contra el titular registral, se entenderá implícita la demanda aludida en el inciso anterior.

En caso de embargo preventivo, juicio ejecutivo o vía de apremio contra bienes muebles se sobreseerá todo procedimiento en el instante en que se demuestre que dichos bienes constan inscritos en favor de persona distinta de aquella contra la cual se decretó el embargo o se sigue el procedimiento, a no ser que se hubiere dirigido contra ella en concepto de heredera.

Por todo lo que hemos visto, pese a no ser obligatorio, es siempre aconsejable que los contratos de venta a plazos de bienes muebles se inscriban en el Registro.

# Arrendamientos urbanos

Desde la entrada en vigor de la Ley de Arrendamientos Urbanos (en adelante, LAU), 1 de enero de 1995, este tipo de contratos puede tener una u otra regulación, dependiendo de la fecha en que se haya celebrado:

— antes del 1 de enero de 1965 (fecha de la entrada en vigor de la LAU anterior);
— entre el 1 de enero de 1965 y el 30 de abril de 1985 (fecha de la entrada en vigor del Real Decreto sobre Medidas Económicas, conocido popularmente como «Ley Boyer»);
— entre el 30 de abril de 1985 y el 1 de enero de 1995;
— con una fecha que sea posterior al 1 de enero de 1995.

En este capítulo se explicará la ley actual, pero comentando también cómo resultan afectados por ella los contratos anteriores a su entrada en vigor.

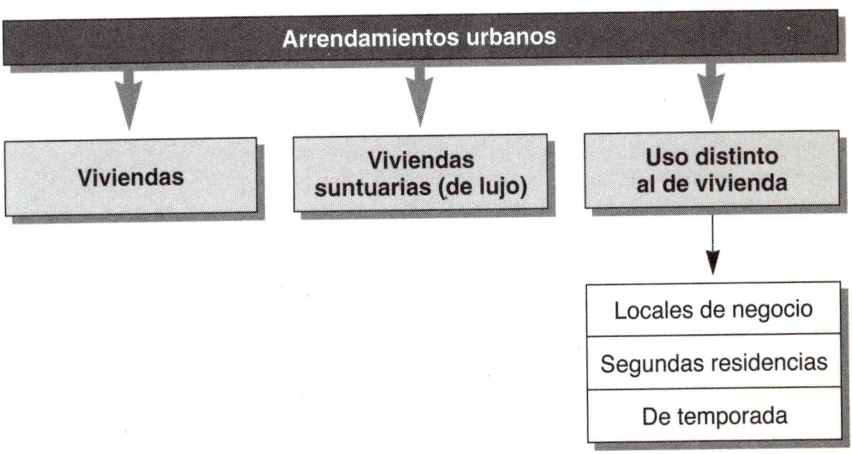

## Contratos sometidos a la Ley de Arrendamientos Urbanos

En general, un contrato de arrendamiento es aquel en el que una persona (el arrendador) se compromete a ceder a otra (el arrendatario) el uso de una cosa infungible, durante un tiempo determinado, a cambio de cobrarle un precio cierto (sea una cantidad única, o una renta periódica).

Constituyen el objeto de este contrato la cosa cuyo uso cede el arrendador, y el precio que acepta pagar el arrendatario.

En cuanto a la LAU, se limita a regular el arrendamiento cuyo objeto se refiera a fincas urbanas. Es decir, inmuebles destinados a servir de casa-habitación o locales en los que puedan desarrollarse actividades industriales o comerciales. Y de ellos, en concreto, el arrendamiento para uso distinto del de vivienda, que comprende tanto los de segundas residencias, los limitados a una temporada (de verano u otra), y los referidos a locales de negocio.

En todo caso, esos arrendamientos se refieren siempre a edificios (viviendas unifamiliares, casas adosadas, naves industriales aisladas, etc.) o a parte de ellos (pisos, apartamentos, locales comerciales, etc.).

Cuando la finca arrendada se destine en parte a vivienda y en parte a otro uso distinto (consultorio, oficina, taller, etc.), se clasificará como una cosa u otra según lo que se haya pactado en el contrato. Y, si no se menciona, se clasificará como uso distinto del de vivienda si se desarrolla una actividad sujeta al Impuesto sobre Actividades Económicas (IAE).

La distinción entre uno y otro tipo de arrendamientos es importante, ya que los que se destinan a usos distintos a la vivienda se rigen, en primer lugar, por las reglas pactadas libremente en el contrato; los de vivienda, en cambio están sometidos a ciertas reglas de obligado cumplimiento.

Pero, antes de entrar en la regulación específica de estos contratos, conviene mencionar otros a los que no se aplica la LAU. Es decir, los excluidos de su ámbito de aplicación.

## Arrendamientos excluidos de la LAU

Son los siguientes:

— los referidos a bienes muebles (automóviles, motocicletas, máquinas, embarcaciones deportivas, etcétera);
— los de fincas destinadas principalmente a la explotación agropecuaria o forestal, sometidos a la Ley de Arrendamientos Rústicos, aunque se incluya el uso de una vivienda;
— el uso de las viviendas de porteros, guardas, asalariados, empleados y funcionarios, si las tienen asignadas en usufructo;
— el uso de las viviendas militares, que se rigen por una legislación específica;
— y, por último, el uso de las viviendas cedidas por las universidades a

sus alumnos, profesores y personal de administración y servicios.

## El arrendamiento de viviendas

Es el conocido como inquilinato y, el arrendatario, inquilino.

Como ya se ha indicado, se considera arrendamientos de viviendas los que se refieren a la que va a ser utilizada por el arrendatario como su vivienda habitual y, aunque no sea así, si en ella habitan de forma permanente su cónyuge (no separado legalmente o de hecho), o los hijos que de él dependan.

### Posibilidad de cesión y subarriendo

La cesión del contrato por el inquilino a un tercero significa que este se subroga, se convierte en nuevo inquilino, en las mismas condiciones que el anterior. Hacerlo no es posible si el arrendador no lo autoriza expresamente, y por escrito.

En cuanto al subarriendo, consiste en que el inquilino, a su vez, cede el uso de una parte de la vivienda (el subarriendo total ya no está permitido) al subarrendatario, a cambio de cobrarle una renta. Para ello, también es necesario el consentimiento escrito del arrendador. Si se lleva a cabo, la renta que el inquilino cobre al subarrendatario no puede ser superior a la que aquel pague al arrendatario por la totalidad de la vivienda.

En todo caso, los derechos del subarrendatario se extinguirán cuando lo hagan los del inquilino. Mientras dure el contrato, serán los que libremente hayan pactado entre ellos.

### Duración del contrato

La duración del inquilinato es la que libremente hayan pactado las partes (arrendador e inquilino) al celebrar el contrato.

Los contratos en que no se haya estipulado su duración, o esta sea indeterminada, se entenderán celebrados por un año.

### Prórrogas obligatorias

Si el contrato tiene una duración inferior a cinco años, el inquilino tiene derecho a que le sea prorrogado anualmente hasta alcanzar ese límite (los cinco años). Es una prórroga automática, pero el inquilino puede renunciar libremente a ella comunicándoselo al arrendador con 30 días de anticipación.

Pero, en el contrato, el arrendador puede hacer constar, de forma expresa, que necesitará ocupar la vivienda antes del transcurso de cinco años, para utilizarla él mismo como vivienda permanente. En tal caso, el inquilino no tendrá derecho a la prórroga, y el contrato se extinguirá al concluir el plazo pactado.

Pero si después de tres meses el arrendador no ha ocupado la vivienda, el inquilino puede elegir entre:

— recuperar la vivienda como inquilino durante un plazo de hasta cinco años, y ser indemnizado por los gastos que les haya ocasionado el desalojo;
— cobrar una indemnización equivalente al importe de la renta por los años que falten hasta completar los cinco.

## Prórrogas voluntarias

Una vez transcurridos los cinco primeros años de duración del contrato (por ser este superior, o haber existido prórrogas obligatorias), pueden prorrogarse libremente, por acuerdo entre las partes:

— de forma expresa, en las condiciones que de forma libre pacten las partes;
— de forma tácita, si ninguna de las partes, con un mes de antelación a la fecha de vencimiento, notifica a la otra su voluntad de no renovarlo. En tal caso, se considera prorrogado el contrato por sucesivos plazos anuales, hasta un máximo de tres años más, en las mismas condiciones que antes.

## Desistimiento

En los contratos de duración inferior a 5 años, si el inquilino quiere desistir, debe indemnizar al arrendador, pagándole la renta que falte hasta la fecha de vencimiento.

En cambio, si la duración es superior a 5 años, y después de transcurrido ese plazo, el inquilino puede desistir, avisando al arrendador con una antelación mínima de 2 meses. En tales casos, deberá indemnizarle con una cantidad equivalente a una mensualidad de renta por cada año del contrato que reste por cumplir. Pero ello, sólo si se ha pactado expresamente en el contrato. Si no es así, el arrendador no puede exigir ninguna indemnización.

En caso de desistimiento del inquilino el arrendador puede requerir a su cónyuge, o pareja de hecho, para que manifieste si desea subrogarse. Para hacerlo, deberá comunicárselo en un plazo de 15 días.

Ahora bien, si el arrendador no le solicita su consentimiento, o en los casos en que el inquilino abandone su domicilio sin hacer declaración expresa de desistimiento o de renovación, el contrato se mantendrá en vigor para su cónyuge o pareja de hecho, en las mismas condiciones que para aquél.

## La renta

La renta es el precio que el inquilino se compromete a pagar por el arrendamiento de la vivienda. Suele llamarse *alquiler*.

Su cuantía puede ser fijada libremente por las partes. Salvo pacto en contrario, el pago de la renta será en metálico, se hará en la vivienda arrendada, y durante los primeros siete días de cada mes. (Pero puede pactarse la domiciliación bancaria, un plazo diferente, pagos trimestrales o anuales, pago en especie, etc.).

Al cobro de la renta, el arrendador debe entregar al inquilino un recibo detallado, salvo que se hubiera pactado otro tipo de documento acreditativo (certificado de ingreso en la cuenta corriente del arrendador, por ejemplo).

Durante los primeros cinco años de vigencia del contrato, el arrendador sólo puede incrementar la renta en la misma proporción que el Índice General Nacional del Sistema de Índices de Precios de Consumo (IPC). Transcurrido ese plazo de cinco años (en los contratos de mayor duración, o en caso de prórrogas), la renta puede ser incrementada de acuerdo con otros sistemas (precios del mercado local, inflación en la Comunidad Autónoma, o en la provincia, etc.). Pero sólo si así se ha pactado expresamente: en caso contrario, deberán seguir aplicándose los porcentajes del IPC.

Los incrementos de la renta deberán ser comunicados por el arrendador al inquilino con un mes de anticipación.

En cuanto a los gastos de mantenimiento y conservación del inmueble, impuestos, tasas, etc., sólo le pueden ser cobrados al inquilino si así se ha pactado expresamente en el contrato. En caso contrario, correrán a cargo del arrendador: se supondrá que ya los ha tenido en cuenta al fijar la renta de la vivienda.

## Realización de obras en la vivienda

Este tema suele ser causa de litigios entre las partes. Su regulación legal es diferente, según si las obras son realizadas por el inquilino o por el propietario.

### Obras realizadas por el inquilino

Si las obras que desea efectuar modifican la configuración de la vivienda, o provocan un disminución en su estabilidad o seguridad, no podrá llevarlas a cabo sin una autorización, expresa y por escrito, del arrendador.

En caso contrario, este puede, al concluir el contrato, obligarle a que reponga la vivienda a su estado anterior, corriendo las obras a su cargo (del inquilino). Si decide conservar las obras realizadas por su inquilino, este no tendrá derecho a ninguna indemnización.

### Obras realizadas por el arrendador

Hay que distinguir si se trata de obras necesarias (reparación de daños) o de mejora.

#### Obras necesarias

El propietario no sólo puede, sino que debe llevarlas a cabo, y es él quien debe pagar su importe. El inquilino puede exigírselo, permitiéndole, en tal caso, que realice la correspondiente inspección, o designe un técnico para ello. El arrendador no puede repercutir en el inquilino el coste de tales obras.

Incluso si se trata de reparaciones urgentes (para evitar daños inminentes o graves incomodidades), puede realizarlas el inquilino por sí mismo, y exigir al arrendador que le pague su importe de inmediato.

En contrapartida, el inquilino está obligado a soportar las molestias que le representen tales obras, a no ser que puedan ser aplazadas razonablemente hasta el fin del contrato. Pero si las obras se prolongan durante más de 20 días, e implican que no pueda utilizar parte de la vivienda, puede exigir que le sea reducida la renta proporcionalmente.

#### Obras de mejora

El inquilino debe soportar que, en su vivienda, o a través de ella, el arrendador realice obras de mejora, si estas no pueden diferirse hasta la conclusión del arrendamiento. Por ejemplo, las que hayan sido aprobadas por la comunidad de propietarios del edificio.

El arrendador debe comunicárselo al inquilino con una antelación mínima de tres meses. Este, si lo desea, dispone de un plazo de un mes para desistir del contrato. Pero sólo si las obras afectan sensiblemente al uso de la vivienda. En caso de desistimiento, el contrato se extinguirá en el plazo de dos meses, durante los cuales no podrán efectuarse las obras.

Si el inquilino decide mantener el contrato, tiene derecho a que, durante la ejecución de las obras, le sea reducida la renta en proporción a la parte de la vivienda que no pueda utilizar. También puede exigir una indemnización por los gastos que las obras le hayan ocasionado (limpieza, reparación de desperfectos, noches de hotel, etc.).

### Inquilinos con minusvalía

Si el inquilino, o alguna persona de las que conviva permanentemente con él (cónyuge, pareja, padres, hijos, etc.) padece de alguna minusvalía, puede realizar las obras que resulten necesarias para adecuarla a su condición. Sólo debe comunicarlo por escrito al arrendador, sin que este pueda oponerse.

Pero, si el arrendador así lo exige al terminar el contrato, el inquilino estará obligado a volver a dejar la vivienda en su estado anterior, siendo las obras a su cargo.

## Viviendas de lujo

Las reglas comentadas en los epígrafes anteriores no son obligatorias en el caso de las viviendas de lujo, que son:

— aquellas cuya superficie sea superior a 300 metros cuadrados;
— aquellas cuya renta inicial anual sea superior a 5,5 veces el salario mínimo interprofesional, en cómputo también anual.

Los contratos de arrendamiento referidos a tales viviendas pueden ser pactados libremente por las partes, en cuanto a su derogación, incrementos de renta, prórrogas, obras, etc. Sólo en defecto de pactos específicos se les aplicarán las normas mencionadas.

## Adquisición preferente

En caso de que el arrendador desee vender la vivienda objeto del contrato, el inquilino tiene preferencia para adquirirla frente a terceros.

Para ello, el arrendador debe notificarle de forma fehaciente su decisión de vender la finca, el precio y demás condiciones esenciales. Recibida la notificación, el inquilino dispone de un plazo de 30 días naturales para ejercer un derecho de tanteo: manifestar su voluntad de adquirirla él en las mismas condiciones. Si deja transcurrir ese plazo, o renuncia expresamente al tanteo, el arrendador podrá vender la vivienda libremente a cualquier otra persona. Esta se convertirá en el nuevo arrendador, con los mismo derechos y obligaciones respecto al inquilino, mientras el contrato siga vigente.

Si el arrendador no le comunica su decisión de vender la finca, o si el precio de venta a un tercero fuera inferior al que le habían notificado, o en condiciones menos gravosas, el inquilino dispone de un plazo de 30 días para ejercitar el derecho de retracto. Es decir, resolver el contrato de compraventa a favor de terceros y adquirir él la vivienda en las mismas condiciones en que se vendió.

## Extinción del contrato

El contrato de arrendamiento, puede extinguirse por alguna de las causas siguientes:

— por cumplimiento del término final estipulado en el contrato, o vencimiento de las prórrogas, voluntarias o forzosas;
— si el arrendador no es propietario de la finca, sino titular de un derecho de usufructo o superficie, al extinguirse estos;
— al resultar destruida la finca por causas no imputables al arrendador, o si es declarado en estado de ruina (por el ayuntamiento o por el juez).

Además, el arrendador puede exigir la resolución del contrato por alguno de los siguientes hechos atribuibles al inquilino:

— falta de pago de la fianza;
— falta de pago de la renta y de las demás cantidades que se hayan pactado;
— subarriendo o cesión de la vivienda sin su consentimiento;
— realización de obras no autorizadas, o de daños intencionados a la finca;
— llevar a cabo en la vivienda actividades molestas, insalubres, nocivas, peligrosas o ilícitas;

— utilizar la finca para otro uso distinto del de vivienda habitual y permanente;
— el incumplimiento de las obligaciones pactadas en el contrato.

El inquilino, por su parte, puede resolver el contrato si el arrendador no realiza las reparaciones necesarias antes aludidas, si le perturba (de hecho o de derecho) o si no cumple con cualquiera de las obligaciones que resulten del contrato.

## Separación, divorcio y nulidad matrimonial

En casos de separación, divorcio o nulidad del matrimonio del inquilino, su cónyuge puede subrogarse si la correspondiente resolución judicial le atribuye el uso de la vivienda. Así se convertirá en nuevo inquilino, en las mismas condiciones, durante el plazo que falte hasta la extinción del contrato.

Para poder ejercer ese derecho, el cónyuge del arrendatario debe comunicarle su decisión al arrendador en el plazo de dos meses, a contar desde la fecha en que le haya sido comunicada la mencionada resolución judicial.

## Muerte del inquilino

Si durante la vigencia del contrato fallece el inquilino, pueden subrogarse, en las mismas condiciones y durante el tiempo que falte hasta su terminación, las siguientes personas:

— su cónyuge o pareja de hecho, de uno u otro sexo;
— los descendientes sometidos a su patria potestad o tutela, o que hayan convivido con él durante los dos últimos años;
— los ascendientes que hubieran convivido con él durante el mismo plazo (dos años);
— los hermanos que hayan convivido con él durante igual tiempo;
— otros parientes de hasta tercer grado colateral que hayan convivido con él durante los dos años últimos, y que padezcan una minusvalía de hasta el 65 % por lo menos.

Si existen varias de las personas mencionadas, a falta de acuerdo entre ellas, el orden de preferencia es el que aparece mencionado.

## Contratos anteriores a la LAU

Los contratos celebrados con anterioridad al 1 de enero de 1995, fecha de entrada en vigor de la LAU reciben diferentes tratamientos legales, según la fecha en que se suscribieron.

Hay que distinguir entre diversos tipos de contratos.

### Contratos posteriores al 9 de mayo de 1985

Estos contratos continuarán vigentes hasta la finalización del periodo pactado en los mismos, pudiendo ser prorrogados por aceptación tácita por un plazo de 5 años, si arrendador y arrendatario no manifiestan su voluntad contraria. Si se producen tales prórrogas, el contrato quedará sometido a la regulación de la LAU.

También se aplican las disposiciones de la LAU sobre el derecho de los inquilinos minusválidos a realizar obras de adaptación en la vivienda, y sobre los derechos de subrogación a favor del cónyuge en caso de separación, divorcio, nulidad matrimonial y desistimiento unilateral a prorrogar el contrato, que ya hemos comentado anteriormente.

Por lo demás, estos contratos continuarán rigiéndose por las disposiciones del Real Decreto-Ley 2/1985 (conocido como «Ley Boyer»).

### Contratos anteriores al 9 de mayo de 1985

Estos contratos continuarán rigiéndose por las normas del Texto Refundido de la LAU de 1964, pero con una serie de modificaciones que recogemos a continuación:

- los inquilinos minusválidos tienen derecho a realizar obras de reforma;
- el cónyuge del inquilino puede subrogarse en caso de separación, divorcio, nulidad matrimonial y desistimiento unilateral de aquel;
- en los demás casos, ya no será posible la subrogación *inter vivos* por los parientes próximos del inquilino;
- también se restringen las posibilidades de subrogación *mortis causa* tras el fallecimiento del inquilino, limitándola en mayor medida si ya se ha efectuado alguna subrogación anterior;
- en cuanto a la renta, el arrendador puede actualizarla en función de las variaciones del IPC desde la celebración del contrato hasta el momento presente (o bien, en ciertos casos, capitalizando el valor catastral de la finca), en un plazo de cinco o diez años, dependiendo del nivel de ingresos del inquilino en relación con el salario mínimo interprofesional;
- el inquilino tiene la posibilidad de negarse a aceptar la actualización de la renta, pero en tal caso, se tendrá en cuenta que el contrato quedará extinguido en el plazo de ocho años.

### Contratos celebrados antes del 12 de mayo de 1956

#### COMPRENDIDOS EN EL ARTÍCULO 6.º DE LA LAU DE 1964

Estos contratos, conocidos antes como de «rentas congeladas», tendrán como índice de actualización el correspondiente al mes de junio de 1964.

Como renta inicial, se tomará la revalorizada de acuerdo con el Texto Refundido de 1964, aunque ello no hubiera sido exigido en su día por el arrendador.

#### Contratos excluidos de dicho artículo

En ellos, se tomará como renta inicial la que se pagaba en el mes de julio de 1954 y, como índice, el correspondiente al mes de marzo de ese mismo año.

### Arrendamiento de fincas urbanas no destinadas a la vivienda

Como ya se ha indicado, se consideran como tales las que no se utilizan como residencia permanente, y los locales de negocio. A estos contratos les son de aplicación las mismas normas que a los de viviendas en lo que se refiere a obras realizadas por el arrendador y el arrendatario y al derecho de este, frente a terceros, a la adquisición preferente de la vivienda, así como a la extinción y resolución del contrato.

Por lo demás, las partes son completamente libres de regular, como mejor les convenga, la duración del contrato, la existencia o no de prórrogas, la renta y la forma de incrementarla, etc. La nueva LAU no impone ninguna limitación al respecto.

Sólo en el caso de los locales de negocio se reconocen los siguientes derechos a favor del arrendatario:

- este puede ceder o subarrendar el local a un tercero, sin necesidad de contar con autorización del arrendador, el cual, sin embargo, tiene derecho a incrementar la renta en un 15 %;
- la misma regla es de aplicación en casos de transformación, fusión o escisión, cuando el arrendatario sea una sociedad;
- en caso de fallecimiento del arrendatario, puede subrogarse su heredero, si continúa ejerciendo la misma actividad profesional o empresarial que aquel;
- al extinguirse el contrato por transcurso del plazo convenido, si este ha sido superior a 5 años, el arrendatario de un local comercial puede solicitar la renovación del contrato por cinco años más y por una renta de mercado. El arrendador puede negarse pero, en tal caso, deberá indemnizar al arrendatario (cuya cuantía depende de si este continúa ejerciendo o no la misma actividad en otro local, y de si el arrendatario o un tercero pueden beneficiarse de la clientela por él captada).

## Contrato de locales de negocio anteriores a la LAU

Al respecto, hay que distinguir entre los celebrados antes y después del 9 de mayo de 1985.

### Contratos celebrados después del 9 de mayo de 1985

Estos contratos se mantendrán en vigor hasta extinguirse el plazo pactado. Durante su vigencia, continuarán rigiéndose por las disposiciones del

Real Decreto-Ley 2/1985 («Ley Boyer») y, en lo demás, a las disposiciones de la LAU de 1964.

### Contratos celebrados antes del 9 de mayo de 1985

A los contratos de locales de negocio celebrados antes del 9 de mayo de 1985 y que subsistan en la actualidad, les continuarán siendo de aplicación las disposiciones del Texto Refundido de la LAU de 1964, con las modificaciones que se mencionan a continuación:

— los contratos que el 1 de enero de 1995 se encuentren en situación de prórroga forzosa, se extinguirán en un plazo máximo de 20 años y mínimo de 5, si el arrendatario es una sociedad (dependiendo de la cuota que les corresponda pagar del IAE);
— si el arrendatario es una persona física, el contrato se extinguirá a su fallecimiento o jubilación;
— en tales casos, el cónyuge del arrendatario puede subrogarse si continúa ejerciendo la misma actividad, y también puede hacerlo alguno de sus hijos en las mismas condiciones, pero durante un plazo máximo de 20 años;
— se mantiene el derecho al traspaso, que permite la continuidad del arrendamiento por un mínimo de 10 años más o hasta 20 años después de la aprobación de la LAU;
— al extinguirse el contrato, el arrendatario tiene derecho a una indemnización si el arrendador, o un tercero, continúan ejerciendo en el local las mismas o parecidas actividades comerciales y pueden beneficiarse de la clientela captada por aquel;
— durante la vigencia de estos contratos, el arrendador puede incrementar anualmente la renta en el mismo porcentaje que el IPC de los últimos 12 meses;
— además, el arrendador puede actualizar la renta de forma que esta guarde, respecto a la inicial, la misma proporción que la variación del IPC desde la fecha de celebración del contrato; la actualización de la renta deberá irse aplicando progresivamente durante un plazo de 10 años (empresarios individuales y sociedades que tributen por el IAE una cuota inferior a 120.000 pesetas) o de 5 años (las demás sociedades);
— el arrendatario puede negarse a sufrir esa actualización de la renta pero, en ese caso, el contrato se extinguirá al cabo de 5 años;
— extinguido el contrato, el arrendatario tiene preferencia para renovarlo, continuando en el local en las mismas condiciones ofrecidas al arrendador por un tercero (renta, duración, prórrogas, traspasos, etcétera).

### Contratos anteriores al 12 de mayo de 1956

Para los contratos celebrados con anterioridad al 12 de mayo de 1956, se tomará como en su día por el arrendador. Sobre ella, puede calcularse la actualización aplicable. Por lo demás se rigen por las mismas reglas comentadas en el apartado anterior.

## La fianza

La fianza es aquella garantía que, con carácter obligatorio, tiene que prestar el arrendatario al formalizarse un contrato de arrendamiento, ya sea este de vivienda o de uso distinto al de vivienda. La única excepción al carácter imperativo de la constitución de la fianza es la que se refiere a los contratos de arrendamiento suscritos a favor de la Administración Pública, así como los organismos autónomos, entidades de derecho público y demás entes públicos dependientes de ellas, cuando la renta no sea satisfecha con cargo a sus respectivos presupuestos.

La falta de pago de fianza o de su actualización por culpa del arrendatario y si se hubiese exigido previamente por el arrendador, es causa de resolución del contrato de arrendamiento. En otro orden de cosas, conviene tener muy en cuenta que si el arrendatario entrega al arrendador el importe de la fianza y este no cumple con su obligación de depositarla en el organismo correspondiente, el arrendatario queda absolutamente eximido de su responsabilidad.

En cuanto a la cantidad en que debe consistir la fianza, se distingue entre que el contrato lo sea de una finca que va a ser destinada a vivienda o a cualquier otro uso (local comercial): una mensualidad de renta en el arrendamiento de todo tipo de viviendas (incluso las amuebladas) y dos mensualidades de renta en el arrendamiento para uso distinto del de vivienda (locales comerciales).

# Arrendamientos rústicos

## Ley de Arrendamientos Rústicos

Los arrendamientos rústicos se regulan en España con la Ley 49/2003, de 26 de noviembre, reformada, a fin de servir de instrumento de movilización de tierras y recursos agrarios para posibilitar el aumento de las explotaciones agrarias viables, mediante la Ley 26/2005, de 30 de noviembre. Se definen este tipo de contratos como aquellos mediante los cuales se ceden temporalmente una o varias fincas, o parte de ellas, para su aprovechamiento agrícola, ganadero o forestal a cambio de un precio o renta.

Estos contratos se rigen por lo acordado por las partes, siempre que no se oponga a esta ley.

La ley se refiere de manera expresa a los «arrendamientos de explotación», ya esté constituida con anterioridad o al concertar el contrato, cuando sea ella objeto del mismo en el conjunto de sus elementos, considerada como una unidad orgánica y siempre que lo hagan constar las partes expresamente, acompañando el correspondiente inventario.

No se considerarán arrendamientos rústicos los contratos de recolección de cosechas a cambio de una parte de los productos, ni, en general, los de realización de alguna faena agrícola claramente individualizada, aunque se retribuya o compense con una participación en los productos o con algún aprovechamiento singular.

## Desenvolvimiento del contrato

El arrendatario de fincas rústicas tiene derecho a determinar el tipo de cultivo, sin perjuicio de devolverlas, al terminar el arriendo, en el estado en que las recibió, y de aquello que la ley dispone sobre mejoras.

Serán nulos los pactos que impongan al arrendatario cualquier restricción sobre los cultivos o el destino de los productos, salvo las que tengan por fin evitar que la tierra sea esquilmada o sean consecuencia de disposiciones legales o reglamentarias.

Cuando la determinación del tipo o sistema de cultivo implique transformación del destino o suponga mejoras extraordinarias, sólo podrá hacerse mediante acuerdo expreso entre las partes y, en su caso, en cumplimiento de las normas legales o reglamentarias pertinentes.

En el arrendamiento de explotación, el arrendatario goza igualmente de plena autonomía en el ejercicio de su actividad empresarial, y asume la obligación de conservar la unidad orgánica de la explotación y de efectuar, a la terminación del arriendo, su devolución al arrendador.

## Las partes

Podrán celebrarse arrendamientos rústicos entre personas físicas o jurídicas, y ya sean estas civiles, mercantiles o laborales, pero siempre que tengan incluido en su objeto social el ejercicio de la actividad agraria. En el primer caso, se precisa la capacidad de contratar. También podrán ser arrendatarias las cooperativas agrarias, las cooperativas de explotación comunitaria de la tierra, las sociedades agrarias de transformación y las comunidades de bienes.

No podrán ser arrendatarias las personas y entidades extranjeras. Se exceptúan, no obstante:

*a*) Las personas físicas y jurídicas y otras entidades nacionales de los Estados de la Unión Europea, del Espacio Económico Europeo y de países con los que exista un convenio internacional que extienda el régimen jurídico previsto para los ciudadanos de esos Estados.

*b*) Las personas nacionales de los demás Estados que hayan accedido a la situación de residencia permanente, de acuerdo con lo previsto en la legislación de extranjería.

*c*) Las personas jurídicas y otras entidades nacionales de los demás Estados que apliquen a los españoles el principio de reciprocidad.

## Forma del contrato

Los contratos de arrendamiento deberán constar por escrito. En cualquier momento, las partes podrán compelerse a formalizarlos en documento público, cuyos gastos serán de cuenta del solicitante. También podrán compelerse a la constitución del inventario de los bienes arrendados.

Los llamados *arrendamientos de explotación*, por la propia naturaleza de los mismos, deberán ir acompañados de un inventario de los diversos elementos de la explotación, del estado de conservación en que los recibe el arrendatario y de cuantas circunstancias sean necesarias para el adecuado desenvolvimiento del contrato.

## Duración

Los arrendamientos tendrán una duración mínima de cinco años, siendo nula y considerándose no puesta toda cláusula del contrato por la que las partes estipulen una duración menor.

Salvo acuerdo de las partes que establezca una duración mayor, el arrendamiento de fincas y de explotaciones se entenderá concertado por un plazo de cinco años, por lo que, cumplido el tiempo, a no ser que las partes hayan dispuesto otra cosa, al celebrar el contrato o en otro momento posterior, el arrendatario de fincas pondrá a disposición del arrendador la posesión de las fincas arrendadas, si hubiera mediado la notificación a que se hará referencia seguidamente.

En efecto, el arrendador, para recuperar la posesión de las fincas al término del plazo contractual, deberá notificárselo fehacientemente al arrendatario con un año de antelación. De lo contrario, y si el arrendatario no pone la posesión de las fincas arrendadas a disposición del arrendador al término del plazo, el contrato se entenderá prorrogado por un periodo de cinco años. Es importante tener en cuenta que tales prórrogas se sucederán indefinidamente en tanto no se produzca la denuncia del contrato.

## La renta

La renta se fijará en dinero y será la que libremente estipulen las partes. No obstante, si la fijaran en especie o parte en dinero y parte en especie, llevarán a cabo su conversión a dinero.

Las partes podrán establecer el sistema de actualización de renta que consideren oportuno. Pactada la actualización, a falta de estipulación en contrario, la renta se actualizará para cada anualidad por referencia al índice anual de precios al consumo.

Cuando el precio se fije en una cantidad alzada para todo el tiempo del arrendamiento, a falta de pacto entre las partes, se dividirá por la duración anual pactada para determinar lo que se pagará cada año.

El pago de la renta se verificará en la forma y lugar pactados y, en defecto de pacto o costumbre aplicable, se abonará en metálico por años vencidos en el domicilio del arrendatario. El arrendador deberá entregar al arrendatario recibo del pago.

En cuanto a las cantidades asimiladas a la renta, es preciso tener en cuenta que todas las cantidades que hubiese de pagar el arrendador y que por disposición legal sean repercutibles al arrendatario podrán ser exigidas por aquel desde el momento en que las haya satisfecho, expresando el concepto, importe y disposición que autorice la repercusión. El arrendatario debe atender puntualmente el pago de dichas cantidades; su impago equivaldrá al impago de la renta.

Si no constase el importe de la renta, la ley establece como solución que esta será equivalente a las de mercado en esa zona o comarca.

## Gastos y mejoras

El arrendador y el arrendatario están obligados a permitir la realización de las obras, reparaciones y mejoras que deba o pueda realizar la otra parte contratante. La ley establece que tales reparaciones y mejoras se realizarán en la época del año y en la forma que menos perturben, salvo que no puedan diferirse.

El arrendador, sin derecho a elevar por ello la renta, realizará todas las obras y reparaciones necesarias con el fin de conservar la finca en estado de servir para el aprovechamiento o explotación a que fue destinada al concertar el contrato. Además, si, requerido el arrendador, no realiza dichas obras, el arrendatario podrá optar bien por compelerle a ello judicialmente o resolver el contrato u obtener una reducción proporcional de la renta, o por realizarlas él mismo, reintegrándose mediante compensación con las rentas pendientes a medida que vayan venciendo, pudiendo reclamar los daños y perjuicios causados.

Cuando por causa de fuerza mayor la finca arrendada sufra daños no indemnizables, cuya reparación tenga un coste superior a una anualidad de renta, no estará obligado el arrendador a dicha reparación, debiendo comunicárselo al arrendatario en tal sentido, el cual podrá optar por rescindir el contrato, comunicándoselo por escrito al arrendador, o continuar el arriendo con la disminución proporcional de la renta a que hubiese lugar.

Incumben también al arrendador las obras, mejoras o inversiones que, por disposición legal o por resolución judicial o administrativa firmes o por acuerdo firme de la comunidad de regantes sobre la modernización de regadíos para el cambio de sistema de riego, hayan de realizarse sobre la finca.

Cuando las obras, mejoras o inversiones a que se acaba de hacer referencia sean de tal entidad y naturaleza que, excediendo de la natural conservación de la finca, supongan una transformación que redunde en el incremento de la producción, el arrendador tendrá derecho a la revalorización proporcional de la renta y, en su caso, a la rescisión del contrato, cuando el arrendatario no estuviese conforme con dicha revalorización.

A su vez, corresponde al arrendatario efectuar las reparaciones, mejoras e inversiones que sean propias del empresario agrario en el desempeño normal de su actividad y las que le vengan impuestas por disposición legal, por resolución judicial o administrativa, o por acuerdo de la comunidad de regantes, sin que por ello tenga derecho a disminución de la renta, ni a la prórroga del arriendo, salvo que por acuerdo de las partes o de las propias disposiciones legales o resoluciones judiciales o administrativas, resultase otra cosa.

La reforma del año 2005 permite al arrendatario, finalizado el contrato, pedir una indemnización al arrendador por el aumento del valor de la finca arrendada por las mejoras realizadas, siempre que se hayan efectuado con el consentimiento de este.

Respecto a las mejoras útiles y voluntarias, realizadas por el arrendatario en las fincas arrendadas, se estará, en primer término, a lo que hayan acordado las partes al celebrar el contrato o en cualquier otro momento y, en defecto de pacto, se aplicará el régimen establecido por el Código civil para el poseedor de buena fe.

## Enajenación de la finca arrendada

El adquirente de la finca quedará subrogado en todos los derechos y obligaciones del arrendador, y deberá respetar el plazo que reste de la duración mínima del contrato o la de la prórroga tácita que esté en curso.

En toda transmisión ínter vivos de fincas rústicas arrendadas, el arrendatario tendrá derecho de tanteo y retracto, salvo las excepciones que establece la propia ley.

## Cesión y subarriendo

Para la cesión y el subarriendo, se estará a lo pactado por las partes y, en todo caso, deberá referirse a la totalidad de la finca o explotación, y deberá otorgarse por todo el tiempo que reste del plazo del arrendamiento por una renta que no podrá ser superior a la pactada entre arrendador y arrendatario.

El arrendatario no podrá ceder o subarrendar la finca o explotación sin el consentimiento expreso del arrendador.

Dicho consentimiento no será necesario cuando la cesión o subarriendo se efectúe a favor del cónyuge o de uno de los descendientes del arrendatario. No obstante, el subrogante y el subrogado notificarán fehacientemente al arrendador la cesión o el subarriendo, en el plazo de 60 días hábiles a partir de su celebración.

## Terminación del arrendamiento

El arrendamiento termina:

*a*) Por pérdida total de la cosa arrendada y por expropiación forzosa total; si la pérdida es sólo parcial, el arrendatario tiene opción para continuar en el arriendo, y lo mismo en el caso de expropiación forzosa, reduciendo proporcionalmente la renta. En este último supuesto, además, el arrendatario tiene derecho a la indemnización que haya fijado la Administración.

*b*) Por expiración del término convencional o legal y de la prórroga.

*c*) Por mutuo acuerdo de las partes.

*d*) Por desistimiento unilateral del arrendatario, al término del año agrícola, notificándoselo al arrendador con un año de antelación.

*e*) Por muerte del arrendatario, quedando a salvo el derecho de sus sucesores legítimos. En tal caso, a falta de designación expresa del testador, tendrá preferencia el que tenga la condición de joven agricultor, y si hubiera varios, será preferente el más antiguo. Si ninguno la tuviera, los sucesores escogerán, por mayoría, al que se subrogará en las condiciones y derechos del arrendatario fallecido. Si se da esta última circunstancia, se notificará por escrito al arrendador, en el plazo de un año desde el fallecimiento.

*f*) En los arrendamientos efectuados a favor de personas jurídicas o de comunidades de bienes, desde el momento mismo en que se extinga la persona jurídica o la comunidad.

*g*) Por resolución del derecho del arrendador (cuando el arrendador no sea el propietario, pero sea titular de un derecho que le permita concertar este tipo de contratos).

*h*) Mediante resolución o rescisión del contrato en los supuestos legalmente contemplados.

El contrato podrá resolverse en todo caso a instancia del arrendador por alguna de las causas siguientes:

*a*) Falta de pago de las rentas y cantidades asimiladas, sin perjuicio del derecho de enervación de desahucio en los mismos términos que los desahucios de fincas urbanas.

*b*) Incumplir gravemente la obligación de mejora o transformación de la finca, a las que el arrendatario se hubiese comprometido en el contrato y a aquellas otras que vengan impuestas por norma legal o resolución judicial o administrativa.

*c*) No explotar la finca o destinarla a fines o aprovechamientos distintos a los previstos contractualmente, salvo en los casos impuestos por programas y planes, cuyo cumplimiento sea necesario para la percepción de ayudas o compensaciones en aplicación de la normativa estatal, autonómica o comunitaria aplicable.

*d*) Subarrendar o ceder indebidamente el arriendo.

*e*) Causar graves daños en la finca, con dolo o negligencia manifiesta.

## El contrato de aparcería

Por el contrato de aparcería, el titular de una finca o de una explotación cede temporalmente su uso y disfrute o el de alguno de sus aprovechamientos, así como el de los elementos de la explotación, ganado, maquinaria o capital circulante, conviniendo con el cesionario aparcero en repartirse los productos por partes alícuotas en proporción a sus aportaciones.

El contrato de aparcería no comprende relación laboral entre cedente y cesionario; de pactarse expresamente esa relación, se aplicará, además, la legislación correspondiente.

La duración del contrato de aparcería será la libremente pactada y, en defecto de pacto, se estimará que es la de un año agrícola, entendiéndose prorrogado por un periodo de un año. En los contratos de duración anual o inferior, la notificación previa de finalización del contrato se efectuará, al menos, con seis meses de antelación.

Si se hubiera convenido la aparcería para la realización de un cultivo determinado, con la excepción de los leñosos permanentes, y siempre que dicho cultivo tenga una duración superior a un año, el plazo mínimo de duración será el tiempo necesario para completar una rotación o ciclo de cultivo. A la finalización del contrato de aparecería, si el titular de la finca pretende realizar un contrato de arrendamiento, el aparcero tendrá derecho preferente, en igualdad de condiciones, a suscribir el nuevo contrato de arrendamiento.

# Contrato de comodato

Dentro de los préstamos y como una clase de estos, se halla el comodato. Puesto que a los préstamos se dedica la atención en otro apartado de este libro, nos limitaremos aquí a intentar dar una explicación de qué es un comodato, proporcionando algún ejemplo a fin de demostrar que, tal vez, muchos de nosotros hemos conocido tal contrato, pese a desconocer su nombre exacto.

## Definición

Acabamos de decir que el comodato no es más que un tipo específico de préstamo. Pues bien, un contrato de préstamo, en general, es aquel mediante el cual una parte entrega a la otra, con la obligación de devolverla, o bien dinero u otra cosa fungible (esencialmente sustituible, como el dinero) o una cosa no fungible (no sustituible) para que use de ella durante un cierto tiempo.

Por ejemplo: Fernando es propietario de un cuadro pintado por García-Sevilla y lo cede a una institución benéfica para que lo exponga durante dos meses. Pues bien, esta cesión constituye un comodato.

## Retribución y gastos

El Código civil insiste en que el comodato es, por definición, gratuito y que si nos hallamos ante una figura que presente los rasgos propios de dicho contrato, pero interviniendo algún tipo de emolumento que haya de pa-

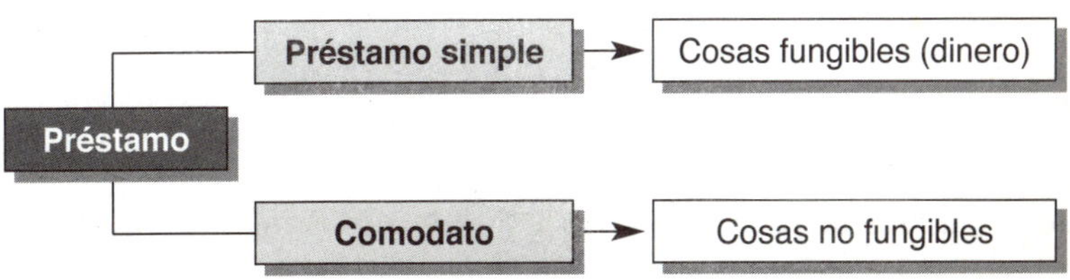

gar el que adquiere el uso de la cosa cedida, el contrato no será nunca un comodato.

Así, continuando con el ejemplo anterior, si la institución benéfica entregara a Fernando alguna cantidad, como contraprestación al uso del cuadro de García-Sevilla cedido, el contrato sería un arrendamiento.

¿Quién debe atender los gastos ordinarios que sean necesarios para el uso y conservación de la cosa prestada? El Código civil no ofrece duda al respecto, diciendo que tales gastos deben ser soportados por el comodatario o persona a la que se ha cedido la cosa. Esto nada tiene que ver con lo ya dicho respecto del carácter no retribuido del comodato.

## Responsabilidad

Otra cuestión que es interesante plantearse es la siguiente: ¿qué ocurre si el comodatario no cumple con el destino previsto de la cosa prestada o si la retiene más allá del tiempo convenido para su devolución? Pues bien, en ambos casos la responsabilidad incumbe al comodatario. Puesto que el Código civil parte de la idea de que el comodato es un contrato que se celebra por la confianza que se tienen las partes (por eso es gratuito), refuerza esa responsabilidad diciendo que esta es exigible al comodatario en tales casos, incluso si la cosa se pierde sin ninguna culpa de este.

Así, continuando con el ejemplo dado, si el cuadro de García-Sevilla se destruye como consecuencia de un incendio totalmente fortuito acaecido al día siguiente de aquel en que debía ser restituido a Fernando, la institución benéfica a la que se le había cedido será responsable de tal hecho.

## Derechos y obligaciones

Las únicas obligaciones que están previstas respecto del comodante (es decir, la persona que presta la cosa) son las de abonar los gastos extraordinarios causados durante el contrato para la conservación de la cosa prestada, así como responder ante el comodatario de los daños que a este le causen aquellos defectos que tenga el objeto, salvo que no se los hubiese ocultado.

El Código civil es consciente de que, pese a que las partes hayan pactado un plazo máximo en el que se deba retornar la cosa prestada, el comodante la puede precisar con carácter urgente. En este caso, está permitido que la reclame y el comodatario no se puede oponer a ello.

## Supuestos específicos

Un supuesto específico de este contrato consiste en la cesión de una vivienda sin pago de renta y por todo el tiempo que el cedente lo desee. Es lo que se conoce como el *precario*, que algunos autores consideran un contrato aparte.

No debe confundirse el precario con la cesión de una vivienda, tampo-

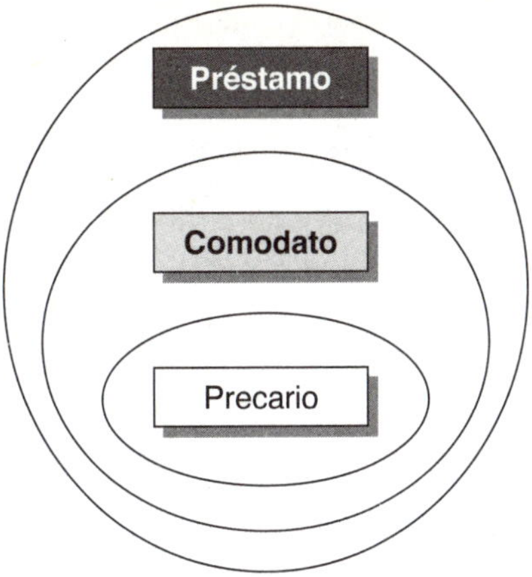


co sin pago de renta, pero por un tiempo determinado: es el supuesto tan ampliamente extendido de aquella persona propietaria de un apartamento en una villa costera que, los fines de semana que debe permanecer en la ciudad, permite a sus amigos que lo utilicen. Pues bien, este «contrato» (verbal, informal, etc.) es un ejemplo claro de simple comodato.

Quizá no seamos conscientes de haber celebrado un contrato de depósito, mas si nos fijamos en qué consiste, veremos que, en múltiples ocasiones, hemos sido parte del mismo. Así es, puesto que el contrato de depósito queda constituido desde que una persona recibe una cosa de otra persona, con la obligación de guardarla y devolverla y sin poderla usar.

Por tanto, cuando alguien se va de viaje y nos entrega su pluma de oro para que se la guardemos mientras esté ausente, aunque no lo sepamos, queda constituido un depósito.

## Características

Las características básicas del depósito son su carácter gratuito (es decir, que no se paga precio por el hecho de la custodia) y que recae sobre bienes muebles (distintos de los inmuebles o fincas). Así, si se paga una determinada cantidad por el hecho de que alguien custodie aquello que le hemos entregado, el contrato se desnaturaliza y deja de ser un depósito.

De igual forma, como se ha dicho, tampoco es un depósito si el objeto del contrato es un inmueble. Por tanto, cuando marchamos de vacaciones y nuestra vecina se responsabiliza de vigilar nuestra casa mientras estemos ausentes, no podemos considerar que tal compromiso supone un contrato de depósito.

## Obligaciones

Las obligaciones básicas del depositario son guardar la cosa y devolverla, siendo las correlativas del depositante (es decir, de aquel que entrega el objeto) reembolsar los gastos que el depositario haya hecho para la conservación de la cosa depositada, así como indemnizarle de cuantos perjuicios se le hayan seguido del depósito.

Así, en el ejemplo puesto antes, si para conservar debidamente la pluma de oro entregada, el depositario ha tenido que contratar una caja de seguridad en un banco, al regreso de su viaje, el depositante deberá abonarle los gastos derivados de ese alquiler.

## El depósito judicial

Un supuesto específico de depósito lo constituye el llamado *depósito judicial* o *secuestro*. Este tiene lugar cuando se decreta el embargo de un bien litigioso.

Es decir, si dos personas discuten acerca de cuál de ellas es la propietaria de un coche, por ejemplo, a fin de que ninguna de ambas pueda disponer de este, se puede decretar su depósito judicial.

Debe señalarse que el secuestro puede recaer tanto sobre bienes de los llamados muebles (vehículos, máquinas, etc.) como sobre inmuebles (fincas).

## El depósito necesario

También se refiere el Código civil a aquella clase de depósitos que tienen lugar en cumplimiento de una obligación legal, con ocasión de algún suceso grave (como, por ejemplo, un incendio, un saqueo, un naufragio, etc.), o también el de los efectos introducidos por los viajeros o huéspedes estables en las fondas y mesones. Todos estos supuestos se engloban en una categoría genérica denominada *depósito necesario*.

Como ejemplo del depósito necesario constituido en cumplimiento de una obligación legal, podemos citar la entrega de unas mercancías en la aduana para su despacho.

La responsabilidad de los fondistas o mesoneros responde de los daños causados en los efectos de los viajeros, tanto por ellos mismos, como por sus criados o dependientes, como por extraños, salvo los casos de robo a mano armada o por cualquier otro suceso de fuerza mayor. No obstante, los viajeros también deben observar, en cualquier caso, las prevenciones que los posaderos tuviesen sobre el cuidado y la vigilancia de los efectos.

## El depósito irregular

Una última clase de depósito, que no es acogida pacíficamente siempre por los tribunales y por los autores, es aquel en que el depositario no queda obligado a devolver la misma cosa que la recibida sino otras de su misma especie y calidad y en igual cantidad.

El supuesto más claro es el de los depósitos bancarios: es evidente que si efectúa un depósito bancario de un millón de pesetas, el banco devolverá la misma cantidad pero no con los mismos billetes que le fueron entregados en su día. Es decir: será retornada igual cantidad pero, físicamente, mediante unos billetes que no son los que fueron objeto de depósito.

# Contrato de permuta

Se trata de un contrato por el cual las partes se entregan mutuamente cosas con la finalidad de transmitirse, recíprocamente, la propiedad de las mismas.

La cosa entregada debe ser distinta del dinero, aunque es posible que, en parte, lo sea: para calificar el contrato como de permuta deberá atenderse a si el valor de lo entregado en especies es inferior o superior a la suma dineraria. En el primer supuesto nos hallaremos ante una permuta, no así en el segundo caso.

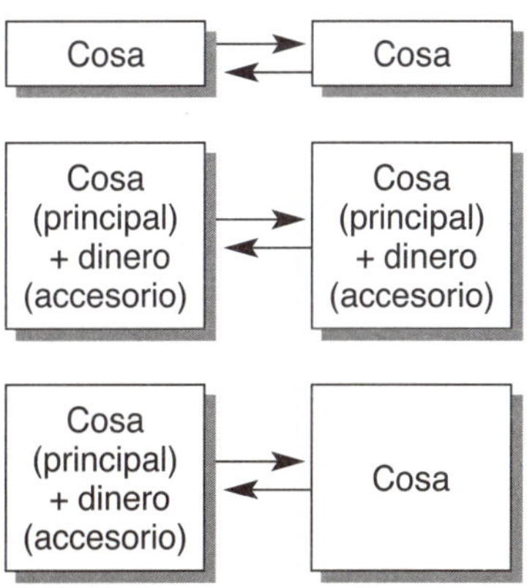


Por ejemplo: Carmen entrega un lujoso automóvil de su propiedad y la cantidad en metálico de 25.000 pesetas a cambio de que Antonio le haga entrega, a su vez, de una vajilla de porcelana. Claramente se observa que el contrato puede ser calificado de

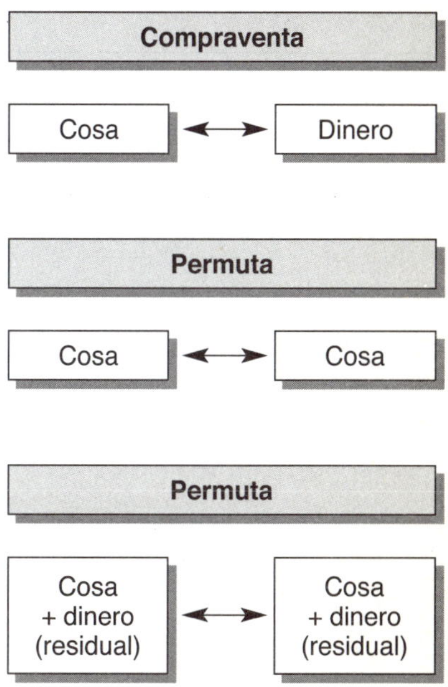

permuta puesto que el importe entregado en efectivo es muy inferior al valor que cabe atribuir al automóvil.

Los contratos de permuta son muy utilizados mediante la fórmula de entrega de solar a cambio de vivienda de futura construcción: es el supuesto del propietario de una casa en mal estado pero que se halla edificada sobre un terreno de gran valor.

A cambio de entregar la propiedad del suelo, se percibe a cambio una parte de la nueva construcción que en este se edifique. Así, levantado un edificio de cinco plantas, el propietario del solar puede percibir dos de ellas.

El Código civil se refiere a este contrato en dos de sus artículos. En uno de ellos, para hacer constar que le es de aplicación a la permuta todas las disposiciones establecidas para la compraventa y en el otro, para decir que si se puede acreditar que lo recibido no pertenece a quien lo entregó, se cumple devolviéndolo, sin estar obligado a entregar lo prometido.

Es decir, siguiendo el ejemplo dado: si Carmen puede acreditar que la vajilla de porcelana no pertenece a Antonio, cumple con su obligación si la devuelve, no quedando obligada a entregarle el automóvil y la cantidad en metálico.

# Contratos aleatorios

Los contratos aleatorios o de suerte (esta es la equivalencia del término latino *alea*), según la expresión del Código civil, son así llamados por concurrir en ellos un elemento de fortuito e incierto.

En el Código civil se citan, como contratos aleatorios, el de juego y apuesta y el de renta vitalicia.

El contrato de seguro (que, a la promulgación del Código civil también era regulado en este) es objeto, desde hace unos cuantos años (concretamente, desde el año 1980), de una ley especial y a su estudio específico se dedica un capítulo entero debido a la gran importancia que ha adquirido este tipo de contrato en los últimos tiempos.

En otro orden de cosas, debe señalarse que los autores que han estudiado esta materia están de acuerdo en que, además de los referidos, existen otros muchos contratos aleatorios, dando como ejemplos la decisión de una controversia por sorteo, los sorteos de publicidad, los contratos de diferencias de valores (típico de la Bolsa), la compra de un billete de lotería antes del sorteo, etc.

## Juegos y apuestas

Señala el doctor Lacruz que el contrato de juego es aquel que contiene una apuesta (habitualmente de carácter dinerario) que deberá cobrar aquel jugador cuyo pronóstico sea acertado en relación con un determinado acontecimiento, siendo, precisamente, esta apuesta lo que es objeto de regulación por el Código civil.

Según el Código civil, no hay acción alguna que permita reclamar lo que se gana «en un juego de suerte, envite o azar», recibiendo las apuestas un tratamiento idéntico, por lo que en nada se van a diferenciar estas de aquel.

Dicho lo anterior, es preciso efectuar unas importantes matizaciones, por cuanto podría parecer contradictorio lo que se acaba de afirmar con la propia existencia en el Código civil del contrato de juego.

En primer lugar, sí queda obligado civilmente aquel que pierde «en un juego o apuesta de los no prohibidos». Pero, ¿cuáles son estos? En principio, sólo lo son aquellos que contribuyen al ejercicio del cuerpo o de la inteligencia, entre los que se pueden citar los concursos sobre conocimientos específicos o de cultura general, etc. No son de azar —y, por tanto, gozan de evidente protección civil— las apuestas referidas a la realidad de hechos. Por ejemplo, ante la opinión divergente de dos amigos acerca de la fecha exacta en que finalizó la primera guerra mundial, se cruza una apuesta. Evidentemente, la fecha correcta es una sola (el 11 de noviembre de 1918) y en ello no media azar de ninguna clase.

En otro orden de cosas, nótese que en los frontones es frecuente que se crucen apuestas: ¿entran estas en el ámbito de protección del Código civil? La respuesta es afirmativa, porque —según indica el doctor Lacruz— lo que se hace en estos supuestos es depositar previamente «el importe de la posible pérdida» con un evidente ánimo de pagar, de tal manera que «el ganador adquiere automáticamente las cantidades depositadas».

Si estamos ante un juego o una apuesta de las que, según el Código civil, no caen en la categoría de los «prohibidos», el perdedor queda obligado a pagar lo convenido. Por ejemplo: el ganador de un concurso puede reclamar civilmente (es decir, puede entablar una demanda) contra los organizadores de este si no recibe la cantidad convenida de antemano como premio.

No obstante, el Código civil no es muy partidario de las apuestas, ni aun en los casos en que las considera lícitas, de ahí que establezca lo siguiente: el juez puede, en estos casos, «no estimar la demanda cuando la cantidad que se cruza en el juego o en la apuesta sea excesiva» y también, aunque estime la demanda (en otras palabras: que dé la razón a quien la interpone o reclama), puede el juez reducir la obligación.

Así, si en el ejemplo del concurso sobre pintura impresionista la apuesta cruzada fuera de cien millones de pesetas, muy probablemente el juez consideraría como «exagerada» dicha cantidad y si bien podría admitir la demanda y acabar dando la razón al ganador, no sería extraño que la cantidad, a cuyo pago condenara a pagar a los organizadores, fuera sustancialmente menor.

## La renta vitalicia

Según el Código civil, la renta vitalicia es aquel contrato que obliga al deudor a pagar una pensión o un rédito anual durante la vida de una o más personas determinadas y ello a cambio de que el pensionista transfiera al deudor la propiedad de aquellos bienes que se convengan (fincas u otro tipo de bienes).

La que se ha expuesto es la configuración genérica del contrato, el cual admite múltiples variantes: así, puede constituirse a favor de aquella persona sobre cuya vida se otorga o a favor de otras distintas.

Un ejemplo facilitará la comprensión de este contrato: se pacta que, mientras viva Ramona, Ignacio le satisfará mensualmente una determinada cantidad, a cambio de que Ramona le ceda en este momento un apartamento que esta tiene en Tenerife.

¿Con qué finalidad puede interesar constituir una renta vitalicia? En el ejemplo dado, supongamos que Ramona está muy agradecida a Ignacio por la amistad que este siempre le ha demostrado y, por ello, desea que el apartamento que tanto le gustaba a Ignacio pase a ser suyo. Está claro que también podría donárselo, pero la situación económica de Ramona no le permite desprenderse de sus bienes sin recibir nada a cambio. También está claro que podría disponer lo mismo en su testamento, pero no quiere que Ignacio deba esperar a su fallecimiento para que goce del apartamento. Por lo tanto, Ramona e Ignacio suscriben un contrato de renta vitalicia.

Está claro que la cantidad que finalmente va a satisfacer Ignacio a Ramona se halla sometida a un elemento de indeterminación, puesto que no es posible saber cuándo fallecerá Ramona, de aquí que podamos decir que nos hallamos ante un contrato aleatorio.

Conviene resaltar que el Código civil no permite que se celebren contratos de renta vitalicia sobre la vida de una persona fallecida a la fecha del otorgamiento del contrato o, incluso, que se halle padeciendo una enfermedad tan grave que llegue a causar su muerte dentro de los veinte días siguientes a aquella fecha.

## El vitalicio

El contrato vitalicio no se encuentra regulado expresamente en el Código civil, pero no sólo es perfectamente posible su existencia en nuestro país, sino que ha sido muy utilizado por bancos y cajas de ahorro, que han comercializado diversos productos que responden a la estructura de este contrato.

Se trata de una variante de la renta vitalicia. Pero la mayoría de juristas que han estudiado con profundidad el vitalicio consideran que, por sus características, debe ser considerado como una figura autónoma.

¿En qué consiste exactamente el vitalicio? Podemos definirlo como aquel contrato en el que una de las partes se obliga ante la otra a prestarle asistencia médica y a mantenerla durante toda su vida, a cambio de recibir determinados bienes.

Por ejemplo: una persona de muy avanzada edad cede su vivienda a una caja de ahorros, a cambio de que esta satisfaga todos los gastos que ocasione su estancia en una residencia de personas para la tercera edad.

# Los procedimientos civiles

La falta de cumplimiento de un contrato, la reclamación de los daños y perjuicios causados por la caída que nos ha provocado un niño que jugaba en el parque, el pago de una factura que un cliente nos adeuda, el desahucio de un inquilino que no satisface las rentas, etc., son algunos de los múltiples ejemplos en los que puede ser preciso acudir a los tribunales para que, con su ayuda, se restablezca la justicia.

En el presente capítulo se ofrece una presentación esquemática de las distintas clases de procedimientos de carácter civil que existen en nuestro país, haciendo una breve referencia al arbitraje, que es un medio perfectamente válido de solucionar las discrepancias que surjan entre las partes, pero cuya validez exige que se haya convenido expresamente.

En la Ley de Enjuiciamiento Civil (LEC) se recoge la mayoría de los procesos civiles (es decir, aquellos que no son ni penales, ni laborales, ni administrativos).

En enero del año 2000, pero con efectos a partir del año siguiente, se publicó un nuevo texto de ley procesal civil que introdujo una reforma radical en los procedimientos que existían hasta la fecha.

## El juicio ordinario

Se decidirán en juicio ordinario, con independencia de su cuantía, las demandas relativas a derechos honoríficos de la persona, las de la tutela del honor, la intimidad y la propia imagen, las de impugnación de acuerdos sociales, las relativas a competencia desleal, propiedad industrial e intelectual y publicidad, las de arrendamientos, las acciones de retracto, las contenidas en la Ley de Propiedad Horizontal y las de reclamación de cantidad de cuantía indeterminable o que supere los 3.005,06 euros.

En la audiencia previa se intenta un acuerdo o transacción que ponga fin al procedimiento y, si no se logra, se resuelven las cuestiones formales que se hubiesen planteado. Tras la proposición de las pruebas, se practicarán en el juicio y, a su término, se formularán las conclusiones. A continuación, se dictará sentencia.

## El juicio verbal

Se decidirán en juicio verbal, con independencia de su cuantía (entre otras) las demandas relativas a la demolición o derribo de una obra, las que pretendan la recuperación de la plena posesión de una finca dada en arrendamiento, las relativas a la Ley de Venta de Bienes Muebles a Plazos, así como las de reclamación de cantidad de cuantía o que no supere los 3.005,06 euros. Si la reclamación es inferior a 901,51 euros, la demanda puede ser cumplimentada rellenando unos impresos normalizados.

El juicio verbal comienza mediante una demanda sucinta. La otra parte será citada para la celebración de la vista en la que el juez oirá a ambas partes y, tras la práctica de las pruebas que se estimen oportunas, se dictará sentencia.

## Los recursos

### El recurso de apelación

Cuando no se está de acuerdo con la sentencia dictada por el juez al término de cualquiera de los procedimientos que hemos expuesto, cabe la posibilidad de interponer un recurso de apelación contra la misma.

Dicho recurso de apelación es resuelto normalmente por la Audiencia Provincial que corresponda, pudiendo confirmar o revocar (en todo o en parte) la sentencia dictada por el juez de primera instancia.

### El recurso de casación

En determinados casos, contra las sentencias dictadas por las Audiencias Provinciales al resolver un recurso de apelación, es posible acudir al Tribunal Supremo para que resuelva definitivamente la controversia existente entre las partes.

El medio por el cual se pueden impugnar las sentencias dictadas por las Audiencias Provinciales es el recurso de casación. Contra las sentencias dictadas por el Tribunal Supremo no cabe interponer —salvo en casos muy excepcionales— ningún recurso, por lo que sus resoluciones son definitivas.

Cuando el Tribunal Supremo dicta dos sentencias con igual contenido se dice que «ha sentado jurisprudencia», pudiendo ser alegadas ante los jueces que deban resolver un caso idéntico.

# Los juzgados civiles y mercantiles y el arbitraje

## Los juzgados civiles

La jurisdicción civil tiene atribuido el conocimiento de determinados asuntos concretos (reclamaciones dinerarias, reclamaciones derivadas de contratos, etc.), y también el de todos aquellos que no sean tramitados por los juzgados penales, laborales o administrativos.

Los juzgados que conocerán de los asuntos en una primera fase son los llamados Juzgados de Primera Instancia. En algunas poblaciones se denominan Juzgados de Primera Instancia e Instrucción, porque también se encargan de asuntos penales (aquellos que en poblaciones más grandes serían competencia de los Juzgados de Instrucción).

Existen también los Juzgados de Paz, que se encargan de asuntos de cuantía muy pequeña y siempre que no se refieran a determinadas materias (por ejemplo, relacionadas con arrendamientos) que la Ley de Enjuiciamiento Civil reserva para los Juzgados de Primera Instancia.

Por la Ley de Medidas de Protección Integral contra la Violencia de Género se crean unos juzgados específicos (denominados Juzgados de Violencia sobre la Mujer) encargados de tramitar, tanto en su vertiente penal como civil, todas aquellas denuncias que tengan relación con las causas que afecten a una víctima de maltrato.

En algunas ciudades se han creado nuevos juzgados para encargarse de estos asuntos, mientras que en otras se ha otorgado la competencia de este tema a un juzgado al que se eximirá de otras causas para compensar el trabajo que debe afrontar.

Si la sentencia que dicta el juez de Primera Instancia es recurrida mediante recurso de apelación, el asunto pasará a ser resuelto por la Audiencia Provincial y, si es posible recurrir nuevamente, el órgano competente será o bien el Tribunal Supremo (con sede en Madrid) o bien el Tribunal Superior de Justicia de la Comunidad Autónoma que corresponda.

## Los juzgados mercantiles

Desde el año 2004 existen los Juzgados de lo Mercantil, que conocerán de los concursos (quiebras y suspensiones de pagos), demandas sobre competencia desleal, propiedad industrial, propiedad intelectual y publicidad, cuestiones que se promuevan al amparo de la normativa reguladora de las sociedades mercantiles y cooperativas, pretensiones que se promuevan al amparo de la normativa en materia de transportes y de derecho marítimo, acciones relativas a condiciones generales de la contratación, etc.

Los Juzgados de lo Mercantil de Alicante tendrán competencia, además, para conocer de todos aquellos litigios que se promuevan en materia de marca comunitaria y dibujos y modelos comunitarios. En el ejercicio de esta competencia dichos juzgados extenderán su jurisdicción a todo el territorio nacional, y a estos solos efectos se denominarán Juzgados de Marca Comunitaria.

## El arbitraje

Como alternativa a los clásicos procedimientos judiciales civiles y mercantiles va creciendo paulatinamente la implantación de un sistema de resolución de conflictos que se denomina *arbitraje* y que se regula mediante una ley del año 2003.

Se trata de un procedimiento mucho más flexible que el judicial, puesto que las partes fijan de antemano, bajo la supervisión del árbitro, cuál será el calendario de actuaciones, en qué fecha máxima se deberá resolver y establecen sus propias reglas procedimentales.

Para que un conflicto pueda ser dirimido mediante arbitraje se tiene que haber previsto expresamente en el contrato o en los estatutos de la sociedad, pese a que existen materias que la ley considera que, en todo caso, deben ser resueltas por un juez.

El arbitraje puede ser resuelto en equidad o en derecho, esto es: el árbitro, al dictar su resolución (que se denomina *laudo*), debe tener en cuenta la ley *(arbitraje de derecho)* o solamente lo que él considera que es lo justo y adecuado en aquello que se somete a su consideración *(arbitraje de equidad)*. Sea como sea, lo que diga el laudo debe respetarse como si se tratara de una sentencia de un tribunal, y si una parte no lo respeta, la otra puede pedir a los tribunales de justicia que obliguen a su cumplimiento.

Contra los laudos cabe demanda de nulidad, de la que conocerá la Audiencia Provincial con sede en la capital de la provincia donde se haya desarrollado el arbitraje.

# Las fundaciones

Las fundaciones de competencia estatal están reguladas fundamentalmente por dos normas: la Ley 50/2002 de Fundaciones, de 26 de diciembre, en la que se regulan sus aspectos sustantivos, y la ley 49/2002, de 23 de diciembre, de régimen fiscal de las entidades sin fines lucrativos y de los incentivos fiscales al mecenazgo, que se refiere a su régimen tributario.

La primera de las leyes mencionadas ha sido objeto de desarrollo mediante el Real Decreto 1337/2005, de 11 de noviembre, por el que se aprueba el Reglamento de fundaciones de competencia estatal, mientras que la segunda de ellas lo es por el Real Decreto 1270/2003, de 10 de octubre.

Cabe señalar que algunas comunidades autónomas han dictado normas que son de perfecta aplicación en su ámbito geográfico y que, por tanto, deben ser objeto de la pertinente consulta.

## Concepto

Son fundaciones aquellas organizaciones constituidas sin ánimo de lucro que, por voluntad de sus creadores, tienen afectado de modo duradero su patrimonio a la realización de fines de interés general.

Entre los que se pueden considerar como fines de interés general nos encontramos con la asistencia social, la educación, la cultura, la ciencia, el deporte, la sanidad, la defensa del medio ambiente, la promoción del voluntariado, etc. La finalidad fundacional debe beneficiar a colectividades genéricas de personas.

Por ejemplo: se puede constituir una fundación cuyo fin sea la promoción del arte contemporáneo, la protección de un parque natural o el fomento de la investigación del origen de una enfermedad concreta.

## Constitución

¿Quién puede constituir una fundación? En principio, cualquier particular o incluso cualquier sociedad puede constituir una fundación. Así, la mayoría de las cajas de ahorro que operan en nuestro país tienen constituida su propia fundación, que organiza

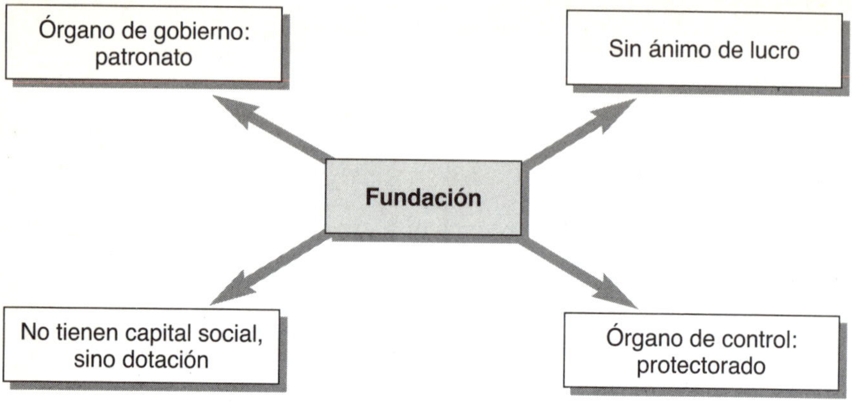


conciertos y exposiciones, talleres de actividades para la tercera edad o la infancia y promueve la investigación científica, en algunos casos mediante el otorgamiento de becas para realizar proyectos o tesis doctorales.

Las fundaciones pueden constituirse por decidirlo así libremente unas personas o sociedades o por constituir la voluntad de una persona que expresa tal deseo en su testamento. En cualquier caso, deben constituirse ante notario y mediante escritura pública, que será objeto de inscripción en su registro específico. La inscripción es fundamental, habida cuenta que sólo mediante la inscripción se puede utilizar debidamente la denominación de fundación.

Las fundaciones se rigen por sus estatutos, que se incorporarán a la escritura de constitución y en los que se deberá consignar: la denominación, los fines fundacionales, el domicilio y el ámbito territorial de sus actividades, las reglas de aplicación de los recursos al cumplimiento de sus fines, el órgano de gobierno y representación, así como todas aquellas otras disposiciones y condiciones lícitas que se consideren apropiadas.

## Dotación

La dotación de la fundación podrá consistir en bienes o derechos de cualquier clase y, según la Ley, el valor económico de la misma debe ser, como mínimo, de 30.000 euros, siendo necesario explicar y justificar las razones en caso de que sea inferior.

La aportación de la dotación podrá hacerse desembolsando su cuarta parte inicialmente, y el resto, en un plazo no superior a cinco años.

## El patronato

Constituye el órgano de gobierno y representación de las fundaciones, siendo imprescindible su existencia. En concreto, corresponde al patronato cumplir los fines fundacionales, así como administrar los bienes y derechos que integran el patrimonio de la fundación, manteniendo su rendimiento y utilidad.

El patronato estará formado por, al menos, tres miembros y deberá existir, asimismo, una persona que tendrá la consideración de presidente de la fundación. Los patronos no percibirán remuneración alguna por el desempeño de su cargo, pero si incurren en gastos les serán debidamente reembolsados.

Los patronos deben actuar con la diligencia que es exigible a un leal representante y responden ante la fundación de los daños y perjuicios que causen, no sólo por actos contrarios a la ley o a los estatutos, sino también por actos negligentes, en cuyo caso pueden ser apartados del cargo.

## Beneficios fiscales

Una de las causas por las que, en los últimos años, han proliferado abundantemente las fundaciones en nuestro país es por el ventajoso régimen fiscal de que son objeto.

Es importante señalar que, para el disfrute de los beneficios fiscales establecidos por la ley, las fundaciones deben cumplir estrictamente la finalidad que tienen prevista, como llevar una ordenada contabilidad, así como rendir periódicamente cuentas al organismo administrativo de control correspondiente, es decir, al protectorado.

Esquemáticamente estos beneficios fiscales consisten en la exención en el Impuesto sobre Sociedades para sus actividades y, en su caso, la aplicación de un tipo de gravamen muy inferior al aplicable a las sociedades mercantiles, así como la minoración de la cuota resultante.

Por su parte, las personas que hayan efectuado donativos en favor de las fundaciones legalmente reconocidas como tales también gozarán de importantes deducciones fiscales en el Impuesto sobre la Renta (en el caso de particulares) o en el Impuesto sobre Sociedades (en el caso de mercantiles).

# Las asociaciones

La ley establece como principio que todas las personas tienen derecho a asociarse libremente para la consecución de fines lícitos y que el derecho de asociación comprende la libertad de asociarse o crear asociaciones, sin necesidad de autorización previa.

La organización interna y el funcionamiento de las asociaciones deben ser democráticos, con pleno respeto al pluralismo. Serán nulos de pleno derecho los pactos, disposiciones estatutarias y acuerdos que desconozcan cualquiera de los aspectos del derecho fundamental de asociación.

Las asociaciones se constituyen mediante acuerdo de tres o más personas físicas o jurídicas legalmente constituidas que, sin ánimo de lucro, se comprometen a poner en común conocimientos, medios y actividades para conseguir unas finalidades lícitas, comunes, de interés general o particular, y se dotan de los Estatutos que rigen el funcionamiento de la asociación.

El acuerdo de constitución, que incluirá la aprobación de los Estatutos, habrá de formalizarse mediante acta fundacional, en documento público o privado, que ha de contener:

*a*) El nombre y apellidos de los promotores de la asociación si son personas físicas, la denominación o razón social si son personas jurídicas y, en ambos casos, la nacionalidad y el domicilio.
*b*) La voluntad de los promotores de constituir una asociación, los pactos que, en su caso, hubiesen establecido y la denominación de esta.
*c*) Los Estatutos aprobados que regirán el funcionamiento de la asociación, cuyo contenido se ajustará a las prescripciones del artículo siguiente.
*d*) El lugar y fecha de otorgamiento del acta, y la firma de los promotores, o de sus representantes en el caso de personas jurídicas.
*e*) La designación de los integrantes de los órganos provisionales de gobierno.

La denominación de las asociaciones no podrá incluir término o expresión que induzca a error o confusión sobre su propia identidad, o sobre la clase o naturaleza de la misma, en especial, mediante la adopción de palabras, conceptos o símbolos, acrónimos y similares propios de personas jurídicas diferentes, sean o no de naturaleza asociativa.

Las asociaciones deberán inscribirse en el correspondiente Registro, a los solos efectos de publicidad. La inscripción registral de las asociaciones hace pública su constitución y sus Estatutos, y es garantía, tanto para los terceros que con ellas se relacionan, como para sus propios miembros.

Las asociaciones inscritas en el Registro correspondiente responden de sus obligaciones con todos sus bienes presentes y futuros, pero los asociados no responden personalmente de las deudas de la asociación.

Todo asociado ostenta los siguientes derechos:

*a*) A participar en las actividades de la asociación y en los órganos de gobierno y representación, a ejercer el derecho de voto, así como a asistir a la Asamblea General, de acuerdo con los Estatutos.
*b*) A ser informado acerca de la composición de los órganos de gobierno y representación de la asociación, de su estado de cuentas y del desarrollo de su actividad.
*c*) A ser oído con carácter previo a la adopción de medidas disciplinarias contra él y a ser informado de los hechos que den lugar a tales medidas, debiendo ser motivado el acuerdo que, en su caso, imponga la sanción.
*d*) A impugnar los acuerdos de los órganos de la asociación que estime contrarios a la ley o a los Estatutos.
*e*) A separarse voluntariamente de la asociación en cualquier tiempo.

Son deberes de los asociados:

*a*) Compartir las finalidades de la asociación y colaborar para la consecución de las mismas.
*b*) Pagar las cuotas, derramas y otras aportaciones que, con arreglo a los Estatutos, puedan corresponder a cada socio.
*c*) Cumplir el resto de obligaciones que resulten de las disposiciones estatutarias.
*d*) Acatar y cumplir los acuerdos válidamente adoptados por los órganos de gobierno y representación de la asociación.

Las asociaciones pueden solicitar ser declaradas de *utilidad pública*, lo cual implica que puedan disfrutar de las exenciones y beneficios fiscales y económicos que las leyes reconozcan a favor de las mismas, en los términos y condiciones previstos en la normativa vigente, así como a gozar de asistencia jurídica gratuita.

A su vez, también supone que tengan que cumplir determinadas obligaciones, como rendir las cuentas anuales del ejercicio anterior en el plazo de los seis meses siguientes a su finalización y presentar una memoria descriptiva de las actividades realizadas durante el mismo ante el organismo encargado de verificar su constitución y de efectuar su inscripción en el Registro correspondiente, en el que quedarán depositadas.

# El Registro de la Propiedad

Podemos definir el Registro de la Propiedad como aquella oficina, de carácter público, que tiene por objeto la inscripción o anotación de los actos y contratos relativos a la propiedad y demás derechos reales (hipotecas, censos, usufructos, etc.) sobre bienes inmuebles.

Su consulta, por tanto, permite que cualquier persona interesada pueda conocer quién es el propietario de una finca o si sobre una vivienda determinada existen hipotecas o embargos, etc. En consecuencia, es obvio que cuando queramos adquirir un piso será de todo punto recomendable que efectuemos una consulta en el Registro de la Propiedad correspondiente a fin de saber si quien vende es el propietario y si lo que vamos a adquirir está libre de cargas y gravámenes (es decir, sin hipotecas ni embargos).

Se deber tener en cuenta que, a pesar de su nombre, no existe un solo Registro de la Propiedad, sino que las localidades más importantes tienen el suyo, dividido en departamentos o en libros que corresponden a cada uno de los pueblos pertenecientes al Registro.

## Los principios hipotecarios

Así se denominan aquellas reglas generales de la legislación hipotecaria, entre las que podemos destacar las siguientes:

— *el principio de publicidad:* el Registro de la Propiedad puede ser consultado por cualquier persona;
— *el principio de legitimación:* salvo que se demuestre lo contrario, quien en el Registro aparece como propietario de una finca lo es en realidad;
— *el principio de fe pública:* se otorga protección a aquel que adquiere una finca de quien aparece en el Registro como propietario de la misma, aunque no lo sea.
— *el principio de prioridad:* el que primero llega al Registro obtiene su protección con preferencia a los que llegan después.
— *el principio de tracto sucesivo:* cada adquirente sólo puede inscribir su derecho si lo ha recibido del último titular según el Registro.
— *el principio de inscripción:* sólo aplicable en casos muy excepcionales

y, según el cual, un derecho no nace sino desde que se inscribe en el Registro, caso de las hipotecas.

## Conveniencia de la inscripción registral

En nuestro país, el acceso de las escrituras al Registro de la Propiedad es, en general, voluntario con la ya mencionada importante excepción de las hipotecas. Se dice, en este caso, que la inscripción en el Registro de la Propiedad es constitutiva de las hipotecas, es decir, que con la inscripción se produce su nacimiento.

No obstante, pese a ser voluntaria, la inscripción de las escrituras es conveniente, ya que existe una norma genérica por la cual, en caso de discusión acerca de, por ejemplo, quién es el propietario de una vivienda, aquella persona a cuyo favor aparezca inscrita esta gozará de protección frente a aquella otra cuyo derecho no conste en el Registro de la Propiedad.

## Qué tiene acceso al Registro

Al Registro de la Propiedad tienen acceso (salvo muy raras y poco significativas excepciones) escrituras públicas (es decir, autorizadas por un notario) o documentos judiciales en los que se creen, modifiquen o extingan los derechos reales, que son los referidos a inmuebles (fincas).

Un ejemplo facilitará la comprensión de cuanto se acaba de decir.

El señor Secundino, que es constructor, compra un terreno mediante una escritura notarial procediendo a inscribir dicha adquisición en el Registro de la Propiedad. Meses después, edifica en esa finca un bloque de viviendas, y otorga una escritura notarial de obra nueva que, asimismo, inscribe en el Registro.

De igual modo actúa cuando divide en propiedad horizontal el edificio y cuando vende los pisos a los distintos compradores.

Como la adquirente del 2.º 2.ª, la señora Marta, ha financiado su compra mediante una hipoteca, en el Registro de la Propiedad constará que el indicado piso se halla gravado con una hipoteca.

Por su parte, el comprador del entresuelo 2.ª, el señor Gabriel, tiene una deuda con un banco y le ha sido embargado su piso, haciendo constar en el Registro de la Propiedad tal circunstancia, lo que supone que en el piso del señor Gabriel conste un gravamen.

### Práctica del procedimiento registral

A continuación vamos a ofrecer, de manera práctica, cómo se desarrolla normalmente el procedimiento registral.

Con esa expresión se denominan las vicisitudes que sigue la presentación de una escritura en el Registro de la Propiedad hasta que el responsable de la oficina (es decir, el registrador) resuelve sobre la petición que se le efectúa.

Tras tener en nuestro poder la copia auténtica de la operación efectuada (es decir, la escritura original) y haber liquidado el correspondiente impuesto sobre transmisiones patrimoniales (lo que antes se denominaba *derechos reales*) lo que procede hacer es personarse en el Registro de la Propiedad que corresponda junto con la copia auténtica de la escritura y el justificante de haber efectuado el pago del impuesto.

Para saber cuál es el Registro de la Propiedad competente debemos fijarnos dónde se halla sita la finca: así, si la vivienda adquirida lo es en la ciudad de Zaragoza, el Registro de la Propiedad será el de esa ciudad y dependiendo del concreto barrio donde esté la finca la competencia corresponderá a un Registro u otro (al número 1, al número 2, etc.).

Una vez determinado el número de Registro competente se solicitará, en el caso típico de las compraventas, la inscripción de la finca a nombre del comprador o adquirente. Se trata de un acto desprovisto de cualquier formalidad: por tanto, no será preciso efectuar la petición mediante instancia alguna ni acreditar que la persona que comparece (que es denominada técnicamente el *presentante del documento*) es la persona que ha comprado la vivienda.

Es decir, resumiendo, que la presentación de la escritura al Registro la puede llevar a cabo cualquier persona y la petición de su inscripción no exige solemnidad alguna, considerándose, además, que tal petición va implícita con el mero hecho de la presentación (se dice que «la petición es tácita»).

La presentación del documento es objeto de constancia en el Libro-Registro de Entrada en el que se toma nota de tal hecho y, de forma inmediata, es objeto de un asiento de presentación en el Diario de operaciones del Registro, cuya vigencia es de sesenta días hábiles (descontados los festivos). La fecha de este asiento de presentación tiene una cierta importancia, como veremos posteriormente.

El registrador puede negarse a practicar no la constancia de la entrada del documento, sino el asiento de presentación si, a su juicio, este no es procedente, pero esto sólo ocurre en supuestos muy extraordinarios y no es habitual. Si sucediera, se podría acudir al juez para que resolviera lo que fuera procedente.

Una vez iniciado el procedimiento, este es automático, siendo el propio registrador quien lo impulsa y lo culmina mediante una de las tres actuaciones siguientes: practicando la inscripción que se ha solicitado, denegándola o suspendiéndola.

Además, es importante señalar que el interesado en la inscripción también puede desistir de su solicitud. No es esto algo frecuente, pero está previsto legalmente. Debe tenerse en cuenta que el registrador puede oponerse al desistimiento si considera que tal petición puede perjudicar a

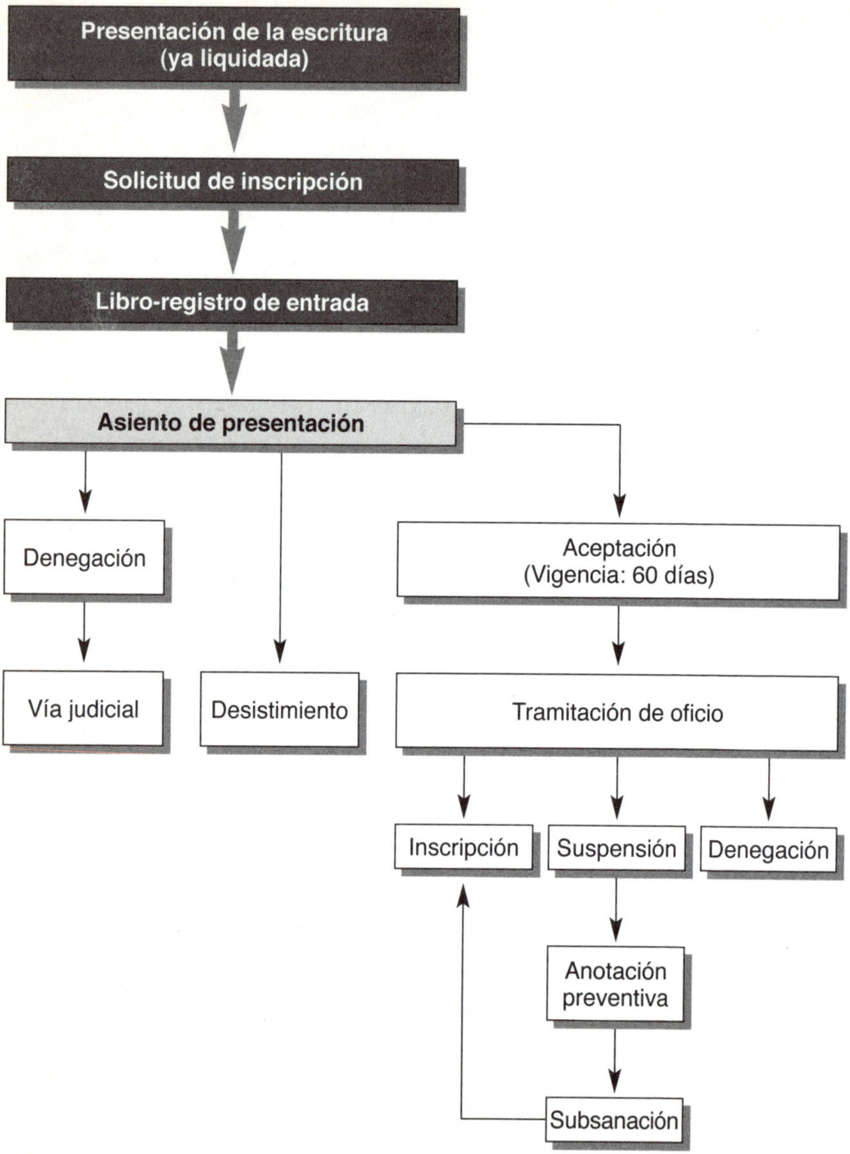
Presentación de la escritura
(ya liquidada)
Solicitud de inscripción
Libro-registro de entrada
Asiento de presentación
Denegación
Vía judicial
Desistimiento
Aceptación
(Vigencia: 60 días)
Tramitación de oficio
Inscripción
Suspensión
Denegación
Anotación
preventiva
Subsanación

otras personas. Si el registrador se niega y el interesado persiste en su solicitud, tiene derecho a presentar un recurso.

Hemos dicho que el registrador puede practicar la inscripción, denegarla o suspenderla. El documento se inscribirá si, a juicio del registrador, no existe defecto alguno que lo impida, tras comprobar —en el caso típico de las compraventas— que quien aparece como anterior titular o propietario es el que aparece en la escritura como vendedor. En este caso, el registrador califica favorablemente el documento que se le ha presentado y lo devuelve con una nota expresiva de tal hecho. Como es evidente, no cabe entablar recurso alguno, sin perjuicio de que, si se aprecia un error, se pueda rectificar.

Si la calificación es desfavorable, se le notifica a quien haya presentado el documento o a la persona que se hubiese designado. Esta calificación desfavorable puede ser la suspensión de la práctica del asiento o la denegación. La diferencia entre una y otra estriba en que la suspensión es susceptible de subsanación (es decir, el defecto observado se puede rectificar) mientras que la denegación no lo es.

Cuando la falta apreciada por el registrador sea subsanable el interesado puede rectificar esta y si esta rectificación tiene lugar dentro de los sesenta días hábiles siguientes a la fecha del asiento de presentación, el asiento definitivo producirá efectos desde la fecha de este.

Por ejemplo: en el registro, se presenta la escritura el día 1 (día del asiento de presentación), siendo detectado un defecto subsanable a los veinte días de dicha presentación. Pues bien, si antes de la caducidad del asiento de presentación (es decir, antes de que transcurran 60 días hábiles desde el día 1) se subsana el defecto, el registrador dará efectos al asiento definitivo desde la fecha del asiento de presentación. Si no se subsana el defecto dentro de dicho plazo de 60 días hábiles, se considera como si no hubiese tenido lugar el asiento de presentación (la ley dice que se cancela este asiento).

Además, si se está dentro del plazo de vigencia del asiento de presentación y la falta es subsanable se puede pedir la anotación preventiva. Esto es muy útil si prevemos que el defecto no lo vamos a poder subsanar dentro del plazo que reste hasta la caducidad del asiento de presentación, puesto que los 60 días hábiles de vigencia de este se cuentan —como ya se ha dicho— desde el momento en que la escritura tiene entrada en el Registro de la Propiedad.

En su caso, si el defecto es insubsanable y, por tanto, se deniega la inscripción, se puede aceptar (si se reconoce que, realmente, existe tal defecto) o interponer un recurso o un procedimiento judicial. Si no se interpone el recurso o la demanda judicial, si ello es posible (lo que no ocurre siempre) lo procedente es otorgar una nueva escritura teniendo muy en cuenta no repetir el defecto observado por el registrador.

# Los derechos reales en general

En el presente capítulo distinguiremos claramente entre propiedad y posesión, siendo preciso señalar que el derecho de propiedad se encuadra en una categoría de derechos que desde muy antiguo reciben el nombre de *derechos reales*.

## Concepto de derecho real

Podemos retener la idea de que los derechos reales son los que atribuyen a su titular un poder directo e inmediato sobre una cosa e imponen, al mismo tiempo, el deber de todo el mundo de respetarlo.

## Clasificación de los derechos reales

La primera distinción importante en cuanto a los derechos reales es aquella que distingue entre derechos reales plenos y derechos reales limitados. Debemos señalar que el derecho real pleno es la propiedad y los limitados son todos aquellos que limitan o coartan la propiedad.

## Propiedad y posesión

En nuestro ordenamiento jurídico, se define la propiedad como aquel derecho de gozar y disponer de una cosa sin más limitaciones que las expresamente establecidas en las leyes. Es muy importante no confundir la propiedad con la posesión: la posesión, en el derecho español, es la mera tenencia de una cosa o el disfrute de un derecho por una persona.

Un ejemplo aclarará esta distinción: Marta es arrendataria de una vivienda cuya propietaria es Antonia, por lo que la primera posee la vivienda (disfruta de esta) pese a que la propiedad de la misma corresponde a la segunda.

El Código civil concede al propietario una acción específica encaminada a defender su derecho: es el caso de la llamada *acción reivindicatoria*. La acción reivindicatoria se puede utilizar siempre que se infrinja el derecho de propiedad. Por ejemplo, si un vecino ocupa sin permiso ni autorización una parte de la finca colindante a la suya, el afectado podrá hacer valer ante los tribunales su acción reivindicatoria.

Por su parte, los interdictos —de origen romano— son unas acciones de tramitación judicial rápida, encaminadas a defender la posesión.

Existe un total de cinco clases distintas de interdictos: para adquirir la posesión, para retenerla, para recobrarla, para impedir una obra nueva y para impedir que cause daño una obra ruinosa.

Por ejemplo: si un arrendatario es perturbado en la posesión pacífica de la vivienda que ocupa, puede utilizar un interdicto de retener, y si hubiese sido ya despojado de la posesión, un interdicto de recobrar.

# Las distintas clases de derechos reales

## Derechos reales de goce

Son todas aquellas figuras cuya característica común es que sobre una finca (un bien inmueble) coexiste una pluralidad de titularidades jurídicas. Es decir: respecto de una finca, existe una persona que es la propietaria pero que no la posee (no la utiliza), y otra que la utiliza pero sin ser el propietario.

Tal es el supuesto del usufructo, situación en la que el usufructuario se aprovecha del uso y disfrute de una finca, manteniendo el nudo propietario de la propiedad sobre esta. Otro ejemplo es el derecho real que se denomina *de habitación* y que consiste en la posibilidad de usar una vivienda para proveer a la necesidad de alojamiento de una persona y de su familia, sin pagar nada a cambio.

Un tercer derecho real de goce es el derecho de superficie, es decir, la cesión de un terreno por su propietario a otra persona, para que edifique en él, explotando esta el resultado de su trabajo y con la obligación de restituir al dueño de la finca, tras un determinado plazo, la finca y lo en ella edificado.

Señalaremos, por último, las servidumbres, que son todos aquellos derechos que conceden un disfrute inmediato pero muy limitado sobre un inmueble ajeno. Ejemplos de servidumbres son la de paso o la de desagüe. Una servidumbre de paso se constituye cuando sobre una finca existe el derecho de poder cruzarla. En este caso se comprueba fácilmente cómo las servidumbres (y, en general, los derechos reales limitados) suponen, a su vez, una limitación del derecho de propiedad. La servidumbre de desagüe (regulada expresamente en el Código civil) significa que el propietario de un edificio está obligado a construir su tejado de manera que las aguas pluviales caigan sobre su propio suelo o sobre la calle o sitio público, y no sobre el suelo del vecino. Además, está obligado a recoger las aguas que caigan sobre su propio suelo de manera que no perjudiquen a la finca contigua.

## Derechos reales de garantía

Suponen la afección de un bien al cumplimiento de una determinada obligación. Es el típico supuesto de las hipotecas, en las que, para asegurar la devolución de una cantidad dineraria que ha sido prestada, se da como garantía la vivienda. A la hipoteca, que algunos autores consideran el derecho real por antonomasia, y que ha alcanzado una gran difusión en la vida diaria, se dedicará un capítulo concreto.

La prenda es muy similar a la hipoteca, pero supone que lo entregado en garantía es un bien mueble, es decir, no una finca, sino, por ejemplo, una máquina determinada, cuya posesión pasará a manos del acreedor. Una variante de esta figura es la que se denomina *prenda sin desplazamiento*, en la que el bien dado en garantía queda en poder del deudor y que se regula mediante una ley del año 1954. Las prendas sin desplazamiento se constituyen en escritura notarial y son inscritas en un registro al que también tienen acceso las hipotecas mobiliarias.

Vamos ahora a referirnos a un derecho real poco conocido y que se denomina *anticresis*, cuyos orígenes pueden buscarse incluso en el derecho romano.

Un ejemplo ayudará a entender en qué consiste la anticresis: Luciano es propietario de una finca que tiene arrendada a un banco, a la vez que es deudor de Antonio.

Puesto que el arrendamiento supone para Luciano la obtención mensual de una renta, acuerda con Antonio que le entregará la renta que reciba del banco, a fin de reducir paulatinamente el importe de la deuda. Es decir: Luciano constituirá, sobre la finca que tiene arrendada al banco, una anticresis a favor de Antonio y en el supuesto que el banco deje de satisfacer la renta, Antonio podrá exigir la venta judicial de la finca y recuperar la cantidad que le adeude Luciano.

## Derechos reales de adquisición

De forma muy esquemática, podemos afirmar que los derechos reales de adquisición son todos aquellos que otorgan a su titular la posibilidad de pasar a ser propietario (*titular dominical* se dice en algunas ocasiones) del bien sobre el que se ha constituido el derecho en cuestión.

Para el propietario de una vivienda sobre la que se haya constituido uno de tales derechos, supone que su capacidad de disposición se encuentre limitada o condicionada. Hemos enumerado tres derechos reales de adquisición: el tanteo, el retracto (que algunos autores afirman que se trata de dos momentos de un mismo derecho) y la opción.

La existencia de un derecho de tanteo y el retracto supone que si el propietario de la finca desea venderla, debe ofrecer la posibilidad de comprarlo a la persona a favor de la cual se halla inscrito (derecho de tanteo) y si no lo hace, que esta se pueda oponer a la venta (derecho de retracto).

Un derecho de opción (también llamado *opción de compra*) permite, a quien lo tiene concedido, adquirir una finca con preferencia de cualquier otro durante un periodo de tiempo determinado.

Por ejemplo: Pablo, que vive en Huelva, está interesado en adquirir la vivienda propiedad de Eulalia situada en Palencia, pero sólo si la empresa para la que trabaja lo nombra director regional. Puesto que la decisión de la empresa se conocerá en dos meses pero, al mismo tiempo, las condiciones en las que Eulalia ofrece su vivienda son muy ventajosas, suscribe un contrato de opción de compra.

Mediante este, Pablo tiene concedida, durante dos meses, la opción de comprar el piso de Eulalia por el precio y las condiciones que pactan. Pablo paga una determinada cantidad como precio de esta opción y, a cambio, Eulalia se obliga a no venderlo a ninguna otra persona durante el tiempo por el que la opción se halla vigente. Por tanto, Eulalia, que es plena propietaria del piso en cuestión, tiene limitada su capacidad de disposición sobre dicho bien. Para que todo el mundo pueda tener conocimiento de la existencia del derecho de opción de compra, Pablo y Eulalia comparecen ante un notario y otorgan una escritura pública que llevarán a inscribir al Registro de la Propiedad que corresponda.

Para terminar, diremos que no debe confundirse la opción de compra con las arras penitenciales (comúnmente llamadas *arras*): estas suponen una cantidad que el comprador entrega al vendedor como señal de su interés en una compraventa que tienen previsto celebrar en el futuro, pero que puede ser dejada sin efecto a voluntad de cualquiera de ambas partes con los siguientes efectos: si es el comprador quien se desliga del compromiso, pierde la cantidad entregada y si es el vendedor, entrega el doble de la cantidad recibida. En la opción de compra ya hemos visto que el vendedor no puede desvincularse de su compromiso durante el plazo en que la opción subsista.

# La responsabilidad civil

En el presente capítulo vamos a ofrecer un esbozo de un tema amplísimo que ha cobrado una enorme difusión en los últimos tiempos: la responsabilidad civil.

Todos nosotros hemos oído hablar en no pocas ocasiones de que una persona debe responder civilmente de una conducta concreta o que una empresa ha sido condenada a satisfacer una importante suma de dinero como responsable civil de un hecho.

Pues bien, en las líneas que siguen se contienen los principales conceptos que integran esta figura. En primer lugar se distinguirá entre la responsabilidad civil y la penal para centrarse, dentro ya de la primera, entre responsabilidad civil contractual y la no contractual, también denominada *extracontractual*, dentro de la cual conviven la responsabilidad «por hechos propios» y «por hechos ajenos». Para terminar se hará una breve referencia a la responsabilidad civil por productos defectuosos, que se regula mediante una ley específica.

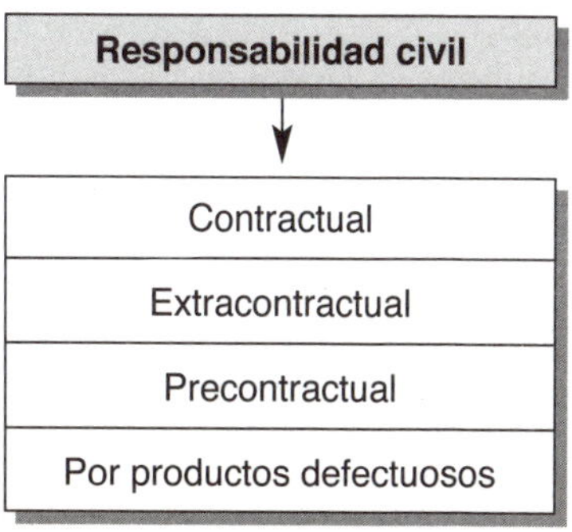


## Responsabilidad civil y penal

Con carácter previo al estudio concreto de la responsabilidad civil es muy importante que la distingamos de la responsabilidad penal. Esta es la que deriva de la comisión de un delito o falta, es decir, de todas aquellas conductas que se recogen en el Código penal y que por su gravedad se han considerado como merecedoras del castigo más severo que cabe en una sociedad, es decir, la pena de prisión o de privación de libertad.

La responsabilidad civil es un concepto totalmente distinto: es aquella obligación que surge de un comportamiento incorrecto, a los ojos de la ley, pero que carece de la gravedad que se atribuye a quien comete un robo, una estafa o, incluso, mata a un semejante, conductas todas ellas recogidas (*tipificadas* es la expresión jurídica) en el Código penal. La responsabilidad civil es de carácter económico: es decir, dicho de forma llana, la responsabilidad penal supone el ingreso en la cárcel de su autor, mientras que la responsabilidad civil supone la obligación de indemnizar económicamente al perjudicado.

Una vez distinguida la responsabilidad penal de la civil, pasaremos al estudio de las dos grandes categorías de responsabilidad civil que existen, la contractual y la extracontractual.

## Responsabilidad civil contractual

Como su propio nombre indica, esta es la que se deriva de la existencia de un contrato; surge como consecuencia de que entre dos o más personas, particulares o sociedades, se haya celebrado un contrato.

Téngase en cuenta que, en muchísimas ocasiones, para que se entienda que ha habido un contrato no es precisa formalidad ni solemnidad alguna. Por ejemplo, si Pedro se va de viaje y le entrega un cuadro de gran valor a Pablo para que lo custodie en su ausencia y este lo acepta, están celebrando un contrato, verbal pero perfectamente válido. Y, por ese hecho tan simple de aceptar la custodia de un cuadro, Pablo puede llegar a ser responsable civil, lo que puede significar que si el cuadro se perjudica, Pablo pueda tener que pagar a Pedro una suma de dinero que, en ocasiones, puede ser importante.

La responsabilidad civil contractual tiene su origen en un principio contenido en el Código civil referido a las obligaciones contractuales en el que sanciona a aquellas personas que, en el cumplimiento de los contratos actúen con mala fe o con negligencia, así como también aquellos que se retrasen o demoren.

Como es evidente, no será la misma la responsabilidad que se pueda exigir a aquella persona que de propósito incumpla sus obligaciones contractuales como a aquella otra que, simplemente, ha actuado de forma poco diligente.

Por ejemplo: la empresa A contrata con la empresa B que le construya un edificio de diez plantas en el plazo de dos años. La empresa B cobra por adelantado una determinada cantidad y empieza a dar excusas burdas para no iniciar las obras por lo que llega la fecha pactada y no ha finalizado la construcción: sería este un caso claro de incumplimiento de mala fe (la ley lo llama *doloso*, palabra que deriva de *dolo*, sinónimo de *mala fe*), por lo que la responsabilidad que A le podrá exigir es muy superior a si B no hubiese podido finalizar la construcción porque una vez iniciadas las obras unos ladrones robaron la maquinaria que tenía instaladas para llevarlas a cabo. Es evidente que B tendría que haber vigilado debidamente la maquinaria, pero también parece claro que la no finalización de las obras según el calendario previsto no fue buscado adrede por la empresa B.

Después de ver qué es la responsabilidad civil contractual, debemos plantearnos cuál es su contenido económico. Es decir, ¿qué elementos deberán tenerse en cuenta para cuantificar la indemnización? Según el Código civil, la responsabilidad civil comprende los daños y perjuicios, por eso se suele decir que alguien es responsable de los daños y perjuicios que ha causado a otra persona. Pues bien, tales daños y perjuicios comprenden el valor de la pérdida sufrida (lo que se llama *daño emergente*) y el de la ganancia dejada de obtener (lo que se llama *lucro cesante*).

Por ejemplo: Rafael debe terminar de pintar una casa de la que es propietario Federico, como máximo el día 20 porque Federico se ha comprometido con Isabel a alquilársela a partir de esa fecha por una renta equivalente a 1.000 pesetas cada día. Además, para que Rafael pueda pintar la fachada de la casa, Federico ha arrendado un andamio por el que satisface 500 pesetas cada día. Si Rafael no termina de pintar la casa de Federico hasta el día 30, los daños y perjuicios que Rafael deberá pagar a Federico serán: 10 días más de alquiler del andamio (daño emergente) sumado con los 10 días de alquiler de Isabel que no cobrará Federico (lucro cesante), es decir, 5.000 pesetas más 10.000 pesetas, lo que hace un total de 15.000 pesetas en concepto de daños y perjuicios.

Hemos dicho que si el incumplimiento contractual lo es por una mera falta de diligencia, la responsabilidad que se puede exigir es menor. Por eso, el Código civil determina que, en tales casos, los jueces y los Tribunales podrán moderar (por tanto, disminuir o moderar) la cantidad monetaria que, en concepto de responsabilidad, deba satisfacerse.

## Responsabilidad civil extracontractual

La responsabilidad civil extracontractual es la que se origina de un hecho que causa un daño pero sin que entre ambos sujetos, el causante del perjuicio y el perjudicado, haya existido un previo vínculo contractual que los uniere.

Tal es el caso típico de la persona que, mientras va paseando por una calle, es alcanzada por la maceta que alguien estaba manipulando en un balcón. Se ve claramente que, antes de suceder el hecho, ninguna relación jurídica existía entre las personas implicadas, ningún contrato las unía, por lo que la responsabilidad en la que ha incurrido el causante del daño tiene una evidente naturaleza extracontractual o no contractual, técnicamente llamada *aquiliana*. Esta clase de responsabilidad se funda en el principio establecido en el Código civil según el cual, aquel que bien por una acción, bien por una omisión causa un daño a otra persona habiendo mediado culpa o negligencia se halla obligado a reparar el daño causado.

Dentro del marco genérico de la responsabilidad civil extracontractual se puede distinguir entre la que deriva de los actos propios como de los actos llevados a cabo por personas de las que se deba responder. Se trata, entre otros, de los siguientes supuestos:

*a*) La responsabilidad de los padres por las actuaciones de sus hijos que se encuentren bajo su guarda.
*b*) La responsabilidad de los dueños o directores de una empresa o de un establecimiento respecto de los perjuicios causados por sus dependientes.
*c*) La responsabilidad de los maestros o directores de artes y oficios respecto de los perjuicios causados por sus alumnos o aprendices, mientras permanezcan bajo su custodia.
*d*) La responsabilidad derivada de los daños causados por los animales.
*e*) La responsabilidad del propietario de un edificio por los daños que resulten de la ruina de todo o parte de él si esta sobreviene por falta de las reparaciones necesarias.
*f*) La responsabilidad del cabeza de familia que habita una casa, por los daños causados por las cosas que se arrojaren o cayeren de la misma.

Por tanto, la responsabilidad por el hecho de que un niño menor de edad derribe involuntariamente a una persona mayor mientras ambos se hallan en el parque, corresponderá a sus padres. De igual modo, el propietario de un perro deberá afrontar las consecuencias dañosas del comportamiento de este.

En esta materia, los tribunales de justicia y algunas leyes concretas (relativas a accidentes de trabajo, caza o navegación aérea, por ejemplo) han evolucionado hacia lo que se denomina *responsabilidad objetiva*, es decir que, por ejemplo, por el mero hecho de conducir un vehículo se presupone que se es responsable de los daños que otra persona alegue. Se trata este de un principio contrario a lo que es la norma general de que corresponde a quien reclama la demostración de la conducta peligrosa y de la culpa de aquél de quien se afirma ha causado el daño.

## Responsabilidad civil derivada de productos defectuosos

Como en tantas otros casos, se trata esta de una materia cuyo origen cabe buscarlo en normas de la Comunidad Europea. En concreto, en una directiva del año 1985 que no tuvo su adaptación legislativa en nuestro país hasta nueve años más tarde, puesto que la Ley de Responsabilidad Civil por los daños causados por productos defectuosos es del año 1994.

Esta ley supone un claro ejemplo de responsabilidad objetiva del fabricante o importador ya que se les considera culpables de los daños causados por los productos defectuosos que, respectivamente, fabriquen o importen, salvo que puedan demostrar lo contrario.

**Responsabilidad**

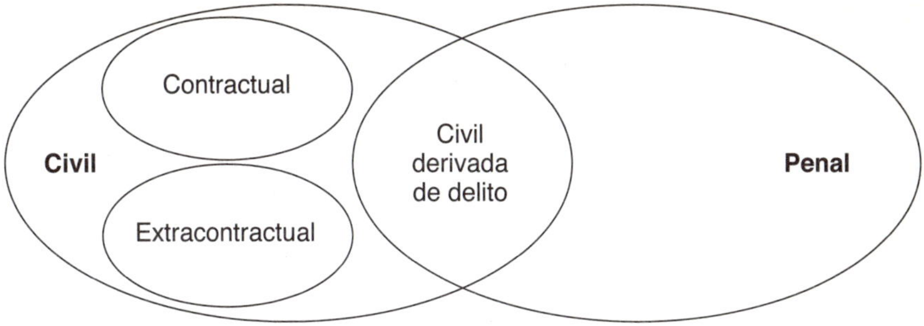


En un principio son resarcibles todos los daños personales (muerte o lesiones corporales) con independencia de su cuantía, pero los materiales sólo lo son si el perjuicio supera las 65.000 pesetas. Se puede afirmar que los sujetos protegidos por la ley son todos los perjudicados por el producto defectuoso y ello con independencia de que tengan o no la consideración de consumidores. Por ejemplo, un producto farmacéutico que causara hepatitis a quien lo utilizara supondría determinar la responsabilidad civil del laboratorio fabricante.

¿Cuánto tiempo se mantiene la responsabilidad del fabricante que, según hemos dicho, es particularmente dura al ser de carácter objetivo? Según la ley, esta responsabilidad se extiende durante diez años (por ello se dice que la responsabilidad es *decenal*) a contar desde la puesta en circulación del producto defectuoso causante del daño. El perjudicado, no obstante, deberá interponer la oportuna reclamación a los tres años desde que sufrió el daño; en caso contrario prescribirá su acción, es decir, perderá su derecho a reclamar.

# La hipoteca

Según expone el profesor Miquel, «el origen de la hipoteca se encuentra en un caso muy concreto: en los arrendamientos rústicos era costumbre que el arrendador conviniera con el arrendatario que los aperos de labranza, propiedad de este último, garantizaran el pago del canon arrendaticio».

## Características

La hipoteca que se constituye sobre fincas es el supuesto más extendido de los derechos reales de garantía. Es importante tener en cuenta que para que tengan plena validez, las hipotecas deben constar inscritas en el Registro de la Propiedad. Es decir: no es suficiente con que se otorguen ante notario, sino que la escritura que este autorice debe constar en el Registro, de lo contrario pierden la mayor parte de su eficacia.

La existencia de una hipoteca no afecta para nada al uso y disfrute de la vivienda o del local comercial sobre el que se ha constituido, puesto que su propietario puede utilizarlo libremente, siendo su obligación la de satisfacer la cuota mensual que se haya acordado.

El impago de las cuotas supone incurrir en el riesgo de verse privado del inmueble hipotecado, mediante un procedimiento que se regula en la ley hipotecaria y que se caracteriza por la rapidez de su tramitación y por los pocos motivos que tiene el deudor para oponerse a esta. La culminación de este procedimiento es la venta del inmueble hipotecado en subasta pública.

Además, debe tenerse en cuenta que la existencia de una hipoteca (y, en general, de cualquier derecho real de su clase) no supone más que un refuerzo de las garantías del acreedor (es decir, de aquel a quien se debe una cantidad de dinero). Con ello se quiere decir que si un banco hace un préstamo de veinte millones de pesetas; este no se paga, y en la subasta del piso sólo se obtienen doce millones, el banco podrá exigir los ocho millones restantes.

## Hipoteca unilateral

Pese a que lo habitual es que la hipoteca sea otorgada de mutuo acuerdo entre la persona que la constituye (aquel que pide el crédito a un banco o una caja de ahorros) y aquella otra a favor de la cual se otorga (el banco o caja de ahorros a la que se le garantiza la devolución del préstamo mediante la hipoteca), está previsto legalmente aquella figura denominada hipoteca unilateral.

Esta figura supone que una persona que tiene deudas, constituye, de manera voluntaria, una hipoteca sobre sus bienes, de manera que garantiza dichas deudas imponiendo, eso sí, unas determinadas condiciones de pago.

Por ejemplo: una sociedad adeuda diez millones de pesetas a un banco y cinco millones de pesetas a otra sociedad. Como prevé no poder pagar dichas deudas a sus respectivos vencimientos, constituye unilateralmente una hipoteca sobre la nave industrial de su propiedad, pero de tal manera que si el banco o la sociedad a las que adeuda aceptan la hipoteca y, por tanto, ven reforzada la garantía de devolución de sus respectivos créditos, se someten a las condiciones de devolución que hubiere impuesto (por ejemplo, se empezará a pagar dentro de dos meses o sin intereses, etcétera).

Puede ocurrir que ninguno de aquellos a favor de los que se constituye unilateralmente la hipoteca estime interesante aceptarla. En este caso, la hipoteca ha quedado desierta y, transcurrido un determinado plazo, el hipotecante puede dejarla sin efecto.

## Hipoteca constituida por un tercero

Es también posible que sea un tercero no deudor quien constituya la hipoteca. Así, si una persona contrae una deuda y no tiene bienes para garantizar su devolución, puede aparecer un tercero que constituya una hipoteca justamente en garantía de que el deudor pagará sus deudas.

Si el deudor no paga, este tercero puede verse privado del bien que hubiere hipotecado. Como es fácil de entender, esta clase de operaciones sólo ocurre en aquellos casos en los cuales entre el deudor y el tercer hipotecante existe una relación muy estrecha, por ejemplo, si son sociedades de un mismo grupo empresarial.

## Hipoteca mobiliaria

Existe también, aunque no es una figura tan conocida como la hipoteca inmobiliaria, la hipoteca que se constituye sobre bienes que no son fincas. Este tipo de hipotecas se denomina técnicamente *hipotecas mobiliarias* y se regulan mediante una ley del año 1954.

Los bienes susceptibles de constituir el objeto de una hipoteca mobiliaria son los establecimientos mercantiles, los vehículos de motor, las aeronaves, la maquinaria industrial y la propiedad intelectual e industrial.

Para constituir una hipoteca mobiliaria es necesario acudir ante un notario y otorgar una escritura pública que deberá ser inscrita en un registro especial existente para este tipo de garantías y para las prendas sin desplazamiento.

## Créditos y préstamos hipotecarios

En muy numerosas ocasiones se oye hablar de créditos y de préstamos hipotecarios, figuras que no son exactamente iguales pero cuya diferenciación no siempre resulta clara. Tanto el crédito como el préstamo suponen que existe la posibilidad de disponer de una determinada cantidad de dinero entregada usualmente por un banco o una caja de ahorros.

Mediante un crédito la persona beneficiaria del mismo puede disponer de hasta una cantidad máxima. Así, por ejemplo, tener concedido un crédito de diez millones de pesetas quiere decir que se puede gastar hasta dicha cifra. Por su parte, un préstamo de diez millones de pesetas significa que el banco o la caja de ahorros entrega dicha cantidad en efectivo para que su beneficiario disponga de esta.

Desde el punto de vista de la entidad prestamista, la diferencia radica en que en el crédito se cobrarán intereses sólo por la cantidad efectivamente dispuesta. Es decir: si se ha otorgado un préstamo de cinco millones, pero sólo se ha hecho uso de un millón, se pagarán intereses sobre este millón de pesetas y sobre los cuatro restantes se cobrará una comisión. A su vez, si se trata de un préstamo, los intereses que deban satisfacerse serán calculados sobre la cantidad total objeto de aquel.

Es interesante también diferenciar los préstamos y créditos dependiendo de si son personales o hipotecarios: un préstamo o un crédito personal es aquel préstamo o crédito de cuya devolución se responde con todos los bienes presentes y futuros. En otras palabras: cuando no se puede devolver un préstamo o un crédito de carácter personal, la responsabilidad es con todos los bienes que se tengan (presentes) o se puedan tener (futuros) por igual. Contrariamente, un préstamo o un crédito hipotecario (o con garantía hipotecaria, que es lo mismo) supone que la vivienda sobre la que se ha constituido la hipoteca responderá con carácter preferente de la devolución de la cantidad prestada u objeto de crédito.

Debe tenerse en cuenta, como ya se ha dicho antes, que la existencia de una hipoteca no significa que sólo se responda ante el banco o la caja de ahorros con el bien hipotecado: la responsabilidad seguirá siendo, salvo rarísimas excepciones, del tipo llamado *universal* (con todos los bienes presentes y futuros), siendo la existencia de la hipoteca un reforzamiento de las garantías de la devolución.

A diferencia de los préstamos o créditos personales, los que se hallan reforzados con garantía hipotecaria deberán ser constituidos mediante escritura pública que otorgue un notario. Los personales también pueden ser autorizados por un notario, pero no necesariamente.

# Órganos de la propiedad horizontal

La propiedad horizontal (es decir, la que se refiere a las comunidades de propietarios y que en España afecta a más de catorce millones de viviendas) fue objeto de regulación mediante la ley 49/1960, de 21 de julio y, tras algunas modificaciones de los años 1988, 1990 y 1992, ha sido reformada en su práctica totalidad mediante la ley 8/1999, de 6 de abril, publicada en el BOE de 8 de abril, conocida como Reforma de la ley 49/1960, de 21 de julio, sobre Propiedad Horizontal.

Según la ley sobre Propiedad Horizontal, los órganos de gobierno de la comunidad son los siguientes:

— la junta de propietarios;
— el presidente y, en su caso, los vicepresidentes;
— el secretario;
— el administrador.

## Junta de propietarios

La junta de propietarios es una reunión de los propietarios de un inmueble que tiene por finalidad dirigir el gobierno de los elementos y servicios comunes del edificio constituido en régimen de propiedad horizontal.

Corresponden a la junta de propietarios, como funciones más importantes las siguientes:

— nombrar y remover al presidente, al secretario y al administrador;
— aprobar el plan de gastos e ingresos previsibles, las cuentas correspondientes y los presupuestos;
— aprobar o reformar los estatutos y determinar las normas de régimen interior.

Los propietarios que en el momento de iniciarse la junta no se encontrasen al corriente en el pago de todas las deudas vencidas con la comunidad y no hubiesen impugnado judicialmente las mismas o procedido a la consignación judicial o notarial de la suma adeudada, podrán participar en sus deliberaciones si bien no tendrán derecho al voto.

La junta de propietarios se reunirá por lo menos una vez al año para aprobar los presupuestos y cuentas y en las demás ocasiones que lo considere conveniente el presidente o lo pidan la cuarta parte de los propietarios, o un número de estos que represente al menos el 25 % de las cuotas de participación. Cualquier propietario podrá pedir que la junta de propietarios estudie y se pronuncie sobre cualquier tema de interés para la comunidad.

Debe tenerse en cuenta que, con la reforma de la ley llevada a cabo el año 1999, la unanimidad de los vecinos sólo será exigible para la validez de los acuerdos que impliquen la aprobación o modificación de las reglas contenidas en el título constitutivo de la propiedad horizontal o en los estatutos de la comunidad.

Además, el establecimiento o supresión de los servicios de ascensor, portería, conserjería, vigilancia u otros servicios comunes de interés general (incluso cuando supongan la modificación del titulo constitutivo, o de los estatutos), así como el arrendamiento de elementos comunes que no tengan asignado un uso específico en el inmueble, requerirá el voto favorable de las tres quintas partes del total de los propietarios que, a su vez, representen las tres quintas partes de las cuotas de participación.

La realización de obras o el establecimiento de nuevos servicios comunes que tengan por finalidad la supresión de barreras arquitectónicas que dificulten el acceso o movilidad de personas con minusvalía, incluso cuando impliquen la modificación del título constitutivo o de los estatutos, requerirá el voto favorable de la mayoría de los propietarios que, a su vez,

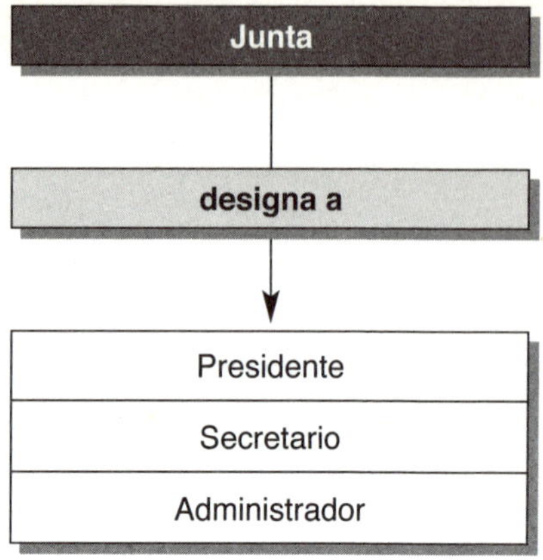


representen la mayoría de las cuotas de participación.

Los acuerdos de la junta de propietarios serán impugnables ante los tribunales, de conformidad con lo establecido en la legislación procesal general, en los siguientes supuestos:

- — cuando sean contrarios a la ley o a los estatutos de la comunidad de propietarios;
- — cuando resulten gravemente lesivos para los intereses de la propia comunidad en beneficio de uno o varios propietarios;
- — cuando supongan un grave perjuicio para algún propietario que no tenga obligación jurídica de soportarlo o se hayan adoptado con abuso de derecho.

Estarán legitimados para la impugnación de estos acuerdos los propietarios que hubiesen salvado su voto en la junta, los ausentes por cualquier causa y los que indebidamente hubiesen sido privados de su derecho de voto.

## El presidente

La existencia de dicha figura es obligatoria según se desprende claramente de los inequívocos términos en que se expresa la ley sobre Propiedad Horizontal. El presidente será nombrado, entre los propietarios, mediante elección, o, subsidiariamente, mediante turno rotatorio o sorteo. El presidente ostentará legalmente la representación de la comunidad, en juicio y fuera de él en todos los asuntos que la afecten.

La ley prevé la posibilidad, que no la obligación, de que existan vicepresidentes. Su nombramiento se realizará por el mismo procedimiento que el establecido para la designación de presidente.

Las funciones del secretario y del administrador serán ejercidas por el presidente de la comunidad, salvo que los estatutos, o la junta de propietarios por acuerdo mayoritario, dispongan la provisión de dichos cargos separadamente de la presidencia.

## El secretario

Del secretario —cuya existencia es asimismo obligatoria— diremos que sus funciones (al igual que las del administrador, pero no es lo habitual) pueden ser ejercidas por el presidente de la comunidad, salvo que los estatutos, o la junta de propietarios por acuerdo mayoritario, dispongan la provisión de dichos cargos separadamente de la presidencia.

Como funciones específicas más importantes del secretario deben mencionarse las siguientes:

— custodiar los libros de actas de la junta de propietarios;
— conservar, durante el plazo de cinco años, las convocatorias, comunicaciones, apoderamientos y demás documentos relevantes de las reuniones.

## El administrador

No es necesario que la figura del administrador exista como tal, diferenciada de la del presidente. Es decir, que quien sea presidente de la comunidad puede ser, al mismo tiempo, secretario y administrador. No obstante, lo más aconsejable es atribuir las funciones al administrador de fincas colegiado.

Corresponde al administrador:

— velar por el buen régimen de la casa, sus instalaciones y servicios, y hacer a estos efectos las oportunas advertencias y apercibimientos a los titulares;
— preparar con la debida antelación y someter a la junta el plan de gastos previsibles, proponiendo los medios necesarios para hacer frente a los mismos;

— atender a la conservación y entretenimiento de la casa, disponiendo las reparaciones urgentes, dando inmediata cuenta de ellas al presidente o, en su caso, a los propietarios;
— ejecutar los acuerdos adoptados en materia de obras y efectuar los pagos y realizar los cobros que sean procedentes;
— actuar, en su caso, como secretario de la junta y custodiar a disposición de los titulares la documentación de la comunidad;
— todas las demás atribuciones que se confieran por la junta.

## Derechos y obligaciones en las comunidades de propietarios

El propietario de un piso o local que se halle en un edificio sometido al régimen de propiedad horizontal goza de dos tipos de derechos: uno de propiedad privativa sobre el mismo en sí, y otro con relación a los elementos y servicios comunes.

### Derecho sobre los elementos y servicios comunes

Se trata de un derecho de copropiedad sobre los elementos necesarios para su adecuado uso y disfrute del común del edificio, y se hallan enumerados exhaustivamente en la ley.

Es propio y característico de estas partes en copropiedad que no son, en ningún caso, susceptibles de división, y sólo podrán ser enajenadas, gravadas o embargadas juntamente con la parte determinada privativa de la que son anejo inseparables.

De forma ordenada, podemos decir que los elementos comunes de un edificio son los siguientes:

— el suelo, vuelo, cimentaciones, cubiertas, elementos estructurales y entre ellos los pilares, vigas, forjados y muros de carga;
— las fachadas, con los revestimientos exteriores de terrazas, balcones y ventanas, incluyendo su imagen o configuración, los elementos de cierre que las conforman y sus revestimientos exteriores;
— el portal, las escaleras, porterías, corredores, pasos, muros, fosos, patios, pozos, y los recintos destinados a ascensores, depósitos, contadores, telefonías o a otros servicios o instalaciones comunes, incluso aquellos que fueren de uso privativo;
— los ascensores y las instalaciones, conducciones y canalizaciones para el desagüe, para el suministro de agua, gas o electricidad, incluso las de aprovechamiento de energía solar; las de agua caliente sanitaria, calefacción, aire acondicionado, ventilación o evacuación de humos; las de detección y prevención de incendios; las de portero electrónico y otras de seguridad del edificio, así como las de antenas colectivas y demás instalaciones para los servicios audiovisuales o

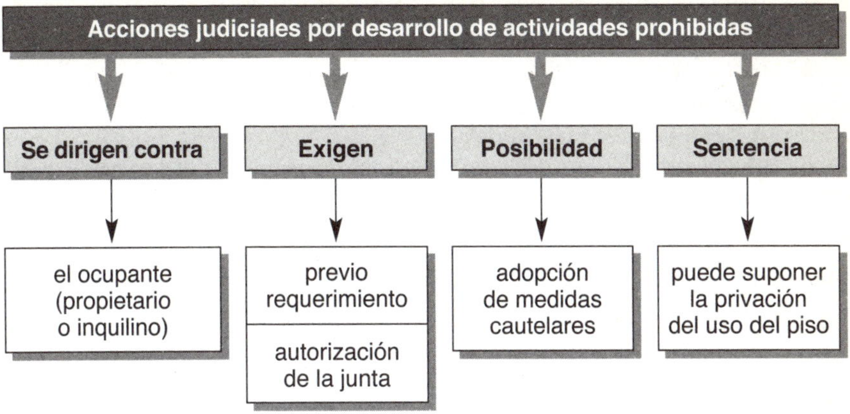


de telecomunicación, todas ellas hasta la entrada al espacio privativo;

— las servidumbres y cualesquier otro elemento material o jurídico que por su naturaleza o destino resulte indivisible.

## Derecho de propiedad sobre un piso o local

Es un derecho de cada propietario disponer libremente de su derecho exclusivo de propiedad privativa, pudiendo hacer con su piso o local lo que crea conveniente. De este modo, podrá venderlo, hipotecarlo o modificar los elementos arquitectónicos, instalaciones o servicios de aquel cuando no menoscabe o altere la seguridad del edificio, su estructura general, su configuración o estado exteriores, o perjudique los derechos de otro propietario.

## Obligaciones del copropietario

La ley de Propiedad Horizontal, en su versión del año 1999, enumera las obligaciones de cada propietario, siendo las más importantes las siguientes:

**1.** Respetar las instalaciones generales de la comunidad y demás elementos comunes, haciendo un uso adecuado de los mismos y evitando en todo momento que se causen daños o desperfectos.

**2.** Mantener en buen estado de conservación su propio piso o local e instalaciones privativas.

**3.** Consentir en su vivienda o local las reparaciones que exija el buen servicio del inmueble y permitir en él las servidumbres imprescindibles requeridas para la creación de servicios comunes de interés general.

**4.** Contribuir, con arreglo a lo especialmente establecido, en los gastos generales para el adecuado sostenimiento del inmueble, sus servicios, cargas y responsabilidades que no sean susceptibles de individualización.

**5.** Contribuir, con arreglo a su respectiva cuota de participación, en la dotación del fondo de reserva que existirá en la comunidad de propietarios para atender las obras de conservación y reparación de la finca.

**6.** Observar la diligencia debida en el uso del inmueble y en sus relaciones con los demás titulares y responder ante estos de las infracciones cometidas y daños causados.

# La cuota de participación en las comunidades de propietarios

En este capítulo seguimos ofreciendo una visión general de uno de los temas que más interesan: el régimen de las comunidades de propietarios.

Concretamente, centraremos la atención en la cuota de participación: es decir, aquel porcentaje que determinará cuál es la cantidad que cada vecino deba satisfacer para colaborar en los gastos generales de la finca, pero que también sirve para concretar en qué parte cada piso o local se aprovechará de los beneficios derivados de la comunidad.

El propietario único del inmueble, en el momento en que proceda a otorgar el título constitutivo de la propiedad horizontal (es decir, en el momento en que comparezca ante notario para otorgar la correspondiente escritura mediante la cual divida en propiedad horizontal la finca) debe proceder a determinar una cuota de participación de cada piso o local.

La fijación de la cuota de participación, además de por el propietario único del edificio al iniciar la venta por pisos, puede establecerse también mediante el acuerdo de todos los propietarios existentes, así como por laudo arbitral o por resolución judicial.

A cada piso o local se atribuirá una cuota de participación con relación al total del valor del inmueble y referida a centésimas del mismo. Debe tenerse en cuenta que las mejoras o menoscabos de cada piso o local no alterarán la cuota atribuida, que sólo podrá variarse por acuerdo unánime de la junta de propietarios.

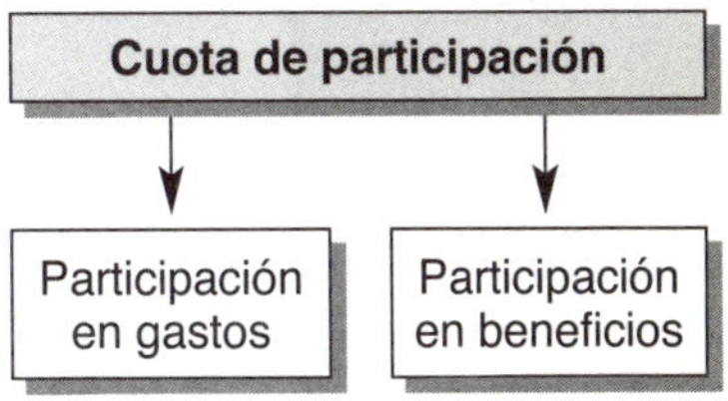


Otro aspecto que viene a reconocer claramente la importancia de la cuota de participación es el siguiente: el adquirente de una vivienda o local en régimen de propiedad horizontal responde con el inmueble adquirido de las cantidades adeudadas a la comunidad de propietarios para el sostenimiento de los gastos generales por los anteriores titulares.

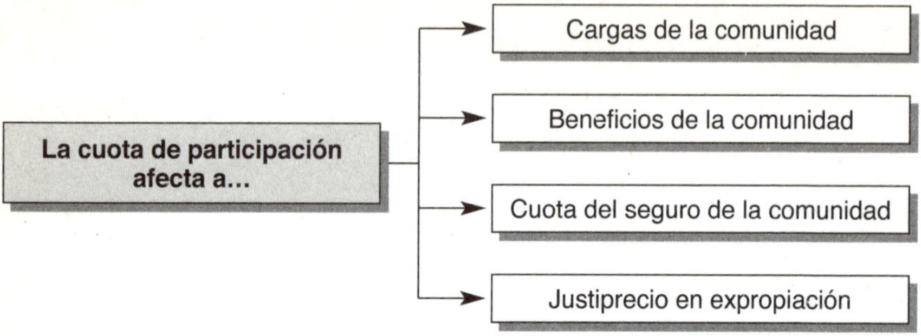


De no menor importancia, existe el hecho que en el instrumento público (la escritura notarial, por tanto) mediante el que se transmita, por cualquier título (compra, donación, dación, permuta, etc.) la vivienda o local, el transmitente deberá hallarse al corriente en el pago de los gastos generales de la comunidad de propietarios o expresar, en su caso, los que adeude.

En el momento de ser otorgada la escritura, el transmitente deberá aportar certificación expresiva y comprensiva del estado de deudas con la comunidad coincidente con su declaración, sin la cual no podrá autorizarse el otorgamiento del documento público, salvo que fuese exonerado de esta obligación por el adquirente.

Se trata este de un aspecto práctico que debe tenerse muy en cuenta y que servirá para conocer, con absoluta seguridad, si el vendedor del piso o local se halla al corriente del pago de los gastos comunitarios.

# La multipropiedad

En el presente capítulo vamos a centrar nuestra atención en una figura jurídica que, desde hace varios años, ha venido cobrando un gran auge en nuestro país, pero que hasta 1998 no ha gozado de regulación legal específica, lo que había permitido que sucedieran muchos engaños y fraudes: se trata de lo que se conoce popular e impropiamente como *multipropiedad* y que consiste en todo aquel conjunto de fórmulas por las que se transmite el derecho a disfrutar de un alojamiento durante un periodo determinado de cada año.

La ley, con el fin de evitar confusiones que pueden tener graves consecuencias, prohíbe que, al referirse a este derecho (cuyo nombre exacto es *derecho de aprovechamiento por turno*), se mencione la palabra *propiedad* u otras que la contengan (incluyendo la misma palabra *multipropiedad*).

España es uno de los principales países de destino en régimen de tiempo compartido.

En concreto, es el segundo de la lista, sólo por detrás de los Estados Unidos de América y justo por delante de México.

## Orígenes

Pese a que no fue hasta mediados de la década de los ochenta cuando este derecho (que en Europa se conoce también como tiempo compartido o *time sharing*) fue ampliamente conocido en España, es curioso mencionar que su aparición en nuestro país tuvo lugar en 1960 y que, de hecho, se trata de una fórmula que no podemos considerar como totalmente ajena (aunque con una aplicación muy distinta, puesto que se refiere a la explotación del agua o de los derechos de invernadero, agostadero, pastos y de labor, propia de las islas Canarias o de Extremadura).

La ley 42/1998, de 15 de diciembre, de derechos de aprovechamiento por turno de bienes inmuebles de uso turístico, es la primera en nuestro país que trata sobre esta materia, teniendo su origen en una norma comunitaria.

Esta ley ha venido a regular un número de aspectos que, hasta el momento de la publicación de esta, eran discutibles u oscuros, todo lo cual redundaba en que el consumidor estaba muy desprotegido.

## Contenido del derecho

El derecho de aprovechamiento por turno de bienes inmuebles atribuye a su titular la facultad de disfrutar, con carácter exclusivo, durante un periodo específico de cada año, un alojamiento susceptible de utilización independiente, por tener salida propia a la vía pública o a un elemento común del edificio en el que estuviera integrado, y que esté dotado, de modo permanente, con el mobiliario adecuado al efecto, y el derecho a la prestación de los servicios complementarios.

## Objeto y duración

El derecho de aprovechamiento por turno sólo podrá recaer sobre un edificio, conjunto inmobiliario o un sector de ellos arquitectónicamente diferenciado, por lo que no se tendrán en cuenta los locales comerciales.

El periodo anual de aprovechamiento no podrá ser nunca inferior a siete días seguidos. En todo caso, dentro de un régimen, los turnos han de tener todos la misma duración. Además, deberá quedar reservado para reparaciones, limpieza, etc., un periodo de tiempo que no podrá ser inferior a siete días por cada uno de los alojamientos sujetos al régimen.

La duración del régimen será de tres a cincuenta años, a contar desde la fecha de su inscripción en el registro o, si el derecho se ha constituido sobre un inmueble en construcción, desde la inscripción de la terminación de la obra. Una vez extinguido el régimen por el transcurso del plazo de duración, los titulares no tendrán derecho a compensación económica alguna.

## Protección del consumidor

La disposición legal que estamos analizando muestra una gran preocupación por proteger al adquirente del derecho, puesto que sanciona con la nulidad todas aquellas cláusulas mediante las cuales este renuncie por anticipado a los derechos que la ley le atribuye, así como las estipulaciones que exoneren al propietario o promotor de las responsabilidades que le son propias.

Otro aspecto en el que es visible la preocupación para proteger al consumidor es que si el derecho de aprovechamiento por turno se constituye sobre un inmueble en construcción, el propietario deberá contratar un aval bancario o un seguro de caución a fin de garantizar las cantidades entregadas a cuenta, si la obra no ha finalizado en la fecha prevista o no se ha entregado el mobiliario.

## Formalidades de la constitución del régimen

Establece la ley que el derecho de aprovechamiento por turno de bienes inmuebles deberá ser constituido por el propietario registral del inmueble, lo que significa que solamente la persona que, de acuerdo con el Registro de la Propiedad, consta ser el propietario del inmueble (de un edificio) podrá decidir que se cree este derecho.

Pero, ¿debe cumplir algunos otros requisitos?

En efecto, no es suficiente con lo anterior, ya que, además, deberá:

*a*) Haber inscrito la conclusión de la obra en el Registro de la Propiedad o, cuanto menos, la declaración de obra nueva en construcción.
*b*) Haber obtenido las licencias administrativas necesarias.
*c*) Haber celebrado un contrato con una empresa de servicios (salvo que el propietario los asuma directamente): limpieza, reparaciones, etc.
*d*) Haber concertado los seguros, a terceros y a favor de los ocupantes, referidos en la ley.

El derecho de aprovechamiento por turno de bienes inmuebles se constituirá mediante una escritura otorgada ante notario (mediante escritura pública, por tanto). Ello supone una garantía, puesto que la intervención del notario supone siempre un control imparcial de la legalidad de los documentos.

## El contenido del contrato

La ley menciona cuál debe ser el contenido mínimo del contrato por el que se concede un derecho de aprovechamiento por turno de bienes inmuebles. Este contenido (que, como se ha dicho, es mínimo, por lo que los firmantes pueden ampliarlo), posee como aspectos más destacables, los siguientes:

*a*) La fecha de celebración, los datos de la escritura reguladora del régimen y los datos de inscripción en el Registro de la Propiedad.
*b*) Constancia expresa de la fecha en que el régimen se extinguirá, de acuerdo con lo que se establece en la ley.
*c*) Descripción precisa del edificio, de su situación y del alojamiento sobre el que recae el derecho, con expresa referencia a sus datos del Registro de la Propiedad y al turno que es objeto de contrato.
*d*) Expresión de que la obra está concluida o se encuentra en construcción.
*e*) El precio que deberá pagar el adquirente, la cantidad que deba satisfacer anualmente, una vez adquirido el derecho, a la empresa de servicios y el importe de los impuestos que lleva aparejada la adquisición.
*f*) Datos completos del propietario o promotor, del transmitente, del adquirente, de la empresa de servicios, etc.
*g*) La duración del régimen, con referencia a la escritura reguladora y a la fecha de inscripción de esta.
*h*) La expresión de los derechos del adquirente para: comprobar la titularidad y las cargas del inmueble solicitando la información del re-

gistrador competente, exigir el otorgamiento de escritura pública e inscribir su adquisición en el Registro de la Propiedad.

*i*) El lugar y la fecha del contrato.

## El desistimiento y la resolución del contrato

Uno de los aspectos más importantes y novedosos introducidos por la ley que estamos analizando, sobre derechos de aprovechamiento por turno de bienes inmuebles de uso turístico, es la facultad de desistimiento.

Pero, ¿en qué consiste exactamente este derecho que viene reconocido legalmente para el consumidor? Pues bien, esta facultad supone que el adquirente de los derechos de aprovechamiento por turno de bienes inmuebles tiene un plazo de diez días, contados desde la firma del contrato, para denunciar el contrato (en otras palabras: desistir del mismo) y ello a su libre arbitrio, es decir, sin necesidad de alegar razón alguna.

Es muy importante tener en cuenta el siguiente aspecto: si, una vez firmado el contrato, el consumidor decide (libremente, como ya se ha dicho) desligarse del mismo, no por ello deberá abonar indemnización o gasto alguno.

Pero, además, el adquirente tiene, asimismo, un plazo de tres meses para resolver el contrato si concurren las siguientes circunstancias:

*a*) Si el contrato no contiene alguna de las menciones o no acompaña algunos de los documentos que legalmente se establece.

*b*) Si no ha sido suficientemente informado o se ha incumplido alguna de las obligaciones que la ley establece al respecto.

*c*) Si el documento informativo entregado no se corresponde con el archivado en el Registro.

Por lo tanto, vemos cómo la ley protege nuevamente al consumidor: si, aun después de transcurridos los primeros diez días, el contrato ha sido suscrito de forma irregular (porque concurren algunas de las causas que se acaban de enumerar), puede resolverse y, también en estos supuestos, sin que se deba satisfacer ninguna cantidad.

Es muy importante no olvidar el siguiente aspecto referido a cómo debe ponerse en conocimiento del propietario o promotor la intención de desistir o resolver el contrato: dice la ley que el desistimiento o resolución del contrato deberá notificarse en el domicilio que a estos efectos figure en el contrato y por cualquier medio que garantice la constancia de la comunicación y de su recepción, así como la fecha de envío. Si el contrato se celebra ante notario, el desistimiento deberá constar en acta notarial.

Resumiendo, la comunicación que se haga deberá efectuarse siempre en las señas que el propietario o promotor haya hecho constar en el contrato y dicha comunicación —en la que se expresará de forma muy clara la intención de resolver o desistir del contra-

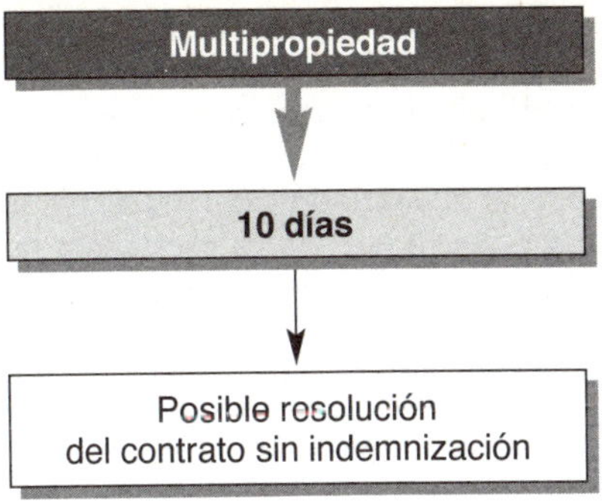


to— tendrá que hacerse mediante carta remitida notarialmente o por el sistema que se llama *burofax*, con la siguiente excepción: si el contrato se ha firmado ante un notario, el desestimiento o la renuncia que se haga del contrato deberá constar en un acta notarial.

Debe insistirse, a fin de evitar estafas, en que la ley prohíbe totalmente el pago de cualquier anticipo al adquirente por el transmitente, antes de que expire el plazo de ejercicio de la facultad de desistimiento o mientras disponga de la facultad de resolución mencionadas.

Con respeto a estos límites, los contratantes podrán pactar todas aquellas otras garantías que consideren convenientes a fin de garantizar el pago del precio aplazado, pero siempre que no impliquen que el transmitente recibirá una contraprestación en caso de ejercicio de la referida facultad de desistir.

Señalemos, por último, que si el adquirente hubiera anticipado alguna cantidad al transmitente, tendrá derecho a exigir, en cualquier momento, la devolución de dicha cantidad duplicada, pudiendo optar entre resolver el contrato en los tres meses siguientes a su celebración o exigir su total cumplimiento.

## Resolución del contrato por impago de las cuotas

Salvo pacto en contrario —es decir, excepto si en el contrato se conviene otra cosa distinta— el propietario tendrá la facultad de resolver el contrato en el supuesto que el adquirente titular del derecho de aprovechamiento por turno, una vez requerido al efecto, no atienda al pago de las cuotas debidas por razón de los servicios prestados durante, al menos, un año. El propietario podrá ejercer esta facultad a instancia de la empresa de servicios, previo requerimiento fehaciente de pago al deudor.

Para llevar a cabo la resolución, el propietario deberá consignar, a favor del titular del derecho, la parte proporcional del precio correspondiente al tiempo que le reste hasta su extinción. No obstante, se puede pactar la pérdida total o parcial de las cantidades que deba percibir el titular del derecho resuelto.

El propietario que ejercite esta facultad resolutoria quedará obligado a atender las deudas que el titular del derecho de aprovechamiento por turno tuviere pendientes con la empresa de servicios, salvo que otra cosa se hubiere convenido al respecto.

## Incumplimiento de los servicios

El propietario o promotor es totalmente responsable, frente a los titulares del derecho de aprovechamiento por turno, de la efectiva prestación de los servicios. Por tanto, en caso de incumplimiento, el propietario o promotor deberá actuar contra esta empresa.

El titular del derecho puede verse afectado por tales circunstancias, puesto que siempre podrá reclamar al propietario la efectiva prestación de los servicios y las correspondientes indemnizaciones, en el caso de que tal prestación no se lleve a cabo.

# La protección de los consumidores y usuarios

Se entiende por consumidor o usuario, a efectos legales, tanto los particulares como las empresas que adquieren, utilizan o disfrutan como destinatarios finales bienes muebles o inmuebles, productos, servicios, actividades o funciones.

El artículo 51 de la Constitución establece que es función de los poderes públicos garantizar la defensa de los consumidores y usuarios, protegiendo, mediante procedimientos eficaces, la seguridad, la salud y los legítimos intereses económicos de los mismos. A tal fin se dictó, en el año 1984, la ley general para la defensa de los consumidores y usuarios, pero las comunidades autónomas, en el marco de sus competencias, han dictado también normas encaminadas a la protección de los consumidores.

## Derechos básicos de los consumidores y usuarios

Son los siguientes:

— derecho a la protección de la salud y de la seguridad: los productos que se vendan no han de ser perjudiciales para la salud del consumidor, y si lo son resulta imprescindible advertir de su necesario consumo moderado, sólo por parte de adultos, y limitar su publicidad;

— derecho a la protección de sus intereses económicos y sociales: los consumidores y usuarios tienen derecho a organizarse y coordinar sus esfuerzos para asegurar la mejor promoción, protección y defensa de sus intereses;

— derecho a la reparación de los daños y perjuicios sufridos: en el supuesto de sufrir un menoscabo físico o patrimonial, el consumidor tiene derecho a obtener una rápida y justa contraprestación;

— derecho a la información y a la educación: el consumidor, ya desde la infancia, tiene derecho a ser informado y educado para consumir de manera responsable, sin derrochar ni comprar compulsivamente;

— derecho a la representación y audiencia en consulta: los usuarios tienen derecho a ser oídos en todos aquellos procedimientos legales y judiciales en los que sean parte directamente interesada, así como a formar parte de cuantos organismos puedan crearse y que afecten al consumo;

— derecho a la protección jurídica, administrativa y técnica: los consumidores tienen derecho a que los poderes públicos articulen mecanismos técnico-jurídicos que permitan obtener una rápida satisfacción de las reclamaciones.

## El sistema arbitral de consumo

Se trata de un procedimiento ideado para la resolución de controversias, quejas y reclamaciones que puedan plantear los consumidores y usuarios con relación a sus derechos legalmente reconocidos respecto de bienes o servicios suministrados o facilitados por un empresario.

Se caracteriza por su rapidez (no suele durar más de cinco o seis meses), su carácter extrajudicial (no se trata de ningún tribunal), su eficacia (ya que la decisión, que se denominada *laudo*, tiene la misma eficacia de una sentencia judicial), su voluntariedad (no existe obligación por ninguna de las partes de someterse a este sistema de resolución de conflictos), su ejecutividad (los laudos son de obligado cumplimiento, como si se tratara de una sentencia judicial) y su economía (se trata de un procedimiento gratuito en su tramitación ordinaria).

El procedimiento se inicia con la formalización de una solicitud de arbitraje, tras lo cual se dará traslado al empresario. Si este lo acepta se citará a las partes para una audiencia, donde podrán manifestar cuanto estimen conveniente, no siendo en ningún caso necesaria la intervención de abogado ni procurador y acordándose lo que se considere pertinente respecto de las pruebas que se hayan propuesto o que el árbitro estime que deben practicarse.

Como se ha dicho, el procedimiento finaliza con un laudo, de obligado acatamiento y cumplimiento, pese a que, en casos muy concretos, contra el laudo cabe interponer el llamado *recurso de anulación* ante la audiencia provincial que corresponda.

## Las garantías en los bienes de consumo

A menudo nos hemos encontrado con que adquirimos determinados bienes, un electrodoméstico por ejemplo, y al instalarlos o usarlos comprobamos que no funcionan. Con la finalidad de paliar las consecuencias gravosas que se derivan para el consumidor de situaciones como la descrita, mediante la Ley 23/2003, de 10 de julio se incorpora al derecho español una serie de directivas europeas sobre determinados aspectos de la venta y garantía de los bienes de consumo.

Esta ley facilita al consumidor distintas opciones cuando el bien adquirido no es conforme con el contrato, dándole la opción de exigir la reparación por la sustitución del bien, salvo que esta resulte imposible o desproporcionada. Cuando la reparación o la sustitución no son posibles o resultan infructuosas, el consumidor puede exigir la rebaja del precio o la resolución del contrato.

La reparación y la sustitución se ajustarán, necesariamente, a las siguientes reglas:

— serán gratuitas para el consumidor;
— deberán llevarse a cabo en un plazo razonable y sin mayores inconvenientes para el consumidor;
— durante los seis meses posteriores a la entrega del bien reparado, el vendedor responderá de las faltas de conformidad que motivaron la reparación, presumiéndose que se trata de la misma falta de conformidad cuando se reproduzcan en el bien defectos del mismo origen que los inicialmente manifestados;
— si concluida la reparación y entregado el bien, este sigue siendo no conforme con el contrato, el comprador podrá exigir la sustitución del bien, la rebaja del precio o la resolución del contrato;
— si la sustitución no lograra poner el bien en conformidad con el contrato, el comprador podrá exigir la reparación del bien, la rebaja del precio o bien la resolución del contrato;
— el consumidor no podrá exigir la sustitución en el caso de bienes no fungibles (es decir, que no pueden ser sustituidos por otros de la misma clase y especie), ni tampoco cuando se trate de bienes de segunda mano;
— la rebaja del precio y la resolución del contrato procederán, a elección del consumidor, cuando este no pudiera exigir la reparación o la sustitución y en los casos en que estas no se hubieran llevado a cabo en plazo razonable o sin mayores inconvenientes para el consumidor. La resolución no procederá cuando la falta de conformidad sea de escasa importancia;
— la rebaja del precio será proporcional a la diferencia existente entre el valor que el bien hubiera tenido en el momento de la entrega de haber sido conforme con el contrato y el valor que el bien efectivamente entregado tenía en el momento de dicha entrega.

Se reconoce un plazo de dos años, a partir del momento de compra, para que el consumidor pueda hacer efectivos estos derechos (en el caso de bienes de segunda mano se podrá pactar un plazo menor no inferior a un año) y un plazo de tres años, también contado a partir del momento de la compra, para que pueda ejercitar, en su caso, las acciones legales oportunas.

No tiene que confundirse la garantía comercial con la estrictamente legal: la garantía comercial es la que, de manera voluntaria, establece el vendedor en atención a sus clientes y es más amplia en cuanto a duración u otras condiciones que la legal. Es importante tener en cuenta que, de existir una garantía comercial, esta debe figurar en un documento escrito en el que se establezcan, de manera clara, los elementos esenciales necesarios para su aplicación. La publicidad relativa a la garantía se considera que forma parte integrante de sus condiciones.

# La propiedad intelectual

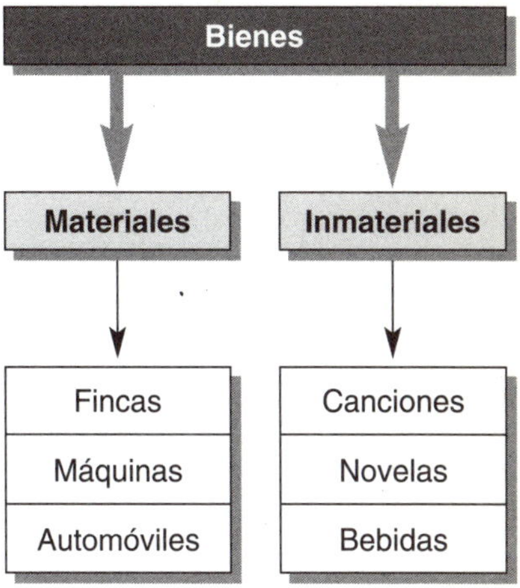


Hallamos la propiedad intelectual en el marco de los bienes inmateriales, que no son otra cosa que creaciones de la imaginación, del raciocinio o de la inventiva de las personas: así, una canción, una novela, una bebida, etc.

El origen de la protección de las creaciones intelectuales se remonta al siglo XVI en el ámbito de los libros, considerándose, ya entonces, que su autor era la única persona autorizada para imprimirlos y difundirlos. Muy rápidamente una protección semejante se extendió asimismo respecto de los dibujos y, posteriormente, ya en plena revolución industrial, a los inventos en general.

En nuestro país, las primeras normas específicas de protección de la propiedad intelectual datan del siglo XVIII y un primer cuerpo legislativo completo sobre esta materia fue decretado en el año 1847 (derogado por la Ley de 1879), y estuvo en vigor durante más de un siglo. En la actualidad, esta materia se regula mediante el texto refundido de la Ley de Propiedad Intelectual de 1996, que fue objeto de dos reformas, una en 1998 —por la que se incorporaron al derecho español determinadas normas dictadas en el ámbito de la Unión Europea— y otra, la Ley 23/2006, que introdujo entre otros aspectos destacables el derecho a compensación escrita por copia privada.

Pocas materias tienen la viveza y están evolucionando con tanta rapidez como esta, por lo que, a buen seguro, en el futuro, se dictarán nuevas leyes que regularán aspectos concretos de esta clase de propiedad.

## Concepto

La propiedad intelectual se halla integrada por todos aquellos derechos de carácter personal y patrimonial que atribuyen al autor la plena disposición y el derecho exclusivo a la explotación de la obra sin otras limitaciones que las legalmente establecidas.

Por el solo hecho de su creación, corresponde al autor la propiedad intelectual de una obra literaria, artística o científica, pero, ¿quién debe ser considerado como autor? La ley es clara al establecer que se considera autor a la persona natural que crea alguna obra de las enumeradas, presumiéndose, además, que es autor que aparece como tal en la obra.

## Objeto

En concreto ¿qué es objeto de la propiedad intelectual? En otras palabras, ¿qué forma parte de ese concepto? Constituyen la propiedad intelectual todas aquellas creaciones originales de tipo literario, artístico o científico expresadas por cualquier medio o soporte, tangible o intangible, según expresamente dispone la ley, «actualmente conocido o que se invente en el futuro».

A título de ejemplo se pueden citar: los libros, las composiciones musicales con o sin letra, las obras teatrales, las obras cinematográficas, las esculturas, las obras de pintura, los tebeos, los proyectos, planos o las obras fotográficas.

Asimismo, sin perjuicio de los derechos de su autor sobre la obra original, son objeto de propiedad intelectual las traducciones y las adaptaciones, las actualizaciones, los arreglos musicales y cualesquiera transformaciones de una obra literaria, artística o científica.

## Contenido

Interesa ahora saber cuáles son los derechos que corresponden al autor de una obra que constituya objeto de propiedad intelectual.

Según la ley, el autor goza de cuatro derechos: el derecho moral sobre la obra, el derecho de explotación de la misma, el derecho de participación económica y el derecho de remuneración por copia privada. A continuación veremos qué significan y en qué consisten cada uno de esos importantes derechos.

## Derechos morales

Los derechos morales del autor respecto de su obra —que son irrenunciables e inalienables, eso es, no cabe hacer dejación de los mismos ni pueden ser vendidos o transmitidos— son, entre otros, los siguientes:

- derecho a decidir si su obra ha de ser divulgada o no, en qué forma y con su nombre, bajo seudónimo o anónimamente;
- derecho a exigir el reconocimiento de su condición de autor de la

obra, así como el respeto a la integridad de esta;
— derecho a retirar la obra del comercio por cambio de sus convicciones intelectuales o morales.

## Derechos de explotación

Corresponde al autor el ejercicio de explotación de su obra en cualquier forma y, en especial, los derechos de reproducción, distribución, comunicación pública y transformación, que no podrán ser realizadas sin su previo consentimiento, salvo aquellos casos excepcionalmente previstos en la ley.

Los derechos de explotación de una obra lícitamente divulgada duran toda la vida del autor y setenta años después de su muerte o declaración de fallecimiento.

Estos derechos son transmisibles, es decir, que pueden ser objeto de cesión por herencia o legado o por actos *inter vivos* (es decir, entre personas vivas) que deberá ser siempre por escrito y respecto de la cual se puede pactar la posibilidad de que sea con carácter exclusivo. Es importante señalar que los derechos de explotación de las obras pueden ser hipotecados.

Cuando se extinguen los derechos de explotación de una obra, esta pasa a ser de dominio público, lo que significa que podrá ser utilizada por cualquier persona, con respeto de la autoría y la integridad de la obra a que se ha hecho referencia. Es el caso de aquellas canciones que han obtenido una gran difusión (como es el caso de algunos villancicos) y que, pese a que su autor puede ser perfectamente identificado y conocido, han pasado a ser de dominio público.

## Derecho de participación

Los autores de obras de artes plásticas (excepto las de artes aplicadas) tendrán derecho a percibir del vendedor una participación en el precio de toda reventa que de las mismas se realice en pública subasta, en una tienda o con la intervención de un comerciante o de un agente mercantil. Es el caso, por ejemplo, de los cuadros, que muchas veces son vendidos mediante subasta.

Se trata este de un derecho irrenunciable, por lo que si se pacta su renuncia en un contrato se tratará de una estipulación nula.

## Derecho de remuneración por copia privada

La reproducción realizada exclusivamente para uso privado mediante aparatos o instrumentos técnicos no tipográficos de obras divulgativas, originará una remuneración para el autor, el editor, el productor de fonogramas y videogramas y los artistas, intérpretes o ejecutantes.

Es un derecho irrenunciable por lo que respecta al autor, los artistas, intérpretes o ejecutantes y que se hace efectivo a través de las entidades de gestión de los derechos de propiedad intelectual.

## Protección de los derechos

La ley se ocupa también de establecer una serie de medidas tendentes a la debida protección de los derechos anteriormente analizados. Tales medidas se pueden resumir en tres grandes grupos: una acción de cese de las actividades ilícitas, una acción de indemnización y una última acción que se conoce como adopción de medidas cautelares consistente en evitar que se lleve a cabo una infracción.

El cese de la actividad ilícita comprenderá la suspensión de la explotación infractora, la prohibición de reanudarla si ya se había iniciado, la retirada de los ejemplares ilícitos y su destrucción, la remoción o el precinto de los aparatos utilizados en la comunicación pública no autorizada y la inutilización e incluso la destrucción de los moldes, planchas y de todos aquellos otros elementos destinados a la reproducción de ejemplares ilícitos.

Por su parte, la indemnización puede serlo tanto por daños materiales como morales. Los daños materiales serán aquellos beneficios o la remuneración dejada de obtener, mientras que para cuantificar los daños morales se atenderá a circunstancias tales como la infracción, la gravedad de la lesión y grado de difusión ilícita de la obra.

Las medidas cautelares se podrán solicitar siempre que se pueda acreditar de que va a producirse, de modo inminente, una infracción de los derechos reconocidos en la ley. Se trata, por ejemplo, de pedir al juez que secuestre los ejemplares producidos o utilizados indebidamente, que embargue los equipos y aparatos de reproducción, la suspensión de la actividad de difusión ilícita, etc. Esta acción o medida cautelar se puede solicitar con carácter previo a la interposición de las demandas de cese de la actividad ilícita o de indemnización.

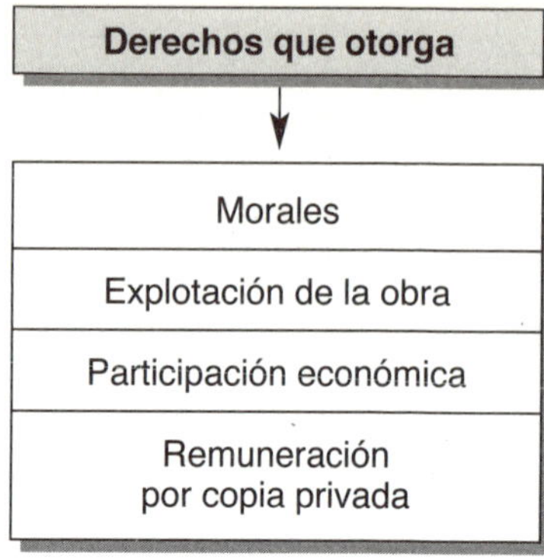


De tal modo que si el compositor de una canción se entera de que una casa de discos tiene previsto sacar a la venta unas grabaciones con música de las que él es autor y que no va a satisfacerle sus derechos económicos puede pedir al juez que evite esa difusión ilícita mediante la adopción de una medida cautelar en ese sentido. Si la difusión ilícita ya ha tenido lugar lo que se puede interponer es una acción tendente a obtener el cese de esa actividad.

# La propiedad industrial

Este tipo de propiedad suele quedar encuadrada dentro de la categoría la denominada propiedad de bienes inmateriales.

Las primeras normas existentes en España sobre esta materia datan del siglo XIX, pero hubo que esperar hasta finales del siglo XX para nuestro país se dotara de un cuerpo legislativo verdaderamente actualizado, sobre todo por la influencia que tuvieron los múltiples convenios internacionales existentes al respecto.

Dentro de la propiedad industrial vamos a distinguir las figuras siguientes: invento, marca y nombres comerciales.

Las patentes de invención y los certificados de protección de modelos de utilidad, medios por los que se protegen los inventos, son regulados en una ley de 1986.

A su vez, el régimen de protección de las marcas y los nombres comerciales se encuentra recogido en una ley del año 2001.

Con la finalidad de proteger la competencia en interés de todos los que participan en el mercado, se establece la prohibición de los actos de competencia desleal, objeto de regulación mediante una ley propia que faculta para ejercer toda una serie de acciones tendentes a declarar como desleal un determinado acto o para hacerlo cesar, así como para exigir una indemnización por los daños y perjuicios causados. Muy especialmente, esta norma es de utilización en el campo de la propiedad industrial que a continuación analizaremos.

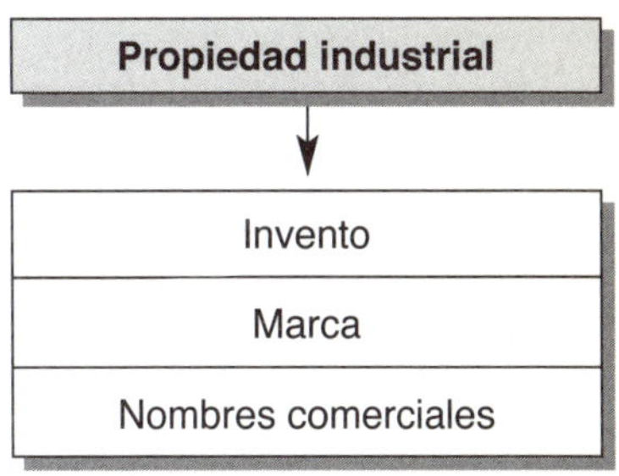


## Las patentes

Para la protección de las invenciones industriales está previsto que se concedan dos tipos distintos de títulos de propiedad: las patentes de invención y los certificados de protección de modelos de utilidad.

¿Qué puede ser objeto de patente? La ley establece que son patentables las nuevas invenciones que sean susceptibles de aplicación industrial y que impliquen una actividad inventiva. Veamos a continuación qué significa exactamente cada uno de estos conceptos.

Podemos considerar que una invención implica una actividad inventiva si aquella no resulta del estado de la técnica de una manera evidente para un experto en la materia. La novedad significa que el invento al que se refiere no está comprendida en el estado de la técnica.

A su vez, se estima que una invención es susceptible de aplicación industrial cuando su objeto puede ser fabricado o utilizado en cualquier clase de industria.

Para que un invento sea protegido por la ley debe ser objeto de la correspondiente patente. Debe tenerse en cuenta que el inventor goza, como es evidente, del derecho a la patente y, además, tiene derecho a ser mencionado como tal en la solicitud que se haga al respecto.

Por la patente, el titular puede impedir a cualquier persona, salvo que medie consentimiento, la fabricación y la utilización del producto patentado o la utilización de un procedimiento si este ha sido, asimismo, patentado. Por su parte, el titular de una patente puede licenciarla a cualquier interesado

La patente tiene una duración de veinte años improrrogables, contados a partir de la fecha de presentación de la correspondiente solicitud y produce sus efectos desde que se publica su concesión.

Otro aspecto muy importante que hay que tener en cuenta es que las patentes se conceden con la obligación de que sean explotadas, pudiéndose sancionar la no explotación con su caducidad.

## Los modelos de utilidad

Son protegibles como modelos de utilidad todas aquellas invenciones que, siendo nuevas e implicando una actividad inventiva, consisten en dar a un objeto una configuración, estructura o constitución de la que resulte alguna ventaja para su uso o fabricación.

Es decir, la diferencia entre una patente y un modelo de utilidad radica en que estos suponen una mera mejora o ventaja para el uso o para el proceso de fabricación de un objeto, mientras que aquellas son verdaderos inventos susceptibles de aplicación industrial.

Los modelos de utilidad se protegen mediante la obtención del denominado *certificado de protección*, correspondiendo tal derecho, básicamente, al inventor de los mismos.

La duración de dicha protección de los modelos de utilidad se otorga por un tiempo de diez años improrrogables.

## Las marcas

Se entiende por marca todo signo susceptible de representación gráfica que sirva para distinguir en el mercado productos o servicios de una empresa, respecto a los de otras. En especial y entre otros, pueden constituir una marca: las palabras o combinaciones de palabras; las imágenes, figuras, símbolos y gráficos; las letras, las cifras y sus combinaciones; las formas tridimensionales, etc. Por ejemplo, un envase de cartón o el dibujo característico de un producto.

¿Cómo se adquiere el derecho sobre la marca? Por el registro efectuado de conformidad con las disposiciones legales pese a que también gozan de protección, en algunos casos, las marcas y los nombres comerciales notorios y renombrados. Además, debe tenerse muy en cuenta que las marcas deben ser objeto de un uso efectivo y real para los servicios y productos para los que haya sido registrada, de lo contrario se corre el riesgo de ser sancionado.

El registro de una marca se otorga por diez años, existiendo la posibilidad de su renovación indefinida por ulteriores periodos de igual duración y otorga a su titular el derecho exclusivo de utilizarla en el tráfico económico. Es decir, que su uso por persona no autorizada puede ser perseguido por el titular de la marca.

Un aspecto que conviene tener en cuenta es que la marca (e incluso la solicitud de su registro) puede ser cedida —vendida, permutada, etc.— con independencia de la transmisión de la totalidad o de parte de una empresa.

## El nombre comercial

Es todo aquel signo susceptible de representación gráfica que sirve para identificar a una empresa en el ejercicio de su actividad empresarial y que distingue su actividad de otras idénticas o similares.

Entre lo que puede constituir un nombre comercial se pueden mencionar los nombre patronímicos, las razones sociales y las denominaciones de las sociedades, los anagramas, las denominaciones de fantasía, etc. Por ejemplo: una sociedad que se denomine GJ & AJ, SL puede registrar GJ y AJ como nombres comerciales para distinguir a dos de sus productos. Asimismo, también podría registrar como tal la expresión *Jaujor*, denominación puramente de fantasía.

¿Es obligatorio el registro de los nombres comerciales? No cabe duda de que es totalmente potestativo o voluntario pero debe tenerse presente que sólo el registro del nombre comercial confiere a su titular el derecho exclusivo a utilizarlo en el tráfico económico.

Por último, digamos que no hay que confundir los nombres comerciales con las denominaciones sociales: en el ejemplo anterior, GJ & AJ, SL es la denominación social de esta compañía, mientras que GJ, AJ o Jaujor son nombres comerciales.

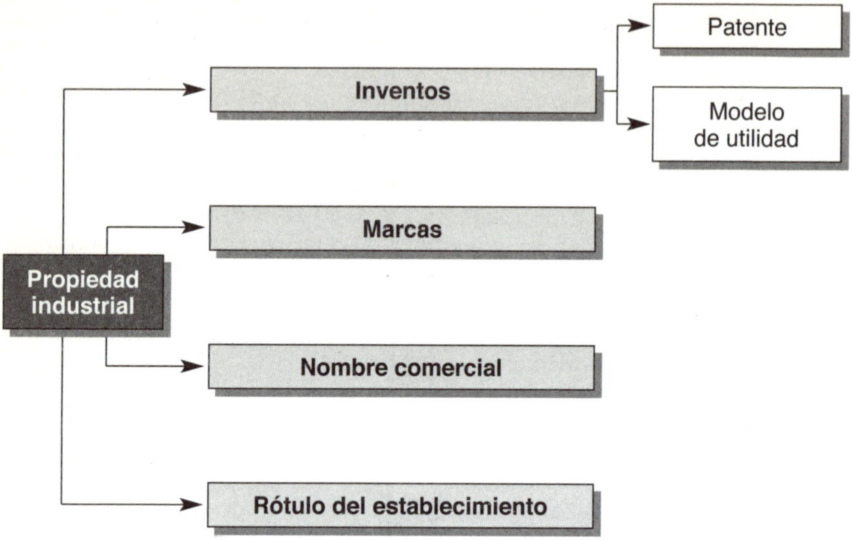


## El rótulo de establecimiento

Es el signo o denominación que da a conocer al público un establecimiento y lo distingue de otros destinados a actividades idénticas o similares.

A partir de la entrada en vigor de la ley del año 2001, ha desaparecido la protección específica del rótulo de establecimiento, que deberá defenderse, en su caso, mediante las leyes de la competencia desleal.

# El alquiler de una vivienda

Por su importancia, a continuación se ofrece una breve guía que puede ser realmente útil si se desea ocupar, como arrendador o inquilino, una vivienda.

Al igual que ocurre si lo que se quiere es comprar una vivienda, debe tenerse muy presente en qué barrio se pretende arrendar esta. Es fundamental conocer la zona sobre el terreno: debe saberse si goza de transportes públicos, si existen guarderías, centros deportivos, bibliotecas, mercados, etc.

Tras determinar el barrio en el que se desea vivir, es preciso conocer qué superficie mínima debe tener la vivienda objeto de nuestro interés. Por supuesto, las necesidades de una persona sola o una pareja sin hijos son radicalmente distintas de aquellas que pueda tener una familia numerosa.

Una vez concretado tanto el barrio en el que nos interesaría arrendar la vivienda como la superficie mínima que precisamos, empieza el proceso de localización. Para ello es útil contratar los servicios de un agente de la propiedad inmobiliaria (más conocidos por sus siglas, API), profesional dedicado a la intermediación en todos aquellos negocios relacionados con el tráfico de las fincas.

El siguiente paso imprescindible es visitar personalmente las distintas viviendas que responden genéricamente a los intereses o exigencias del futuro inquilino ya que la mayor o menor vetustez del edificio o el mejor o peor estado de conservación de la fachada son aspectos que pueden decantar la elección hacia una u otra finca.

Pese a que en el arrendamiento de una vivienda no es necesario extremar la prudencia tanto como si lo que se desea es adquirir una vivienda, no es excesivo pedir al arrendador que nos demuestre documentalmente que goza de facultades suficientes como para llevar a cabo tal operación.

Téngase en cuenta que no es imprescindible que quien arriende la vivienda sea propietario único de esta: así, por ejemplo, es suficiente con que sea copropietario puesto que se considera jurídicamente que el dar en arriendo una cosa cuya propiedad es compartida con otras personas constituye un acto de mera administración y no de disposición, por lo que no se exige que comparezcan todos y cada uno de los copropietarios.

No obstante, si se desea se puede consultar en el Registro de la Propiedad y en el ayuntamiento la situación de titularidad y cargas de la vivienda, así como el régimen urbanístico aplicable a la finca en concreto.

Lo que sí es muy recomendable es preguntar a quien represente a la comunidad de propietarios de la que forma parte la vivienda, si se halla dotada de Estatutos y de Normas de Régimen Interior: una sencilla consulta en este sentido antes de ocupar una vivienda puede conllevar un importante ahorro de desagradables sorpresas en el futuro. Por ejemplo, pensemos en una comunidad de propietarios que no permite a los vecinos (sean propietarios o meros arrendatarios) tener en las viviendas aquel determinado tipo de animales que tanto agradan al futuro inquilino.

Lo más habitual es que el alquiler de la vivienda se regule mediante la ley de Arrendamientos Urbanos del año 1994 (la LAU), pero debe tenerse en cuenta que las viviendas de superficie útil superior a los 300 metros cuadrados o cuya renta supera 5,5 veces el salario mínimo interprofesional son consideradas como arrendamientos de viviendas suntuarias y se rigen por el Código civil.

Dicho lo anterior, y puesto que normalmente el contrato de arrendamiento a suscribir se somete a la LAU, se ofrecen a continuación unos breves apuntes acerca del contenido que, necesariamente, debe tener el contrato de arrendamiento.

**1.** Será obligatorio, en el momento de suscribir el contrato, entregar al arrendador una cantidad equivalente a una mensualidad de renta en concepto de fianza, que será devuelta a la terminación del contrato si no han surgido discrepancias entre las partes.

**2.** Si bien la duración del contrato será la que libremente decidan las partes, si se pacta una duración inferior a cinco años, el arrendatario gozará de la posibilidad de prorrogarlo por plazos anuales hasta que alcance dicha duración, sin que el arrendador se pueda oponer al ejercicio de dicha facultad por parte del arrendatario. La única excepción a este derecho de prórroga es aquel supuesto en que, al tiempo de celebrarse el contrato, se haga constar expresamente la necesidad para el arrendador de ocupar la vivienda arrendada antes del transcurso de cinco años para destinarla a vivienda permanente para sí.

**3.** Excepto si media consentimiento escrito del arrendador, el contrato no podrá ser cedido por el arrendatario.

**4.** Es posible subarrendar parcialmente la vivienda alquilada con el previo consentimiento escrito del arrendador, pero no está prevista la posibilidad de subarriendo total.

**5.** La renta del arrendamiento será aquella que las partes convengan de mutuo acuerdo. Durante los cinco primeros años de vigencia del contrato, si se pacta que se actualice esto, sólo será posible aplicando el IPC.

**6.** Las obras de conservación son a cargo del arrendador, mientras que las pequeñas reparaciones que exija el desgaste por el uso normal lo son a cargo del arrendatario.

**7.** Si el contrato no lo es por más de cinco años, el arrendatario tiene derecho a la adquisición preferente de la vivienda en el caso de venta de esta.

**8.** Están prohibidos todos aquellos pactos que modifiquen, en perjuicio del arrendatario o inquilino, las normas que la ley establece, salvo el supuesto que la propia norma lo autorice expresamente.

Para terminar, diremos que la Ley de Arrendamientos Urbanos introduce la posibilidad de que el contrato sea suscrito ante notario, lo cual supone una evidente garantía para el arrendatario, puesto que no autorizará documento alguno en el que se lesionen injustamente los derechos del inquilino.

# La compra de una vivienda

En el presente capítulo se ofrecerán, sin ánimo de ser exhaustivos, las pautas básicas que deben seguirse cuando se desee adquirir una vivienda ya construida.

En primer lugar, un aspecto que debe tenerse muy presente y sobre el que no deben existir dudas es el barrio en el que se pretende adquirir la vivienda. Sea porque se ha vivido en él o por referencias directas, es fundamental conocer la zona sobre el terreno: debe saberse si se halla bien comunicado (metros, autobuses), si existen equipamientos suficientes (guarderías, centros deportivos y culturales, mercados), la distancia existente hasta el centro de trabajo, etc. En las grandes ciudades (Madrid, Barcelona, Bilbao, Sevilla, etc.) existen unas importantes diferencias entre unos barrios y otros, lo que condicionará la decisión final que se adopte.

Una vez determinado el barrio que nos interesa o nos satisface, otra cuestión que también debe tenerse clara es la superficie mínima de la vivienda de nuestro interés. Es evidente que el número de personas que conforman la familia conllevará unas distintas necesidades en este aspecto: no es lo mismo una vivienda para una persona sola o una pareja que para una familia de seis miembros. Un aspecto a tener en cuenta es que la superficie que nos interesa conocer es la denominada superficie útil, no la superficie construida, ya que entre ambas pueden existir notables diferencias.

Si ya sabemos el barrio en el que nos interesa adquirir la vivienda y sabemos asimismo la superficie mínima que cubre nuestras necesidades, se trata entonces de verificar tales requisitos en algún piso que cumpla ambas condiciones y que se halle en venta. Es aquí cuando puede entrar en juego la figura del Agente de la Propiedad Inmobiliaria (API), que es aquella persona que se dedica profesionalmente a la intermediación en todos aquellos negocios relacionados con el tráfico de las fincas.

Un API (que podemos hallarlo bajo una denominación social o de forma independiente) es, por los conocimientos técnicos y comerciales que posee, quien mejor nos puede asesorar respecto de la concreta vivienda que nos interesa.

Seguramente, existirán varias viviendas que responderán a las exigencias del barrio donde queremos comprar y de la superficie mínima que cubre nuestras necesidades. Pues bien, el siguiente paso es la visita personal a las distintas viviendas, aspecto imprescindible puesto que su orientación concreta, el estado de conservación de la fachada y de la finca en general, la existencia o no de portero o conserje, etc., serán aspectos que pueden decantar la elección hacia uno u otro inmueble.

Si se ha elegido ya la vivienda que, al menos en apariencia, satisface nuestras aspiraciones, debe avanzarse un paso más a fin de indagar acerca de su situación jurídica. A tal fin, es imprescindible, ante todo, saber si la persona que afirma ser propietaria de la vivienda lo es realmente, así como si esta se halla hipotecada, embargada, etc. No es prudente, como es lógico, confiar en las solas afirmaciones del vendedor, sino que resulta imprescindible acudir al Registro de la Propiedad y solicitar una certificación en la que se haga constar, al menos, quién es el propietario y las cargas y gravámenes que afectan a la vivienda. No menos importante que la consulta en el Registro de la Propiedad es la que se efectúe en el ayuntamiento correspondiente a fin de que, por escrito, informen acerca de cuál es el régimen urbanístico aplicable a la finca y de las eventuales incidencias que de este podrían derivarse.

Si de las dos consultas anteriores no se desprende la existencia de ninguna anomalía, es entonces el momento de preguntarse si la comunidad de propietarios de la que forma parte la vivienda que interesa se ha dotado de estatutos (lo que es habitual) y de normas de régimen interior (que, en caso de existir, son el desarrollo detallado de los estatutos). Es importante conocer tanto los unos como las otras, puesto que así sabremos, de antemano si, por ejemplo, en la comunidad de propietarios que nos interesa está o no permitida la tenencia de una determinada clase de animales y cuál es la cuota de participación del piso con relación al total inmueble (es decir: en qué porcentaje del total de gastos comunes participa el piso). Si existen, se puede solicitar, una copia de los estatutos de la comunidad de propietarios.

Un aspecto que también es de notable importancia es el relativo a la posible existencia de deudas a favor de la comunidad de propietarios por parte de la persona que va a vender el piso. No obstante, con la reforma operada en 1999 en la ley de Propiedad Horizontal, se exige que, en el momento en que sea otorgada la correspondiente escritura de compraventa, el vendedor aporte certificado emitido por el presidente y el secretario de la comunidad de propietarios en el que conste que se halla al corriente de pago o, en su caso, a cuánto asciende la deuda. Pese a que la ley permite al comprador renunciar a que sea aportada la mencionada certificación, nuestro consejo es que siempre sea exigida.

Es muy importante también conocer perfectamente si el vendedor se halla al corriente del pago del Impuesto sobre Bienes Inmuebles (IBI), a cuyo fin se puede solicitar que el ayuntamiento expida una certificación acreditativa de los recibos que se hallaren pendientes.

Sin lugar a dudas, debemos aconsejar que la adquisición de la vivienda sea llevada a cabo mediante una escritura pública que, por tanto, sea hecha por un notario. Es cierto que la intervención del notario supondrá tener que satisfacer sus honorarios, pero la garantía que ello supone para las partes, y singularmente para el comprador, es muy superior al importe de estos.

Para terminar, advirtamos que es muy aconsejable también que en todos los trámites que deben seguirse para la adquisición de una vivienda (y que han quedado expuestos en sus rasgos principales) se cuente con el asesoramiento de un profesional del sector.

# El servicio militar

## Servicio militar, objeción de conciencia, prestación social sustitutoria e insumisión

Establece el artículo 30 de la Constitución que los españoles tienen el derecho y el deber de defender a España.

Al mismo tiempo, se establece que la ley fijará las obligaciones militares de los españoles y regulará, con las debidas garantías, la objeción de conciencia, así como las demás causas de exención del servicio militar obligatorio, pudiéndose imponer, en su caso, una prestación social sustitutoria.

## El servicio militar

El cumplimiento obligatorio del servicio militar ha quedado suspendido como consecuencia del proceso de profesionalización de las Fuerzas Armadas en que se encuentra inmerso nuestro país.

Esta decisión ha supuesto la despenalización de los delitos referidos al incumplimiento de la prestación social sustitutoria y del propio servicio militar, por lo que estas acciones han dejado de ser perseguidas por la vía criminal.

Para las personas que deseen incorporarse al servicio militar temporal o definitivamente, el proceso se inicia con el alistamiento del interesado y el Ministerio de Defensa. La ley determina cuáles son las causas de exclusión que impiden la incorporación a las Fuerzas Armadas como soldado profesional.

Según la ley, los españoles que se incorporan a las fuerzas armadas para cumplir el servicio militar adquieren, durante ese periodo, la condición militar. Reciben la denominación de *militares de reemplazo*.

El servicio militar se inicia propiamente en la fecha de incorporación (como soldados o marineros) al destino asignado en las fuerzas armadas y finaliza transcurridos los nueve meses de duración del mismo (tiempo en el que se incluyen las situaciones de baja por accidente, enfermedad o limitación física o psíquica contraídos durante el periodo de prestación).

Los militares de reemplazo están en disponibilidad permanente para el servicio, pero cuando no se hallen de servicio no estarán obligados a vestir de uniforme fuera de los acuartelamientos, buques y base ni al entrar o al salir de los mismos.

Los militares de reemplazo tienen derechos y deberes. La ley, después de afirmar que se les reconoce todos los contenidos en la Constitución, se encarga de detallar algunos:

— derecho a la no discriminación por razón de nacimiento, raza, etc.;
— derechos dimanantes de la libertad ideológica, religiosa y de culto;
— derecho a la intimidad personal y al secreto de las comunicaciones;
— derecho a la libertad de circulación;
— derecho a la libertad de expresión;
— derecho de reunión y de asociación;
— derecho de sufragio activo y pasivo;
— derecho a la asistencia sanitaria;
— derecho a la reserva del puesto de trabajo y de la plaza en el centro de enseñanza donde se estudie.

En cuanto a deberes, les incumben todos aquellos establecidos en la Constitución, en las reales ordenanzas y en el ordenamiento jurídico, hallándose sujetos al régimen general de las fuerzas armadas y a las leyes penales y disciplinarias militares. Durante el cumplimiento del servicio, los soldados prestarán juramento ante la bandera de defender a España con lealtad al rey y fidelidad a la Constitución.

Por lo que respecta a las obligaciones, la ley determina que el militar de reemplazo deberá conocer y cumplir exactamente las contenidas en las reales ordenanzas, tanto las de carácter general militar como las específicas de su ejército y las propias de su condición.

Los militares de reemplazo observarán las reglas de disciplina y de respeto al orden jerárquico, debiendo respetar a sus jefes y obedecerles en todo lo que mandaren concerniente al servicio, actuando con lealtad.

La situación de reserva es aquella en que se hallan los españoles después de finalizar el cumplimiento del servicio militar. En esta situación se permanece hasta el 31 de diciembre del tercer año posterior a la finalización del servicio militar.

## La objeción de conciencia

El ejercicio del derecho de objeción de conciencia, que introduce una exención del cumplimiento del servicio militar obligatorio basada en una convicción de orden religioso, ético, moral, humanitario, filosófico u otros de la misma naturaleza, fue objeto de regulación legal por primera vez en nuestro país en el año 1984, estando actualmente en vigor la ley 22/1998 de 22 de julio.

La objeción de conciencia conlleva la obligación del cumplimiento de una prestación social sustitutoria.

La vigente ley que regula la objeción de conciencia y la prestación social sustitutoria recoge una de las principales demandas manifestadas al efecto y equipara la duración del periodo de la prestación social sustitutoria y del servicio militar, estableciendo, a su vez, en tres años el tiempo límite de espera entre el reconocimiento de la condición de objetor y el inicio del periodo de actividad.

La solicitud del reconocimiento como objetor de conciencia podrá presentarse, dice la ley, hasta la fecha señalada por el Ministerio de Defensa para la incorporación al servicio militar, o una vez finalizado el mismo, mientras se permanezca en la denominada *situación de reserva*. Por su parte, se establece que el reconocimiento de la condición de objetor de conciencia será competencia del Consejo Nacional de Objeción de Conciencia.

Los objetores de conciencia reconocidos quedarán exentos de la prestación del servicio militar y deberán realizar una prestación social sustitutoria consistente en el desarrollo de actividades de utilidad pública que no requieran el empleo de armas ni tengan relación con la institución militar.

Los sectores en los que se podrá desarrollar dicha prestación social serán los siguientes:

*a*) Servicios sociales y, en particular, los que afecten a la acción comanditaria o familiar, protección de menores o adolescentes, tercera edad, personas con discapacidades físicas, psíquicas y sensoriales, minorías étnicas, prevención de la delincuencia, reinserción social de alcohólicos, toxicómanos y ex reclusos y promoción de hábitos saludables de conducta.
*b*) Servicios sociales por la paz y, de forma particular, ayuda a refugiados y protección de los derechos humanos.
*c*) Programas de cooperación internacional.
*d*) Conservación del medio ambiente, y protección de la naturaleza.
*e*) Educación y cultura y, en particular, promoción cultural y alfabetización.
*f*) Educación en el ocio.
*g*) Protección civil.
*h*) Servicios sanitarios.
*i*) Cualquier otra actividad, servicios u obras de carácter análogo.

Establece la ley, *asimismo*, que la prestación debe realizarse en asociaciones o entidades no gubernamentales previamente concertadas —que, en ningún caso, podrán tener finalidades lucrativas—, así como en entidades dependientes de las administraciones públicas que hayan sido autorizadas reglamentariamente.

El régimen de la prestación social sustitutoria comprende las situaciones de disponibilidad, de actividad y de reserva.

Se halla en situación de disponibilidad aquella persona que, tras solicitarlo, es considerada legalmente como objetor y se extiende hasta que inicia la situación de actividad. La situación de disponibilidad no podrá tener una duración superior a tres años.

Transcurrido dicho plazo sin que el objetor hubiese iniciado la situación de actividad por causas no imputables al mismo, pasará directamente a la situación de reserva, sin que se computen los periodos de aplazamiento de cualquier clase instados por el objetor.

La situación de actividad —cuya duración, como se ha dicho, será la misma que la fijada para el servicio militar en filas— comienza cuando, emitida la orden de incorporación para realizar la prestación social en un puesto de actividad, se produce la incorporación efectiva del objetor de conciencia al mismo y finaliza cuando se cumple el tiempo de duración establecido.

Según la ley, los objetores de conciencia que se encuentren en situación de actividad tienen los siguientes derechos:

*a*) Derecho a idénticos haberes que los soldados en filas y a prestación equivalente de sanidad y seguridad social.
*b*) En los casos en que sea necesario para el cumplimiento de la prestación social, derecho a prestaciones equivalentes de alojamiento, manutención, vestuario y transporte.
*c*) Tanto si son funcionarios como si les es de aplicación la legislación laboral, tendrán derecho a la reserva del puesto de trabajo que ocupaban hasta el momento de su incorporación.
*d*) Derecho a disfrutar de cuantas facilidades se reconozcan a efectos educativos a quienes presten el servicio militar.

Finalizado el periodo de actividad, se pasará a la situación denominada *de reserva*. También pasarán a esta situación los objetores que hayan presentado su solicitud durante la situación de reserva del servicio militar.

La situación de reserva empezará el día siguiente al término de la situación de actividad y se extenderá hasta el 31 de diciembre del tercer año posterior a la finalización de la prestación social sustitutoria del servicio militar. En la situación de reserva, el Gobierno podrá acordar la reincorporación de los objetores en los supuestos previstos en la normativa sobre el servicio militar y movilización nacional, a fin de realizar actividades de protección y defensa civil.

El órgano que resuelve las solicitudes de objeción de conciencia y expide la certificación legal de objetor (entre otras funciones) es el Consejo Nacional de Objeción de Conciencia, que depende del Ministerio de Justicia.

## La insumisión

La insumisión puede referirse tanto al servicio militar como a la prestación social sustitutoria. La reforma parcial de octubre de 1998 del vigente Código penal sanciona ambas conductas, pero sólo con la pena de inhabilitación para el ejercicio de empleo o cargo público. Es decir, se han suprimido las penas de prisión y de multa para estos delitos.

En relación con la negativa a cumplir la prestación social sustitutoria, el artículo 527 establece que será castigado con la pena de inhabilitación especial para empleo o cargo público de cuatro a seis años el que:

— retrase su incorporación más de un mes;
— hallándose ya incorporado al servicio, dejare de asistir al mismo durante más de veinte días consecutivos o treinta no consecutivos;
— estando incorporado al servicio, se negare de modo explícito o por actos concluyentes a cumplirla.

Por lo que respecta al servicio militar, el artículo 604 del Código penal establece que el que siendo citado legalmente para su cumplimiento no se presentare sin causa justificada, retrasando su incorporación más de un mes, o no habiéndose aún incorporado a las fuerzas armadas manifestare explícitamente en el expediente su negativa a cumplir el servicio militar sin causa legal alguna, será castigado con las penas de inhabilitación especial para empleo público de cuatro a seis años.

# Otras cuestiones legales de interés

## La responsabilidad médica

Los supuestos de negligencias médicas son escasos en nuestro país. No obstante, si alguien considera que el médico que le ha tratado no ha actuado de forma correcta, puede actuar judicialmente contra el mismo.

El afectado puede acudir a la jurisdicción penal mediante la interposición de una querella o de una denuncia, y sólo en los casos en los que se impute al médico la comisión de un delito o falta. Al mismo tiempo, se puede —y se suele— reclamar una indemnización.

También se puede ir por la vía civil si nos hallamos en el ámbito de la medicina privada. Aquí no se trata de decidir si el médico ha cometido un delito o una falta, sino si debe ser condenado a pagar una indemnización.

La única que permite reclamaciones patrimoniales de responsabilidad sanitaria por actuaciones llevadas a cabo en el ámbito del Sistema Nacional de Salud es la jurisdicción contencioso-administrativa. Debe reclamarse a la Administración sanitaria y a la aseguradora correspondiente.

## La firma electrónica

La firma electrónica o firma digital es la equivalente, en el mundo digital, a la que se estampa de puño y letra, y tiene el mismo valor jurídico que esta. Esta materia se regula mediante la Ley 59/2003, de 19 de diciembre.

La firma digital se basa en el *principio criptográfico de claves pública y privada:* cada usuario dispone de dos claves, siendo la privada, de uso personal y carácter secreto, la que se utiliza para firmar y cifrar documentos. La firma electrónica proporciona el máximo grado de confidencialidad y seguridad en internet e identifica a las partes que se conectan telemáticamente.

Para obtener la firma electrónica debe solicitarse la certificación de usuario, a lo cual seguirá la obligación de personarse en una oficina de registro para proceder a la acreditación de la identidad del solicitante.

El último paso es la descarga del certificado desde la página de internet de la Autoridad de Certificación correspondiente, y sólo podrá ser realizada desde el mismo equipo y navegador desde el que realizó la solicitud.

## El aparcamiento de vehículos

La Ley 40/02, de 14 de noviembre, establece el régimen jurídico aplicable a los aparcamientos en los que una persona cede, como actividad mercantil, un espacio en un local o recinto del que es titular, para el estacionamiento de vehículos de motor, con los deberes de vigilancia y custodia durante el tiempo de ocupación, a cambio de un precio determinado en función del tiempo de estacionamiento.

El titular del aparcamiento deberá:

*a*) Facilitar al usuario un espacio para el aparcamiento del vehículo.
*b*) Entregar al usuario un justificante o resguardo del aparcamiento, con expresión del día y hora de la entrada cuando ello sea determinante para la fijación del precio. En el justificante se hará constar, en todo caso, la identificación del vehículo y si el usuario hace entrega o no al responsable del aparcamiento de las llaves del vehículo.
*c*) Restituir al portador del justificante, en el estado en el que le fue entregado, el vehículo y los componentes y accesorios que se hallen incorporados funcionalmente —de manera fija e inseparable—y sean habituales y ordinarios, por su naturaleza o valor, en el tipo de vehículo de que se trate.
*d*) Indicar de manera fácilmente perceptible los precios, horarios y las normas de uso y funcionamiento del aparcamiento.
*e*) Disponer de hojas de reclamación.

A su vez, el usuario deberá:

*a*) Abonar el precio del aparcamiento, antes de retirar el vehículo.
*b*) Exhibir el justificante o resguardo del aparcamiento o acreditar en caso de extravío su derecho sobre el vehículo para proceder a retirarlo.
*c*) Declarar los accesorios especiales y enseres introducidos en el vehículo; estacionar y depositarlos, en su caso, en los lugares y con las medidas indicadas al efecto, y observar las demás prevenciones establecidas para estos casos por el titular del aparcamiento.
*d*) Seguir las normas e instrucciones del responsable del aparcamiento respecto al uso y seguridad del mismo, sus empleados y usuarios.

El titular del aparcamiento responderá frente al usuario y al propietario del vehículo por los daños y perjuicios que les ocasione el incumplimiento de las obligaciones previstas en la ley. El usuario será responsable frente al empresario y los demás usuarios de los daños y perjuicios que les cause por incumplimiento de sus deberes o impericia en la conducción del vehículo dentro del recinto.

## Las familias numerosas

Se considerará familia numerosa la que esté constituida por:

— el cabeza de familia, su cónyuge y tres o más hijos;

— el cabeza de familia, su cónyuge, si lo hubiere, y dos hijos, siempre que, al menos uno de estos, sea minusválido o incapacitado para el trabajo;
— el cabeza de familia en situaciones de viudedad, de separación matrimonial legal o hecho y, en cualquiera de estos supuestos, tres hijos;
— el cabeza de familia, su cónyuge, si lo hubiere, cuando alguno de ellos tuviera incapacidad absoluta para trabajar, concurriendo tres hijos;
— el cabeza de familia y su cónyuge, cuando ambos fueran minusválidos o tuvieran incapacidad absoluta para todo trabajo, concurriendo dos hijos;
— el cabeza de familia, su cónyuge, si lo hubiere, y dos hijos, siempre que estos sean minusválidos o incapacitados para el trabajo.

Para la existencia legal de la familia numerosa generalmente será necesario que los hijos sean solteros y menores de 21 años, o tener la condición de incapaz o minusválido, o estar incapacitado para el trabajo, convivir con el cabeza de familia y depender económicamente del cabeza de familia.

## El *mobbing* en el ámbito laboral

Con la expresión inglesa *mobbing* se conoce el acoso moral (psicológico) o, incluso físico (sexual) que sufren algunos empleados en su puesto de trabajo por parte de sus superiores y a causa del cual la persona afectada es objeto de ataques sistemáticos para provocar su marcha de la empresa u otras consecuencias no deseadas por esta. Si bien no existe todavía una regulación legal sobre el *mobbing* o acoso laboral, ya han sido dictadas diversas sentencias que reconocen su existencia y que amparan al trabajador que ha sido víctima de tan reprobable actuación.

## El *mobbing* inmobiliario

En los últimos años se ha hecho tristemente famoso el *mobbing* aplicado al ámbito inmobiliario. Con la expresión *mobbing inmobiliario* se hace referencia a las prácticas intimidatorias (cortar el suministro de agua y luz, colocar basuras en las puertas, proferir amenazas o insultos al inquilino vía telefónica) que llevan a cabo los propietarios de pisos arrendados contra los arrendatarios que los ocupan legalmente a fin de que los abandonen.

Las causas de este fenómeno son diversas, pero tal vez la más importante sea el desorbitado aumento del precio del suelo de las grandes ciudades y la revalorización de algunos barrios. Muchos propietarios de pisos o edificios arrendados por los que perciben rentas muy bajas han recibido ofertas muy sustanciosas por esos pisos, y no todos han actuado de forma correcta respecto de sus inquillinos. Se trata de un fenómeno que está alcanzando una cierta envergadura y ante el cual el ordenamiento jurídico inicia, lentamente, la reacción que la sociedad viene reclamando con insistencia, ya que no todas las actuaciones de los acosadores constituyen delitos tipificados (amenazas, coacciones, etc.).

## El IPC

El Índice de Precios al Consumo (IPC) mide la evolución del conjunto de precios de los bienes y servicios que consume la población residente en viviendas familiares en España.

Se publica anualmente por el Instituto Nacional de Estadística (INE) y se aplica para actualizar las rentas de los alquileres, las subidas de los salarios, etc.

## Servicio del hogar familiar

Esta típica figura de trabajo está considerada como relación laboral de carácter especial.

Las partes titulares del contrato son las siguientes:

- el empleador, que suele coincidir con el cabeza de familia;
- el empleado doméstico, que es la persona que de forma dependiente y por cuenta del empleador presta servicios retribuidos en el marco del hogar familiar.

Habitualmente las ofertas de trabajo, así como las demandas, en cuanto se refiere al servicio del hogar familiar o servicio doméstico, se realizan en oficinas de colocación, al margen de las oficinas de empleo.

### El contrato *au pair*

Esta figura, muy conocida en todo el mundo, corresponde a una prestación de servicios que realizan jóvenes en otro país distinto al suyo mientras realizan el aprendizaje del idioma.

A cambio de algunas tareas domésticas, que suelen incluir también el cuidado de niños, los jóvenes reciben alojamiento, manutención y alguna cantidad de dinero para sus gastos personales.

Las condiciones de intercambio de prestaciones no son las mismas en todos los países, por lo que en cada caso debe respetarse lo acordado en los diferentes convenios entre España y el país de que se trate, si existen tales convenios.

Con carácter general hay que tener en cuenta que España firmó el acuerdo europeo de 24 de noviembre de 1969 (sobre *au pair*), el cual fue ratificado el 24 de junio de 1988.

En este acuerdo se tienen en cuenta los casos de hospitalización, enfermedad, maternidad, accidente de trabajo, etc.

No se establece como obligatoria toda esta gama de asistencia en todos los países, aunque casi todos ellos reconocen algún tipo de asistencia.

En España, y tal como consta en este acuerdo, la asistencia que se da a los jóvenes *au pair* que se hallen en su territorio es la siguiente:

— hospitalización en caso de enfermedad;
— maternidad;
— accidente;
— prestaciones médicas y farmacéuticas.

## Alquiler de coches

El alquiler o arrendamiento de automóviles de turismo sin conductor está sujeto a control por parte de la Administración; así, se establece un libro-registro que deben tener todas las empresas dedicadas a esta actividad. Este libro debe estar a disposición, en todo momento, de la Administración.

En cuanto al usuario de estos vehículos, está protegido por la normativa complementaria de defensa de consumidores y usuarios. En todo caso, el alquiler del vehículo incluye el seguro de responsabilidad civil.

Cuando se produzcan accidentes y averías y la empresa de alquiler haya dado su consentimiento, cubrirá los gastos de reparación, siempre y cuando se presente la factura.

Las tarifas de alquiler dependen del tipo de vehículo y de otras particularidades. Si el usuario considera que las condiciones de alquiler son abusivas, puede hacer la oportuna reclamación en el libro de reclamaciones.

## Guarderías infantiles

Las guarderías infantiles o jardines de infancia cumplen el servicio de atención a niños hasta los 6 años, momento en que formalmente debería producirse su escolarización.

Las guarderías pueden ser públicas o privadas, dependiendo de si su gestión la lleva a cabo cualquier entidad institucional o una persona física o jurídica.

Las guarderías deben estar dotadas de personal especializado y titulado y reunir las condiciones técnico-sanitarias que exige la ley en todo momento.

Existen ayudas o becas en los casos que las instituciones establecen en cada momento, como acreedoras de las mismas, y que pueden ser desde la total gratuidad, hasta ayudas de comedor u otras.

## Asistencia sanitaria privada

Se entiende como asistencia sanitaria privada la que se realiza al margen de la Seguridad Social.

La asistencia privada, sin embargo, también puede entenderse como la que se realiza a personas que carecen de derecho a cualquiera de las prestaciones reconocidas por la Seguridad Social al no haber cotizado las cantidades que les correspondería para tener derecho a las mismas.

Para acceder a la asistencia sanitaria privada el sistema habitual es el de concertar un contrato de seguro (tal es el caso de los vehículos, pólizas que cubren accidentes de trabajo, etc.), que suele ser el caso habitual en cuanto a riesgos de cobertura obligatoria.

A veces, es la propia Seguridad Social quien realiza un convenio de asistencia con los centros privados.

El paciente debe abonar en su totalidad los servicios que se le deparen cuando la visita a un centro privado de sanidad o bien a un profesional de la medicina se realiza al margen de entidades de seguro o de convenios con la Seguridad Social. Para ello se ajustarán los precios a los establecidos por los colegios profesionales y otras instituciones.

## El carné de conducir por puntos

La Ley 17/2005, de 19 de julio, establece un sistema que ha dado en denominarse *permiso y licencia de conducción por puntos*, que tiene carácter reeducador y pretende modificar los comportamientos infractores mediante la realización de cursos de sensibilización y reeducación vial de los conductores multirreincidentes.

Esta voluntad reeducadora se lleva a cabo con un claro objetivo de sensibilización y permanente llamada de atención sobre las gravísimas consecuencias que, para la seguridad vial y para la vida de las personas, tienen los comportamientos reincidentes en la inobservancia de las normas que regulan la circulación, poniendo así en permanente riesgo el derecho a la vida y a la integridad física y moral de los usuarios de las vías públicas.

Esta ley tiene, asimismo, un efecto punitivo consistente en la disminución o pérdida del crédito en puntos con que cuenta un conductor, titular de permiso o licencia de conducción. Dichos puntos son, por otra parte, reflejo del nivel de confianza que como tal conductor le otorga la sociedad en un momento dado y cuya pérdida, a su vez, señala la penalización que tales conductas merecen, derivado de la reiterada comisión de infracciones.

Se establece que las sanciones graves y muy graves firmes en vía administrativa serán anotadas en el Registro de conductores e infractores, cuya gestión corresponde a la Jefatura Central de Tráfico.

La ley fija un límite de ocho puntos que, como máximo, podrá perder el conductor por la comisión, en un solo día, de infracciones que llevan aparejada la pérdida de puntos, salvo que alguna de las infracciones cometidas se haya exceptuado de dicho límite por su especial incidencia en la seguridad vial.

Además, se contempla la posibilidad de bonificar con dos puntos, los tres primeros años, y un punto, los tres siguientes, hasta un máximo de quince puntos, a aquellos conductores que durante esos periodos de tiempo no hayan sido sancionados en firme en vía administrativa por la comisión de una infracción que lleve aparejada la pérdida de puntos. Existe la posibilidad de recuperar parcial o totalmente los puntos.

Los conductores profesionales gozan de un régimen especial en reconocimiento de sus especiales circunstancias. Así, los plazos para poder obtener de nuevo los permisos y licencias perdidos, o para poder realizar un curso de sensibilización y reeducación vial que les permita recuperar parcialmente puntos, se reducen a la mitad con respecto al resto de los conductores.

## Las multas de tráfico

La notificación de una propuesta de sanción en materia de tráfico (la denuncia) puede tener lugar de dos maneras distintas: directamente en el mismo momento en que sea cometida la presunta infracción o posteriormente mediante su recepción por correo certificado y con acuse de recibo.

La ley obliga a que la notificación se haga en el plazo máximo de dos meses desde que tuvieron lugar los hechos, incurriendo la Administración en lo que se denomina *prescripción* si se demora y cuya consecuencia más importante es que no pueda exigirse la multa.

Ante la notificación de la propuesta de sanción debe analizarse si los he-

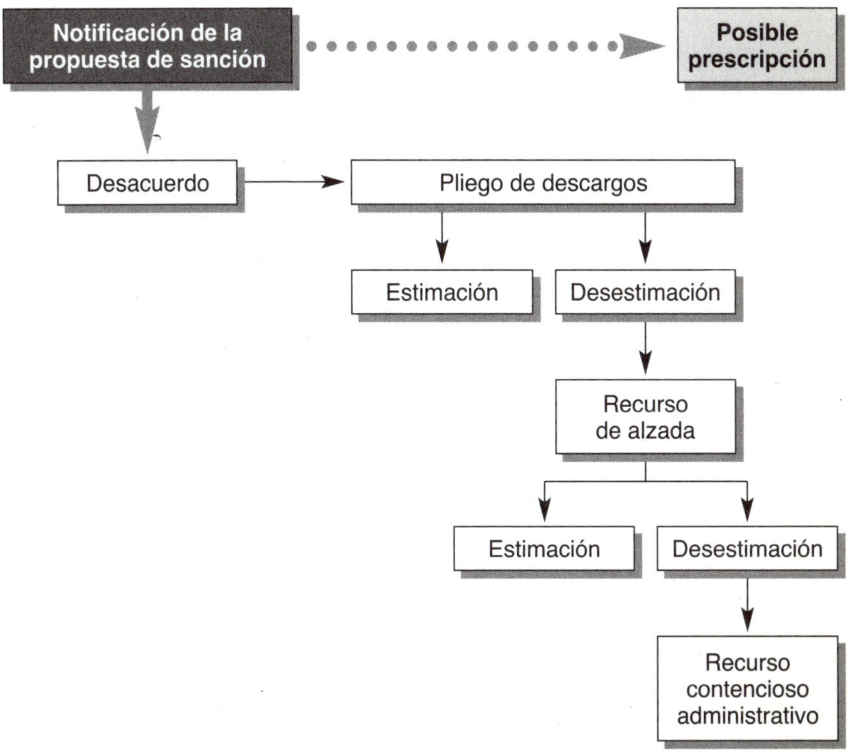

chos que se denunciaron son correctos o no: si lo son, es más conveniente no recurrir ya que, a buen seguro, la Administración fallará en contra del infractor y se habrán perdido las importantes bonificaciones existentes en caso de satisfacerse el importe de la multa en los días inmediatos siguientes a su notificación.

No obstante, si el denunciado considera que dispone de argumentos y pruebas suficientes como para demostrar que le asiste la razón, siempre puede interponer el correspondiente recurso.

## Tenencia de perros

Los múltiples y desgraciados sucesos que han tenido lugar en los últimos años en nuestro país han llevado a una mayor sensibilización de las autoridades sobre este asunto. En esta línea se inscribe la Ley 50/1999, del 23 de diciembre, dictada al respecto y en la que se impone a los propietarios de determinadas razas de perros unas estrictas condiciones para su tenencia y disfrute.

La ley se refiere no sólo a perros, sino a toda clase de animales potencialmente peligrosos, que se definen como aquellos que, perteneciendo a la fauna salvaje y siendo utilizados como animales domésticos o de compañía, con independencia de su agresividad, pertenecen a especies o razas que tengan capacidad de causar la muerte o lesiones a personas u otros animales o daños a las propiedades.

La ley impone una serie de obligaciones entre las que están la de obtener, por parte de sus propietarios, criadores o tenedores, una licencia administrativa, así como que la de identificarlos y registrarlos debidamente. La licencia es un requisito imprescindible para que se puedan vender o transmitir legalmente dichos animales.

La ley es severa con los infractores, imponiendo multas que pueden llegar a ser de hasta dos millones y medio de pesetas.

## La construcción de edificios

La construcción de edificios se integra en un sector de la actividad económica que ha estado falto de regulación.

La ley de ordenación de la edificación ha venido a suplir esa carencia, estableciendo los cometidos y las responsabilidades de las personas que intervienen en la construcción.

La ley define las figuras del promotor (que obtiene financiación para las obras), el proyectista (el redactor del proyecto), el constructor (el ejecutor de las obras), el director de obra (el responsable de los aspectos técnicos) y el director de ejecución de obra (dirige la ejecución material).

Esta ley también es importante para el propietario o inquilino de la edificación, ya que les impone algunas obligaciones (conservar en buen estado lo edificado o utilizarlo correctamente), al tiempo que refuerza sus derechos al exigir al constructor y al promotor que suscriban garantías y seguros.

# DERECHO CIVIL
## RESUMEN

### El derecho. Fuentes del derecho

• Nuestro sistema jurídico establece la prelación con la que deben aplicarse las fuentes del derecho: la ley, la costumbre y los principios generales del derecho.

• El Defensor del Pueblo es el alto comisionado de las Cortes Generales, una institución cuyo cometido es la defensa de los derechos de las personas ante todos los abusos que pudiese cometer la administración pública.

### La persona. Capacidad jurídica y capacidad de obrar

• La persona, es sujeto de derechos y obligaciones, puede ser física o jurídica.

• La capacidad jurídica habilita a las personas para ser titulares de relaciones jurídicas, mientras que la capacidad de obrar afecta a la eficacia de cada uno de sus actos.

### La nacionalidad. La vecindad. El domicilio

• La nacionalidad supone la adscripción de una persona a un ordenamiento jurídico concreto. La nacionalidad española puede adquirirse de diversos modos: por naturaleza, por adopción, por opción, por carta de naturaleza o por residencia.

• La vecindad es la condición de la persona que determina la aplicación de ciertos ordenamientos forales.

• El domicilio es el lugar de residencia habitual de las personas.

### Los extranjeros

• Nuestra Constitución enuncia que los extranjeros gozarán en España de las libertades públicas fundamentales de acuerdo con los tratados y las leyes que se promulguen.

### El Registro Civil

• El Registro Civil es el órgano dependiente de la Administración central cuyo objeto lo constituyen los hechos concernientes al estado civil de las personas y aquellos otros que determina la ley: nacimiento, matrimonio, defunción, etc.

### La persona jurídica

• Desde hace varios siglos se ha considerado que determinados entes son equiparables jurídicamente a las personas particulares y que, por tanto, pueden ser sujetos de derechos y de obligaciones. Tal es el caso de las sociedades, consideradas personas jurídicas porque pueden ser titulares de contratos o asumir obligaciones con independencia de sus socios.

### El matrimonio

• Desde el punto de vista civil, se trata de un contrato por el cual dos personas se comprometen a convivir, a respetarse, a prestarse ayuda mutua y a actuar en interés de la familia. Asimismo está prevista la celebración válida de matrimonios con observancia de distintas formas religiosas.

### El régimen económico del matrimonio

• En España, la norma general es que el régimen económico sea el de gananciales. No obstante, si se pacta expresamente mediante capitulaciones matrimoniales, el régimen económico se puede variar.

### La separación matrimonial y el divorcio

• Los matrimonios pueden entrar en crisis y como remedio puede optarse por la separación, que no supone la ruptura del vínculo. Por su parte, el divorcio sí supone la ruptura del matrimonio.

• Tanto la separación como el divorcio tienen una indudable trascendencia económica que se intenta paliar con la posible suscripción de un convenio regulador y, en su defecto, por la resolución que dicte el juez.

### La paternidad y la filiación

• La filiación por naturaleza puede ser matrimonial o no matrimonial. No obstante, tal distinción carece de efectos prácticos, por cuanto todos los hijos son iguales entre sí. En la actualidad, si la filiación está determinada tanto por lo que respecta al padre como a la madre, ambos progenitores, de común acuerdo, podrán acordar que el apellido materno sea el primero del hijo y el del padre el segundo. Si nada dicen o no existe acuerdo, el del padre será el primero.

• Los padres están obligados a velar por los hijos menores y a proporcionarles alimentos y ello aunque no ostenten la patria potestad o se les prive de ella.

• La utilización de técnicas de reproducción asistida es objeto de una ley y de diversas normas reglamentarias que la desarrollan.

### La adopción

• La adopción es una institución jurídica por medio de la cual una persona pasa a tener la consideración de hijo respecto de quienes no son sus padres biológicos.

• Las adopciones que se realicen en España deben tramitarse mediante un procedimiento judicial, ya se trate de adopciones de niños o niñas españoles o extranjeros. Una vez que se haya declarado la adopción, la ley prohíbe cualquier tipo de discriminación que pudiera establecerse entre los distintos hijos.

**La patria potestad**

• La patria potestad habrá de ejercerse conjuntamente por ambos progenitores o por uno sólo con el consentimiento del otro. Supone la representación legal y la administración de los bienes del menor con carácter general.

**La tutela**

• Están sujetos a tutela los menores no emancipados que no estén bajo patria potestad y, en determinados casos, los incapacitados y los sujetos a patria potestad prorrogada.

**La curatela**

• La curatela supone la intervención del curador en los actos que los menores o pródigos no pueden realizar por sí solos.

• El defensor judicial se nombra para determinados supuestos, a fin de que defienda y ampare los intereses de los menores o incapacitados a su cargo.

**La sucesión mortis causa**

• La sucesión se divide en universal (herencia) o particular (legado) y, a su vez, la universal puede ser testamentaria, legítima o mixta.

• Las etapas que se pueden distinguir en la herencia son: la apertura de la sucesión, la delación de la herencia, la decisión del heredero y la adquisición de la herencia.

**La capacidad para suceder**

• Debe distinguirse entre incapacidad (que es algo excepcional, puesto que la norma general es que toda persona es capaz para suceder) e indignidad (que obedece a la infracción de los deberes del sucesor hacia el difunto).

**Aceptación y repudiación de la herencia**

• La aceptación y la repudiación de la herencia son actos voluntarios que suponen la decisión de tomar o de rehusar la posición de heredero.

• La aceptación a beneficio de inventario supone una aceptación bajo reserva y la no responsabilidad por las obligaciones del finado sino hasta donde alcance el valor de los bienes hereditarios.

• La *interrogatio in iure* es un procedimiento judicial mediante el cual los interesados en la sucesión pueden obtener que el juez señale un plazo para que el heredero manifieste si acepta o repudia la herencia.

**Partición de la herencia**

• La partición de la herencia es aquel acto jurídico, unilateral o plurilateral, necesario e irrevocable cuya finalidad es la de fijar a cada heredero el lote de bienes que le corresponde del total de la herencia. Puede tener lugar por los propios herederos, judicial o arbitralmente, por el testador, por un comisario o por el cónyuge viudo.

**La colación**

• Es la agregación que deben hacer a la masa hereditaria los herederos forzosos que concurran en una sucesión con otros, de los bienes que hubieren recibido del causante, en vida de este, por dote, donación u otro título lucrativo, para computarlos en la cuenta de la partición.

**La sucesión testada**

• Toda persona con capacidad para ello puede ordenar en vida cuál es su voluntad respecto del destino de sus bienes para cuando falte mediante el otorgamiento del correspondiente testamento. A falta de testamento, la herencia se deferirá por medio de las normas que se contienen en las leyes civiles al respecto (se trata de la sucesión intestada).

**Formas testamentarias**

• El testamento común se puede otorgar con carácter abierto (se manifiesta la última voluntad en presencia de las personas que deban autorizar el acto), cerrado (la voluntad se contiene en un sobre cerrado que se entrega a las personas que deban autorizar el acto) u ológrafo (manuscrito).

**Testamentos especiales**

• Dentro de los testamentos especiales podemos destacar el testamento militar, el testamento en peligro de muerte, el testamento marítimo, el testamento otorgado en el extranjero y el testamento otorgado en peligro de muerte.

**La institución de heredero**

• Consiste en la designación que lleva a cabo el testador de la persona o personas que han de sucederle a título universal, pudiéndose hacer con carácter nominal o por circunstancias.

**Las sustituciones**

• La sustitución es aquella disposición en virtud de la cual un tercero es llamado a recibir un activo hereditario en lugar de una primera persona o después de ella. Existen cuatro tipos de sustituciones: la vulgar, la fideicomisaria, la pupilar y la ejemplar.

## El legado

• El legado es una forma de suceder *mortis causa* a título singular, a diferencia de la herencia, que lo es a título universal. Puede ser de cosas específicas, ajenas, genérico, alternativo, de pensión, de crédito, de liberación o de cosa debida.

## El albaceazgo

• Los albaceas son aquellas personas que nombran los testadores para asegurar el cumplimiento de sus últimas voluntades.

## Ineficacia del testamento

• Son ineficaces los testamentos cuando en ellos concurre alguna de las siguientes causas: nulidad (no concurrencia de requisitos o solemnidades que lo hacen válido), revocación (el testamento se vuelve ineficaz por voluntad del testador) o caducidad (cuando el testamento se ve privado de efectos pasado un determinado plazo desde su otorgamiento).

## La legítima

• La legítima es la porción de bienes de los cuales el testador no puede disponer por haberla reservado la ley a determinados herederos, llamados *herederos forzosos*. Constituye la legítima de los hijos y descendientes las dos terceras partes del haber hereditario del padre y de la madre.

## La sucesión intestada

• La sucesión intestada ocurre cuando la voluntad del causante no se difiere mediante testamento.

## Orden de los llamamientos

• Los hijos del difunto le heredarán siempre por derecho propio, dividiendo la herencia en partes iguales, haciéndolo los nietos y demás descendientes, por derecho de representación.

• El Código civil establece el régimen de preferencia de los ascendientes sobre los colaterales, siendo los ascendientes más próximos excluyentes de los más remotos.

• A falta de ascendientes o descendientes, procederá a heredar el cónyuge viudo y los parientes colaterales, con prioridad por parte del cónyuge en concurrencia con los colaterales del causante. Faltando parientes, heredará el Estado.

## El contrato

• Un contrato es un acuerdo de voluntades por el cual los interesados se obligan a cumplir determinadas prestaciones.

• Existen múltiples clasificaciones de las distintas modalidades de contratos: consensuales, reales y formales; unilaterales y bilaterales; típicos y atípicos.

**Los requisitos del contrato**

• Los requisitos básicos de cualquier contrato son el consentimiento, el objeto y la causa de la obligación.

**La cláusula penal en los contratos**

• En algunas ocasiones, las partes pueden estipular en el propio contrato cuáles serán las consecuencias del incumplimiento de este mediante la fijación de una cláusula penal. Salvo que otra cosa se haya estipulado expresamente, esta sustituirá la indemnización de daños y al abono de intereses.

**El contrato de compraventa**

• Por el contrato de compraventa, el vendedor se obliga a entregar al comprador una cosa determinada a cambio de un precio cierto, en dinero o signo que lo represente.

• Las arras suponen un pago a cuenta. Pueden ser penitenciales de modo que el comprador pierda su importe o el vendedor lo restituya por duplicado si la compraventa no se acaba formalizando por culpa de uno u otro.

**La compraventa de bienes muebles a plazos**

• Se entenderá por venta a plazos aquel contrato, celebrado necesariamente por escrito, mediante el cual una de las partes entrega a la otra una cosa mueble corporal y esta se obliga a pagar por ella un precio cierto de forma total o parcialmente aplazada en tiempo superior a tres meses desde la perfección del mismo.

**Arrendamientos urbanos**

• Los arrendamientos urbanos pueden serlo de vivienda o de uso distinto al de vivienda. Los primeros son aquellos dedicados a satisfacer la necesidad de vivienda permanente del arrendatario, su cónyuge o sus hijos dependientes. Por su parte, los arrendamientos para uso distinto del de vivienda son aquellos de temporada, los tradicionales de local de negocio y los asimilados a estos.

**Arrendamientos rústicos**

• Supone la cesión temporal de una o varias fincas para su aprovechamiento agrícola, pecuario o forestal mediante el pago de una renta. Cualquier arrendatario puede acceder a la propiedad de la finca mediante el ejercicio de los derechos de tanteo, retracto, adquisición preferente o de adquisición forzosa.

**El contrato de comodato**

• El comodato es un tipo específico de préstamo en el cual lo que se entrega es una cosa no fungible (no sustituible), con la obligación de que se use de ella durante un cierto tiempo. Un supuesto específico de este contrato es el precario, es decir, la cesión de una vivienda sin pago de renta y por todo el tiempo que el cedente lo desee.

### El contrato de depósito

• El contrato de depósito queda constituido desde que una persona recibe una cosa de otra persona, con la obligación de guardarla y devolverla, y sin poder usarla.

Un supuesto específico de depósito lo constituye el depósito judicial o secuestro que tiene lugar en el momento en que se decreta el embargo de un bien litigioso.

### El contrato de mandato

• El contrato de mandato es aquel mediante el cual una persona (el mandatario) se obliga a prestar algún servicio o hacer alguna cosa, por cuenta o encargo de otra (el mandante). El mandato puede ser expreso, pero no necesariamente ya que puede ser tácito. Incluso, el mandato expreso es válido si se otorga verbalmente.

### El contrato de permuta

• La permuta es un contrato por el cual las partes se entregan mutuamente cosas con la finalidad de transmitirse, recíprocamente, la propiedad de las mismas. Los contratos de permuta son muy utilizados mediante la fórmula de entrega de solar a cambio de vivienda de futura construcción.

### Los contratos aleatorios

• Los contratos aleatorios son así llamados por concurrir en ellos un elemento de incertidumbre. En el Código civil se citan como contratos aleatorios el de juego y apuesta y el de renta vitalicia, aunque pueden mencionarse otros.

### Procedimiento civil

• La falta de cumplimiento de un contrato, el pago de una factura que un cliente nos adeuda o el desahucio de un inquilino que no satisface las rentas son algunos de los casos en los que puede ser preciso acudir a los tribunales para que, con su ayuda, se restablezca la justicia.

• Como alternativa a los clásicos procedimientos judiciales existe un sistema de resolución de conflictos que se denomina *arbitraje,* que se resuelven mediante un laudo.

### Las fundaciones

• Se consideran fundaciones aquellas organizaciones que han sido constituidas sin ánimo de lucro y que, por voluntad de sus creadores, tienen afectado de modo duradero su patrimonio a la realización de fines de interés general.

## El Registro de la Propiedad

• El Registro de la Propiedad es aquella oficina, de carácter público, que tiene por objeto la inscripción o anotación de todos los actos y contratos relativos a la propiedad y demás derechos reales (hipotecas, censos, usufructos, etc.) sobre bienes inmuebles.

## Los derechos reales

• Los derechos reales son los que atribuyen a su titular un poder directo e inmediato sobre una cosa e imponen, al mismo tiempo, el deber a todo el mundo de respetarlo. La primera distinción realmente importante en cuanto a los derechos reales es aquella que discierne entre derechos reales plenos y derechos reales limitados.

El derecho real pleno es la propiedad y los limitados son todos aquellos que limitan o coartan la propiedad.

## Distintos derechos reales

• Derechos reales de goce son todas aquellas figuras cuya característica común es que sobre una finca coexiste una pluralidad de titularidades jurídicas.

Los derechos reales de garantía suponen la afección de un bien al cumplimiento de una determinada obligación; se trata, por ejemplo, del típico supuesto de las hipotecas o de las prendas.

## La hipoteca

• La hipoteca que se constituye sobre fincas es el supuesto más extendido de los derechos reales de garantía. Para que tenga plena validez,debe constar inscrita en el Registro de la Propiedad.

• Existe también la hipoteca mobiliaria, que se constituye sobre bienes que no son fincas (establecimientos mercantiles o vehículos de motor, por ejemplo).

## La responsabilidad civil

• La responsabilidad civil es de carácter económico, ya que supone la obligación de indemnizar económicamente al perjudicado y puede ser contractual (derivada de un contrato) o extracontractual (cuando no ha existido un previo vínculo contractual).

## Órganos de gobierno de la propiedad horizontal

• Los órganos de gobierno de la comunidad son la junta de propietarios, el presidente y, en su caso, los vicepresidentes, el secretario y el administrador. No es necesario que la figura del administrador exista como tal, diferenciada de la del presidenter, ya que quien sea presidente de la comunidad puede ser, al mismo tiempo, secretario y administrador. No obstante, lo más aconsejable es atribuir dichas funciones a un administrador de fincas colegiado.

**Derechos y obligaciones en las comunidades de propietarios**

• El derecho de propiedad sobre un piso o local es el derecho de cada propietario de disponer libremente de su derecho exclusivo de propiedad privativa, pudiendo hacer con su piso o local lo que crea conveniente.

• Las obligaciones más importantes de cada propietario se refieren al respeto de las instalaciones generales de la comunidad y demás elementos comunes.

**Cuota de participación en las comunidades de propietarios**

• La cuota de participación se define como aquel porcentaje que determinará cuál es la cantidad que cada vecino debe satisfacer obligatoriamente para colaborar en los gastos generales de la finca, pero que también sirve para concretar en qué parte cada piso o local se aprovechará de los beneficios derivados de la comunidad.

• A cada piso o local de la comunidad se atribuirá una cuota de participación con relación al total del valor del inmueble y referida a centésimas del mismo.

**Acciones judiciales en la propiedad horizontal**

• Son dos, principalmente: las reclamaciones contra vecinos morosos y las acciones contra actividades prohibidas. Para llevarlas a cabo, debe realizarse el procedimiento ilustrado en el cuadro siguiente.

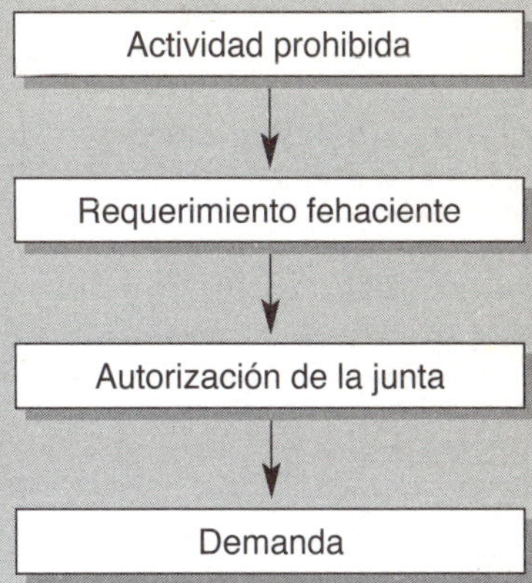


**La multipropiedad**

• Lo que se conoce impropiamente como *multipropiedad* consiste en un conjunto de fórmulas por las que se transmite el derecho a disfrutar de un alojamiento durante un periodo determinado de cada año. Su nombre exacto y correcto es *derecho de aprovechamiento por turno*.

• Este atribuye a su titular la facultad de disfrutar, con carácter exclusivo, durante un periodo específico de cada año, un alojamiento susceptible de utilización independiente y que esté dotado, de modo permanente, con el mobiliario adecuado al efecto, y el derecho a la prestación de los servicios complementarios.

**La propiedad intelectual**

• La propiedad intelectual se halla integrada por todos aquellos derechos de carácter personal y patrimonial que atribuyen al autor la plena disposición y el derecho exclusivo a la explotación de la obra sin otras limitaciones que las legalmente establecidas. Constituyen la propiedad intelectual todas aquellas creaciones originales de tipo literario, artístico o científico expresadas por cualquier medio o soporte, tangible o intangible.

**La propiedad industrial**

• Dentro de la propiedad industrial se distinguen las figuras siguientes: invento, marca, nombre comercial y rótulo del establecimiento.

• Para la protección de las invenciones industriales está previsto que se concedan dos tipos distintos de títulos de propiedad: las patentes de invención y los certificados de protección de modelos de utilidad.

**El mobbing**

• Con la expresión inglesa mobbing se conoce el acoso moral (psicológico) o, incluso físico (sexual) que sufren algunos empleados en su puesto de trabajo por parte de sus superiores jerárquicos y a causa del cual la persona afectada es objeto de ataques sistemáticos con el objeto de provocar su marcha de la empresa u otras consecuencias realmente no deseadas por esta.

• Haciendo un símil con el concepto de mobbing en el ámbito laboral, se habla de mobbing inmobiliario. Se trata de aquel conjunto de prácticas intimidatorias que llevan a cabo, guiados por un afán especulativo, los propietarios de pisos arrendados contra quienes, en virtud de contratos de muy larga duración y rentas bajas, los ocupan legítimamente, para que los abandonen y puedan así transmitirlos, libres de inquilinos, a empresas inmobiliarias.

**Las multas de tráfico**

• Ante la notificación de una denuncia debe analizarse si los hechos que se denunciaron son correctos o no: si lo son, es más conveniente no recurrir. No obstante, si el denunciado considera que tiene argumentos y pruebas suficientes como para demostrar que le asiste la razón, puede interponer el correspondiente recurso.

**Tenencia de perros**

• Los dueños de determinadas razas de perros deben cumplir con diversas obligaciones cuyo incumplimiento se castiga con multas.

**Protección del consumidor**

• La Constitución española establece que los poderes públicos garantizarán la defensa de los consumidores y usuarios, protegiendo su seguridad, salud e intereses económicos.

**La responsabilidad médica**

• Si alguien considera que el médico que le ha intervenido o tratado no ha actuado de forma correcta, puede actuar judicialmente contra el mismo por la vía penal o por la vía civil. No obstante, las reclamaciones en el ámbito del Sistema Nacional de Salud se hacen por la jurisdicción contencioso-administrativa.

**La firma electrónica**

• La firma electrónica o firma digital es la equivalente, en el mundo digital, a la que se estampa de puño y letra y tiene el mismo valor jurídico que aquella. Para obtener la firma electrónica debe solicitarse la certificación de usuario.

**El aparcamiento de vehículos**

• La Ley 40/02 establece el régimen jurídico aplicable a los aparcamientos en los que una persona cede, como actividad mercantil, un espacio del que es titular, para el estacionamiento de vehículos de motor, con los deberes de vigilancia y custodia durante el tiempo de ocupación, a cambio de un precio determinado en función del tiempo de estacionamiento.

**Las familias numerosas**

• Se considerará familia numerosa, entre otros casos, la que esté constituida por el cabeza de familia, su cónyuge y tres o más hijos. Las familias numerosas se clasificarán en tres categorías dependiendo del número de hijos y de otras circunstancias concurrentes.

**El carné de conducir por puntos**

• Mediante este sistema se pretende reeducar a los conductores multirreincidentes obligándolos a realizar cursos de sensibilización y reeducación vial. Todo conductor cuenta con un determinado número de puntos que disminuyen cada vez que comete una infracción.

**Juzgados de Violencia sobre la Mujer**

• Juzgados específicos creados por la Ley de Medidas de Protección Integral contra la Violencia de Género encargados de tramitar, tanto en su vertiente penal como civil, todas aquellas denuncias que tengan relación con las causas que afecten a una víctima de maltrato.

# VIII
# DERECHO INTERNACIONAL

# El derecho internacional público

Se consideran normas de derecho internacional público las que regulan las relaciones jurídicas entre los Estados, o entre estos y las organizaciones e instituciones internacionales con personalidad jurídica reconocida en este ámbito.

Estas relaciones pueden ser, principalmente:

— las que se refieren al ingreso y participación de los Estados en una organización internacional, y sus derechos y obligaciones respecto a esta y a los otros miembros;
— las que traten de los intercambios comerciales y financieros entre dos o más Estados;
— las que versan sobre cuestiones culturales, deportivas o de ayuda mutua;
— las que se plantean en virtud de alianzas o pacto de índole militar;
— las que derivan de la estancia o residencia de los ciudadanos de un Estado en el territorio de otro;
— las que nacen como consecuencia de la necesidad de limitar los territorios, aguas jurisdiccionales y espacio aéreo entre los Estados, y de la posibilidad de explotar los recursos naturales existentes en ellos;
— y, finalmente, las que resultan de la cooperación de los Estados para resolver problemas comunes a todos o varios de ellos.

Si en el derecho interno los sujetos son las personas físicas y las jurídicas, en el derecho internacional lo son los Estados y las organizaciones internacionales (ya sean de ámbito mundial, como las de las Naciones Unidas, o regional, como la Unión Europea).

En general, no suele admitirse que los individuos sean sujetos de derecho internacional público (sólo de forma relativa e indirecta, en relación con la defensa de los derechos humanos, cuando no son respetados por algún Estado).

Es característica, en esta rama del derecho, la inexistencia de una ley internacional obligatoria para todos los Estados, ya que no existe un poder legislativo a escala mundial con capacidad para promulgarla.

## Fuentes

Ante la ausencia de una ley, las fuentes del derecho internacional público son las siguientes.

**1. Los tratados internacionales.** Son los convenios o acuerdos libremente pactados entre Estados y organizaciones internacionales para regular sus relaciones recíprocas (de forma relativamente similar a los contratos entre particulares). Una vez suscritos, y en su caso ratificados, son de obligado cumplimiento para las partes. Pueden ser cerrados, si se limitan a los Estados que los han pactado, o abiertos, si permiten que otros puedan adherirse posteriormente.

Por su objeto, pueden ser de alianza o cooperación militar, de índole económica o cultural, de reconocimiento recíproco de derechos a sus ciudadanos, de pesca, de creación o alteración de fronteras, de constitución de organizaciones internacionales, etc.

**2. La costumbre internacional.** Se considera como tal a los usos que se han observado en las relaciones internacionales y que se han consagrado por su observancia reiterada. Pueden ser mundiales o regionales (si sólo son observados por los Estados de una cierta área geográfica).

**3. Los principios generales del derecho internacional.** Son los que pueden deducirse de las costumbres y los tratados, siendo aceptados comúnmente por los Estados. Tal es el caso de la no injerencia en asuntos internos de otro Estado, la condena de la guerra de agresión, la libertad de navegación en alta mar, etc.

Debido a la ausencia de una ley, en derecho internacional público tienen gran importancia las llamadas *fuentes indirectas*, que son:

- la jurisprudencia, o doctrina legal, recogida en las sentencias de los tribunales competentes en este ámbito (a escala mundial o regional);
- la doctrina científica, integrada por la opinión de juristas de prestigio internacionalmente reconocido.

## El derecho internacional y la Constitución

Ya en su preámbulo, la Constitución de 1978 proclama que: «La Nación Española... proclama su voluntad de... colaborar en el fortalecimiento de unas relaciones pacíficas y de eficaz cooperación entre todos los pueblos de la Tierra». Más adelante especifica que los derechos y libertades fundamentales deben interpretarse de acuerdo con la Declaración Universal de los Derechos Humanos (de las Naciones Unidas, promulgada en 1948 y a la que se adhirió España un año antes de aprobarse la Constitución).

Y, en el Título III, tras los capítulos dedicados al Congreso y el Senado, dedica uno, el tercero, a los tratados internacionales. Respecto a ellos, las normas generales son las siguientes:

*a*) La celebración de tratados por los que se atribuye a organizaciones o instituciones internacionales el ejercicio de competencias derivadas de la Constitución debe ser autorizada mediante ley orgánica.
*b*) El cumplimiento de esos tratados y de las resoluciones de los organismos internacionales titulares de tales cesiones corresponden al Gobierno o a las Cortes, según los casos.
*c*) Los tratados o convenios internacionales de carácter político o militar, los que afecten a la integridad territorial del Estado o a los derechos y deberes fundamentales, impliquen obligaciones financieras para la Hacienda Pública, supongan la modificación, derogación o aprobación de alguna ley, deben ser autorizados por las Cortes.
*d*) Los restantes tratados y convenios pueden ser celebrados por el Gobierno, que debe informar el Congreso y el Senado inmediatamente después de su conclusión.
*e*) Para celebrar un tratado que contenga estipulaciones contrarias a la Constitución (para lo que puede ser precisa la declaración del Tribunal Constitucional), es necesaria la previa revisión constitucional.

Los tratados internacionales que se hayan celebrado válidamente, respetando estas normas, pasan a formar parte del ordenamiento jurídico interno una vez haya sido publicado oficialmente en España. A partir de ese momento son normas de obligado cumplimiento tanto para los poderes públicos como, en su caso, para los particulares.

Sus normas sólo pueden ser derogadas, modificadas o suspendidas según lo previsto en los propios tratados o en las normas generales de derecho internacional. Para su denuncia debe seguirse el mismo procedimiento que para su aprobación.

# Las organizaciones internacionales

## La Organización de las Naciones Unidas

Para sustituir a la antigua Sociedad de Naciones, que no resultó eficaz para evitar la segunda guerra mundial, al concluir esta, en 1945, se constituyó la Organización de las Naciones Unidas. Esta organización internacional fue fundada el 24 de octubre del citado año, en San Francisco (EEUU) mediante un tratado suscrito por cincuenta Estados.

Los propósitos fundacionales de la ONU son:

— mantener la paz y la seguridad internacional;
— fomentar las relaciones amistosas entre las naciones;
— estimular y encauzar la cooperación internacional para resolver problemas mundiales (económicos, humanitarios, sociales, sanitarios, culturales, etc.);
— afianzar el respeto internacional por los Derechos Humanos.

En la actualidad tiene su sede central en Nueva York, y forman parte de ella la práctica totalidad de los países independientes del mundo. España fue admitida como miembro de la ONU en 1955.

La estructura interna de la ONU se basa en los siguientes órganos:

**1. La Asamblea General.** Integrada por los representantes de todos los Estados miembros, toma sus decisiones por mayoría. Entre sus funciones básicas están las de decidir sobre la admisión de nuevos miembros, nombrar al secretario general, a los miembros no permanentes del Consejo de Seguridad y a los de las comisiones, y dictar resoluciones generales sobre paz y seguridad.

En su seno existen varias comisiones permanentes (política y seguridad, economía y finanzas, asuntos humanitarios y culturales, descolonización, asuntos jurídicos, administración y presupuestos, fideicomisos), y otras que se constituyen para analizar asuntos concretos.

**2. El Consejo de Seguridad.** Está formado por los representantes de los cinco miembros permanentes

(EEUU, CEI, Reino Unido, Francia y China) y de otros diez países elegidos por la Asamblea General. Tiene como misión la adopción de resoluciones obligatorias sobre asuntos que afecten a la paz y seguridad internacional, pudiendo ordenar la intervención armada de los Estados miembros contra los países que constituyan una amenaza para los mismos.

Los acuerdos deben adoptarse por mayoría, pero el voto negativo de alguno de los miembros permanentes equivale a un veto.

**3. El Secretario General.** Es el representante de la ONU y tiene la función de organizar y coordinar el trabajo del personal administrativo y las comisiones. En representación de la ONU, interviene como mediador en los conflictos internacionales, estimulando la búsqueda de soluciones pacíficas.

**4. El Tribunal Internacional de Justicia.** Con sede en La Haya (Holanda), está integrado por quince jueces de diferentes nacionalidades, nombrados por la Asamblea General de la ONU. Su misión es resolver los conflictos entre los Estados con arreglo a las normas de derecho internacional.

## El Fondo Monetario Internacional

El FMI es una organización internacional, dependiente de las Naciones Unidas. Su función básica es establecer las normas que rigen el sistema monetario internacional. Además, en determinadas circunstancias suministra ayuda financiera a los países asociados. También actúa como organismo consultivo, emitiendo informes y estudios sobre la situación económica de los distintos países y proponiendo soluciones frente a los problemas que se pueden plantear a sus respectivos gobiernos.

En la actualidad, el FMI está estructurado en torno a unas reglas flexibles, que podemos resumir así:

**1.** A cada país miembro se le asigna una cuota, en proporción a su capacidad económica. Según esa cuota, cada uno dispone de un cierto número de votos en la Asamblea.

**2.** Esa cuota debe pagarla cada país en parte (el 75 %) en su moneda nacional, y el resto (el 25 %) en monedas de otros países.

**3.** Con arreglo a sus cuotas respectivas, los países miembros pueden solicitar Derechos Especiales de Giro (DEG), que consisten en la adquisición de monedas extranjeras, que les permitan compensar los desequilibrios de su balanza de pagos, obteniéndolas de países que se encuentren con excedentes de divisas.

**4.** El valor de los DEG se fija en función de las particularidades de las divisas internacionalmente más fuertes (dólar, libra, yen, marco, etc.).

**5.** El Banco Internacional de Reconstrucción y Fomento (BIRF, más conocido como Banco Mundial) es una institución paralela al FMI y estrechamente vinculada al mismo. Su función es la concesión de créditos (a largo plazo y bajo interés) a los países en vías de desarrollo, promoviendo también la concesión de créditos por la banca privada. Dependen del BIRF el Instituto de Desarrollo Económico, la Corporación Financiera Internacional y la Asociación Internacional de Fomento.

## Otras organizaciones dependientes de la ONU

Dependiendo de la ONU, pero con personalidad jurídica propia y gozando de autonomía para la consecución de sus fines, existen otras organizaciones internacionales, de las que España es miembro. Entre ellas, cabe destacar las siguientes organizaciones:

— Organización de las Naciones Unidas para la Agricultura y la Alimentación (FAO);
— Organización Internacional del Trabajo (OIT);
— Organización Mundial de la Salud (OMS);
— Unión Internacional de Telecomunicaciones (UIT);
— Conferencia de las Naciones Unidas sobre Comercio y Desarrollo (UNCTAD);
— Organización de las Naciones Unidas para la Infancia (UNESCO);
— Unión Postal Universal (UPU).

## El Acuerdo General sobre Aranceles de Aduanas y Comercio

El Acuerdo General sobre Aranceles de Aduanas y Comercio (GATT) es un tratado abierto que entró en vigor en 1948. Su sede se encuentra en Ginebra.

Los países que participan en el GATT (todos ellos de economía de mercado) se comprometen a concederse recíprocamente el trato de «nación más favorecida» en sus relaciones comerciales. Sin embargo, se reconocen algunas excepciones en virtud de tratados preferenciales con antiguas colonias, zonas de libre comercio y uniones aduaneras (como es el caso de la UE), y otros similares. Además, el GATT incluye normas sobre libertad de tránsito, subvenciones estatales, restricciones con el comercio internacional. Se trata, en todo caso, de disminuir o eliminar todos los obstáculos que impidan el libre cambio.

En el mercado del GATT se han adoptado diferentes medidas que, aunque representen objetivamente una discriminación, suponen un apoyo a las exportaciones de países subdesarrollados.

## La Organización de Cooperación y Desarrollo Económico

Esta organización tuvo su precedente, en los años de la postguerra, en la Organización Europea de Cooperación Económica (OECE), creada en 1948 para canalizar los créditos y donaciones procedentes del Plan Marshall y fomentar la colaboración económica entre los países europeos.

Superadas las circunstancias que originaron su nacimiento, la OECE se transformó en 1961 en la OCDE (Organización de Cooperación y Desarrollo Económico), de la que formaban parte, además de los países de Europa Occidental, los Estados Unidos y Canadá. Más adelante se adhirieron Japón y Australia.

Sus objetivos fundamentales son estos dos:

— coordinar las políticas económicas de los Estados miembros, facilitando los intercambios entre ellos y promoviendo un recíproco tratado aduanero favorable, sin medidas proteccionistas;
— facilitar ayuda económica a los países en vías de desarrollo por medio de donaciones y préstamos públicos, y estímulo a la concesión de créditos privados a la exportación y a las inversiones.

## La Organización del Tratado del Atlántico Norte

La Organización del Tratado del Atlántico Norte (OTAN) se constituyó el 4 de abril de 1949 en Washington. En la actualidad, forman parte de la OTAN veintiséis países: Estados Unidos, Canadá, Reino Unido, Francia, Alemania, Italia, España (desde el año 1982), Portugal, Bélgica, Luxemburgo, Países Bajos, Polonia, Dinamarca, Noruega, Islandia, Grecia, Turquía, República Checa, Hungría, Rumanía, Bulgaria, Eslovaquia, Eslovenia, Lituania, Estonia y Letonia. Existen, además, países a los que se les ha invitado a entrar y otros —como es el caso de Rusia— con los que se han establecido acuerdos de colaboración.

El propósito fundamental de la OTAN fue la creación y mantenimiento de una seguridad colectiva para los países de Europa Occidental y la garantía de las comunicaciones entre estos y Estados Unidos y Canadá a través del Atlántico, frente a una eventual agresión de la Unión Soviética y sus aliados (Pacto de Varsovia).

La estructura de la OTAN está basada en:

**1. El Consejo Atlántico.** Integrado por delegados de todos los Estados miembros, se reúne semanalmente, presidido por le Secretario General. Dos o tres veces al año tienen lugar reuniones ministeriales (de ministros de Asuntos Exteriores y Defensa) para tratar de los asuntos de mayor importancia. Los acuerdos formales deben ser adoptados por unanimidad.

**2. La Secretaría General.** Organización administrativa presidida por un civil (secretario general), elegido por el Consejo. Tiene su sede en Bruselas.

**3. El Comité General.** Compuesto por los Jefes de Estado Mayor de los países miembros (excepto Francia y España, que no participan de la estructura militar conjunta, e Islandia, que por carecer de Fuerzas Armadas, está representada por un civil). Su comisión permanente, con sede en Washington, es el organismo de más alto nivel ejecutivo: dirige la política estratégica y establece y coordina los planes globales de defensa.

El proceso de democratización que se desarrolla en los países del este de Europa hace previsible que, en un futuro más o menos lejano, la OTAN pierda su razón de ser.

# La Unión Europea

## Los tratados de París y de Roma

El 18 de abril de 1951 se firmó en París el tratado internacional que constituyó la Comunidad Europea del Carbón y el Acero (CECA), suscrito por Francia, Italia, los tres países del Benelux (Bélgica, Holanda y Luxemburgo) y la recién nacida República Federal Alemana. Su objetivo era la apertura aduanera para esos dos productos, vitales para el desarrollo industrial, permitiendo su circulación y venta sin restricciones entre estos seis países. Entró en vigor el 23 de julio de 1952.

El éxito conseguido por esta organización sectorial impulsó la constitución de otra de carácter global que incluyera una unión aduanera entre los estados europeos.

Esta dinámica integradora condujo a la firma, el 25 de marzo de 1957, de los tratados de Roma, por los que se fundó, por un lado, la Comunidad Europea de la Energía Atómica (EURATOM) y, por otro, la Comunidad Económica Europea (CEE). Entraron en vigor el 1 de enero de 1958.

De esta forma quedaron constituidas las tres comunidades europeas: CEE, CECA y EURATOM. Se trata de tres organizaciones internacionales distintas. Sin embargo, como están integradas por los mismos Estados y, progresivamente, han pasado a regirse por los mismos organismos, generalmente se habla de la Comunidad Económica Europea como integradora de las tres.

## Ampliaciones

Desde su fundación, las comunidades europeas han experimentado un constante aumento en el número de sus Estados miembros, como consecuencia de su éxito y de su voluntad integradora.

De esta forma, a su núcleo original (Francia, Italia, RFA, Bélgica, Holanda y Luxemburgo), se han ido adhiriendo:

— Dinamarca, Irlanda y Reino Unido, en 1973;
— Grecia, en 1981;
— España y Portugal, en 1986;

— Austria, Suecia y Finlandia, en 1995;
— Chipre, Malta, República Checa, Eslovaquia, Hungría, Eslovenia, Polonia, Lituania, Letonia y Estonia en 2004;
— Rumanía y Bulgaria, en 2007.

## La Comunidad Europea del Carbón y el Acero

Desde su constitución, en 1951, la CECA ha conseguido formar un mercado común europeo del carbón, el acero, la chatarra y el mineral de hierro, suprimiendo las barreras aduaneras entre los Estados miembros.

Las principales funciones que tiene asignadas son:

— mantener las condiciones de libre competencia en estos dos sectores que, precisamente, tienen fuertes tendencias monopolistas;
— apoyar, directa o indirectamente, los planes de reconversión industrial (créditos a las empresas y a los trabajadores, estímulos a otras empresas para la creación de nuevos centros de trabajo en zonas deprimidas, reciclaje, etc.);
— mejorar el nivel y calidad de vida de los trabajadores (por ejemplo, con la construcción de viviendas cerca de los lugares de trabajo), aumentar las condiciones de seguridad e higiene en las minas y siderurgias, y promover la investigación médica sobre las enfermedades profesionales;
— estimular y coordinar la investigación científica y tecnológica sobre nuevas aplicaciones del carbón y el acero (cooperando con países ajenos a la Comunidad, como Canadá y Estados Unidos).

Desde 1967 se ha acentuado la tendencia a la fusión, ya realizada en el ámbito administrativo, de la CECA dentro de la CEE, como organización sectorial especializada de esta.

## La Comunidad Europea de la Energía Atómica

Creado por el segundo Tratado de Roma, en 1957, el EURATOM ha tenido una vida más lánguida que las otras dos comunidades europeas.

Sus objetivos son:

— poner en común recursos humanos, materiales y financieros que permitiesen desarrollar una política de investigación conjunta sobre las aplicaciones de la energía nuclear;
— conseguir garantizar el aprovisionamiento de combustible nuclear para las centrales europeas;
— promover la creación de una industria nuclear europea, fundamentalmente para la producción de electricidad.

La consecuencia de estos objetivos ha sido muy irregular, debido a los diferentes criterios existentes entre los Estados miembros, tanto en materia de investigación, como de los modelos de reactores y de las fuentes de suministro de combustible para los mismos. Las centrales nucleares se desarrollaron mucho tras la crisis del petróleo, a partir de 1973, pero en la actualidad muchos programas se han congelado debido al abaratamiento del crudo y a la presión de las corrientes ecologistas en la opinión pública. El temor a la radioactividad, generado por los accidentes recientemente ocurridos (Harrisburg, Chernobil, etcétera) hace que el futuro de las centrales nucleares sea algo incierto.

El EURATOM también está en fase de integración dentro de la CEE.

## La Comunidad Económica Europea

Si la CECA y el EURATOM son organizaciones sectoriales (limitadas al carbón y el acero la primera, y a la energía nuclear la segunda), la CEE es una organización económica global, de ámbito regional.

El Tratado de Roma se fijó una serie de objetivos para conseguir la unidad europea. Podemos resumirlos en los siguientes puntos:

— establecer las bases que permitan llegar a una unión cada vez más estrecha entre los pueblos europeos, con la meta (indeterminada e incierta) de llegar a una unidad política entre ellos;
— favorecer el progreso económico y social de los países miembros, y mejorar las condiciones de vida y de trabajo de sus habitantes;
— conseguir la libre circulación de mercancías entre esos países por medio de la paulatina supresión de los derechos de aduanas, la eliminación del sistema de contingentes y demás medidas de carácter restrictivo o proteccionista;
— permitir la libre circulación de personas, servicios y capitales entre esos países;
— desarrollar una política de transporte común;
— impedir las prácticas restrictivas de la libre competencia, tales como los monopolios, cártels, concentraciones empresariales, subvenciones, que alteren las condiciones de una economía de mercado.

### Instituciones fundamentales

En la CEE se denominan *instituciones fundamentales* los organismos creados en los tratados fundacionales, que tienen asignado un papel básico en su organización interna.

Son los siguientes:

**1. El Parlamento Europeo.** Está compuesto por 518 diputados (60 españoles) elegidos por sufragio universal por los habitantes de los Estados miembros. Tiene competencias en el proceso de aprobación del presupuesto, en el control de la Comisión (moción de censura) y en materia legislativa (pero, por el momento, sólo como órgano consultivo).

**2. El Consejo de Ministros.** Es en la actualidad el órgano con mayor poder decisivo. Está integrado por los ministros de todos los Estados miembros, de los que se reúnen conjuntamente los de departamentos afines (Agricultura, Industria, Sanidad, etc.) y, con mayor frecuencia, los de Asuntos Exteriores.

Dos o tres veces al año se reúnen los jefes de Estados y de Gobiernos para pactar sobre las cuestiones de mayor trascendencia.

**3. La Comisión.** Es un órgano compuesto por 17 miembros (uno, como mínimo, y dos como máximo, de cada Estado). Son nombrados de mutuo acuerdo por los gobiernos, pero se trata de personalidades no vinculadas a ellos, con experiencia, y que ofrecen garantías de independencia.

La Comisión es el órgano que representa los intereses comunitarios, ejecutando las normas dictadas por el Consejo, desarrollándolas por medio de reglamentos, velando por el cumplimiento de los tratados fundacionales y de las demás normas comunitarias, e invirtiendo los ingresos de la forma prevista en el presupuesto.

**4. El Tribunal de Justicia.** Está compuesto por 13 jueces, auxiliados por 6 abogados, nombrados de común acuerdo por los gobiernos.

Su función es velar por el cumplimiento del derecho comunitario, juzgando los actos, tanto de los Gobiernos e instituciones públicas, como de los particulares (normalmente, empresas).

## Órganos auxiliares

Además de las instituciones fundamentales, existen otras que han sido creadas para complementar la estructura de las comunidades en diferentes aspectos. Estos organismos auxiliares son:

*a*) *El comité Económico y Social:* compuesto por 156 miembros (21 españoles) representantes de sindicatos, organizaciones empresariales y asociaciones familiares, de consumidores, profesionales liberales, etc., con funciones consultivas.

*b*) *El Tribunal de Cuentas:* compuesto por 12 miembros, su misión es controlar los fondos presupuestarios.

*c*) *El Comité de Representantes Permanentes de los Estados:* integrado por los embajadores de los quince países miembros ante la CEE, cuya función es la preparación de las reuniones del Consejo de Ministros.

*d*) *El Comité consultivo de la CECA:* del que forman parte empresarios, trabajadores, comerciantes y consumidores de los sectores del carbón y el acero, con la función de asesorar a la Comisión sobre los temas que les afectan.

## La Constitución Europea

El Tratado de la Unión por el que se establece una Constitución para Europa es un ambicioso documento suscrito en Roma el 29 de octubre de 2004 que viene a refundir los principales tratados europeos existentes, pero sin sustituir a las Constituciones nacionales de los países.

La Constitución Europea garantiza el respeto de determinados valores comunes (el respeto de la dignidad humana, la libertad, la democracia, la igualdad, el Estado de derecho y los derechos humanos) y de un modelo europeo de sociedad caracterizada por el pluralismo, la ausencia de discriminación, la tolerancia, la justicia, la solidaridad y la igualdad entre hombres y mujeres.

Según la Constitución Europea, toda persona que ostente la nacionalidad de un Estado miembro posee, además, la ciudadanía de la Unión. Esta ciudadanía europea es importante porque otorga determinados derechos, como el derecho a circular y residir libremente en todo el territorio de la Unión, derecho al sufragio activo y pasivo en las elecciones al Parlamento Europeo y en las elecciones municipales, derecho a la protección consular y diplomática en terceros países, derecho a formular peticiones al Parlamento Europeo así como a recurrir al Defensor del Pueblo Europeo, etc.

## Fuentes del derecho comunitario

Existe un sistema de fuentes del derecho comunitario que se concreta en las siguientes normas jurídicas:

*a*) El derecho primario u originario, integrado por los tratados funda-

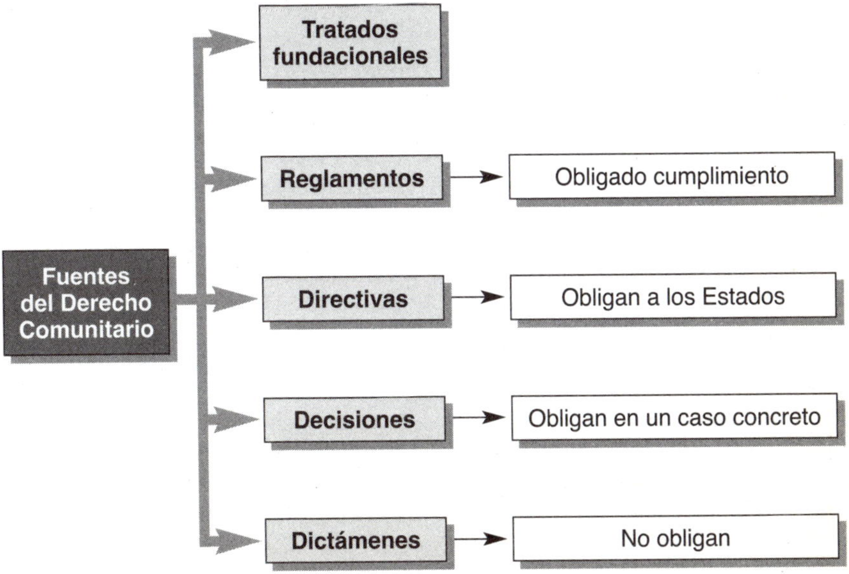

cionales de la CECA, el EURATOM y la CEE, sus modificaciones posteriores y las sucesivas actas de adhesión de los nuevos miembros, y los tratados posteriores, como el Acta Única, el de Maastricht y los que se celebren en adelante.

*b*) Los reglamentos, que son normas de obligado cumplimiento y directamente aplicables en todos los Estados miembros.

*c*) Las directivas, que aunque también obligan a los Estados en cuanto a su contenido, permiten a sus autoridades nacionales elegir la forma y los medios de ejecutarlas.

*d*) Las decisiones son también obligatorias, pero no tienen un carácter general, sino que se trata de actos normativos individuales, dirigidos sólo a su destinatario. Este puede ser un Estado miembro o una persona física o jurídica.

Son también fuentes del derecho comunitario la costumbre y los principios generales del derecho, si bien de una forma relativa, para cubrir ciertas lagunas de los tratados fundacionales. En cuanto a la jurisprudencia del Tribunal de Justicia, tiene una gran importancia por cuanto ostenta el monopolio interpretativo de las normas comunitarias. En cambio, no son normas obligatorias los dictámenes (opiniones sobre cuestiones planteadas) ni las recomendaciones (a los Estados miembros) emitidos por el Consejo y la Comisión. Sin embargo, tienen gran importancia para armonizar las legislaciones de los Estados miembros.

## Símbolos de la Unión Europea

La bandera de la Unión Europea es de cielo azul ornado con un círculo imaginario, que representa la unión de los pueblos de Europa, formado por doce estrellas de oro, equidistantes, de cinco puntas que no se tocan entre sí. Todas las estrellas están en posición vertical; su disposición se corresponde con la de las horas en la esfera de un reloj y su número (doce, símbolo de perfección y unidad) es invariable.

Por su parte, el himno de la Unión Europea, que popularmente se conoce como *El Himno a la Alegría*, es la primera parte del preludio del cuarto movimiento de la *Novena Sinfonía* compuesta en 1823 por Beethoven sobre la *Oda a la Alegría*, escrita en 1785 por Schiller. Se trata de un poema que expresa la visión idealista de Schiller, compartida por Beethoven, del género humano como hermanos. En 1972, el Consejo de Europa (el mismo organismo que designó la bandera europea) adoptó el tema de la *Oda a la alegría* de Beethoven como su himno. Se dice que expresa los ideales de libertad, de paz y de solidaridad que representa Europa.

En 1985 fue adoptado por los jefes de Estado y de Gobierno de la UE como himno oficial de la Unión Europea. No pretende reemplazar los himnos nacionales de los Estados miembros, sino celebrar los valores que todos ellos comparten y su unidad en la diversidad.

# Derecho internacional privado

El derecho internacional privado está integrado por las normas que regulan las relaciones entre sujetos pertenecientes a diferentes Estados, estableciendo cuál es la ley por la que tienen que regirse y, si no se cumple, cuáles son los tribunales competentes para juzgar. Existen dos posturas contradictorias al respecto:

— el criterio territorialista, que defiende la aplicación de la ley vigente en el territorio donde los hechos son juzgados;
— el criterio personalista, que aboga para que a cada persona le sea aplicada la ley de su nacionalidad (ley personal) aunque lo juzguen tribunales extranjeros.

En la práctica, cada Estado dicta sus propias normas sobre esta materia, llamadas *normas de conflicto*, porque pretenden resolver los conflictos jurisdiccionales que puedan plantearse. Pero como tales normas no son las mismas, de hecho los conflictos siguen produciéndose.

En el sistema español las normas de derecho internacional privado están contenidas en el Capítulo IV del título Preliminar del Código civil. En ellas, partiendo de un criterio general territorialista se admite también que los tribunales españoles puedan aplicar leyes extranjeras en ciertos casos.

## Aplicación exclusiva de las leyes españolas

Las leyes penales, las de policía y las de seguridad pública obligan a todos los que se hallen en territorio español. Por lo tanto, son de aplicación no sólo a los españoles, sino también a los extranjeros que se encuentren en España, tanto si tienen aquí su residencia habitual como si nos visitan temporalmente por motivos turísticos, familiares o de negocios; incluso a los que se hallen en España en tránsito, procedentes de un país extranjero y con destino a otro.

Se trata de un criterio exclusivamente territorialista, sin excepciones. Sin embargo, a los extranjeros juzgados y condenados en España se les puede autorizar a cumplir la condena en centros penitenciarios de su país de origen, en virtud de lo pactado en convenios internacionales, y en régimen de reciprocidad.

## Posibilidad de aplicar la ley personal

Nuestro Código civil permite la aplicación de la ley personal de los extranjeros en los asuntos que se refieran a su capacidad, estado civil, derechos y deberes de familia (conyugales y paterno-filiales), relaciones patrimoniales del matrimonio y sucesión por causa de muerte (testamentos, legítima, herederos, legados, aceptación, etc.).

La ley personal es la que corresponde a la nacionalidad. En los casos de doble nacionalidad se aplicará lo dispuesto en los tratados que la regulan. En defecto de estos, prevalecerá la nacionalidad española si es una de las que ostenta el sujeto. Si no es así, y en los casos de apátridas, se considerará como ley nacional la de su última residencia habitual.

En las relaciones familiares, si ambos cónyuges ostentan nacionalidades distintas se considera como ley nacional la del marido. En las relaciones paterno-filiales se aplicará la ley personal del padre y, en su defecto, la de la madre; en la adopción, la del adoptante; y, en la tutela, la del incapacitado.

En los casos de sucesión por causa de muerte se aplicará la ley nacional del difunto.

A los menores o incapacitados abandonados en territorio español les serán aplicables las medidas de protección y educación previstas en las leyes españolas.

Respecto a las personas jurídicas (fundaciones, asociaciones, sociedades civiles, mercantiles y cooperativas) se les aplicará la ley de su nacionalidad en lo referente a su capacidad, constitución, representación, transformación, funcionamiento, disolución y extinción.

## Derechos reales

La posesión, la propiedad y los demás derechos reales sobre bienes (muebles e inmuebles), así como su publicidad, se rigen por la ley del lugar donde se encuentren. Si se trata de bienes en tránsito se considera que se encuentran en el lugar de su expedición, salvo que el remitente y el destinatario hayan pactado considerarlos situados en el lugar de su destino.

Los buques, aeronaves y medios de transporte por ferrocarril están sometidos a la ley del país donde estén abanderados, matriculados o registrados. Los vehículos a motor, en cambio, se rigen por la ley del lugar donde se encuentran, con independencia de su matrícula.

Los derechos de propiedad intelectual (derechos de autor) e industrial (patentes, marcas, rótulos, diseños, etc.) se protegen en España según las leyes españolas, salvo lo dispuesto en convenios y tratados internacionales suscritos por España.

## Obligaciones y contratos

Las formas y solemnidades de los contratos se rigen por la ley del lugar donde se celebren. Pero también serán válidos si se celebran de acuerdo con las formalidades exigidas por la ley aplicable por su contenido, o por la común de ambas partes.

Respecto a las obligaciones nacidas de los contratos, se regirán por:

— la ley a la que las partes se hayan sometido expresamente;
— en su defecto, por la ley nacional común a las partes;
— a falta de ella, la de la residencia habitual común;
— y, en último término, la del lugar donde se haya celebrado el contrato.

A falta de sometimiento expreso, a los contratos relativos a bienes inmuebles se les aplicará la ley del lugar donde estén situados. Si se refieren a la compraventa de bienes muebles en establecimientos mercantiles, la ley del lugar donde radiquen estos.

A las obligaciones derivadas de contratos de trabajo, salvo sometimiento expreso de las partes a otra distinta se les aplicará la ley del lugar donde el trabajador preste sus servicios.

En cuanto a las donaciones, se rigen en todo caso por la ley internacional del donante.

Por último, a las obligaciones contractuales les es de aplicación la ley del lugar donde hayan ocurrido los hechos de los que deriven.

## Intervención de los tribunales españoles

Los tribunales españoles deben aplicar de oficio las normas de conflicto comentadas en los epígrafes precedentes. La calificación para determinar la norma de conflicto aplicable se hará de acuerdo con las leyes españolas.

Cuando nuestras leyes permitan la aplicación del derecho extranjero, se entiende que se refiere a sus leyes materiales, sin tener en cuenta sus propias normas de conflicto, si estas remiten el caso a otras leyes que no sean la española.

La persona que invoque ante los tribunales españoles la aplicación de una ley extranjera debe acreditar su vigencia y contenido. Para ello puede valerse de los medios de prueba admitidos en las leyes procesales españolas (documentos, testigos, peritos, etc.). Sin embargo, para aplicar esa ley el tribunal puede valerse, además, de cuantos instrumentos de averiguación considere necesarios.

En todo caso, en las actuaciones judiciales que se realicen en territorio español, les serán de aplicación las leyes procesales españolas. Pero estas pueden remitir a leyes extranjeras respecto a aquellos actos procesales que deban realizarse fuera de España.

# El euro, la moneda europea

El día 1 de enero de 1999 se inició la tercera fase de la Unión Económica y Monetaria Europea, diseñada una década antes, cuyo principal objetivo es la implantación del euro como la moneda única y común de los principales países europeos, entre ellos, como es bien sabido, España.

La decisión de adoptar una moneda única por parte de la Unión Europea deriva del famoso Tratado de Maastricht firmado el año 1992. Durante el Consejo Europeo celebrado en Madrid tres años después, se acordó que la moneda única de los países que integran la Unión Monetaria Europea (UME) se denominaría *euro*, procediéndose, en 1996, a designar como *céntimo* la subdivisión del euro (siendo 1 euro equivalente a 100 céntimos).

## Ventajas de la introducción del euro

Desde el punto de vista económico, las ventajas más importantes de la creación de una única moneda europea pueden sintetizarse en cuatro puntos:

— estabilidad económica;
— fomento de los intercambios comerciales;
— fortaleza de la moneda;
— mayor transparencia en los mercados.

Resulta evidente que las condiciones exigidas a los distintos países para poder acceder al euro (los denominados *criterios de convergencia*) garantizan la estabilidad económica que se traducirá, según los expertos, en un mayor crecimiento económico, con bajos tipos de interés y con una inflación baja y estable, todo lo cual favorecerá la competitividad de las empresas. Además, al no existir tipos de cambio entre las distintas monedas europeas, las inversiones empresariales aumentarán y se crearán nuevos puestos de trabajo.

Los intercambios comerciales entre los distintos países que conforman la Unión Europea se incrementarán y se verán enormemente facilitados, puesto que ya no será preciso incurrir en los costes de cambio de moneda, abaratándose el comercio y, por ende, los precios de venta al público de los productos.

Por su parte, puesto que los criterios de convergencia suponen que las economías de los países que las han cumplido son fuertes, el euro será una moneda sólida, en igualdad de condiciones respecto del dólar norteamericano o el yen japonés.

Muy esquemáticamente podemos afirmar que los criterios de convergencia fueron los siguientes: un nivel de inflación bajo, unos tipos de interés asimismo bajos, un tipo de cambio respetuoso con los márgenes de fluctuación previstos por el mecanismo de cambio del sistema monetario europeo y unas finanzas públicas saneadas y sin deuda pública ni déficit excesivos.

Además, al ser posible comparar los precios de los productos de los distintos países, se incentivará la competencia y los precios se moderarán. Los mercados financieros se volverán más transparentes y será más sencillo examinar las condiciones que se ofrecen para la contratación, por ejemplo, de préstamos bancarios.

## Calendario del euro

Desde el 1 de enero de 1999 el euro es la nueva moneda de Alemania, Austria, Bélgica, España, Finlandia, Francia, Holanda, Irlanda, Italia, Luxemburgo y Portugal. En un futuro próximo, posiblemente lo sea también de Gran Bretaña y de Dinamarca, pero de momento estos dos países no forman parte, por su propia voluntad, de la UME.

En esa fecha se fijaron los tipos de conversión de cada una de las monedas con el euro, que tienen el carácter de irrevocables, por lo que ya no podrán modificarse en el futuro. En España, la equivalencia quedó establecida en 1 euro igual a 166,386 pesetas.

El día 1 de enero de 2002 se pusieron en circulación los billetes y monedas en euros y céntimos de euro. A partir de esa fecha, por tanto, cualquier referencia hecha a pesetas que se contenga en un contrato se entenderá referida a euros, con carácter automático sin necesidad de formalidad alguna.

Asimismo, a partir de ese mismo día, es posible efectuar el canje de billetes y monedas en pesetas por billetes y monedas en euros, con arreglo al tipo de conversión. El canje o cambio de billetes y monedas será gratuito y sólo se llevará a cabo en bancos, cajas de ahorro y cooperativas de crédito.

Durante los dos meses inmediatamente posteriores al 1 de enero de 2002, se produjo la circulación de billetes y monedas tanto de pesetas como de euros y, desde el día 1 de marzo del año 2002, la peseta ha dejado de existir, tras 130 años de vigencia, como moneda de curso legal.

## Monedas y billetes de euros

Existen ocho monedas distintas de euro, con los siguientes valores: 1, 2, 5, 10, 20 y 50 céntimos, y de 1 y 2 euros, así como siete billetes de 5, 10, 20, 50, 100, 200 y 500 euros.

Pese a que cada uno de los países han acuñado las monedas incluyendo en el anverso de las mismas motivos propios (en España, por ejemplo, son el rey, Miguel de Cervantes y la catedral de Santiago de Compostela), todas ellas se pueden utilizar en todos los países de la UME. Los reversos de las monedas, donde figura su valor, sí son iguales.

Por su parte, el diseño de la cara y el dorso de los billetes es idéntico en todos los países que forman parte de la Unión Monetaria Europea.

## Tipos de conversión de la peseta y el euro

El tipo de conversión que se ha fijado de la peseta respecto del euro (que, como se ha dicho, no es susceptible de ser modificado) consta de seis cifras, tres números enteros y tres decimales (1 euro = 166,386 pesetas).

### Conversión de pesetas en euros

Para convertir pesetas en euros se tiene que dividir la cifra que nos interese por el tipo de conversión antes indicado (166,386) y aplicar la regla de redondeo que se establece en la ley sobre Introducción del Euro (Ley Orgánica 10/98, de 17 de diciembre) que implica que los importes en euros se compongan de los números enteros y de sólo dos decimales.

Así, por ejemplo, para saber el precio en euros de un producto cuyo precio era de 1.950 pesetas deberemos seguir los siguientes pasos:

— dividir 1.950 entre 166,386, lo que da como resultado 11,71973;
— fijarnos en el tercer decimal, que en este caso es 9;
— teniendo en cuenta que, como este tercer decimal está comprendido entre 5 y 9 (ambos inclusive), el segundo decimal se eleva en una unidad (es lo que se denomina *redondeo al alza*).

En consecuencia, lo que antes eran 1.950 pesetas equivale ahora a 11 euros con 72 céntimos (11,72).

Veamos otro ejemplo del mismo proceso. Para saber el importe en euros de un producto que valía 20.000 pesetas, habrá que realizar la siguiente conversión:

— dividimos 20.000 entre 166,386 y obtenemos 120,20242;
— observamos que el tercer decimal es 2;
— así, puesto que el tercer decimal es de los comprendidos entre el 0 y el 4 (ambos inclusive), el segundo decimal se mantiene igual (es lo que se denomina *redondeo a la baja*).

Por tanto, el precio de un producto que en pesetas era de 20.000 pesetas, es ahora de 120,20 euros (120 euros y 20 céntimos).

Como fórmula práctica para convertir de manera rápida y aproximada (aunque no exacta) pesetas en euros, se suele utilizar la multiplicación del precio en pesetas por 6 y su producto entre 1.000.

Es decir, siguiendo los ejemplos anteriores:

(1.950 ptas. × 6) ÷ 1.000 = 11,7 euros y (20.000 ptas. × 6) ÷ 1.000 = 120 euros.

**Conversión de euros en pesetas**

A su vez, para convertir euros en pesetas se debe multiplicar la cifra que nos interese por el tipo de conversión antes indicado (166,386) y aplicar la regla de redondeo que se establece en la ley sobre Introducción del Euro (ley orgánica 10/98, de 17 de diciembre) que implica que los importes en pesetas se fijan sin decimales.

Así, por ejemplo, para saber el precio en pesetas de un producto cuyo precio es de 11,72 euros deberemos seguir los siguientes pasos:

— multiplicamos 11,72 por 166,386, lo que nos da como resultado 1950,04392;
— observamos el primer decimal, que en este caso es 0;
— teniendo en cuenta que este primer decimal es de los comprendidos entre el 0 y el 4 (ambos inclusive), se elimina *(redondeo a la baja)*.

En consecuencia, el precio de un producto que es de 11,72 euros, será de 1.950 pesetas.

Veamos otro ejemplo. Supongamos que deseamos saber la equivalencia en pesetas de un producto que vale 120,20 euros:

— multiplicamos los 120,20 euros por 166,386, lo que da como resultado 19.999,5972;
— observamos el primer decimal, que en este caso es 5;
— tenemos en cuenta que, como este primer decimal es de los comprendidos entre el 5 y el 9 (ambos inclusive), debemos sumar una peseta *(redondeo al alza)*.

En consecuencia, el precio será de 20.000 pesetas.

Si en un momento preciso necesitamos calcular en pesetas una cifra en euros, conviene recordar que, de forma aproximada, 6,01 euros equivalen a 1.000 pesetas.

# DERECHO INTERNACIONAL
## RESUMEN

### El derecho internacional público

• Se consideran normas de derecho internacional público las que regulan las relaciones jurídicas entre los Estados o entre estos y las organizaciones e instituciones internacionales reconocidas.

• Las fuentes del derecho internacional público son los tratados internacionales, la costumbre internacional y los principios generales del derecho internacional.

• Los tratados internacionales que se hayan celebrado válidamente pasan a formar parte del ordenamiento jurídico español, según establece la propia Constitución.

### Las organizaciones internacionales

• La Organización de las Naciones Unidas (ONU) se constituyó el día 24 de octubre de 1945 en San Francisco (Estados Unidos), como continuadora de la labor iniciada por la Sociedad de Naciones, que había resultado un fracaso.

• El Fondo Monetario Internacional (FMI) depende de las Naciones Unidas y su función básica es la de establecer las normas que rigen el sistema monetario internacional.

• La Organización del Tratado del Atlántico Norte (OTAN) se constituyó el día 4 de abril de 1949 en Washington (Estados Unidos) para crear y mantener un sistema de seguridad colectivo para los países de Europa Occidental y garantizar las comunicaciones entre estos y Estados Unidos y Canadá a través del océano Atlántico.

### La Unión Europea

• Los Tratados de París (1951) y Roma (1957) son los antecedentes inmediatos puesto que en ellos se crearon, respectivamente, la Comunidad Europea del Carbón y el Acero (CECA) y la Comunidad Europea de la Energía Atómica (EURATOM). El Tratado de Maastricht (en vigor desde 1993) transformó la Comunidad Europea en la Unión Europea.

• Las instituciones fundamentales son el Parlamento Europeo, el Consejo de Ministros, la Comisión y el Tribunal de Justicia de las Comunidades Europeas.

• Las fuentes del derecho comunitario son los tratados fundacionales de la CECA, el EURATOM y la CEE, los reglamentos, las directivas y las decisiones. Además, también constituyen fuente, aunque relativa, la costumbre, los principios generales del derecho y la jurisprudencia del Tribunal de Justicia de las Comunidades Europeas.

**Derecho Internacional privado**

• El derecho internacional privado está formado por las normas que regulan las relaciones entre sujetos pertenecientes a diferentes estados, estableciendo cuál es la ley por la que tienen que regirse y, en su caso, qué tribunales deben conocer de sus discrepancias.

• Las normas penales, de policía y de seguridad pública se aplican a toda persona que se halle en territorio español, con independencia de su nacionalidad.

• La aplicación de la ley personal de los extranjeros es posible en asuntos derivados del estado civil, la capacidad, etc. A su vez, las normas sobre posesión, propiedad y demás derechos reales se rigen por la ley del lugar donde se encuentren los bienes en cuestión, al igual que las formas y solemnidades de los contratos, regulados por la ley del lugar donde se celebran.

**El euro, la moneda europea**

• La tercera fase de la Unión Económica y Monetaria Europea iniciada el día 1 de enero de 1999 persigue, como principal objetivo, la implantación del euro como la moneda única y común de los principales países europeos.

• La decisión de adoptar una moneda única por parte de la Unión Europea deriva del Tratado de Maastricht firmado el año 1992. Durante el Consejo Europeo celebrado en Madrid tres años después, se acordó que la moneda única de los países que integran la Unión Monetaria Europea (UME) se denominaría *euro*, procediéndose, en 1996, a designar como *cent* la subdivisión del euro (siendo 1 euro equivalente a 100 cents).

• Desde el punto de vista económico, las ventajas más importantes de la creación de una única moneda europea pueden sintetizarse en cuatro puntos: estabilidad económica, fomento de los intercambios comerciales, fortaleza de la moneda y mayor transparencia en los mercados.

• En España, la equivalencia del euro respecto de la peseta quedó establecida en 1 euro igual a 166,386 pesetas.

# APÉNDICE

# Fuentes legales

Con objeto de obtener una información mejor y más específica sobre cuestiones concretas, se ha elaborado una relación de temas básicos de derecho.

La relación es de materias y también de disposiciones que por su importancia merecen ser destacadas y se distribuye por apartados que se corresponden con la composición del libro.

Las leyes que se citan están publicadas en el BOE (Boletín Oficial del Estado). Hay que tener en cuenta que, en ocasiones, han existido modificaciones posteriores.

Algunas de las disposiciones legales que se citan van acompañadas de la fecha de publicación en el Boletín.

## Derecho constitucional

Constitución española (27 de diciembre de 1978).

Estatutos de Autonomía de las distintas comunidades.

Ley Orgánica del Tribunal Constitucional.

Ley Orgánica 13/91, de 20 de diciembre, del Servicio Militar.

Ley Orgánica 22/98, de 22 de diciembre, de Objeción de Conciencia.

Ley Orgánica 1/02, de 22 de marzo, de Asociación.

Ley Orgánica 4/2000, de 11 de enero, sobre Derechos y Libertades de los Extranjeros en España y su Integración Social; y su Reglamento, Real Decreto 2393/2004, de 30 de diciembre.

## Derecho mercantil

Código de Comercio.

Ley de Sociedades Anónimas (RDL 1564/89, de 22 de diciembre).

Ley de Sociedades de Responsabilidad Limitada (Ley 2/95, de 23 de marzo).

Ley de Cooperativas.

Ley de Sociedades Laborales.

Reglamento del Registro Mercantil (RD 1.784/96).

Ley 19/85, de 16 de julio, Cambiaria y del Cheque.

Ley General de Defensa de los Consumidores y Usuarios.

Ley de la Sociedad Limitada Nueva Empresa.

## Derecho administrativo

Ley 13/95, de 18 de mayo, de Contratos de las Administraciones Públicas.

Ley 6/98, de 13 de abril, de régimen del suelo y de valoraciones.

Ley 30/92, de 26 de noviembre, del Régimen Jurídico de las Administraciones Públicas y del Procedimiento Administrativo Común.

Ley 4/99, de 13 de enero, de modificación de la Ley 30/92.

Ley de Expropiación Forzosa.

## Derecho civil

Código civil.

Compilaciones forales.

Ley de Enjuiciamiento Civil.

Ley Hipotecaria.

Reglamento Hipotecario.

Ley del Registro Civil.

Ley 29/94, de 24 de noviembre, de Arrendamientos Urbanos (BOE de 25 de noviembre).

Ley de Arrendamientos Rústicos.

Ley 49/60, de 21 de julio, sobre Propiedad Horizontal.

Ley 8/99, de 6 de abril, de Reforma de la Ley 46/60 (BOE de 8 de abril).

Ley de Aprovechamiento por Turnos de Inmuebles.

Ley 46/98, de 17 de diciembre, sobre Introducción del Euro (esta ley se encuentra publicada en el BOE de 18 de diciembre).

Ley de Arbitraje.

Ley Concursal (L 22/03, de 9 de julio).

## Derecho fiscal

Ley General Tributaria.

Reglamento General de Recaudación.

Ley de Garantías del Contribuyente.

Ley del Impuesto sobre la Renta de las Personas Físicas.

Ley del Impuesto Extraordinario sobre el Patrimonio.

Ley 4/04, del Impuesto sobre Sociedades.

Ley del Impuesto sobre Transmisiones Patrimoniales y Actos Jurídicos Documentados (RDL 1/93, de 24 de septiembre).

Ley del Impuesto sobre la Renta de los No Residentes.

## Derecho laboral

Estatuto de los Trabajadores.

Ley de Procedimiento Laboral.

Ley sobre Infracciones y Sanciones del Orden Social.

## Derecho penal

Código penal.

Ley de Enjuiciamiento Criminal.

Ley del Jurado.

# MODELOS DE DOCUMENTOS

# TESTAMENTO

TESTAMENTO ..........................................................................................
En Barcelona, mi residencia, a ........................................................................
......................................., siendo las ................... horas y .................... minutos.
Ante mí, ..........................................., notario del Ilustre Colegio de Barcelona.

COMPARECE

DON ...................................., mayor de edad, casado en régimen de separación de bienes, industrial, vecino de ................................, calle ............................., con DNI número ...........................................

Tiene a mi juicio la capacidad legal necesaria para otorgar este testamento abierto que yo, el notario, de acuerdo con sus instrucciones verbales previas, redacto en la forma siguiente:

PRIMERA. Tiene vecindad civil ..........................................................................
Declara ser natural de .................., provincia de ......................., donde nació el día ............................, hijo de los cónyuges Don ........................., ya fallecido, y Doña ..........................................., que vive; y estar casado en únicas nupcias con Doña .................................. de cuyo matrimonio tiene dos hijas, llamadas Doña ................................ y Doña ...................................................................

SEGUNDA. Es voluntad del testador que su entierro y sufragios sean hechos de acuerdo con los ritos de la Iglesia Católica.

TERCERA. Lega a sus hijas .............................. y .........................., sustituidas vulgarmente por sus descendientes respectivos y, en su defecto, recíprocamente entre sí, la legítima que les corresponda.

CUARTA. Instituye heredera universal a su esposa, Doña ......................., y para el supuesto de premorencia, comorencia o por cualquier otra causa de que no quisiere o no pudiere heredar, nombra herederas a sus mencionadas hijas y, en la proporción de la mitad cada una de ellas, sustituidas vulgarmente por sus descendientes respectivos, y en su defecto con derecho de acrecer entre ellas.

QUINTA. Encarga expresamente a sus herederas que si entre sus papeles fuera hallada alguna memoria testamentaria, codicilo o escrito en orden de su voluntad de repartir sus bienes, sea respetado escrupulosamente como si fuese parte de este testamento.

Así lo otorga el testador ..............................................................................

Leído por mí, el notario, en alta voz este testamento, por renuncia del testador al derecho que para hacerlo por sí le advierto tiene, manifiesta el testador su plena conformidad con el contenido del mismo, por encontrarlo extendido de acuerdo con su última y deliberada voluntad, firmando en prueba de ello conmigo.

Y yo, el notario, doy fe de identificar al testador por medio de su Documento Nacional de Identidad reseñado en la comparecencia, de haberse observado en este testamento la unidad de acto y demás formalidades legales y, en general, de todo lo demás contenido en este instrumento público, extendido en dos hojas de papel del Timbre del Estado, exclusivo para documentos notariales.

# ESCRITURA DE ACEPTACIÓN DE HERENCIA

En ........................................, a ..............................

Ante mí, ........................................................................................., notario del Ilustre Colegio de Notarios de ............................................, con residencia en .........................................................................................................................

COMPARECEN

D. ANTONIO, D.ª NURIA y D.ª MONTSERRAT.

Les identifico por los documentos de identidad exhibidos, cuyos datos son conformes.

Intervienen en su propio nombre y derecho ....................................................

Les juzgo con capacidad legal bastante para formalizar la presente escritura de INVENTARIO, ACEPTACIÓN Y ADJUDICACIÓN DE HERENCIA Y ENTREGA DE LEGADOS, y ..............................................................................

EXPONEN

I. Que D. Jordi, de vecindad civil foral catalana, falleció en Barcelona, de donde era vecino, el día .................. en estado civil de casado en régimen de separación de bienes con doña Montserrat, dejando de este matrimonio (único contraído) dos hijos llamados Antonio y Nuria, aquí comparecientes.

II. Que dicho causante otorgó su último y válido testamento en Barcelona, el día ................., ante el notario D. ...................................................................

III. Que en dicho testamento fue designado heredero universal D. Antonio ....... ........................... quien aceptó a beneficio de inventario la herencia causada por su padre, D. Jordi ........................... según se desprende de la escritura otorgada en fecha ............................................................ por el notario de Barcelona, D. ..........................................................................................................

IV. Que D. Antonio ha procedido a efectuar inventario de los bienes que componen la herencia causada por D. Jordi, desprendiéndose que al fallecimiento de este, integraban su patrimonio los siguientes bienes:

*a*) Inmuebles: ................................................................................................

*b*) Negocio: ...................................................................................................

*c*) Cuentas corrientes: ...................................................................................

V. Se valoran los bienes inventariados en .................................................. euros, siendo las deudas y cargas de la herencia las siguientes: ......................................
...................................................................................................................
...................................................................................................................

De dichos bienes, el equivalente a ............. euros corresponde a los bienes legados por D. Jordi a D.ª Nuria; ................. euros corresponde a los bienes legados por D. Jordi a D.ª Montserrat y ................................. a los bienes heredados por D. Antonio.

VI. Que, en virtud de lo expuesto,

DISPONEN

PRIMERO. D. Antonio, quien ya había aceptado a beneficio de inventario la herencia causada por su padre, D. Jordi, acepta pura y simplemente y, por ello, SE ADJUDICA en plena propiedad a título de heredero el negocio descrito.

SEGUNDO. D. Antonio en su calidad de heredero, de su mencionado padre, HACE ENTREGA a su madre, D.ª Montserrat, que ACEPTA, del legado dispuesto por el causante en su testamento.

TERCERO. Acto seguido, D. Antonio, en su calidad de heredero de su mencionado padre, HACE ENTREGA a su hermana, D.ª Nuria, de los bienes que constituyen el legado de esta. D.ª Nuria ACEPTA pura e incondicionalmente el legado.

# ESCRITURA DE CAPITULACIONES MATRIMONIALES

En ................................, mi residencia, a ............ de ............ de ......................

Ante mí, ..............................................., notario ...............................................,

## COMPARECEN

D. ÓSCAR (datos personales) ..............................................................................

Y D.ª ROSA (datos personales) ...........................................................................

Identifico a los comparecientes por sus documentos nacionales de identidad, manifestándome ellos mismos lo que en aquellos no consta.

## INTERVIENEN

Ambos intervienen en sus propios nombres y derechos. Tienen, a mi juicio, tal como actúan, la capacidad legal necesaria para otorgar la presente escritura de CAPITULACIONES MATRIMONIALES, y

## EXPONEN

I. Que D. ÓSCAR ............................................................ tiene la vecindad civil catalana y su residencia habitual en ..........................................................................

II. Que D.ª ROSA tiene la vecindad civil ...................................................... y su residencia habitual en ..................................................................................................

III. Que tienen proyectado contraer matrimonio próximamente y, en cualquier caso, antes de un año a partir del día de hoy.

IV. Que, en uso del derecho que les conceden los artículos 1.315, 1.325 y concordantes del Código civil, quieren otorgar de común acuerdo capitulaciones matrimoniales en las que pactarán determinadas disposiciones relativas a su futuro matrimonio y, llevándolo a efecto

OTORGAN

PRIMERO. Los comparecientes pactan y convienen que el matrimonio que tienen proyectado contraer entre ambos, una vez celebrado se regirá por el sistema económico de separación de bienes previsto y regulado en los artículos 1.435 y siguientes del Código civil.

SEGUNDO. El domicilio conyugal de los comparecientes se establecerá en ....... ........................... y el título por el que será ocupado lo constituye el contrato de arrendamiento celebrado a favor de D. Óscar ................................................... por parte de la sociedad propietaria de dicha vivienda.

Los comparecientes pactan y convienen expresamente que en cualquier supuesto de nulidad del matrimonio, divorcio o separación, el uso de dicha vivienda con su ajuar se atribuya a D. Óscar ......................................., comprometiéndose, este, en su caso, a facilitar a D.ª Rosa y a sus eventuales hijos comunes una vivienda de similares características.

TERCERO. Respecto de la totalidad de sus bienes, los comparecientes otorgan heredamiento a favor de sus futuros hijos comunes, quedando estos instituidos por partes iguales.

CUARTO. Los comparecientes prestan su consentimiento y solicitan que, en su momento, se inscriban las presentes capitulaciones matrimoniales juntamente con la correspondiente Acta de celebración del matrimonio.

Advierto expresamente a los señores comparecientes que deberán acreditarme, a mí el notario, la celebración del matrimonio por medio de exhibición de certificado de matrimonio o del Libro de Familia, a fin de consignar, con arreglo a lo dispuesto en el artículo 266.7 del Reglamento del Registro Civil, el tomo y folio en que constará inscrito el matrimonio una vez celebrado.

ASÍ LO OTORGAN

# ESCRITURA DE CONSTITUCIÓN DE SOCIEDAD LIMITADA

En ........................................., a ............ de ........... de ..................

Ante mí, ..............................................................., Notario del Ilustre Colegio Notarial de ...................................................... y con residencia en .................. ..............................................................................................................................,

## COMPARECEN

1. D. JOSÉ........................, de nacionalidad española, mayor de edad, casado en régimen de separación de bienes, abogado, vecino de ........................................, calle ................................................., n.º .........., y con NIF ............................

2. D.ª MARÍA DEL CARMEN .................................. de nacionalidad española, mayor de edad, viuda, artista plástica, residente en el Reino Unido, .................. Street, y con DNI .....................................

3. D.ª SOFÍA ................................. de nacionalidad española, mayor de edad, soltera, vecina de ............... Avenida .............., n.º ....., y con NIF ....................

## INTERVIENEN

*a*) D. José.............................., en nombre propio y en nombre y representación, en su calidad de Administrador Único, de la entidad MM, SA, de nacionalidad española, con domicilio en ................................, Paseo ......................., n.º ......., cargo que se halla vigente.

*b*) D.ª María del Carmen .............................. y D.ª Sofía .................................. en nombre propio.

Tienen a mi juicio, tal como intervienen, la capacidad legal necesaria para el presente otorgamiento, y

EXPONEN

I. Que MM, SA y D.ª María del Carmen ................ han decidido constituir una sociedad de responsabilidad limitada que se denominará «BERTA & CLARA, SL».

II. Que con dicha denominación no existe ninguna otra en el Registro de Sociedades, lo que acreditan con la oportuna certificación del mismo, que me entregan y dejo unida a la presente matriz.

III. Que, en virtud de lo expuesto,

ESTIPULAN

PRIMERO. CONSTITUCIÓN. Se constituye una sociedad limitada de nacionalidad española que se denomina BERTA & CLARA, SL y que se regirá por la Ley de Sociedades de Responsabilidad Limitada, demás disposiciones legales aplicables y, en especial, por sus Estatutos, extendidos en ................ folios, que leídos aprobados y firmados por los socios fundadores, los elevan a escritura pública y yo, el notario, los dejo unidos a la presente matriz, formando parte de la misma.

SEGUNDO. SUSCRIPCIÓN Y DESEMBOLSO. El capital social se fija en la suma de 180.304 euros, dividido y representado en 50 participaciones de 3.606,08 euros de valor nominal cada una de ellas, numeradas correlativamente del 1 al 50, ambas inclusive, y que han sido desembolsadas en su totalidad.

Las participaciones del capital social han sido íntegramente suscritas y desembolsadas por los socios fundadores, mediante las siguientes aportaciones:

*a*) MM, SA, por medio de su aquí representante, aporta la suma de 90.152 euros, adjudicándosele en pago 25 participaciones, números 1 al 25, ambos inclusive.

*b*) D.ª María del Carmen .................................. aporta la suma de 90.152 euros, adjudicándosele en pago 25 participaciones, números 26 al 50, ambas inclusive.

La totalidad de las aportaciones en metálico ha sido ingresada en efectivo metálico de curso legal en la Caja Social, según acredita con el correspondiente certificado de ingreso en la cuenta corriente de la Caja EE, abierta a nombre de la sociedad en constitución, que se deja unido a la presente matriz.

TERCERO. DESIGNACIÓN DE ADMINISTRADORES. De conformidad con lo establecido en los Estatutos Sociales, la Sociedad será regida y administrada por un Consejo de Administración, formado inicialmente por tres miembros, nombrándose en este acto, por plazo indefinido, las siguientes personas: MM, SA, D.ª María del Carmen ................................ y D.ª Sofía ......................................

Presentes todos los designados, aceptan el cargo, prometen desempeñarlo con lealtad y diligencia; aseguran no estar incursos en causa legal de incapacidad o incompatibilidad legal para ejercerlos; declaran que sus circunstancias personales son las que constan en la presente escritura y toman posesión de sus cargos.

MM, SA acepta el cargo mediante su Administrador Único, D. José .................. el cual se designa a sí mismo como persona física para ejercerlo, a los efectos del artículo 143 del Reglamento del Registro Mercantil.

A su vez, reunidos los designados en Consejo de Administración, acuerdan, por unanimidad, designar dentro del Consejo los siguientes cargos:

Presidente: D.ª Sofía ..........................................................................................
Vocal: MM, SA ..................................................................................................
Secretario: D.ª María del Carmen .........................................................................

Asimismo y también por unanimidad, se designa Consejera-Delegada, con todas las facultades que legal y estatutariamente competen al Consejo de Administración, salvo las legalmente indelegables, a D.ª Sofía .............................................. quien acepta el cargo, promete desempeñarlo con lealtad y diligencia y asegura no estar incursa en causa legal de incapacidad o incompatibilidad legal para ejercerlo.

CUARTO. COMIENZO DE ACTIVIDADES. La sociedad da comienzo a sus operaciones en el día de hoy, según determinan los estatutos. Por tanto, el primer ejercicio se cerrará en 31 de diciembre del corriente año. En consecuencia los socios fundadores, por unanimidad, acuerdan, según lo dispuesto en el artículo 15 de la Ley de Sociedades Anónimas, facultar expresamente a los administradores, de tal manera:

*a*) Que los actos y contratos celebrados con terceros por estos, antes de la inscripción de la sociedad y dentro del ámbito de sus facultades estatutarias, quedarán automáticamente aceptados y asumidos por la sociedad, por el mero hecho de la inscripción de la misma en el Registro Mercantil.

*b*) Que los administradores pueden realizar los actos y contratos que el desarrollo de la actividad de la empresa que constituye el objeto social haga necesarios o simplemente útiles, esencialmente en el orden interno y organizativo, como el otorgamiento, modificación y revocación de poderes de todas clases, o la delegación de facultades, incluso modificando o dejando sin efecto la contenida en la presente escritura.

QUINTO. INCOMPATIBILIDADES. Queda prohibido ocupar cargos en la sociedad a las personas incursas en causa legal de incompatibilidad, especialmente las determinadas en la Ley 12/1995, de 11 de mayo.

SEXTO. INSCRIPCIÓN PARCIAL. De conformidad con lo establecido en el artículo 63 del Reglamento del Registro Mercantil, los otorgantes, según intervienen, solicitan expresamente la inscripción parcial de la presente escritura, en el supuesto de que alguna de sus cláusulas, o de los hechos, actos o negocios jurídicos contenidos en ella y susceptibles de inscripción, adoleciese de algún defecto, a juicio del Registrador, que impida la práctica de la misma.

SÉPTIMO. APODERAMIENTO ESPECIAL. Los comparecientes, tal y como intervienen, se confieren poder especial y recíproco para que cualesquiera de ellos, en representación de los demás, pueda otorgar escrituras de ratificación, subsanación, aclaración o modificación de la presente, incluso los estatutos unidos, sin limitación alguna.

ASÍ LO OTORGAN los comparecientes, a quienes hago las advertencias legales, en especial, la de obligatoriedad de inscripción de la presente en el Registro Mercantil, y las de la vigente legislación fiscal, en concreto las de la Ley de Tasas, en relación con cuya Disposición Adicional Tercera queda reflejada en esta escritura la liquidación de los honorarios arancelarios correspondientes a la misma.

Y leída a los mismos la presente escritura, a su elección, después de advertirles del derecho que tienen a hacerlo por sí, del que usan, se ratifican y firman en ese instrumento público, extendido en ...... folios de papel de timbre del Estado, exclusivos para documentos notariales, serie ......................., números ....................... y el del presente. Siguen las firmas de los comparecientes. Signado: Rubricado y sellado.

DOCUMENTOS UNIDOS

# ESTATUTOS DE SOCIEDAD DE RESPONSABILIDAD LIMITADA

ESTATUTOS SOCIALES DE COMERCIAL TARMA, SL

ARTÍCULO 1.º DENOMINACIÓN. La sociedad se denomina «COMERCIAL TARMA SL» y se regirá por los presentes Estatutos y, en su defecto, por la Ley 2/1995, de Sociedades de Responsabilidad Limitada y demás disposiciones vigentes que le sean aplicables.

ARTÍCULO 2.º OBJETO. La Sociedad tiene por objeto ..................... Las actividades integrantes del objeto social podrán ser desarrolladas por la sociedad, total o parcialmente, de modo directo o indirecto, incluso mediante su participación en otras sociedades de objeto idéntico o análogo.

ARTÍCULO 3.º DURACIÓN Y FECHA DE COMIENZO DE OPERACIONES. La duración de la Sociedad es indefinida dando comienzo a sus operaciones el día del otorgamiento de la escritura fundacional.

ARTÍCULO 4.º DOMICILIO. El domicilio de la sociedad se establece en la ciudad de ................................., calle ................................, n.º .......... El órgano de administración social podrá trasladar el domicilio dentro del mismo término municipal donde se halle establecido, así como crear, trasladar o suprimir las sucursales, agencias o delegaciones, tanto en territorio nacional como extranjero, siempre y cuando el desarrollo de la actividad de la sociedad lo haga necesario o conveniente.

ARTÍCULO 5.º CAPITAL. El capital social es de diez mil (10.000) euros dividido en mil (1.000) participaciones sociales de diez (10) euros de valor nominal cada una de ellas, numeradas correlativamente del 1 al 1.000, ambos inclusive. El capital social está íntegramente suscrito y totalmente desembolsado.

ARTÍCULO 6.º ÓRGANO DE ADMINISTRACIÓN. La administración de la sociedad será ejercida por un administrador único. El ejercicio del cargo de administrador, sus responsabilidades frente a la sociedad, a los socios y a cualesquiera otras personas, físicas o jurídicas, y en especial todas las demás circunstancias concurrentes en el desempeño de su función, se regirán estos extremos, salvo lo que dispongan los presentes estatutos. Los administradores ejercerán su cargo por plazo indefinido y con carácter de no por la legislación vigente sobre Sociedades de Responsabilidad Limitada relativa a retribuido.

ARTÍCULO 7.º FACULTADES DEL ÓRGANO DE ADMINISTRACIÓN. El órgano de Administración tendrá todas las facultades y atribuciones que por ley no estén preceptivamente reservadas a la voluntad de los socios. A título enunciativo y no limitativo se enumeran como facultades propias del Órgano de Administración, además de las que la ley le atribuye, las siguientes:

*a*) Administrar los bienes de la sociedad, de cualquier clase; iniciar, proseguir y terminar toda clase de expedientes ante cualquier persona o entidades u organismo del Estado, Comunidades Autónomas, provincia o municipio, ante los tribunales, juzgados y autoridades de cualquier clase y jerarquía y actuar en forma como representante legal de la sociedad.

*b*) Cobrar y pagar cuantas cantidades acredite la compañía por cualquier título o causa, incluso los efectivos libramientos del Estado, Comunidades Autónomas, provincia o municipio, en cualquiera de las dependencias, incluso delegaciones de Hacienda, firmando los recibos y demás documentos que fueran exigidos.

(Etcétera).

ARTÍCULO 8.º LA JUNTA GENERAL. La Junta General de Socios es el órgano supremo de la sociedad. Representa legal y legítimamente a toda la masa social y todos los socios, incluso los disidentes y los que no hayan participado en la reunión, quedan sometidos a los acuerdos que en ella se adopten.

La Junta General será convocada por los administradores y, en su caso, por los liquidadores de la sociedad, dentro de los seis primeros meses de cada ejercicio con el fin de censurar la gestión social, aprobar, en su caso, las cuentas del ejercicio anterior y resolver sobre la aplicación del resultado.

Los administradores también podrán convocar la Junta General siempre que lo consideren necesario o conveniente y, en todo caso, cuando lo soliciten uno o varios socios que representen, al menos el cinco por ciento del capital social, expresando en la solicitud los asuntos a tratar en la Junta. La convocatoria se realizará por correo certificado con acuse de recibo en el domicilio designado al efecto o en el que conste en el Libro Registro de Socios, con un plazo mínimo de quince días entre la convocatoria y la fecha prevista para la reunión, computándose dicho plazo, a partir de la fecha en que hubiere sido remitido el anuncio al último de los socios.

La convocatoria deberá expresa el nombre de la sociedad, la fecha y hora de la reunión, así como el orden del día, en el que figurarán los asuntos a tratar y el nombre de la persona o personas que realicen la comunicación.

No obstante los párrafos anteriores, la Junta General quedará válidamente constituida para tratar cualquier asunto, sin necesidad de previa convocatoria, siempre que esté presente o representada la totalidad del capital social y los concurrentes acepten por unanimidad la celebración de la reunión y el orden del día de la misma.

Todos los socios tienen derecho a asistir a la Junta General, personalmente o representados por las personas a que se refiere el artículo 49 de la Ley de Sociedades de Responsabilidad Limitada.

ARTÍCULO 9.º RÉGIMEN DE LAS PARTICIPACIONES SOCIALES. La transmisión de las participaciones sociales se regirá por lo dispuesto en los artículos 28 y siguientes de la Ley de Sociedades de Responsabilidad Limitada.

ARTÍCULO 10.º DISPOSICIONES ECONÓMICAS: CUENTAS ANUALES Y APLICACIÓN DEL RESULTADO. Los ejercicios sociales serán anuales. Cada ejercicio social se iniciará el día 1 de enero y se cerrará el 31 de diciembre de cada año. El órgano de administración está obligado a formular, en el plazo máximo de tres meses contados a partir del cierre de ejercicio social, las cuentas anuales, el informe de gestión y la propuesta de aplicación del resultado, así como, en su caso, las cuentas y el informe de gestión consolidados.

ARTÍCULO 11.º DISOLUCIÓN Y LIQUIDACIÓN. La disolución y liquidación de la sociedad tendrá lugar según las normas contenidas en los presentes Estatutos y en el Capítulo X de la Ley de Sociedades de Responsabilidad Limitada, que regirá, además, como supletoria en los casos no previstos en estos Estatutos.

# CONTRATO DE COMPRAVENTA DE PARTICIPACIONES SOCIALES

Lugar y fecha ..........................................................................................................

## REUNIDOS

De una parte: ..........................................................................................................
La Sociedad AA, SA

De otra parte: ..........................................................................................................
La Sociedad MM, SL

Reconociéndose mutuamente y teniendo la capacidad necesaria para otorgamiento del presente contrato mercantil,

## MANIFIESTAN

I. Que AA es propietaria en pleno dominio de ............................ participaciones sociales de la compañía mercantil ............. ........................................, números del ............................... al ................................, ambos inclusive, por un valor nominal en junto de .......................................... euros.

II. Que no existe ningún impedimento legal ni pacto estatutario alguno que impida o restrinja la libre transmisibilidad de cada una de las participaciones que han sido reseñadas.

III. Que habiendo convenido las partes la compraventa de las participaciones citadas en la Manifestación I, proceden al otorgamiento del presente contrato mercantil de COMPRAVENTA DE PARTICIPACIONES SOCIALES CON CONDICIÓN RESOLUTORIA con sujeción a las siguientes

## CLÁUSULAS

PRIMERA. OBJETO DEL PRESENTE CONTRATO
El objeto del presente contrato lo constituye la venta, por parte de AA a MM de las participaciones de su propiedad de la compañía mercantil .........................., anteriormente reseñadas, conviniéndose, asimismo, la condición resolutoria que se dirá.

SEGUNDA. PRECIO
El precio convenido de la presente compraventa es de .............................. euros por participación, lo que equivale a un precio total de ............................. euros.

TERCERA. FORMA DE PAGO
La forma de pago convenida es la siguiente:

*a*) En este acto, MM satisface a AA la cantidad de .................................. euros, de la cual otorga AA la más eficaz y cabal carta de pago.
*b*) El resto, es decir, .................................... euros, mediante dos pagos anuales, de vencimiento los días ........ de los años ........... y ....................... de importe ............................................ euros cada uno de ellos.

CUARTA. GARANTÍAS HASTA EL TOTAL PAGO DEL PRECIO
Hasta que no se realice el último de los pagos convenidos la compraventa no se entenderá perfeccionada, por lo que la propiedad no se entenderá, a todos los efectos, transmitida hasta ese momento y, consecuentemente, el comprador no será reconocido como propietario de las participaciones hasta que no se haya satisfecho el íntegro precio acordado y no gozará de los derechos inherentes a tal posición. En el momento en que el comprador haya abonado a SOCIEDAD el último de los plazos en que ha quedado fijado el precio, la vendedora se compromete y obliga a formalizar, ante fedatario público, la compraventa de participaciones que aquí se conviene con carácter suspensivo.

QUINTA. GARANTÍAS POR EL PAGO APLAZADO
Si el comprador incumpliera a su vencimiento cualquiera de los pagos aplazados anteriormente especificados, el presente contrato quedará, automáticamente, rescindido y sin valor ni efecto jurídico ninguno. Las cantidades abonadas hasta aquella fecha serán retenidas por el vendedor como indemnización por los daños y perjuicios causados, sin que nada puede reclamar el comprador.

Las partes se manifiestan conformes con el presente documento, firmándolo por duplicado pero a un solo efecto en el lugar y la fecha al principio indicados.

# SOLICITUD DE ALTA, BAJA O MODIFICACIÓN DE DATOS DE TRABAJADOR AUTÓNOMO

MINISTERIO
DE TRABAJO
Y ASUNTOS SOCIALES

TESORERÍA GENERAL
DE LA SEGURIDAD SOCIAL

**TA.0521/1 (Hoja 1/2)**

Registro de presentación | Registro de entrada

**SOLICITUD SIMPLIFICADA DE: ALTA, BAJA O VARIACIÓN DE DATOS EN EL RÉGIMEN ESPECIAL DE AUTÓNC**

1. DATOS DEL SOLICITANTE

1.1 PRIMER APELLIDO | SEGUNDO APELLIDO | NOMBRE | 1.2 NÚMERO DE SEGURIDAD SOCIAL

FECHA DE NACIMIENTO: Día | Mes | Año — 1.3 GRADO DE MINUSVALÍA — 1.4 TIPO DE DOCUMENTO IDENTIFICATIVO: D.N.I. | TARJETA DE EXTRANJERO | PASAPORTE — 1.5 Nº DE DOCUMENTO IDENTIFICATIVO

1.6 DOMICILIO: TIPO DE VÍA | NOMBRE DE LA VÍA PÚBLICA | BLOQUE | NÚM. | BIS | ESCAL | PISO | PUERTA | CÓD. POSTAL

MUNICIPIO / ENTIDAD DE ÁMBITO TERRITORIAL INFERIOR AL MUNICIPIO | PROVINCIA | TELÉFONO

2. DATOS RELATIVOS A LA SOLICITUD (Marque con "X" la opción correcta)

ALTA | BAJA | VARIACIÓN DE DATOS — FECHA DE INICIO/CESE/VARIACIÓN DE DATOS: Día | Mes | Año

2.1 CAUSA DE LA BAJA / VARIACIÓN DE DATOS | 2.2 D.N.I./N.S.S/C.I.F. o C.C.C. DEL SUCESOR/A DE LA ACTIVIDAD

A esta solicitud se acompañan los siguientes documentos:

3. DATOS RELATIVOS A LA ACTIVIDAD PROFESIONAL

3.1 ACTIVIDAD ECONÓMICA - COLEGIO PROFESIONAL | 3.2 I.A.E. | EPÍGRAFE CNAE 93

3.3 NOMBRE COMERCIAL

3.4 DOMICILIO: TIPO DE VÍA | NOMBRE DE LA VÍA PÚBLICA | BLOQUE | NÚM. | BIS | ESCAL | PISO | PUERTA | CÓD. POSTAL

MUNICIPIO / ENTIDAD DE ÁMBITO TERRITORIAL INFERIOR AL MUNICIPIO | PROVINCIA | TELÉFONO

3.5 MARQUE CON "X" SI ESTÁ INCLUIDO EN ALGUNO DE LOS SIGUIENTES SUPUESTOS

AUTÓNOMO CON ACTIVIDAD AGRARIA. VALOR CATASTRAL DEL I.B.I. RÚSTICO | TRABAJADOR DE TEMPORADA (FECHA PREVISTA CESE ACTIVIDAD) | MINUSVÁLIDO CON PROYECTO DE AUTOEMPLEO | NOTARIO

AUTÓNOMO INTEGRADO EN UN COLEGIO PROFESIONAL | MUJER REINCORPORADA AL TRABAJO, DESPUÉS DE MATERNIDAD

4. OPCIÓN RESPECTO DE LA BASE DE COTIZACIÓN, DE LA INCAPACIDAD TEMPORAL POR CONTINGENCIAS COMUNES Y DE LAS CONTINGE PROFESIONALES

**IMPORTANTE: CUMPLIMENTAR EN LA SIGUIENTE HOJA**

5.1 DATOS RELATIVOS AL REPRESENTANTE

NOMBRE Y APELLIDOS O RAZÓN SOCIAL

Nº DE DOCUMENTO IDENTIFICATIVO | NÚMERO DE SEGURIDAD SOCIAL

5.2 DATOS RELATIVOS AL AUTORIZADO DEL SISTEMA RED

NOMBRE Y APELLIDOS O RAZÓN SOCIAL

NÚMERO DE LA AUTORIZACIÓN

6. A EFECTOS DE NOTIFICACIONES SEÑALA COMO DOMICILIO PREFERENTE (Marque con una "X" la opción correcta)

DOMICILIO DEL SOLICITANTE (APARTADO 1.6) | DOMICILIO DE LA ACTIVIDAD PROFESIONAL (APARTADO 3.3) | OTRO DOMICILIO (ANOTAR EN LA SIGUIENTE HOJA)

7. DATOS PARA LA DOMICILIACIÓN DEL PAGO DE CUOTAS

CÓDIGO CUENTA CLIENTE: ENTIDAD | SUCURSAL | D.C. | NÚMERO CUENTA

DOCUMENTO IDENTIFICATIVO DEL TITULAR DE LA CUENTA DE ADEUDO: TIPO DE DOCUMENTO IDENTIFICATIVO: D.N.I. | C.I.F. | TARJETA EXTRANJERO | PASPRT. — Nº DE DOCUMENTO IDENTIFICATIVO

| FIRMA DEL TRABAJADOR/A | FIRMA Y SELLO DEL REPRESENTANTE | DILIGENCIA DE NOTIFICACIÓN DE LA SUBSANACIÓN Y MEJORA DE LA SOLICITUD | DILIGENCIA DE NOTIFICACIÓN DE LA RESOLUCIÓN |
|---|---|---|---|
| | | Fecha:<br>D.N.I.:<br>FIRMA: | BOLETINES DE COTIZACIÓN RECIBIDOS DE A<br>Fecha:<br>D.N.I.:<br>FIRMA: |

SUBSANACIÓN Y/O MEJORA REQUERIDA

ÓRGANO AL QUE SE DIRIGE LA SOLICITUD: DIRECCIÓN PROVINCIAL O ADMINISTRACIÓN DE LA T. G. S. S.:

ADVERTENCIA:
En las Comunidades Autónomas con lengua cooficial, existe a su disposición este impreso redactado en lengua vernácula.

TA.0521/1 (Hoja 1/2)
(17-01-2008)

MINISTERIO
DE TRABAJO
Y ASUNTOS SOCIALES

TESORERÍA GENERAL
DE LA SEGURIDAD SOCIAL

# TA.0521/1 (Hoja 2/2)

Registro de presentación | Registro de entrada

DATOS DEL SOLICITANTE

| NOMBRE Y APELLIDOS | NÚMERO DE DOCUMENTO IDENTIFICATIVO | NÚMERO DE SEGURIDAD SOCIAL (N.S.S.) |
|---|---|---|
| | | |

## OPCIONES

4.1. OPCIÓN RESPECTO DE LA BASE DE COTIZACIÓN

BASE MÍNIMA ☐ BASE MÁXIMA ☐ OTRA BASE ______

☐ SOLICITA el INCREMENTO automático de la Base de Cotización en el mismo porcentaje en que se incremente la Base Máxima de Cotización del Régimen Especial.

4.2. OPCIÓN RESPECTO DE LA COBERTURA DE LA PRESTACIÓN ECONÓMICA POR INCAPACIDAD TEMPORAL DERIVADA DE CONTINGENCIAS COMUNES

SOLICITA (Marque con una "X" lo que proceda):

☐ **ACOGERSE** a la cobertura de la prestación económica por incapacidad temporal por contingencias comunes

El abono de la prestación se concierta con la MUTUA Nº ____ DE A.T. y E.P. ______

☐ **RENUNCIAR** a la cobertura de la prestación económica por incapacidad temporal por contingencias comunes

4.3. OPCIÓN RESPECTO DE LA COBERTURA DE LAS CONTINGENCIAS PROFESIONALES [ACCIDENTES DE TRABAJO Y ENFERMEDADES PROFESIONALES]

SOLICITA (Marque con una "X" lo que proceda):

☐ **ACOGERSE** a la cobertura de las contingencias profesionales

☐ **RENUNCIAR** a la cobertura de las contingencias profesionales

SI LA ACTIVIDAD DESARROLLADA ES ALGUNA DE LAS QUE SE INDICAN A CONTINUACIÓN MARQUE CON "X" LAS CARACTERÍSTICAS DE LA ACTIVIDAD SEGÚN LO INDICADO:

| Actividad | | |
|---|---|---|
| ☐ PRODUCCION AGRICOLA o GANADERA [CNAE: 011xx, 012xx o 013xx] | EN EXPLOTACION PROPIA SIN SERVICIOS A TERCEROS ○ | CON SERVICIOS A TERCEROS ○ |
| ☐ TRANSPORTE TERRESTRE [CNAE: 602xx] | TRANSPORTE PESADO EN VEHICULOS DE MAS DE 6.000 Kg. ○ | TRANSPORTE LIGERO EN VEHICULOS HASTA 6.000 Kg. ○ |
| ☐ CORREOS Y TELECOMUNICACIONES [CNAE 64xxx] | SIN TRANSPORTE ○ | CON RECOGIDA Y TRANSPORTE DE MERCANCIA LIGERA ○ |
| ☐ INTERMEDIACION FINANCIERA, INCLUYENDO SEGUROS Y PLANES DE PENSIONES y ACTIVIDADES AUXILIARES A LA INTERMEDIACION FINANCIERA [CNAE: 65xxx, 66xxx y 67xxx] | SIN DESPLAZAMIENTOS HABITUALES ○ | CON DESPLAZAMIENTOS HABITUALES ○ |

6. A EFECTOS DE NOTIFICACIONES SEÑALA COMO DOMICILIO PREFERENTE UN DOMICILIO DISTINTO DEL DE RESIDENCIA O DEL DE LA ACTIVIDAD ECONÓMICA

DOMICILIO

| TIPO DE VÍA | NOMBRE DE LA VÍA PÚBLICA | BLOQUE | NÚM. | BIS | ESCAL. | PISO | PUERTA | CÓD. POSTAL |
|---|---|---|---|---|---|---|---|---|
| | | | | | | | | |

| MUNICIPIO / ENTIDAD DE ÁMBITO TERRITORIAL INFERIOR AL MUNICIPIO | PROVINCIA | TELÉFONO |
|---|---|---|
| | | |

APARTADO DE CORREOS ______

ADVERTENCIA:
En las Comunidades Autónomas con lengua cooficial, existe a su disposición este impreso redactado en lengua vernácula.

FIRMA DEL TRABAJADOR/A

TA.0521/1 (Hoja 2/2)
(17-01-2006)

MINISTERIO DE TRABAJO Y ASUNTOS SOCIALES

TESORERÍA GENERAL DE LA SEGURIDAD SOCIAL

**RESGUARDO DE SOLICITUD SIMPLIFICADA DE ALTA, BAJA O VARIACIÓN DE DATOS EN EL RÉGIMEN ESPECIAL DE AUTÓNOMOS (TA.0521/1)**

Con la fecha que se indica en este documento ha tenido entrada, en el registro de esta Dirección Provincial o Administración de la Seguridad Social, la solicitud cuyos datos figuran a continuación:

DATOS DEL TRABAJADOR/A

APELLIDOS Y NOMBRE

Nº DE SEGURIDAD SOCIAL

Nº DE DOCUMENTO IDENTIFICATIVO

ALTA ☐ BAJA ☐ VARIACIÓN DE DATOS ☐

FECHA DE ALTA/BAJA/VARIACIÓN DE DATOS: Día ___ Mes ___ Año ___

DATO DEL QUE SE SOLICITA LA VARIACIÓN

Registro de entrada

TA.0521/1 (Resguardo) (17-01-2006)

PLAZO DE RESOLUCIÓN: El plazo máximo para dictar y notificar la resolución sobre la presente solicitud será de cuarenta y cinco días contados a partir de la fecha de su entrada en el registro de la Dirección Provincial de la Tesorería General de la Seguridad Social o Administración de la Seguridad Social competente para su tramitación. El plazo indicado podrá ser suspendido cuando deba requerirse la subsanación de deficiencias y la aportación de documentos y otros elementos de juicio necesarios, así como en el resto de los supuestos del art. 42.5 de la Ley 30/1992, de 26 de noviembre, de Régimen Jurídico de las Administraciones Públicas y del Procedimiento Administrativo Común. Transcurrido el citado plazo sin que recaiga resolución expresa, la solicitud podrá entenderse estimada, lo que se comunica a efectos de lo establecido en el artículo 42.4 de la Ley 30/1992.

---

MINISTERIO DE TRABAJO Y ASUNTOS SOCIALES

TESORERÍA GENERAL DE LA SEGURIDAD SOCIAL

**SUBSANACIÓN Y/O MEJORA DE LA SOLICITUD SIMPLIFICADA DE ALTA, BAJA O VARIACIÓN DE DATOS EN EL RÉGIMEN ESPECIAL DE AUTÓNOMOS (TA.0521/1)**

La solicitud de alta, baja o variación de datos del trabajador/a por cuenta propia, cuyos datos figuran a continuación, no reúne los requisitos establecidos por el artículo 70 de la Ley 30/1992, de 26 de noviembre, de Régimen Jurídico de las Administraciones Públicas y del Procedimiento Administrativo Común, y/o los establecidos en el Reglamento General aprobado por Real Decreto 84/1996, de 26 de enero, por lo que no se puede dictar resolución expresa en el mismo acto de la presentación de la solicitud.

DATOS DEL TRABAJADOR/A

APELLIDOS Y NOMBRE

Nº DE SEGURIDAD SOCIAL

Nº DE DOCUMENTO IDENTIFICATIVO

ALTA ☐ BAJA ☐ VARIACIÓN DE DATOS ☐

FECHA DE ALTA/BAJA/VARIACIÓN DE DATOS: Día ___ Mes ___ Año ___

DATO DEL QUE SE SOLICITA LA VARIACIÓN

De conformidad con lo establecido en el art. 71 de la Ley 30/1992, en un plazo de DIEZ DÍAS, el solicitante deberá subsanar la falta que se indica y/o acompañar los documentos que se relacionan.

Si no se subsanara la falta o no se entregasen los documentos solicitados, se le tendrá por desistido de su petición, dictándose la correspondiente resolución, notificándose a la Inspección de Trabajo y Seguridad Social a los efectos pertinentes.

Registro de salida

TA.0521/1 (Subsanación) (17-01-2006)

PLAZO DE RESOLUCIÓN: El plazo máximo para dictar y notificar la resolución sobre la presente solicitud será de cuarenta y cinco días contados a partir de la fecha de su entrada en el registro de la Dirección Provincial de la Tesorería General de la Seguridad Social o Administración de la Seguridad Social competente para su tramitación. El plazo indicado podrá ser suspendido cuando deba requerirse la subsanación de deficiencias y la aportación de documentos y otros elementos de juicio necesarios, así como en el resto de los supuestos del art. 42.5 de la Ley 30/1992, de 26 de noviembre, de Régimen Jurídico de las Administraciones Públicas y del Procedimiento Administrativo Común. Transcurrido el citado plazo sin que recaiga resolución expresa, la solicitud podrá entenderse estimada, lo que se comunica a efectos de lo establecido en el artículo 42.4 de la Ley 30/1992.

# SOLICITUD DE ALTA DE TRABAJADOR POR CUENTA AJENA

MINISTERIO
DE TRABAJO
Y ASUNTOS SOCIALES

TESORERÍA GENERAL
DE LA SEGURIDAD SOCIAL

**TA.1**
Espacio reservado para referencias, codificaciones informáticas, etc.

Registro de presentación

Registro de entrada

**SOLICITUD DE: AFILIACIÓN A LA SEGURIDAD SOCIAL, ASIGNACIÓN DE NÚMERO DE SEGURIDAD SOCIAL Y VARIACIÓN DE DATOS**

1. DATOS DEL SOLICITANTE

1.1 PRIMER APELLIDO | SEGUNDO APELLIDO | NOMBRE | 1.2 SEXO

1.3 TIPO DE DOCUMENTO IDENTIFICATIVO (Marque con una "X"): D.N.I.: ☐ TARJETA DE EXTRANJERO: ☐ PASAPORTE: ☐ | 1.4 Nº DE DOCUMENTO IDENTIFICATIVO | 1.5 NÚMERO DE SEGURIDAD SOCIAL

FECHA DE NACIMIENTO: Día ☐ Mes ☐ Año ☐ | NOMBRE DEL PADRE | NOMBRE DE LA MADRE

LUGAR O MUNICIPIO DE NACIMIENTO | PROVINCIA DE NACIMIENTO | PAÍS DE NACIMIENTO

1.6 GRADO DE MINUSVALÍA | NACIONALIDAD | 1.7 APELLIDO DE SOLTERA (Sólo nacionales Unión Europea excepto España)

1.8 DOMICILIO: TIPO DE VÍA | NOMBRE DE LA VÍA PÚBLICA | BLOQUE | NÚM. | BIS | ESCAL. | PISO | PUERTA | C.POSTAL

MUNICIPIO / ENTIDAD DE ÁMBITO TERRITORIAL INFERIOR AL MUNICIPIO | PROVINCIA | TELÉFONO

2. DATOS RELATIVOS A LA SOLICITUD (Marque con "X" la opción correcta)

AFILIACIÓN A LA SEGURIDAD SOCIAL ☐ ASIGNACIÓN NÚMERO DE SEGURIDAD SOCIAL ☐ VARIACIÓN DE DATOS ☐

2.1 CAUSA DE LA VARIACIÓN DE DATOS

A esta solicitud se acompañan los siguientes documentos:

3. DATOS RELATIVOS A LA NOTIFICACIÓN (Marque con una "X" la opción correcta)

A efectos de lugar de Notificación el interesado/a señala como domicilio preferente: El indicado en datos del solicitante ☐ El indicado a continuación ☐

TIPO DE VÍA | NOMBRE DE LA VÍA PÚBLICA | BLOQUE | NÚM. | BIS | ESCAL. | PISO | PUERTA | C.POSTAL

MUNICIPIO / ENTIDAD DE ÁMBITO TERRITORIAL INFERIOR AL MUNICIPIO | PROVINCIA | TELÉFONO

LUGAR, FECHA Y FIRMA DEL SOLICITANTE
Lugar: Fecha:
Firma

LUGAR, FECHA Y FIRMA DEL/DE LA EMPRESARIO/A, CUANDO PROCEDA
Lugar: Fecha:
Firma

ÓRGANO AL QUE SE DIRIGE LA SOLICITUD: DIRECCIÓN PROVINCIAL O ADMINISTRACIÓN DE LA T. G. S. S.:

**El plazo máximo para dictar y notificar la resolución** sobre la presente solicitud será de cuarenta y cinco días contados a partir de la fecha de su presentación. Transcurrido el citado plazo sin que recaiga resolución expresa, la solicitud podrá entenderse estimada, lo que se comunica a efectos de lo establecido en el artículo 42.4 de la Ley 30/1992, de 26 de noviembre, de Régimen Jurídico de las Administraciones Públicas y del Procedimiento Administrativo Común.

**PROTECCIÓN DE DATOS.-** A los efectos previstos en el artículo 5 de la Ley Orgánica 15/1999, de 13 de diciembre (B.O.E. del 14-12-1999), de Protección de Datos de Carácter Personal, se le informa que los datos consignados en el presente modelo serán incorporados al Fichero General de Afiliación, regulado por la Orden de 27-07-1994, modificada por la Orden de 26-03-1999. Respecto de los citados datos podrá ejercitar los derechos de acceso, rectificación y cancelación, en los términos previstos en la indicada Ley Orgánica 15/1999.

ADVERTENCIA:
En las Comunidades Autónomas con lengua cooficial, existe a su disposición este impreso redactado en lengua vernácula.

TA.1
(01-2001)

Ejemplar para la Tesorería General de la Seguridad Social

MINISTERIO
DE TRABAJO
Y ASUNTOS SOCIALES

TESORERÍA GENERAL
DE LA SEGURIDAD SOCIAL

**TA.1**

*Espacio reservado para referencias, codificaciones informáticas, etc..*

Registro de presentación

Registro de entrada

# SOLICITUD DE: AFILIACIÓN A LA SEGURIDAD SOCIAL, ASIGNACIÓN DE NÚMERO DE SEGURIDAD SOCIAL Y VARIACIÓN DE DATOS

ADVERTENCIA:
En las Comunidades Autónomas con lengua cooficial, existe a su disposición este impreso redactado en lengua vernácula.

## 1. DATOS DEL SOLICITANTE

1.1 PRIMER APELLIDO | SEGUNDO APELLIDO | NOMBRE | 1.2 SEXO

1.3 TIPO DE DOCUMENTO IDENTIFICATIVO (Marque con una "X"): D.N.I.: ☐ TARJETA DE EXTRANJERO: ☐ PASAPORTE: ☐

1.4 Nº DE DOCUMENTO IDENTIFICATIVO | 1.5 NÚMERO DE SEGURIDAD SOCIAL

FECHA DE NACIMIENTO: Día ● Mes ● Año ● | NOMBRE DEL PADRE | NOMBRE DE LA MADRE

LUGAR O MUNICIPIO DE NACIMIENTO | PROVINCIA DE NACIMIENTO | PAÍS DE NACIMIENTO

1.6 GRADO DE MINUSVALÍA | NACIONALIDAD | 1.7 APELLIDO DE SOLTERA (Sólo nacionales Unión Europea excepto España)

1.8 DOMICILIO

TIPO DE VÍA | NOMBRE DE LA VÍA PÚBLICA | BLOQUE | NÚM. | BIS | ESCAL. | PISO | PUERTA | C.POSTAL

MUNICIPIO / ENTIDAD DE ÁMBITO TERRITORIAL INFERIOR AL MUNICIPIO | PROVINCIA | TELÉFONO

## 2. DATOS RELATIVOS A LA SOLICITUD (Marque con "X" la opción correcta)

AFILIACIÓN A LA SEGURIDAD SOCIAL ● ☐ | ASIGNACIÓN NÚMERO DE SEGURIDAD SOCIAL ● ☐ | VARIACIÓN DE DATOS ● ☐

2.1 CAUSA DE LA VARIACIÓN DE DATOS

A esta solicitud se acompañan los siguientes documentos:

☐ ☐ ☐
☐ ☐ ☐

Ejemplar para el interesado

## 3. DATOS RELATIVOS A LA NOTIFICACIÓN (Marque con una "X" la opción correcta)

A efectos de lugar de Notificación el interesado/a señala como domicilio preferente: El indicado en datos del solicitante ● ☐ El indicado a continuación ● ☐

TIPO DE VÍA | NOMBRE DE LA VÍA PÚBLICA | BLOQUE | NÚM. | BIS | ESCAL. | PISO | PUERTA | C.POSTAL

MUNICIPIO / ENTIDAD DE ÁMBITO TERRITORIAL INFERIOR AL MUNICIPIO | PROVINCIA | TELÉFONO

**LUGAR, FECHA Y FIRMA DEL SOLICITANTE**

Lugar: Fecha:

Firma

**LUGAR, FECHA Y FIRMA DEL/DE LA EMPRESARIO/A, CUANDO PROCEDA**

Lugar: Fecha:

Firma

ÓRGANO AL QUE SE DIRIGE LA SOLICITUD: DIRECCIÓN PROVINCIAL O ADMINISTRACIÓN DE LA T. G. S. S.:

TA.1
(01-2001)

**El plazo máximo para dictar y notificar la resolución** sobre la presente solicitud será de cuarenta y cinco días contados a partir de la fecha de su presentación. Transcurrido el citado plazo sin que recaiga resolución expresa, la solicitud podrá entenderse estimada, lo que se comunica a efectos de lo establecido en el artículo 42.4 de la Ley 30/1992, de 26 de noviembre, de Régimen Jurídico de las Administraciones Públicas y del Procedimiento Administrativo Común.

**PROTECCIÓN DE DATOS.**- A los efectos previstos en el artículo 5 de la Ley Orgánica 15/1999, de 13 de diciembre (B.O.E. del 14-12-1999), de Protección de Datos de Carácter Personal, se le informa que los datos consignados en el presente modelo serán incorporados al Fichero General de Afiliación, regulado por la Orden de 27-07-1994, modificada por la Orden de 26-03-1999. Respecto de los citados datos podrá ejercitar los derechos de acceso, rectificación y cancelación, en los términos previstos en la indicada Ley Orgánica 15/1999.

## INSTRUCCIONES PARA CUMPLIMENTAR EL MODELO

### GENERALES

- El documento deberá cumplimentarse a máquina o con letras mayúsculas, sin enmiendas ni tachaduras.

### ESPECÍFICAS

#### 1. DATOS DE IDENTIFICACIÓN DEL SOLICITANTE

**1.1- Apellidos y Nombre:** Se indicarán los apellidos y el nombre completos del solicitante.

**1.2- Sexo:** Indicar H (hombre) o M (mujer).

**1.3-Tipo de Documento Identificativo:** Marque con una "X": Documento Nacional de Identidad -DNI-, Tarjeta de Extranjero o Pasaporte.

**1.4- Número del Documento Identificativo:** Se reflejará el número del documento identificativo, si se trata de Tarjeta de Extranjero se anotará el Número de Identificación de Extranjero (N.I.E.).

**1.5- Número de Seguridad Social:** En el supuesto de tratarse de una solicitud de variación de datos, se anotará el Número de Seguridad Social o número de afiliación del trabajador/a.

**1.6- Grado de minusvalía:** Si el solicitante es minusválido, se anotará el grado de minusvalía de conformidad con el certificado de la valoración efectuado por el IMSERSO o por el organismo competente de la Comunidad Autónoma.

**1.7- Apellido de soltera:** Este dato, sólo se cumplimentará en el supuesto de nacionales de los países de la Unión Europea, en los casos que proceda, con excepción de las españolas.

**1.8- Domicilio:**

**Tipo de vía:** Se indicará la denominación que a la misma corresponda (calle, plaza, camino, pasaje, etc.)

**Nombre de la vía pública:** Se anotará el nombre completo de la misma, sin abreviaturas.

**Municipio/Entidad de ámbito territorial inferior al Municipio:** Se consignará la denominación del municipio y, de ser otra entidad inferior al mismo, se indicará su denominación (concejos, pedanías, aldeas, barrios, parroquias, caseríos, etc.), cuando sea necesario para su correcta identificación. Las denominaciones, se escribirán completas y sin abreviaturas.

#### 2. DATOS RELATIVOS A LA SOLICITUD

**2.1- Causa de la variación de datos:** En el supuesto de variación de datos, indicar brevemente la causa de la misma, reflejando además dicha variación en el apartado/s correspondiente/s de la solicitud. El resto de los apartados de la solicitud no se cumplimentarán, excepto, los apartados 1.1, 1.3, 1.4 y 1.5.

#### DOCUMENTACIÓN QUE DEBE APORTAR CON LA SOLICITUD

Documento identificativo: D.N.I., Tarjeta de Extranjero o Pasaporte.

En su caso, certificado acreditativo del grado de minusvalía.

# SOLICITUD DE ACTO DE CONCILIACIÓN POR DESPIDO

AL CENTRO DE MEDIACIÓN, ARBITRAJE Y CONCILIACIÓN

Don......., con DNI n.º...... y domicilio en ....., calle ........, ante el Centro de Mediación, Arbitraje y Conciliación comparezco y

DIGO:

Que por el presente, y a tenor de lo dispuesto en el artículo 63 de la Ley de Procedimiento Laboral, vengo a solicitar la celebración de acto preceptivo de conciliación en materia de despido, contra la empresa....., con domicilio en ......, calle ......., con base en los siguientes

HECHOS

PRIMERO. Que vengo prestando mis servicios, por cuenta y orden de la empresa demandada, del sector de ......., desde el día ......, con categoría profesional de ......, en el centro de trabajo.

SEGUNDO. El salario bruto que percibo, incluida la prorrata de pagas extraordinarias, es de ...... euros mensuales, siendo por consiguiente el salario diario, a efectos de indemnización y de trámite, de ....... euros.

TERCERO. Mi antigüedad en la empresa es de ......., por lo que, hasta la fecha de mi despido, llevo prestando servicios ..... años, ..... meses y ....... días.

CUARTO. Que he sido despedido con efectos desde el día ......, mediante notificación escrita de fecha ...., alegándose como causa del mismo los siguientes, que son totalmente falsos, como se demostrará: .................................

QUINTO. Que no [o, en su caso, sí] ostento en la actualidad, ni he ostentado [o, en su caso, sí he ostentado] durante el año anterior la condición de representante legal o sindical de los trabajadores.

SEXTO. Que no estoy afiliado a ningún sindicato [o, en su caso, estoy afiliado al sindicato .....].

SÉPTIMO. Que no estoy de acuerdo con dicho despido, por lo que interpongo la presente reclamación previa a la vía jurisdiccional ordinaria, con el objeto de que la parte interesada se avenga a dejar sin efecto el despido y proceda a mi inmediata readmisión en el anterior puesto de trabajo y en las mismas condiciones que regían antes de producirse el despido, así como al abono de los salarios dejados de percibir.

En su virtud,

SOLICITO AL SERVICIO DE MEDIACIÓN, ARBITRAJE Y CONCILIACIÓN: Que se admita la presente Papeleta de Conciliación y se ordene la tramitación correspondiente, citando a las partes al oportuno acto de conciliación.

OTROSÍ DICE: Que designo al Graduado Social don ......, con domicilio en ........., calle ..........., para que en su nombre presente esta papeleta y reciba las consiguientes notificaciones, manifestando que me asistirá y representará en el acto de conciliación que se celebre.

Lugar y fecha.

# DEMANDA POR DESPIDO

AL JUZGADO DE LO SOCIAL

Don......., con DNI n.º...... y domicilio en ....., calle ........, ante el Juzgado de lo Social que corresponda, comparezco y

DIGO:

Que, mediante el presente escrito, interpongo demanda ejerciendo acción de despido, contra la empresa....., con domicilio en ......, calle ......., con base en los siguientes

HECHOS

PRIMERO. Que vengo prestando mis servicios, por cuenta y orden de la empresa demandada, del sector de ......., desde el día ......, con categoría profesional de ......, en el centro de trabajo.

SEGUNDO. El salario bruto que percibo, incluida la prorrata de pagas extraordinarias, es de ...... euros mensuales, siendo por consiguiente el salario diario, a efectos de indemnización y de trámite, de ....... euros.

TERCERO. Mi antigüedad en la empresa es de ......., por lo que, hasta la fecha de mi despido, llevo prestando servicios ..... años, ..... meses y ....... días.

CUARTO. Que he sido despedido con efectos desde el día ......, mediante notificación escrita de fecha ...., alegándose como causa del mismo los siguientes, que son totalmente falsos, como se demostrará: .................................

QUINTO. Que no [o, en su caso, sí] ostento en la actualidad, ni he ostentado [o, en su caso, sí he ostentado] durante el año anterior la condición de representante legal o sindical de los trabajadores.

SEXTO. Que no estoy afiliado a ningún sindicato [o, en su caso, estoy afiliado al sindicato .....].

SÉPTIMO. Que en fecha ..... se celebró el preceptivo acto de conciliación con el resultado que consta en la copia certificada del Acta, que a la presente se acompaña.

A los anteriores hechos son de aplicación los siguientes

FUNDAMENTOS DE DERECHO

I. Estatuto de los Trabajadores.

II. Convenio Colectivo del sector.

III. Todos los que, a criterio de Su Señoría, sean de aplicación al presente supuesto.

En su virtud,

SOLICITO AL JUZGADO DE LO SOCIAL: Que teniendo por presentado este escrito, con sus copias y documentos que se acompañan, se digne admitirlo, y tener por interpuesta, en tiempo y forma, demanda contra ......., en reclamación por despido y, en su caso, previos los trámites legales oportunos, dicte sentencia estimando la demanda y condenando a la parte demandada a mi inmediata readmisión y al abono de los salarios de trámite correspondientes.

PRIMER OTROSÍ DIGO. Que, a los efectos previstos en el artículo 21.2 de la Ley de Procedimiento Laboral, hago constar que compareceré al acto del juicio asistido por el Letrado don ......, con despacho profesional en ....., domicilio que designo a efectos de notificaciones.

SEGUNDO OTROSÍ DIGO. Que, sin perjuicio de otros medios de prueba que pueda utilizar en el acto del juicio oral, interesa a mi derecho la práctica de los siguientes:

A) Interrogatorio de la parte demandada.

B) Que se requiera a la parte demandada para que aporte, el día del juicio, hojas de salario y documentos de cotización de esta parte.

SOLICITO AL JUZGADO DE LO SOCIAL: Que admita la prueba propuesta y ordene todo lo conducente para su práctica.

Lugar y fecha.

# CONTRATO DE COMPRAVENTA DE PISO

En ............................................., a ..............................................................................

REUNIDOS

De una parte,

D. JAIME ......................................., titular del DNI/NIF n.º ..............................

Y de otra parte,

D.ª MARÍA JOSÉ .......................... , titular del DNI/NIF n.º .............................
y D.ª MARÍA DEL CARMEN ........................................................................ ,
titular del DNI/NIF n.º .............................

EXPONEN

I. Que D. JAIME .... (en adelante, *el vendedor*) es legítimo dueño de la finca (en adelante, *la finca*) que tiene la siguiente descripción registral: .............................

II. Que D.ª MARÍA JOSÉ y D.ª MARÍA DEL CARMEN ................................. ............. (en adelante, *las compradoras*) están interesadas en adquirir dicha finca y D. JAIME .................................................... en venderla, a cuyo fin suscriben el presente CONTRATO DE COMPRAVENTA que se regirá por las siguientes

ESTIPULACIONES

PRIMERA. D. JAIME ........................................................... extrae de su poder y dominio y transfiere y vende a D.ª MARÍA JOSÉ ............................................ y D.ª MARÍA DEL CARMEN ............................................., quienes adquieren por mitad, en común y proindiviso, la finca urbana detalladamente inscrita en el Expositivo I de este contrato, con cuantos derechos y obligaciones le sean inherentes y accesorios, equivaliendo el otorgamiento del presente documento a la entrega material de la finca.

SEGUNDA. El precio de la compraventa de la finca descrita es de .................... MILLONES DE EUROS ( ........................................ euros), que se reconocen recibidos de presente, sirviendo el presente documento de eficaz y cabal carta de pago.

TERCERA. Los gastos e impuestos derivados del otorgamiento y formalización de la presente escritura serán de cargo de la parte que corresponda según ley, por lo que será de cuenta y cargo exclusivo del vendedor el Impuesto Municipal sobre Incremento del Valor de los Terrenos (Plusvalía).

CUARTA. La finca vendida lo es al corriente de pago de impuestos, contribuciones, arbitrios y tasas de toda clase y al corriente de los pagos comunitarios y de todos los servicios con los que cuenta (agua, luz, gas y teléfono). Se entrega certificado relativo a la no existencia de deudas con la Comunidad de Propietarios.

QUINTA. El vendedor queda obligado a responder del saneamiento en los supuestos de evicción y vicios o defectos ocultos de la cosa vendida, conforme a derecho y, muy especialmente, según lo que establecen los artículos 1.474, siguientes y complementarios, del Código civil.

# DOCUMENTO DE OPCIÓN DE COMPRA DE FINCA

Lugar y fecha

REUNIDOS

De una parte, D. JUAN ......................................................., titular del DNI y NIF n.º ..........................................

Y de otra parte, D. JOSÉ ......................................................., titular del DNI y NIF n.º ........................................

Reconociéndose recíprocamente capacidad legal bastante para suscribir el presente contrato

EXPONEN

I. Que D. JUAN .................................... es propietario en libre y pleno dominio de la finca a la que corresponde el número ................................................ de la calle ............................................................................., de la población de .......................................... y cuya descripción registral literal es la siguiente: URBANA, compuesta de dos solares, ETC.

II. Que es interés de D. JOSÉ optar a la compra de las fincas descritas.

III. Que, de sus libres y espontáneas voluntades, los reunidos convienen en suscribir el presente contrato por el que D. JUAN (designado en adelante como la parte concedente) concede a D. JOSÉ (designado en adelante como la parte optante) un derecho de opción de compra sobre la finca descrita que se regirá por los siguientes

## PACTOS

PRIMERO. La parte concedente otorga a la parte optante derecho a optar por la compra de las fincas descritas, derecho que deberá ser ejercitado bajo las siguientes condiciones:

I. El presente derecho de opción de compra se concede por un plazo que finaliza por todo el día ............, fecha en que este queda extinguido y sin valor ni efecto jurídico alguno.

II. En este acto, y en concepto de precio del derecho de opción, la parte optante entrega en este acto a la parte concedente, que lo acepta, la cantidad de ... euros, firmando esta el más eficaz recibo y la más cabal carta de pago al respecto.

III. Si la parte optante decidiera hacer uso del derecho de opción de compra que se le confiere mediante el presente contrato, deberá notificarlo entonces al domicilio de D. JUAN con un mínimo de diez días naturales de antelación a la fecha prevista para ello, debiendo señalar en dicha notificación el notario que deberá autorizar la correspondiente escritura pública de compraventa.

IV. La parte concedente se compromete y obliga solemnemente a no enajenar a terceros, dentro del plazo por el que se concede el presente derecho de Opción de Compra la finca objeto del mismo.

V. El precio por el cual la parte optante podrá hacer uso del derecho de opción de compra concedido se establece, en ........................................................ euros.

SEGUNDO. La parte optante adquiere y acepta, en los términos que acaban de expresarse, el derecho de Opción de Compra que se le concede mediante el presente Contrato, declarando expresamente conocer y aceptar el estado físico, de ocupantes, registral y urbanístico de las fincas objeto del mismo.

TERCERO. Para la decisión de cualesquiera cuestiones litigiosas derivadas de la interpretación y ejecución del presente Contrato de Otorgamiento de derecho de Opción de Compra, las partes se someten expresamente a los juzgados y tribunales de la ciudad de ............................................, renunciando a cualquier otro fuero que pudiera corresponderles.

Y en señal de plena conformidad con todo lo estipulado, los reunidos firman el presente documento en todas sus hojas, por duplicado ejemplar pero a un solo efecto en el lugar y fecha al principio indicados.

# ARRENDAMIENTO DE VIVIENDA

En la ciudad de ......., a ............................ de ............. de dos mil ........

REUNIDOS

De una parte, D........., con domicilio..........., titular del DNI n.º .....

Y de otra, D........., con domicilio..............., titular del DNI n.º .....

MANIFIESTAN

I. Que D. ........... es dueño, en pleno dominio, por justos y legítimos títulos, de la finca identificada como .........., con número de referencia catastral ......... y cédula de habitabilidad n.º ........, otorgada en fecha ...........

II. Que ambas partes desean suscribir contrato de arrendamiento sobre la finca descrita anteriormente, según las siguientes

ESTIPULACIONES

PRIMERA. El plazo de duración del arrendamiento aquí regulado es el de ........, a contar desde el día de hoy. Ello sin perjuicio del derecho del arrendatario a la prórroga del mismo conforme a lo dispuesto en los artículos 9 y 10 de la Ley.

SEGUNDA. El objeto de este contrato se destinará principalmente a vivienda del arrendatario y para permanente ocupación por este y sus familiares.

TERCERA. La renta inicial del contrato se fija en la suma de .........euros por .......... meses. El pago de la renta y demás conceptos a que por ley está obligado el arrendatario se efectuará en los cinco primeros días de cada mes mediante traspaso a la cuenta bancaria que designe el arrendador.

CUARTA. Las partes contratantes convienen que la renta total que en cada momento satisfaga el arrendatario, durante la vigencia del contrato o de sus prórrogas, se acomodará cada año, en más o en menos, a la variación porcentual experimentada por el Índice General Nacional del Sistema de Índices de Precios de Consumo que fije el Instituto Nacional de Estadística (u Organismo que lo sustituya), aplicando sobre aquella renta el porcentaje que represente la diferencia existente entre los índices que corresponda al periodo de revisión. Para la aplicación de la primera actualización se tomará como mes de referencia el de ............ de ............ (mes de inicio de vigencia del contrato), y para las sucesivas, el que corresponda al último aplicado.

La renta actualizada será exigible al arrendatario a partir del mes siguiente a aquel en que la parte interesada lo notifique a la otra parte por escrito, expresando el porcentaje de alteración aplicado.

QUINTA. Serán a cargo del arrendador:

a) cualesquiera gastos generales para el adecuado sostenimiento del inmueble (gastos de comunidad), sus servicios (servicio de portería, conserjería, limpieza, etc.), impuesto sobre bienes inmuebles de naturaleza urbana, tasa de recogida de basuras, tributos, cargas y responsabilidades de cualquier tipo que correspondan a la vivienda arrendada en función de su cuota de participación; y

b) cualesquiera incrementos que pudieren sobrevenir como consecuencia de nuevos tributos así como por aumento en las bases o en los tipos impositivos respecto a contribuciones, arbitrios, tasas y cualquier otro impuesto, servicio y suministro que grave la propiedad.

Además, el arrendador está obligado a realizar, sin derecho a elevar por ello la renta, todas las reparaciones que sean necesarias para conservar la vivienda en las condiciones de habitabilidad para servir al uso convenido, salvo las que sean debidas al mal uso imputable al arrendatario.

SEXTA. El arrendador consiente y autoriza la realización de obras por el arrendatario en la vivienda arrendada, aunque modifiquen la configuración de la vivienda o sus accesorios, siempre y cuando no provoque disminución en la estabilidad o seguridad de la vivienda.

SÉPTIMA. El arrendatario no podrá ceder el presente contrato a un tercero.

OCTAVA. El arrendatario podrá subarrendar, de forma parcial, la vivienda a cualquier persona por el periodo de tiempo que restare de contrato u otro inferior.

NOVENA. El arrendatario entrega en este acto la suma de.........euros, importe de una mensualidad, otorgándose la más cabal carta de pago al respecto, en concepto de fianza, la cual no facultará al arrendatario, en ningún caso, para demorar el puntual cumplimiento de las obligaciones económicas que se derivan del presente contrato.

Y en prueba de su conformidad, las partes firman el presente documento, extendido por duplicado ejemplar.

# ARRENDAMIENTO DE LOCAL DE NEGOCIO

Lugar y fecha ..........................................................................................................

## REUNIDOS

De una parte: La sociedad AA ......................................................................

De otra parte: La sociedad MM ....................................................................

Reconociéndose mutuamente los comparecientes capacidad legal suficiente para otorgar el presente documento y asumir las obligaciones que en el mismo se contienen, de sus libres y espontáneas voluntades

## EXPONEN

I. Que AA es propietaria, por justo y legítimo titulo, del local ............................

II. Que MM está interesada en tomar en arriendo de AA el local mencionado en el precedente párrafo.

Expuesto lo que antecede, de sus libres y espontáneas voluntades, las partes acuerdan suscribir el presente CONTRATO DE ARRENDAMIENTO PARA USO DISTINTO DEL DE VIVIENDA que se regirá por las siguientes

## CLÁUSULAS

PRIMERA. AA cede en arrendamiento a MM, que lo acepta, la finca referida en el apartado I de la parte Expositiva del presente Contrato, que será destinado por MM, de forma exclusiva, a explotar un negocio de ..............................................

SEGUNDA. Se establece como plazo del arrendamiento, con carácter obligatorio para ambas partes, el de 5 (cinco) años a contar desde el día .................... por lo que finalizará, de manera automática y sin necesidad de formalidad alguna, el día ........... , fecha en la que deberá la Arrendataria retornar la posesión del local a la Arrendadora, el cual se hallará libre, vacuo y expedito. MM vendrá obligada a pagar la renta correspondiente a todo el periodo convenido como duración del arrendamiento y a la totalidad de cualquier prórroga que se convenga, aunque abandone la finca con anterioridad por cualquier causa o motivo.

TERCERA. La renta mensual convenida inicialmente es de ...................... euros, pagaderos de forma anticipada dentro de los cinco primeros días de cada mes mediante domiciliación bancaria. Dicha suma queda sujeta al Impuesto sobre el Valor Añadido, cuya cuota comprenderá todos los conceptos que integran la cantidad a satisfacer por MM, figurando separadamente en los recibos de alquiler. La renta total que en cada momento satisfaga MM durante la vigencia del contrato se adecuará al IPC.

CUARTA. SUMINISTROS. Será obligación exclusiva de MM contratar los suministros o servicios de electricidad, teléfono o cualquier otro, así como adquirir, conservar, reparar o sustituir los contadores correspondientes, conservar las instalaciones y pagar las cantidades y tarifas de cualquier clase exigidas por las empresas suministradoras.

SEXTA. MM RENUNCIA A LOS DERECHOS QUE LA LEY 29/94 de Arrendamientos Urbanos reconoce al arrendatario en los artículos 25 (aplicable a los arrendamientos para uso distinto del de vivienda por remisión del artículo 31) y 34, es decir:

*a*) Renuncia al derecho de adquisición preferente (integrado por los derechos de tanteo y de retracto) de la finca que reconoce la mencionada ley al arrendatario para el supuesto de venta de esta.

*b*) Renuncia al derecho de indemnización, en cualquiera de sus modalidades, que se contiene en el artículo 34 de dicha ley.

SÉPTIMA. MM entrega en este acto la suma de .................. euros, en concepto de fianza, que AA se compromete a otorgar para el destino legalmente establecido.

Y en señal de plena y total conformidad con el contenido del presente Contrato, es firmado por los comparecientes por duplicado pero a un solo efecto jurídico, en el lugar y la fecha al principio indicadas, quedando un ejemplar en poder de cada una de las partes.

# TRASPASO DE NEGOCIO

(TRASPASO O CESIÓN DE ARRENDAMIENTO
DE LOCAL DE NEGOCIO)

En ................................................., mi residencia, a .....................................

Ante mí, .............................. Notario del Ilustre Colegio de ...........................

COMPARECEN

DOÑA ............., mayor de edad, vecina de ........., calle de ......., con NIF ........

y

DOÑA .............., mayor de edad, vecina de ........., calle de ......., con NIF.......

OBRA LA PRIMERA en nombre y representación de la Compañía Mercantil ......., domiciliada en ......., calle ........, con el Código de Identificación Fiscal ........ constituida por tiempo indefinido mediante escritura autorizada por el Notario de ......, Don ......., el día ........., bajo el número ...... de Protocolo; inscrita en el folio .... del tomo ..., inscripción .... de la hoja número ......del Registro Mercantil de esta provincia.

Actúa en su calidad de Administradora Solidaria de la Sociedad, por haber sido nombrada para tal cargo por el plazo estatutario de ..... años en la escritura fundacional que se acaba de reseñar, y copia de la cual se me exhibe y devuelvo.

Me asegura la vigencia del cargo que ostenta y que no ha variado la capacidad civil de la misma.

OBRA LA SEGUNDA en nombre y representación de la Compañía Mercantil ......., domiciliada en ......., calle ........, con el Código de Identificación Fiscal ........ constituida por tiempo indefinido mediante escritura autorizada por el Notario de

......, Don ......., el día ........., bajo el número ...... de Protocolo; inscrita en el folio .... del tomo ..., inscripción .... de la hoja número ......del Registro Mercantil de esta provincia.

Actúa en su calidad de Administradora Solidaria de la Sociedad, por haber sido nombrada para tal cargo por el plazo estatutario de ..... años en la escritura fundacional que se acaba de reseñar, y copia de la cual se me exhibe y devuelvo.

Me asegura la vigencia del cargo que ostenta y que no ha variado la capacidad civil de la misma.

Tienen, a mi juicio, según intervienen, capacidad legal necesaria para otorgar la presente escritura de CESIÓN O TRASPASO (O CESIÓN) DE CONTRATO DE ARRENDAMIENTO PARA USO DISTINTO DEL DE VIVIENDA (LOCAL DE NEGOCIO), a cuyo efecto

## EXPONEN

PRIMERO. Que la Compañía Mercantil ...... (la CEDENTE) es titular de un contrato de arrendamiento para uso distinto del de vivienda a título de arrendatario del local sito en ....., calle ....... del que es propietario el Sr. ........ El contrato de arrendamiento fue celebrado el día ........ por una duración de quince años.

SEGUNDO. Que la Compañía Mercantil ....... (la CESIONARIA) tiene interés en ocupar la posición de la CEDENTE para el ejercicio de la actividad comercial que la CEDENTE realiza en el local del que es arrendataria.

TERCERO. Que la CEDENTE tiene interés de ceder su posición arrendaticia en el contrato de arrendamiento sobre el local que está ocupando de una forma inmediata. La CESIONARIA conoce el contenido del contrato de arrendamiento vigente entre la CEDENTE y el arrendador y el estado del local de negocio que desea ocupar.

Expuesto cuanto antecede,

## OTORGAN

PRIMERO. Todo el precio del traspaso corresponde a la cesión de los derechos arrendaticios, ya que no se venden ni géneros ni existencias.

SEGUNDO. La CEDENTE cede su posición de arrendataria en el contrato de arrendamiento y la CESIONARIA se subroga en la posición de la cedente en cuanto a todos sus derechos y obligaciones con efectos desde el día de hoy.

TERCERO. La CESIONARIA queda obligada al pago de la cantidad de ..... euros a título de precio por el traspaso más el importe de ..... euros, en concepto de cuota devengada del impuesto sobre el valor añadido al tipo del 16 %.

En el presente acto la CEDENTE reconoce haber recibido de la CESIONARIA el importe de ...... euros a título de precio por el traspaso, más la cuota de impuesto sobre el valor añadido correspondiente.

CUARTO. La CEDENTE hace entrega, en este acto, a la CESIONARIA, de las llaves del local comercial, quien lo recibe a su entera satisfacción, entendiéndose producida la cesión del uso y disfrute del mismo.

QUINTO. La CESIONARIA conoce que el importe de la renta que, por todos los conceptos excluida la cuota de impuesto sobre el valor añadido correspondiente, venía satisfaciendo la CEDENTE ascendía en el momento de la cesión a ... euros, y que, como consecuencia de la presente cesión, se produce un incremento de la renta de un 20 %, resultando una cantidad a pagar de ....... euros, excluida la cuota del impuesto sobre el valor añadido correspondiente.

SEXTO. La CEDENTE se obliga, en el plazo de un mes, a efectuar la notificación de la cesión del contrato de arrendamiento de acuerdo con lo previsto legalmente.

SÉPTIMO. Las partes someten el presente contrato a los juzgados y tribunales de la ciudad de ...........

Los otorgantes ACEPTAN la presente escritura y sus efectos.

Se han hecho por mí, el Notario, las reservas y advertencias legales, en especial las derivadas de la legislación fiscal y del Reglamento Notarial.

Así lo OTORGAN Y FIRMAN, previa lectura que de la presente les hago a su elección, advertidas del derecho de hacerlo por sí mismas.

# ARRENDAMIENTO DE FINCA URBANA POR TEMPORADA

En Vidella de Mar, a quince de febrero de dos mil cuatro.

REUNIDOS

De una parte, D.ª ADRIANA........................., mayor de edad, titular del NIF n.º ................, en su propio nombre y representación, con domicilio en Tarragona, Avenida Transversal, n.º 36, que en adelante será designada como *la arrendadora*.

Y de otra, D. LUIS ........................, mayor de edad, titular del NIF n.º ..............., en su propio nombre y representación, con domicilio, a estos efectos, en Alicante, Paseo de Levante, n.º 11, que en adelante será designado como *el arrendatario*.

MANIFIESTAN

I. Que D.ª ADRIANA es legítima y exclusiva propietaria de la vivienda sita en la localidad de Vidella de Mar, Paseo de Oriente, n.º 1, 1.º.

II. Que D. LUIS, quien se halla desplazado por motivos laborales y de manera temporal a Vidella de Mar, está interesado en tomar en arriendo por un concreto y determinado plazo la referida vivienda.

III. Que la Ley 29/1994, de 25 de noviembre, de Arrendamientos Urbanos establece en su artículo 3.2 que tendrán la consideración de arrendamientos para uso distinto del de vivienda, en especial y entre otros, los arrendamientos de fincas urbanas celebrados por temporada, como ocurre en el presente supuesto.

IV. Que, a tal fin, puestas las partes previamente de acuerdo y habiendo negociado separadamente todas y cada una de las cláusulas, pactos, estipulaciones y condiciones, declarando expresamente las partes que, en ningún caso, ha existido imposición de ninguno de sus extremos que lo conforman, de forma libre y espontánea, han decidido suscribir el presente CONTRATO DE ARRENDAMIENTO POR TEMPORADA que se regirá por los siguientes

PACTOS

PRIMERO. OBJETO DEL PRESENTE CONTRATO. Constituye el objeto del presente contrato la vivienda sita en la localidad de Vidella de Mar, Paseo de Oriente, n.º 1, 1.º, con expresa exclusión de la zona reservada a aparcamiento, conociendo y aceptando plenamente el estado físico en que se halla.

SEGUNDO. ARRENDAMIENTO POR TEMPORADA. La vivienda objeto del presente contrato tiene como destino su ocupación por el plazo de un año, por el arrendatario, que se halla desplazado por motivos laborales y de manera temporal a Vidella de Mar; es decir, sin vocación de satisfacer la necesidad permanente de vivienda del mismo. Queda, no obstante lo anterior, perfectamente sentada la absoluta independencia entre la duración del presente contrato, que es de un año, y la de la relación laboral en virtud de la cual el arrendatario se halla desplazado geográficamente a esta localidad, que puede ser superior.

TERCERO. PLAZO. El presente contrato de arrendamiento por temporada se suscribe por plazo de un (1) año a contar desde la fecha consignada en el encabezamiento, sin posibilidad de prórroga o reconducción alguna, dada la propia naturaleza de la relación arrendaticia. En consecuencia, en la fecha consignada al principio del presente contrato se inicia el devengo de la renta mensual y la obligación de pago de las demás cantidades que correspondan al arrendatario según ley o según lo especialmente convenido entre las partes. Llegada que sea la fecha de expiración del arrendamiento, la vivienda deberá quedar desalojada, libre y a plena disposición de la arrendadora, sin necesidad de previo requerimiento ni de ninguna otra formalidad. El arrendatario toma posesión de la vivienda en esta fecha, reconociendo recibir el correspondiente juego de llaves.

CUARTO. RENTA Y GASTOS. Como renta contractual libremente convenida entre las partes se fija la cantidad mensual de QUINIENTOS DIEZ EUROS (510 €). La renta será satisfecha por meses anticipados, dentro de los primeros cinco días hábiles de cada mes, mediante la presentación por la arrendadora del correspondiente recibo a la cuenta bancaria que a continuación se dirá, expresamente designada por el arrendatario: .................

La arrendadora facturará al arrendatario y con carácter independiente de la renta, la cantidad satisfecha por esta correspondiente al consumo de la vivienda arrendada, que cuenta con un contador de consumo de luz propio e independiente.

Se pacta expresamente que serán de cuenta y cargo de la arrendadora cuantos pagos se deriven del consumo de agua de la vivienda arrendada, así como del consumo de luz de la escalera y de la entrada al edificio.

El impago de dos recibos de renta facultará a la arrendadora para dar por resuelto el presente contrato y para requerir al arrendatario la restitución de la vivienda,

con independencia del ejercicio de cualquier otra acción reclamatoria que estime conveniente.
La limpieza de la escalera y de la entrada al edificio será efectuada con la periodicidad y por aquella persona que, de mutuo acuerdo, decidan el arrendatario y la arrendadora, soportando cada parte la mitad de los gastos que de ello se deriven.

QUINTO. ESTADO DE LA VIVIENDA. El arrendatario declara conocer y aceptar expresamente las características y estado de conservación de la vivienda, la cual se alquila en el estado actual de las acometidas generales y ramales o líneas correspondientes al mismo para los suministros de los que está dotado el inmueble.

SEXTO. CONSERVACIÓN Y REPARACIONES. En cuanto a los gastos de conservación, las partes se remiten a lo dispuesto al efecto en el artículo 21 de la Ley 29/1994, de 25 de noviembre, de Arrendamientos Urbanos, por lo que las pequeñas reparaciones que exija el desgaste por el uso ordinario de la vivienda serán a cargo del arrendatario y quedando expresamente acordado que este no podrá efectuar en la vivienda obras de mejora o que modifiquen la configuración de la vivienda.

SÉPTIMO. OBLIGACIONES ESPECÍFICAS. El arrendatario se obliga a no instalar transmisores, motores o maquinaria, etc., que produzcan vibraciones que puedan afectar a la consistencia, solidez o conservación del inmueble, así como a no almacenar o manipular en la vivienda materias explosivas, inflamables, incómodas, ilegales o insalubres.

OCTAVO. FIANZA. El arrendatario entrega en este acto a la arrendadora la suma equivalente a dos mensualidades de renta —según lo que dispone al efecto la ley— de MIL VEINTE EUROS (1.020 €) en concepto de fianza, quedando esta obligada a su depósito en organismo oficial competente, con absoluta indemnidad para el arrendador. La existencia de esta fianza no servirá nunca de pretexto para retrasar el pago de la renta o de cualquiera de las cantidades cuyo pago corresponden por ley al arrendatario o los haya asumido en virtud del presente contrato.

NOVENO. SUBARRIENDO Y CESIÓN. El arrendatario no podrá ceder, subrogar ni subarrendar total o parcialmente la vivienda objeto del presente contrato, ni utilizarla para otra finalidad distinta que no sea la de servir como residencia temporal. Asimismo, a los efectos de lo que dispone el artículo 31 de la Ley 29/1994, de 25 de noviembre, de Arrendamientos Urbanos, el arrendatario efectúa renuncia expresa a cualquier derecho de adquisición preferente que le pudiera corresponder.

DÉCIMO. DISPOSICIONES VARIAS:

10.1. Este contrato no puede ser válidamente modificado excepto mediante acuerdo expreso y escrito firmado entre las mismas partes aquí comparecientes —o aquellas que las sucedan—, en el que, explícitamente, conste un expresión de voluntad en tal sentido.

10.2. Los títulos o epígrafes de este contrato han sido consignados a efectos meramente de facilitar la lectura del mismo y no pretenden describir su contenido ni constituyen pactos, términos o condiciones del mismo.

10.3. Este documento, con sus eventuales modificaciones futuras, constituye la expresión final del acuerdo completo y sustituye y deja sin efecto ni valor jurídico alguno cualquier otro acuerdo, verbal o escrito, alcanzado por las partes respecto del objeto del presente contrato.

10.4. La falta de ejercicio por cualquiera de las partes de los derechos derivados de este contrato no se considerará renuncia de tal derecho ni impedirá su ejercicio con posterioridad, si ello fuera legalmente posible.

UNDÉCIMO. REMISIÓN A LA LAU. En todo lo no expresamente previsto en el presente contrato, será de aplicación con carácter supletorio la Ley 29/1994, de 25 de noviembre, de Arrendamientos Urbanos.

DUODÉCIMO. DOMICILIOS. A efectos de notificaciones, las partes designan expresamente —y con exclusión de cualesquier otros— los consignados en la comparecencia. Para que se entiendan válidas, cualesquiera notificaciones entre las partes que deriven del presente contrato deberán ser dirigidas por escrito y se enviarán por burofax, por correo certificado o por cualquier otro medio del que se pueda acreditar fehacientemente su recepción.

DECIMOTERCERO. CLÁUSULA ARBITRAL. Al amparo de lo que establece el artículo 40.5 de la Ley 29/1994, de 25 de noviembre, de Arrendamientos Urbanos, para la solución de cualquier cuestión litigiosa derivada del presente contrato, las partes se someten al arbitraje institucional del Tribunal Arbitral de Vidella de Mar, al que se le encarga la designación del árbitro y la administración del arbitraje, obligándose desde ahora al cumplimiento de la decisión arbitral.

Tras leerlo y hallarlo conforme, los reunidos, tal y como intervienen, se afirman y ratifican en su contenido y en prueba de conformidad, firman, en la fecha y lugar indicados en el encabezamiento, el presente contrato, por duplicado ejemplar, pero a un solo efecto jurídico, en cada una de sus hojas, quedando un ejemplar en poder de cada una de las partes.

# CONTRATO DE OBRA O CONSTRUCCIÓN

En Santa Cruz de Tenerife, a ................ de ......................de ..................

REUNIDOS

De una parte, ..............................................................................................

La sociedad PLAY, SL en adelante designada como LA PROPIEDAD.

Y de otra, ....................................................................................................

La sociedad COTA, SL en adelante EL CONTRATISTA o LA CONSTRUCTORA.

Se reconocen ambas partes la capacidad legal para este acto y, a tal efecto,

EXPONEN

I. Que LA PROPIEDAD es única y exclusiva titular dominical de una parcela de terreno, sita en ..........................................................................................

II. Que en dicha parcela, tiene intención de realizar la construcción de un edificio destinado a ubicar en él un hotel de cuatro estrellas.

III. Que, sobre la base del mencionado proyecto y todas y cada una de sus partidas, ha sido presentada a LA PROPIEDAD la correspondiente oferta, que ha sido hallada de su interés, adjudicando determinadas partidas de la obra al CONTRATISTA, por lo que ambas partes, previas las conversaciones oportunas, han convenido en formalizar el presente CONTRATO DE EJECUCIÓN DE OBRAS POR UNIDADES CON SUMINISTRO DE MATERIALES, que se regirá por lo dispuesto en las siguientes

## ESTIPULACIONES

PRIMERA. El objeto de este contrato es la ejecución de obras de construcción, incluida la mano de obra y el suministro de materiales.

SEGUNDA. El precio será el resultado de aplicar a la medición real de obra los precios de cada unidad pactados. Habiéndose contratado con el precio cerrado por unidad de obra, este no se halla sujeto a fórmula de revisión alguna.

TERCERA. Las obras darán comienzo a partir del día siguiente de la firma del acta de replanteo, debidamente firmada por la Dirección Facultativa, el Contratista y la Propiedad y, en todo caso, no más tarde del ..........................................

La duración se fija de acuerdo con el plan que se firmará en un plazo de 15 (quince) días naturales a partir de la entrega completa del proyecto, pero en ningún caso la fecha límite podrá ser posterior al ..........................................

CUARTA. Los materiales serán los especificados en el Proyecto y la documentación contractual complementaria.

QUINTA. El Contratista, como único responsable de la realización de las obras, se compromete al cumplimiento de todas las obligaciones que para el mismo, como empresario, se derivan. Asimismo, serán de cuenta y cargo de la Constructora las indemnizaciones que hubieren de pagarse a terceras personas por daños y perjuicios de cualquier clase a consecuencia de la ejecución de las obras.

SEXTA. Mensualmente se redactará una certificación a origen de los trabajos realizados entre la Dirección Facultativa y el Contratista conjuntamente, en la que se valorarán los precios unitarios de la oferta aprobada por ambas partes. Los abonos de las certificaciones tienen la consideración de pagos provisionales a buena cuenta, sujetos a las rectificaciones y variaciones que puedan producirse en la liquidación final, a la recepción provisional y sin suponer, en forma alguna, aprobación o recepción de la unidad de obra que comprende.

SÉPTIMA. Se llevará a la obra un libro oficial de órdenes del Colegio Oficial de Arquitectos donde se anotarán por la Dirección Facultativa las órdenes, instrucciones y comunicaciones que estimen oportunas, autorizándolas con su firma, de las cuales se dará por enterado el Contratista, mediante un técnico con el grado mínimo de Arquitecto Técnico, o Aparejador, que deberá estar permanentemente en la obra.

OCTAVA. Terminadas totalmente las obras objeto de este contrato y habiéndose notificado por el Contratista esta terminación de forma expresa y fehaciente a la

Dirección Facultativa, se procederá, en el plazo de 15 (quince) días hábiles a la recepción provisional de las obras por parte del Contratista, la Dirección Facultativa y la Propiedad, de la cual se levantará acta.

La recepción provisional de las obras se producirá cuando hayan sido totalmente terminadas y estén abonadas todas las certificaciones expedidas hasta ese momento, salvo las retenciones y penalizaciones previstas sobre el importe de estas.

NOVENA. A partir de la firma del Acta de Recepción Provisional comenzará el plazo de garantía de las obras, que será de un año, transcurrido el cual, se procederá a un nuevo reconocimiento y se hará entrega definitiva de las obras a la Propiedad, suscribiéndose por las mismas partes que realizaron la recepción provisional, la correspondiente Acta de Recepción Definitiva. En dicho momento, la Propiedad abonará las cantidades retenidas en concepto de garantía o su remanente una vez aplicadas las deducciones que procedieran. A partir de la firma del Acta de Recepción Definitiva, quedará el Contratista relevado de toda responsabilidad con respecto a la obra, salvo lo dispuesto en el artículo 1.591 del Código civil.

DÉCIMA. En lo no previsto en el presente contrato, y en cuanto no se oponga a lo dispuesto en el mismo, serán de aplicación las prescripciones que para las ejecuciones de obra por ajuste o precio alzado se contienen en los artículos 1.588 al 1.600, ambos inclusive, del Código civil.

Y en prueba de conformidad con todo cuanto antecede, las partes firman el presente contrato por duplicado, pero a un solo efecto, en el lugar y fecha al principio indicados.

# CONTRATO DE PRÉSTAMO

Lugar y fecha

REUNIDOS

De una parte: Doña A
Y de otra parte: Doña B

DICEN

Que doña A (que, en adelante y en aras de la brevedad, será designada como la Prestamista) y doña B (que, en adelante y en aras de la brevedad, será designada como la Prestataria) han acordado suscribir el presente contrato de crédito mercantil que han convenido según los siguientes

PACTOS

PRIMERO. Mediante la firma del presente contrato y constante el mismo, la Prestamista se compromete y obliga a entregar a la Prestataria en tantas veces como sea interés de esta, previo su requerimiento escrito por cualquier medio que asegure su recepción, las cantidades de dinero efectivo que la Prestataria precise, hasta el límite global y total de ...... EUROS (.......... €).

SEGUNDO. El presente contrato se conviene por el plazo que media entre el día de hoy y el día ............. Por tanto, por todo y como máximo en esa fecha, la Prestataria se compromete y obliga a tener reintegradas a la Prestamista cuantas cantidades dinerarias haya percibido en virtud del presente contrato, que ascenderán, como se ha dicho, a un máximo global y total de ......... EUROS (.......... €) más sus respectivos intereses. La Prestataria podrá efectuar en cualquier momento pagos anticipados a cuenta del principal, que disminuirá en la misma cuantía el saldo pendiente de devolución.

TERCERO. Las cantidades entregadas por la Prestamista a la Prestataria en virtud del presente contrato devengarán un interés anual del EURIBOR a un año más un adicional de 0,60 puntos. Los intereses devengados deberán ser abonados íntegramente por la Prestataria a la Prestamista al vencimiento del presente contrato, es decir, por todo y como máximo, el día 28 de febrero de 2009.

CUARTO. El incumplimiento en la total devolución de la deuda pendiente en la fecha del vencimiento estipulada en el presente contrato dará lugar a exigir de la Prestataria su completa devolución, más un 10 % en concepto de interés de demora sobre el total principal que está pendiente de amortización a la fecha del impago.

QUINTO. Se señala como domicilio, tanto respecto de las cantidades objeto de préstamo como de la devolución de estas y de sus intereses, el de la Prestamista. Para que se entiendan válidas, cualesquiera notificaciones entre las partes que deriven del presente contrato deberán ser dirigidas por escrito y se enviarán por cualquier medio que asegure su recepción por la otra parte a los domicilios que constan en el encabezamiento del presente contrato. Cualquier variación de los domicilios de los comparecientes deberá ser comunicada de manera fehaciente a la otra parte con suficiente antelación a que sea llevada a cabo.

SEXTO. Este contrato no puede ser válidamente modificado excepto mediante acuerdo expreso y escrito firmado entre las mismas partes aquí comparecientes —o aquellas de que traigan causa— en el que, explícitamente, conste una expresión de voluntad en tal sentido.

SÉPTIMO. Cualquier acuerdo establecido en el presente contrato que sea contrario a la ley o que no pueda exigirse por cualquier razón se considerará como no puesto, pero sin que el resto del contrato pierda sus efectos. En tal caso, el acuerdo inválido será rectificado mediante un texto modificado que deberá mantener idéntico espíritu y significado que aquel.

OCTAVO. Este contrato, con sus eventuales modificaciones futuras, constituye la expresión final del acuerdo completo y sustituye y deja sin efecto ni valor jurídico alguno cualquier contrato o acuerdo, verbal o escrito, alcanzado por las partes respecto al objeto del presente contrato.

NOVENO. El presente documento podrá ser elevado a escritura pública a requerimiento de cualquiera de las partes, siendo los gastos ocasionados por cuenta de la parte solicitante.

DÉCIMO. Para la resolución de cualquier litigio o discrepancia relativa a la interpretación, validez y contenido del presente contrato, las partes acuerdan que someterán dicha disputa o controversia a la jurisdicción de los jueces y tribunales de la ciudad de ........., con renuncia expresa al fuero que les correspondiera.

Y tras leerlo y hallarlo conforme, las partes lo ratifican, y en prueba de conformidad firman el presente contrato por duplicado ejemplar, pero a un solo efecto, en cada una de sus hojas, en la fecha y lugar indicados en el encabezamiento.

# MODELO DE DENUNCIA

AL JUZGADO

D.ª María Josefa ........................................, mayor de edad, casada, sin profesión especial, DNI ....................................., designando como domicilio a efectos de notificaciones el del Letrado que suscribe, D. José Carlos .................................., con domicilio profesional en ............................................................................., teléfono ..........................................., ante el Juzgado comparezco y, como mejor en derecho proceda, DIGO:

Que por medio del presente escrito, formulo denuncia contra las siguientes personas:

*a*) La compañía aseguradora .............................., como responsable civil directa.

*b*) D. Antonio ................................................................., mayor de edad, con domicilio en ........................................................................................

y

*c*) D. Noel ................................................, mayor de edad, con igual domicilio y teléfono que el anterior.

Los hechos presuntamente delictivos que se ponen en conocimiento de ese Juzgado son los siguientes:

1. El pasado 30 de noviembre, sobre las 7.40 horas, hallándose en fase verde el semáforo que existe en la Avenida .................................. de ................................ a la altura de la Carretera ..........................................., crucé la calzada por el correspondiente paso de peatones, en sentido de izquierda a derecha; es decir, en sentido de .................. a .......................

Al hallarme a la altura del sexto y último carril, fui alcanzada y, como consecuencia de ello, caí sobre el capó del vehículo que a continuación se describirá, rompiendo el parabrisas del mismo con mi cabeza, y siendo arrastrada más de cuatro metros por este.

El vehículo citado es un turismo marca ......................., modelo ......................., matrícula .........................., propiedad de D. Antonio ......................, con póliza de seguro obligatorio contratada con la compañía .................................. (n.º de póliza ...................), el cual, conducido por D. Noel ........................., circulaba por el carril de giro obligatorio a la derecha —es decir, para incorporarse a la Carretera de ...............................— existente en la Avenida ................................

Es evidente que dicho vehículo circulaba a gran velocidad, ya que, pese a mi fuerte complexión física, fui desplazada más de cuatro metros como consecuencia del impacto, tal y como ha sido dicho.

2. Como consecuencia del relatado accidente, he sufrido lesiones que fueron calificadas como de pronóstico grave, siendo asistida y quedando ingresada en el Hospital de la Cruz Roja de ................................, sin que hasta la fecha pueda conocer con exactitud el día que me será concedida el alta definitiva ni, evidentemente, las secuelas que del mismo se derivarán.

Acompaño el Informe de Asistencia de Urgencias librado por el propio hospital al quedar ingresada el día 30 de noviembre, así como el Informe de Asistencia elaborado por el Jefe de Servicio de Traumatología, Dr. ........................................... (N.º Col. ..............................) sobre el tiempo que he permanecido ingresada en dicho Hospital (del 30 de noviembre al 29 de diciembre).

En su virtud,

AL JUZGADO SUPLICO: Que tenga por presentado este escrito, por formulada denuncia por los hechos relatados en el cuerpo del presente escrito y por ejercitadas las acciones penales y civiles que nos asisten contra D. Antonio ............., D. Noel ................................ y la entidad .............................., aseguradora del vehículo, dando la tramitación acorde en derecho.

OTROSÍ DIGO: Que designo como Letrado a D. José Carlos ........................., colegiado n.º .......................... del Ilustre Colegio de Abogados de Ciudad Real, con domicilio profesional en ..........................., teléfono ........................., quien firma la presente en señal de conformidad.

AL JUZGADO SUPLICO: Que tenga por efectuada la anterior designa a los efectos procedentes.

Lugar y fecha.

Ldo. ..................................................... Colegiado n.º ..................................

# MODELO DE RECURSO ADMINISTRATIVO

N.º Expediente de Inspección: ..................................................................................

GERENCIA TERRITORIAL DEL CATASTRO DE ALBACETE

D. JUAN ......................en nombre y representación, en su calidad de Consejero Delegado de la compañía GRUPO, SA, entidad con domicilio social en calle de Antonio Machado, 8, de Albacete, ante esa Inspección comparezco y digo:

Que en fecha 4 de diciembre del presente año mi representada ha recibido notificación de haber sido practicada una diligencia de comprobación e inspección en el solar sito en la calle de Árboles, de esta ciudad, de la que dice desprenderse la existencia en el mismo de una nueva construcción, lo cual podría dar lugar a que fuera dictado un Acuerdo de Alteración Catastral.

Que no estando de acuerdo con el contenido de la notificación recibida, de conformidad con lo dispuesto en el vigente ordenamiento, paso a presentar el presente escrito mediante el que efectúo las siguientes

ALEGACIONES

PRIMERA. ..........................................................................................................

SEGUNDA. ........................................................................................................

Por lo expuesto,

SUPLICO

Que teniendo por presentado el presente escrito en tiempo y forma en nombre de la mercantil GRUPO, SA, se sirva admitirlo y por hechas las manifestaciones que en el mismo se contienen y, tras la tramitación pertinente, resuelva decretando no haber lugar a que sea dictado Acuerdo de Alteración Catastral alguno en relación con los hechos a que se refiere el Expediente de Inspección ..............................., por las alegaciones expuestas.

En Albacete, a once de diciembre de ..............................................................................

GRUPO, SA ..............................................................................................................

Fdo.: El Consejero Delegado

# MODELO DE DEMANDA DE DESAHUCIO POR FALTA DE PAGO

AL JUZGADO

DOÑA ......, Procuradora de los Tribunales y de DOÑA ........, mayor de edad, con domicilio en ............, DNI n.º ........., en virtud de escritura de poder para pleitos que acompaño para su unión en Autos mediante copia certificada, ante el mismo comparezco y, como mejor en Derecho proceda, DIGO:

Que en nombre de mi principal y por medio del presente escrito formulo DEMANDA DE JUICIO VERBAL DE DESAHUCIO POR FALTA DE PAGO DE RENTAS, de conformidad a lo preceptuado en el artículo 250.1 de la Ley de Enjuiciamiento Civil.

La demandada es, en su calidad de arrendataria, la entidad ......, con domicilio social en calle ............, NIF n.º ........

A los oportunos efectos se manifiesta que la parte actora comparece representada en el presente procedimiento por la Procuradora de los Tribunales doña ....... y defendida por el Letrado del Ilustre Colegio de Abogados de ....... don .........

Baso la presente demanda en los siguientes hechos y fundamentos de derecho.

HECHOS

PRIMERO. La demandada ......... es arrendataria del local comercial sito en calle ........., de ........., en virtud del contrato de arrendamiento suscrito en fecha .......... con el entonces propietario del mismo, don ........, padre de quien ostenta en la actualidad la titularidad dominical, doña ............

Se acompaña, señalado como Documento núm. 1, original del contrato de arrendamiento, y como Documento núm. 2, copia de la escritura de Manifestación y

Adjudicación de Herencia de la que deriva la condición de propietaria de mi mandante, dejando señalado el protocolo del Notario autorizante de la misma, don ......., a los efectos probatorios oportunos.

SEGUNDO. La demandada adeuda la renta correspondiente a los meses de febrero y marzo del año en curso que han resultado impagados, ascendientes en junto a .............

Se acompañan, señalados como Documentos núm. 3 y 4, los recibos impagados a los que se acaba de hacer referencia.

TERCERO. A los efectos oportunos, debe puntualizarse que el importe del precio o renta que se venía abonando por el arriendo del mencionado local, con más el resto de conceptos cuyo pago corresponde asimismo al arrendatario por tenerlo así contractualmente convenido, asciende a la cantidad de ............. mensuales.

CUARTO. Se hace constar que la demandada tiene su domicilio social en el mismo local, la extinción de cuyo arrendamiento se solicita mediante el presente escrito, por lo que se designa este a los efectos del artículo 156 de la Ley de Enjuiciamiento Civil.

Se acompaña, señalado como Documento núm. 5, nota informativa relativa a los datos de ....... que constan inscritos en el Registro Mercantil.

QUINTO. Han resultado infructuosas cuantas gestiones extrajudiciales para el cobro de las rentas adeudadas han sido llevadas a cabo tanto por el Administrador de la finca como por el propio Letrado que suscribe.

Se acompañan, señalados como Documentos núm. 6 y 7, respectivamente, telefax y correo electrónico remitidos por el Letrado de la actora.

A los anteriores hechos son de aplicación los siguientes

## FUNDAMENTOS DE DERECHO

I. Son de aplicación al caso que nos ocupa los artículos 117 de la Constitución Española, los correspondientes de la Ley Orgánica del Poder Judicial y los artículos 36, 45 y 248 de la Ley de Enjuiciamiento Civil, que determinan la jurisdicción ordinaria para conocer de la presente demanda.

II. Es competente el juzgado al que nos remitimos por ser el de Primera Instancia que por turno de reparto ha correspondido y ser el del lugar donde radica la finca (artículo 68 en relación con el artículo 52.1.7.° de la Ley de Enjuiciamiento Civil).

III. El procedimiento a seguir será el juicio verbal, cuyos trámites se hallan establecidos en los artículos 437 y siguientes de la Ley de Enjuiciamiento Civil, a tenor de lo que dispone el artículo 250.1.1.° del mismo texto legal.

IV. La acción que se ejercita es la de desahucio por impago de las rentas pactadas, al amparo de lo dispuesto en el artículo 27.2, causa *a* de la Ley de Arrendamientos Urbanos, en relación con el artículo 35 del mismo texto legal. Se ejercita asimismo, acumuladamente, la acción de reclamación de las rentas debidas, ascendentes a la suma expresada en el hecho segundo, de ..........., en virtud de lo autorizado en el artículo 438.3 de la Ley de Enjuiciamiento Civil, en su versión otorgada por la Ley 23/2003, de 10 de julio, de Garantías en la Venta de Bienes de Consumo.

V. La capacidad para ser parte procesal la tienen tanto la parte actuante como la parte demandada, a tenor de lo preceptuado en los artículos 6 y 7 de la Ley de Enjuiciamiento Civil. La legitimación de mi mandante resulta indiscutible por estar directamente interesada en la pretensión jurídica en tanto que propietaria del inmueble. Y la legitimación pasiva está igualmente clara al ser la arrendataria, en la persona de su representante legal, la firmante del contrato de arrendamiento.

VI. Al reclamarse rentas por importe superior a 900 €, la Ley de Enjuiciamiento Civil exige postulación y defensa, cumpliéndose ambos requisitos, al actuar mediante Procuradora legalmente habilitada para ello y bajo dirección letrada (artículos 23.2.1.° y 31.2.1.°, ambos de la Ley de Enjuiciamiento Civil).

VII. Las costas deberán imponerse a la demandada según el artículo 394.1 de la Ley de Enjuiciamiento Civil, de ser sus pretensiones totalmente rechazadas como así espera, justicia mediante, esta parte.

Por cuanto antecede y recitando las acciones que corresponden a mi mandante,

SUPLICO AL JUZGADO: Que tenga por presentado este escrito, lo admita y, en su virtud, me tenga por comparecido y parte, en nombre de doña ......, y por formulada demanda de juicio verbal con fundamento en el impago de rentas contra la entidad ...... y, tras los trámites correspondientes, en especial el apercibimiento de que, de no comparecer el demandado se declarará el desahucio sin más trámites, se dicte Sentencia por la que:

PRIMERO. Se declare resuelto el contrato de arrendamiento suscrito en relación con el local sito en calle ........, de ........, en fecha ........ del que es arrendataria la mercantil ........, dando lugar al desahucio solicitado por impago de rentas.

SEGUNDO. Se condene a ......... a estar y pasar por tal declaración y a desalojar y dejar libre la citada finca a disposición de mi mandante, bajo apercibimiento de lanzamiento en el caso de que no se produzca el desalojo voluntario si no lo verifica en el plazo legal.

TERCERO. Se condene expresamente a ........ al pago de las costas procesales causadas.

OTROSÍ DIGO: Que, a los efectos establecidos en el artículo 439.3 de la Ley de Enjuiciamiento Civil, se manifiesta que ......... puede enervar el desahucio por falta de pago de las rentas que aquí se interesa si en algún momento anterior al señalado para la celebración del juicio, paga a mi representada o pone a su disposición en el Juzgado o notarialmente el importe de las cantidades en cuya inefectividad se sustenta la demanda y el de las que en dicho instante adeude, habida cuenta de que no se ha producido una enervación anteriormente ni el arrendatario ha sido requerido de pago.

En su virtud,

SUPLICO AL JUZGADO: Que tenga por hecha la precedente manifestación a los efectos oportunos.

SEGUNDO OTROSÍ DIGO: Que, a tenor de lo que autoriza el artículo 437.3 de la Ley de Enjuiciamiento Civil, en su versión otorgada por la Ley 23/2003, de 10 de julio, de Garantías en la Venta de Bienes de Consumo, esta parte se compromete a condonar a la demandada las rentas debidas, cuyo importe se ha dejado reseñado, y las costas que genere el presente procedimiento, con la condición de que la entidad demandada desaloje voluntariamente la finca en el plazo de un mes desde que se le notifique la demanda, lo que será equivalente, según el artículo 440 de la ley procesal civil, a un allanamiento a la presente demanda.

En su virtud,

SUPLICO AL JUZGADO: Que tenga por hecha la precedente manifestación a los efectos oportunos.

(Lugar y fecha).

# MODELO DE DEMANDA PARA IMPUGNAR ACUERDOS DE LA JUNTA DE PROPIETARIOS

AL JUZGADO DE PRIMERA INSTANCIA

D. PCR, Procurador de los Tribunales y de D. XTP y D. DSP, según acredito mediante la escritura de poder para pleitos que, debidamente bastanteada y aceptada, acompaño, ante el Juzgado de Primera Instancia comparezco y, como mejor en derecho proceda,

DIGO

Que, en la indicada representación que ostento, me veo en la necesidad de formular demanda de menor cuantía en impugnación de los acuerdos de fecha ...... adoptados por la Junta de propietarios de la finca sita en ............. por entenderlos contrarios a la Ley de Propiedad Horizontal, basando mi petición en los siguientes

HECHOS

PRIMERO. En fecha ..................................................... la Junta de propietarios de la finca sita en ...................................................... tomó, por mayoría de los reunidos, el acuerdo consistente en ......................................................................

Mis mandantes manifestaron su oposición, votando expresamente en contra y anunciando ya entonces su intención de impugnar los acuerdos de la Junta.

Se acompaña, como Documento n.º 1, copia del Acta de la Junta de Propietarios que se impugna.

SEGUNDO. Pese a no estar obligados a ello, mis mandantes remitieron al presidente de la comunidad de propietarios la carta que se acompaña como Documento n.º 2 en la que le manifestaban su malestar por el acuerdo adoptado y le instaban a tomar las medidas necesarias para dejarlo sin efecto.

A día de hoy, esa carta no ha recibido contestación alguna.

TERCERO. Como se desprende de su propio tenor literal, el acuerdo cuestionado es de los que la Ley sobre Propiedad Horizontal (en su redacción dada por la Ley 8/1999) exige que sean adoptados por unanimidad de los vecinos. En efecto, recordemos que el artículo 17.1 de la LPH establece lo siguiente: ......................

CUARTO. A los efectos legales pertinentes, se hace constar que mis mandantes se hallan al corriente en el pago de las deudas vencidas con la Comunidad.

A los precedentes hechos les son de aplicación, entre otros, los siguientes

## FUNDAMENTOS DE DERECHO

I. Normas procesales: artículo 18.1 de la Ley de Propiedad Horizontal (en su redacción dada por la Ley 8/1999).

II. Legitimación activa: artículo 18.2 de la Ley de Propiedad Horizontal (en su redacción dada por la Ley 8/1999).

III. Fondo del asunto: artículo 17.ª de la Ley de Propiedad Horizontal (en su redacción dada por la Ley 8/1999).

(Etcétera).

Por todo lo anterior,

## AL JUZGADO SUPLICO

Que tenga por presentada esta demanda con los documentos acompañatorios, la admita y, tras los trámites oportunos, se sirva dictar sentencia en la que declare la nulidad de los acuerdos referidos en el cuerpo del presente escrito por haber sido adoptados por acuerdo mayoritario, cuando lo procedente era su adopción mediante acuerdo unánime de los propietarios, con expresa condena en costas de los demandados.

Lugar y fecha

# QUERELLA

AL JUZGADO DE INSTRUCCIÓN

Don ......, Procurador de los Tribunales y de la entidad mercantil .........., según acredito con la escritura de poder que acompaño para que obre en autos mediante copia testimoniada con devolución del original, ante el Juzgado comparezco y como mejor en derecho proceda, DIGO:

Que mediante el presente escrito formulo QUERELLA CRIMINAL, por la comisión de un DELITO DE ESTAFA y un delito de FALSEDAD EN DOCUMENTO MERCANTIL, contra D. ...., Administrador de la entidad mercantil ........; D. ....., Administrador de ........ y contra el legal representante de ......, cuyos demás datos se indicarán en el apartado correspondiente, así como contra las personas que puedan resultar responsables a tenor de lo establecido en el Art. 31 del vigente Código Penal (en adelante, CP) y contra cualesquiera otras personas, físicas o jurídicas, que resulten implicadas en los hechos de la instrucción.

En cumplimiento de lo dispuesto en el Art. 277 de la Ley de Enjuiciamiento Criminal, expongo:

I

La presente querella se interpone ante el Juzgado de Instrucción de ...., al que corresponda por turno, en razón de haberse producido los hechos delictivos en la mentada ciudad (Art. 14 LECrim.).

II

Es querellante mi representada, ......, provista del CIF ........., con domicilio en ..... Adjunto, señalado como Documento n.º UNO, nota simple informativa emitida por el Registro Mercantil, cuyos Libros y Archivos designo a todos los efectos.

III

Son querellados:

1. D. ....., Administrador de la entidad ..........., cuyo domicilio social está radicado en ....., e inscrita en el Registro Mercantil ...........

2. D. ....., Administrador de la entidad ............., cuyo domicilio social está radicado en ....., e inscrita en el Registro Mercantil ......

3. Legal representante de la entidad ..........., cuyo domicilio social está radicado en ....., e inscrita en el Registro Mercantil .........

Asimismo se entiende dirigida la presente querella criminal contra cualesquiera otras personas, físicas o jurídicas, que resulten implicadas en los hechos de la instrucción.

IV

Fundamento la querella en los siguientes

## HECHOS

1. Aproximadamente en el mes de marzo del año ..., la querellada ..... depositó en los almacenes de mi mandante —empresa dedicada a la prestación de servicios de logística y transporte, entre los que se comprenden el almacenamiento de mercancías y enseres— una máquina al parecer dedicada a la producción, elaboración y tratamiento de azúcar.

Debido a una lamentable confusión, la referida máquina devino ilocalizable en los almacenes de mi mandante a consecuencia de su probable destrucción al ser confundida con material abandonado.

Mi mandante puso esa desafortunada circunstancia en conocimiento de su cliente y se ofreció de inmediato a indemnizar el valor venal de la máquina, reclamando la factura de compra de la misma a efectos de su tasación.

Adjunto acompaño, señalados como Documentos n.º TRES y CUATRO, los documentos acreditativos de los extremos relatados.

2. La tramitación del referido abono por parte de mi mandante se vio impedida por el comportamiento de la parte reclamante, que no exhibía la factura de compra de la referida máquina, pese a las reiteradas reclamaciones que le fueron dirigidas por mi mandante, con el fin de poder identificar el tipo de máquina, verificar su antigüedad y valor real al objeto de abonar la correspondiente indemnización por el extravío sufrido.

Ello no obstante, pese a no exhibir el referido documento, la querellada cifraba el valor a indemnizar en la suma de ......., sin aportar dato, documento o justificante alguno en que basar dicha pretensión.

Adjunto acompaño, señalados como Documentos n.º CINCO al NUEVE, ambos inclusive, copias de las comunicaciones cruzadas entre las partes.

Hay que señalar que el ÚNICO REFERENTE OBJETIVO EN QUE PODER BASAR UNA VALORACIÓN DE LA MAQUINA EXTRAVIADA lo constituye el importe por el que la depositante —la querellada ........— aceptó concertar la correspondiente póliza de seguro con mi mandante, que se concreta en la suma de .........................

Adjunto acompaño, señalado como Documento n.º DIEZ, copia del documento de contratación en que quedan fijadas las condiciones de la póliza de seguros, y como Documento nº ONCE, copia de un recibo de pago de la querellada por el referido almacenamiento en el que se aprecia el importe que abonaba en concepto de seguro.

A continuación pondremos de manifiesto las maniobras emprendidas por la querellada .........................., con el concurso y concierto de las otras dos entidades querelladas, para tratar de simular que la máquina extraviada tenía un valor superior al real.

3. Ante la negativa de la querellada .................. a presentarle la factura de compra de la máquina extraviada, mi mandante no podía abonar ninguna cantidad superior a la convenida en las condiciones de contratación de su almacenamiento, equivalentes al importe asegurado de común acuerdo entre ambas partes.

Por dicho motivo, la querellada ........, aprovechando el extravío de la máquina y la absoluta falta de concreción sobre la misma y sobre su valor, no ha tenido ningún escrúpulo en presentar una demanda judicial reclamando por la misma un importe de ........, en la que como prueba del negado valor de la máquina que invocan no ha dudado en concertarse con otras dos entidades, las OTRAS querelladas, y

CONFECCIONAR DOCUMENTOS FALSOS APORTADOS AL PROCEDIMIENTO JUDICIAL INSTADO EN VÍA CIVIL CONTRA MI MANDANTE. Dicha demanda ha correspondido al Juzgado de 1.ª Instancia, cuyos archivos designo expresamente a todos los efectos oportunos.

Así, para tratar de justificar dicha desmedida pretensión, la querellada ......... ha tenido que recurrir al CONCIERTO FRAUDULENTO con dichas dos entidades, a fin de PODER SIMULAR UN VALOR DE LA MAQUINARIA MUY DISTINTO Y ALEJADO DE SU VALOR REAL, con el propósito de defraudar a mi mandante, aprovechándose maliciosamente de la circunstancia de la pérdida de la misma de sus almacenes.

4. En relación con la entidad ........, también se ha optado por confeccionar un DOCUMENTO FALSO para tratar de otorgar a la máquina un valor muy superior al real y poder estafar, de esta manera, a mi mandante.

Acompaño, señalado como Documento n.º DOCE, copia del documento.

Es claro e indiscutible que el mismo no tiene la más elemental verosimilitud por cuanto no tiene ningún sentido que dicha empresa acepte una supuesta oferta de compra de una máquina que ha tenido hace más de un año y medio en sus instalaciones (mi mandante la recogió de sus instalaciones, tal y como acredito con el Documento n.º TRES adjuntado a la presente), por lo que supuestamente no la aceptó y que, año y medio más tarde, sin verificar in situ y personalmente si la misma funciona o no, si ha sufrido algún deterioro o desperfecto, si sigue teniendo valor industrial, etc. se comprometa en firme y por escrito a abonar por la misma la suma de ........

Por tanto, de una forma absolutamente inaudita e inverosímil, la entidad querellada ........ se aventura a formalizar la compraventa de una máquina por un importe elevadísimo, sin llevar a efecto la más mínima y elemental actuación de verificación de los parámetros antes señalados, lo que nos sugiere un claro concierto fraudulento de voluntades para estafar a mi mandante, probablemente a cambio de recibir una parte del importe defraudado.

V

Los hechos relatados son constitutivos de los siguientes ilícitos penales:

—Un delito de ESTAFA previsto y penado en el Art. 248 del CP en la modalidad agravada contemplada en el Art. 250.1.2.º del CP.

—Un delito de FALSEDAD EN DOCUMENTO MERCANTIL, previsto y penado en los Arts. 390 y 393 del CP.

VI

Para la comprobación de los hechos relatados se solicita la práctica de las siguientes diligencias:

1. Admisión de los documentos que se acompañan.

2. Interrogatorio de los querellados.

3. Testifical de D. ......................., persona que, por cuenta de mi mandante ha mantenido los contactos con la querellada .......................... sobre el extravío de la maquina y sus consecuencias.

4. Remita exhorto al Juzgado de 1.ª Instancia a fin de que remitan testimonio de la totalidad de escritos, resoluciones y actuaciones practicadas hasta la fecha en el procedimiento Juicio Ordinario núm. .......

5. Cualesquiera otras que pudieran resultar como consecuencia de las indicadas y que se propongan, cuyo derecho se reserva esta parte.

Por todo lo expuesto, ejercitando en nombre de mi poderdante las acciones penales que le corresponden como ofendida y perjudicada por los delitos expresados, así como las dimanantes de la responsabilidad civil derivada de los mencionados delitos,

AL JUZGADO SUPLICO: Tenga por interpuesta esta querella contra las personas que figuran en su encabezamiento y contra todas aquellas que pudieran resultar responsables durante la instrucción de la causa, se sirva admitirla, ordenando la práctica de las diligencias que se solicitan.

Lugar y Fecha.

# Glosario

**Abogado.** Licenciado en derecho dado de alta en el correspondiente colegio profesional, cuya función es el asesoramiento jurídico y la defensa de los intereses de particulares, empresas o corporaciones.

**Acción (de una sociedad).** Título que representa una de las partes en que se divide el capital de las sociedades. Puede no tener existencia física si es una mera anotación en cuenta o tenerla y ser nominativa (consta el nombre de su propietario) o al portador (no consta el nombre del titular, por lo que pueden venderse sin ninguna limitación).

**Acción reivindicatoria.** Procedimiento judicial por el cual se solicita al juez que sea dictada una sentencia que contenga la declaración expresa de que un determinado bien pertenece a una persona en concreto, que debe ser tenida como propietaria del mismo.

**Aceptación de herencia.** Acto voluntario de la persona designada como heredera, mediante el que asume los derechos y obligaciones derivadas de la herencia, retrotrayéndose los efectos al momento del fallecimiento del causante. Puede ser pura y simple o a beneficio de inventario *(véase)*.

**Acreedor.** Persona que ostenta un derecho de crédito contra otra, a la que se denomina *deudor*.

**Administrador de fincas.** Profesional cuya titulación le permite llevar a cabo la gestión de todos los asuntos relacionados con las comunidades de propietarios, conservar y mejorar las fincas e intermediar entre arrendadores e inquilinos.

**Administrador único.** Gobierno de las sociedades mercantiles por una sola persona.

**Administradores mancomunados.** Gobierno de las sociedades mercantiles por dos personas que actúan conjuntamente; es decir, las decisiones deben adoptarlas de mutuo acuerdo.

**Administradores solidarios.** Gobierno de las sociedades mercantiles por varias personas que actúan indistintamente y que pueden tomar decisiones.

**Adquisición preferente (derecho de).** Facultad de adquirir un determinado bien con preferencia sobre todas las demás personas.

**Agencia (contrato de).** Contrato mediante el cual el agente se obliga frente al principal a promocionar y vender bienes de forma continuada. Este es el rasgo esencial que lo diferencia del contrato de comisión.

**Agente de Cambio y Bolsa.** Véase *notario*.

**Agente de la propiedad inmobiliaria (API).** Profesional titulado que se dedica a intermediar y asesorar en los negocios relativos a los bienes inmuebles.

**Agrupación de Interés Económico (AIE).** Forma de colaboración entre empresas de carácter auxiliar respecto de sus miembros. Normalmente la Agrupación de Interés Económico se utiliza para agrupar y promocionar actividades económicas determinadas. Una variante es la Agrupación Europea de Interés Económico (AEIE), formada entre empresas de distintos países de la Unión Europea.

**Albacea.** Persona que se designa en el testamento para asegurar el cumplimiento de sus últimas voluntades, a fin de evitar conflictos entre los herederos y los legatarios.

**Alevosía.** Circunstancia agravante de la responsabilidad que se deriva de un delito contra las personas (lesiones, homicidio, etc.) consistente en emplear medios, modos o formas que tienden a asegurar la ejecución del hecho y a evitar el riesgo que tal actuación comporta.

**Allanamiento de morada.** Delito grave que consiste en introducirse en una vivienda ajena o bien a permancer en su interior sin tener permiso del dueño.

**Alquiler.** Forma común de designar el contrato de arrendamiento de fincas urbanas (viviendas o locales de negocio).

**Alzamiento de bienes.** Se trata de un delito consistente en llevar a cabo distintas disposiciones patrimoniales con la finalidad única y exclusiva de aparentar ser insolvente.

**Ampliación o aumento de capital.** Operación societaria por la cual la compañía ve incrementados sus recursos por medio de la aportación de dinero, bienes o derechos a su patrimonio.

**Ánimo de lucro.** Intención de obtener una ganancia o beneficio económico.

**Anotación preventiva.** Inscripción marginal que se toma en el Registro de la Propiedad, de carácter cautelar o temporal.

**Antecedentes penales.** Relación de las penas que han sido impuestas a una determinada persona.

**Anticresis.** Derecho por el cual el acreedor percibe los beneficios que se obtienen de un inmueble perteneciente a su deudor aplicándolos a reducir el crédito. Por ejemplo: el acreedor percibe la renta obtenida por el deudor como consecuencia de tener arrendado el inmueble de su propiedad sobre el que se constituye la anticresis, amortizándose así la deuda.

**Apoderado.** En una sociedad mercantil, la persona que tiene conferidas determinadas facultades de actuación.

**Arbitraje.** Sistema de resolución de conflictos, alternativo a los tribunales de justicia pero cuyas resoluciones (denominadas *laudos* y dictadas por *árbitros*) son, asimismo, de obligado cumplimiento.

**Arras.** Cantidad que el comprador entrega al vendedor a cuenta del precio total convenido con la posibilidad de resolver el contrato de compraventa allanándose el comprador a perderla, o bien el vendedor a devolverla duplicada.

**Arrendamiento.** Designación genérica que engloba los contratos de arrendamiento de cosas, obras y servicios. En el de cosas, el arrendador cede al arrendatario el uso y disfrute de una cosa por un tiempo determinado. En el de obra, el arrendatario se obliga ante el arrendador a ejecutar una obra (por ejemplo, a construir una casa). En el de servicios, el arrendatario se obliga ante el arrendador a prestar un servicio, con independencia de cuál sea el resultado final (por ejemplo, un abogado que defiende a un cliente en un juicio). Siempre conllevan el pago de una renta o precio.

**Arrendamiento rústico.** Arrendamiento de una finca para uso agrícola o forestal. Se rige por la Ley de Arrendamientos Rústicos del año 2003.

**Arrendamiento urbano.** La categoría más importante de los arrendamientos de cosas es el que se refiere a fincas urbanas, es decir, de viviendas o de locales de negocio. Se rige por la Ley de Arrendamientos Urbanos (LAU) del año 1994.

**Asesinato.** Matar a una persona mediando alevosía, precio, recompensa, promesa o bien con ensañamiento.

**Asociación.** Acuerdo de diversas personas para la consecución de fines lícitos y sin ánimo de obtener un beneficio. Se puede constituir una asociación para, por ejemplo, fomentar el estudio y la difusión de la poesía romántica. La Constitución española reconoce el derecho a asociarse libremente.

**Audiencia Nacional.** Magistratura con sede en Madrid que se encarga de la instrucción y conocimiento de causas específicas relacionadas con el tráfico de drogas, el terrorismo, etc.

**Audiencia Provincial.** Tribunales formados por tres magistrados que se encargan de resolver los recursos de apelación civiles. En el ámbito penal, su misión principal es enjuiciar asuntos graves (asesinatos, etc.).

**Auditor.** Profesional que, tras analizar los documentos financieros y contables de una empresa, emite un informe opinando sobre su adecuación o no a la legalidad.

**Aval.** Garantía que se añade a la obligación del obligado principal de responder del pago de una determinada deuda; suelen exigirlo los bancos y las cajas de ahorro para asegurarse que cobrarán el préstamo.

**Base imponible.** Conjunto de conceptos derivado de la integración y compensación de las rentas sobre el que se aplican determinadas reducciones y se obtiene la base liquidable.

**Base liquidable.** Resultado de aplicar a la base imponible del impuesto sobre la renta determinadas reducciones y al que se aplica el tipo de gravamen a fin de obtener la cuota íntegra del impuesto.

**Beneficio de inventario.** Forma de aceptar las herencias que permite al heredero no responder de las deudas que pudiera tener el causante (véase *Causante*).

**Bien mueble.** Denominación técnica de aquellos bienes susceptibles de ser transportados.

**Bien inmueble.** Denominación técnica que comprende tanto las fincas sin edificar o terrenos, como las propias construcciones.

**Boletín Oficial del Estado (BOE).** Publicación periódica mediante la que se dan a conocer las disposiciones legales (leyes, reglamentos, etc.), así como otros actos de trascendencia (nombramientos de los funcionarios, etcétera).

**Boletín Oficial del Registro Mercantil (BORME).** Publicación periódica mediante la que se dan a conocer los distintos actos que afectan a la vida de las sociedades mercantiles; por ejemplo, la convocatoria de las juntas generales, la constitución, disolución, liquidación o transformación de las sociedades, el aumento o la reducción del capital social de estas, los nombramientos de los administradores, etc.

**Buena fe.** Forma de actuar confiada, recta, diligente y carente de mala intención. En principio, el ordenamiento jurídico presupone que siempre se actúa de buena fe, debiendo demostrar que no ha sido así aquel que sostenga lo contrario.

**Caducidad.** Pérdida de un derecho debido al paso del tiempo, sin que quepa la posibilidad de interrupción alguna.

**Calumnia.** Delito contra el honor que consiste en imputar a alguien la comisión de un delito, a sabiendas de que no es cierto.

**Capitulaciones matrimoniales.** Documento solemne que puede suscribirse antes o después de casarse en el que los interesados hacen constar determinados extremos económicos del matrimonio que van a celebrar o que han celebrado (por ejemplo, a cuál de los cónyuges corresponderá el uso de la vivienda, etc.).

**Caso fortuito.** Suceso que no podía ser previsto, aun actuando con toda la diligencia exigible.

**Catastro.** Organismo que depende del Ministerio de Hacienda en el que se hallan censadas y descritas gráficamente la totalidad de las fincas existentes, ya sean rústicas o urbanas.

**Causante.** En el ámbito de las herencias, aquella persona que fallece y, como consecuencia de ello, se inicia el fenómeno sucesorio.

**Cesión de local.** Véase *Traspaso*.

**Cheque.** Documento sustitutivo de un pago en efectivo que se emite contra una cuenta abierta en un banco o caja de ahorros.

**Coacciones.** Delito consistente en impedir a una persona hacer lo que la ley no prohíbe o compelir a efectuar lo que no quiere.

**Código civil.** Compilación que data del año 1888 en la que se recogen las normas jurídicas que regulan los aspectos privados de la vida de las personas (por ejemplo: los contratos, el estado civil de las personas, etc.).

**Código de comercio.** Compilación que data del año 1889 en la que se recogen las normas jurídicas que regulan los aspectos generales de las compañías mercantiles y de los comerciantes individuales.

**Código penal.** Compilación de normas jurídicas que recogen los delitos (conductas muy graves: robo, homicidio, etc.), las faltas (conductas no tan graves) y sus consecuencias (las penas). Debemos señalar que el código penal que se halla en vigor data del año 1995.

**Cohecho.** Solicitar o recibir un funcionario público una dádiva o un presente para realizar, mediante el ejercicio de su cargo, una acción constitutiva de delito.

**Comisión (contrato de).** Contrato consistente en que el comitente encarga al comisionista que lleve a cabo o promueva operaciones comerciales, bien en su propio nombre o bien en nombre de aquel. La diferencia esencial entre el contrato de comisión y el contrato de agencia es que en la comisión no existe la idea de continuidad en la relación.

**Comodato (contrato de).** Préstamo de una cosa no fungible sin mediar precio. Por ejemplo: prestar un balón firmado por Kubala a un amigo para que lo muestre en una exposición benéfica. Véase *Préstamo*.

**Competencia desleal.** Actos que atentan a la libertad de competencia que debe existir en el mercado.

**Cómplice.** Persona que coopera a la ejecución de un hecho delictivo con actos anteriores o simultáneos (por ejemplo, facilitando un vehículo con el que huir al autor material de un robo que ha conseguido zafarse del acoso policial).

**Compraventa (contrato de).** Es la obligación que asume una persona (denominada *vendedor*) de entregar una cosa a otra (denominada *comprador*) a cambio de un precio.

**Compraventa a plazos (contrato de).** Modalidad de compraventa en la que el precio se satisface en diversas veces, con el consiguiente incremento de este último como lógica consecuencia.

**Comunidades autónomas.** Nombre genérico que reciben las distintas regiones o nacionalidades que componen el Reino de España y que son: Andalucía, Aragón, Asturias, Cantabria, Castilla-León, Castilla-La Mancha, Cataluña, Comunidad de Madrid, Comunidad Valenciana, Extremadura, Galicia, Islas Baleares, Islas Canarias, La Rioja, Murcia, Navarra y País Vasco. Existen, además, las ciudades autónomas de Ceuta y Melilla.

**Concesión mercantil (contrato de).** Véase *Contrato de distribución*).

**Concurso de acreedores.** Véase *Procedimiento concursal*.

**Condonación.** Perdón de la exigencia de una obligación o deuda.

**Congreso de los Diputados.** Cámara que, junto con el Senado, constituye el parlamento español (cuya denominación exacta es la de *Cortes Españolas*) en el que se discuten y aprueban las leyes y se inviste el Gobierno. La Constitución establece que esté formado por un número máximo de 400 miembros y un mínimo de 300.

**Consanguinidad.** Vínculo de parentesco. Los distintos grados suponen una mayor o menor lejanía de parentesco entre dos personas.

**Consejero delegado.** Miembro del Consejo de Administración *(véase)* que tiene delegadas las funciones más importantes de este, para conseguir un funcionamiento del gobierno de la Sociedad más ágil.

**Consejo de Administración.** Una de las posibles formas de gobierno de las sociedades mercantiles. Se trata de un órgano compuesto por, al menos, tres miembros que actúan conjuntamente. Suelen delegar sus funciones en un consejero delegado.

**Constitución Española.** Norma suprema del Reino de España a la que no puede oponerse ninguna ley o sentencia que se dicte. Fue aprobada mediante referéndum celebrado el 6 de diciembre de 1978.

**Constitución Europea.** Tratado firmado en Roma en el año 2004 que refunde los principales tratados europeos existentes y que garantiza el respeto de determinados valores comunes y de un determinado modelo de sociedad.

**Consumidor.** Particulares o empresas que adquieren, utilizan o disfrutan como destinatarios finales bienes muebles o inmuebles, productos, servicios, actividades o funciones. A efectos legales, sinónimo de *usuario*.

**Contribución especial.** Tributo que se caracteriza por cobrarse a los particulares que han resultado beneficiados o han visto aumentado el valor de sus bienes como consecuencia de la realización de obras públicas o la ampliación de servicios públicos.

**Convenio de separación.** Documento que suscriben los cónyuges que desean separarse de mutuo acuerdo en el que regulan los aspectos principales de su nueva situación.

**Corredor de Comercio.** Véase *Notario*.

**Cortes Españolas.** Conjunto del Congreso de los Diputados y del Senado españoles, cuya denominación tiene un gran arraigo histórico.

**Cosa fungible.** Aquella cuya utilización supone su consumo (por ejemplo, el dinero corriente).

**Cosa no fungible.** Aquella cuya utilización no supone su consumo (por ejemplo, un automóvil).

**Cuentas anuales.** Conjunto de documentos contables que las sociedades deben aprobar cada año y en el que se refleja la situación económica de las mismas.

**Curatela.** Institución de guarda y protección de la persona y bienes del menor, similar a la tutela, que se aplica, principalmente a los que han sido declarados pródigos (es decir, a aquellas personas que, por enfermedad, no son capaces de administrar su patrimonio).

**Daños y perjuicios.** Menoscabos o pérdidas que se sufren como consecuencia de la actuación maliciosa o meramente negligente de otras personas o entidades.

**Defensor del Pueblo.** Institución cuyo cometido es la defensa de los derechos de las personas ante abusos que pueda cometer la Administración Pública.

**Delito.** Conducta que la sociedad considera de tal gravedad que su comisión conlleva la imposición de un castigo muy severo como es la privación de la libertad de su autor mediante penas de prisión. Son ejemplos de delitos el homicidio, el robo, la violación, la estafa, etc.

**Denuncia.** Una de las formas mediante las que un ciudadano o una sociedad puede iniciar un procedimiento penal que consiste en poner en conocimiento de la autoridad la comisión de hechos que pudieran ser constituvos de delito. Por ejemplo, si somos objeto de un atraco y lo comunicamos a la policía, estamos llevando a cabo una denuncia.

**Depósito (contrato de).** Contrato por el que encargamos a alguien que conserve y cuide un objeto con la obligación de devolvérnoslo. Por ejemplo, al ausentarnos por un viaje entregamos la colección de monedas antiguas a nuestro vecino para que cuide de ella y nos la devuelva cuando regresemos.

**Derecho administrativo.** Rama del derecho que rige la organización y funcionamiento de los órganos del Estado, así como las relaciones de estos con los ciudadanos. En este se integra el derecho urbanístico que regula la explotación del suelo.

**Derecho civil.** Rama del derecho que se ocupa de las relaciones entre personas físicas (particulares). Incluye todos los aspectos relativos a la familia, las herencias, los testamentos, los contratos y las hipotecas.

**Derecho fiscal.** Rama del derecho relativa a la obligación que corresponde a toda persona física (particular) o jurídica (sociedad) de satisfacer impuestos al Estado.

**Derecho mercantil.** Rama del derecho que se ocupa de las sociedades o de los comerciantes individuales. Se consideran incluidas dentro del derecho mercantil, con mayor o menor autonomía, disciplinas tales como el derecho concursal (relativo a las quiebras y suspensiones de pagos), el derecho societario, etc.

**Derecho laboral.** Rama del derecho que se ocupa de las relaciones entre empresarios y trabajadores. Forma parte del derecho administrativo, pero con una importante autonomía, el derecho de la Seguridad Social.

**Derecho penal.** Rama del derecho relativa a las penas que deben imponerse a aquellas acciones u omisiones que la sociedad considera graves (por ejemplo: robar, matar, agredir, etc).

**Derechos fundamentales.** Conjunto de derechos reconocidos en la Constitución española a los que se otorga una especial protección (por ejemplo: derecho a la libertad, derecho a la seguridad, derecho de asociación, derecho a la educación, etc.).

**Derechos reales.** Facultades que recaen sobre bienes inmuebles, por ejemplo, la hipoteca o el usufructo.

**Desahucio.** Decisión que toma un juez tras procedimiento consistente en obligar a una persona a abandonar la vivienda o el local que está ocupando si, por ejemplo, ha dejado de pagar la correspondiente renta.

**Desempleo.** Situación en la que se halla una persona tras haber perdido el empleo que tenía o no conseguir ser contratado.

**Despido nulo.** Denominación de aquellas situaciones en las que a un trabajador le ha sido resuelto el contrato sin que mediare, en absoluto, causa legal para ello. En algunos casos, el despido puede ser incluso radicalmente nulo si en la decisión del empresario han influido motivos discriminatorios (por ejemplo, enterarse de que el trabajador simpatiza con una determinada ideología política).

**Despido improcedente.** Denominación de aquellas situaciones en las que a un trabajador le ha sido resuelto el contrato sin respeto de las formalidades legalmente establecidas para ello (por ejemplo, sin el preaviso correspondiente).

**Despido procedente.** Denominación de aquellas situaciones en las que a un trabajador le ha sido resuelto el contrato mediando causa legal para ello.

**Deudor.** Persona respecto de la cual el acreedor *(véase)* ostenta un derecho de crédito.

**Disolución de sociedad.** Decisión de los miembros de una sociedad de dar por finalizada la actividad de esta. En algunos casos, la disolución de la sociedad puede imponerse como sanción.

**Distribución (contrato de).** Contrato por el cual un comerciante se obliga a vender en un territorio geográfico determinado y en nombre propio los productos de otro empresario, así como a prestar a los adquirentes un determinado servicio de asistencia posventa. También se denomina *contrato de concesión* (véase *Concesión*).

**Divorcio.** Forma de disolución del matrimonio civil. La Iglesia católica no lo considera como causa de disolución del matrimonio.

**Dolo.** Término que suele utilizarse como equivalente de mala intención o mala fe. En general, se presume que la actuación de las personas nunca es mediando dolo por lo que aquel que lo afirme, deberá demostrarlo.

**Domicilio social.** Lugar donde se halla el centro de la efectiva administración y dirección de las sociedades.

**Donación (contrato de).** Disposición de un bien a favor de una persona sin que medie precio o contraprestación alguna por lo que es el paradigma de los negocios gratuitos.

**Embargo.** Forma de asegurar la indisponibilidad de los bienes del deudor en el marco de un juicio ejecutivo o a resultas de haber sido condenado al pago de una determinada cantidad de dinero.

**Empresa de trabajo temporal (ETT).** Sociedad que pone a disposición de otras personas para llevar a cabo trabajos esporádicos o eventuales. Su creación y funcionamiento se hallan sometidos a un estricto régimen de control administrativo.

**Ensañamiento.** Aumento deliberado e inhumano del dolor del ofendido.

**Escisión de sociedad.** Decisión de los miembros de una sociedad bien de desgajar parte de la misma para crear otra de nueva o para unirla a una ya existente (son los casos de escisión parcial) o bien de separar en diversas partes la sociedad existente para crear otras tantas de nuevas o para unirlas a compañías que ya existían (escisión total).

**Estafa.** Delito consistente en que, mediando engaño, una persona haga una disposición patrimonial que, de otra forma, no hubiese llevado a cabo.

**Estatuto de autonomía.** Ley que otorga el marco general de existencia de las comunidades autónomas españolas.

**Estatutos sociales.** Normas que regulan el funcionamiento de las sociedades mercantiles (anónimas, limitadas, etc.).

**Euro.** Moneda única de muchos países de la Unión Europea, incluida España. Su equivalente, respecto de la peseta, es de 1 € = 166,386 ptas.

**Excedencia.** Derecho del trabajador a dejar de prestar temporalmente sus servicios para el empresario con reserva de su puesto de trabajo. Por ejemplo: una persona es elegida diputada al Congreso y solicita a su empresa una excedencia por el tiempo de la legislatura.

**Expropiación forzosa.** Procedimiento formalista inspirado por el principio del interés general mediante el cual se puede privar a una persona de su propiedad sobre un bien inmueble a cambio del abono de una determinada cantidad monetaria denominada *justiprecio (véase)*.

**Extorsión.** Obligar a una persona, con violencia o intimidación, a realizar u omitir un acto jurídico con la finalidad de obtener un beneficio económico. Por ejemplo, un distribuidor obliga, bajo amenaza de muerte, a los comerciantes de un barrio determinado a que adquieran sus productos.

**Extranjero.** Persona que carece de la nacionalidad propia de un Estado.

***Factoring.*** Contrato mercantil atípico mediante el cual una empresa transfiere a otra los créditos que tiene frente a los clientes, la cual se encarga de cobrarlos, a cambio de un porcentaje.

**Falta.** Conducta que la sociedad considera menos grave que los delitos, pese a que se enumeran (o tipifican) en el Código penal. Por ejemplo, golpear a una persona sin llegar a causarle lesiones, defraudar electricidad o gas en una cuantía poco importante, maltratar cruelmente animales domésticos, etc.

**Familia numerosa.** Además de otros supuestos específicos, familia numerosa es la que está constituida por el cabeza de familia, su cónyuge y tres o más hijos.

**Fianza.** Cantidad de dinero que el arrendatario debe entregar al arrendador al formalizar un contrato de arrendamiento urbano con la finalidad de garantizar que devolverá la vivienda o el local en perfectas condiciones y que recupera al final del contrato si ello es así. En los arrendamientos de vivienda, la fianza obligatoria equivale a una mensualidad y en los de uso distinto al de vivienda, a dos mensualidades.

**Firma electrónica.** Es la equivalente, en el mundo digital, a la que se estampa de puño y letra y tiene el mismo valor jurídico que aquella. Debe solicitarse su obtención. También se conoce como *firma digital*.

**Fondo Monetario Internacional (FMI).** Organismo dependiente de las Naciones Unidas cuya función básica es la de establecer las normas que rigen el sistema monetario internacional, pudiendo suministrar ayudas a los países miembros.

**Franquicia.** Forma de comercializar productos mediante el cual el franquiciador concede al franquiciado, a cambio de una remuneración, el derecho a que gire bajo su marca o razón social y con la obligación de respetar unos criterios de uniformidad estética y de servicio muy estrictos.

**Fuentes del derecho.** Origen de las normas de un ordenamiento jurídico concreto. Así, por ejemplo, las fuentes del ordenamiento jurídico español son, según el Código civil, la ley, la costumbre y los principios generales del derecho.

**Fundaciones.** Organizaciones constituidas sin ánimo de obtener un beneficio económico que, por voluntad de sus creadores, tienen afectado de modo duradero su patrimonio a la realización de fines de interés general. Se puede constituir una fundación, por ejemplo, para promover y difundir la pintura abstracta asturiana.

**Fusión de sociedad.** Operación entre sociedades consistente en la unión de varias de ellas para crear una nueva compañía o en la absorción de una o unas por otra.

**Gerente.** Persona que representa a la Unión Temporal de Empresas. También suelen recibir este nombre determinados apoderados de las sociedades mercantiles.

**Heredero.** Persona designada para suceder en los derechos y obligaciones de la persona que fallece (denominada *causante*).

**Herencia.** Conjunto de derechos y obligaciones del causante.

**Herencia yacente.** Herencia que todavía no ha sido aceptada.

**Hipoteca.** Derecho consistente en garantizar, de forma principal, el pago de una deuda con la propiedad de un bien.

**Hipoteca inmobiliaria.** Es la hipoteca más extendida. Se constituye sobre una finca, una vivienda, un local, etc.

**Hipoteca mobiliaria.** Clase de hipoteca que se constituye sobre un bien mueble, una máquina, un automóvil, etcétera.

**Homicidio.** Delito grave que consiste en quitar violentamente la vida a una persona.

**Huelga.** Acción consistente en negarse a trabajar, como medio de protesta o de presión. Se trata de un derecho reconocido por la Constitución española.

**Hurto.** Delito consistente en sustraer una cosa, pero sin usar violencia o intimidación (por ejemplo, llevarse el bolso que una persona deja sobre una silla en un bar).

**IAE.** Siglas de Impuesto sobre Actividades Económicas, tributo que establecen y gestionan los ayuntamientos y que grava el ejercicio de actividades profesionales (fotógrafos, abogados...), comerciales (tiendas, bazares...) o artísticas (músicos..), si bien, en la actualidad, su exigencia ha quedado limitada a las grandes corporaciones.

**Imprudencia.** Actuación negligente o descuidada. No supone una intención de causar un perjuicio, sino una escasa diligencia en evitar que este pueda ser causado.

**Impuesto.** Tributo que se exige al contribuyente sin contraprestación directa. Cabe distinguir entre impuestos directos (su hecho imponible es directamente a la renta o el patrimonio del contribuyente) e indirectos (el hecho imponible es la realización de ciertos actos que demuestran indirectamente su capacidad contributiva).

**Impuesto sobre Actividades Económicas (IAE).** Impuesto de carácter municipal que grava el hecho de desarrollar actividades empresariales, profesionales y artísticas.

**Impuesto sobre Bienes Inmuebles (IBI).** Impuesto que los ayuntamientos exigen a los propietarios de fincas urbanas por el simple hecho de serlo.

**Impuesto sobre Construcciones, Instalaciones y Obras.** Impuesto que grava la realización de cualquier construcción, instalación u obra para la que se exija la obtención de la correspondiente licencia de obras o urbanística.

**Impuesto sobre Donaciones y Sucesiones.** Impuesto que grava las transacciones patrimoniales a título gratuito, sean *inter vivos* o *mortis causa*.

**Impuesto Extraordinario sobre el Patrimonio (IP).** Impuesto que grava la tenencia de bienes cuyo valor supere, en conjunto, una determinada cantidad.

**Impuesto Municipal sobre Incremento del Valor de los Terrenos de Naturaleza Urbana.** Comúnmente se conoce este impuesto como *plusvalía*. Se trata del impuesto que los ayuntamientos exigen por el aumento de valor experimentado por los bienes inmuebles cuando son objeto de transmisión.

**Impuesto sobre la Renta de las Personas Físicas (IRPF).** Impuesto que grava la obtención de ingresos por parte de los particulares, como consecuencia de su trabajo, de los rendimientos que generan las cuentas corrientes, etc.

**Impuesto sobre Sociedades (IS).** Impuesto que grava la obtención de beneficios por parte de las sociedades.

**Impuesto sobre Transmisiones Patrimoniales (ITP).** Impuesto que grava las transmisiones de bienes en las que haya mediado precio o contraprestación (una compraventa, por ejemplo), pero también determinadas operaciones de las sociedades (como los aumentos de capital o las constituciones de compañías) y los actos jurídicos documentados (notariales, mercantiles o administrativos).

**Impuesto sobre el Valor Añadido (IVA).** Tributo que lleva aparejadas las entregas de bienes y prestaciones de servicios efectuadas por empresarios o profesionales, así como las adquisiciones y las importaciones de bienes. Se trata de un impuesto que existe en todos los países de Europa y que en nuestro país fue creado en el año 1985.

**Impuesto sobre Vehículos de Tracción Mecánica.** Impuesto que grava la posesión de vehículos a motor.

**Indulto.** Decisión administrativa por la que se exime a un preso de cumplir la condena que está cumpliendo.

**Injuria.** Delito contra el honor en el que se lesiona la dignidad de otra persona menoscabando su fama o atentando contra su propia estimación.

**Insumisión.** Negativa, amparada habitualmente en razones ideológicas o morales, a cumplir no sólo el servicio militar sino también la prestación social sustitutoria.

**Interdicto de recobrar.** Procedimiento judicial rápido que tiende a recuperar la posesión de una cosa.

**Interdicto de retener.** Se trata de un procedimiento judicial rápido que tiende a evitar el cese de aquellos actos que perturban la posesión pacífica de una cosa.

**IPC.** Siglas de Índice de Precios al Consumo, cifra que publica anualmente el Instituto Nacional de Estadística y que se utiliza para la actualización de las rentas de los arrendamientos, los salarios, etc.

**Juez.** Persona cuya misión es la de impartir justicia y tratar aquellas materias sobre las que tiene otorgada jurisdicción y competencia en un territorio.

**Junta de accionistas.** Reunión de las personas que, mediante las acciones, son propietarias de una sociedad anónima. En las sociedades limitadas, la reunión se denomina *junta de socios*, puesto que los títulos no se llaman *acciones*, sino *participaciones*.

**Jurado.** Órgano formado por ciudadanos elegidos mediante sorteo a los que se les encarga emitir un veredicto en el ámbito de la resolución judicial de determinados delitos.

**Junta de accionistas.** Reunión de los propietarios de una sociedad anónima. Es obligatorio que se reúna una vez al año para aprobar las cuentas.

**Justiprecio.** Cantidad que se entrega al propietario de un bien expropiado como compensación (véase *Expropiación forzosa*).

**Laudo.** Resolución de obligado cumplimiento dictada en los procedimientos arbitrales y contra la que cabe interponer recurso de anulación.

**Leasing (contrato de).** Traducido al español como «arrendamiento financiero», se trata de un contrato de arrendamiento con una opción de compra que goza de un ventajoso régimen fiscal y que sólo puede ser otorgado por entidades especialmente autorizadas para ello. Habitualmente se constituye sobre máquinas o vehículos, pero no son infrecuentes los que se hacen sobre fincas y que se denominan *leasing inmobiliario*.

**Legado.** Forma de suceder *mortis causa* a título singular (en un bien o derecho en concreto), a diferencia de la herencia, que lo es a título universal. Por ejemplo, el testador designa a un heredero al que le impone la carga de entregar a una tercera persona, en concepto de legado, su colección de sellos emitidos por la ex República Democrática Alemana. El legado puede ser de cosas específicas, de cosas ajenas, genérico, alternativo, de pensión, de crédito, de liberación o de cosa debida.

**Legítima.** Parte de la herencia de la cual el testador no puede disponer por atribuirla la ley a los parientes más próximos de este.

**Legítima defensa.** Causa eximente de la responsabilidad criminal que consiste en obrar en defensa de la persona o los derechos propios o ajenos cuando ha existido una previa agresión ilegítima.

**Letra de cambio.** Documento mercantil mediante el cual una persona (denominada *librado*) se obliga frente a otra (denominada *librador*) a satisfacerle una determinada cantidad de dinero en una fecha. Su pago puede ser exigido mediante un juicio ejecutivo.

**Liquidación de sociedad.** Acuerdo, posterior al de disolución, por el cual el liquidador distribuye el haber de la compañía entre los socios, proporcionalmente a su participación en el capital.

**Magistrado.** Juez que forma parte de un órgano colegiado (por ejemplo, de una audiencia provincial). También se denomina así al juez que ejerce en el ámbito laboral (en los juzgados de lo social).

**Mandato (contrato de).** Contrato por el cual una persona encarga a otra que lleve a cabo una actuación en su nombre.

**Memorias testamentarias.** Notas o escritos autógrafos del testador por los cuales adicionaba, modificaba o derogaba alguna disposición testamentaria. Se contemplaban en el antiguo Código civil, no en el actual.

**Ministerio Fiscal.** Órgano encargado de la defensa de los intereses públicos y que se persona (es decir, actúa) en los procedimientos penales y de familia, principalmente.

***Mobbing.*** Acoso moral que, de manera continuada y consciente, se causa a un trabajador por parte de sus superiores o, incluso, de sus propios compañeros con el objetivo, habitualmente, de que abandone el puesto de trabajo de manera voluntaria.

***Mobbing* inmobiliario.** Acoso que sufren, normalmente, los inquilinos de viviendas o locales que satisfacen rentas poco elevadas, por parte, directa o indirecta, de los propietarios, con el objetivo de que desalojen voluntariamente el inmueble que ocupan y con un afán eminentemente especulativo.

**Multipropiedad.** Término por el que impropiamente se conoce el derecho de aprovechamiento por turno de bienes inmuebles de uso turístico mediante el cual puede disfrutarse de un alojamiento durante un periodo determinado de cada año.

**Normas de régimen interno.** Reglas específicas mediante las cuales las comunidades de propietarios pueden prever aspectos específicos, concretos o puntuales de su funcionamiento.

**Notario.** Profesional del derecho que tiene atribuida la facultad de «dar fe» (es decir, de certificar la veracidad) de los actos que él autoriza (por ejemplo, un testamento, una compraventa, etc.). Su actuación supone una mayor garantía de la corrección formal y de la equidad de los contratos que se otorgan mediando su intervención. En la actualidad, se denominan también *notarios* a los Corredores de Comercio y a los Agentes de Cambio y Bolsa.

**Nudo propietario.** En el derecho de usufructo *(véase)*, aquella persona que conserva la mera propiedad de la cosa, pero no goza de su uso y disfrute.

**Nueva empresa.** Tipo de sociedad limitada específicamente concebida para nuevas empresas o autónomos que quieran expandir o consolidar su actividad, siempre que esta sea alguna de las comprendidas en el ámbito de su aplicación (como, por ejemplo, la actividad agrícola, ganadera, forestal, pesquera, industrial, de construcción, etcétera).

**Nulidad matrimonial.** Declaración expresa en el sentido de que un matrimonio no tiene ni ha tenido nunca existencia, porque en el momento en que fue contraído concurrían causas gravísimas que afectaron a los requisitos necesarios para poderlo considerar válido. Por ejemplo, uno de los cónyuges otorgó su consentimiento por haber sido seriamente amenazado de muerte por el otro en caso de no hacerlo.

**Objeción de conciencia.** Causa que exime de prestar el servicio militar fundada en motivos pacifistas y que supone el ofrecimiento de llevar a cabo la prestación social sustitutoria *(véase)*.

**Objeto social.** Expresión de las actividades a las que se dedica o puede dedicar una sociedad mercantil. Su mención es imprescindible en los Estatutos.

**Organización de las Naciones Unidas (ONU).** Organización fundada el día 24 de octubre de 1945 en San Francisco (Estados Unidos), como continuadora de la labor iniciada por la Sociedad de Naciones con la finalidad de preservar la paz mundial.

**Organización del Tratado del Atlántico Norte (OTAN, o NATO en terminología anglosajona).** Se trata de una organización constituida el día 4 de abril de 1949 en Washington (Estados Unidos) con el propósito fundamental de crear y mantener una seguridad colectiva para los países de Europa Occidental y para garantizar las comunicaciones entre estos países europeos y Estados Unidos y Canadá a través del océano Atlántico.

**Pagaré.** Documento que contiene una promesa de satisfacer una determinada cantidad de dinero en la fecha que se expresa. En caso de impago, puede interponerse un juicio ejecutivo, como ocurre con los cheques y las letras de cambio.

**Partición de herencia.** Acto de reparto de los bienes hereditarios entre todas las personas que ostentan un derecho al respecto.

**Participaciones sociales.** Títulos en los que se divide el capital de las sociedades de responsabilidad limitada; equivalen a las acciones de las sociedades anónimas.

**Partida de nacimiento.** Documento que acredita el hecho de haber nacido, con expresión del lugar, la hora y la filiación.

**Permuta.** Intercambio de bienes sin mediar dinero o representando este una cifra meramente simbólica respecto del valor real de aquellos.

**Persona física.** Sinónimo de persona particular, por oposición a las personas jurídicas (sociedades y entidades).

**Persona jurídica.** Denominación técnica de las sociedades y las entidades, por oposición a personas físicas.

**Plusvalía.** Comúnmente, se denomina así al Impuesto Municipal sobre Incremento del Valor de los Terrenos de Naturaleza Urbana. Por lo general, *plusvalía* significa «beneficio» (así, si decimos que la venta de unas acciones nos ha supuesto una plusvalía queremos decir que las hemos vendido por un mayor precio que al comprarlas).

**Póliza de seguro.** Documento en el que se contienen los derechos y obligaciones de las personas que suscriben un contrato de seguro.

**Posesión.** Mera tenencia de un bien, que no tiene por qué ser en concepto de dueño o propietario del mismo. Por ejemplo, una persona puede estar en posesión de un automóvil que es propiedad de su hermano, quien se lo ha prestado mientras está de viaje.

**Prenda.** Derecho real consistente en poner en poder de una persona un determinado bien que es devuelto a su propietario una vez cumplida la obligación que se garantiza. Si el bien queda en poder del mismo deudor, propietario del bien, se habla de *prenda sin desplazamiento*.

**Prescripción.** Transcurso del tiempo que lleva aparejada la pérdida de una acción (prescripción extintiva). A diferencia de lo que ocurre con la caducidad *(véase)*, la prescripción puede interrumpirse.

**Prestación social sustitutoria (PSS).** Actividades en beneficio de la comunidad (cuidado de enfermos, etc.) que se lleva a cabo en vez del servicio militar por parte de aquellas personas que han alegado como causa eximente la objeción de conciencia *(véase)*.

**Préstamo (contrato de).** Contrato por el que una de las partes entrega a la otra una cosa para que la use con la obligación de devolver exactamente la misma u otra de su misma especie y calidad. En el primer caso, el contrato se denomina *comodato* y en el segundo conserva el nombre de *préstamo* (siendo su ejemplo más comocido el préstamo de dinero). Véase *Comodato*.

**Prevaricación.** Delito consistente en dictar una sentencia o una resolución a sabiendas de que es injusta.

**Procedimiento concursal.** Expediente judicial que ha venido a sustituir al concurso de acreedores, la suspensión de pagos y la quiebra, y al que debe acogerse cualquier persona particular o cualquier empresa que no puede hacer frente al pago de sus deudas.

**Procurador de los tribunales.** Licenciado en derecho que, dado de alta en el correspondiente colegio profesional, representa a los litigantes ante los juzgados.

**Propiedad horizontal.** Régimen de la propiedad de edificios en el que coexisten unas cosas comunes junto con otras privativas de cada uno de los vecinos. Se regula mediante la Ley de Propiedad Horizontal del año 1960, reformada en el año 1999.

**Propiedad intelectual.** Propiedad sobre bienes inmateriales tales como una canción, una receta de cocina, etcétera.

**Propiedad industrial.** Propiedad sobre bienes inmateriales que tiene como objeto las patentes de invención y los modelos de utilidad.

**Querella.** Una de las formas mediante las que se puede iniciar un procedimiento penal, consistente en un escrito formalmente suscrito por un abogado, que se presenta ante el juez mediante un procurador y en el que se pone en conocimiento la comisión de hechos que pudieran ser constitutivos de delito.

**Quiebra.** Véase *Procedimiento concursal*.

**Reducción de capital.** Operación societaria consistente en disminuir la cifra de dinero que respalda la compañía. Los socios pueden adoptar voluntariamente esa decisión o pueden verse obligados a ello por la ley.

**Registro Civil.** Oficina pública en la que se inscriben y constan los hechos relativos a la vida y al estado civil de las personas (nacimiento, matrimonio, fallecimiento, etc.).

**Registro de Cooperativas.** Oficina pública en la que se inscriben los actos relativos a la vida de las sociedades que adoptan dicha forma social.

**Registro Mercantil.** Oficina pública en la que se inscriben los actos relativos a la vida de, principalmente, las sociedades anónimas y limitadas (por ejemplo: constitución, aumento de capital, elección de administradores, liquidación, etc.).

**Registro de la Propiedad.** Oficina pública en la que se inscriben los actos relativos a las fincas (segregación, agrupación, edificación, etc.).

**Renta vitalicia.** Contrato que obliga al deudor a pagar una pensión anual durante la vida de una o más personas determinadas a cambio de que el pensionista transfiera al deudor la propiedad de unos bienes.

**Renting (contrato de).** Denominación de un contrato de arrendamiento de bienes (por lo general, de vehículos) en los que el arrendador se hace cargo de su mantenimiento.

**Repudiación de herencia.** Acto expreso y voluntario del heredero rechazando la herencia a la que tiene derecho.

**Responsabilidad civil.** Obligación de asumir las consecuencias negativas de nuestra actuación o de las personas o animales por los que debemos responder (hijos menores, perros, empleados, etc.). Si deriva de un previo contrato se denomina *contractual* y, en caso contrario, *extracontractual*.

**Robo.** Delito consistente en apropiarse de una cosa ajena utilizando para ello fuerza o violencia.

**Salario.** Cantidad que el trabajador percibe como contraprestación al desempeño de su actividad. Anualmente, el gobierno establece la cuantía del salario mínimo interprofesional, que es aquella cantidad que por lo menos debe percibir todo trabajador en circunstancias normales.

**Seguridad Social.** Instituto público que permite a todo ciudadano tener cubiertas sus necesidades sanitarias.

**Seguro (contrato de).** Contrato por el cual el asegurador se obliga a satisfacer una determinada cantidad de dinero en el supuesto que ocurra un determinado hecho dañoso (denominado *siniestro*).

**Senado.** Órgano que, junto con el Congreso de los Diputados, compone las Cortes Españolas y al que la Constitución atribuye el carácter de cámara de representación territorial.

**Servidumbre.** Gravamen impuesto sobre un inmueble (denominado *predio sirviente*) en beneficio de otro (denominado *predio dominante*) perteneciente a distinto dueño. Por ejemplo, sobre una finca existe una servidumbre de paso respecto de otra si para acceder a esta es imprescindible pasar por la primera.

**Sociedad anónima (SA).** Compañía mercantil en la que los socios no responden personalmente de las deudas de esta y cuyo capital se divide en acciones.

**Sociedad civil.** Compañía en la que los socios responden personalmente de las deudas de esta, a diferencia de lo que ocurre con las compañías de carácter mercantil.

**Sociedad colectiva.** Compañía mercantil en la que todos sus miembros, en nombre colectivo y bajo una razón social, se comprometen a participar de los mismos derechos y obligaciones en la proporción que establezcan.

**Sociedad comanditaria.** Aquella en la que uno o varios sujetos aportan capital determinado al fondo común de cara a las operaciones sociales dirigidas exclusivamente por otros con nombre colectivo.

**Sociedad cooperativa.** Compañía en la que sus componentes, aportando trabajo y capital, se proponen ejercer alguna actividad económica.

**Sociedad laboral.** Compañía que puede ser anónima o limitada y en la que la mayoría de su capital se halla en manos de sus propios trabajadores.

**Sociedad de responsabilidad limitada (SRL o SL).** Compañía mercantil en la que los socios no responden personalmente de las deudas de esta y cuyo capital se divide en participaciones. A diferencia de las sociedades anónimas, las sociedades limitadas no pueden cotizar en Bolsa.

**Sociedad unipersonal.** Empresa, en forma de sociedad anónima o sociedad limitada, con un solo socio, ya sea este un particular o, a su vez, otra sociedad. La condición de unipersonal puede acaecer desde el mismo momento en que se constituye la empresa o con posterioridad como consecuencia de quedar todas las acciones o participaciones de una sociedad en manos de un único socio.

**Subarriendo.** Contrato mediante el cual un arrendatario cede a un tercero (denominado *subarrendatario*) todo o parte de la vivienda o del local que ocupa.

**Sucesión intestada.** La que se ordena según dispone la ley, a falta de testamento.

**Sucesión testada.** La que se ordena mediante testamento.

**Suelo no urbanizable.** Terrenos en los que concurra alguna de las circunstancias siguientes: que se hallen sometidos a algún régimen especial de protección que sea incompatible con su transformación, o que el planteamiento general considere necesario preservarlos. Además, los municipios que carezcan de planteamiento general y el suelo que no tenga la condición de urbano se considerarán no urbanizables.

**Suelo urbanizable.** Por exclusión, todo aquel suelo que no sea urbano o no urbanizable. Podrá ser objeto de transformación en los términos establecidos en la legislación urbanística y el planteamiento aplicable.

**Suelo urbano.** Terreno que cuente, como mínimo, con acceso rodado, abastecimiento de agua, evacuación de aguas y suministro de energía eléctrica.

**Sujeto pasivo.** De un impuesto es la persona (particular o sociedad) que, según las leyes, está obligada al pago del mismo a la Hacienda Pública.

**Suspensión de pagos.** Véase *Procedimiento concursal*.

**Sustitución.** En el ámbito de las herencias, disposición en virtud de la cual un tercero es llamado a recibir un activo hereditario en defecto de una primera persona o después de ella.

**Sustitución ejemplar.** Posibilidad de los padres u otros ascendientes para testar en nombre de los descendientes mayores de catorce años declarados incapaces, para el caso de que mueran antes de llegar a esta edad.

**Sustitución fideicomisaria.** Disposición por la cual el testador impone al heredero o legatario la obligación de conservar la herencia o legado y de transmitirla a su muerte a otras personas expresamente indicadas para ello.

**Sustitución pupilar.** Posibilidad de los padres u otros ascendientes para testar en nombre de los descendientes menores de catorce años, para el caso de que mueran antes de llegar a esta edad.

**Sustitución vulgar.** Modalidad de la sustitución mediante la cual hereda el designado en segundo lugar si el primero no llega a heredar.

**Tasa.** Tributo que se exige a cambio de obtener una ventaja individualizada, utilizar los bienes de dominio público o la prestación de servicios públicos.

**Testamento.** Últimas voluntades. Puede ser común o especial. Existen diversas variedades. Entre los comunes figuran el ológrafo (redactado a mano), el abierto (dictado al notario) y el cerrado (contenido en un pliego que se entrega al notario). Por lo que respecta a los especiales, cabe distinguir entre el militar, el marítimo y el dictado en el extranjero.

**Trabajador autónomo o trabajador por cuenta propia.** Trabajador que no se halla sometido a una relación laboral por cuenta ajena. Puede acogerse a un régimen específico de la Seguridad Social.

**Transformación de sociedad.** Operación societaria consistente en cambiar su forma social, pero sin que suponga su desaparición. Por ejemplo, una sociedad anónima que se convierte en sociedad de responsabilidad limitada.

**Traspaso de local.** Es el derecho del arrendatario de un local de negocio de ceder su derecho a una tercera persona mediante el pago de un precio determinado. En la vigente Ley de Arrendamientos Urbanos de 1994, el traspaso se denomina *cesión del contrato*.

**Tribunal Constitucional.** Órgano judicial cuyas misiones principales son la de amparar los derechos fundamentales de los ciudadanos y la resolución de los conflictos de competencias entre el Estado y las comunidades autónomas.

**Tribunal Supremo.** El más alto tribunal de España, encargado de resolver los recursos de casación.

**Tributos.** Cantidades cuyo pago exige el Estado a los particulares como contribución a los gastos públicos. Se dividen en tasas, impuestos y contribuciones especiales.

**Unión Europea.** Conjunto de países europeos, incluida España, que, mediante la creación de instituciones comunes en las que delegan parte de su soberanía, con el fin de que se puedan tomar democráticamente decisiones sobre asuntos específicos de interés común, se han comprometido a trabajar juntos en aras de la paz y la prosperidad, pero sin constituir una federación ni una confederación de Estados.

**Unión Temporal de Empresas (UTE).** Sistema de colaboración entre sociedades, carente de personalidad jurídica propia, creado por un plazo determinado con la finalidad de desarrollar o ejecutar una obra, un servicio o un suministro que no podrían hacer sus componentes por separado.

**Usuario.** Véase *Consumidor.*

**Usufructo.** Derecho real en el que coexiste un nudo propietario *(véase)* que es el mero dueño del inmueble y el usufructuario que es quien —con ciertas limitaciones— puede usar y disfrutar del mismo, pese a no ser propietario.

**Vitalicio.** Variante de la renta vitalicia *(véase).* Contrato en el que una de las partes se obliga ante la otra a prestarle asistencia médica y a mantenerla toda su vida a cambio de la propiedad de determinados bienes.

**Viudedad.** Estado civil de aquella persona cuyo cónyuge ha fallecido. En general, supone el derecho a cobrar una pensión.

# Índice analítico

abogado, 33, 42, 136, 180, 312, 365, 366, 368, 640, 725, 787, 789, 804
aborto, 277, 285, 325, 326, 329, 343, 372
absorción, 75, 77, 142, 245, 262, 797
accidente, 119, 218, 251, 253, 264, 267, 272, 387, 659, 668, 669, 772
acciones ejecutivas, 248
aceptación de herencia, 787
acreedor, 54, 88, 102, 134, 136, 143, 509, 541, 542, 562, 563, 612, 621, 787, 789, 795
acusado, 334, 366, 367, 466
administrador de fincas, 627, 680, 787
adopción, 36, 60, 211, 253, 254, 259, 267, 300, 362, 363, 391, 393, 405, 419, 420, 445-447, 451, 458, 532, 601, 602, 629, 646, 673-675, 692, 704, 780
agente de la propiedad inmobiliaria (API), 651, 655, 788
Agrupación Europea de Interés Económico (AEIE), 788
— de Interés Económico (AIE), 788
albacea, 465, 474, 505, 511-513, 788
alevosía, 276, 321-323, 372, 788, 789
alimentos, 139, 432, 434, 435, 439, 440, 456, 478, 506, 509, 521, 522, 674
alquiler, 568, 585, 617, 651, 652, 669, 756, 788
alzamiento de bienes, 351, 352, 788
allanamiento de morada, 285, 341, 373, 788
amenazas, 285, 293, 303, 324, 343, 344, 353, 369, 373, 667, 668
animales feroces, 301, 359
ánimo de lucro, 71, 82, 315, 345-348, 355, 357, 373, 402, 597, 598, 601, 679
anotación preventiva, 506, 606, 607, 788
antecedentes penales, 402, 789
anticresis, 612, 789
arbitraje, 263, 457, 473, 593, 595, 596, 640, 679, 716, 743, 744, 764, 789
arras, 548, 613, 678, 789
arrendamiento de cosas, 789
ascendiente, 239, 277, 323, 454, 466, 520, 525
asesinato, 285, 321-323, 369, 372, 789
audiencia nacional, 179, 185, 789
— provincial, 369, 374, 594-596, 640, 790, 801
auditor, 136, 495, 790
aumento de capital, 788, 804
aval, 90, 91, 634, 790
ayuntamiento, 202, 419, 571, 652, 656, 657
balance, 61, 81, 261, 362

Banco de España, 95, 97
base imponible, 193, 195-199, 202, 203, 205, 206, 790
— liquidable, 193, 198, 205, 790
beneficio de inventario, 457, 461, 462, 467-469, 529, 675, 722, 787, 790
bien inmueble, 611, 790, 796
— mueble, 612, 790, 798
Boletín Oficial del Estado (BOE), 41, 715, 790
— — del Registro Mercantil (BORME), 790
buena fe, 120, 151, 183, 212, 213, 231, 257, 307, 359, 422, 554, 556, 580, 790
caducidad, 161, 314, 441, 492, 494, 495, 507, 515, 517, 607, 648, 677, 790, 803
caja de ahorros, 591, 622, 623, 791
calumnia, 285, 295, 333-335, 369, 372, 791
capacidad jurídica, 52, 385, 387-389, 673
— de obrar, 233, 265, 385, 387, 389, 444, 537, 673
capitulaciones matrimoniales, 423, 426, 428, 429, 434, 436, 520, 674, 723, 724, 791
caso fortuito, 110, 542, 556, 557, 791
censo, 261
cesión de local, 791
cláusula penal, 541, 542, 678
coacciones, 285, 324, 343, 344, 373, 668, 791
Código civil, 31, 32, 47, 223, 233, 265, 277, 377, 378, 380-382, 386, 387, 389, 394, 404, 411, 412, 415, 419, 421, 423, 427, 428, 431, 433, 435, 436, 439, 442, 445, 454, 474, 479-481, 483, 484, 492, 495, 496, 498, 499, 503, 505, 516, 517, 520, 523-525, 528, 531, 537-539, 541, 545, 546, 548-551, 554, 555, 557, 580, 583, 584, 586, 588-591, 609, 611, 616, 617, 652, 677, 679, 703, 704, 716, 724, 748, 767, 791, 797, 801
— de comercio, 47, 49-51, 75, 76, 114, 115, 121, 144, 715, 791
— penal, 271, 272, 274, 275, 277, 279, 281, 283, 285, 289-294, 297-300, 303-305, 307, 308, 312-314, 321-325, 331-334, 343, 346, 349-353, 355-357, 359-362, 373, 400, 434, 615, 616, 662, 663, 716, 781, 791, 797
cohecho, 178, 286, 791
comerciante, 49-51, 60, 85, 116, 123, 141, 144, 645, 795
competencia desleal, 231, 593, 596, 647, 650, 792
cómplice, 792
comunidad de propietarios, 119, 570, 626, 630-632, 652, 656, 748, 779
concurso de acreedores, 247, 351, 426, 792, 804
condonación, 792
Congreso de los Diputados, 191, 380, 792, 793, 805
consanguinidad, 211, 239, 253, 264, 267, 417, 420, 445, 480, 792
consejo de administración, 61, 66, 727, 792
Constitución española, 69, 73, 369, 682, 715, 776, 789, 792, 794, 798
consumidores y usuarios, 71, 639, 640, 669, 682, 715
contrato de agencia, 10, 122, 124, 125, 145, 791
— de comisión, 121, 122, 124, 145, 788, 791

— de comodato, 583, 678
— de compraventa a plazos, 111, 124, 545, 546, 548, 549, 556, 571, 678, 733, 747, 789
— de depósito, 115, 144, 585, 679
— de distribución, 123, 124, 145, 792
— de franquicia, 131, 534
— de leasing, 129
— de permuta, 587, 679
— de préstamo, 63, 115, 144, 583, 769
— de renting, 10, 131
— de seguro, 117, 144, 589, 669, 803
convenio de separación, 793
cónyuges, 19, 197, 369, 419, 421-429, 431, 433-437, 440, 478, 480, 520, 525, 704, 719, 791, 793, 802
Cortes Españolas, 792, 793, 805
cuentas anuales, 72, 73, 362, 731, 793
curatela, 20, 281, 453, 457-459, 675, 793
cheque, 101-103, 143, 356, 715, 791
daños y perjuicios, 92, 102, 126, 140, 161, 221, 225, 541, 542, 547, 553, 554, 580, 593, 599, 617, 639, 647, 666, 734, 766, 793
Defensor del Pueblo, 39-42, 44, 369, 382-384, 673, 701, 793
delito, 33, 34, 163, 164, 271-277, 279, 281, 282, 284, 289, 290, 293, 295, 298-300, 305, 308, 311-314, 317, 319-322, 324, 325, 327, 329, 331, 333-335, 338, 341-348, 350-357, 359, 360, 362, 365-367, 369-373, 381, 383, 384, 402, 417, 435, 455, 466, 480, 522, 615, 619, 665, 781, 784, 785, 788, 791, 793, 794, 796, 798, 799, 804, 805
denuncia, 44, 110, 125-127, 216, 224, 255, 286, 327, 334, 361, 365, 366, 370, 372, 374, 579, 665, 671, 682, 689, 771, 772, 794
derecho de adquisición preferente, 66, 756, 763
— de opción, 612, 613, 749, 750
— de retracto, 424, 571, 612
— de superficie, 611
— de tanteo, 571, 581, 612
— de usufructo, 424, 571, 802
derechos fundamentales, 31, 32, 34, 41, 43, 55, 182, 185, 259, 289, 794, 807
— reales, 198, 200, 411, 506, 603-605, 609, 611, 612, 621, 680, 704, 712, 794
desahucio, 582, 593, 679, 775, 777, 778, 794
descendiente, 277, 321, 323, 393, 447, 454, 466, 504, 520
desempleo, 37, 238, 250, 795
despido improcedente, 219, 227, 228, 256, 795
— nulo, 259, 795
— procedente, 259, 795
deudor, 23, 93, 103, 115, 133-140, 143, 145, 146, 352, 475, 509, 539, 541, 542, 557, 562, 590, 612, 621, 622, 637, 787, 789, 795, 803-805
disolución de sociedad, 795
divorcio, 19, 23, 406, 431-437, 572, 573, 674, 724, 795
dolo, 139, 272, 319, 344, 345, 347, 480, 486, 487, 515, 553, 582, 616, 795
domicilio social, 60, 773, 775, 776, 782, 795
embargo, 42, 59, 67, 69, 99, 129, 135, 140, 143, 149, 159, 162, 165, 181, 197, 215, 219, 272, 276, 355, 359, 366, 416, 471, 504, 507, 519, 548, 549, 552, 557, 563, 564, 574, 586, 669, 679, 693, 697, 702, 703, 705, 795

empresa de trabajo temporal, 796
escisión de sociedad, 796
estafa, 299, 355-357, 361, 373, 616, 781, 784, 794, 796
Estatuto de autonomía, 796
Estatutos sociales, 56, 727, 729, 796
euro, 94, 707-710, 712, 716, 796
excedencia, 253, 264, 267, 796
expropiación forzosa, 35, 160, 184, 581, 716, 796, 800
extorsión, 286, 348, 796
extranjero, 37, 79, 95, 103, 193, 233, 239, 287, 291, 332, 369, 382, 391, 393, 394, 396, 397, 399-402, 420, 446, 480, 491, 493-496, 676, 703, 705, 729, 796, 807
falsedad, 93, 307, 308, 311, 333, 335, 401, 781, 785
falso testimonio, 286, 311, 372, 480
faltas, 214, 256, 262, 273, 281, 285, 324, 359, 360, 366-368, 371, 373, 401, 402, 641, 791
fianza, 23, 366, 456, 478, 571, 576, 652, 753, 756, 763, 797
fundaciones, 98, 157, 409-413, 597-599, 679, 704, 797
fusión de sociedad, 797
gerente, 81, 82, 797
gravamen, 193, 196-198, 200, 205, 356, 503, 505, 508, 599, 604, 790, 805
Hacienda Pública, 192, 193, 196, 199, 205, 286, 317, 371, 689, 806
heredero, 200, 274, 292, 442, 461, 462, 466-473, 475, 477, 497-499, 501-505, 507-509, 516, 521, 523, 524, 529, 574, 675, 676, 722, 790, 797, 800, 805, 807
herencia, 35, 62, 200, 428, 457, 461-463, 465-475, 477, 478, 486, 488, 496-498, 502-507, 512, 519, 520, 524-529, 645, 675-677, 721, 722, 776, 787, 798, 800, 802, 805, 807
— yacente, 798
hipoteca, 356, 559, 604, 612, 621-623, 680, 794, 798
homicidio, 274, 285, 319-323, 343, 346, 372, 373, 788, 791, 794, 798
huelga, 35, 41, 42, 243, 286, 305, 798
hurto, 286, 345-347, 353, 373, 798
imprudencia, 119, 308, 323, 324, 326, 327, 798
Impuesto sobre Bienes Inmuebles (IBI), 201, 206, 657, 752, 798
— Extraordinario sobre el Patrimonio (IP), 799
— sobre Sociedades, 195, 205, 716, 799
— sobre Transmisiones Patrimoniales (ITP), 716, 799
— sobre el valor añadido, 199, 206, 756, 759, 799
incapacidad, 20, 49, 218, 239, 254, 255, 264, 383, 451, 465, 466, 479, 491, 502, 516, 521, 526, 538, 667, 675, 727
incapaz, 79, 275, 324, 327, 332, 361, 392, 441, 442, 465, 524, 667
indemnización, 35, 102, 113, 119, 120, 126, 168, 169, 176, 213, 214, 218, 219, 221, 222, 225, 228, 247, 248, 256, 257, 264, 333, 339, 366, 424, 541, 547, 553, 554, 561, 562, 568-570, 575, 580, 581, 617, 636, 637, 646, 647, 665, 678, 734, 743, 745, 756, 783
indulto, 799
injuria, 285, 292, 295, 333-335, 372, 373, 799
insumisión, 659, 662, 799
interdicto de recobrar, 610, 799
— de retener, 610, 800

juegos y apuestas, 589
juez, 34, 48, 134-136, 139, 146, 181, 272, 280, 281, 283, 304, 312, 332, 333, 351, 352, 366-368, 404, 405, 407, 415, 419-421, 426, 428, 431, 433-437, 446, 449-451, 453-457, 459, 468, 469, 472, 486-489, 493-495, 498, 511, 512, 517, 542, 571, 590, 594-596, 605, 646, 674, 676, 787, 794, 800, 801, 804
juicio verbal, 594, 775, 777
junta de accionistas, 63, 800
— de propietarios, 625-627, 631, 680, 779
— de socios, 800
jurado, 176, 369, 370, 374, 716, 800
justiprecio, 184, 632, 796, 800
Juzgado de instrucción, 366, 374, 781
— de primera instancia, 779
laudo, 596, 631, 640, 679, 800
legado, 428, 461, 468, 483, 497-499, 502, 503, 505-509, 645, 675, 677, 722, 800, 807
legítima, 275, 319, 396, 416, 450, 462, 466, 469, 473, 503, 505, 511, 519-524, 528, 675, 677, 704, 719, 761, 800
— defensa, 275, 319, 800
letra de cambio, 47, 87-94, 143, 356, 801
liquidación de sociedad, 801
magistrado, 362, 369, 370, 801
marca, 405, 407, 535, 548, 559, 596, 647, 649, 682, 772, 797
matrimonio, 19, 35, 198, 251, 264, 399, 403, 404, 406, 415-429, 431-436, 440, 441, 445, 451, 532, 572, 673, 674, 704, 719, 721, 723, 724, 791, 795, 802, 804
mayoría de edad, 31, 389, 395, 408, 439, 442, 451, 458
mercado de valores, 105-107, 143
Ministerio fiscal, 39, 41, 44, 140, 327, 337, 361, 365, 366, 384, 407, 422, 441, 442, 450, 451, 454, 456, 489, 546, 801
minoría de edad, 272, 274, 389, 393
modelo de utilidad, 648
multas de tráfico, 671, 682
multipropiedad, 633, 637, 681, 801
negligencia, 55, 92, 119, 225, 227, 469, 486, 582, 616, 617
nombre comercial, 60, 649, 650, 682
normas de régimen interno, 801
notario, 79, 82, 91, 92, 405, 465, 468, 479-481, 483-489, 491, 493, 495, 517, 525, 563, 598, 604, 613, 621-623, 631, 635-637, 653, 657, 719-726, 750, 757, 759, 776, 788, 793, 801, 807
nudo propietario, 611, 802, 808
nulidad matrimonial, 572, 573, 802
objeción de conciencia, 35, 659-662, 715, 802, 803
objeto social, 50, 53, 57, 63, 72, 196, 728, 729, 802
Organización de las Naciones Unidas (ONU), 691, 693, 711, 802
— del Tratado del Atlántico Norte (OTAN), 694, 711, 802
pagaré, 143, 356, 802
parentesco, 34, 137, 200, 277, 321, 323, 331, 341, 417, 447, 524, 525, 792
parientes colaterales, 524, 528, 677
parlamento, 150, 699, 701, 711, 792
partición de herencia, 802
participaciones sociales, 729, 731, 733, 803
partida de nacimiento, 803
patentes, 647, 648, 682, 704, 804
patria potestad, 20, 280, 359, 389,

392, 396, 403, 405, 432, 434-437, 439, 442, 446, 449-451, 453-455, 458, 459, 468, 472, 522, 572, 674, 675
permiso de residencia, 400, 401
permuta, 144, 632, 679, 803
perro, 618
persona física, 63, 82, 198, 575, 669, 702, 727, 794, 803
— jurídica, 19, 50, 75, 133, 134, 137, 139, 140, 145, 159, 273, 298, 303, 337, 409-411, 582, 673, 803
plusvalía, 202, 206, 748, 799, 803
póliza de seguro, 144, 783, 803
posesión, 31, 61, 66, 195, 201, 206, 295, 314, 345, 404, 418, 440, 441, 456, 461, 465, 499, 505, 506, 549, 550, 552, 555, 556, 579, 594, 609, 610, 612, 704, 712, 727, 756, 762, 799, 800, 803
precario, 584, 585, 679
prenda, 612, 803
— sin desplazamiento, 612, 803
prescripción, 163, 192-194, 218, 248, 516, 671, 803
Prestación Social Sustitutoria (PSS), 659-662, 799, 802, 803
prevaricación, 178, 286, 299, 369, 804
procurador de los tribunales, 779, 781, 804
propiedad horizontal, 119, 593, 604, 625-629, 631, 656, 680, 681, 716, 779, 780, 804
— industrial, 286, 593, 596, 647, 650, 682, 804
— intelectual, 535, 596, 622, 643-645, 682, 704, 804
quebrado, 49
querella, 333, 365, 366, 368, 370, 374, 665, 781, 782, 785, 804
reagrupación familiar, 399, 401
recurso de alzada, 177, 178, 185
— de amparo, 41
— de apelación, 594, 595
reducción de capital, 804
Registro Civil, 386-388, 393-395, 403, 419, 420, 439-442, 444, 673, 716, 724, 804
— de Cooperativas, 804
— de la Propiedad, 506, 603-605, 607, 613, 621, 635, 636, 652, 656, 680, 788, 804
— mercantil, 47, 51, 53, 55, 60, 62-64, 66, 67, 77, 80, 82, 85, 86, 132, 142, 361, 715, 727, 728, 757, 758, 776, 781, 782, 790, 804
renta vitalicia, 589-591, 679, 804, 808
repudiación de herencia, 805
responsabilidad civil contractual, 615-617, 617, 618
— civil por productos defectuosos, 615
robo, 118, 119, 259, 286, 345-350, 353, 373, 586, 616, 791, 792, 794, 805
rótulo de establecimiento, 650
salario, 213, 214, 216, 218, 219, 222, 225, 237, 241, 245-247, 249, 251, 255-257, 266, 573, 652, 743, 745, 746, 805
secuestro, 42, 586, 679
Seguridad Social, 34, 37, 67, 137, 220, 237-243, 245, 250, 262, 264, 267, 286, 317, 371, 398, 662, 669, 670, 794, 805, 807
senado, 39, 40, 293, 380, 381, 383, 384, 688, 689, 792, 793, 805
sentencia, 41, 109, 135, 140, 178, 181, 247, 248, 264, 279, 281-283, 304, 311, 334, 351, 367, 368, 370, 381, 383, 387, 393, 394, 407, 439-441, 451, 453, 459, 473, 528, 552,

593-596, 629, 640, 746, 777, 780, 787, 793, 804
separación conyugal, 431, 434
servicio militar, 35, 239, 254, 264, 277, 290, 394, 659-663, 715, 799, 802, 803
servidumbre, 611, 805
sociedad anónima (SA), 51, 54, 55, 57, 59-61, 64, 65, 67, 75, 800, 805-807
— anónima laboral (SAL), 65
— civil, 50, 805
— cooperativa, 69, 72, 806
— laboral, 65, 66, 806
— limitada laboral (SLL), 65
— de responsabilidad limitada (SRL o SL), 726, 806, 807
subarriendo, 567, 571, 581, 652, 763, 806
subasta, 170, 171, 353, 478, 546, 554, 561, 621, 645
sucesión intestada, 522, 523, 527, 529
— testada, 479, 523
suelo no urbanizable, 174, 176, 286, 298
— urbanizable, 174, 175
— urbano, 173, 174
suspensión de pagos, 126, 172, 351, 403, 405
tasa, 560
testamento, 337, 382, 411, 415, 441, 453, 454, 462, 465-467, 473, 474, 478-481, 483-489, 491-496, 504, 507, 508, 511, 512, 515-517, 519-524, 591, 598
— ológrafo, 485, 487, 488, 495, 496, 517
testigo, 365, 415, 480, 487
trabajador autónomo, 735, 807
transformación de sociedad, 807
traspaso de local, 807
Tribunal Constitucional, 39-41, 44, 293, 325
— Supremo, 155, 156, 179, 185, 293, 346, 351, 362, 365, 368, 377, 379, 384, 473, 474, 542, 552, 594, 595
tributo, 191-193, 198, 202
tutela, 34, 39, 41, 49, 96, 153, 160, 281, 332, 359, 389, 393, 396, 403, 406, 445, 446, 450, 453-459, 465, 472, 474, 546, 572, 593
tutor, 220, 221, 396, 423, 445, 453-459, 465, 468, 472, 511, 546
usufructuario, 611
valores bursátiles, 98, 107
violación, 44, 259, 286, 304, 314, 329, 346, 440
visado, 102, 241
vitalicio, 591
viudedad, 667, 808
vocación hereditaria, 463, 503

Impreso en España por
HUROPE, S. L.
Lima, 3 bis
08030 Barcelona